U0516425

中國佛教思想資料選編

（全十册，附索引）

石　峻　樓宇烈　方立天　許抗生　樂壽明 編

六

宋元明清卷（一）

中華書局

目　録

延　壽

【簡介】 延壽,字仲玄,俗姓王,生於公元九〇四年(唐昭宗天祐元年),死於公元九七五年(宋太祖開寶八年),錢塘(今浙江杭州)人,是唐末、五代、北宋之際禪宗法眼宗的著名僧人。延壽曾做過地方官吏,後捨俗出家,到天台參謁德韶(公元八九一年——九七二年),修禪學法。傳說延壽初習禪定時,小鳥尺鷃在他的衣褶裡做巢,爲德韶所器重,定爲傳法弟子。後到明州雪竇山(浙江寧波南)傳法,法席甚盛。宋建隆元年(九六〇年),吳越忠懿王錢俶延請他居靈隱山新寺。次年復請主持永明寺(今杭州西湖淨慈寺),歷時十五年,弟子約二千人。卒諡智覺禪師。

延壽是禪宗法眼宗創始人文益的再傳弟子,他的佛學思想是強調"萬法惟心",主張參學以心爲宗,以悟爲則。他有一偈:"欲識永明旨,門前一湖水,日照光明生,風來波浪起。"就是這種思想的典型表現。

延壽佛學思想的另一特點是充滿融合調和的色彩。他認爲"經是佛語,禪是佛意。諸佛心口,必不相違。"主張禪教一致,即禪宗和其他宗派是不矛盾的,或者說是以觀心法門去統一其他各宗的學說。他曾邀請唯識、華嚴、天台三宗的學者,"分居博覽,互相質疑",最後他"以心宗之衡以准平之",寫成宗鏡錄一百卷,調和各宗思想的分歧,宣揚殊途同歸的思想。延壽還重視淨土法門,身體力行。總之,他是禪教並重,性相融合,歸心淨土,熔各宗思想和實踐於一爐。

延壽還著有萬善同歸集三卷、唯心訣一卷以及其他詩文若干篇。

當時，高麗國王看到宗鏡録後，十分贊賞，遣使奉書，贈送禮品，並派國僧三十六人前來學習，由此法眼宗盛行國外，而國內則在宋代中葉後趨於衰微。

延壽的融合禪教的思想，受到封建統治者的推崇，如清代雍正皇帝就稱讚他的宗旨"超出歷代諸古德之上"，説"六祖以後永明爲古今第一大善知識"。

一、宗鏡録序

伏以真源湛寂，覺海澄清，絶名相之端，無能所之迹。最初不覺，忽起動心，成業識之由，爲覺明之咎。因明起照，見分俄興，隨照立塵，相分安布，如鏡現像，頓起根身。次則隨想而世界成差，後則因智而憎愛不等，從此遺真失性，執相徇名。積滯著之情塵，結相續之識浪，鎖真覺於夢夜，沈迷三界之中，瞽智眼於昏衢，匍匐九居之内，遂乃縻業繫之苦，喪解脱之門，於無身中受身，向無趣中立趣。約依處，則分二十五有；論正報，則具十二類生，皆從情想根由，遂致依正差别。向不遷境上，虛受輪迴，於無脱法中，自生繫縛。如春蠶作繭，似秋蛾赴燈。以二見妄想之絲，纏苦聚之業質；用無明貪愛之翼，撲生死之火輪。用谷響言音，論四生妍醜；以妄想心鏡，現三有形儀。然後，違順想風，動搖覺海，貪癡愛水，資潤苦芽。一向徇塵，罔知反本。發狂亂之知見，翳於自心；立幻化之色聲，認爲他法。從此，一微涉境，漸成毛漢之高峰。滴水興波，終起吞舟之巨浪。

　　爾後將欲返初復本，約根利鈍不同，於一真如界中，開三乘五性，或見空而證果，或了緣而入真，或三祇熏鍊，漸具行門，或一念圓修，頓成佛道。斯則剋證有異，一性非殊，因成凡聖之名，似分真俗之相。若欲窮微洞本，究旨通宗，則根本性離，畢竟寂滅。絕升沈之異，無縛脫之殊，既無在世之人，亦無滅度之者。二際平等，一道清虛；識智俱空，名體咸寂；迥無所有，唯一真心。達之名見道之人，昧之號生死之始。

　　復有邪根外種，小智權機，不了生死之病原，罔知人我之見本，唯欲厭喧斥動，破相析塵。雖云昧靜冥空，不知埋真拒覺。如不辯眼中之赤眚，但滅燈上之重光，罔窮識內之幻身，空避日中之虛影。斯則勞形役思，喪力捐功，不異足水助冰，投薪益火，豈知重光在眚，虛影隨身？除病眼而重光自消，息幻質而虛影當滅。若能迴光就己，反境觀心，佛眼明而業影空，法身現而塵跡絕。以自覺之智刃，剖開纏內之心珠；用一念之慧鋒，斬斷塵中之見網。此窮心之旨，達識之詮，言約義豐，文質理詣。揭疑關於正智之户，薙妄草於真覺之原，愈入髓之沈痾，截盤根之固執。則物我遇智火之焰，融唯心之爐；名相臨慧日之光，釋一真之海。斯乃內證之法，豈在文詮？

　　知解莫窮，見聞不及。今爲未見者演無見之妙見，未聞者入不聞之圓聞，未知者説無知之真知，未解者成無解之大解。所冀因指見月，得兔忘蹄，抱一冥宗，捨詮檢理，了萬物由我，明妙覺在身。可謂搜抉玄根，磨礱理窟，剔禪宗之骨髓，標教網之紀綱，餘惑微瑕，應手圓淨。玄宗妙旨，舉意全彰。能摧七慢之山，永塞六衰之路。塵勞外道，盡赴指呼，生死魔軍，全消影響。現自在力，闡大威光。示真寶珠，利用無盡；傾祕密藏，周濟何窮？可謂香中爇其牛頭，寶中探其驪頷，華中採其靈瑞，照中耀其神光，食中啜其乳糜，水中飲其甘露，藥中服其九轉，主中遇其聖王。故得法性山高，頓落羣峰之峻；醍醐海闊，橫吞衆派之波。似夕魄之騰輝，奪小乘之星宿；如朝陽之孕彩，破外道之昏蒙。猶貧法財之人值大寶聚，若渴甘露之者遇清涼池。爲衆生所敬之天，作菩薩真慈之父。抱膏肓之疾，逢善見之藥王。迷險難之途，偶明達之良導。久居闇室，倏臨寶炬之光明；常處裸形，頓受天衣之妙服。不求而自得，無功而頓成。故知無量國中，難聞名字，塵沙劫內，罕遇傳持。

以如上之因緣，目爲心境，現一道而清虛可鑒，辟羣邪而毫髮不容。妙體無私，圓光匪外。無邊義海，咸歸顧盼之中；萬像形容，盡入照臨之內。斯乃曹溪一味之旨，諸祖同傳，鵠林不二之宗，羣經共述。可謂萬善之淵府，衆哲之玄源，一字之寶王，羣靈之元祖。遂使離心之境，文理俱虛；卽識之塵，詮量有據。一心之海印，楷定圓宗；八識之智燈，照開邪闇。實謂含生靈府，萬法義宗，轉變無方，卷舒自在，應緣現迹，任物成名。諸佛體之號三菩提，菩薩修之稱六度行，海慧變之爲水，龍女獻之爲珠，天女散之爲無著華，善友求之爲如意寶，緣覺悟之爲十二緣起，聲聞證之爲四諦人空，外道取之爲邪見河，異生執之作生死海。

論體則妙符至理，約事則深契正緣。然雖標法界之總門，須辯一乘之別旨，種種性相之義，在大覺以圓通；重重卽入之門，唯種智而妙達。但以根羸靡鑒，學寡難周，不知性相二門，是自心之體用。若具用而失恒常之體，如無水有波；若得體而闕妙用之門，似無波有水。且未有無波之水，曾無不濕之波，以波徹水源，水窮波末，如性窮相表，相達性源。須知體用相成，性相互顯。今乃細明總別，廣辯異同。研一法之根源，搜諸緣之本末，則可稱宗鏡；以鑒幽微，無一法以逃形，斯千差而普會。遂爾編羅廣義，撮略要文，鋪舒於百卷之中，卷攝在一心之內。能使難思教海，指掌而念念圓明；

無盡真宗，目覩而心心契合。若神珠在手，永息馳求，猶覺樹垂陰，全消影跡。獲真寶於春池之內，拾礫渾非；得本頭於古鏡之前，狂心頓歇。可以深挑見刺，永截疑根。不運一毫之功，全開寶藏；匪用剎那之力，頓獲玄珠。名爲一乘大寂滅場，真阿蘭若正修行處。此是如來自到境界，諸佛本住法門，是以普勸後賢，細垂玄覽，遂得智窮性海，學洞真源。

　　此識此心，唯尊唯勝。此識者，十方諸佛之所證；此心者，一代時教之所詮。唯尊者，教理行果之所歸；唯勝者，信解證入之所趣。諸賢依之而解釋，論起千章；衆聖體之以弘宣，談成四辯。所以掇奇提異，研精洞微，獨舉宏綱，大張正網。撈摝五乘機地，昇騰第一義天。廣證此宗，利益無盡。遂得正法久住，摧外道之邪林；能令廣濟含生，塞小乘之亂轍。則無邪不正，有僞皆空。由自利故，發智德之原；由利他故，立恩德之事。成智德故，則慈起無緣之化；成恩德故，則悲含同體之心。以同體故，則心起無心；以無緣故，則化成大化。心起無心故，則何樂而不與？化成大化故，則何苦而不收？何樂而不與，則利鈍齊觀；何苦而不收，則怨親普救。遂使三草二木，咸歸一地之榮；邪種焦芽，同霑一雨之潤。斯乃盡善盡美，無比無儔。可謂括盡因門，搜窮果海。故得創發菩提之士，初求般若之人。了知成佛之端由，頓圓無滯；明識歸家之道路，直進何疑。或離此別修，隨他妄解，如穀角取乳，緣木求魚，徒歷三祇，終無一得。若依此旨，信受弘持，如快舸隨流，無諸阻滯，又遇便風之勢，更加櫓棹之功，則疾屆寶城，忽登覺岸。可謂資糧易辦，道果先成，被<u>迦葉</u>上行之衣，坐<u>釋迦</u>法空之座，登<u>彌勒毗盧</u>之閣，入<u>普賢</u>法界之身。能令客作賤人，全領長者之家業；忽使<u>沈空</u>小果，頓受如來之記名。未有一門匪通斯道，必無一法不契此宗。過去覺王，因玆成佛；未來大士，仗此證真，則何一法門而不開？何一義理而不現？無一色

非三摩鉢地，無一聲非陀羅尼門；嘗一味而盡變醍醐，聞一香而皆
入法界。風柯月渚，並可傳心；煙島雲林，咸提妙旨。步步踏金色
之界，念念嗅薝蔔之香。掬滄海而已得百川，到須彌而皆同一色。
煥兮開觀象之目，盡復自宗；寂爾導求珠之心，俱還本法。遂使邪
山落仞，苦海收波，智機以之安流，妙峰以之高出。

　　今詳祖佛大意，經論正宗，削去繁文，唯搜要旨，假申問答，廣
引證明，舉一心爲宗，照萬法如鏡，編聯古製之深義，撮略寶藏之圓
詮，同此顯揚，稱之曰錄。分爲百卷，大約三章，先立正宗，以爲歸
趣；次申問答，用去疑情；後引真詮，成其圓信。以茲妙善，普施含
靈，同報佛恩，共傳斯旨耳。

　　　　　　　（選自光緒二十五年江北刻經處本宗鏡錄）

二、萬善同歸集

卷　　上

　　夫衆善所歸，皆宗實相。如空包納，似地發生，是以但契一如，
自合衆德。然不動真際，萬行常興。不壞緣生，法界恒現。寂不閡
用，俗不違真。有無齊觀，一際平等。是以萬法惟心，應須廣行諸
度，不可守愚空坐，以滯真修。若欲萬行齊興，畢竟須依理事。理
事無閡，其道在中。遂得自他兼利，而圓同體之悲。終始該羅，以
成無盡之行。若論理事，幽旨難明。細而推之，非一非異。是以性
實之理，相虛之事，力用交徹，舒卷同時。體全徧而不差，跡能所而
似別。事因理立，不隱理而成事。理因事彰，不壞事而顯理。相資
則各立，相攝則俱空。隱顯則互興，無閡則齊現。相非相奪，則非
有非空；相卽相成，則非常非斷。若離事而推理，墮聲聞之愚；若離

理而行事,同凡夫之執。當知離理無事,全水是波;離事無理,全波是水。理卽非事,動顯不同;事卽非理,能所各異。非理非事,真俗俱亡;而理而事,二諦恒立。雙照卽假,宛爾幻存;雙遮卽空,泯然夢寂。非空非假,中道常明。不動因緣,寧虧理體。故菩薩以無所得而爲方便,涉有而不乖空;依實際而起化門,履真而不閡俗。常然智炬,不昧心光。雲布慈門,波騰行海。遂得同塵無閡,自在隨緣。一切施爲,無非佛事。故般若經云:"一心具足萬行。"華嚴經云:"解脫長者告善財言:'我若欲見安樂世界阿彌陀佛,隨意卽見,乃至所見十方諸佛,皆由自心'。善男子,當知菩薩修諸佛法,净諸佛刹,積習妙行,調伏衆生,發大誓願,如是一切,悉由自心。是故善男子,應以善法,扶助自心;應以法水,潤澤自心;應於境界,净治自心;應以精進,堅固自心;應以智慧,明利自心;應以佛自在,開發自心;應以佛平等,廣大自心;應以佛十力,照察自心。"古德釋云,心該萬法,謂非但一念觀佛,由於自心;菩薩萬行,佛果體用,亦不離心,亦去妄執之失。謂有計云,萬法皆心,任之是佛。驅馳萬行,豈不虛勞?今明心雖卽佛,久翳塵勞,故以萬行增修,令其瑩徹。但説萬行由心,不説不修爲是。又萬法卽心,修何閡心?

　　問曰:祖師云,善惡都莫思量,自然得入心體。湼槃經云:"諸行無常,是生滅法。"如何勸修,故違祖教。

　　答:祖意據宗,教文破著。若禪宗頓教,泯相離緣,空有俱亡,體用雙寂。若華嚴圓旨,具德同時,理行齊敷,悲智交濟。是以文殊以理印行,差別之義不虧;普賢以行嚴理,根本之門靡廢。本末一際,凡聖同源,不壞俗而標真,不離真而立俗。具智眼而不没生死,運悲心而不滯湼槃。以三界之有,爲菩提之用;處煩惱之海,通湼槃之津。夫萬善是菩薩入聖之資糧,衆行乃諸佛助道之階漸。若有目而無足,豈到清涼之池?得實而忘權,奚昇自在之域?是以方便般若，常相輔翼；真空妙有，恒共成持。法華會三歸一，萬善悉向菩提。大品一切無二，衆行咸歸種智。故華嚴經云："第七遠行地，當修十種方便慧殊勝道。"所謂雖善修空無相無願三昧，而慈悲不捨衆生。雖得諸佛平等法，而樂常供養佛。雖入觀空智門，而勤集福德。雖遠離三界，而莊嚴三界。雖畢竟寂滅諸煩惱餤，而能爲一切衆生起滅貪瞋癡煩惱餤。雖知諸法如幻如夢，如影如響，如餤如化，如水中月，如鏡中像，自性無二，而隨心作業無量差別。雖知一切國土猶如虛空，而能以清浄妙行莊嚴佛土。雖知諸佛法身本性無身，而以相好莊嚴其身。雖知諸佛音聲性空寂滅不可言説，而能隨一切衆生出種種差別清浄音聲。雖隨諸佛了知三世惟是一念，而隨衆生意解分別，以種種相種種時種種劫數而修諸行。維摩經云："菩薩雖行於空而植衆德本，是菩薩行。雖行無相而度衆生，是菩薩行。雖行無作而現受身，是菩薩行。雖行無起而起一切善行，是菩薩行。"古德問云：萬行統惟無念，今見善見惡，願離願成，疲役身心，豈當爲道？答：此離念而求無念，尚未得真無念，況念無念而無閡乎？又，無念但是行之一，豈知一念頓圓？如上所引，佛旨煥然，何得空腹高心，以少爲足，擬欲蛙嫌海量，螢掩日光乎？

　　問：泯絶無寄，境智俱空，是祖佛指歸，聖賢要路。若論有作，心境宛然，憑何教文，廣陳萬善？

　　答：諸佛如來，一代時教，自古及今，分宗甚衆，撮其大約，不出三宗：一相宗，二空宗，三性宗。若相宗多説是，空宗多説非，性宗惟論直指，卽同曹溪見性成佛也。如今不論見性，罔識正宗，多執是非，紛然諍競，皆不了祖佛密意，但徇言詮。如教中或説是者，卽依性説相；或言非者，是破相顯性。惟性宗一門，顯了直指，不説是非。如今多重非心非佛，非理非事，泯絶之言，以爲玄妙，不知但是遮詮治病之文。執此方便，認爲標的，却不信表詮直指之教，頓遺實地，昧却真心。如楚國愚人，認雞作鳳；猶春池小兒，執石爲珠。但任淺近之情，不探深密之旨，迷空方便，豈識真歸？

問：諸佛如來三乘教典，惟有一味解脱法門，云何廣說世間生滅緣起？擬心即失，不順真如；動念即乖，違於法體。

答：若論一相一味，此乃三乘權教。約理而言，即以一切因緣而爲過患。今所集者，惟顯圓宗，一一緣起，皆是法界實德。不成不破，非斷非常，乃至神變施爲，皆法如是故，非假神力，暫得如斯。縱有一法緣生，無非性起功德。華嚴經云："此華藏世界海中，無問若山若河，乃至樹林塵毛等處，一一無不皆是稱真如法界，具無邊德。"

問：經云："但凡夫之人，貪著其事。"又云："取相凡夫，隨宜爲説。若得理本，萬行俱圓。何須事跡，而興造作乎？"

答：此是破貪著執取之文，非干因緣事相之法。浄名經云："但除其病，而不除法。"金剛三昧經云："有二入：一理入，二行入。"以理導行，以行圓理。又菩提者，以行入無行。以行者，緣一切善法。無行者，不得一切善法。豈可滯理廢行，執行違理？祖師馬鳴大乘起信論云："信成就發心有三：一直心，正念真如法故；二深心，樂集一切諸善行故；三大悲心，欲拔一切衆生苦故。"論問：上説法界一相，佛體無二，何故不唯念真如，復假求學諸善法之行？論答：譬如大摩尼寶，體性明浄，而有鑛穢之垢。若人雖念寶性，不以方便種種磨治，終無得浄。如是衆生，真如之法，體性空浄，而有無量煩惱垢染。若人雖念真如，不以方便種種熏修，亦無得浄。以垢無量，徧修一切善行以爲對治。若人修行一切善法，自然歸順真如法故。略説方便有四種：一者，行根本方便，謂觀一切法，自性無生，離於妄見，不住生死。觀一切法，因緣和合，業果不失，起於大悲。修諸福德，攝化衆生，不住涅槃，以隨順法性無住故。二者，能止方便，謂慚愧悔過能止一切惡法，令不增長，以隨順法性離諸過故。三者，發起善根增長方便，謂勤修供養，禮拜三寶，讚歎隨喜，勸請諸佛，以愛敬三寶淳厚心故，信得增長，乃能志求無上之道。又因佛法僧力所護故，能消業障，善根不退，以隨順法性離癡障故。四者，大願平等方便，所謂發願盡於未來，化度一切衆生，使無有餘，皆令究竟無餘涅槃，以隨順法性無斷絕故。法性廣大，徧一切衆生，平等無二，不念彼此，究竟寂滅故。牛頭融大師問：諸法畢竟空，有菩薩行六度萬行否？答：此是三乘二見心，若觀心本空，即是實慧，即是見真法身。法身不住此空，謂有運用覺知，即是方便慧。方便慧亦不可得，即是實慧。恆不相離，前念後念，皆由二慧發，故云：智度菩薩母，方便以爲父，一切衆導師，無不由是生。先德問云：即心是佛，何假修行？答：祇爲是故，所以修行。如鐵無金，雖經鍛鍊，不成金用。賢首國師云：今佛之三身十波羅密，乃至菩薩利他等行，並依自法融轉而行。即衆生心中有真如體大，今日修行引出法身。由心中有真如相大，今日修行引出報身。由心中有真如用大，今日修行引出化身。由心中有真如法性，自無慳貪，今日修行順法性無慳，引出檀波羅密等。當知三祇修道，不曾心外得一法，行一行。何以故？但是自心引出自淨行性，而起修之，故知摩尼沈泥，不能雨寶；古鏡積垢，焉能鑒人？雖心性圓明，本來具足。若不衆善顯發，萬行磨治，方便引出，成其妙用，則永翳客塵，長淪識海，成妄生死，障淨菩提。是以祖教分明，理事相即，不可偏據，而溺見河。

　　問：善雖勝惡，念即乖真，約道而言，俱非解脫。何須廣勸，滯正修行？既涉因緣，實妨於道。

　　答：世出世間，以上善爲本。初即因善而趣入，後即假善以助成。實爲越生死海之舟航，趣涅槃城之道路，作人天之基陛，爲祖佛之垣牆。在塵出塵，不可暫廢。十善何過，弘在於人。若貪著，則果生有漏之天；不執，則位入無爲之道。運小心，墮二乘之位；發大意，昇菩薩之階。乃至究竟圓修，終成佛果。以知非關上善，能爲滯閡之因，全在行人，自成得失之咎。故華嚴經云："十不善業道，是地獄、畜生、餓鬼受生之因；十善業道，是人、天乃至有頂處受生之因。"又此上品十善業道，以智慧修習，心狹劣故，怖三界故，闕大悲故，從他聞聲而了解故，成聲聞乘。又此上品十善業道，修治清净，不從他教，自覺悟故，大悲方便不具足故，悟解甚深因緣法故，成獨覺乘。又此上品十善業道，修治清净，心廣無量故，具足悲愍故，方便所攝故，發生大願故，不捨衆生故，希求諸佛大智故，净治菩薩諸地故，净修一切諸度故，成菩薩廣大行。又此上上十善業道，一切種清净故，乃至證十力四無畏故，一切佛法皆得成就。是故我今等行十善，應令一切具足清净，乃至菩薩如是積集善根，成就善根，增長善根，思惟善根，繫念善根，分別善根，愛樂善根，修集善根，安住善根，菩薩摩訶薩如是積集諸善根已，以此善根所得依果，修菩薩行，於念念中見無量佛，如其所應，承事供養。又云：雖無所作，而恒住善根。又云：雖知諸法無有所依，而説依善法而得出離。大智度論云：佛言，我過去亦曾作惡人小蟲，因積善故，乃得成佛。又如十八不共中，有欲無減者，佛知善法恩故，常欲集諸善法，故欲無減。修集諸善法，心無厭足，故欲無減。如一長老比丘目暗，自縫僧伽梨，衽脱，語諸人言，誰樂欲爲福德者，爲我衽針？爾時佛現其前語言：我是樂欲福德，無厭足人，持汝針來。是比丘斐亹，見佛光明，又識佛音聲，白佛言：佛無量功德海，皆盡其邊底，云何無厭足？佛告比丘：功德果報甚深，無有如我知恩分者。我雖復盡其邊底，我本以欲心無厭足故得佛，是故今猶不息。雖更無功德可得，我欲心亦不休。諸天世人驚悟，佛於功德尚無厭足，何況餘人？佛爲比丘説法，是時肉眼卽明，慧眼成就。又云：佛言，若不成就衆生淨佛國土，不能得無上道。何以故？因緣不具足，則不能得阿耨多羅三藐三菩提。因緣者，所謂一切善法，從初發意，行檀波羅密，乃至十八不共法，於是行法中，無憶想分別故。

問：夫如來法身，湛然清淨。一切衆生，祇爲客塵所蔽，不得現前。如今但息攀緣，定水澄淨，何須衆善，向外紛馳，反背真修，但成勞慮？

答：無心寂現，此是了因，福德莊嚴，須從緣起，二因雙備，佛體方成，諸大乘經無不具載。淨名經云：“佛身者，卽法身也。”從無量功德智慧生，從慈悲喜捨生，從布施、持戒、忍辱柔和、勤行精進、禪定解脱三昧、多聞智慧諸波羅密生，乃至從斷一切不善法，集一切善法，生如來身。又云：“具福德故，不住無爲。具智慧故，不盡有爲。大慈悲故，不住無爲。滿本願故，不盡有爲。”此乃自背圓詮，不遵佛語，擬捉涅槃之縛，欲沈解脱之坑。栽蓮華於高原，植甘種於空界。欲求菩提華果，何由得成？所以云：入無爲正位者，不生佛法耳。乃至譬如不下巨海，不能得無價寶珠。如是不入煩惱大海，則不能得一切智寶。

問：入法以無得爲門，履道以無爲先導。若興衆善，起有得心，一違正宗，二虧實行。

答：以無得故，無所不得。以無爲故，無所不爲。無爲豈出爲中，無得非居得外。得與無得，既非全別。爲與無爲，亦非分同。非別非同，誰言一二？而同而別，不閡千差。若迷同別兩門，卽落斷常二執。所以華嚴離世間品云：“知一切法，無相是相，相是無相。無分別是分別，分別是無分別。非有是有，有是非有。無作是作，作是無作。非説是説，説是非説，不可思議。知心與菩提等，知菩提與心等，心及菩提與衆生等，亦不生心顚倒、想顚倒、見顚倒，不可思議。於念念中，入滅盡定，盡一切漏，而不證實際，亦不盡有漏善根。雖一切法無漏，而知漏盡，亦知漏滅。雖知佛法即世間法，世間法即佛法，而不於佛法中分別世間法，不於世間法中分別佛法。一切諸法，悉入法界，無所入故。知一切法，皆無二無變易，不可思議。”

問：一切衆生不得解脱者，皆爲認其假名，逐妄輪廻，楞嚴經中，唯令以湛旋其虚妄滅生，伏還元覺，得元明覺無生滅性，爲因地心，然後圓成果地修證。云何一向徇斯假名，論其散善，轉增虚妄，豈益初心？

答：名字性空，皆唯實相，但從緣起，不落有無。法句經云：“佛告寶明菩薩，汝且觀是諸佛名字，若是有，説食與人，應得充飢。若名字無者，定光如來不授我記，及於汝名，如無授者，我不應得佛。當知字句，其已久如，以我如故，備顯諸法，名字性空，不在有無。”華嚴經云：“譬如諸法，不分別自性，不分別音聲，而自性不捨，名字不滅。菩薩亦復如是，不捨於行，隨世所作，而於此二無執著。是以不動實際，建立行門，不壞假名，圓通自性。”

問：何以不任運騰騰，無心合道，豈須萬行，動作關心？

答：古德顯佛果有三：一亡言絶行，獨明法身無作果；二從行漸修，位滿三祇果；三從初理智，自在圓融果。此是上上根人，圓修圓證，雖一念頓具，不妨萬行施爲。雖萬行施爲，不離一念。若亡情冥合，各是一門，遲速任機，法無前後。

問：觸目菩提，舉足皆道，何須別立事相道場。役念勞形，豈諧妙旨？

答：道場有二：一理道場，二事道場。理道場者，周徧刹塵。事道場者，淨地嚴飾。然因事顯理，藉理成事。事虚攬理，無不理之事。理實應緣，無閡事之理。故即事明理，須假莊嚴，從俗入真，唯憑建立，爲歸敬之本，作策發之門，觀相嚴心，自他兼利。止觀云："圓教初心，理觀雖諦，法忍未成，須於淨地，嚴建道場。晝夜六時，修行五悔，懺六根罪，入觀行卽，乘戒兼急，理事無瑕，諸佛威加，真明頓發，直至初住，一生可階。"上都儀云："夫歸命三寶者，要指方立相，住心取境，不明無相離念也。"佛懸知凡夫，繫心尚乃不得，況離相耶？如無術通人，居空造舍也。依寶像等三觀，必得不疑。佛言：我滅度後，能觀像者，與我無異。大智論云："菩薩唯以三事無厭：一供養佛無厭，二聞法無厭，三供給僧無厭。"天台智者問云：世間有空行人，執其癡空，不與修多羅合。聞此觀心，而作難言：若觀心是法身等，應觸處平等，何故經像生敬，紙木生慢？敬慢異故，則非平等。非平等故，法身義不成？答：我以凡夫位中，觀如是相耳。爲欲開顯此實相，恭敬經像，令慧不縛，使無量人崇善去惡，令方便不縛，豈與汝同耶？乃至廣興法會，建立壇儀，手決加持，嚴其勝事，遂得道場現證，諸佛威加，皆是大聖垂慈，示其要軌。或視香華之相，戒德重清；或見普賢之身，罪源畢淨。因玆法事圓備，佛道退隆，現斯感通，歸憑有據。是以須遵往聖，事印典章，不可憑虛，出於胸臆，毀德壞善，翻墮邪輪，撥有凝空，枉投邪冑。

問：金剛般若經云："若以色見我，以音聲求我，是人行邪道，不能見如來。"如何立相標形，而稱佛事？

答：息緣泯事，此是破相宗。直論顯理，卽是大乘始教，未得有無齊行，體用交徹。若約圓門無閡，性相融通，舉一微塵，該羅法界。華嚴經云："清淨慈門刹塵數，共生如來一妙相。一一諸相莫不然，是故見者無厭足。"法華經云："汝證一切智，十力等佛法，具三十二相，乃至真實滅。"大涅槃經云："非色者，卽是聲聞、緣覺解脫。色者，卽是諸佛如來解脫。"豈同凡夫橫執頑閡之境，以爲實色？二乘偏證灰斷之質，而作真形？是以六根所對，皆見如來。萬像齊觀、圓明法界。豈待消形滅影，方成玄趣乎？

問：卽心是佛，何須外求，若認他塵，自法卽隱。

答：諸佛法門，亦不一向。皆有自力他力，自相共相。十玄門之該攝，六相義之融通。隨緣似分，約性常合。從心現境，境卽是心；攝所歸能，他卽是自。古德云，若執心境爲二，遮言不二，以心外無別塵故；若執爲一，遮言不一，以非無緣故。淨名經云："諸佛威神之所建立。"智者大師云："夫一向無生觀人，但信心益，不信外佛威加益。"經云："非內非外，而內而外。"而內故，諸佛解脫於心行中求。而外故，諸佛護念，云何不信外益耶？夫因緣之道，進修之門，皆衆緣所成，無一獨立。若自力充備，卽不假緣；若自力未堪，須憑他勢。譬如世間之人，在官難中，若自無力得脫，須假有力之人救拔。又如牽拽重物，自力不任，須假衆他之力，方能移動。但可內量實德，終不以自妨人。又若執言內力，卽是自性，若言外力，卽成他性。若云機感相投，卽是共性，若云非因非緣，卽無因性。皆滯閡執，未入圓成，若了真心，卽無所住。

問：經云："觀身實相，觀佛亦然。一念不生，天真頓朗。"何得唱他佛號，廣誦餘經？高下輪廻，前後生滅，既妨禪定，但徇音聲，水動珠昏，寧當冥合。

答：夫聲爲衆義之府，言皆解脫之門。一切趣聲，聲爲法界。經云："一一諸法中，皆含一切法。"故知一言音中，包羅無外，十界具足，三諦理圓。何得非此重彼，離相求真，不窮動靜之源，遂致語默之失？故經云："一念初起，無有初相，是真護念。"未必息念消聲，方冥實相。是以莊嚴門內，萬行無虧；真如海中，一毫不捨。且如課念尊號，教有明文。唱一聲而罪滅塵沙，具十念而形棲淨土。拯危拔難，殄障消冤，非但一期，暫拔苦津，託此因緣，終投覺海。故經云："若人散亂心，入於塔廟中，一稱南無佛，皆已成佛道。"又經云："受持佛名者，皆爲一切諸佛共所護念。"寶積經云："高聲念佛，魔軍退散。"文殊般若經云："衆生愚鈍，觀不能解，但令念聲相續，自得往生佛國。"智論云："譬如有人，初生墮地，即得日行千里，足一千年，滿中七寶，以用施佛。不如有人，於後惡世，稱一佛聲，其福過彼。"大品經云："若人散心念佛，乃至畢苦，其福不盡。"增一阿含經云："四事供養一閻浮提一切衆生，功德無量。若有衆生，善心相續，稱佛名號，如一𤛓牛乳頃，所得功德過上，不可思議，無能量者。"華嚴經云："住自在心念佛門，知隨自心所有欲樂，一切諸佛現其像故。"飛錫和尚高聲念佛三昧寶王論云："浴大海者，已用於百川。念佛名者，必成於三昧。"亦猶清珠下於濁水，濁水不得不清。念佛投於亂心，亂心不得不佛。既契之後，心佛雙亡。雙亡，定也。雙照，慧也。定慧既均，亦何心而不佛？何佛而不心？心佛既然，則萬境萬緣無非三昧也。誰復患之於起心動念高聲稱佛哉！故業報差別經云："高聲念佛誦經，有十種功德：一能排睡眠，二天魔驚怖，三聲徧十方，四三塗息苦，五外聲不入，六令心不散，七勇猛精進，八諸佛歡喜，九三昧現前，十生於净土。"羣疑論云："問：名字性空，不能詮説諸法。教人專稱佛號，何異説食充飢乎？答：若言名字無用，不能詮諸法體，亦應喚火水來。故知筌蹄不空，魚兔斯得。故使梵王啟請，轉正法輪。大聖應機，弘宣妙旨。人天凡聖，咸稟正言。五道四生，並遵遺訓。聽聞讀誦，利益弘深。稱念佛名，往生净土。亦不得唯言名字虛假，不有詮説者乎？"論云："問：何因一念佛之力，能斷一切諸障？答：如一香栴檀，改四十由旬伊蘭林悉香。又譬如有人，用師子筋以爲琴弦，其聲一奏，一切餘弦，悉皆斷壞。若人菩提心中，行念佛三昧者，一切煩惱，一切諸障，皆悉斷滅。"大集經云："或一日夜，或七日夜，不作餘業，志心念佛。小念見小，大念見大。"又般若經云："文殊問佛：云何速得阿耨

菩提？佛答：有一行三昧。欲入一行三昧者，應須於空閑處，捨諸
亂意，不取相貌，繫念一佛，專稱名字，隨佛方所，端身正向。能於
一佛念念相續，卽是念中能見過去未來現在諸佛。晝夜常說，智慧
辯才，終不斷絕。”是知佛力難思，玄通罕測，如石吸鐵，似水投河。
慈善根力，見如是事，志心歸者，靈感昭然。

　　問：凡所有相，皆是虛妄，但有好境，取卽成魔。何得著相興
心，而希冥感耶？

　　答：修行力至，聖境方明，善緣所生，法爾如是。故將證十地，
相皆現前，是以志切冥加，道高魔盛。或禪思入微，而變異相；或禮
誦懇志，暫覩嘉祥。但了唯心，見無所見。若取之，則心外有境，便
成魔事；若捨之，則撥善功能，無門修進。摩訶論云：“若真若偽，惟
自妄心現量境界，無有其實，無所著故。又若真若偽，皆一真如，皆
一法身，無有別異，不斷除故。”智論云：“不捨者，諸法中皆有助道
力故。不受者，諸法實相畢竟空無所得故。”台教云，疑者言大乘平
等，何相可論？今言不爾，祇由平等鏡淨，故諸業像現。令止觀研
心，心漸明淨，照諸善惡，如鏡被磨，萬像自現。是知不有而有，無
性緣生；有而不有，緣生無性。常冥實際，中道泠然，欣感不生，分
別情斷。虛懷寂慮，何得失之所感乎？又若諷誦遺典，受持大乘，
功德幽深，果報玄邈，如經佛親比校。譬如一人，辯若文殊，教化四
天下人，皆至一生補處，格量功德，不如香花供養方等經典，得下等
寶。又阿難疑審，七佛現身證明，實有此事。又如說修行，得上等
寶。受持讀誦，得中等寶。香花供養，得下等寶。法華經云：“供養
四百萬億阿僧祇世界衆生，乃至皆得阿羅漢道，盡諸有漏。於深禪
定，皆得自在，具八解脫。不如第五十人，聞法華經一偈，隨喜功
德，百千萬億分，不及其一。”又經云：“若人讀誦經處，其地皆爲金
剛，但肉眼衆生不能見耳。”南山感通傳云：“七佛金塔中有銀印，若

誦大乘者，以銀印印其口，令無遺忘。"普賢觀經云："若七衆犯戒，欲一彈指頃，除滅百千萬億阿僧祇劫生死之罪者，乃至欲得文殊、藥王、諸大菩薩，持香花住立空中侍奉者，應當修習此法華經，讀誦大乘，念大乘事，令此空慧與心相應。"大般若經云："無諸惡獸，巖穴寂静，而爲居止。所謂聞法，晝夜六時，勤加讚諷，聲離高下，心不緣外，專心憶持。"賢愚經云："行者欲成佛道，當樂經法，讀誦演説，正使白衣説法，諸天鬼神，悉來聽受，況出家人？出家之人，乃至行路誦經説偈，常有諸天隨而聽之，是故應勤誦經説法。"已上皆是金口誠諦之言，非是妄心孟浪之説。是以志心誦者，證驗非虚，常爲十方如來、釋迦文佛密垂護念。讚言善哉，授手摩頭，共宿衣覆，攝受付囑，隨喜威加。乃至神王護持，天仙給待，金剛擁從，釋梵散華。成就福因，等法界虛空之際量；校量功德，勝恒沙七寶之施緣。乃至凡質通靈，肉身不壞，舌變紅蓮之色，口騰紫檀之香，聞一句而畢趣菩提，誦半偈而功齊大覺。書寫經卷，報受欲天，供養持人，福過諸佛。可謂法威德力，不思議門，萬瑞千靈，因慈而感。三賢十聖，從此而生，亙古該今，從凡至聖。三業供養，十種受持，盡禀真詮，傳持不絶。今何起謗，而斷轉法輪乎？

　　問：經中祇讚如説修行，深解義趣，勤求無念，默契玄根。云何勸修，廣興唱誦？

　　答：若約上下圓根，大機淳熟，無諸遮障，頓了頓修。若妄念不生，何須助道？大凡微細想念，佛地方無。故安般守意經序云："彈指之間，心九百六十轉。一日一夕，十三億意。意有一身，心不自知，猶彼種夫也。"是知情塵障厚，卒净良難。若非萬善助開，自力恐成稽滯。又，若論福業徧行門中，萬行莊嚴，不捨一法，皆能助道，顯大菩提，具足十種受持，亦無所閡。故法華經云："爾時，千世界微塵數菩薩摩訶薩，從地涌出者，皆於佛前，一心合掌，瞻仰尊顏。而白佛言：世尊，我等於佛滅度後，世尊分身，所在國土，滅度之處，當廣説此經。所以者何？我等亦自欲得是真净大法，受持讀誦，解説書寫，而供養之。"以知登地菩薩，非獨爲他解説，尚自發願持誦，何況初心，而不禀受？但先求信解悟入，後即如説而行。口演心思，助開正慧。若未窮宗旨，且徇文言。雖不親明，亦熏善本。般若威力，初後冥資，於正法中，發一微心，皆是初因，終不孤棄。

問：欲真持經，應念實相。既忘能所，誦者何人？若云心口所爲，求之了不可得。究竟推檢，理出何門？

答：雖觀能念所誦皆空，空非斷空，不閼能誦，所持爲有，有非實有。不空不有，中理皎然。執無，則墮其邪空。没有，則成其偏假。是以一心三觀，三觀一心，即一而三相不同，即三而一體無異。非合非散，不縱不橫，存泯莫辨，是非焉局。常冥三諦，總合一乘，萬行度門，咸歸實相。又，所難念誦有妨禪定者，且禪定一法，乃四辯六通之本，是革凡蹈聖之因。攝念少時，故稱上善。然須明沈掉，消息知時。經云："如坐禪昏昧，須起行道念佛，或志誠洗懺，以除重障。策發身心，不可確執一門以爲究竟。"故慈愍三藏云："聖教所説正禪定者，制心一處，念念相續，離於昏掉，平等持心。若睡眠覆障，即須策動念佛誦經，禮拜行道，講經説法。教化衆生，萬行無廢。所修行業，廻向往生西方净土。"若能如是修習禪定者，是佛禪定與聖教合。是衆生眼目，諸佛印可。一切佛法，等無差別，皆乘一如，成最正覺。皆云念佛是菩提因，何得妄生邪見」故台教行四種三昧，小乘具五觀對治，亦有常行半行種種三昧，終不一向而局坐禪。金剛三昧經云："不動不禪，離生禪想。"法句經云："若學諸三昧，是動非是禪；心隨境界生，云何名爲定？"起信論云："若人唯修於止，則心沈没，或起懈怠，不樂衆善，遠離大悲"，乃至"於一切時、一切處，所有衆善，隨已堪能，不捨修學，心無懈怠。惟除坐時，專念於止。若餘一切，悉當觀察應作不應作。若行若住，若臥若起，皆應止觀俱行。"是以若能通達，定散俱得入道。若生滯閡，行坐皆即成非。南嶽法華懺云："修習諸禪定，得諸佛三昧，六根性清净。菩薩學法華，具足二種行，一者有相行，二者無相行。無相安樂行，甚深妙禪定，觀察六情根，有相安樂行，此依勸發品。散心誦法華，不入禪三昧。坐立行一心，念法華文字。行若成就者，即見普賢身。"是以智者修法華懺，誦至藥王焚身品云："是真精進，是名真法供養如來，頓悟靈山，如同即席。乃至密持神咒，靈貺昭然，護正防邪，降魔去外。制重昏之巨障，滅積劫之深痾，現不測之神通，示難思之感應。扶其廣業，珍彼餘殃。仰憑法力難思，遂致安然入道。"是以，或因念佛而證三昧，或從坐禪而發慧門，或專誦經而見法身，或但行道而入聖境。但以得道爲意，終不取定一門。惟憑專志之誠，非信虛誕之説。

問：行道禮拜，未具真修。祖立客春之愆，佛有磨牛之誚。故智論云："須菩提於石室，悟了法空，得先禮佛。"四十二章經云："心道若行，何用行道？豁然詮旨，何故非遠？"

答：若行道禮拜時，不生殷重，既無觀慧，又不專精，雖身在道場，而心緣異境。著有爲之相，迷其性空；起能作之心，生諸我慢。不了自他平等，能所虛玄。儻涉茲倫，深當前責。南泉大師云："微妙净法身，具相三十二，祇是不許分劑心量。若無如是心，一切行處，乃至彈指合掌，皆是正因，萬善皆同無漏，始得自在。"百丈和尚云："行道禮拜，慈悲喜捨，是沙門本事。宛然依佛敕，祇是不許執著。"法華懺云："有二種修：一事中修，若禮念行道，悉皆一心，無分散意；二理中修，所作之心，心性不二。觀見一切，悉皆是心，不得心相。"普賢觀經云："若有晝夜六時，禮十方佛，誦大乘經，思第一義，甚深空法，於一彈指頃，除百萬億那由他恒河沙劫生死之罪。"

行此法者，真是佛子。從諸佛生，十方諸佛，及諸菩薩，爲其和尚。是名具足菩薩戒者，不須羯磨，自然成就，應受一切人天供養。且行道一法，西天偏重，繞百千帀，方施一拜。經云："一日一夜行道，志心報四恩，如是等人，得入道疾。"繞塔功德經云："勇猛勤精進，堅固不可壞，所作速成就。斯由右繞塔。得妙紫金色，相好莊嚴身，現作天人師，斯由右繞塔。"華嚴懺云："行道步步過於無邊世界，一一道場，皆見我身。"南山行道儀云："夫行道障盡爲期，無定日限，若論障盡，佛地乃亡。心灼灼如火然，形翹翹如履刃。"儀云："若從來不行道，業相無因而現。"經云："衆生如大富盲兒，雖有種種寶物，而不得見。今行道用功，垢除心净，如瞖眼開明，如水澄鏡净，衆像皆現，亦如日照火珠，於火便出。"

問：諸法實相，無善惡相，云何有現耶？

答：雖無我無造無受者，善惡之業亦不亡。諸法無相，能示有相。行者行道，不念有相，不念無相，但念念功成，其相自現。猶如盆水處於密室，雖無心分別，衆像自現。

問：相現之時，真僞何辨？云何分別，而取捨耶？

答：若取，如取虛空；若捨，如捨虛空。

問：有人久修不證者何耶？

答：經云："衆生心如鏡，鏡垢像不現。"

問：論云，"行道念佛"，與坐念功德如何？

答：譬如逆水張帆，猶云得往，更若張帆順水，速疾可知。坐念一日，尚乃八十億劫罪消。行念功德，豈知其量？故偈云：行道五百徧，念佛一千聲。事業常如此，西方佛自成。若禮拜，則屈伏無明，深投覺地，致敬之極，如樹倒山崩。業報差別經云："禮佛一拜，從其膝下至金剛際，一塵一轉輪王位，獲十種功德：一者得妙色身，二出言人信，三處衆無畏，四諸佛護念，五具大威儀，六衆人親附，七諸天愛敬，八具大福報，九命終往生，十速證涅槃。"三藏勒那云：
"發智清净禮者，良由達佛境界，慧心明利，了知法界，本無有閡，由
我無始，順於凡俗，非有有想，非閡閡想。今達自心，虛通無閡，故
行禮佛，隨心現量。禮於一佛，卽禮一切佛；禮一切佛，卽是禮一
佛。以佛法身，體用融通，故禮一拜，徧通法界。如是香華種種供
養，例同於此。六道四生，同作佛想。"文殊云："心不生滅故，敬禮
無所觀。內行平等，外順修敬，內外冥合，名平等禮。"法華懺云：
"當禮拜時，雖不得能禮所禮，然影現法界，一一佛前，皆見自身
禮拜。"略引祖教，理事分明，不可滅佛意而毀金文，據偏見而傷
圓旨。

　　問：文殊云："心同虛空故，敬禮無所觀，甚深修多羅，不聞不受
持。"如何執相稱禮佛，徇文云誦經？違大士之誠言，失諸佛之深
旨。

　　答：此雖約理而述，且無事而不顯，從事而施，又無理而不圓，
理事相成，方顯斯旨。夫言"心同虛空故，敬禮無所觀"者，此是破
其能所之見。何者？心同虛空，不見能禮，無有所觀，則無所禮。
如是禮時，非對一佛二佛，心等太虛，身徧法界。"不聞不受持"者，
不聞，則無法義可觀；不受持，則非文字可記。如是持經，有何間
斷？亦是說者無示，聽者無得。然雖約理，非爲事外之理，既不離
事，卽是理中之事。此乃正禮時無禮，當持時不持，不可依語而不
依義，而與斷滅偏枯之見乎」

　　問：六念法門，十種觀相，雖稱助道，徇想緣塵，瞥起乖真，何如
净念？

　　答：無念一法，衆行之宗，微細俱亡，唯佛能净。故經云："三賢
十聖住果報，唯佛一人居净土。"況居凡地，又在初心。若無助道之
門，正道無由獨顯。且六念之法，能消魔幻，增進功德，扶策善根。

十觀之門，善離貪著，潛清濁念，密契真源，皆入道之要津，盡修禪之妙軌。似杖有扶危之力，如船獲到岸之功，力備功終，船杖俱捨。

問：首楞嚴經云："持犯但束身，非身無所束。"法句經云："戒性如虛空，持者爲迷倒。"何苦堅執事相，局念拘身？奚不放曠縱橫，虛懷履道？

答：此破執情，非袪戒德。苦見自持他犯，起譏毀心，戒爲防非，因防增過，如斯之類，實爲迷倒。淨名經云："非淨行，非垢行，是菩薩行。故不著持犯二邊，是真持戒。"大般若經云："持戒比丘，不昇天堂；破戒比丘，不墮地獄。何以故？法界中無持犯故。"此亦破著，了諸法空，事理雙持，身心俱淨。又若論縱橫自在，唯佛一人持淨戒，其餘皆名破戒者，帶習尚被境牽，現行豈逃緣縛？三業難護，放逸根深，猶醉象無鉤，癡猿得樹，奔波乍擁，生鳥被籠。若無定水戒香，慧炬無由照寂。是以菩薩稟戒爲師，明遵佛敕。雖行小罪，由懷大懼，謹潔無犯，輕重等持，息世譏嫌，恐生疑謗。夫戒爲萬善之基，出必由户，若無此戒，諸善功德，皆不得生。華嚴經云："戒能開發菩提心，學是勤修功德地，於戒及學常順行，一切如來所稱美。"薩遮尼乾子經云："若不持戒，乃至不得疥癩野干身，何況當得功德法身？"月燈三昧經云："雖有色族及多聞，若無戒智猶禽獸。雖處卑下少聞見，能持淨戒名勝士。"智論云："若人棄捨此戒，雖山居苦行，食果服藥，與禽獸無異。若有雖處高堂大殿，好衣美食，而能行此戒者，得生好處，及得道果。"又，大惡病中，戒爲良藥；大怖畏中，戒爲守護；死闇冥中，戒爲明燈；於惡道中，戒爲橋梁；死海水中，戒爲大船。又如今末代宗門中，學大乘人多輕戒律，稱是執持小行，失於戒急。所以大涅槃經佛臨涅槃時，扶律談常，則乘戒俱急，故號此經爲贖常住命之重寶。何以故？若無此教，但取口解脱,全不修行,則乘戒俱失。故經云:"尸羅不清净,三昧不現前。"從定發慧,因事顯理。若闕三昧,慧何由成?是知因戒得定,因定得慧,故云贖常住命之重寶。何得滅佛壽命,壞正律儀,爲和合海内之死屍 作長者園中之毒樹?衆聖所責,諸天所訶,善神不親,惡鬼削跡。居國王之地,生作賊身;處閻羅之鄉,死爲獄卒。諸有智者,宜暫思焉。

問:空卽罪性,業本真如。取相增瑕,如何懺悔?

答:若煩惱道,理遣合宜,苦業二道,須行事懺。投身歸命,雨淚翹誠,感佛威加,善根頓發。似池華得日敷榮,若塵鏡遇磨光耀,三障除而十二緣滅,衆罪消而五陰舍空。最勝王經云:"求一切智、净智、不思議智、不動智,三藐三菩提正徧知者,亦應懺悔,滅除業障。何以故?一切諸法,從因緣生故。"又經云:"前心起罪,如雲覆空;後心滅罪,如炬破暗。須知炬滅暗生,要須常然懺炬。"彌勒所問本願經云:"彌勒大士,善權方便安樂之行,得致無上正真之道。晝夜六時,正衣束體,下膝著地,向於十方説此偈言:'我悔一切過勸助衆道德,歸命禮諸佛,令得無上慧。'"大集經云:"百年垢衣,可於一日浣令鮮净。如是百劫中,所集諸不善業,以佛法力故,善順思惟,可於一日一時,盡能消滅。"又經云:"然諸福中,懺悔爲最,除大障故,獲大善故。"論云:"菩薩懺悔,銜悲滿目,況不蒙大聖,立斯救法,抱罪守死,長劫受殃。"婆沙論云:"若人於一時,對十方佛前,代爲一切衆生修行五悔,其功德若有形量者,三千大千世界著不盡。"高僧傳:曇策於道場中行懺,見七佛告曰:汝罪已滅,於賢劫中號普明佛。思大禪師行方等懺,夢梵僧四十九人,命重受戒,倍加精苦,了見三生。智者大師於大蘇山修法華懺,證旋陀羅尼辯。沙門道超於道場中修懺,獨言笑曰:"無價寶珠,我今得矣。"東都英法師講華嚴經,入善導道場,便遊三昧。悲泣歎曰:"自恨多年,虛費光陰，勞身心耳。"高僧慧成，學窮三藏，被思大禪師訶曰："君一生學問，與吾炙手，猶未得暖，虛喪功夫。"示入觀音道場證解眾生語言三昧。經云：晝夜六時，行上法者，如持七寶，滿閻浮提，供養於佛，比前功德，出過其上。經云：不能生難遭之想，今生末世，但見遺形，理宜端肅，涕零寫淚，歔欷咎躬。如入廟堂，不見嚴父。故思大禪師行方等而了見三生，高僧疊策入道場而親蒙十號，智者證旋陀羅尼辯，道超獲無價寶珠，此皆投身懺門，歸命佛語，致茲玄感，頓躋聖階。是以懺悔，劑至等覺，謂有一分無明，猶如微烟，故須洗滌。又法身菩薩，尚勤懺悔，豈況業繫之身，而無重垢？所以十八不共法中，三業清淨，唯佛一人。南嶽大師云："修六根懺，名有相安樂行。直觀法空，名無相安樂行。"妙證之時，二行俱捨。

問：結業即解脫真源，罪垢不住三際。何不了無生而直滅，隨有作而勞功乎？

答：夫罪性無體，業道從緣。不染而染，習垢非無；染而不染，本來常淨。業性如是，去取尤難。一切眾生，業通三世。真慧不發，被二障之所纏；妙定不成，為五蓋之所覆。唯圓乘佛旨，須於淨處嚴建道場。苦到懇誠，普代有情勤行懺法。內則唯憑自力，外則全仰佛加，遂得障盡智明，雲開月朗。是以，非內非外，能悔所懺俱空；而內而外，性罪遮愆宛爾。故菩薩皆遵至教，說悔先罪，而不說入過去。且登地入位，尚洗垢以除瑕；毛道散心，卻談虛而拱手。

問：淨名經云："罪性不在內外中間"，豈是虛誑？何堅不信，謗正法輪，執有所作罪根，實乃重增其病！

答：佛語誠諦，理事分明，能拔深疑，善開重惑。若深信者，一聞千悟，稱說而行，既蕩前非，不形後過。步步觀照，念念無差，此乃宿習輕微，善根深厚；乘戒俱急，理行相從，斯即深達教門，堅持佛語。何須事懺，過自不生。如若垢重障深，智荒德薄，但空念一切罪性不在内外中間,觀其三業現行,全沒根塵法内。如説美食,終不充飢;似念藥方,焉能治病?若令但求其語,而得罪消,則一切業繫之人,故應易脱。何乃積劫生死,如旋火輪?以知業海渺茫,非般若之舟罕渡;障山孤峻,匪金剛之慧難傾。然後身心一如,理事雙運,方萎苦種,永斷業繩。所以祖師云:將虛空之心,合虛空之理,亦無虛空之量,始得報不相酬。又教云:净意如空,此有二義:一者離虛妄取,如彼净空,無有雲翳;二者觸境無滯,如彼净空,不生障閡。既廓心境,罪垢何生?若能如是,名爲依教。尚不見無罪,豈況有愆耶?又,罪性本净,是體性净;契理無緣,是方便净。因方便净,顯體性净;因體性净,成方便净。方便净者,力行熏治;體性净者,一念圓照。本末相應,内外更資,故須理事雙扶,成其二净;正助兼懺,證此一心。設但念空言,實難違教,不信之謗,非此誰耶? 南山四分鈔問:"有人言,罪不罪不可得,名戒者,何耶?"鈔答:"非謂邪見癡心,言無罪也。若深入諸法相,行空三昧,慧眼觀故,言罪不可得。若肉眼所見,與牛羊無異。誦大乘語者,何足據焉?是以理觀苦諦,事行須扶,如風送船,疾有所至。猶膏助火,轉益光明。豈同但保空言,全無剋證?誑他陷己,果没阿鼻。捨生受身,神投業網。

問:唯心净土,周徧十方,何得託質蓮臺,寄形安養?而興取捨之念,豈達無生之門;欣厭情生,何成平等?

答:唯心佛土者,了心方生。如來不思議境界經云:三世一切諸佛,皆無所有,唯依自心。菩薩若能了知諸佛及一切法,皆唯心量,得隨順忍,或入初地,捨身速生妙喜世界,或生極樂净佛土中。故知識心,方生唯心净土;著境,祇墮所緣境中。既明因果無差,乃知心外無法。又,平等之門,無生之旨,雖即仰教生信,其乃力量未充,觀淺心浮,境强習重,須生佛國,以仗勝緣。忍力易成,速行菩薩道。起信論云：“衆生初學是法，欲求正信，其心怯弱。以住於此娑婆世界，自畏不能常值諸佛，親承供養。懼謂信心，難可成就，意欲退者，當知如來有勝方便，攝護信心。謂以專意念佛因緣，隨願得生他方佛土，常見於佛，永離惡道，如修多羅說。若人專念西方極樂世界阿彌陀佛，所修善根廻向，願求生彼世界，即得往生。常見佛故，終無有退。若觀彼佛真如法身，常勤修習，畢竟得生，住正定故。”往生論云：“遊戲地獄門者，生彼國土，得無生忍已，還入生死國，教化地獄，救苦衆生。以此因緣，求生淨土。”十疑論云：“智者熾然求生淨土，達生體不可得，即真無生，此謂心淨故，即佛土淨。愚者爲生所縛，聞生即作生解，聞無生即作無生解，不知生即無生，無生即生。不達此理，橫相是非，此是謗法邪見人也。”羣疑論問云：“諸佛國土，亦復皆空。觀衆生如第五大，何得取著有相，捨此生彼？”答：諸佛説法，不離二諦。以真統俗，無俗不真；以俗會真，萬法宛爾。經云：“成就一切法，而離諸法相。”成就一切法者，世諦諸法也。而離諸法者，第一義諦無相也。又經云：“雖知諸佛國，及與衆生空，常修淨土行，教化諸羣生。汝但見説圓成實性無相之教，破徧計所執畢竟空無之文，不信説依他起性因緣之教，即是不信因果之人，説於諸法斷滅相者。”摩訶衍云：“菩薩不離諸佛者，而作是言。我於因地，遇惡知識，誹謗般若，墮於惡道，經無量劫，雖未得出。復於一時，依善知識，教行念佛三昧，其時即能併遣諸障，方得解脱。有斯大益，故不願離佛。”故華嚴偈云：“寧於無量劫，具受一切苦，終不遠如來，不覩自在力。”

問：一生習惡，積累因深，如何臨終，十念頓遣？

答：那先經云：“國王問那先沙門言：‘人在世間作惡至百歲，臨終時念佛，死後得生佛國，我不信是語。’那先言：‘如持百枚大石置船上，因船故不没。人雖有本惡，一時念佛，不入泥犂中。其小石没者,如人作惡,不知念佛,便入泥犂中。'"又智論問云:"臨死時少許時心,云何能勝終身行力?"答:"是心雖時頃少,而心力猛利,如火如毒,雖少能作大事,是垂死時心,決定勇健,故勝百歲行力,是後心,名爲大心。及諸根事急故,如人入陣,不惜身命,名爲健。"故知善惡無定,因緣體空,跡有昇沈,事分優劣。真金一兩,勝百兩之疊華;爝火微光,爇萬仞之稸草。

問:心外無法,佛不去來,何有見佛,及來迎之事?

答:唯心念佛,以唯心觀,徧該萬法。既了境唯心,了心卽佛,故隨所念,無非佛矣。般舟三昧經云:"如人夢見七寶親屬歡喜,覺已追念,不知在何處。"如是念佛,此喻唯心所作,卽有而空,故無來去。又如幻非實,則心佛兩亡;而不無幻相,則不壞心佛。空有無閡,卽無去來。不妨普見,見卽無見,常契中道。是以佛實不來,心亦不去,感應道交,唯心自見。如造罪衆生,感地獄相。唯識論云:"一切如地獄,同見獄卒等。"能爲逼害事,故四義皆成。四義者,如地獄中,亦有時定、處定、身不定、作用不定,皆是唯識罪人,惡業心現,並無心外實銅狗鐵蛇等事。世間一切事法,亦復如是。然遮那佛土,匪局東西。若正解了然,習累俱殄,理量雙備,親證無生,既歷聖階,位居不退,卽不厭生死苦,六道化羣生。如信心初具,忍力未圓,欲拯沈淪,實難俱濟。無船救溺,翅弱高飛,卧沈痾而欲離良醫,處襁褓而擬抛慈母,久遭沈墜,必死無疑。但得陷己之虞,未有利他之分。故智論云:"譬如嬰兒,若不近父母,或墮坑落井,水火等難,乏乳而死。須常近父母養育長大,方能紹繼家業。初心菩薩,多願生净土,親近諸佛,增長法身,方能繼佛家業,十方濟運。有斯益故,多願往生。"又按諸經云:生安養者,緣强地勝,福備壽長,蓮華化生,佛親迎接,便登菩薩之位,頓生如來之家。永處跋致之門,盡受菩提之記,身具光明妙相,跡踐寶樹香臺。獻供十方,寧神三昧。觸耳長聞大乘之法，差肩皆鄰補處之人。念念虛玄，心心靜慮，煩惱餤滅，愛欲泉枯。尚無惡趣之名，豈有輪廻之事？安國鈔云："所言極樂者，有二十四種樂：一、欄楯遮防樂，二、寶網羅空樂，三、樹陰通衢樂，四、七寶浴池樂，五、八水澄漪樂，六、下見金沙樂，七、階際光明樂，八、樓臺陵空樂，九、四蓮華香樂，十、黃金爲地樂，十一、八音常奏樂，十二、晝夜雨華樂，十三、清晨策勵樂，十四、嚴持妙華樂，十五、供養他方樂，十六、經行本國樂，十七、衆鳥和鳴樂，十八、六時聞法樂，十九、存念三寶樂，二十、無三惡道樂，二十一、有佛變化樂，二十二、樹搖羅網樂，二十三、千國同聲樂，二十四、聲聞發心樂。羣疑論云：西方浄土，有三十種益：一、受用清浄佛土益，二、得大法樂益，三、親近佛壽益，四、遊歷十方供佛益，五、於諸佛所聞授記益，六、福慧資糧疾得圓滿益，七、速證無上正等菩提益，八、諸大人等同集一會益，九、常無退轉益，十、無量行願念念增進益，十一、鸚鵡舍利宣揚法音益，十二、清風動樹如衆樂益，十三、摩尼水漩宣說苦空益，十四、諸樂音聲奏衆妙音益，十五、四十八願永絶三塗益，十六、真金色身益，十七、形無醜陋益，十八、具足五通益，十九、常住定聚益，二十、無諸不善益，二十一、壽命長遠益，二十二、衣食自然益，二十三、唯受衆樂益，二十四、三十二相益，二十五、無實女人益，二十六、無有小乘益，二十七、離於八難益，二十八、得三法忍益，二十九、身有常光益，三十、得那羅延身益。如上略述，法利無邊，聖境非虛，真談匪謬。何乃愛河浪底，沈溺無憂，火宅餤中，焚燒不懼？密織癡網，淺智之刃莫能揮；深種疑根，汎信之力焉能拔？遂卽甘心伏意，幸禍樂災，却非清浄之邦，顧戀恐畏之世。燋蛾爛繭，自處餘殃；籠鳥鼎魚，翻稱快樂。故知佛力不如業力，邪因難趣正因。且未脫業身，終縈三障，既不愛蓮臺化質，應須胎藏稟形。若受肉身，全身是苦，既沈三界，寧免輪廻。

今於八苦之中，略標生死二苦：一生苦者，攬精血爲體，處生熟藏中，四十二變而成幻質，上壓穢食，下薰臭坑，飲冷若冰河，吞熱如爐炭，宛轉迷悶，不可具言。及至生時，衆苦無量，觸手墮地，如活剝牛皮，逼窄艱難，似生脫龜殼，銜冤抱恨，擬害母身。繞觸熱風，苦緣頓忘。嬰孩癡騃，水火橫亡，脫得成人，有營身種。業田既熟，愛水頻滋，無明發生，苦芽增長。膠粘七識，籠罩九居，如旋火輪，循環莫已。二死苦者，風刀解身，火大燒體，聲虛內顫，魄悸魂驚。極苦併生，惡業頓現，千愁鬱悒，萬怖懂惶。乃至命謝氣終，寂然孤逝，幽塗黯黯，冥路茫茫。與昔冤酬，皎然相對，號天扣地，求脫無門。隨業淺深，而歷諸趣，或倒生地獄，或陰受鬼形。忍飢渴而長劫號咷，受罪苦而徧身燋爛。未脫二十五有，善惡之業靡亡。追身受報，未曾遺失；生死海闊，業道難窮。聲聞尚昧出胎，菩薩猶昏隔陰，況具縛生死，底下凡夫，寧不被生苦所羈，死魔所繫？故目連所問經云："佛告目連：譬如萬川長注，有浮草木，前不顧後，後不顧前，都會大海。世間亦爾，雖有豪貴富樂自在，悉不得免生老病死。祇爲不信佛經，後世爲人，更深困劇。不能得生千佛國土，是故我說無量壽佛國土，易往易取，而人不能修行往生，反事九十六種邪道。我說是人，名無眼人，名無耳人。"大集月藏經云："我末法時中，億億衆生，起行修道，未有一得者。當今末法，現是五濁惡世，唯有淨土一門，可通入路。當知自行難圓，他力易就。如劣士附輪王之勢，飛遊四天；凡質假仙藥之功，昇騰三島。實爲易行之道，疾得相應。慈旨叮嚀，須銘肌骨。"

　　問：龐居士云："事上說佛國，此去十萬里。大海渺無邊，動卽黑風起。往者雖千萬，達者無一二。忽遇本來人，不在因緣裡。"如何通會，而證往生？

　　答：若提宗考本，尚不說有佛有土，豈言達之不達乎？所以天真自具,不涉因緣,匪動絲毫,常冥真體。若約事論,故非一等,九品往生,上下俱達。或遊化國,見佛應身;或生報土,覩佛真體。或一夕而便登上地,或經劫而方證小乘。或利根鈍根,或定意散意。或悟遲速,根機不同。或華開早晚,時限有異。今古具載,凡聖俱生,行相昭然,明證自驗。故釋迦世尊,親記文殊,當生阿彌陀佛土,位登初地。大經云:"彌勒菩薩問佛:未知此界,有幾許不退菩薩,得生彼國?佛言:此娑婆世界,有六十七億不退菩薩,皆得往生。"智者大師,一生修西方業,所行福智二嚴,悉皆廻向。臨終令門人唱起十六觀名,乃合掌讚云:四十八願,莊嚴淨土,香臺寶樹,易到無人,火車相現。一念改悔者,尚乃往生,況戒定慧薰﹗修行道力,終不唐捐;佛梵音聲,終不誑人。稱讚淨土經云:"十方恒河沙諸佛,出廣長舌相,徧覆大千,證得往生。"豈虛構哉﹗

問:維摩經云:"成就八法,於此世界,行無瘡疣,生於淨土。"何等爲八?饒益衆生,而不望報;代一切衆生,受諸苦惱;所作功德,盡以施之;等心衆生,謙下無閡;於諸菩薩,視之如佛;所未聞經,聞之不疑;不與聲聞,而相違背;不嫉彼供,不高己利。而於其中調伏其心,常省己過。不訟彼短,恒以一心求諸功德。如何劣行微善,而得往生?

答:理須具足,此屬大根。八法無瑕,成就上品。如其中下,但具一法。決志無移,亦得下品。

問:觀經明十六觀門,皆是攝心修定。觀佛相好,諦了圓明,方階淨域。如何散心,而能化往?

答:九品經文,自有昇降。上下該攝,不出二心:一定心,如修定習觀,上品往生;二專心,但念名號,衆善資熏。廻向發願,得成末品。仍須一生歸命,盡報精修。坐臥之間,常面西向。當行道禮敬之際,念佛發願之時,懇苦翹誠,無諸異念。如就刑戮,若在狴牢,怨賊所追，水火所逼，一心求救，願脱苦輪，速證無生，廣度含識，紹隆三寶，誓報四恩。如斯志誠，必不虛棄。如或言行不稱，信力輕微，無念念相續之心，有數數間斷之意，恃此懈怠，臨終望生，但爲業障所遮，恐難值其善友，風火逼迫，正念不成。何以故？如今是因，臨終是果。應須因實，果則不虛。聲和則響順，形直則影端故也。如要臨終十念成就，但預辦津梁，合集功德。廻向此時，念念不虧，即無慮矣。夫善惡二輪，苦樂二報，皆三業所造，四緣所生，六因所成，五果所攝。若一念心，瞋恚邪淫，即地獄業；慳貪不施，即餓鬼業；愚癡闇蔽，即畜生業；我慢貢高，即修羅業；堅持五戒，即人業；精修十善，即天業；證悟人空，即聲聞業；知緣性離，即緣覺業；六度齊修，即菩薩業；真慈平等，即佛業。若心浄，即香臺寶樹，浄刹化生；心垢，則丘陵坑坎，穢土稟質。皆是等倫之果，能感增上之緣。是以離自心源，更無別體。維摩經云：“欲得浄土，但浄其心。隨其心浄，即佛土浄。”又經云：“心垢故衆生垢，心浄故衆生浄。”華嚴經云：“譬如心王寶，隨心見衆色。衆生心浄故，得見清浄刹。”大集經云：“欲浄汝界，但浄汝心。”故知一切歸心，萬法由我。欲得浄果，但行浄因。如水性趣下，火性騰上，勢數如是，何足疑焉？

卷　　中

　　夫性起菩提，真如萬行，終日作而無作，雖無行而徧行。若云有作，即同魔事；或執無行，還歸斷滅。故知自心之外，無法建立；十身具足，四土圓收。雖總包含，不壞內外；皆稱法界，豈隔有無？空中具方便之慧，不著於有；有中運殊勝之行，不墮於無。是以即理之事，行成無閡；即事之理，行順真如。相用無虧，體性斯在。夫化他妙行，不出十度四攝之門；利己真修，無先七覺八正之道。攝四念歸於一實，總四勤不出一心，嚴净五根，成就五力。若論施，則内外咸捨；言戒，則大小兼持；修進，則身心並行；具忍，則生法俱備；般若，則境智無二；禪定，則動寂皆平；方便，則普照塵勞；發願，則遍含法界；具力，則精通十力；了智，則種智圓成；愛語，則俯順機宜；同事，則能隨行業；運慈，則冤親普救；説法，則利鈍齊收；七覺，則沈掉靡生；八正，則邪倒不起。乃至備收三堅之妙行，具足七聖之法財，秉持三聚之律門，圓滿七净之真要；悟天行契自然之本理，修梵行斷塵習之根源，現病行憩聲聞之化城。示兒行，引凡夫於天界，歷五位菩提之道，入三德涅槃之城。練三業而成三輪，離三受而圓三念；因從三觀薰發，果具五眼圓明，方能遊戲神通，出入百千三昧，净佛國土，履踐無閡道場。然後，普應諸方，現十身之妙相；徧照法界，然四智之明燈。感應道交，任他根量；不動本際，跡應方圓。凡有見聞，皆能獲益；云云自彼，於我何爲！斯皆積善之所熏，成此無緣之大化。還源觀云：“用則波騰海沸，全真體以運行；體則鏡净水澄，舉隨緣而會寂。”肇師云：“統萬行，則以權智爲主；樹德本，則以六度爲根；濟蒙惑，則以慈悲爲首；語宗極，則以不二爲言。”此皆不思議之本也。至若借座燈王，請飯香土，室包乾象，手接大千，皆不思議之迹也。然幽關雖啓，聖應不同，非本無以垂迹，非迹無以顯本，本迹雖殊，而不思議一也。

問：身爲道本，縛是脱因，何得然指燒身，背道修道？高僧傳内，小乘律中，貶斥分明，奚爲聖典？

答：亡身没命，爲法酬恩；冥契大乘，深諳正教。大乘梵網經云：“若佛子，應行好心，先學大乘威儀經律，廣開解義味，見後新學菩薩，有從百里千里來求大乘經律，應如法爲説一切苦行，若燒身燒臂燒指。若不燒身臂指供養諸佛，非出家菩薩。乃至餓虎狼獅子，一切餓鬼，悉應捨身肉手足而供養之，然後一一次第爲説正法，使心開意解。若不如是，犯輕垢罪。大乘首楞嚴經云："佛告阿難，若我滅後，其有比丘，發心決定修三摩提，能於如來形像之前，身然一燈，燒一指節，及於身上熱一香炷，我說是人無始宿債，一時酬畢，長揖世間，永脱諸漏。雖未卽明無上覺路，是人於法已決定心。若不爲此捨身微因，縱成無爲，必還生人酬其宿債，如我馬麥，正等無異。"所以小乘執相，制而不開，大教圓通，本無定法。菩薩善戒經云："聲聞戒急，菩薩戒緩，聲聞戒塞，菩薩戒開。"又經云："聲聞持戒，是菩薩破戒"，此之謂也。若依了義經，諸佛悦可，執隨宜説，衆聖悲嗟，祇可歎大襃圓，自他兼利，豈容執權滯小，本跡雙迷!

問：五熱炙身，投巖赴火，九十六種，千聖同訶，幸有正科，何投邪轍？

答：智論云："佛法有二種道：一畢竟空道，二分別好惡道。"若畢竟空道者，凡夫如，卽漏盡解脱如；如來語，卽提婆達多語，無二無別，一道一源。是以，地獄起妙覺之心，佛果現泥犁之界。若捨邪趣正，邪正俱非，離惡著善，善惡咸失。若分別好惡道者，愚智不等，真俗條然，玉石須分，金鍮可辨。且約修行門內，昇降位中，自有內外宗徒，邪正因果，善須甄別，不可雷同。且教申毁讚之文，的有抑揚之旨，執卽成滯，了無不通，四悉對治，縱奪料簡。若云總是，尼乾成正真之道，諸佛錯訶；若説俱非，藥王墮顛倒之愆，諸佛錯讚。是以興邪則成無益之行，廢正則斷方便之門，須曉開遮，寧無去取。且內教外人遣身，各有二意。內教二者：一明自他性空，無法我二執，不見所供之境，亦無能燒之心；二惟供三寶，深報四恩，以助無上菩提，不希人天果報。外道二者：一身見不亡，轉增我慢，迷無作之智眼，起有得之能心；二惟貪現在名聞，祇規後世福利，或願作剎利之主，或求生廣果之天。所以台教釋藥王焚身品云：境智不二，能所斯亡，以不二觀觀不二境，成不二行會不二空。作是觀時，若爲法界，見聞者益，故曰乘乘。所以，投巖無招外行之論，赴火不爲内衆之譏，良由内有理觀，外曉期心。故勝熱息善財之疑，尼乾生嚴熾之解。篤論其道，行方有剗，心正行正，智邪事邪，行不可廢，智不可亡，後學之徒，無失法利。文殊問經云：“菩薩捨身，非是無記，惟得福德，是煩惱身滅故，得清净身。譬如垢衣，以灰汁浣濯，垢滅衣在。若得圓旨，明斷皎然。”請鑒斯文，以爲龜鏡。

問：住相布施，果結無常，增有爲之心，背無爲之道，争如理觀，福等虚空。故經云：佛言非我而能順理，何堅執事緣塵，而不觀心達道乎？

答：若約觀心，寓目皆是；既云達道，舉足寧非。菩薩萬行齊興，四攝廣被，不可執空害有，守一疑諸。華嚴經云：“受一非餘，魔所攝持。”是以，捨邊趣中，還成邪見。不可據宗據令，認妙認玄，識想施爲，陰界造作。應須隨機遮照，任智卷舒，於空有二門，不出不在，真俗二諦，非即非離，動止何乖，圓融無閡。大凡諸佛菩薩修進之門，有正有助，有實有權，理事齊修，乘戒兼急，悲智雙運，内外相資。若定立一宗，是魔王之種，或亡泯一切，成己見之愚。故大集經云：“有二行：緣空直入，名爲慧行；帶事兼修，是行行。”菩提論：“有二道：一方便道，知諸善法；二智慧道，不得諸法。”又經云二如：因中如，如而無染；果中如，如而無垢。又二心：自性清净心，本有之義；離垢清净心，究竟之義。起信論立二相：一同相，平等性義；二異相，幻差別義。台教有二善：達能所空，名止善；方便勸修，名行善。

問：祖佛法要，惟立一乘。或云十方薄伽梵，一路湼槃門；或云一切無閡入，一道出生死。如何廣陳差別，立二法門，惑亂正宗，起諸邪見？

答：諸佛法門雖成一種，約用分二，其體常同。如一心法，立真如生滅二門，則是二諦一乘之道，今古恒然，無有增減。是以總別互顯，本末相資。非總無以出別，非別無以成總；非本無以垂末，非末無以顯本。故知隻翼難沖，孤輪匪運，惟真不立，單妄不成。約體則差而無差，就用則不別而別。一二無閡，方入不二之門；空有不乖，始蹈真空之境。

問：事則分位差別，理惟一味湛然，性相不同，云何無閡？

答：能依之事，從理而成；所依之理，隨事而顯。如千波不閡一濕，猶衆器非隔一金。體用相收，卷舒一際。若約圓旨，不惟理事相卽，要理理相卽亦得，事事相卽亦得，理事不卽亦得，故稱隨緣自在無閡法門。又且諸佛化門，檀施一法，爲十度之首，乃萬行之先，入道之初因，攝生之要軌。大論云："檀爲寶藏，常隨逐人；檀爲破苦，能與人樂；檀爲善御，開示天道；檀爲善府，攝諸善人；檀爲安隱，臨命終時，心不怖畏；檀爲慈相，能濟一切；檀爲集樂，能破苦罪；檀爲大將，能伏慳敵；檀爲净道，賢聖所由；檀爲積善，福德之門。檀能全獲福樂之果，檀爲涅槃之初緣，入善人衆中之要法，稱譽歡讚之淵府，處衆無難之功德，心不悔恨之窟宅，善法道行之根本，種種歡樂之林藪，富貴安隱之福田，得道涅槃之津濟。"六行集云："若凡夫施時，起慢心，成罪行；起敬心，成福行。若二乘施時，惟觀塵動轉。小菩薩施時，念色體空。大菩薩施時，知心妄見。若佛謂證惟心，離念常净。"是知，一布施門，六行成別，豈可雷同？一時該下，亦有内施外施，理檀事檀，體用更資，本末互顯，據理沈斷，執事墮常，理事融通，方超二患。且諸佛聖旨，校量施中，理檀爲先，内施偏重。故法華經云："佛言：若有發心欲得阿耨多羅三藐三菩提，能然手指乃至足一指供養佛塔，勝以國城妻子及三千大千國土、山林河池諸珍寶物而供養者。"智論云："若人捨身，勝過閻浮提滿中珍寶。"則知利口輕言易述，全身重寶難傾，保命情深，好生意切。直得三輪體寂，猶爲通教所收。況乃取捨情生，豈得成其净施？且圓教施門，徧含法界，乃何事而不備，何理而不圓，菩薩照理而不却事，鑒事而不捐理，弘之在人，曷滯於法？若離理有事，事成定性之愚；若離事有理，理成斷滅之執。若著事而迷理，則報在輪廻；若體理而得事，則果成究竟。故法華經云："又見菩薩，頭目身體欣樂施與，求佛智慧。若捨身是邪，何成佛慧？"故知毫善趣果弘深，以此度門標因匪棄。如釋迦佛捨身命時，度度皆證法門，或得柔順忍，或入無生法忍等。大凡菩薩所作，皆了無我無性，涉事見理，遇境知空，不同凡夫，造其罪福，不解因果善惡無性，是爲迷事取性，常繫三有。

問：經云：以三恒河沙身命布施，不如受持四句偈。故知般若功深，施門力劣，何得違宗越理，枉力勞神？可謂期悟遭迷，求昇反墜矣。

答：得理則萬行方成，知宗乃千途不滯。不可去彼取此，執是排非，須履無閡之門，善入徧行之道。是以過去諸佛，本師釋迦，從無量劫來，捨無數身命。或爲求法，則出髓而剜身；或爲行慈，則施鷹而飼虎。般若論云："如來無量劫來，捨身命財，爲攝持正法。正法無有邊際，卽無窮之因，得無窮之果。果卽三身也。乃至西天此土，菩薩高僧，自古及今，遺身不少，皆遵釋迦之正典，盡效藥王之遺風。"高僧傳藹法師入南山，自剜身肉，布於石上，引腸掛樹，捧心而卒。書偈於石云："願捨此身已，早令身自在。法身自在已，在在諸趣中。隨有利益處，護法救衆生。又復業應盡，有爲法皆然。三界皆無常，時來不自在。他殺及自死，終歸如是處。智者所不樂，業盡於今日。"又僧崖菩薩燒身，云："代一切衆生苦。"先燒其手，衆人問曰："菩薩自燒，衆生罪熟，各自受苦，何由可代？"答曰："猶如燒手一念善根，卽能滅惡，豈非代耶？"又告衆曰："我滅度後，好供養病人，並難可測其本，多是諸佛聖人，乘權應化。自非大心平等，何能恭敬,此是實行也。"天台宗滿禪師,一生講誦蓮經,感神人現身,正定經咒文字,後焚身供養法華經。又智者門人净辯禪師,於懺堂前,焚身供養普賢菩薩。雙林傅大士欲焚身救衆生苦,門人等前後四十八人,代師焚身,請師住世教化有情。傳記廣明,不能備引。若云諸聖境界,示現施爲,則聖有誑凡之慈,凡無卽聖之分,教網虛設,方便則空。本爲接後逗前,令凡實證,設是示現權施,亦令後人傚傚,不可將邪倒之法,賺人施行。大聖真慈,終不虛誑,是以八萬法門無非解脱,一念微善皆趣真如。自有初心後心,生忍法忍,未必將高斥下,以下凌高。善須知時,自量根力,不可評他美惡,強立是非。言是禍胎,自招來業。且如得忍菩薩,雖證生法二空,爲利他故,破慳貪垢,尚乃燒臂焚身,如藥王菩薩僧崖之類。若未具忍者,雖知以智慧火,焚煩惱薪,了達二空,不生身見,其或現行障重,未得相應,起勇猛心,運真實行,酬恩供佛,代苦行慈,欲成助道之門,不起希求之想,若不欺誑,事不唐捐。脱或智眼未明,猶生我執,但求因果,志不堅牢,擬傚先蹤,不在此限。夫衆生根機不同,所尚各異。故經云:"佛言:若衆生以虛妄而得度者,我亦妄語。"是知事出千巧,理歸一源,皆是大慈善權方便。或因捨身命而頓入法忍,或一心禪定而豁悟無生,或了本清净而證實相門,或作不净觀而登遠離道,或住七寶房舍而階聖果,或處塚間樹下而趣涅槃。是以,塵沙度門,入皆解脱,無邊教網,了卽歸真,大聖垂言,終不虛設。譬如涉遠,以到爲期,不取途中,強論難易。故知醫不專散,天不長晴,應須丸散調停,陰陽兼濟,遂得衆疾同愈,萬物齊榮。皆是權施,實無定法,隨其樂欲,逗其便宜。惟取證道爲心,不揀入門粗細。若於圓教四門生著,猶爲藏敎初門所治。故菩薩所行檀度之門,如因因厠孔而得出,似病服不净而獲痊。非觀,無以拔三毒之病根;非行,無以超三界之有獄。書云:獲鳥者,羅之一目,不可以一目爲羅。治國者,功在一人,不可以一人爲國。是以,衆行俱備,萬善齊修,一行歸源,千門自正。經明十二因緣是一法,以四等觀者,得四種菩提。若惟取上上根人,則中下絶分。故弘半教,有成滿之功;至寶所,因化城之力。豈可捨此取彼,執實謗權,頓棄機緣,滅佛方便?故云,從實分權,權是實權;開權顯實,實是權實。如迷權實二門,則智不自在。大論云:"衆生種種因緣,得度不同:有禪定得度者,有持戒説法得度者,有光明觸身得度者。譬如城有多門,入處各别,至處不異。"所言般若功深者,然般若孕聖弘賢,含靈蘊妙,標之則爲宗爲首,爲導爲依,融之則觸境該空,無非般若。故經云:"色無邊故,般若無邊。"肇論云:"三毒四倒,皆悉清净",何獨尊净於般若?今何取捨而欲逃空避影乎?且諸佛密意,詮旨難裁,空拳誑小兒,誘度於一切,無有決定法,故號大菩提。不知般若有破著之功,教中偏讚,却乃隨語生見,是以依方故迷。故般若能導萬行,若無萬行,般若何施?偏嗽醬而飲醎,失味致患;專抱空而執斷,喪智成愆。智論云:"帝釋意念,若般若是究竟法者,行人但行般若,何用餘法?"佛答:菩薩六波羅蜜,以般若波羅蜜用無所得法和合故,此即是般若波羅蜜。若但行般若,不行餘法,則功德不具足,不美不妙。譬如愚人,不識飯食種具,聞醬是衆味主,便純飲醬,失味致患。行者亦如是,欲除著心故,但行般若,反墜邪見,不能增進善法。若與五波羅蜜和合,則功德具足,義味調適。"楞伽山頂經云:"菩薩速疾道有二:一方便道者,能爲因緣;二般若道者,能至寂滅。"是以般若無方便,溺無爲之坑;方便無般若,陷幻化之網。二輪不滯,一道無虧;權實雙行,正宗方顯。住無所住,佛事所以兼修;得無所得,智心所以恒寂。

問:教祇令觀身無我,了本無生,既達性空,何存身見,而欲妄想,仍須捨乎?

答: 理中非有, 事上非無。從緣幻生, 雖無作者, 善惡無性, 業果宛然。從無始際, 喪無數身, 但續俱生, 無利而死。今捨父母遺體, 豈是己身? 若一念圓修戒定慧等, 微妙善心, 方真己體。今所捨者, 乃是緣生, 然於事中, 且爲利益而死, 況正當無明煩惱, 三障二死所纏, 何乃説空, 誰當信受? 是以佛法貴在行持, 不取一期口辯。如蟲食木, 偶得成文, 似鳥言空, 全無其旨。煩惱不滅, 我慢翻增, 是惡取邪空, 非善達正法。須親見諦, 言行相應, 但縱妄語粗心, 豈察潛行密用? 古德云: 行取千尺萬尺, 説取一寸半寸。又經云: 言雖説空, 行在有中。寶積經云: "佛言: 若不修行得菩提者, 音聲言説, 亦應證得無上菩提。作如是言, 我當作佛, 我當作佛, 以此語故, 無邊衆生應成正覺。" 故知行在言前, 道非心外。又經云: "佛言: 學我法者, 惟證乃知。" 是以劇惡不如微善, 多虛不如少實。但能行者, 不棄於小心; 縱空説者, 徒標於大意。若未契真如之用, 順法性而行, 惟得上慢之心, 自招誣罔之咎。是以仁王列五忍之位, 智者備六卽之文。行位分明, 豈可叨濫? 何不入平等觀, 起隨喜心, 積衆善之根, 成大慈之種? 經云: "然一指節, 蓺一炷香, 尚滅積劫之愆瑕; 或散一華, 暫稱一佛, 畢至究竟之果位。" 首楞嚴經云: "菩薩同事, 尚作奸偷屠販, 淫女寡婦, 靡所不爲。" 無生義云: "離相無住行人, 不住湼槃, 能普現色身, 在有爲中, 能貴能賤, 能凡能聖, 行仁義之道, 悲濟十方, 盡未來際。" 又云: "凡地修聖行, 果地習凡因, 未具佛法, 亦不滅受而取證也。" 明知真是俗真, 俗是真俗, 執卽塵勞, 通爲佛事。入法性三昧, 無一法可嫌; 證無邊定門, 無一法可棄。勝負既失, 取捨全乖, 不可障他菩提, 滅自善本。又縱了非身, 深窮實相, 不滯心境, 決定無疑。雖知一切有爲, 猶如空中鳥跡; 尚須地地觀練, 對治習氣非無。況堅執四倒之愚, 深陷八邪之網, 持此穢質, 廣作貪淫, 被幻網所籠, 爲情色所醉, 汩没生死,沈淪苦輪者歟! 所以大覺深嗟，廣垂毀擯。諸聖捨身之際，無不先訶。如以毒藥而換醍醐，似將瓦器而易珍寶，故寶積經觀身有四十種過患。或云: 貪欲之獄，恒爲煩惱之所繫纏; 臭穢之坑，常被諸蟲之所唼食。似行厠而五種不凈，若漏囊而九空常穿。瞋恚毒蛇，起害心而傷殘慧命; 愚癡羅刹，執我見而吞噉智身。猶惡賊而舉世皆嫌，類死狗而諸賢並棄。不堅如芭蕉水沫，無常似焰影電光。雖灌噉而反作冤讎，每將養而罔知恩報。廣誥非一，難可具言。若不審此深愆，遂乃廣興惡業。迷斯爲是而不進修，則智行兩虧，理事俱失。須先厭患，苦切對治，知非而欲火潛消，了本而真源自現。故法華經云:"猶如三界火宅所燒，何由能解佛之智慧。"

問: 身雖虛假，衆患所纏，然因此幻形，能成道果。經云: 不入煩惱大海，不得無價寶珠。若欲捨之，恐成後悔。

答: 夫生必滅，有相皆空。若於三寶中，志誠歸向，起一捨心，猶勝世間虛生浪死，則能以無常體得金剛體，以不堅身易堅固身。取捨二途，須憑智照。

問: 安心入道，須順真空，起行度生，全歸世諦。但了法性，以辯正宗，何乃斥實憑虛，喪本趣末，有爲擾動，造作紛紜，汩亂真源，昏濁心水?

答: 第一義中，真亦不立，平等法界，無佛衆生。俗諦門中，不捨一法，凡與有作，佛事門收。是以諸佛常依二諦說法，若不得世諦，不得第一義諦。唯識論云:"撥無二諦，是惡取空? 諸佛說不可治者。"金剛經云:"發阿耨菩提心者，於法不說斷滅相。"賢首國師云:"真空不壞緣起業果，是故尊卑宛然。"金剛三昧論云:"真俗無二，而不守一，由無二故，則是一心，不守一故，舉體爲二。"華嚴經云:"譬如虛空，於十方中，若去來今，求不可得。然非無虛空，菩薩如是，觀一切法，皆不可得。然非無一切法，如實無異，不失所作。

普示修行菩薩諸行，不捨大願，調伏衆生，轉正法輪，不壞因果。”又云：“菩薩摩訶薩了達自身及以衆生，本來寂滅，不驚不怖，而勤修福智，無有厭足。”雖知一切法無有造作，而亦不捨諸法自相。雖於諸境界永離貪欲，而常樂瞻奉諸佛色身。雖知不由他悟入於法，而種種方便求一切智。雖知諸佛國土皆如虛空，而常樂莊嚴一切佛刹。雖恒觀察無人無我，而教化衆生無有疲厭。雖於法界而本來不動，以神通智力現衆變化。雖已成就一切智智，而修菩薩行無有休息。雖知諸法不可言説，而轉浄法輪令衆生喜。雖能示現諸佛神力，而不厭捨菩薩之身。雖現入於大涅槃，而一切處示現受生。能作如是權實雙行法，是佛業。是以若撥果排因，即空見外道。據體絶用，是趣寂聲聞。又若立正宗，何法非宗？既論法性，何物非性？從迷破執，則權立是非。從悟辯同，實無取捨。今所論者，不同凡夫所執事相，又非三藏菩薩偏假離真，及通教聲聞但空滅相。若離空之有，乃妄色之因；若離有之空，歸灰斷之果。今則性即相之性，故不閡繁興；相即性之相，故無虧湛寂。境是不思議境，空是第一義空。舒卷同時，即空而常有；存泯下壞，即有而常空。故台教云：如鏡有像，瓦礫不現，中具諸相。但空即無，微妙浄法身，具相三十二。清涼國師云：“凡聖交徹，即凡心而見佛心；理事雙修，依本智而求佛智。”古德釋云：禪宗失意之徒，執理迷事，云性本具足，何假修求，但要亡情，即真佛自現。學法之輩，執事迷理，何須孜孜修習理法？合之雙美，離之兩傷，理事雙修，以彰圓妙。休心絶念，名理行；興功涉有，名事行。依本智者，本覺智，此是因智。此虛明不昧名智，成前理行，亡情顯理。求佛智者，即無障閡解脱智，此是果智。約圓明決斷爲智，成前事行，以起行成果故。此則體性同故，所以依之；相用異故，所以求之。但求相用，不求體性。前亡情理行，即是除染緣起；以顯體性，興功事行，即是發浄緣起，以成相用。無相宗云: 如上所説，相用可然，但依本智情亡，則相用自顯，以本具故，何須特爾起於事行？圓宗云: 性詮本具。亡情之時，但除染分相用，自顯真體。若無事行，發起净分相用，無因得生。如金中雖有衆器，除礦但能顯金，若不施功造作，無因得生其器。豈金出礦已，不造不作，自然得成於器？若亡情則不假事行，佛令具修，豈不虛勞學者？是以，八地已能離念，佛勸方令起於事行，知由離念不了。所以文云: 法性真常離心念，二乘於此亦能得，不以此故爲世尊，但以甚深無閡智。七勸皆是事行故，是知，果佛，須性相具足; 因行，必須事理雙修。依本智如得金，修理行如去礦; 修事行如造作，求佛智如成器也。慈愍三藏録云: "若言世尊説諸有爲，定如空華，無有一物，名虛妄者。"虛妄無形，非解脱因，如何世尊勅諸弟子，勤修六度萬行妙因，當證菩提湼槃之果？豈有智者讚乾闥婆城堅實高妙，復勸諸人以兔角爲梯而可登陟乎？由此理故，雖是凡夫，發菩提心，行菩薩行，雖然有漏修習，是實是正，有體虛妄，非如龜毛，空無一物，説爲虛妄，皆是依他緣生幻有，不同無而妄計。若如是解者，常行於相，相不能閡，速得解脱。迷情局執，於教不通，雖求離相，恒被相拘，無有解脱。又云: 若三世佛行，執爲妄想，憑何修學，而得解脱？不依佛行，别有所宗，皆外道行。古德云: 若一向拱手，自取安隱，不行仁義道，卽闕莊嚴，多劫亦不成。但實際不受一塵，佛事不捨一法。還源觀云: "真該妄末，行無不修; 妄徹真源，相無不寂。"又云: "真如之性，法爾隨緣。萬法俱興，法爾歸性。"祖師傳法偈云: "心地隨時説，菩提亦祇寧。事理俱無閡，當生卽不生。"故知真不守性，順寂而萬有恒興; 緣不失體，任動而一空常寂。

問: 思益經云: "入正位者，不從一地至十地。"楞伽經云: "寂滅真如有何次第？"古德云: 寧可永劫沈淪，終不求諸聖解脱。又云:

任汝千聖現，我有天真佛。何乃揑目生華，强分行位？

答：若心冥性佛，理括真源，豈假他緣，尚猶忘己？若隨智區分，於無次第中而立次第，雖似昇降，本位不動。夫聖人大寶曰位，若無行位，則是天魔外道。若約圓融門，則順法界性，本自清浄。若約行布門，則隨世諦相，前後淺深。今圓融不礙行布，頓成諸行，一地卽一切地故。若行布不礙圓融，徧成諸行，增進諸位功德故。點空論位，常居中道，不有而有，階降歷然，有而不有，泯然虚静。故般若經云："須菩提問佛：若諸法畢竟無所有，云何説有一地，乃至十地？佛言：以諸法畢竟無所有故，則有菩薩初地至十地；若諸法有決定性者，則無一地乃至十地。是以三十七品，菩薩履踐之門；五十二位，古佛修行之路。從初念處，一念圓修，迄至十八不共，練磨三業，究竟清浄。"

問：真源自性，本自圓成，何藉修行，廣興動作。經云：見苦斷集，證滅修道，名爲戲論。若起妄修行，何當契本？

答：起信論云："以有妄想心故，能知名義，爲説真覺。"亦因真如内熏，令此無明而有浄用。復因諸佛言教力，内外相資，令此妄心自信己身有真如性，能起種種方便，修諸對治。此能修行，則是信有真如。由未證真，不名無漏。妄念若浄，真性自顯。又雖修無性，不閡真修。從妄顯真，因識成智。猶如影像，能表鏡明，若無塵勞，佛道不立。古德云：真妄二法，同是一心。妄攬真成，無別妄故。真隨妄現，無別真故。又真外有妄，理不徧故；妄外有真，事無依故。又若執本浄，是自性癡；若假外修，是他性癡。若内外相資，是共性癡；若本末俱遣，是無因癡。長者論云：若一概皆平，則無心修道，應須策修，以至無修方知萬法無修。寶積經云："若無正修者，猫兔等亦合成佛，以無正修故。"台教云：行能成智，行滿智圓。智能顯理，理窮智寂。相須之道，興廢不無，因權顯實，實立權亡，約妄明真，真成妄泯。權妄既寂，真實亦空，非妄非權，何真何實？牛頭融大師云："若言修生，則造作非真；若言本有，則萬行虛設。"

問：一切凡夫常在於定，何須數息入觀，而無繩自縛乎？

答：若法性三昧，何人不具？若論究竟定門，唯佛方備。等覺菩薩尚乃不知，散心凡夫豈容測度？故文殊云："譬如人學射，從粗至細，後乃所發皆中。我亦如是，初學三昧，諦緣一境，後入無心三昧，始一切時中常與定俱。所以不淨假觀，數息妙門，是入甘露之津，出生死之徑。"故龍樹祖師云："觀佛十力中，二力最大。因業力故，入生死；因定力故，出生死。"正法念經云："救四天下人命，不如一食頃端心正意。"是以，在纏真如，昏散皆具，出纏真如，定慧方明。總別條然，前後無濫。何專理是，寧斥事非？

問：菩薩大業，以攝化爲基，何乃獨宿孤峯，入深蘭若，既遠本願，何成利人？

答：菩薩本爲度他，是以先修定慧。空閑靜處，禪觀易成，少欲頭陀，能入聖道。法華經云："又見菩薩勇猛精進，入於深山，思惟佛道。"

問：多聞廣讀，習學記持，徇義窮文，何當見性？

答：若隨語生見，齊文作解，執詮忘旨，逐教迷心，指月不分，即難見性。若因言悟道，藉教明宗，諦入圓詮，深探佛意，即多聞而成寶藏，積學以爲智海。從凡入聖，皆因玄學之力；居危獲安，盡資妙智之功。言爲入道之階梯，教是辯正之繩墨。華嚴經云："欲度衆生令住涅槃，不離無障閡解脫智。無障閡解脫智，不離一切法如實覺。一切法如實覺，不離無行無生行慧光。無行無生行慧光，不離禪善巧決定觀察智。禪善巧決定觀察智，不離善巧多聞。"菩薩如是觀察了知已，倍於正法勤求修習，日夜惟願聞法喜法，樂法依法，隨法解法，順法到法，住法行法。菩薩如是勤求佛法，所有珍財皆無恪惜,不見有物難得可重,但於能說佛法之人,生難遭想。**法華經**云:"若有利根,智慧明了,多聞强識,乃可爲說。"論云:有慧無多聞,是不知實相,譬如大暗中,有目無所見。多聞無智慧,亦不知實相,譬如大明中,有燈無目。多聞利智慧,是所說應受;無聞無智慧,是名人身牛。故圓教二品,方許兼讀誦,位居不退,始聞法無厭。聞有助觀之力,學成種智之功。不可作牛羊之眼,罔辨方隅;處愚戇之心,不分菽麥乎?

問:靈知不昧,妙性常圓,何假參尋,徧求知識?

答:一切衆生,悟裡生迷,真中起妄,祇爲不覺,須假發揚。**法華經**云:"佛曾親近百千萬億無數諸佛,盡行諸佛無量道法,勇猛精進,名稱普聞。"又云:"善知識者,是大因緣,所謂令得見佛,發阿耨多羅三藐三菩提心。"**華嚴經**云:"譬如暗中寶,無燈不可見,佛法無人說,雖智不能了。"又云:"不要三千大千世界滿中珍寶,惟願樂聞一句未聞佛法。"又云:"雖知諸法不由他悟,而常尊敬諸善知識。"**起信論**云:"又諸佛法有因有緣,因緣具足,乃得成辦。如木中火性,是火正因。若無人知,不假方便,能自燒木,無有是處。衆生亦爾,雖有正因熏習之力,若不遇諸佛菩薩善知識等以之爲緣,能自斷煩惱入涅槃者,則無是處。"**法句經**云:"如裹香之紙,繫魚之索。佛語諸比丘,夫物本净,皆由因緣以興罪福,近賢明則道義隆,友愚暗則殃禍集。譬如紙索,近香則香,繫魚則臭,漸染玩習,各不自覺。頌曰:'鄙夫染人,如近臭物,漸迷習非,不覺成惡。賢夫染人,如附香熏,進智習善,行成芳潔。'"**首楞嚴經**云:"佛告阿難:一切衆生,從無始來,種種顛倒,業種自然。如惡叉聚,諸修行人不能得成無上菩提,乃至別成聲聞緣覺;及成外道諸天魔王及魔眷屬,皆由不知二種根本,錯亂修習,猶如煮砂欲成嘉饌,縱經塵劫,終不能成。是知,初心須親道友,以辨邪正,方契真修,或涉權門,日劫相倍,若得圓旨,不枉功程，直至道場，永無疑悔。及至自悟之時，惟證無師自然之智，決定不從人得。

問：說法爲人，雖成大業，未齊極地，恐損自行。登地菩薩尚被佛訶，未證凡夫如何開演？

答：台教初品，卽是凡夫，若信入圓門，亦可說法。以凡夫心，同佛所知，用所生眼，齊如來見。般若經中，校量正憶念自修行般若之福，不如廣爲人天巧說譬喻，令前人易解般若，其福最勝。經云：“其人戒足雖羸劣，善能說法利多人，若有供養是人者，則爲供養十方佛。”未曾有經云：“說法有二大因緣：一者開化天人福無量故，二者爲報施食恩故，豈得不說？”又財施如燈，但明小室，法施若日，遠照天下。大方廣總持經云：“佛言：善男子，佛滅度後，若有法師，善隨樂欲爲人說法，能令菩薩學大乘者，及諸大衆，有發一毛歡喜之心，乃至暫下一滴淚者，當知皆是佛之神力。”但見解不謬，冥契佛心，雖爲他人，亦乃化功歸己，既能助道，又報佛恩。儻不涉名聞，實一毫不棄。至於傳持法寶，講唱大乘，制論釋經，著文解義，拔不信之疑箭，照愚暗之智光，建法垣牆，續佛壽命。或取經西土，求法返方；或翻譯大乘，潤文至教；或廣行經呪，遍施受持，開法施之門，續傳燈之焰，能將甘露，沃枯竭之心，善使金錍，抉癡盲之眼。經云：“假使頂戴經塵劫，身爲床座徧三千，若不傳法度衆生，決定無能報恩者。”

問：何不一法頓悟，萬行自圓，而迂迴漸徑，勤勞小善乎？禪宗一念不生，一塵不現。若爭馳焰水，競執空華，以幻修幻，終無得理。

答：諸佛了幻，方能度幻衆生，菩薩明空，是以從空建立。湼槃經云：“佛言：一切諸法皆如幻相，如來在中，以方便力，無所染著。何以故？諸佛法爾。”中論云：“以有空義故，一切法得成。”是以，頓如種子已包，漸似芽莖旋發；又如見九層之臺，則可頓見，要須躡階，而後得昇。頓了心性，卽心是佛，無性不具，而須積功，徧修萬行。又如磨鏡，一時徧磨，明淨有漸，萬行頓修，悟則漸勝。此名圓漸，非是漸圓，亦是無位中位，無行中行。是以徹果該因，從微至著，皆須慈善根力，乃能自利利他。故九層之臺，成於始簣；千里之程，託於初步；滔滔之水，起於濫觴；森森之樹，生於毫末。道不遺於小行，暗弗拒於初明，故一句染神，歷劫不朽；一善入心，萬世匪忘。涅槃經云："佛説：修一善心，破百種惡，如少金剛，能壞須彌，亦如少火，能燒一切，如少毒藥，能害衆生。少善亦爾，能破大惡。"日摩尼寶經云："佛告迦葉菩薩，我觀衆生，雖復數千巨億萬劫，在欲愛中爲罪所覆，若聞佛經一反念善，罪卽消盡。"大智度論云："如來成道時，有十種微笑，而觀世間，有小因大果，小緣大報。如求佛道，讚一偈，一稱南無佛，燒一捻香，必得作佛。何況聞知諸法實相，不生不滅，不不生，不不滅，而行因緣，業亦不失，以是故笑。"古德問云：達磨不與梁帝説功德因緣，而云無耶？菩薩捨國城建塔廟，豈虛設乎？答：大師此説，不壞福德因果，武帝不達有爲功德，而有限劑，空無相福，不可思量，破他貪著。如不貪著，盡是無爲，菩薩亦作輪王。如是福報，因果歷然，可是無耶？若達理者，處之與法界同量，無有竭盡；若不達理，卽是有爲輪迴之報，不應貪著。忠國師云："諸佛菩薩，皆具福智二嚴，豈是撥無因果？但勿以理滯事，以事妨理，終日行而不乖於無行也。"生法師問：云何彈指合掌，無非佛因耶？答：一切法皆無定性，而所適隨緣。若以貪爲緣，卽適人天之報。若迴向菩提爲緣，卽成佛果之報，真如尚不守自性，而況此微善乎？又云：萬善理同無漏者。夫萬善本有，皆資理發，理既無異，善豈容二？本如來藏性，爲萬善之因，亦名正因，親生萬善。台教云：如輕小善不成佛，是滅世間佛種。又云：善機有二；一感人天華報，二感佛道果報。若以佛眼圓照衆生萬善，究竟得佛一大事出世之正意。荆溪尊者云："一毫之善，本趣菩提，如操刀執炬，得其要炳，若以相心，如把刃抱火。法華經中，明散心念佛，小音讚歎，指甲畫像，聚法成塔，漸積功德，皆成佛道。大悲經云："佛告阿難，若有衆生，於諸佛所，一發信心，種少善根，終不敗亡。假使久遠百千萬億那由他劫，彼一善根，必得涅槃。如一滴水投大海中，雖經久遠，終不虧損。"是以大聖順機曲應，大小不忘，接後逗前，半滿豈廢？或讚小而引歸深極，或訶半而恐滯初門。黃葉寧金，空拳豈實，皆是抑揚之意，權施誘度之恩，而不得教旨者。但執方便之言，互相是非，確定取捨。或執小滯大，遠失本宗，或據大妨小，而虧權慧。又，雖然宗大，大旨焉明？徒云斥小，小行空失。運意則承虛託假，出語則越分過頭。斷正法輪，謗大般若，深愆極過，莫越於斯，歷劫何窮，長淪無間。淨名經云："無方便慧縛，有方便慧解，無慧方便縛，有慧方便解。豈可執權謗實，害有賓無？但大小雙弘，空有俱運，一心三觀，卽無過矣。"是以，順法體，則纖毫不立；隨智用，則大業恒興。體不離用，故寂而常照；用不離體，故照而常寂。是以，常體常用，恒照恒寂。若會旨歸宗，則體用俱離，何照何寂？曷乃據體而礙用，執性而壞緣，理事不融，真俗成隔，則同體之悲絕運，無緣之慈靡成。善惡既不同觀，冤親何能普救？過之甚矣，失莫大焉！又先德云：夫善知識者，雖明見佛性，與佛同等，若論其功，未齊諸聖，須從今日步步資熏。又古德云：簟子比丘還債，雖不得理，猶有行門，今時多有學人，二事俱失。故知見性未諦，但是隨語依通，及檢時中，正助皆喪。是以，先聖終不浪階，撫臆捫心，豈可容易？是以，六卽揀濫，十地辨功。若以卽故，何凡何聖？若論六故，凡聖天隔。又若論其理，初地卽具足一切地；若言其行，後地則倍倍超前。祇如纔登八地，一念利生，下地多劫不及。

問：善惡同源，是非一旨，云何棄惡從善，而違法性乎？

答：若以性善性惡，凡聖不移。諸佛不斷性惡，能現地獄之身；闡提不斷性善，常具佛果之體。若以修善修惡，就事卽殊，因果不同，愚智有別。修一念善，遠階覺地；起一念惡，長没苦輪。若以性從緣，雖同而異；若泯緣從性，雖異而同。故禪門祕要經云："佛言，善惡業緣，本無有異，雖復不異，不共俱止。"華嚴經云："如相與無相，生死及涅槃，分別各不同，智無智如是。"故知教旨如鏡，何所疑焉？

問：若分修性，則善惡二途，乖平等之慈，失遍行之德？

答：自行須離，約法卽空，化他等觀，在人何別？是以，初心自利，則損益兩陳，究竟利他，則善惡同化。如夜行險道，以惡人執燭，豈可以人惡故，而不隨其照？菩薩得般若之光，終不捨惡。華嚴經云："捨惡性人，遠懈怠者，輕慢亂意，譏嫌惡慧，是爲魔業。"台教云：惡是善資，無惡亦無善。法華經云："惡鬼入其身，罵詈毁辱我，我等念佛故，皆當忍是事。"惡不來加，不得用念，用念由於惡加。又威音王佛所，著法之衆，聞不輕言，罵詈搥打，由惡業故，還值不輕，不輕教化，皆得不退。又提婆達多是善知識。書云：善者是惡人之師，惡者是善人之資。故知惡能資善，非能通正，豈有一法而可捨乎？

問：無緣不强化，機熟自相應。若愚惡不信之人，如何誘度？

答：捨愚從智、平等理乖，棄惡歸善、同體悲廢。衆生本妙，不可度量，忽遇因緣，機發不定，設未得度，亦作度緣。以此而推，應須等化。

問：若修衆善之門，須興樂欲之念，憎愛二苦，能障寂滅菩提，取捨兩情，豈成無閡解脱？

答：涅槃經云："一切衆生有二種愛：一者善愛，二者不善愛。不

善愛者,惟愚求之。善法愛者,諸菩薩求。"華嚴經云:"廣大智所說,
欲爲諸法本,應起勝希望,志求無上覺。"又云:"斷善法欲,是菩薩
魔事。是以入道之初,欲爲道本,至其極位,法愛須忘,階降宛然,
初後不濫。"

問:人法本空,身心自離,既無能作,誰行衆善乎?

答:湼槃經云:"雖本自空,亦由菩薩修空見空。 又師子吼菩
薩言:"世尊! 衆生五陰,空無所有,誰有受教,修習道者? 佛言:善
男子,一切衆生,皆有念心,慧心,發心,勤精進心,信心,定心,如是
等法,雖念念滅,猶故相似,相續不斷,故名修道。乃至如燈,雖念
念滅,而有光明,除破暗冥。念等諸法,亦復如是。如衆生食,雖念
念滅,亦能令飢者而得飽滿。譬如上藥,雖念念滅,亦能愈病。日月
光明,雖念念滅,亦能增長草木樹林。善男子,汝言念念滅,云何增
長者,心不斷故,名爲增長。"

問:所行衆善福德,竟何所歸? 若云自度,還同二乘之心;若云
度他,卽立衆生之相。

答:菩薩所作福德,皆爲成熟衆生,空有圓融,自他無滯。觀世
若幻,豈違實相之門? 度生同空,寧虧方便之道? 般若經云:"菩薩
成就二法,魔不能壞,一者觀諸法空,二者不捨一切衆生。"論釋云:
以日月因緣,故萬物潤生。但有月而無日,則萬物濕壞; 但有日而
無月,則萬物燋爛; 日月和合,故萬物成就。菩薩亦如是,有二道:一
者悲,二者空。佛說二事兼用,雖觀一切空,而不捨衆生; 雖憐愍衆
生,不捨一切空; 觀一切法空,空亦空,故不著空,是故不妨憐愍衆
生。雖憐愍衆生,亦不著衆生,亦不取衆生相,但憐愍衆生,引導入
空故。

問:經云:佛不得佛道,亦不度衆生,若見衆生苦,卽是受苦者。
云何修習福德,而度衆生乎?

答: 約真卽無, 隨俗卽有。論云: 佛答須菩提, 若一切衆生, 自知諸法自性空者, 菩薩不發阿耨多羅三藐三菩提意, 亦不於六道中拔出衆生。何以故? 衆生自知諸法性空, 則無所度, 譬如無病則不須藥, 無暗則不須燈。今衆生實不知自相空法, 故隨心取相生著。以著故染, 染故隨於五欲, 隨五欲故, 爲貪所覆, 貪因緣故, 乃至作生死業, 無復窮已。是知, 因凡立聖, 凡聖皆空, 從惡得善, 善惡無性。以無性故, 萬善常興, 以皆空故, 一真恒寂。

問: 衆生之界, 如二頭三手, 若實見度者, 何異撈水月而捉鏡像, 削鳥跡而植焦芽? 未審究竟以何爲衆生, 而興濟度?

答: 夫衆生者, 卽是自身日夜所起無量妄念之心。大集經云: "汝日夜念念, 常起無量百千衆生。"净度三昧經云: "一念受一身, 善念生天上人中身, 惡念受三惡道身。百念受百身, 千念受千身。一日一夜種生死根, 後當受八億五千萬雜類之身, 乃至百年之中, 種後世身, 體骨皮毛, 徧大千刹土地間無空處。若一念不生, 恬然反本, 故云度妄衆生, 了念卽空, 無有起處。復云: "不見衆生可度。"亦云: "度盡一切衆生, 方成正覺", 卽斯旨也。華嚴經云: "身爲正法藏, 心爲無閡燈, 照了諸法空, 名曰度衆生。"既自行已立, 還說示人, 普令觀心, 還依是學, 是爲真實之慈, 究竟之度矣。夫從凡入聖, 萬善之門, 先發菩提心, 最爲第一, 乃衆行之首, 履道之初, 終始該羅, 不可暫廢。梵網經云: "若佛子, 常起大悲心, 乃至若見牛馬猪羊一切畜生, 應心念口言, 汝是畜生發菩提心, 而菩薩入一切處山林川野, 皆使一切衆生發菩提心。若菩薩不發教化衆生心者, 犯輕垢罪。"華嚴經云: "欲見十方一切佛, 欲施無盡功德藏, 欲滅衆生諸苦惱, 宜應速發菩提心。"又云: "菩提心者, 猶如種子, 能生一切諸佛法故。菩提心者, 猶如良田, 能長衆生白净法故。菩提心者, 猶如大地, 能持一切諸世間故。菩提心者, 猶如净水, 能洗一切煩惱垢故。菩提心者，猶如大風，普於世間無所閡故。菩提心者，猶如盛火，能燒一切諸見薪故。”

問：菩提理本，性自周圓，何假發心，故興妄念？

答：般若經云：“若菩薩知心性卽是菩提，而能發起大菩提心，是名菩薩。”又上首菩薩云：吾於無所求中，而故求之，又無所發。菩薩云：知一切法皆無所發，而發菩提心，然於所證真如，如外無智，能發妙智，智外無如，雙照雙遮，不存不泯。不二而二，理智自分；二而不二，能所俱寂。次卽歸命三寶無上福田，起堅固心，具不壞信，離五怖畏，成三菩提。最初之因緣，攝一切善法。大報恩經云：“如阿闍世王，雖有逆罪應入阿鼻獄，以誠心向佛故，滅阿鼻罪，是爲三寶救護力也。”又如在山林曠野恐怖之處，若念佛功德，恐怖卽滅。是故歸憑三寶，救護不虛。古德云：山有玉則草木潤，泉有龍則水不竭，住處有三寶則善根增長，謂三寶救護力也。法句經云：“帝釋命終，入驢母腹中，因歸命三寶，驢輒解走，破壞坏器，其主打之，尋時傷胎。其神却復天身，佛爲説偈，帝釋聞之，達罪福之變，解興衰之本，遵寂滅之行，得須陀洹道。”木槵子經云：“時有難國王名波金璃，白佛言：我國邊小，頻歲賊寇，五穀勇貴，疾病災行，人民困苦，我恒不安，法藏深廣，不得修行，惟願垂矜，賜我法要。佛告王言：若欲滅煩惱障者，當穿木槵子一百八箇，常以自隨，志心無散，稱南無佛陀，南無達磨，南無僧伽，乃至能滿百萬徧者，當斷百八結業，獲無上果。王聞歡喜，我當奉行。佛告王言：有莎斗比丘，誦三寶名，經歷十歲，得成斯陀含果，漸次修行，今在普香世界，作辟支佛。王聞是已，倍復修行。

問：志公云：“苦哉！哀哉！怨枉棄却真佛造像，香華供養求福，不免六賊柳仗。”此意如何，以契今説？

答：此是古人破凡夫不識自佛，一向外求，住相迷真，分別他境，不爲助道，但求福門，似箭射空，如人入暗，果招生滅，寧越心塵。若達惟心，所見一切，皆是心之相分，終不執爲外來。然不壞因緣，理事無閡，故神鍇和尚云："緣衆生空，不捨於大慈；觀如來寂，不失於敬養。談實相，不壞於假名；論差別，不破於平等。又華嚴經八地菩薩，親證無生法忍，入無功用道，了一切法，如虛空性，乃至涅槃心，猶不現前，方始見無量佛，熾然供養。"又云："若彼常於三寶中，恭敬供養無疲厭，則能超出四魔境，速成無上佛菩提。"賢愚經云："舍衛國有長者，生一男兒。當爾之時，天雨七寶，因字寶天，後值佛出家得道。佛言，毘婆尸佛出現於世，有一貧人，雖懷喜心，無供養具，以一把白石擬珠，用散衆僧，今此寶天比丘是。乃至受無量福，衣食自然，今遭我世，得道果證。"又真覺大師云："深信正法，勤行六度，讀誦大乘，行道禮拜，妙味香華，音聲讚唄，燈燭臺觀，山海泉林，空中平地，世間所有微塵已上，悉持供養，合集功德，迴助菩提。以知祇破凡夫心外所執。或是貪利供養，瞋心持戒，憍慢作福，勝他布施，無慇重心，非廣大意。若如是行，難招淨業，不可錯會聖意，斷自凡情，起斷滅心，滅菩提種。"首楞嚴經云："若彼定中，諸善男子，見色陰消，受陰明白，自謂已足。忽有無端大我慢起，如是乃至慢與過慢，及慢過慢，或增上慢，或卑劣慢，一時俱發。心中尚輕十方如來，何況下位聲聞緣覺？此名見勝，無慧自救。悟則無咎，非爲聖證，若作聖解，則有一分大我慢魔，入其心腑。不禮塔廟，摧毀經像，謂檀越言，此是金銅，或是土木，經是樹葉，或是疊華。肉身真常，不自恭敬，却崇土木，實爲顛倒。其深信者，從其毀碎，埋棄地中，疑懼衆生，入無間獄，失於正受，當從淪墜。"但所作之時，一切無著，歡喜慶幸，竭力盡誠，迴向無上菩提，普施法界含識，則一毫之善，皆是圓因，終不墮落人天因果。又福業弘深，凡聖俱濟。福是安樂之本，智爲解脫之門，以此二輪不可暫失，乃成佛之正轍，實拔苦之深因。恭惟無上寶王，十方慈父，作大福聚，具功德身，尚乃親對大衆，起禮骨塔，躬爲弟子，不棄穿針。豈況下劣凡形，薄福尠德，闡提不信，我慢貢高，恥作低心，頓遣小善？像法決疑經云："佛言：若復有人，見他修福及施貧窮，譏毀之言：此邪命人求覓名利，出家之人，何用布施？但修禪定智慧之業，何用紛動無益之事？作是念者，是魔眷屬，其人命終墮大地獄，經歷受苦。從地獄出，墮餓鬼中，於五百身，墮在狗中。從狗出已，五百世中，常生貧賤，受種種苦。何以故？由於前世見他施時不隨喜故。"論云：福德是菩薩摩訶薩根本，能滿願一切。聖人所共讚歎，無智人所毀呰；智人所行處，無智人所遠離。是福德因緣故，作人王、轉輪聖王、天王、阿羅漢、辟支佛、諸佛世尊。大慈大悲，十力，四無所畏，一切種智，自在無閡，皆從福德中生。又云：須菩提問：以畢竟空中，無有福與非福，何故但以福德而得？佛答：以世諦中有福故得。須菩提爲衆生著無所有故問，佛以不著有故答。所謂精進修福，尚不可得，何況不修福德？如受乞食道人，至一聚落，從一家至一家，乞食不得。見一餓狗飢卧，以杖打之言：汝畜生無智，我種種因緣，家家求食尚不得，何況汝卧而望得耶？至於寶炬蘇燈，續命供佛，遂乃恒增智焰，常曜身光，因正果圓，行成業就。故賊人偶挑殘焰，天眼長明；貧女因獻微燈，佛階遥記。華嚴經云："又放光明名照曜，映蔽一切諸天光，所有暗障靡不除，普爲衆生作饒益。"此光覺悟一切衆，令執燈明供養佛，以燈供養諸佛故，得成世中無上燈。然諸油燈及酥燈，亦然種種諸明炬，衆香妙藥上寶燭，以是供養獲此光。普廣經云："然燈供養，照諸幽冥，苦痛衆生，蒙此光明，得互相見。緣此福德，拔彼衆生，悉得休息。"施燈功德經云："佛告舍利弗，若人於塔廟施燈明已，臨命終時得見四種光明：一者臨終見於日輪圓滿涌出，二者見净月輪圓滿涌出，三者見諸天衆一處而坐，四者見於如來正徧知。坐菩提樹，垂得菩提，自見己身，尊重如來，合十指掌，恭敬而住；或散華供養，嚴飾道場，盡作菩提之緣因，成佛之正行。"法華經云："若人散亂心，乃至以一華供養於畫像，漸見無數佛。"大思惟經云："若不散華獻佛，雖得往生，而依報不具。"賢愚經云："舍衛國內，有豪富長者，生一男兒，面首端正，天雨衆華，積滿舍內，卽字華天，乃至出家得阿羅漢。阿難白佛：華天何福而得如是？佛言：過去有佛，名毘婆尸，有一貧人見僧歡喜，卽於野澤採衆草華，用散大衆。爾時貧人，今華天比丘是。散華之德，九十一劫身體端正，意有所須，如念而至。"經云：若以一華散虛空中，供養十方佛，乃至畢苦，其福無盡。論云：億耳阿羅漢，昔以一華施於佛塔，九十一劫人天中受樂，餘福力得阿羅漢。或燒香塗香，莊嚴佛事，焚一捻而位期妙果，塗故塔而身出栴檀。昔佛在世時，有長者名栴檀香，昔曾以香泥塗故塔，從是已來，九十一劫，身諸毛孔出栴檀香，從其口出優鉢華香。或懸幡塔廟，寶蓋聖儀，標心而雖爲他緣，獲福而惟成自果。故佛在世時，有婆多迦，過去曾作一長幡，懸毘婆尸佛塔上。從是已來，九十一劫，天上人中，常有大幡覆廕其上，受福快樂，後出家得道。又經云：若人懸幡，風吹一轉，受一輪王位，乃至爛壞爲塵，一塵一小王位。百緣經云："有一寶蓋長者，過去曾持一摩尼寶珠，蓋毘婆尸佛舍利塔頭，從是已來，九十一劫，天上人中，常有自然寶蓋覆其頂上，乃至遇佛出家，皆成佛果。或稱揚佛德，讚歎大乘，勝報無邊，殊因最大。讚一偈，有超劫成佛之功；頌一言，獲舌相妙音之報。"觀佛三昧經云："昔過去久遠無量世時，有佛出世，號寶威德上王，時有比丘與九弟子，往詣佛塔禮拜佛像，見一寶像嚴顯可觀，禮已諦觀，說偈讚歎，後時命終，悉生東方寶威德上王佛國大蓮華中，忽然化生。從此已來，恒得值佛，得念佛三昧，佛爲授記，於十方面各得成佛。法華經云："譬如優曇華，一切皆愛樂。天人所希有，時時乃一出。聞法歡喜讚，乃至發一言，則爲已供養，十方三世佛。是人甚希有，過於優曇華。"華嚴經云："又放光明名妙音，此光開悟諸菩薩，能令三界所有聲，聞者皆是如來音。"以大音聲稱讚佛，及施鈴鐸諸音樂，普使世間聞佛音，是故得成此光明。至於諷詠唱唄，妙梵歌揚，昔婆提颬唄，清響徹於净居; 釋尊入定，琴歌震於石室。園林樓觀，入法界之法門; 音聲語言，成佛宗之佛事。毘尼母經云："佛告諸比丘，聽汝等唄。唄者，即言説之辭。"十誦律云："爲諸天聞唄心喜，或音樂舞妓，螺鈸簫韶，發歡喜心，種種供養。"法華經云："若使人作樂，擊鼓吹角唄，簫笛琴箜篌，琵琶鐃銅鈸。如是衆妙音，盡持以供養。或以歡喜心，歌唄頌佛德，乃至一小音，皆已成佛道。或勸請諸佛，初轉法輪，不般涅槃，悲濟含識。"智論問云: 菩薩法爾六時勸請十方佛者，若於目前面請諸佛則可，今十方無量佛亦不目見，云何可請？答: 如慈心念衆生，令得快樂，衆生雖無所得，念者大得其福。請佛説法，亦復如是。又雖衆生不面請佛，佛常見其心，亦聞彼請，或隨喜讚善，助他勝緣。如觀買香，傍染香氣，雖不親作，得同善根。論云: 有人作功德，見者心隨喜，讚言善哉! 在無常世界中，爲癡冥所蔽，能弘大心建此福德，菩薩但以隨喜心，過於二乘人上，何況自行。又菩薩晝夜六時常行三事，一禮十方佛，懺三世罪; 二隨喜十方三世諸佛所行功德; 三勸請諸佛初轉法輪及久住世間。行此三事，功德無量，轉近得佛。若作諸善，悉皆迴向，成就菩提，免墜生滅。如微聲入角，遂致遠聞，似滴水投河，即同廣潤。以少善而至極果，運微意而成大心。或發大願者，萬行之因，能長慈悲，不斷佛種，大事成辦，所作剋終。成道利生，皆因弘誓，是以有行無願，其行必孤，有願無行，其願必虚，行願相從，自利兼利。華嚴經云："不發大願，魔所攝持; 樂處寂滅，斷除煩惱，魔所攝持; 永斷生死，魔所攝持; 捨菩薩行，魔所攝持；不化衆生，魔所攝持。智論云："作福無願，無所樹立，願爲導師，能有所成。譬如銷金，隨師所作，金無定也。菩薩亦爾，修净土願，然後得之。以是故知，因願獲果。"又云："若能一發心言，願我當作佛，滅一切衆生苦，雖未斷煩惱，未行難事，以心口重故，勝一切衆生。"大莊嚴論云："佛國事大，獨行功德不能成就，要須願力。如牛雖力挽車，要須御者，能有所至。净佛國土，由願引成，以願力故，福德增長，不失不壞，常見佛故。或造新修故，立像圖真，興建伽藍，莊嚴福地。法華經云："若人爲佛故，建立諸形像，刻雕成衆相，皆已成佛道。或以七寶成，鍮鉐赤白銅，白鑞及鉛錫，鐵木及與泥。或以膠漆布，嚴飾作佛像，如是諸人等，皆已成佛道。彩畫作佛像，百福莊嚴相，自作若使人，皆已成佛道。"作佛形像經云："優填王來至佛所，白佛言：世尊，若佛滅後，其有衆生作佛形像，當得何福？佛告王言：若當有人作佛形像，功德無量，不可稱計。天上人中，受諸快樂，身體常作紫磨金色。若生人中，常生帝王大臣長者賢善家子，乃至若作帝王，王中特尊。或作轉輪聖王，王四天下，七寶自然，千子具足。乃至若生天上，作六欲天主。若生梵天，作大梵王。後皆得生無量壽國，作大菩薩，畢當成佛，入泥洹道。若當有人作佛形像，獲福如是。"華首經云："佛告舍利弗，菩薩有四法，終不退轉無上菩提。何等爲四？一者、若見塔廟毀壞，當加修治，若泥乃至一磚；二者、若於四衢道中多人觀處，起塔造像，爲作念佛善福之緣；三者、若見比丘僧二部静訟，勤求方便，令其和合；四者、若見佛法欲壞，能讀誦說乃至一偈，令使不絶，爲護法故，敬養法師，專心護法，不惜身命。菩薩若成就是四法者，世世當作轉輪聖王，得大力身，如那羅延。捨四天下而行出家，能得隨意修四梵行，命終上天，作大梵王，乃至究竟，成無上道。是故獼猴戲造石塔，尚乃生天；樵人誤唱佛聲，猶云得度，何況志誠，寧無勝報，或興崇寶塔，鑄瀉洪鐘，乃至大如拇指，天界福生。或復暫擊一聲，幽途苦息。”無上依經云：“佛告阿難，如帝釋天宮住處，有大飛閣名常勝殿，種種寶莊各八萬四千。若有清信男子女人，造作如是常勝寶殿，百千拘胝，施與四方衆僧；若復有人如來般涅槃後，取舍利如芥子大，造塔如阿摩羅子大，戴刹如針大，露盤如棗葉大，造佛形像如麥子大，此功德勝前所説，百分不及一，千萬億分乃至阿僧祇數分所不及一。何以故？如來無量功德故。”涅槃經云：“善守佛僧物，塗掃佛僧地，造塔如拇指，常生歡喜心，亦生不動國。此即净土常嚴，不爲三災所動也。或書寫大藏，啟發真詮，或刻石銷金，剥皮刺血，令見聞隨喜，十種傳通，誓報四恩，明遵慈勅。是以佛智讚而不及，天福報而無窮，齊善逝之功，作如來之使。”法華經云：“若人得聞此法華經，若自書，若使人書，所得功德，以佛智慧籌量多少，不得其邊。”或興崇三寶，廣扇慈風，或牆塹釋門，威力外護，遂令正法久住，佛道長隆。外感則雨順風調，家寧國泰；内報則道生垢滅，果滿因圓。能遵付囑之恩，不失菩提之記，或釋其拘繫，放人出家，或廣度僧尼，紹隆佛種，開出離之道，施引接之門，格量勝因，羣經具讚。出家功德經云：“若放男女奴婢人民出家，功德無量。”本緣經云：“以一日一夜出家故，二十劫不墮三惡道。”僧祇律云：“以一日一夜出家修梵行者，離六百六千六十歲三塗苦。”乃至醉中剃髮，戲裡披衣，一霎時間，當期道果。何況割慈捨愛，具足正因，成菩薩僧，福何邊際？或忘身爲法，禁絶邪師，建正法幢，斷魔胃索，朗慧日於無明暗室，靄慈雲於煩惱稠林，使信邪者趣三脱之門，俾執見者裂八倒之網。或成他大業，助發菩提，作增上之緣，爲不請之友。涅槃經云：“助人發菩提心者，許破五戒。”故知損己爲他，是大士之行。或飯僧設供，資備修行，開大施之門，建無遮之會。是以減一匙之飯，七返生天；施一團之麨，現登王位。或造經

房禪室，或施華果園林，供給所須，助成道業。昔支辨安禪道侶，致天樂自然，日給誦經沙彌，獲總持第一。大報恩經云：“若以飯食瓔珞施人，除去瞋心，以是因緣，獲得二相：一者金色，二者常光。乃至掃塔塗地，給侍衆僧，起恭敬心，成殷重業，發一念之微善，成無邊之净緣。”菩薩本行經云：“昔佛在世時，有阿羅漢婆多竭梨，觀因地，曾掃灑定光佛古塔，誅伐草木，嚴净已訖，踊躍歡喜，繞之八匝，作禮而去，命終之後，生光音天。盡其天壽，乃至百返作轉輪聖王，顏容端正，見者歡喜。欲行之時，道路自净，九十劫中，天上人間，富貴尊榮，快樂無極。今最後身，值釋迦佛，捨豪出家，得阿羅漢。”若有人能於佛法僧，少作微善，如毫髮許，所生之處，受報弘大，無有窮盡。正法念經云：“若有衆生，净心供養衆僧，掃如來塔，命終生意樂天。身無骨肉，亦無污垢，香氣能熏一百由旬，其身净潔，猶如明鏡。”付法傳云：“有一比丘毬多，觀其無福，不能得道，令教化供僧，便證羅漢果。又有羅漢名祇夜多，具三明六通，觀見前生曾作狗身，未曾暫時一飽，常忍飢渴，遂每躬自執爨，供給衆僧。”大報恩經云：“思惟諸法甚深之義，樂修善法，供養父母、和尚、師長、有德之人，若行道路，佛塔僧房，除去磚石荆棘不净。以是因緣，得三十二相中一一毛右旋相。乃至看病浴僧，義井圊厠，扶危拯急，濟用備時，皆大菩薩之心，成不思議之行。利他既重，得果偏深，或永受堅固不壞之形，或常得清净相形之體，或往生佛國甘露之界，或頓獲輕安自在之身，皆三十二相之殊因，八十種好之妙果。”大方便佛報恩經云：“三業清净，瞻病施藥，破除憍慢，飲食知足。以是因緣，得三十二相中平立相。”福田經云：“佛告天帝，我昔於波羅柰國，安設圊厠，緣此功德，世世清净，累劫行道，穢染不污，金色晃昱，塵垢不著，食自消化，無便利之患。”百緣經云：“孫陀利比丘，過去作長者，因備辦香水澡浴衆僧，復以珍寶投之水中，今所生之時，舍內自然有一涌泉，香水泠美，有諸珍寶，充滿其中，端正殊妙，後出家得道。"愚賢經云："昔有五百賈客，入海採寶，請一五戒優婆塞用作導師。海神取水一掬而問之曰：掬中水多，海水多耶？賢者答曰：掬中水多。海水雖多，劫欲盡時，必有枯竭。若復有人，能以一掬水供養三寶，或奉父母，或丐貧窮，給與禽獸，此之功德，歷劫不盡。以此言之，知海水少，掬水多。海神歡喜，即以珍寶用贈賢者。以知一切萬物，惟應濟急利時，如若不用，雖多無益。"經云：若種樹園林，造井厠橋梁，是人所爲福，晝夜常增長。高僧傳云："道安法師感聖僧語曰：汝行解過人，秖緣少福，能浴衆僧，所願必果。"或平治坑塹，開通道路，或造立船筏，興置橋梁，或於要道建造亭臺，或在路傍栽植華果，濟往來之疲乏，備人畜之所行。六度門中，深發弘揚之志；八福田內，普運慈濟之心。一念善因，能招二報：一者華報，受人天之快樂；二者果報，證祖佛之真源。或施食給漿，病緣湯藥，住處衣服，一切所須。安樂有情，是諸佛之家業；撫綏沈溺，乃大士之常儀。遂使施一訶梨，受九十劫之福樂；分一口食，得千倍之資持。經云：施食得五種利益：一者施命，二者施色，三者施力，四者施安，五者施辯。智度論云："鬼神得人一口之食，而千萬倍出。"華嚴經云："又放光明名安隱，此光能照疾病者，令除一切諸苦痛，悉得正定三昧樂。"施以良藥救衆患，妙寶延命香塗體，蘇油乳蜜充飲食，以是得成此光明。或施無畏，善和諍訟，哀愍孤露，救拔艱危，福受梵天，行齊大覺，因強果勝，德厚報深。華嚴經云："又放光明名無畏，此光照燭恐怖者，非人所持諸毒害，一切皆令疾除滅。"能於衆生施無畏，遇有惱害皆勸止，拯濟危難孤窮者，以是得成此光明。又慈悲喜捨，種種利益，度貧代苦，軫念垂哀，及施畜生一搏之食，皆是佛業無緣慈因。法句經云："行慈有十一種利，佛說偈言，履行仁慈，博愛濟衆。有十一譽，福常隨身，臥安覺安，不見惡夢，天護人愛，不毒不兵，水火不喪，在所得利，死昇梵天，是爲十一。"故經云：一切聲聞、緣覺、菩薩、諸佛，所有善根，慈爲根本。毘沙論云："若修慈者，火不能燒，刀不能傷，毒不能害，水不能漂，他不能殺。所以然者，慈心定是不害法故。有大威勢諸天擁護，害不能害。"像法決疑經云："佛言：若人於阿僧祇劫，以身供養十方諸佛，并諸菩薩及聲聞衆，不如有人施與畜生一口之食，其福勝彼百千萬倍，無量無邊。"丈夫論云："悲心施一人，功德如大地，爲己施一切，得報如芥子。救一厄難人，勝餘一切施，衆星雖有光，不如一月明。"華嚴經云："菩薩乃至施與畜生之食，一摶一粒，咸作是願，當令此等捨畜生道，利益安樂，究竟解脫，永度苦海，永滅苦受，永除苦蘊，永斷苦覺。苦聚苦行，苦因苦本，及諸苦處，願彼衆生，皆得捨離。菩薩如是專心繫念一切衆生，以彼善根而爲上首，爲其迴向一切種智。"大涅槃經云："佛過去惟修一慈，經此劫世，七反成壞，不來生此。世界壞時，生光音天；世界成時，生梵天中，作大梵王。三十六返爲天帝釋，無量百千世作轉輪聖王，乃至成佛。"又師子現指，醉象禮足，慈母遇子，盲則得明，城變金璃，石擧空界，釋女瘡合，調達病痊，皆是本師積劫熏修，慈善根力，能令苦者見如是事。今既承紹，合履玄蹤，乃至放生贖命，止殺興哀，斷燒煮之殃，釋籠罩之縶，續壽量之海，成慧命之因。遂得水陸全形，息陷網吞鉤之苦；飛沈任性，脫焚林竭澤之憂。免使穴罷新胎，巢無舊卵，脂消鼎鑊，肉碎刀砧。梵網經云："若佛子，以慈心故，行放生業。一切男子是我父，一切女子是我母。我生生無不從之受生，故六道衆生，皆是我父母。而殺食者，卽殺我父母，亦殺我故身。一切地水是我先身，一切火風是我本體。故常行放生，乃至若不爾者，犯輕垢罪，故知有情無情，不可傷害。"華嚴經云："佛子：菩薩摩訶薩作大國王，於法自在，普行教命，令除殺業。閻浮提內，城邑聚落，一切屠殺，皆令禁斷。無足二足多足，種種生類，普施無畏，無欺奪心，廣修一切諸行，仁慈蒞物，不行侵惱，發妙寶心，安隱衆生，於諸佛所，立深志樂，常自安住三種净戒，亦令衆生皆如是住。"菩薩摩訶薩令諸衆生住於五戒，永斷殺業，以此善根，如是迴向。所謂願一切衆生發菩薩心，具足智慧，永保壽命，無有終盡。乃至見衆生心懷殘忍，損諸人畜，所有男形，令身缺減，受諸楚毒，見是事已起大慈悲，而哀救之。令閻浮提一切人民，皆捨此業。涅槃經云："一切惜身命，無不畏刀杖，恕己以爲喻，勿殺勿行杖。"昔有禪僧鄧隱峰，未出家時，曾射一猿子，墮地而終，須臾猿母亦墮地而死。因剖腹開，見肝腸寸寸而斷，遂捨其射業，因此出家。是知人形獸質，受報千差，愛結情根，其類一等。所以失林窮虎，乃委命於廬中；鎩翮驚禽，遂投身於案側。至如揚生養雀，寧有意於玉環；孔氏放龜，本無情於金印。命既無於大小，罪豈隔於賢愚？三業施爲，切宜競慎，誤傷誤殺，尚答餘殃，故作故爲，寧逃業迹？或受一日戒，或持八關齋，或不噉有情，或永斷葷血，不值三災之地，能昇六欲之天，既爲長壽之緣，又積大慈之種。經云：昔有迦羅越，興設大檀，請佛及僧，時有一人賣酪，主人駐食，勸令持齋聽經，至冥乃歸。婦語之言，我朝來不食，相待至今，遂破夫齋。半齋之福猶生天上，七世人間常得自然衣食。一日持齋，得六十萬歲自然之糧。又有五福：一者少病，二者身意安隱，三者少淫，四者少睡臥，五者命終之後，神得生天，常識宿命。或懷慚抱愧，常生慶幸之心；識分知恩，恒起報酬之想。雜阿含經云："爾時世尊告諸比丘，有二净法能護世間，何等爲二？所謂慚愧。假使世間無此二净法者，世間亦不知有父母兄弟姊妹妻子，宗親師長尊卑之緒，顛倒混亂，如畜生趣。卽説偈言：世間若無有慚愧二法者，違越清净道，向生老病死。世間若成就慚愧二法者，增長清净道，永關生死門。或代誅贖罪，没命救人; 或釋放狴牢, 赦宥刑罰; 或歸復遷客, 招召逋民; 或停置關防, 放諸商稅; 或給濟貧病, 撫恤孤惸。常以仁恕居懷, 恒將惠愛爲念, 若覺若夢, 不忘慈心, 乃至蠕動蜎飛, 普皆覆護。"華嚴經云: "佛子: 菩薩摩訶薩見有獄囚, 五處被縛, 受諸苦毒, 防衛驅逼, 將之死地, 欲斷其命, 乃至自捨身命, 受諸苦毒。菩薩爾時語主者言, 我願捨身以代彼命, 如此等苦, 可以與我。如彼人隨意皆作, 設過彼苦阿僧祇倍, 我亦當受, 令其解脱。我若見彼將被殺害, 不捨身命救贖其苦, 則不名爲住菩薩心。何以故? 我爲救護一切衆生, 發一切智菩提心故。"正法念經云: "造一所寺, 不如救一人命。墮藍本經, 校量衆福, 總不如慈心愍傷一切蠢動含識之類, 其福最勝。或盡苦立孝, 濟國治家, 行謙讓之風, 履溫恭之道, 敬養父母, 成第一之福田, 承事尊賢, 開生天之浄路。"賢愚經云: "佛語阿難, 出家在家, 慈心孝順, 供養父母, 計其功德, 殊勝難量。所以者何? 我自憶念過去世時, 慈心孝順, 供養父母, 乃至身肉濟活父母危急之厄, 以是功德, 上爲天帝, 下爲聖王, 乃至成佛。三界特尊, 皆由斯福。或稱揚彼德, 開舉善之門; 或讚歎其名, 發薦賢之路。成人之美, 助發勇心, 喜他之榮, 同興好事。削嫉妬之螫刺, 息忿恨之毒風。起四無量之心, 攝物同己; 成四安樂之行, 利益有情。是以諸大菩薩, 皆思往世, 波騰苦海, 作諸不利益事, 捐功喪力, 惟長業芽。今省前非, 頓行佛道, 攂精進甲, 發金剛心, 衆善普行, 廣興法利。入世間三昧, 現功巧神通。和光同塵, 潛行密用, 滅無明火, 摧憍慢幢, 曲順機宜, 和顏誘誨, 愛語攝受, 慈眼顧瞻, 開諭愚盲, 安慰驚恐。懸照世之日, 耀破暗之燈, 揭有獄之重關, 沃火宅之熾焰。滿求者之願, 若如意之珠; 拔病者之根, 猶善見之藥。乾欲海而成悲海, 碎苦輪而成智輪。變貧窮濟, 作福德之津; 轉生死野, 合菩提之道。諸佛法内, 靡所不爲; 衆生界中, 無所不濟。如地所載, 如橋所昇, 如風所持，如水所潤，如火所熟，如春所生，如空所容，如雲所覆，遂令聞名脫苦，蹈影獲安。觸光而身垢輕清，憶念而心猿調伏，皆是從微至著，漸積善根，行滿功圓，成其大事。何乃毀善業道，開惡趣門，成就魔緣，斷滅佛種？"

卷　下

夫一念頓圓，三德悉備，未有一法，能越心源。設修萬行，皆從真法界之所成；或治習氣，而用佛知見之所斷。所謂無成之成，何妨妙行？不斷之斷，豈閡圓修？極惡違境，尚爲助發知識；美德嘉善，寧非進趣道乎？

問：何不直明本際，則本立而道生，若廣述行門，恐生迂滯。

答：理爲道本，行爲道跡。因本垂跡，無本，跡何所施？因跡顯本，無跡，本奚獨立？故云：本跡雖殊，不思議一也。是知先明其宗，方能進道。若一向逐末，實有所妨。經云：非不了真如，而能成其行，猶如幻事等，似有而非真。且圓根頓受之人，則遮照而無滯。卽遮而照，故雙非卽是雙照；卽照而遮，故雙行卽是雙遣。不壞本而常末，萬行紛然；不壞末而常本，一心恆寂。

問：法句經云："若能心不起，精進無有涯。"何故立事興心，而乖無作道乎？

答：卽心無心，事不妨理；作而無作，性不閡緣。故賢首國師云："緣起體寂，起恆不起；達體隨緣，不起恆起。"大集經云："佛言，精進有二種：一始發精進，二終成精進。菩薩以始發精進，習成一切善法，以終成精進，分別一切法，不得自在。"金光明經中，雖得佛果，精進不休。故於衆中，起禮身骨。況餘凡下，端拱成耶？故十八不共法中，精進無減。大論云：菩薩知一切精進，皆是虛妄；而常成就不退，是名真實精進。

問：一切法空，悉宗無相。何陳衆善，起有相之心耶？

答：以諸法畢竟無所有故，則有萬善施爲。若諸法有決定性者，則一切不立。故般若經云：“若諸法不空，即無道無果。”法句經云：“菩薩於畢竟空中，熾然建立。”金剛三昧經云：“若說法有一，是相如毛輪，如燄水迷倒，爲諸虚妄故。若見於法無，是法同虚空。如盲無目倒，說法如龜毛。”又經云：寧可謗有如須彌，不可謗無如芥子。論云：諸法實相中，決定相不可得，故名無所得。非無有福德智慧增益善根。又云：邪見人，破諸法令空。觀空人，知諸法真空，不破不壞。譬如田舍人，初不識鹽，見貴人以鹽著種種肉菜中而食，問言：何以故爾？語言：此鹽能令諸物味美故。此人便念，此鹽能令諸物美，自味必多。便空抄鹽，滿口食之，醎苦傷口。而問言：汝何以言鹽能作美？貴人語言：癡人，此當籌量多少，和之令美，云何純食鹽？無智人聞空解脱門，不行諸功德，但欲得空，是爲邪見，斷諸善根。盧山遠大師釋湼槃經，“問云：若無所得，云何作善？佛答：明諸衆生現有佛性，當必得果。如子在胎，定生不久，理須修善。又問：我今不知所趣入處，云何作善？佛答：有如來藏，可以趣入。宜修善業。”弘明集云：或有惡取於空，以生斷見。說之於口若同，用之於心則異。正法以空去其貪，邪說以空資其愛。大士體空而進德，小人說空而退善。良由反用正言，以生邪執矣。不觀空以遣累，但取空而廢善。又善惡諸法，等空無相，而善法助道，惡法生障。故知萬法真性，同一如矣，無妨因緣法中，有萬殊矣。故經云：深信因果，不謗大乘，三世因果，佛不誑欺，十力勸誡，聞當不疑。而謂善惡都空，無損益乎？夫法眼明了，無法不悉，舌相廣長，言無不實。其析有也，則一毫爲萬；其等空也，則萬像皆一。防斷常之生尤，兼空有而除疾。非聖者必凶，順道者終吉，勿謂不信，有如皎日。故中論云：“諸佛說空法，爲治於有故，若復著於空，諸佛所不化。”金剛三昧經云：“若離無取有，破有取空，此僞妄空，而非真無。今雖離有而不存空，如是乃得諸法真無。”故肇論云：“若以有爲有，則以無爲無。有既不有，則無無也。”夫不存無以觀法者，可謂見法實性矣。何得以空害有，以有害空，乖一味之源，成二見之垢乎？並是依語失義，遺智存情。雖言破有，未達有源；強復執空，罔窮空旨。今略辯之，以消邪滯。夫有是不有之有，非實有；空是不空之空，非斷空。若決定爲有，非是幻有，而生隔閡。若虛豁爲空，卽同太虛，而無妙用。所以從緣而有，無性故空。無性之空，空不閡有；從緣之有，有不妨空。有因空立，成圓智而萬行沸騰；空從有生，起妙慧而一真虛寂。豈同執但空而生斷見，福海傾消；據實有而起常心，慢山高峙。是以諸佛説空，爲空無明而成福業，破徧計而了圓成。愚人説空，卽生妄解而謗佛意，增空見而滅善因。又斷滅空，則無善無惡，無因無果。第一義空，有業有報，不見作者。

問：何不深入無生，自然合道，有爲多過，豈益初心？

答：因世慈而入真慈，從生忍而具法忍，學分初後，位豈濫陳？又生卽無生，豈越性空之地？無爲卽爲，寧逃實相之源？但取捨情亡，卽真俗理見。故經云：菩薩不盡有爲，不住無爲。肇法師云：“有爲雖僞，捨之則大業不成；無爲雖實，住之則慧心不朗。”華嚴經云：“解如來身，非如虛空。一切功德，無量妙法，所圓滿故。”大集經云：“捨離大慈而觀無生，是爲魔業；厭離有爲功德，是爲魔業。”

問：無漏性德，本自具足。何假外修，而虧内善？

答：自有修性二德，内外二緣。若性德本具，如木中火，不成事用，須假修德，如遇因緣，方能顯現。是以因修顯性，以性成修。若本無性，修亦不成。修性無二，和合方備。又内有本覺，常熏聖種。外仗善緣，助開覺智。有内闕外，菩提不圓。華嚴經云：“法如是故，内因本有。佛神力故，外緣所加。"是以若修萬善，則順法性。以淨奪染，性德方起。凡夫雖具，以造惡違性，本性不顯，不成妙用。

問：忘緣頓入，教有明文，今何所非，而逐因緣法乎？

答：頓教一門，亦是上根所受。忘緣淨意，真爲如實修行。今所論者，爲著法之人而生偏見，一向毀事，不了圓宗。但析妄情，豈除教道？祇如見佛一法，自有五等教人：一、小乘人，見佛身即是父母生身，從心外來，有相好分劑，意識所熏，有所分別，不知唯識義故，見從外來。二、大乘初教，見佛但是現化，非有相好，然其實體空無所有，故云：若以三十二相觀如來者，轉輪聖王即是如來。三、大乘終教，見佛相好光明，一一悉同真性，身即非身，非身即身，理事無閡。四、頓教，見佛無有始末之異，何有現應之差？亦無相好可立，一切分別，非真理故，此離念之真，名爲見佛。五、一乘圓教，見佛即此離念之真，非但不生彼相之理，而乃不閡萬像繁興，具足依正，該攝理事人法等，圓明一事，徧於十方一切世界，無不同時影現，猶如帝網。又緣起一門，若是頓教，不説緣起，即是事相，令真理不現，要由相盡，乃是實性。若説緣起，如以瞖眼而見空華。若是圓教法界，起必一多互攝，有力無力，方得成立。一多無閡，攝入同時，名入大緣起。如上五門，皆是入路。尚不訶小，恐廢權門。何乃斥圓，而妨實德？台教云：如大乘師，不弘小教，則失佛方便。祇如古德，設有邊辟之言，皆是爲物遣執。今時但效其言，罔知其旨。又全未入於頓門，但妄生譏謗，所失太過，故今愍之。故圓教華嚴經離世間品云："佛子，菩薩摩訶薩又作是念，阿耨多羅三藐三菩提，以心爲本。心若清净，則能圓滿一切善根，於佛菩提必得自在。欲成阿耨多羅三藐三菩提，隨意即成。若欲除斷一切取緣，住一向道，我亦能得。而我不斷，爲欲究竟佛菩提故，亦不即證無上菩提。

何以故？爲滿本願，盡一切世界，行菩薩行，化衆生故。"是爲如金剛大乘誓願心，是以驟緣違性，積雜染而爲凡；離緣求證，沈偏空而成小。緣性無閡，即大菩提。不斷塵勞門，能成無爲種；不溺實際海，能隨有作波。真俗鎔融，有無不滯，可謂履非道而達正道，即世法而具佛法矣。

問：萬善威儀，聲聞劣行，迂滯化壘，跧伏草庵，豈稱大心，何成圓頓？

答：三乘初學，不愚於法。所以法華經云："若有比丘，實得阿羅漢，若不信此法，無有是處。"又云："汝等所行，是菩薩道。漸漸修學，悉當成佛。"皆是中途取證，起住著心，是以諸佛所訶，勸令起行。且二乘之人，皆登聖位，超九地之煩惱，斷三界之業身，同坐解脫之牀，已具神通之慧。豈比博地具縛凡夫，惟尚依通，全無修證？故真覺大師云："二乘何咎？而欲不修。教中或毀或讚，抑揚當時耳。"凡夫不了，預畏被訶，寧知見愛尚存，去小乘而甚遠，雖復言其修道，惑使之所不除，非惟身口未端，亦乃心由邪曲。見生自意，解背真詮，聖教之所不依，明師未曾承受。根緣非爲宿習，見解未預生知，而能世智辯聰，談論以之終日。時復牽於經語，曲會私心，縱邪説以誑愚人，撥因果而排罪福。順情則熙怡生喜，逆意則愀儲懷瞋。三受之狀固然，稱位乃儔菩薩。初篇之非未免，過人之釁又縈。大乘之所不修，而復譏於小學。恣一時之強口，謗説之患鏗然。三塗苦輪，報之長劫。書云：古人當言而懼，發言而憂。又云：止沸莫若去薪，息過莫若無語。又如經説：凡夫有漏散心，一稱南無佛，乃至小低頭，以此因緣，尚成佛道，何況二乘無漏聖心，永斷後有身，親證人空慧，所習諸行，而不登正位乎？

問：有功之功，皆歸敗壞，無功之功，至功常存。何乃棄不遷之旨，而述有作之行乎？

答: 肇論云:"如來功流萬世而常存, 道通百劫而彌固。"經云: 三災彌綸, 而行業湛然。今信之矣。故知一毫之善, 雖是有爲, 若助菩提, 直至成佛, 而不隳壞。任大劫火競起, 終不燒虛空; 縱生死浪無邊, 實不沈真善。

問: 諸法無體, 從緣幻生。衆緣無依, 還從法起。緣法無性, 心境俱虛。無主無人, 無生無滅, 如何廣論無常之事相, 復説虛妄之果報乎?

答: 以真心不守自性, 隨緣成諸有。雖似有即空, 乃體虛成事。猶如樹影雖虛, 而有陰覆之義, 還同昏夢不實, 亦生憂喜之情。雖無作者之能爲, 不失因緣之果報, 故净名經云: "無我無造無受者, 善惡之業亦不亡。"又教所明空, 以不可得故, 無實性故, 不是斷滅之無, 何起龜毛兔角之心, 作蛇足鹽香之見?

問: 初心入道, 言行相扶, 萬善資熏, 不無其理。果地究竟, 大事已終, 境智虛閑, 何須衆行乎?

答: 果德佛位, 畢竟無爲。若無邊行門, 八相成道, 皆是佛後普賢行收, 任運常然, 盡未來際。維摩經云: "雖得佛道, 轉於法輪, 入於涅槃, 而不捨於菩薩之道, 是菩薩行。"華嚴經云: "了知法界, 無有邊際。一切諸法, 一相無相, 是則説名究竟法界, 不捨菩薩道。雖知法界無有邊際, 而知一切種種異相, 起大悲心, 度諸衆生, 盡未來際, 無有疲厭, 是則説名普賢菩薩。"

問: 五度如盲, 般若如導, 今何偏讚衆行, 廣明散善乎?

答: 今所論衆善者, 祇爲成就般若故。教中或訶有爲, 但是破其貪執。如若取捨不生, 一切無閡; 若未明般若, 以萬行爲助緣。法華經云: "佛名聞十方, 廣饒益衆生, 一切具善根, 以助無上心。"華嚴經云: "譬如一切法, 衆緣故生起。見佛亦復然, 必假衆善業。"若已明般若, 用衆行爲嚴飾。法華經云: "其車高廣, 衆寶裝校", 乃至又多僕從，而侍衞之。故云：萬善同歸集。離般若外，更無一法。如衆川投滄海，皆同一味；雜鳥近妙高，更無異色。或不謂般若，但習有爲，祇成生死之因，豈得涅槃之果？若布施無般若，惟得一世榮，後受餘殃償。若持戒無般若，暫生上欲界，還墮泥犁中。若忍辱無般若，報得端正形，不證寂滅忍。若精進無般若，徒興生滅功，不趣真常海。若禪定無般若，但行色界禪，不入金剛定。若萬善無般若，空成有漏因，不契無爲果。故知般若，是險惡徑中之導師，迷闇室中之明炬，生死海中之智楫，煩惱病中之良醫，碎邪山之大風，破魔軍之猛將，照幽途之赫日，驚昏識之迅雷，抉愚盲之金鎞，沃渴愛之甘露，截癡綱之慧刃，給貧乏之寶珠。若般若不明，萬行虛設。祖師云：不識玄旨，徒勞念静，不可刹那忘照，率爾相違。乃至成佛究竟位中，定慧力莊嚴，以此度含識。故佛云，我於二夜中間，常説般若。

問：諸法寂滅相，不可以言宣，何不直指其事，而廣涉因緣，興諸問答乎？

答：楞伽經云："佛告大慧，若不説一切法者，教法則壞。教法壞者，則無諸佛菩薩緣覺聲聞。"若無者，誰説爲誰？是故大慧，菩薩摩訶薩，莫著言説，隨宜方便，廣演諸法。故知總持無文字，文字顯總持，離理無説，離説無理。以真性普徧故，不可説不異可説；以緣修無性故，可説不異不可説。若約四實性，及諸法自相，皆不可説；若依四悉檀，及諸法共相，皆是可説。是以諸佛常依二諦説法，但得圓旨，説即無過。若一向無言，何由悟解？令尋言求理，而知理圓。但爲言偏，故云言説不及，不説無言。又性雖離言不可説，要以言説，方會不可説也。若夫履踐道源，紹隆佛種，先明般若，以辨真心。般若乃萬行之師，千聖之母；真心是羣生之本，衆法之源。若般若未通，真心由昧，應須歸命一體三寶，懺悔三世愆瑕，以尸羅而檢過防非,用禪定而除昏攝亂。親近善友,讚誦大乘,萬善熏治,多聞修習,助顯真性,直至菩提。障盡而妙定自明,慧發而真心豁净。既能自利,復愍未聞,廣作福因,具行諸度,紹佛家業,建大法幢。注一味之法雨,蕩諸惑塵;然無作之智燈,照開迷暗。是以功德萬行,初後並興。於佛教中,法爾如是。故華嚴經云:"菩薩摩訶薩,不作逼惱衆生物,但說利益世間事。"法華經云:"若人受持讀誦是經,爲他人說;若自書,若教人書;復能起塔,及造僧坊,供養讚歎,聲聞衆僧,亦以百千萬億讚歎之法,讚歎菩薩功德;又爲他人種種因緣,隨宜解說此法華經。"復能清净持戒,與柔和者而共同止。忍辱無瞋,志念堅固;常貴坐禪,得諸深定;精進勇猛,攝諸善法。利根智慧,善答問難。乃至是人,若坐若立若行處,此中便應起塔。一切天人皆應供養,如佛之塔。大凡善法,略有四種:一、自性善,無貪瞋癡等三善根;二、相應善,善心起時,心王心所,一時俱起;三、發起善,發身語業,表内心所思;四、第一義善,體性情净。又略有二種:一理善,即第一義;二事善,即六度萬行。今時多據理善,若是理善,闡提亦具,何不成佛? 是以須行事善,莊嚴顯理,積大福德,方成妙身。如鑛含金,似山藏玉,若石蘊火,猶地生泉,未遇因緣,不成濟用,雖然本具,有亦同無。衆生三因,亦復如是。凡曰有心,正因悉具,未得緣了,法身不成;了因,智慧莊嚴,正解觀察;緣因,福德莊嚴,妙行資發。三因具足,十號昭然,自利利他,理窮於此。故法華經云:"我以相嚴身,光明照世間。一切衆所尊,爲說實相印。"又薄德少福人,不堪受此法。夫善根易失,惡業難除。湼槃經云:"譬如畫石,其文常在。畫水速滅,勢不久住。"瞋如畫石,諸善根本,如彼畫水。是故此心,難得調伏。故知善事易忘,人身難得,不可因循,刹那異世。提謂經云:"如有一人,在須彌山上,以纖縷下之,一人在下,持針迎之,中有旋嵐猛風吹縷,難入針孔。"人身難得，甚過於是。又菩薩處胎經云："盲龜浮木孔，時時猶可值，人一失命根，億劫復難是。海水深廣大，三百三十六，一針投海底，求之尚可得。"又云："吾從無數劫，往來生死道，捨身復受身，不離胞胎法。計我所經歷，記一不記餘，純作白狗身，積骨億須彌。以利針地種，無不值我體，何況雜色狗，其數不可量？吾故攝其心，不貪著放逸。是以暫得人身，於十二時中，不可頃刻忘善，剎那長惡，此便難逢，豈容空過？又無常迅速，念念遷移。石火風燈，逝波殘照。露華電影，不足爲喻。"法句經云："佛告梵志，世有四事，不可得久，一者有常必無常，二者富貴必貧賤，三者合會必別離，四者強健必當死。"又經云：非空非海中，非入山石間，無有地方所，脫之不受死。如上所明，萬德衆善，菩提資糧，惟除二法，能成障閡。一者不信，二者瞋恚。不信，障未行善，欲行善；瞋恚，滅已行善，現行善。以不信故，如同敗種，永斷善根，隳壞正宗，增長邪見；以瞋恚故，焚燒功德，遮障菩提，開惡趣門，閉人天路。又不瞋從慈而起，大信因智而成。智刃纔揮，疑根頓斷；慈雲既潤，瞋火潛消。是以因智，度苦海之津；因信，入菩提之戶。因慈，住大覺之室；因忍，披如來之衣。華嚴經云："信爲道元功德母，長養一切諸善法。"信能增長智功德，信能必到如來地，信令諸根凈明利，信力堅固無能壞，信能永滅煩惱本，信能專向佛功德，信爲功德不壞種，信能生長菩提樹，信能增益最勝智，信能示現一切佛。大莊嚴法門經云："瞋恨者，能滅百劫所作善業。"華嚴經云："菩薩起一瞋心，能生百萬障門。"又經云：劫功德賊，無過瞋恚。又意地起瞋，大道冤賊。

問：凡修萬善，皆助菩提。云何有稽滯不成，復云何速得圓滿？

答：因放逸懈怠故無成，因勇猛精進故速辦。譬喻經云："有一比丘，飽食入室，閉房靜眠，愛身快樂。却後七日，其命將終。佛愍傷之,告比丘言:汝維衞佛時,曾得出家,不念經戒,飽食却眠,命終魂神生蜈蚣蟲中,積五萬歲,壽盡復爲螺蚌之蟲,樹中蠹蟲,各五萬歲。此四品蟲,生在冥中,貪身愛命,樂處幽隱爲家,不喜光明。一眠之時,百歲乃覺,纏綿罪網,不求出要。今世罪畢,得爲沙門,如何睡眠,不知厭足?比丘聞已,慚怖自責,五蓋卽除,成阿羅漢。"大寶積經云:"佛言,譬如綵帛,繫在頭上,火來燒綵帛,無暇救火。何以故?究實理急。"此上一一親明教行,豈敢造次輕有浪陳?願遵懇苦之言,不違究竟之說。

問:慈悲萬善,深知佛業祖教,或毀或譽,所以生疑。上雖廣明,猶懷餘惑,未審佛旨,究竟所歸。更希指南,永袪積滯。

答:祖立言詮,佛垂教跡,但破徧計所執,不壞緣起法門。徧計性者,情有理無,如繩上生蛇,杌中見鬼,無而橫計,脫體全空。依他性者,卽是因緣,若隨淨緣,卽得成聖,若隨染緣,卽乃爲凡。是以從緣無性,故號圓成。法華經云:"諸佛兩足尊,知法常無性。佛種從緣起,是故說一乘。"論云:若見因緣法,則名爲見佛。故知無有一塵,不合理事,未有一法,非是佛乘。皆是不了萬法之初源,一塵之自性,遂生情執,滯相迷名,妄分自他,强生離合。致令理事水火競生,各據二邊,不成一味。自翳眼見,明珠有纇;以執心觀,萬善生瑕。婬怒癡性,邪見非道,尚爲解脫之門;尊崇三寶,利他衆善,豈成障閡之事?是以,達之則瓦礫爲金,取之則妙藥成毒。故經云:虛妄是實語,除邪執故;實語成虛妄,生語見故。但除去取之情,盡履玄通之道,見網既裂,惟一真心,塵翳若消,無非佛國。故大般若經云:"佛言,我以諸法無所執故,卽名般若波羅密多。"我等住此無所執故,便能獲得真金色身,常光一尋。若欲無過,但理事融通,行願相從,悲智兼濟。故華嚴論云:"偏修理則滯寂,偏修智則無悲,偏修悲則染習便增,但發願則有爲情起,故菩薩以法融通,不去不取。"圭峰禪師云："師資傳授，須識藥病。承上方便，皆須先開示本性，方令依性修禪。性不易悟，多由執相，故欲顯性，先須破執。破執方便，須凡聖俱泯，功業齊袪，使心無所著，方可修禪。"後學淺識，便執此言，爲究竟道。又以修習之門，人多放逸，故後廣説欣厭，毀責貪瞋，讚歎勤苦，調身調息，入道次第。後人聞此，又迷本覺之用，便一向執相，滯教違宗。又學淺之人，或祇知離垢清浄，離障解脱，故毀禪門即心是佛。或祇知自性清浄，性浄解脱，故輕於教相持律坐禪，調伏等行。不知必須頓悟自性清浄，性浄解脱，漸修令得圓滿清浄，究竟解脱。若身若心，無所擁滯。又云，空宗但述遮詮，非凡非聖，一切不可得等，性宗有遮有表。今時人，皆謂遮言爲深，表言爲淺，故惟重非心非佛，良由以遮非之辭爲妙，不欲親證自法體，故如此也。如上所引，祖教了然，但以所非者，破其執離性之相，而生常見；離相之性，成其斷滅。或有所讚者，乃是了即性之相，用不離體；即相之性，體不離用。故知相是性之用，性是相之體。若欲讚性，即是讚相；若欲毀相，祇是毀性，云何妄起取捨之心，而生二見？若入一際法門，則毀讚都息？

問：如上問意，祇據今時，多取理通，少從事習，皆稱玄學。離物超塵，佛果尚鄙而不修，片善豈宗而當作？未審上古，事總如然，請更決疑，免墜邪網。

答：前賢往聖，志大心淳；究理而晷刻不忘，潛行而神靈罔測；曉夕如臨深履薄，剋證似然足救頭；重實而不重虛，貴行而不貴説；涉有而不住有，行空而不證空；從小善而積殊功，仗微因而成大果。今時則劫濁時訛，志微根鈍，我慢垢重，懈怠障深，一行無成，百非恆習，乘戒俱喪，理事雙亡，墮無知坑，坐黑暗獄，不達即事即理之旨，空念破執破病之言，智者深嗟，愚人倣傚，既成途轍，頓奪尤難。是以廣引祖佛之深心，備彰經論之大意，希悛舊執，庶改前非，同躋先聖之遺蹤，共稟覺王之慈勅。無虧本志，免負四恩，齊登解脫之門，咸闡離生之道，成諸佛業，滿大菩提。塞邪徑而闢正途，堅信根而拔疑刺，備波羅密之智楫，駕大般若之慈航，越三有之苦津，入普賢之願海，渡法界之飄溺，置涅槃之大城。往返塵勞，周旋五趣，不休不息，無始無終。未來窮而不窮，虛空盡而無盡，仰惟佛眼，證此微誠。普爲羣靈，敬述兹集。

問：上上根人，頓悟自心，還假萬行，助道熏修不？

答：圭峰禪師有四句料簡：一、漸修頓悟，如伐樹，片片漸斫，一時頓倒；二、頓修漸悟，如人學射，頓者箭箭直注意在的，漸者久久方中；三、漸修漸悟，如登九層之臺，足履漸高，所見漸遠；四、頓悟頓修，如染一㯏絲，萬條頓色。上四句多約證悟，惟頓悟漸修，此約解悟。如日頓出，霜露漸消。華嚴經說，初發心時，便成正覺。然後登地，次第修證。若未悟而修，非真修也。惟此頓悟漸修，既合佛乘，不違圓旨。如頓悟頓修，亦是多生漸修，今生頓熟。此在當人，時中自驗。若所言如所行，所行如所言，量窮法界之邊，心合虛空之理，八風不動，三受寂然，種現雙消，根隨俱盡。若約自利，則何假萬行熏修，無病不應服藥。若約利他，亦不可廢。若不自作，爭勸他人。故經云：自自持戒，勸他持戒。若自坐禪，勸他坐禪。智論云："如百歲翁翁舞，爲教授兒孫故。"先以欲鈎牽，後令入佛智。如或現行未斷，煩惱習氣又濃，寓目生情，觸塵成滯，雖了無生之義，其力未充，不可執云我已悟了，煩惱性空。若起心修，却爲顛倒。然則煩惱性雖空，能令受業，業果無性，亦作苦因，苦痛雖虛，祇麽難忍。如遭重病，病亦全空，何求醫人，徧服藥餌？故知言行相違，虛實可驗，但量根力，不可自謾。察念防非，切宜子細。

問：老子亦演行門，仲尼大興善誘，云何偏讚佛教，而稱獨美乎？

答：老子則絕聖棄智，抱一守雌，以清虛憺怕爲主，務善嫉惡爲教，報應在一生之內，保持惟一身之命。此並寰中之近唱，非象外之遐談，義乖兼濟之道，而無惠利也。仲尼則行忠立孝，闡德垂仁，惟敷世善，未能忘言神解，故非大覺也。是以仲尼答季路曰：生與人事，汝尚未知；死與鬼神，余焉能事？此上二教，並未踰俗柱，猶局塵籠，豈能洞法界之玄宗，運無邊之妙行乎？

問：佛行無上，衆哲所尊，儒道二教，既盡欽風，云何後代之中，而有毀謗不信者何？

答：儒道先宗，皆是菩薩示劣揚化，同讚佛乘。老子云，吾師號佛，覺一切民也。西昇經云：“吾師化遊天竺，善入泥洹。”符子云：“老氏之師，名釋迦文。”列子云：“商太宰嚭問孔子曰：夫子聖人歟？孔子對曰：丘博識强記，非聖人也。又問三王聖人歟？對曰：三王善用智勇，非聖人也。又問五帝聖人歟？對曰：五帝善用仁義，亦非丘所知。又問三皇聖人歟？對曰：三皇善任因時，亦非丘所知。太宰嚭大駭曰：然則孰爲聖人？夫子動容有言曰：丘聞西方聖者焉，不治而不亂，不言而自信，不化而自行，蕩蕩乎民無能名焉。”吳書云：“吳主孫權問尚書令闞澤曰：孔丘、老子，得與佛比對以不？闞澤曰：若將孔老二家，比校遠方佛法，遠則遠矣。所以言者，孔老設教，法天制用，不敢違天。諸佛設教，諸天奉行，不敢違佛。以此言之，實非比對明矣。吳主大悅，用闞澤爲太子太傅。”起世界經云：“佛言，我遣二聖，往震旦行化，一者老子，是迦葉菩薩；二者孔子，是儒童菩薩。”明知自古及今，但有利益於人間者，皆是密化菩薩。惟大士之所明，非常情之所測，遂使寡聞淺識，起謗如煙，並是不了本宗，妄生愚執。事老君者，則飛符走印，鍊石燒金，施醮祭之鯷鱓，習神仙之誕誕。入孔門者，志乖淳樸，意尚浮華，聘鸚鵡之狂才，擅蜘蛛之小巧。此皆違背先德，自失本宗。斯人不謗，焉顯其深？下士不笑，寧成其道？是以佛法如海，無所不包；至理猶空，何門不入；衆哲冥會，千聖交歸；真俗齊行，愚智一照。開俗諦也，則勸臣以忠，勸子以孝，勸國以紹，勸家以和。弘善，示天堂之樂，懲非，顯地獄之苦。不惟一字以爲褒，豈止五刑而作戒？敷真諦也，則是非雙泯，能所俱空，收萬像爲一真，會三乘歸圓極。非二諦之所齊，豈百家之所及？

問：道無不在，真性匪移，有佛無佛，性相常住。此卽一體三寶，常現世間，何用金檀刻像，竹帛書經，剃髮出塵，以爲三寶？

答：上根玄解，何假相施？中下鈍機，須憑事發。不覩正相，但染邪宗。祇如此土，像教未來，惟興外道，罔知真僞，莫辨靈蹤。伏自漢明夢現金身，吳帝瑞彰舍利，爾後國王長者，方知歸敬之門；哲士明人，頓曉棲神之地。是知跡能顯本，相可通真，因筌得魚，理事無廢。是以木母變色，金像舒光，道藉人弘，物由情感。能生净種，敬假像而開心；不結信緣，遇真儀而不見。是以，迷之則本末咸喪，了之則真假俱通。若驗斯文，奚生取捨？或廣興供養，發大志誠，意業功深，修因力大，是以貧女獻潘澱而位登支佛，童子進土麨而福受輪王。

問：因緣義空，自他無性，涅槃生死，一體無殊，如何行慈，廣垂攝化？

答：雖人法本空，彼我虛寂而衆生迷，如夢所得，都不覺知，菩薩興悲，而示真實。大般若經云：“佛告善現，應知有情雖自性空，遠離衆相，而有雜染清净可得。”起信論云：“雖念諸法自性不生，而復卽念因緣和合，善惡之業，苦樂等報，不失不壞。雖念因緣善惡業報，而亦卽念性不可得。”是以觀緣起，而不住涅槃；了性空，而不住生死。

問：西天九十六種外道，各立修行之門，勤苦兢兢，非無善業，

云何報盡還入輪迴，不得解脫？

答：未達無生正理，惟修生滅有因，起貪著之心，懷希望之意，以苦捨苦，從迷積迷，匍匐昇沈，輪迴莫已。蒸砂之喻，足可明之。

問：非惟外道修善不得解脫，依內教修亦有不得道者，何耶？

答：皆爲有我，故不得斷結。凡作之時，皆云我能作，隨境所得，住著因果。若了二無我理，證解一心，不動塵勞，當處解脫。

問：正作之時，云何了無我？

答：所作之時，從緣而起，以有施爲，而無主宰。所出音聲，猶如風鐸，隨機轉動，惟似木人，但依業力所爲，而無我性可得。四大聚散，生滅隨緣，乃至六趣受身，亦復如是，實無有人，而能來往。華嚴經云："如機關木人，能出種種聲，彼無我非我，業性亦如是。"論云：因緣故生天，因緣故墮地獄。若言是我，非因緣者，作惡何不生天，乃墮地獄耶？我豈愛彼地獄受苦耶？我既作惡而不受樂者，故知善惡感報，惟是因緣，非是我也。而衆生於無我無作之中，妄認我作，强爲其主，不知是識所爲，決定無有作者。外道皆稱執作，悉有神我，若無神我，誰爲所作？智論破云："心是識相，故自能使身，不待神也。如火性能燒物，不假人。"唯識論云："諸所執實有我體，爲有思慮，爲無思慮？有思慮，應是無常，非一切時有思慮故。無思慮，如虛空，不能作業，亦不受果故，所執我理俱不成。"由此故知定無實我，但有諸識。無始時來，前滅後生，因果相續，由妄熏習，似我相現，愚者於中，妄執爲我。又無我者，即是無性。性即是體，體是主質義。凡有一法，皆從衆緣所成，實無本體。以無體故空，是以衆生，於性空中，執爲實有，內則爲我所羈，外則爲塵所局。所以修行，不出心境，及至得果，不離所因。昇降雖殊，常繫諸有，互爲高下，終始輪迴。衆患所生，我爲其本。

問: 既萬法無體,本來自空,云何復有諸法建立?

答: 祇爲空無體性,而從緣生,若有自體,即不假緣生。既不從緣生,即萬法有其定體,若立定相,即成常過。善惡不可改移,因果遂成錯亂。爲惡應生天,爲善應沈淵,以無因故; 作善應無福,作惡應無罪,以無果故。是以萬法無體無定,但從緣現。以緣生故無性,諸法皆空; 以無性故緣生,諸法建立。故華嚴經明菩薩於無自性中,建立一切佛事。是以因空立有,有無自名, 從有辨空,空無自體。

問: 現見諸法發生,云何無性?

答: 即生無生,所以無性。若云有生,爲復自生? 爲他生? 爲共生? 爲無因生? 若云自生,譬如自身,若非父母,云何得生? 故云此身,即父母之遺體。以過去業爲內因,託父母體爲外緣,內外因緣和合而有,即非自生。或云他生者,若無宿業自因,終不託胎,皆從自業而有。譬如外具水土,若無種子,決定不生。若共生者,因假緣成,何有自體之用? 緣從因起,而無外助之能。因緣各無,和合豈有? 如一砂無油,和衆砂而非有; 一盲不見,聚羣盲而豈觀? 若無因生者,即石女生兒,龜毛作拂,有因尚無,無因豈有? 又從有因,而立無因,有因既無,無因亦絕。但了自他兩句無生,則四句皆破。既無自他,將誰作和合? 及以無因,有等四句自然冥寂。是知無生之生,幻相宛爾,生之無生,真性湛然。故金剛三昧經云:“因緣所生義,是義滅非生; 滅諸生滅義,是義生非滅。”

問: 既一切諸法無性無生,云何衆生執著境緣,而受實報?

答: 祇爲不了無性,迷爲實有,所以受其實報。如達其性空,即不生貪著。既不耽著,任運施爲,不住其因,終不受果。故經云:“心生種種法生。”又云:“一切惟心造。”若心不起,外境常虛; 了境性空,其心自寂。妄心既寂,幻相何生? 心境俱冥,自然合道。華嚴經云："眼耳鼻舌身心意諸情根，一切空無性，妄心分別有。"又云："世間一切法，但以心爲主，隨解取衆相，顛倒不如實。"

問：既受實報，云何言一切空？

答：分明云衆生自妄認爲實，其性常空，雖受苦樂，厭愛情生，人法俱空，一無所得。猶如夢見好惡，欣慼盈懷，及至覺來，豁然無事。覺來非有，夢裏非無。既習顛倒之因，不無虛妄之果。

問：妄心幻境，爲復本無，從今日無？

答：心境本無。

問：既是本無，衆生云何不得解脫？

答：本來無縛，云何稱解？祇爲不達本無，妄生今有，從無始際熏習之力，不覺不知，隨業而轉，雖在業拘，性常清淨。

問：如何得究竟清净？

答：此有二義：一者了其本無，得自性清净；二者净其妄染，得離垢清净。本性既净，妄念不生，二障雙消，三輪廓徹，契本冥源，種現俱寂。

問：佛道遐昌，凡聖同稟，何乃興替不定，而有隳壞者乎？

答：夫萬物有遷，三寶常住，寂然不動，感通而化。非初誕於王宮，不長逝於雙樹。若衆生福薄，則佛事冰消；若國土緣深，則梵刹雲聳。在人自生得喪，非法而有盛衰。故法華經云："衆生見劫盡，大火所燒時，我此土安隱，天人常充滿。"

問：既讚衆善，報應非虛，云何有勤苦求者，全無剋證？

答：修善之人，自有冥顯二益。法華玄義四句料簡：一、冥機冥應。若過去善修三業，現在未運身口，藉往善力，此名爲冥機。雖不見靈應，而密爲法身所益。不見不聞，非覺非知，是名冥益。應身應是顯應，法身應是冥應。二、冥機顯益。過去植善，而冥機已成，便得值佛聞法，現前獲利，是爲顯益。如佛初出世，最初得度之人，現在何曾修行？諸佛照其宿機，自往度之。三、顯機顯益，現在身口，精勤不懈，而能感降。道場禮懺，能感靈瑞。四、顯機冥益。如人雖一世勤苦，現善濃積，而不顯感，冥有其利。若解四意，一切低頭舉手，福不虛棄，終日無感，終日無悔矣。

問：或有一生修善，現縈惡報，終日造惡，目覩吉昌者何？

答：業通三世，生熟不定。又通三報，厚薄相傾。西天第十九祖師鳩摩羅多云："前生修功德，而致強半功，有少破壞故，迴心修惡行，罪業少功德，亦死先受福。正受快活時，心似得安樂，忽降諸衰惱，其家漸殘破。承彼先惡業，相續致於此，非是今修福，而招斯惡報。"又曰："前世作惡業，其罪強半功，忽遇一智者，而教修福德。福德雖修已，其善未過彼，功德少於罪，亦死生貧窮。心不敬信佛，亦不重三寶，如是過半已，其家漸富有，資生多財帛。承彼先善業，相續致於此，非是今作惡，而招斯善報。"論云：今我疾苦，皆由過去。今生修福，報在當來。若見喜殺長壽，好施貧窮，能信斯言，不生邪見。若不解此，憂悔失理，謂徒功喪計，善惡無徵。但修善之時，一心不退，既不間斷，福果長新。祇慮中途，自生遮障，識達賢士，曉斯旨焉。

問：惡能掩善，則禍起而福傾；善能排惡，則障消而道現，何乃或有從生積善，反受餘殃？及蕭梁武帝歸憑三寶，一朝困斃，全無靈祐者何？舉世咸疑，請消餘滯。

答：前明業通三世，事已昭然。今重決疑，有其三義：一者是諸佛菩薩，示現施為，隨順世間，同其苦樂，千變萬化，誘引勞生。或居安而忽危，示物極即反；或處榮而頓弊，現盛必有衰。令耽榮者悟世無常，使恃祿者，知生有限。潛消貪垢，巧洗情塵，示正示邪，或逆或順，斯乃密化之祕術，非凡小之所知。二者善惡無定，果報從緣，業力難思，勢不可遏。故涅槃經云："業有三報：一現報，現作善惡，現受苦樂。二生報，今生作業，來生受果。三後報，或今生作業，過百千生方受其報。"又經云：有業現苦有苦報，有業現苦有樂報，有業現樂有樂報，有業現樂有苦報。或餘福未盡，惡不卽加，或宿殃尚在，善緣便發。又若善多惡少，則先受樂而後受苦，則福盡禍生。或善少惡多，則先受苦而後受樂，則災消慶集，此皆並是後報。善惡業熟，今生善力難排，斷結證聖，尚還宿債，如師子比丘、一行禪師等，豈況業繫凡夫，寧逃此患？三者或善根深厚，修進堅牢，決志無疑，誓過金石，則現受輕報，能斷深愆。故經云：今生作惡少，爲善多，則迴地獄重，而現世輕。或作善少，爲惡多，則迴現世輕，而地獄重。乃至純善修行之人，現世暫時頭痛，則滅百千萬劫地獄之苦。是以菩薩發願云：願得今身償，不入惡道受苦。作惡之人，雖現安樂，果在阿鼻，積劫燒然，受苦無間。又復修行力至，將出輪迴，臨終之時，雖受微苦，無始惡業，一時還盡。如唐三藏法師，九世支那爲僧，福德智慧，常稱第一。大弘聖教，廣演佛乘，利濟無邊，殊功罕測。及至遷化之時，卧疾房中，瞻病僧明藏禪師，見有二人，各長一丈，共捧一白蓮花，至法師前云：師從無始已來，所有損惱有情，諸有惡業，因今小疾，並得消殄，應生欣慶。法師顧視合掌，遂右脇而卧。弟子問云：和尚決定得生彌勒內院不？報云：得生。言訖，氣息漸微，奄然神逝。若明如上三義，方爲知因識果之人。或昧斯文，終生疑謗。

問：夫修善應純，云何造惡？既能造惡，何用善乎？若善惡齊行，恐虛功力。

答：若出家菩薩，無諸障閡，應純修善，直至菩提。如在家菩薩，事業所拘，未得純淨，傍興善道，以爲對治。夫業難頓移，惡非全斷，漸積功德，以趣菩提。若更積惡不修，惡無有盡，須行善業，以奪惡因。譬喻經云："昔有國王，出射獵還，過寺繞塔，爲沙門作禮，羣臣共笑之。王乃覺知，問羣臣曰：'有金在釜，釜中湯沸，以手取金可得不'？答曰：'不可得。'王言：'以冷水投中，可取得不？'臣白王言：'可得也。'王言：'我行王事射獵，所作如湯沸，燒香然燈繞塔，如持冷水投沸湯中'"。夫作王有善惡之行，何故但有惡，無善乎？

問：在家菩薩，亦許純修善不？

答：若志苦心堅，一向歸命，如鹿在網，若火燒頭，惟求出離之門，不顧人間之事，自古及今，亦多此等。譬喻經云："昔有國王，大好道德，常行繞塔。百匝未竟，邊國王來征伐，欲奪其國。傍臣大恐怖，卽白王言：'置斯旋塔，以攘重寇。'王言：'聽使兵來，我終不止。'心意如故，繞塔未竟，兵散罷去。"夫人有一心定意，無所不消也。是以河嶽不靈，惟人所感，但能志到，無往不從。至於冰池躍鱗，寒林抽筍，故非神力，志所爲也。

問：若廣修萬善，皆奉慈門，但稟真詮，有妨世諦。則處國廢其治國，在家闕於成家，雖稱利人，未得全美。

答：佛法衆善，普潤無邊，力濟存亡，道含真俗。於國有善則國霸，於家有善則家肥，所利弘多，爲益不少。所以書云：積善之家，必有餘慶；積惡之家，必有餘殃。又云：行善降之百祥，爲惡降之百殃。宋典，文帝以元嘉中問何侍中曰：范泰、謝靈運云：六經本是濟俗，若性靈真要，則以佛經爲指南。如其率土之濱，皆純此化，則吾坐致太平也。侍中對曰：夫百家之鄉，十人持五戒，則十人淳謹；千室之邑，百人修十善，則百人和厚；傳此風訓，已徧宇內，編戶千萬，則仁人百萬。夫能行一善，則去一惡；去一惡，則息一刑。一刑息於家，萬刑息於國，陛下所謂坐致太平也。是以包羅法界，徧滿虛空，一善所行，無往不利，則是立身輔化，匡國保家之要軌矣。若以此立身，無身不立，以此匡國，無國不匡。近福人天，遠階佛果。

問: 所修萬善，以何爲根本乎？

答: 一切理事，以心爲本。約理者，經云: 觀一切法，卽心自性，成就慧身，不由他悟。此以真如，觀真實心爲本。約事者，經云: 心如工畫師，能畫諸世間，五蘊悉從生，無法而不造。此以心識，觀緣慮心爲本。真實心爲體，緣慮心爲用。用卽心生滅門，體卽心真如門。約體用分二，惟是一心。卽體之用，用不離體; 卽用之體，體不離用。開合雖殊，真性不動。心能作佛，心作衆生，心作天堂，心作地獄。心異則千差競起，心平則法界坦然; 心凡則三毒縈纏，心聖則六通自在; 心空則一道清凈，心有則萬境縱橫。如谷應聲，語高而響大; 似鏡鑒像，形曲而影邪。以萬行由心，一切在我。內虛，外終不實; 內細，外終不麤。善因終值善緣，惡行難逃惡境。蹈雲霞而飲甘露，非他所授; 臥煙燄而噉膿血，皆自所爲。非天之所生，非地之所出，祇在最初一念，致此昇沈。欲外安和，但內寧静: 心虛境寂，念起法生，水濁波昏，潭清月朗，修行之要，靡出於斯。可謂衆妙之門，羣靈之府，昇降之本，禍福之源。但正自心，何疑別境？經云: 爲善福隨，履惡禍追。響之應聲，善惡如音。非天龍鬼神所授，非先襴後裔所爲，造之者惟心，成之者身口矣。佛説偈曰: 心爲法本，心尊心使，中心念惡，卽言卽行，罪苦自追，車礫於轍。心爲法本，心尊心使，中心念善，卽言卽行，福樂自追，如影隨形。華嚴經云: "智首菩薩問文殊師利云: 何得無過失身口意業，乃至爲上爲無上，爲等爲無等等？文殊師利答言: 佛子，若諸菩薩善用其心，則獲一切勝妙功德。"密嚴經云: "如地無分別，庶物依以生，藏識亦如是，衆境之依處。如人以己手，還自摩捫身，亦如象以鼻，取水自沾沐，復似諸嬰兒，以口含其指。如是自心內，現境還自緣，是心之境界，普徧於三有。久修觀行者，而能善通達，內外諸世間，一切惟心現。"以此之言，豈止萬善之本，乃至有情無情，凡聖境界，虛空萬像,悉爲其本。亦云無住爲本,本立道生,斯之謂矣。

問:萬行之源,以心爲本。助道門內,何法爲先?

答:以其真實正直爲先,慈悲攝化爲導。以正直故,果無迂曲,行順真如。以慈悲故,不墮小乘,功齊大覺。以此二門,自他兼利。

問:前明先知正宗,徧行助道。令萬行門中,以消疑滯,未審以何爲宗旨?

答:佛法本無定旨,但隨入處,明見心性,權名爲宗。

問:以何方便,而得悟入?

答:有方便門,應須自入。

問:豈無指示?

答:見性無方,云何所指?實非見聞覺知境界。

問:既無所指,明見之時見何物?

答:見無物。

問:無物如何見?

答:無物卽無見,無見是真見,有見卽隨塵。

問:若然如是,教中佛云,何亦說見?

答:佛隨世法,卽是不見見,非同凡夫執爲實見。究竟而論,見性非屬有無,湛然常寂。

問:畢竟如何?

答:須親省察。

問:前云心外無法,云何稱有見卽隨塵?

答:一切色境,皆是第八識親相分現量所得,實無外法。眼見色時,未生分別,刹那轉入明了意識,分別形像,作外量解,遂執成塵境。

問:此境何識所現?

答:塵以識所現,內識變起,似塵而現。如鏡中見自面像,非他影現。唯識論云："内識轉似外境，我法分別，熏習力故。諸識生時，變自我法。此我法相，雖在内識，而由分別，似外境現。諸有情類，無始時來，緣此執爲實我實法。如幻夢者，幻夢力故，心似種種外境相現，内識所變似我似法，雖有而非實。"經云：由自心執著，心似外境轉，彼所見非有，是故説惟心。此由約事而論説爲識變，若深達真如，一切諸法，本來不動，即心自性，亦非待變。

問：此塵與識，從何而立？

答：謂由名言熏習種子，而得建立。實無其體，而似有義，相貌顯現，如幻物等。因名立法，因法建名，名中無法，法中無名。無體互成，有相俱寂。

問：此識既不立，何識爲宗？

答：諸識亦無畢竟所歸，約極權論，惟一真性。此亂識爲遣境故立，境消識謝，能所俱亡。惟一真識，即是實性。三無性論云："先以亂識，遣於外境。次阿摩羅識，遣於亂識。究竟惟一浄識。"

問：理事無閡，萬事圓修，何教所宗？何諦所攝？

答：法性融通，隨緣自在，隨舉一法，萬行圓收，即華嚴所宗，圓教所攝。若六度萬行，成佛度生，雖浄緣起，皆世諦所收。若發明本宗，深窮果海，則理智俱亡，言心路絶。

問：此集所陳，有何名目？

答：若問假名，數乃恒沙。今略而言之，總名萬善同歸，別開十義：一名理事無閡，二名權實雙行，三名二諦並陳，四名性相融即，五名體用自在，六名空有相成，七名正助兼修，八名同異一際，九名修性不二，十名因果無差。

問：名因義立，義假名詮，既立假名，其義何述？

答：第一理事無閡者，理則無爲，事則有爲。終日爲而未嘗有爲,終日不爲而未嘗無爲。爲與無爲,非一非異,同法性源,等虛空界。若云是一,仁王經説:"諸菩薩,有爲功德,無爲功德,皆悉成就。"若但是一,不應説有二種功德。若云是異,般若經云:"不得離有爲説無爲,不得離無爲説有爲。"是以理事相卽,非斷非常,起滅同時,無閡雙現。第二權實雙行者,實則真際,權則化門。從真際而起化,實外無權;因事跡而得本,權外無實。常冥一旨,無閡雙行,遮照同時,理量齊現。第三二諦並陳者,諸佛常依二諦説法。何以故?俗是真詮,了俗無性,卽是真諦。故云若不得俗諦,不得第一義。所以真不待立而常現,俗不待遣而自空。二諦雙存,如同波水,水窮波末,波水同時,波徹水源,動濕一際。第四性相融卽者,無量義經云:"無量義者,從一法生。"所言法者,卽是真心。從一真心,具不變隨緣二義。不變是性,隨緣是相。性是相之體,相是性之用。以不了根源,則妄生静論。如今毁相者,是不識心之用;毁性者,是不識心之體。若能融通,取捨俱息。第五體用自在者,體卽法性之理,用乃智應之事。舉體全用,用卽非一;舉用全體,體卽非異。卽體之用不閡用,卽用之體不失體。所以一味雙分,自在無閡。第六空有相成者,具夫一切萬法,本無定相,互成互壞,相攝相資。空因有立,緣生故性空;有假空成,無性故緣起。因義顯别,隨見成差,迷之則萬狀不同,悟之則三乘亦異。何者?且如有之一法,小乘見是實色,初教觀爲幻有。終教則色空無閡,以空不守自性,隨緣成諸有故。頓教見一切色法,無非真性。圓教見是無盡法界。若如是融通,卽成真空妙有。有能顯萬德,空能成一切。第七正助兼修者,正卽是主,助卽是伴。因伴成主,無助卽正終不圓;從主得伴,無正則助無由立。是以主伴相成,正助兼備。亦是止觀雙運,隱顯互興,内外更資,乘戒兼急。第八同異一際者,同則據理不變,異則約事隨緣。所以,不變故,乃能隨緣;隨緣故,所以不變。

祇爲不異而成異事，不同而立同門。若異則壞於異，以失體故；若同則不成同，以無用故。所以同無同而異，異無異而同，各執即落斷常，雙融即成佛法。故經云：奇哉世尊！於無異法中，而説諸法異。第九修性不二者，本有曰性，非從觀成；今顯曰修，因智而現。由修顯本有之性，因性發今日之修。全性成修，全修成性，修性無二，因緣似分。第十因果無差者，因從果起，果滿則乃成因；果逐因生，因圓則能立果。事分前後，理即同時，相助相酬，業用無失。

問：此集所申，當何等機，得何等利？

答：自他兼利，頓漸俱收。自利者，助道之圓門，修行之玄鏡；利他者，滯真之皎日，二見之良醫。頓行者，不違性起之門，能成法界之行；漸進者，免廢方便之教，終歸究竟之乘。若信之者，則稟佛言；若毀之者，則謗佛意。信毀交報，因果歷然。略述教海之一塵，普施法界之含識，願弘正道，用報佛恩。頌曰：

菩提無發而發，佛道無求而求。妙用無行而行，真智無作而作。與悲悟其同體，行慈深入無緣。無所捨而行檀，無所持而具戒。修進了無所起，習忍達無所傷。般若悟境無生，禪定知心無住。鑒無身而具相，證無説而談詮。建立水月道場，莊嚴性空世界。羅列幻化供具，供養影響如來。懺悔罪性本空，勸請法身常住。迴向了無所得，隨喜福等真如。讚歎彼我虛玄，發願能所平等。禮拜影現法會，行道足躡虛空。焚香妙達無生，誦經深通實相。散華顯諸無著，彈指以表去塵。施爲谷響度門，修習空華萬行。深入緣生性海，常遊如幻法門。誓斷無染塵勞，願生惟心浄土。履踐實際理地，出入無得觀門。降伏鏡像魔軍，大作夢中佛事。廣度如化含識，同證寂滅菩提。

（據清同治十一年金陵刻經處本）

〔附：雍正：御製妙圓正修智覺永明壽禪師萬善同歸集序〕

朕嘗謂，佛法分大小乘，乃是接引邊事。其實小乘步步皆是大乘，大乘的的不離小乘。不明大乘，則小乘原非究竟，如彼净空，橫生雲翳。不履小乘，則亦未曾究竟大乘，如人說食，終不充飢。

蓋有以無故有，無以有故無。禪宗者，得無所得故，是爲實有；教乘者，得有所得故，是爲實無。實際理地，徹底本無，涅槃妙心，恒沙顯有。有無不可隔別，宗教自必同途。迷者迷有亦迷無，達者達無即達有。非證明顯有之一心，何由履踐本無之萬善？非履踐本無之萬善，又何由圓滿顯有之一心？乃從上古德，惟以一音，演唱宗旨，直指向上。其於教乘，惟恐學者執著和合諸相，不能了證自心，多置之不論。而專切教乘者，著相執滯，逐業隨塵，以諸法爲實有，正如迷頭認影，執指爲月。所以同爲學佛之徒，而參禪之與持教，若道不同不相爲謀者。禪宗雖高出一籌，若不能究竟，翻成墮空。蓋住相遺性，固積諸雜染，而同於具縛之凡夫。離相求心，亦沈於偏空，而難免化城之中止。依古宗徒，皆以教乘譬楊葉之止啼，而以性宗爲教外之別旨，話成兩橛。朕不謂然。但朕雖具是見，而歷代宗師，未有闡揚是說者。無徵不信，亦不敢自以爲是。

近閱古錐言句，至永明智覺大師，觀其唯心訣、心賦、宗鏡錄諸書，其於宗旨，如日月經天，江河行地，至高至明，至廣至大，超出歷代諸古德之上，因加封號爲妙圓正修智覺禪師。其唱導之地，在杭之净慈，特勅地方有司，訪其有無支派，擇人承接，修葺塔院，莊嚴法相，令僧徒朝夕禮拜供養。誠以六祖以後永明爲古今第一大善知識也。乃閱至所作萬善同歸集，與朕所見，千百年前，若合符節。他善知識，便作是説。朕亦懷疑，不敢深信。今永明乃從來善知識中，尤爲出類拔萃者，其語既與朕心默相孚契，朕可自信所見不謬，而宗教之果爲一貫矣。

夫空有齊觀，性行不二，小善根力，並是菩提資糧；大地山河，悉建真空寶刹。是書也，得其妙用，自必心法雙忘；涉其籓籬，亦可智愚同濟。心通上諦，入教海而數沙；足躡虛無，依宗幢而進步。從此入者，不落空亡，到彼岸者，仍然如是。誠得千佛諸祖之心，誠爲應化含識之母。實惟渡河之大象，實乃如來之嫡宗歟。

朕既録其要語，與宗鏡録等書，選入禪師語録，同諸大善知識言句並爲刊布。又重刊此集，頒示天下叢林古刹、常住道場，欲使出家學佛者依此修行，張六波羅蜜之智帆，渡一大乘教之覺海。具足空華萬善，刹刹塵塵；往來隨喜真如，層層級級。飲功德水，而一一同味；截栴檀根，而寸寸皆香。薰己他薰，利他自利。遍虛空而無盡，當來世而無窮，無始無終，不休不息。此則朕與永明所爲弘正道，而報佛恩者也。

夫達摩心傳，本無一字，而永明心賦，乃有萬言。不立一字，該三藏而無遺；演至萬言，覓一字不可得。故云：假以詞句，助顯真心；雖掛文言，妙旨斯在。觀此萬言之頭頭是道，可知萬善之法法隨根。何妨藻採繽紛，清辭絡繹。多聞逾於海藏，語妙比於天花。寧非高建法幢，即是深提寶印。曾何絲毫之障礙，轉增無量之光明。在言詮而亦然，豈行果之不爾？爰附刊於此集之後，俾學者合而觀之，如寶珠網之重重交映焉。是爲序。

雍正十一年癸丑夏四月望日御筆
（選自金陵刻經處本萬善同歸集）

三、唯 心 訣

詳夫心者，非真妄有無之所辨，豈文言句義之能述乎？然衆聖歌詠，往哲詮量，千途異説，隨順機宜，無不指歸一法而已。故般若唯言無二，法華但説一乘，思益平等如如，華嚴純真法界，圓覺建立一切，楞嚴含裹十方，大集染净融通，寶積根塵泯合，涅槃咸安秘藏，净名無非道場。統攝包含，事無不盡；籠羅該括，理無不歸。是以一法千名，應緣立號。不可滯方便之説，迷隨事之名，謂衆生非真，諸佛是實。

若悟一法，萬法圓通。塵劫凝滯，當下冰消，無邊妙義，一時通盡。深徹法源之底，洞探諸佛之機。不動微毫之功，匪移絲髮之步。優游沙界，遍歷道場。何佛刹而不登，何法會而不涉。無一相而非實相，無一因而非圓因。恒沙如來，焕若目前。十方佛法，皎然掌内。高低岳瀆，共轉根本法輪；大小鱗毛，普現色身三昧。處一座而十方俱現，演一音而沙界齊聞。談玄顯妙，而不壞凡倫；千變萬化，而未離真際。與三世佛一時成道，共十類生同日涅槃。擊法鼓於魔宫，震法雷於邪域。履逆而自順，處剛而自柔，臨高而不危，在滿而不溢。可謂端居絶學之地，深履無爲之源，入衆妙之玄門，遊一實之境界。無一法本有，無一法始成。泯中邊，絶前後，印同異，一去來，萬境齊觀，一際平等。梵音恒聞，慧光常照，此大寂三昧，金剛定門，今古咸然，聖凡齊等。如一滴之水，與渤澥之潤性無差；若芥孔之空，等太虚之容納非别。信之者功超遠劫，明之者祇在刹那。此一際之法門，真無方之大道。聚一塵而非合，散衆刹而非分。和光而不羣，同塵而不染，超出而不離，冥合而無歸。養育凡聖，而無質像可觀；興建法界，而無名字可立。依蔭草木，籠罩古今。遍界遍空，穹蒼不能覆其體；常照常現，鐵圍不能匿其輝。無住無依，塵勞不能易其性；非純非雜，萬法不能隱其真。圓爾無聲，而羣音揭地；蕩然無相，而衆像參天。相入而物境千差，相卽而森羅一味。不從事而失體，非共非分；不守性而任緣，亦同亦別。是以卽性之相，故無妨建立；卽理之事，故不翳真常。以空之有故，豈礙繁興？以靜之動故，何虧湛寂？言一則大小相入，言異則高下俱平；言有則理體寂然，言無則事用不廢。雖起而常滅，世相含虛；雖寂而恒生，法界出現。任動而常住，萬化不移；任隱而恒興，一體隨應。無假而幻相和合，無實而真性湛然；無成而異質交輝，無壞而諸緣互絕。境雖現而無現性，智雖照而無照功，寂用非差，能所一際。狀同淨鏡，萬像而不能逃形；性若澄空，衆相而不能離體。爲常住藏，作變通門。湛爾堅凝，恒隨物化，紛然起作，不動真如。男身沒，女身彰，東方入，西方起。當存而正泯，在卷而恒舒。普注而不遷，俱遍而無在。舉一塵，列無邊刹土；指一念，樹無盡古今。居一相而非升，卽淨隨染；驟五趣而不墜，處濁恒清。外望無盈餘，內窺無積聚。觸目而不見，滿耳而不聞。盈懷而無知，遍量而非覺。本成而非故，今現而非新。不磨而自明，弗瑩而自淨。可謂妙體常住，靈光靡沈，至德退周，神性獨立。衆妙羣靈而普會，爲萬法之王；三乘五性而冥歸，作千聖之母。獨尊獨貴，無比無儔。實大道源，是真法要。玄蹤不定，任物性以方圓；妙應無從，逐機情而隱顯。是以本生末而末表本，體用互興；真成俗而俗立真，凡聖交映。此顯彼而彼分此，主伴齊參；生成佛而佛度生，因果相徹。境無自性而他成自，心無自性而自成他。理不成就而一卽多，事不成就而多卽一。相雖虛而恒冥一體，性雖實而常在萬緣。雖顯露而難以情求，任超絕而無妨大用。縱橫幻境，在一性而融真；寂滅靈空，寄

森羅而顯相。諦智相發，染淨更熏。隨有力無力，而出沒無恒；逐
緣成緣散，而卷舒不定。相攝則纖塵不現，相資則萬境俱生。來如
水月之頓呈，去若幻雲之忽散。動寂無礙，涉入虛融。互奪互存，靈
通莫測。不出不在，妙性無方。智海滔滔，包納而無遺纖芥；靈珠
璨璨，臨照而不顯微毫。若真金隨異器以分形，千差不礙；如湛水
騰羣波而顯相，一體無虧。俱是俱非，亦邪亦正。不有而示有，杳
若夢存；無成而似成，倏如幻住。依空源而起盡，法法無知；隨化海
以興亡，緣緣絕待。是以五岳穹崇而不峻，四溟浩淼而不深，三毒
四倒而非凡，八解六通而非聖。悉住真如寂滅之地，盡入無生不二
之門。施爲大解脫中，重重無盡；顯現不思議內，浩浩難窮。豈可
立其始終，定其方域；何必崇真斥妄，厭異欣同？欲壞幻化之身，擬
斷陽焰之識。不知念念<u>釋迦</u>出世，步步<u>彌勒</u>下生。分別現<u>文殊</u>之
心，動止運<u>普賢</u>之行。門門而皆開甘露，味味而純是醍醐。不出菩
提之林，長處蓮華之藏。晃晃而無塵不透，昭昭而溢目騰光。豈勞
妙辯之敷揚，誰待神通之顯示？動止常遇，明暗不離，非古盛而今
衰，豈愚亡而智現？語默常合，終始冥通，初祖豈用西來，七佛何嘗
出世？是以心空則天地虛寂，心有則國土崢嶸；念起則山岳動搖，
念默則江河寧謐。機峻而言言了義，志徹而念念虛玄。器廣而法
法周圓，量大而塵塵無際。意地清而世界淨，心水濁而境像昏。舉
一全該，坦然平等，宛爾具足，唯在正觀。

　　萬法本只由人，真如自含衆德。無念而殊功悉備，無作而妙行
皆圓。不運而成，靈智法爾；無求自得，妙性天真。方知理智圓融，
大道無外。絕一塵而獨立，何衆相以撗然？是則聲處全聞，見外無
法。豈玄黃之所惑，匪音響之能渝？如滄海之味混百川，猶須彌之
色吞羣鳥。無一名不播<u>如來</u>之號，無一物不闡<u>遮那</u>之形。巖樹庭
莎，各挺無邊之妙相；猿吟鳥噪，皆談不二之圓音。癡愛成解脫真

源，貪瞋運菩提大用。妄想興而涅槃現，塵勞起而佛道成。從體施爲，報化而未嘗不寂；隨緣顯現，法身而無處不周。實教法之所歸，聖賢之稟受，羣生之實際，萬物之根由，正化之大綱，出世之本意，三乘之正轍，入道之要津，般若之靈源，涅槃之窟宅。

蓋以妙理玄邈，大旨希夷，狂慧而徒自勞神，癡禪而但能守縛。實謂言思路絕，分別意窮，識智儵然，神清可鑑。空有雙豁，根塵洞開，如窺淨天，似臨皎日。無一法門而不現，無一至理而不明。豈動神情，春池而穩探真寶；匪勞心力，赤水而自獲玄珠。觀沙界於目前，指大千於身際，收羣生於掌握，納萬彙於胸臆。不施一功，成就楞嚴之大定；不披一字，遍覽普眼之真經。四句之義頓融，百非之路杳絕。豎徹三際，橫亘十方，爲一總持，號大自在。神光赫赫，威德巍巍，尼乾魄消，波旬膽碎。煩惱賊颯然墮壞，生死軍豁爾飄颻。愛河廓清，慢山崩倒。逍遙物外，無得無求。憺怕虛懷，曠然絕累。虛空讓其高廣，日月慚其光明。然後則權實雙游，悲智齊運，拯世若幻，度生同空。涉有而不乖無，履真而不礙俗。若乾坤之覆載，猶日月之相須。示聖現凡，出生入死，持實相印，建大法幢。作一種之光明，爲萬途之津濟。能令寒灰再焰，焦種重榮。永爲苦海之迅航，常作迷途之明導。任運遮照，隨智卷舒。雖無知而萬法圓通，雖無見而一切明現。但契斯旨，體本自然，如羣萌值春，萬物得地，十身頓現，四智鬱興。猶如意幢，若大寶聚，法財豐溢，利物何窮！故號功德之林，乃稱無盡之藏。豈有朝曦而不照，衣炬而不明者哉？何得以限量心起分齊見，局太虛之闊狹，定法界之邊疆？遂令分別之情，不越衆塵之境。向真如境上，鼓動心機；於寂滅海中，奔騰識浪。於管中存見，向壁罅偷光，立能所之知，起勝劣之解。齊文定旨，逐語分宗，蟭螟豈繼於鵬程？螢照那齊於日曜？豈能一毛孔內納十方之虛空，一刹那中現億佛之世界，一一身而遍一切剎，一一剎而含無邊身？乘高廣之大車，展大千之經卷，陞燈王之法座，飡香積之嘉饍，披迦葉之上衣，入釋迦之正室，促多生於頃刻，擲世界於他方。腹吸風輪，口吹劫火，變丘陵爲寶剎，移浄土於穢邦。一毫中放無盡之光明，一言內演難思之敎海。此乃羣生之常分，與衆聖而同儔，無一法而不然，但有心而皆爾，非假變通之力，不從修證之因。德量如然，塵毛悉具。一香一味，同棲滅盡定門。蠢動蜎飛，不昧靈知寂照。何得遺山認培，棄海存漚，劣志卑心而自鄙屈，翻乃持神珠而乞丐，守金藏以貧窮，辜負己靈，埋沒家寶？或捨離而保持偏正，或絕分而甘處塵勞，或認妄而謬附邪宗，或執權而勞修漸行，或認位高推於極聖，或積德望滿於三祇。不知全體現前，猶希妙悟，豈覺從來具足，仍待功成？

　不入圓常，終成輪轉，只爲昧於性德，罔辯真宗，捨覺循塵，棄本就末。掛有無之魔罥，投一異之邪林。宰割真空，分羅法性，依塵生滅，隨境有無，執斷迷常，驟緣遺性，謬興知解，錯倒修行。或和神養氣而保自然，或苦質推形而爲至道。或執無著而樁立前境，或求靜慮而伏捺妄心。或刳情滅法以凝空，或附影緣塵而抱相。或喪靈源之真照，或殞佛法之正因。或絕識凝神，受報於無情之地；或澄心泯色，住果於八難之天。或著有而守乾城，或撥無而同兔角。或絕見而居暗室，或立照而存所知。或認有覺是真佛之形，或効無知同木石之類。或執妄同究竟之果，如卽泥是瓶；或忘緣趣解脫之門，似撥波求水。或外騁而妄興夢事，或內守而端居抱愚。或宗一而物象同如，或見異而各立法界。或守愚癡，無分別而爲大道；或尚空見，排善惡而作真修。或解不思議性作頑空，或體真善妙色爲實有。或沈機絕想，同有漏之天；或覺觀思惟，墮情量之域。或不窮妄性，作冥初之解；或昧於幻體，立空無之宗。或認影而爲真，或執妄而求實。或認見聞性爲活物，或指幻化境作無情。或起意而乖寂知，或斷念而虧佛用。或迷性功德，而起色心之見；或據畢竟空，而生斷滅之心。或執大理而頓棄莊嚴；或迷漸説而一向造作。或據體離緣而堅我執，或亡泯一切而守己愚。或定人法自爾而墮無因，或執境智和合而生共見。或執心境混雜，亂能所之法，或著分別真俗，縛智障之愚。或守一如不變而墮常，或定四相所遷而沈斷。或執無修而祛聖位，或言有證而背天真。或耽依正而隨世輪廻，或厭生死而喪真解脱。或迷真空而崇因著果；或昧實際而欣佛厭魔。或著隨宜所説而守語爲真；或失音聲實相而離言求默。或宗教乘而毀自性之定，或弘禪觀而斥了義之銓。或鬪奇特而但顧出身，俄沈識海；或作净潔而推求玄密，返墮陰城。或起殊勝知解，而剜肉爲瘡；或住本性清净，而執藥成病。或尋文探義而飲客水；或守静居閑而坐法塵。或起有得心，談無相大乘；或運圖度想，探物外玄旨。或廢説起絶言之見，或存詮招執指之譏。或認動用而處生滅根源，或專記憶而住識想邊際。或安排失圓覺之性，或縱任虧入道之門。或起身心精進，而滯有爲；或守任真無事，而沈慧縛。或專繫念勤思，而失於正受；或效無礙自在，而放捨修行。或隨結使而恃本性空；或執纏蓋而妄加除斷。或保重而生法愛；或輕慢而毀佛因。或進求而乖本心，或退墮而成放逸。或語證相違而虧實地，或體用各據而乖佛乘。或守寂而住空，失大悲之性；或泯緣而厭假，違法爾之門。或著我見而昧人空，或迷現量而堅法執。或解不兼信，而滋邪見；或信不兼解，而長無明。或云人是而法非，或稱境深而智淺。或取而迷法性，或捨而乖即真。或離而違因，或即而忘果。或非而謗實，或是而毀權。或惡無明而背不動智門，或憎異境而壞法性三昧。或據同理而起增上慢，或貶別相而破方便門。或是菩提而謗正法輪，或非衆生而毀真佛體。或著本智而非權慧，或迷正宗而執化門。或滯理溺無爲之坑，或執事投虚幻之

網。或絕邊泯跡，違雙照之門；或保正存中，失方便之意。或定慧
偏習，焦爛道芽；或行願孤興，沈埋佛種。或作無作行，修有爲菩
提；或著無著心，學相似般若。或趣淨相而迷垢實性，或住正位而
失自本空。或立無相觀，而障翳真如；或起了知心，而違背法性。
或守真詮而生語見，服甘露而夭終；或敦圓理而起著心，飲醍醐而
成毒。已上略標一百二十種邪宗見解，並是迷宗背旨，失湛乖真，
揑目生花，迷頭認影。若敲冰而索火，類緣木以求魚。畏影逃空，
捫風捉電，苦非甘種，砂豈飯因。皆不能以法性融通，一旨和會，盡
迷方便，悉溺見河，障於本心，不入中道。匍匐昇沈之路，纏綿取捨
之懷。於無心中强欲斷除，向無事內剛求捨離。將法空爲恚愛之
境，返真智作想礙之情。長隨八倒之風，難出四邊之網。竟不知理
卽生死，恒與道冥；妄本菩提，從來合覺。明常住暗，水不離冰；靈
智常存，妙用無盡。何乃遏想念而求湛寂，斷煩惱而證真如。妄作
妄修，自難自易。

　　且靈覺之性，本非秘密，如來之藏，實不覆藏。故知圓常之理
不虧，信解之機難具。如針鋒上無邊身菩薩，似藕絲懸須彌盧之
山，唯歎希奇，罔知所措。如水母土蜂之類，猶蚨蛛屈步之徒。歷
劫他求，終朝取相，不自暫省，返照回光，貨鬻衣珠，承紹家業。但
爭空花之起滅，定認督影之是非，去淳朴而專尚浮華，喪根源而唯
尋枝派。可謂遺金拾礫，擲寶持薪。是以衆聖驚嗟，達人悲歎，都
謂不到實地，未達本心。妄識浮沈，緣心巧僞，遍計所執，現似外
塵，人杌繩蛇，橫生空見。不知萬法無體，一切無名，從意現形，因
言立號，意隨想起，言逐念興。想念俱虛，本末非有，是以三界無
物，萬有俱空，邪正同倫，善惡齊旨。全抛大義，莫返初源，於無心
中妄立異同，就一體內强分離合。自他纔立，逆順隨生，起鬥爭之
端，結惑業之始，織是非之緻網，緝憎愛之樊籠。觀鏡像，分妍醜之

心; 聆谷響,興喜怒之色。責化人之心行,保幻物之堅牢,汲焰水而欲滿漏卮,折空花而擬栽頑石。能所雙寂,事理俱空。既造惑因,不無幻果。

欲知妙理,唯在觀心。恒沙之業,一念而能消; 千年之暗,一燈而能破。自然不立名相,解惑寂然。豈有一物當情,萬境作對﹖取捨俱喪,是非頓融,衆翳咸消,豁然清淨,無非不思議解脫,盡是大寂滅道場。視聽俱忘,身心無寄,隨緣養性,逐處消時。猶縱浪之虛舟,若凌空之逸翮。縱橫放曠,任跡郊鄽。普勸諸後賢,但遵斯一路。聞而不信,尚結佛種之因; 學而未成,猶益人天之福。此乃羣經具載,諸佛同宣。非率爾以致辭,請收凝而玄鑒。

（據同治九年如皋刻經處本）

四、定慧相資歌

祖教宗中有二門,十度萬行稱爲尊,初名止觀助新學,後成定慧菩提根。唯一法,似雙分,法性寂然體真止,寂而常照妙觀存。定爲父,慧爲母,能孕千聖之門戶,增長根力養聖胎,念念出生成佛祖。定爲將,慧爲相,能弼心王成無上,永作羣生證道門,即是古佛菩提樣。定如月,光爍外道邪星滅,能挑智炬轉分明,滋潤道芽除愛結。慧如日,照破無明之暗室,能令邪見愚夫襌,盡成般若波羅蜜。

少時默,刹那靜,漸漸增修成正定,諸聖較量功不多,終見靈臺之妙性。瞥聞法,纔歷耳,能熏識藏覺種起,一念回光正智開,須臾成佛法如是。襌定力,不思議,變凡爲聖刹那時,無邊生死根由斷,積劫塵勞巢穴隳。湛心水,淨意珠,光吞萬像爍千途,抉開己眼無瑕翳，三界元無一法拘。覺觀賊，應時剋，攀緣病，倏然净，蕩念垢兮洗惑塵，顯法身兮堅慧命。如斷山，若停海，天翻地覆終無改，瑩似琉璃含寶月，倏然無寄而無待。般若慧，莫能量，自然隨處現心光，萬行門中爲導首，一切時中稱法王。竭苦海，碎邪山，妄雲卷盡片時間，貧女室中金頓現，壯士額上珠潛還。斬癡網，截欲流，大雄威猛更無儔，能令鐵床銅柱冷，頓使魔怨業果休。和静訟，成孝義，普現羣生諸佛智，邊邪惡慧盡朝宗，螻蟻鯤鵬齊受記。

偏修定，純陰爛物剋正命，若將正慧照禪那，自然萬法明如鏡。偏修慧，純陽枯物成迂滯，須憑妙定助觀門，如月分明除霧翳。勸等學，莫偏修，從來一體無二頭，似禽兩翼飛空界，如車二輪乘白牛。卽向凡途登覺岸，便於業海泛慈舟。或事定，制之一處無不竟；或理定，唯當直下觀心性；或事觀，明諸法相生籌算；或理觀，頓了無一無那畔。定卽慧，非一非二非心計；慧卽定，不同不別絕觀聽。或雙運，卽寂而照通真訓；或俱泯，非定非慧超常準。一塵入定衆塵起，般若門中成法爾，童子身中三昧時，老人身分談真軌。能觀一境萬境同，近塵遠刹無不通，真如路上論生死，無明海裹演圓宗。眼根能作鼻佛事，色塵入定香塵起，心境常同見自差，誰言不信波元水。非寂非照絕言思，而寂而照功無比，權實雙行闡正途，體用更資含妙旨。

勸諸子，勿虛棄，光陰如箭如流水，散亂全因缺定門，愚盲祇爲虧真智。真實言，須入耳，千經萬論同標記，定慧全功不暫忘，一念頓歸真覺地。定須習，慧須聞，勿使靈臺一點昏，合抱之樹生毫末，積漸之功成寶尊。獼猴學定生天界，女子纔思入道門，自利利他因果備，若除定慧莫能論。

（據光緒七年金陵刻經處本）

五、警　世

夫不體道本，沒溺生死，處胎卵濕化橫豎飛沈之類。於中失人身者，如大地之土；得人身者，如爪上之塵。於人身中，多生邊夷下賤；及處中國，或受女身；若爲男子，癃殘百疾。設得丈夫十相具足者，處恐畏世，生五濁時，以肉爲身，以氣爲命。一報之內，如石火風燈，逝波殘照，瞬息而已。於中少夭非橫殂者，不計其數。或有得天年，壽極耳順，萬中無一。脫得知命之歲，除童稚無知，至三十豪四十富，且約其間三十年，於中有疾病災禍，愁憂苦惱，居強半矣。所以昔人有言，浮生一月之中，可開口而笑只四五日矣。故知憂長喜促，樂少苦多。如在萬仞之危峯，似處千尋之滄海，縱得少樂，畢慮漂沈。

且夫有生勞我處胎，有老奪我壯色，有病損我形貌，有死壞我神靈，有榮縱我驕奢，有辱敗我意氣，有貴使我憍倨，有賤挫我行藏，有富恣我貪婪，有貧乏我依報，有樂動我情地，有苦痛我精神，有讚起我高心，有毀滅我聲價。乃至寒則逼切我體，熱則煩悶我襟，渴則乾我喉，饑則羸我腹，驚則懾我魄，懼則喪我魂，憂則撓我神，惱則敗我志，順則長我愛，逆則起我憎，親則牽我情，疎則生我恨，害則殞我體，愁則結我腸。乃至遇境生心，隨情動念，或美或惡，俱不稱懷，皆長業輪，盡喪道本，其或更詭於君，悖於父，傲其物，趨其時，獸其心，狐其意，苟其利，徇其名，誑其人，諂其行，附其勢，欺其孤，淵其姣，崇其業，扇其火，吹其風，驟其塵，背其覺，邪其種，暌其真，但顧前，非慮後，只謀去，靡思回，唯求生，焉知滅，**則念念燒煮，步步溝隍矣。**

　　如今或得刹那在世，須蘊仁慈，行善修心，除非去惡。書云：作善降之百祥，作不善降之百殃。是以世間逆順種種因緣，空受身心妄苦，皆爲不知三界唯是一心，以前五識眼耳鼻舌身及第八識，皆是現量所得，無心外法；以第六明了意識，比量計度而成外境，全是想生，隨念而至。若無想念，萬法無形。故經云："想滅間静，識停無爲。"又云："諸法不牢固，唯立在於念。善解見空者，一切無想念。"若了一心之旨，心外自然無法可陳，豈有欣戚關懷，是非干念？佛頌云："未達境唯心，起種種分別；達境唯心已，分別即不生。既了境唯心，便捨外塵相；從此息分別，悟平等真空。"故起信論云："一切境界，唯心妄動。心若不起，一切境界相滅。唯一真心遍一切處，是故三界虛僞，唯心所作。離心，即無六塵境界。乃至一切分別，即分別自心。心不見心，無相可得。"先德云："心外有法，生死輪廻。心外無法，生死永棄。"經云："諸法所生，唯心所現。"論云："三界無別法，但是一心作。"既信一心，須以禪定冥合。如經云："若能教三千大千世界衆生，令行十善，不如一食頃，一心静處，入一相法門。"若能諦了自心，以此定慧相應，則能不動塵勞，便成正覺。平生所遇，莫越於斯。普勸後賢，可書紳耳。

　　　　　　　　　　　　　　　（據光緒七年金陵刻經處本）

〔附〕　宋錢塘永明寺延壽傳

　　釋延壽，姓王，本錢塘人也。兩浙有國時爲吏，督納軍須。其性純直，口無二言。誦徹法華經，聲不輟響。屬翠巖參公盛化，壽捨妻孥，削染登戒。

　　嘗於台嶺天柱峯，九旬習定，有鳥類尺鷃，巢棲於衣褶中。乃得韶禪師決擇所見。遷遁於雪竇山。除誨人外，瀑布前坐諷禪默。

衣無繒纊，布襦卒歲，食無重味，野蔬斷中。

漢南國王錢氏最所欽尚，請壽行方等懺，贖物類放生，汎愛慈柔。或非理相干，顏貌不動。誦法華計一萬三千許部，多勵信人營造塔像。自無貯蓄，雅好詩道。著萬善同歸、宗鏡等錄數千萬言。高麗國王覽其錄，遣使遺金線織成袈裟、紫水精數珠、金澡罐等。

以開寶八年乙亥終於住寺，春秋七十二，法臘三十七，葬於大慈山，樹亭誌焉。

（選自江北刻經處本贊寧宋高僧傳卷二十八）

〔附〕　永明智覺禪師

杭州慧日永明智覺禪師，示寂，諱延壽，餘杭人，姓王氏。總角之歲，歸心佛乘。既冠，不茹葷，日唯一食。持法華，七行俱下，纔六旬，悉能誦之，感羣羊跪聽。年二十八爲華亭鎮將，屬翠岩永明大師遷止龍冊寺，大闡玄化。時吳越文穆王知師慕道，乃從其志，放令出家，禮翠岩爲師。執勞供衆，都亡身宰，衣不繒縷，食無重味，野蔬衣襦，以遣朝夕。

尋往天台天柱峰，九旬習定，有鳥類尺鷃巢於衣襇中。既謁韶國師，一見深器之，密授玄旨。仍謂師曰：“汝與元帥有緣，他日大興佛寺。”

初往明州雪竇山，學侶臻湊，師上堂曰：“雪竇這裏迅瀑千尋，不停纖粟，奇嵓萬仞，無立足處，汝等諸人向什麼處進步？”時有僧問：“雪竇一徑，如何履踐？”師云：“步步寒花結，言言徹底冰。”

建隆元年，忠懿王請住靈隱山新寺，爲第一世。明年，復請住永明大道場，爲第二世，衆盈二千。僧問：“如何是永明旨？”師曰：“更添香著。”曰：“謝師指示。”曰：“且喜沒交涉。”師有偈曰：“欲識

<u>永明</u>旨，門前一湖水，日照光明生，風來波浪起。"居<u>永明</u>十五年，度弟子千七百人。

<u>開寶</u>七年，入<u>天台山</u>，度戒萬餘人。常與七衆受菩薩戒，夜施鬼神食，朝放諸生類。六時散花行道，餘力念<u>法華經</u>一萬三千部。

著<u>宗鏡錄</u>一百卷，詩、偈、賦、詠凡千萬言。<u>高麗</u>國王覽師言教，遣使齎書，叙弟子禮，奉金縷袈裟、紫昌數珠、金澡灌等，彼國僧三十六人，親承印記，歸國各化一方。

<u>開寶</u>八年乙亥十二月二月六日辰時焚香告衆，跏趺而逝。壽七十二，臘四十二。明年建塔於<u>大慈山</u>焉。<u>宋太宗</u>賜額曰，壽寧禪院云。

（選自<u>江北刻經處</u>本<u>元念常</u>集佛祖歷代通載第二十六卷）

贊　寧

【簡介】 贊寧，俗姓高，生於公元九一九年（後梁末帝貞明五年），死於公元一〇〇一年（宋真宗咸平四年），德清（今浙江德清）人。他幼年出家於杭州祥符寺，習南山律部，時人稱之爲"律虎"。吳越王錢氏，命其爲兩浙僧統，賜號"明義宗文"。宋太宗太平興國三年（九七八年），他隨吳越王錢俶入朝，太宗親自召對，賜紫方袍，改賜號通惠，住持左街天壽寺。太平興國七年，詔寧修大宋高僧傳，端拱元年（九八八年）書成，受到宋太宗的獎諭。

贊寧的宋高僧傳三十卷，是繼梁慧皎高僧傳、唐道宣續高僧傳而作，故今亦稱高僧傳三集，是一部重要的佛教史籍。此外，贊寧還作有大宋僧史略三卷，也是一部相當重要的史料文獻。又，贊寧在文學上也很有修養，受到當時著名文人王禹偁的高度讚賞，並爲其文集作序。他的著作還有內典集一百五十二卷，外學集四十九卷等。

一、進高僧傳三集表

臣僧贊寧等言，自太平興國七年，伏奉敕旨，俾修高僧傳，與新譯經同入藏者，臣等退求事迹，博採碑文，今已撰集成三十卷，謹詣闕庭進上。益琅函而更廣，延玉歷以彌長，臣等誠憂誠恐，兢惕之至。臣等聞，渾儀之外，別有釋天；法海之中，多生僧寶。釋天可則,阿難記事而載言;僧寶堪稱,慧皎爲篇而作傳。猗歟我佛,號大徧知。知教法之無依,委帝王之有力,當二千載之後,屬一萬年之初,伏惟應運統天睿文英武大聖至明廣孝皇帝陛下,神龍在天,愛日升上。土疆開闢,四夷請吏而貢琛;時律均和,百穀登敖而棲畝;耕籍田而又勸,賜酺飲以咸歡;儒術特興,玄風爰振。是以麒麟非中國之物,白雉非草莽之禽,今遊苑囿之間,且類牢籠之畜。近以從澶至濮,黄河牽一帶之清;自古及今,青史載千年之應。斯蓋陛下來從不動之地,示爲長壽之王。翻譯成經,製甚深之御序; 迴文作頌,演無盡之法音;仍降鳳書,令編僧史。屬此雍熙之運,伸其貞觀之風,合選兼才,豈當末學,得不擒犀截角,搴翠刪毛,精求出類之人,取法表年之史。所恨空門寡學,釋冑何知? 或有可觀,實錄聊慕於陳壽;如苟深失,戾經宜罪於馬遷。副陛下遺賢必取之心,助陛下墜典咸修之美。今遇乾明聖節,謹令弟子賜紫顯忠、同元受敕相國寺賜紫智輪進納,伏乞睿慈,略賜御覽。恭惟聖主是文章之主,微臣非惇史之臣,儻示天機,令知凡例。如得操北斗而斟酌,或示刀圭;執南箕而簸揚,方除糠糩。臣等冒瀆天顏,無任惶懼,激切屏營之至。謹言。

(選自江北刻經處本高僧傳三集卷首)

二、高僧傳三集序

臣聞賢劫綿長,世間宏廓,天與時而不盡,地受富以無疆。最靈之氣軔於中,大聖之師居於上。偉哉! 釋迦方隱,彌勒未來,其間出命世之人,此際多分身之聖,肆爲僧相,喜示沙門,言與行而可觀,槧兼觚而爭録。是以王巾僧史,孫綽道賢,蕃列傳以周流,象世家而布濩。蓋欲希顏之者，慕藺之儔，成飛錫之應真，作曳山之上士。時則裴子野著衆僧傳，釋法濟撰高逸沙門傳，陸杲述沙門傳，釋寶唱立名僧傳，斯皆河圖作洪範之椎輪，土鼓爲咸池之坏器，焉知來者，靡曠其人。慧皎刊修，用實行潛光之目；道宣緝綴，續高而不名之風，令六百載行道之人，弗墜於地者矣。爰自貞觀命章之後，西明絕筆已還，此作蔑聞，斯文將缺。時有再至，肅殺過而繁華來；世無久虛，地天奏而聖明出。我應運統天睿文英武大聖至明廣孝皇帝陛下，陽龍挺德，斗電均威。踐大道也，犧黄輪執御之勞；多天才也，周孔行弟子之職。講信修睦，崇德報功，一統無遺，百王有愧。四海若窺於掌內，萬機皆發於宸衷。然而玄牝留神，釋天淡慮。長生授術，時開太一之壇；續法延期，僧度倍千之戒。浮圖揭漢，梵夾翻華，將佛國之同風，與玉京而合制。慨兹釋侶，代有其人，思景行之莫聞，實紀錄之彌曠。臣等謬膺良選，俱乏史才，空門不出於董狐，弱手難探於禹穴，而乃循十科之舊例，輯萬行之新名。或案誄銘，或徵志記，或問輶軒之使者，或詢耆舊之先民，研磨將經論略同，讎校與史書懸合，勒成三帙，上副九重。列僧寶之瓌奇，知佛家之富貴。昔者嘉祥筆削，盡美善於東南；澄照纂修，足英髦於關輔。蓋是拘於墟也，傳不習乎？豈若皇朝也，八極張羅，舉之則無物不至；四夷玨伏，求之則何事不供。臣等分面徵搜，各塗攟集，如見一家之好，且無諸國之殊，所以成十科者，易同拾取。其正傳五百三十三人，附見一百三十人。矧復逐科盡處，象史論以攄辭；因事言時，爲傳家之系斷，厥號有宋高僧傳焉。庶幾乎銅馬爲式，選千里之駿駒；竹編見書，實六和之年表。觀之者務進，悟之者思齊，皆登三藐之山，悉入薩雲之海。永資聖歷，俱助皇明，齊愛日之炳光，應嵩山之呼濤云爾。時端拱元年乾明節，臣僧贊寧等謹上。

（選自江北刻經處本高僧傳三集卷首）

三、義 解 論

論曰:玄默垂文,聖人俯察,河雒之流有告,圖書之法作程。禹
受斯符,乃爲經緯,本六十餘字,訓第表明,號洪範以開章,得彝倫
而逌叙,帝王之法粲然可觀,祖述之家翕爾宗此。我之佛道可弗然
耶?教自西傳,若龜馬之文乍辯;聲由此盛,如夏商之美惟揚。及
其講訓相資,籤箋互出,因分異轍,各競顓門,施巧智之莫京,致慧
心之懸合。宜乎得正信者必開正眼,見正道者必事正修,倒本前
因,則以決擇爲主。原夫能詮之教,喻圖書也;所詮之理,喻訓第
也。經容緯人,緯變經存,令表顯之名言,從體義之相襮。唯識僉
推於護法,成卽司南;婆沙奄有於餘師,説同衍字。良以各迷己見,
皆未極成。正不正之説恢張,玄又玄之談崛起。大抵無名相法,作
名相説,非如色法,影質易尋,名色交加,喜生迷競。又以言存一
意,義止一途,隨情取舍之時,未爲允當;隨轉理門之處,蓋涉無文。
加復教有弛張,意關詳略,討尋者,非英明而莫悟;承領者,非行位
而那知。在人亡書,以教爲折中,故論中以四種徵理,理則難隱。一
觀待,二作用,三法爾,四證成。用斯道理,義豈惑乎?譬如甲氏背
人而去,有二三子相問曰:彼去者誰耶?一云乙也,一云丙也,此俱
未是。彼有識人,云甲也。迴面視之,是甲非乙。由其不識,遂有
多名。識者一呼,應聲而至,親得自體,不涉異緣,故曰:精義無二
也。因義生解,解必虛通。除其執情,令生正解,斷其迷執。執情
斷故,所執便遣,既能生解則斷障。二重斷染,依他清浄,依他圓
成,故得二勝果焉。不然者,認相似法,墮惡取空,曳曲木於稠林,
泛膠舟於苦海,又不可勝道也。瑜伽論中,契經體有二;一文,二

義。文是所依，義是能依。如是二種，總名一切所知境界也。夫以能化之教已翻，所詮之理難悟，苟非宿慧，安喻經心？宿慧當多世之熏，方能生起；經心乃大雄之意，豈易尋求？諺所謂老見事長，佛已三祇之揚歷；多言或中，法從諸聖之同宣。豈得以夏蟲共論其淩澌，井魚互談其渤澥？此誠不可也。必須近佛菩薩，善慧法師，四無礙居遊戲之中，八辯音演自他之利。祇如天親大士，將世尊之一言，中道圓宗，成諸法之五位。如龍帶涓滴而起爲雨，望苗稼而施。又同命包作緯於春秋，鑒度爲資於大易。此皆善其通變，能其揣摩，以利根而教鈍根，以正見而誘邪見，都稱爲摩訶般特伽也。西域蒲塞，冶家子以爲裘；此方俊才，齧乳人而加水。成裘則易，以日見而留心；免水則難，以傳來而隔手。昔以講人論法，造疏尋宗，用成實法數之名，補大乘闕員之義。其有解法名目，隨人見知；未融六釋之端，何暇三隅之反？至若黎邪是報非報，化人有心無心，和合怖數之徒，聞熏滅不滅等，百有餘科，並三藏四含之盤根，大小兩宗之鈐鍵，先賢之所不決，令(應作今)哲之所共疑，但謂闕如，所知成障。及乎奘師西復，梵本東傳，富瑜伽之寶林，開唯識之淵府，摩訶衍足殺三摩，明名數均著作之家，立破定是非之量。深山大澤，必生龍蛇，有大乘基爲其高足，不緣宿習，多見生知。謂之義天，則明星有爛；謂之理窟，則善閉無關。堂堂合周髀之儀，軋軋應崑崙之軸，有經皆講，無疏不成，權奇百本之名，控壓四人之聖。復次，光也，寶也，測乎，沼乎，章句之學頗長，釋籤之理何富！世茂珠林，邁編圖紀。璟附量度於鯨海，尚綴文榮於玉華。究三論極乎璦康，窮方等歸乎楷景。觀公撰集，華嚴命章，解相入之連環，且無難色；通絕行之斷閣，故立易功。法藏從性海而遊，智昇自名流而出。偉歟一行，所作通神，實僧相之法王，乃人形之菩薩。忠氤琳甫賁秀誢真，俱參譯判經，盡開荒闢土。於爍宗密，美乎湛然；悟達全才，徹公令範,可以副人之求備哉！　餘諸上士,擅美殊方,落落英翹,互有長短。矧以佛之説經,申經者論。經由論顯,論待疏通。疏總義章,義從師述。況以隔羅縠者,見猶未盡;大徧知者,知方得全。射侯之矢易疎,診脈之求難中。若非親證親説,得自體之分明;載驅載馳,妄他求之晻曖。如攝異門分,差別之相難知。故智論中,吾滅度後,所有撰集者,皆爲論藏攝也。俱作導師,指迷人之歸路;悉銜明燭,照暗室之績工。勖戒足以行之,入定門而安矣。蓋纏克斷,智慧成功。咸從生死之河,盡度涅槃之岸。此始可與言從聞且思,思至而修,證大圓寂者。過此以往,未知執名滯義,問欲何爲,故曰:精義之神以致用也。既有所用,則捨筌蹄而直造佛地,此則深於其道者也。

(選自江北刻經處本高僧傳三集卷七)

四、習禪論

論曰:梵語禪那,華言念修也,以其觸情念而無念,終日修而無修。又云正定也,正受也。正則廓然冥而定矣。正受簡邪思惟增徧計故,所以奢摩他以寂静故,三摩提以觀如幻故。若禪那者,俱離静幻故。始云:菩薩不住此岸,不住彼岸,而度衆生令登彼岸也。若然者,諸聖住處既如彼,諸聖度生復若何?稽夫法演漢庭,疾證之名未著;風行廬阜,禪那之學始萌。佛陀什秦擯而來,般若多晉朝而至。時遠公也,密傳坐法,深斡玄機,漸染施行,依違祖述。吳之僧會,亦示有緣,俱未分明,肆多隱秘。及乎慧文大士肇尋龍樹之宗,思大禪翁繼傳三觀之妙,天台智者引而伸之,化導陳隋,名題止觀。粵有中天達磨,哀我羣生,知梵夾之雖傳,爲名相之所溺,認指忘月，得魚執筌，但矜誦念以爲功，不信己躬之是佛。是以倡言曰：“吾直指人心，見性成佛，不立文字”也。此乃乘方便波羅蜜，徑直而度，免無量之迂迴焉。嗟乎！經有曲指，曲指則漸修也。見性成佛者，頓悟自心，本來清净，元無煩惱，無漏智性，本自具足，此心卽佛，畢了無異。如此修證，是最上乘禪也。不立文字者，經云不著文字，不離文字，非無文字。能如是修，不見修相也。又達磨立法，要唯二種，謂理也，行也。然則直而不迂，不速而疾，云不立文字，乃反權合道也。爾時梁武不知，魏人未重，向少林而面壁，唯慧可以神交，亦猶白雪雖歌，巴童寡和。後則臨沔牧圉，子孫終號於强秦；避狄岐邠，文武乃成其王道。可生璨，璨生信，信下分二枝：一忍，二融。融，牛頭也。忍生秀與能，能傳信衣。若諸侯付子孫之分器也。厥後此宗越盛焉，蔭車百輛，尼拘樹而展轉垂枝，施雨萬方，阿耨龍而連筵布潤。當是時也，應其懸記，屬於此人，後來得道無央數是歟！重之曰：夫禪之爲物也，其大矣哉！諸佛得之昇等妙，虯龍得之破障纏，率由速疾之門，無過此故。今之像末，鬭静復生，師足既傷，資爭未已。如聞此心是佛，便言三十二相何無？或聞一路涅槃，則曰八萬法門何在？曾不知經中發菩提心，此見佛性也！云何修菩薩行？此行布修行也。因信不及，無明所迷，溺喪忘歸，何由復業？或舉經以示之，則對曰此性宗法；或謂之曰，莫是魔説，還可焚毁否？且置而勿論。又欲棄之，又欲存之，不其惑乎？昔者于闐諸部，謂道行經爲婆羅門書；烏茶小乘，謗大乘學作空華外道。西乾尚爾，此何驚乎？良以六代宗師，一期舉唱，但破百年之暗，靡營一室之礱。殊不知，禪有理焉，禪有行焉，脱或戒乘俱急，目足更資，行不廢而理逾明，法無偏而功兼濟，然後始可與言禪已矣。其如玄學多斥講家，目爲數寶之人，終困屢空之室。那不見，經是佛言，禪是佛意，諸佛心口，定不相違，施設逗根，用有時處。況以經江高國紀之名，論海總朝宗之會｜毗尼一學，軌範千途；授形俱築，釋子之基；唱隨行净，沙門之業，擬捐三事，何駕一乘？終包不足之羞，豈到轉依之地？通人不誚，豎子何知｜佛事門中，不捨一法，吠聲貽責，遷怒傷人。因擊鼠以破盆，爲爭搏而噬主。自他俱有，彼我須均，縱橫盡而成一秦，氣劑和而成一味者也。今從貞觀及於宋朝，於山選山，露須彌而出海；於羽求羽，放金翅以騰空，令其鑽仰之儔，慕此堅高之道矣。吾徒通達，無相奪倫，譬若文武，是一人之藝。不能兼者，互相非斥耳；若相推重，佛法增明。酬君王度己之恩，答我佛爲師之訓。愼之哉｜愼之哉｜

（選自江北刻經處本高僧傳三集卷十三）

五、明　律　論

系曰：楚師明律，時號宗主者何？通曰：律有三宗，礪素宣是歟，宗各有主故云也。觀夫是名也，豈無稽古乎？通曰：宗主二字，出阿含經也。論曰：原夫人有人法，禁戒威儀是也；天有天法，光潔静慮是也。我佛利見，據於大千，化境斯寬，法門必衆。舉其會要，不過戒也，定也，慧也。此三爲路，出其生死之鄉；專一爲門，通其湟槃之域。若乃資乎急用，在乎毗尼。毗尼防閑三業，三業皆净，六塵自祛，聖賢踐修，何莫由斯道也。故論云：生死流轉者，三縛縛心，心難解脱。當知此唯善説法律，能令解脱，非由惡説。因是而窺，禁律乃度世之檢括也。且夫菩薩戒净，則彰離垢之名；辟支戒完，則引無師之智；聲聞戒足，時俱解脱而可期；内衆戒堅，招感人天之不墜。由是觀之，戒法之時大矣哉｜自所推能，從言索理，則毗尼也，木叉也。因則聲教律焉，果則別解脱焉。直以時論，三世諸佛咸同制也; 橫從界説, 十方净刹悉共行之。所以優波離過去七佛咸以戒律囑累之。論云: 戒如捉賊, 善擒制也; 定如縛賊, 用機械也; 慧如殺賊, 清道路也。以此成功立效, 克取究盡三菩提者, 決達清静之域也。戒律之功, 功無與比。矧以此法, 在師而不在資, 唯闡佛制; 行内而不通外, 無許俗傳。故曰曲授秘方, 賜諸内衆。事有懸合, 物宜象求。在乎家人, 嚴君設訓。家人嗃嗃, 同佛制教焉; 婦子嘻嘻, 同佛聽門矣。一聽一制, 見其猛以濟寬; 一陰一陽, 見其開物成務。夫如是, 知戒律是佛之家法明矣。大則三聚, 感三身於果中; 小則形俱, 持盡形於因地。受既如是, 隨則若何? 有威儀焉, 有細行焉。爲有順違, 乃生持犯, 由是繁廣, 因事制宜, 及佛泥丸, 集成律藏。初唯水乳相合, 一家之業無殊; 後則參辰各墟, 五部之分不類。夢甀之占徵矣, 宗輪之論作焉。刹浮樹高, 分影猶歸於月窟; 阿耨池溢, 下流須到於孟津。迨夫大教東傳, 楚書西至, 甘露本天人之食, 漢土爭嘗; 金烏還海上之飛, 東方舊識。除經已譯, 問律何傳? 起後漢靈帝建寧三年, 初翻義決律, 次有比丘諸禁律至, 即曹魏法時三藏遊於許洛, 覩魏土僧無律範, 於嘉平中譯羯磨僧祇戒本, 此乃此方戒律之始也。自爾薩婆多律先化關中, 五分僧祇風行雨施, 迦葉遺部戒本獨來, 婆麤富羅聞名而已。況乎僧祇部者, 法顯賫歸, 諸師判注, 云是根本, 大衆所傳, 非是百載五宗也。今著傳家疑其未可, 何耶? 所覽僧祇現本止三十卷文, 因有數疑: 一、本小而末大, (謂諸部文多, 僧祇卷略)二、中不含五部意, 三、不應大集懸記也。或曰: 此略本傳此方, 猶法華華嚴等經, 鉅萬億頌中略出一分也。僧祇亦爾。又説曇無德律, 譯有重單, 準僧傳, 止覺明口誦也。若據律序, 有支法領重譯之文焉。如此古今相競, 且無指歸。以義交徵, 其辭必息。尋律文本, 即知異同。如衆學戒初題云: 尸叉罽賴尼, 如破伊蘭葉。言此是覺明本也。如言式叉迦羅

尼，如破伊羅葉，即是<u>支法領</u>本也。又一本三十卷，一本六十卷，謂
紙墨分開不定，非也。分三十爲六十，不其太相懸謬矣。若斯二
譯，皂白已分。復次，<u>元魏</u>已前，諸受戒者，用<u>四分</u>羯磨納戒，及平
行事，即依諸律爲隨。何異乎執<u>左氏</u>經本，專循<u>公羊</u>之傳文也。至
<u>魏孝文</u>世，有<u>法聰</u>律匠，於<u>北臺山</u>始手披口釋，<u>道覆</u>律師隨聽抄記，
遂成義疏。權輿既爾，肯構繁乎？天輪而只候中星，大鼎而唯提附
耳。<u>鄴中法礪</u>，<u>唐世懷素</u>，新舊兩名，各擅其美。礪乃成實有部，受
體雙陳；素唯尋祖薩婆，開宗獨步。其有<u>終南</u>上士<u>澄照</u>大師，肹蠁
三生，遝巡千里，交接天人之際，優遊果證之中，知無不爲，繩愆糾
謬，以護持教法爲己任者，實一代之偉人焉。是以天下言行事者，
以<u>南山</u>爲司南矣。丁乎<u>大曆</u>，新舊疏家，互相短長，敕集三宗律師，
重加定奪。時<u>如淨</u>爲宗主，判定二家，當<u>建中</u>中，始言楷正，號僉定
疏是也。至今<u>東京</u>三宗並盛，至於秉法，出沒不倫，殊塗同歸，師資
尚異。至若<u>成公</u>演化，<u>靈崿</u>敷揚，不離三輔之間，俱儜百工之巧。<u>文
綱道岸</u>，自北徂南，發正輔篇，從微至著，道流<u>吳會</u>，實賴伊人。<u>淨
公</u>作評家之師，源尚致感通之瑞：或抗表論没官之物，或成圖證結
界之非；或傑立一方，或才雄七衆；述鋒芒之義記，出豕亥之疑文；
或擘帖紛拏，或整齊齟齬。若匪乘時之哲，便應逸氣之英，不令像
運之中微，降年唯永；終使壽星之下照，法命唯長。道假人揚，其在
茲矣。近以提河水味，轉不如前，座像塵埋，仍觀更没，大小乘之交
惡，上中下之相淩，活寄四邪，行違七聚。威儀既缺，生善全虧，謂
律爲不急之文，放僧落自由之地。馬令脫轡，象闕施鉤，不習律儀，
難調象馬，遂令教法日見凌夷。短則行果微亡，折則年齡減少，合
夫<u>洪範</u>，中凶短折也。又曰：慈父多敗子。脫或翻惡歸善，變犯成
持，或衆主之勸修，或名師之訓導，假王臣之外護，必法教之中興，
如是則同五福中之一壽，五考終命歟！又曰：嚴家無格虜。故云毗

尼是正法之壽命焉。此科所班，乃是鍊金液轉還丹之手，勸人服之，使其近添其壽，遠則昇仙。故我世尊，凡制一戒，獲其十利功德，意在令正法久住耳。

（選自江北刻經處本高僧傳三集卷十六）

六、後　序

前代諸家，或云僧傳、僧史記録，乃題號不一，亦聲迹有殊。至梁沙門慧皎云高僧傳，蓋取高而不名者也，則開其德業，文爲十科，見於傳內。厥後有唐續高僧傳，倣仰梁之大體而以成之。泊乎皇朝，有宋高僧傳之作也。清風載揚，盛業不墜。贊寧自至道二年奉睿恩，掌洛京教門事，事簡心曠之日，遂得法照等行狀撰已，易前來之闕如，尋因治定其本。雖大義無相乖，有不可者以修之。先者所謂加我數年，於僧傳則可矣已，斯幸復治之，豈敢以桑榆之年爲辭耶！時方徹簡，咸平初承詔，入職東京右街僧録，尋遷左街。乃一日顧其本，未及繕寫，命弟子輩緘諸篋笥，俾將來君子知我者以僧傳，罪我者亦以僧傳，故於卷後而書之云耳。

（選自江北刻經處本高僧傳三集卷末）

［附］　贊寧傳

沙門贊寧隨錢王歸朝，姓高氏，其先渤海人。唐天祐中，生於吳興之德清金鵝別墅，出家杭之祥符，習南山律，著述毘尼，時人謂之“律虎”。文學日茂，聲望日隆。武肅諸王公族，咸慕重之。署爲兩浙僧統，賜號明義宗文。興國三年，太宗聞其名，召對滋福殿，延

問彌日，改賜通惠，詔修大宋高僧傳三十卷，及詔撰三教聖賢事跡
一百卷。初補左街講經首座，知西京教門事。咸平初加右街僧錄。
又著內典集一百五十卷，外學集四十九卷。內翰王禹偁作文集序，
極其贊美云。至道二年示寂，葬龍井塢焉。

（選自江北刻經處本元念常集佛祖歷代通載卷二十六）

智　圓

【簡介】　智圓，字無外，自號中庸子，俗姓徐，生於公元九七六年（宋太宗太平興國元年），死於公元一〇二二年（宋真宗乾興元年），錢唐（今浙江杭州）人。他自幼出家，八歲時卽受具足戒。二十一歲，從奉先寺源清習天台三觀教義，凡三年。源清病故後，他獨居西湖孤山，潛心於研考經論，探索義觀。他感到天台教義“自荆溪（湛然）師没，其微言奥旨墜地而不振者多矣”，而當時一些講天台教義的人中，“違道背義亦衆矣”。所以他“留意於筆削，且有扶持之志”。（中庸子傳中）他參加了當時天台宗内部的理論爭論，但觀點與四明知禮相對立，被屏於天台正統之外，屬所謂山外派。

　　智圓於講佛經之外，甚好讀儒書，少年時曾想求師深研，但由於受到“落髮之師拘束之，不獲從志”。（答吴寺丞撰閑居編序書）於是，決心刻苦自學，深有所得。他認爲，“儒釋者，言異而理貫也，莫不化民，俾遷善遠惡也”，是“互爲表裏”的。因此，他竭力調和儒釋，明確提出，“修身以儒，治心以釋”的主張。（中庸子傳上）他之所以自號中庸子，卽取義於折衷儒釋。儒家思想對智圓有極大的影響，他早年雖然身披僧服，然可説是專“以宗儒爲本”的。以後由於“身嬰羸病，頓阻進學”，“自是專尋釋典，反照心性”。所以，他自述道：“晚年所作，雖以宗儒爲本，而申明釋氏，加其數倍焉。”而且“往往旁涉老莊，以助其説”。（答吴寺丞撰閑居編序書）宋代以來，儒佛思想有進一步的融合，僧人引儒入佛，儒者引佛入儒，比比皆是。智圓可算是宋初融合儒佛較爲突出的代表者。

智圓一生不尚誇耀，也很少與達官貴人交往，也没有當過大寺院的主持，而是甘居陋室，手不釋卷，勤奮治學。他的著作甚多，自稱有經疏記抄凡三十種，七十一卷，其中較重要的有金光明經玄義表徵記一卷、金剛錍顯性録四卷等。此外，有詩文集閑居編五十一卷等。

一、閑居編自序

錢唐釋智圓，字無外，自號中庸子。於講佛經外，好讀周孔楊孟書，往往學爲古文，以宗其道，又愛吟五七言詩，以樂其性情。隨有所得，皆以艸棄投壞囊中，未嘗寫一净本，兒童輩旋充脂燭之費，故其逸者多矣。今年夏，養病於孤山下，因令後學寫出所存者，其後有所得，亦欲隨而編之，非求譽於當時，抑亦從吾所好爾。大宋大中祥符九年丙辰歲夏五月十日序。

（選自閑居編卷首，據續藏經第一輯第二編第六套第一册）

二、四十二章經序

古者能仁氏之王天竺也，象無象象，言無言言，以復羣生之性，由是佛教生焉。教之高下，視根之利鈍，是故有頓焉，有漸焉，然後混而爲一，是謂開顯。而蚩蚩羣彙，率其化，復其性，蹈乎大方，安乎祕藏者，可勝言哉！逮於後漢，其道東傳，時君仰其神，元元陶其訓，乃與仲尼、伯陽之爲訓三焉。

原夫仲尼之爲訓也，揚唐虞三王之道，尊仁而尚義，俾復其王而企於帝者也。**伯陽**之爲訓也，揚三皇朴略之道，而絶聖棄智，俾復其皇而企於結繩者也。矧兹兩者，談性命焉，則未極於唯心乎；言報應焉，則未臻於三世乎。雖然，而於治天下，安國家，不可一日而無之矣。美矣哉！其爲域中之教也，明矣！

若夫**釋氏**之爲訓也，指虚空世界也，悉我自心焉，非止言其大極生兩儀，玄牝爲天地根而已矣。考善惡報應也，悉我自業焉，非止言其上帝無常，天網恢恢而已矣。有以見儒道乎，雖廣大悉備，至於濟神明、研至理者，略指其趣耳；大暢其妙者，則存乎**釋氏**之訓與！其爲域外之教也，又已明矣！

域内則治乎身矣，謂之外教也；域外則治於心矣，謂之内教也。昔**阮孝緒**正以内外之名，爲不誣矣。是故，代人謂三教混同焉，或幾乎失矣；或謂三教碩異焉，亦未爲得也。何哉？復性有淺深，言事有遠彌，則不得不異也。至乎遷善而遠罪，勝殘而去殺，則不得不同也。

四十二章經者，蓋吾佛滅後，彼土聖賢輩於大小乘中，撮其要言，急於訓世者，其章凡四十二焉，集而録之，爲此經也。伊昔**騰**、**蘭**至自**梵國**，以其真化初傳華人，或未之深信，方且譯斯文以啓迪之也，以爲廣教之濫觴與！**圓**不佞，心服至道其有年矣。嘗慨此經首傳兹土，而古無訓説，後昆無得而聞焉，不亦殆於忘本乎！遂爲之注，敷暢厥旨，庶幾乎揚吾佛之真風，翼吾君之仁化，俾黔黎躋壽域而履覺道也。

（同上　卷一）

三、翻經通紀序

曰：浮圖之教流於**華夏**者，其權輿於**東漢**乎！其於訓民也，大

抵與姬公、孔子之説共爲表裏耳。何耶？導之以慈悲，所以廣其好
生惡殺也；敦之以喜捨，所以申乎博施濟衆也；指神明不滅，所以知
乎能事鬼神之非妄也；談三世報應，所以證福善禍淫之無差也。使
夫黎元遷善而遠罪，撥情而反性。覈其理也，則明瑜指掌；從其化
也，則速若置郵。噫！雖域外之真詮，實有毗於治本矣。美矣哉！
孝明之夢感也，得以丕顯之，後世君民者，得以丕承之。是故葉書
繼至，而主上寅奉翻傳流衍者，無代無之。洎乎李唐憲宗以降，其
務寢者凡一百七十齡，故五代之間，絶聞傳譯。逮乎我大宋，太宗
神功聖德文武皇帝，欽承佛記，扶起墜風，由是象胥之學重光，能仁
之道益振，闡揚之利，蓋不可得而思議焉。有以見漢明丕顯之功，
不獨美於前世者也。

　　某養疾林野，講談多暇，遂於嘉祥、南山、通慧三代僧傳，靖邁、
智昇兩家圖紀，洎諸傳録，而皆删取翻傳事跡，編次成文。其間年
世差舛頗爲刊正，分爲兩卷，號曰翻經通紀。始炎漢，終我朝，正統
僭僞，合二十一國。其傳譯者凡一百五十一人，所譯之經則存諸目
録，此但舉其大數而已。俾學佛者覽之，既知大覺之宗有自來矣，
抑又見太宗之於我教也，有繼絶存亡之道與！大宋天禧三年，龍集
己未，十月既望越四日於錢唐郡孤山瑪瑙坡負暄亭序。

（同上　卷十）

四、黃帝陰符經題辭

　　黃帝陰符經題辭者，所以題號其書之本末，指義文辭之表也。
原夫陰符，其三皇之書歟？孔安國曰：“伏羲、神農、黃帝之書謂之
三墳，言大道也。”則陰符非其類邪？其爲書也，廣大悉備，有皇道

焉,帝道焉,王道焉,霸道焉。請試陳之:夫皇也者,心既無爲而跡亦無爲,以道化於民者也;帝也者,心亦無爲而跡涉有爲,以德教於民者也;王也者,守仁與義,而以刑政防之者也;霸也者,專威刑以脅之,以仁義五常而爲權者也。齊桓與曹沫所亡地,晉文伐原示之信,此非爲權耶?孟子曰:"三皇天者也,五帝體者也,三王往者也,五霸假者也。"鈎命決曰:"三皇步,五帝趨,三王馳,五霸鶩。"噫!道之寬猛,視之徐疾可知也。抑四道者,聖人之一體也,由代有淳醨,識有高下,所以優劣形焉。

斯文之首章,言三皇五帝之道德也;次章言王者之仁義也;卒章言霸者之威刑也。是故,首章始言觀道,終云謂之聖人;次章言三盜,終云得之固窮;卒章始言用師,終云我以時物文理。哲觀三章之始終,則皇王帝霸之道,坦然明白矣。或曰:此書在三五之世,無爲而治者,何言王與霸耶?對曰:庖羲氏没,神農氏作,斲木爲耜,揉木爲耒,耒耜之利,以教天下。又曰:黄帝、堯舜,垂衣裳而天下治,是有富國安人之道也。史記曰:"黄帝生而神靈,弱而能言,代神農氏,諸侯有不從者而征之。"書明虞舜黜四罪而天下威服,是有强兵戰勝威刑之事也。但三五之世,暫假之以寧民,乃反常之權耳,非爲常行之道也。洎道德下衰,則三王專仁義以富國,五霸用强兵以脅物,各爲常行之道,所以不能復其淳朴也。

觀陰符之言道也,與易頗同。何哉?此云:"天有五誡,見之者昌。"易曰:"聖人設卦觀象。"又曰:"君子居則觀其象而玩其辭,動則觀其變而玩其占。是以自天祐之,吉,無不利。"且五誡,五行也;八卦,亦五行也。震,木也;離,火也;兑,金也;坎,水也;巽亦木,乾亦金;艮,土也。陰符率五行之性,而立五常之道;易準四德之義,而立五常之道。故夫子文言曰:"元者,善之長也;亨者,嘉之會也;利者,義之和也;貞者,事之幹也。君子體仁足以長仁,嘉會足以合禮，利物足以和義，貞固足以幹事。君子，行此四德者，故曰：乾，元亨利貞。”説者謂，四德非智不行，猶土徧於四象也，故弗言之耳。噫！易者，伏羲之書；陰符者，黄帝之書。斯三皇之二也，是故其道不得不同焉，其辭不得不異焉。往之説者，既昧其正道，而糅以異端，所以陰符之道未光大於時矣。故吾於是有述焉。

或曰：首章云，觀天之道而主於仁義五常者，乃王道耳，何謂三五之道乎？對曰：皇焉，帝焉，王焉，霸焉，要其所歸，實不踰於仁義五常，但履之有大小耳。三皇者，行無仁之仁，布無義之義，內則功成而不宰，外則無跡而可尋，斯得仁義之上者，故命之曰道焉。五帝者，內雖忘功，外猶有跡，以德教於民，斯得仁義之次者，故命之曰德焉。三王者，內守不忘，外功稍著，以兼愛而泊物，以裁非而正民，斯得仁義之又其次者，故直命之曰仁義焉。洎乎五霸，假借仁義以統諸侯，道斯爲下矣。素書曰：“道德仁義禮，五者一體。”道者，人之所蹈，使萬物各不失於所由；德者，人之所得，使人各得其所欲。世人之瞽説，或大道德而小仁義，豈知仁義道德，同出而異名乎？是仁義有大小也。老子云：“失道而後德，失德而後仁，失仁而後義，失義而後禮。”此皇衰而帝，帝衰而王，王衰而霸，霸衰而亂也。素書序曰：“爲皇先乎道，爲帝成乎德，王者守其仁，霸者守其義（此以注合爲義，未可以齊三王之義），亂者失其禮。”以此觀之，則陰符乃仁義之大者，非三皇之道耶！

孔子刪詩書，撮其機要，斷自唐虞已下，以二帝禪讓首之，足以垂世立教，爲百世常行之道。故使斯文而在芟夷之例，不預乎書也。黄帝者何？黄，土色也，登假之後，配爲土帝。故班固云：“黄者，中和之色，自然之性，萬世不易。黄帝始作制度，得其中和，故稱黄也。”易緯曰：“帝者，天號也。德配天地，不私公伍，稱之曰帝。”姓公孫氏，名軒轅，受國於有熊氏，居軒轅之丘，因以爲名（出帝王世紀），在位百年而崩，年一百一十歲，或言壽三百歲。故宰我以問，孔子曰："人賴其利，百年而崩；人畏其神，百年而亡；人用其教，百年而移，故曰三百年。"其書名陰符者，陰，暗也；符，合也。此三百言使夫人君用心暗合天道也。吾之注，皆以儒道明之，所以異於昔人也。不敢以當達者，直欲不出戶庭，傳之子孫而已。

（同上　卷十一）

五、病課集序

序曰：吾以今年夏末炎氣火熾故，疾因作而倍百於常發焉，伏枕草堂中者，凡四旬餘。及其瘥也，裁能扶杖徐步而已。然於瞑眩荒忽之中，亦不能默默，往往成一篇一詠以自寬。若甚困頓，則枕肱而口占，使來學而筆之；或疾少間，則隱几而起坐，自操觚而書之，無乃樂在其中矣。既成草藁，皆投竹篋內。一日取而閱焉，得古詩及唐律五七言兩韻至五十四韻，合七十首，分為三卷，題曰病課集。其猶儒家流，修仕進之道，退而肆業，謂之過夏，執業以出，謂之夏課。吾以病中所得，病差而寫出，謂之病課不亦宜邪？且欲後之人知吾以貧病寂寥而自勝者歟！然而辭語鄙野，旨趣漫浪，或宗乎周孔，或涉乎老莊，或歸乎釋氏，於其道不能純矣。苟君子以多愛見駁雜為譏者，吾安敢逃其責乎！然若由多愛以至於無駁雜，則亦俟知者知之耳。噫嘻，罪我其病課乎，知我其病課乎！是時聖宋天禧四年庚申八月二十六日，病夫智圓無外序。

（同上　卷十一）

六、三笑圖贊並序

昔遠公隱於廬山，送客以虎溪為界，雖晉帝萬乘之重，桓玄震主之威，亦不能屈也。及送道士陸修靜，儒者陶淵明，則過之矣。既覺之，乃攜手徘徊，相顧賑然。噫！得非道有所至，而事有所忘乎！人到於今寫其形容，謂之三笑圖，止爲戲翫而已，豈知三賢之用心邪！於是作贊以明之：

　　釋道儒宗，其旨本融，守株則塞，忘筌乃通。

　　莫逆之交，其惟三公，厥服雖異，厥心惟同。

　　見大忘小，過溪有蹤，相顧而笑，樂在其中。

（同上　卷十六）

七、對友人問

　　友人問吾曰：子於天台之學，勞其筋骨，苦其思慮，孳孳然有扶樹心。然於涅槃，不聞師授，而撰記且講，以傳後學，衆以是疑。傳不習乎？不知其可也。對曰：噫！有是疑乎？有是疑也。吾有說焉。古者，周公聖人既攝政，於是制禮作樂，號令天下，章章然，巍巍然。至於周室衰弱，王綱解組，禮喪樂崩，號令不行。孔子有聖德而無聖位，乃刪詩書，定禮樂，贊易道，約魯史，修春秋，以代賞罰，使亂臣賊子懼。仲尼無他也，述周公之道。孔子没，微言絶，異端起，而孟子生焉，述周孔之道，非距楊墨。漢興雜霸，王莽僭簒，揚雄生焉，撰太玄、法言，述周孔孟軻之道，以救其弊。漢魏以降，至晉惠不道，中原喪亂，賞罰不行，隋世王通生焉，修六經，代賞罰，以晉惠始而續經，中說行焉，蓋述周孔軻雄之道也。唐得天下，房魏既没，王楊盧駱作淫侈之文，悖亂正道，後韓柳生焉，宗古還淳，以述周孔軻雄王通之道也。以是觀之，異代相師矣。代異、人異、辭異而道同。不聞周公面授於孔子，孔子面授於孟軻也。在

吾釋氏亦然也，文殊一性宗，不聞面授於龍樹也，龍樹三觀義，不聞
面受於慧文也。而天下咸云，龍樹師於文殊，慧文師於龍樹矣。龍
樹慧文之道，至南岳天台而張大之，引而伸之。後章安宗其道，撰
湟槃疏，年將二百，至荊溪治定之，然後得盡善矣。吾於湟槃，尋疏
而自得微旨者，吾師荊溪也，誰云無師授耶？若以面授則可傳道
者，苟卿面授於李斯，而相秦始也，焚書坑儒；亡名師而面授於元
嵩，而佞周武也，滅釋毀佛。豈面授能傳道哉！吾以得古人之旨，
行古人之道為傳授，不以目其人，耳其聲，不知其所以美者為傳
授也。

（同上　卷十六）

八、中庸子傳_{上、中、下}

中庸子，智圓名也，無外字也。既學西聖之教，故姓則隨乎師
也。嘗砥礪言行，以庶乎中庸，慮造次顛沛忽忘之，因以中庸自號，
故人亦從而稱之。或曰：中庸之義，其出於儒家者流，子浮圖子也，
安剽竊而稱之耶？對曰：夫儒釋者，言異而理貫也，莫不化民，俾遷
善遠惡也。儒者，飾身之教，故謂之外典也；釋者，修心之教，故謂
之內典也。惟身與心，則內外別矣。蚩蚩生民，豈越於身心哉？非
吾二教，何以化之乎！嘻！儒乎，釋乎，其共為表裏乎！故夷狄之
邦，周孔之道不行者，亦不聞行釋氏之道也。世有限於域內者，見
世籍之不書，以人情之不測，故厚誣於吾教，謂棄之可也；世有滯於
釋氏者，自張大於己學，往往以儒為戲。豈知夫非仲尼之教，則國
無以治，家無以寧，身無以安。國不治，家不寧，身不安，釋氏之道
何由而行哉！故吾修身以儒，治心以釋，拳拳服膺，罔敢懈慢，猶恐

不至於道也，況棄之乎！嗚呼！好儒以惡釋，貴釋以賤儒，豈能庶
中庸乎？或者避席曰：儒之明中庸也，吾聞之於中庸篇矣，釋之明
中庸，未之聞也，子姑爲我説之。中庸子曰：居，吾語汝！釋之言中
庸者，龍樹所謂中道義也。曰：其義何邪？曰：夫諸法云云，一心所
變，心無狀也，法豈有哉？亡之彌存，性本具也；存之彌亡，體非有
也；非亡非存，中義著也。此三者派之而不可分，混之而不可同，充
十方而非廣，亘三世而非深，渾渾爾，灝灝爾。衆生者，迷斯者也；
諸佛者，悟斯者也。噫！能仁千萬言説，豈逾此旨乎！去聖遠，微
言絶，學之者攀枝捨其根，挹流忘其源。於是乎，或蕩於空，或膠於
有。蕩於空者，謂泯然其無得，寂然其無朕，誰爲凡乎，誰爲聖乎？
及其失也，迷因果，混善惡，棄戒律，背禮義。膠於有者，硜然執有
脩，彰然著有法，凡豈即聖乎，自豈即他乎？及其失也，固物我而不
可移，泥怨親而不可解，拘縛於近教，殺喪於遠理。曰：蕩空膠有孰
良？曰：蕩空也過，膠有也不及。然則空愈與？曰：過猶不及也，唯
中道爲良。敢問中道？曰：適言其有也，泯乎無得，誰云有乎！適
言其無也，煥乎有象，誰云無乎！由是，有不離無，其得也，怨親等
焉，物我齊焉，近教通焉，遠理至焉；無不離有，其得也，因果明焉，
善惡分焉，戒律用焉，禮義修焉。大矣哉！中道也。妙萬法之名
乎？稱本性之謂乎？苟達之矣，空有其無著，於中豈有著乎？嗚
呼！世之大病者，豈越乎執儒釋以相誣，限有無以相非！故吾以中
庸自號以自正，俾無咎也。或者曰：唯唯，庶斯達矣。再拜而出。
（上）

　　初，中庸子之生也，始言則知孝悌，父母頗異之，而不羣於庸
豎。戲，嘗以草木濡水畫石，以習文字，採花布以爲徒，自爲講訓之
狀，唯言孝父母，睦兄弟而已。酷有邁俗志，父母不能違，因捨爲佛

徒。年八歲，遂登具於錢唐龍興寺，今大中祥符寺也。十五微知騷
雅，好爲唐律詩，二十一將從師受周孔書，宗其道，學爲文，以訓世。
會寢疾，因自訟曰：汝浮圖子，髮既祝矣，形且毀矣，而不習釋氏，志
慕儒學，忘本背義，又豈稱周孔之旨乎！汝姑習釋，後習儒爲副，汝
其圖之。時源清法師傳智者三觀之法於奉先，予負笈而造焉，在青
衿之列者凡三年。會師亡，既而離羣索居，衣或繟，糧或罄，因之以
疾病。而孳孳然研考經論，探索義觀，得之於心，而不尚誇耀。人
或謂之愚且訥，予聞之曰：學道貴達本息心也，若炫其能，矜其解，
欲他之賈者，吾不如行商坐賈也。嘗歎天台宗教自荊溪師没，其微
言奧旨墜地而不振者多矣，雖行而説者，違道背義亦衆矣。於是，
留意於筆削，且有扶持之志，凡形百餘萬言，以廣其道。或謂曰：荊
溪既没，解不在子乎？唯名之與行比，荊溪猶塗漢之相遠耶！予應
曰：解卽未也，名之與行，然哉然哉！予著述，人或非之，門人以告
予，予曰：文中子有言，"智者非之，吾當飾辭往謝；愚者非之，吾將
奈何？"且吾將扶聖道以潛潤於人也。苟吾言之是，後世必有如吾
者好之；如其非也，灰滅不旋踵矣。噫！吾之道，豈止與猖獧者争
勝哉！無賴輩或背毀予，既而革面而來，予待之盡禮。人問其故，
答曰：賓象天，主象地，待不以禮，是違天也，違天不祥。且彼謗我
也，果實乎，果虛乎？果實也，吾將改之，彼迺訓我也，是吾師也，何
怒之有？果虛也，吾可笑以爲樂，又何怨之？況毀讚之言如谷響
邪！（中）

中庸子生十三年，夢隨佛入於海，夏滿行矣，從至曠野，有物似
世畫鬼神者，佛垂訓久之。年三十，尋湼槃經，果有降曠野鬼神之
事。及撰湼槃記，夢二沙門，曰龍樹、觀音，與之語且久，予因著記
夢一篇。或謂予曰：夢者，遊魂偶然，豈實乎，安用記之？其爲人妖

也。予曰：嘻！萬法一空皆如夢也，百年大夢也，一夕小夢也。苟大夢之可記，小夢於何不可記乎？苟知小夢之虛也，胡不達大夢之虛邪？吾之記夢，其有意焉。罪我者其記夢乎？知我者其記夢乎？予之訓後學也，雖屢見違，後又訓之，其或去者，無一言以留之，曰：來而不距，往而不追，古之道也。或觸事擊發，不能容忍，俄而悔之。不好相形，不好問命，不好擇日，於是撰福善禍淫論、擇日說，以矯時俗。未嘗登有位者之門，曰：澹臺滅明非公事未嘗至於偃之室，矧吾方外之人乎。求知於有位者，士人之事耳。吾削染矣，敢亂四民之業哉！吾非憸也。予多抱疾，嘗自稱病夫，著病夫傳。雖羸耗癯瘠，而不倦講道以誨人。三藏典誥，洎周孔荀孟，揚雄、王通之書，往往行披坐擁。撰自箴七箴，勒石於座右以自誡。居於孤山之陽，草屋竹床，怡然自得。且曰：與其奢也，寧儉，吾從事於斯矣。予嘗謂門人曰：吾沒後，無厚葬以罪我，無擇地建塔以誣我，無謁有位求銘記以虛美我。汝宜以陶器二，合而瘞之，立石標前，志其年月名字而已。予聞，人之有善，未及稱之，若病之未瘳；見人之不善，未及諫之，亦若病之未瘳。客有談不合理者，則默而不答。陽秋四十有一，論曰：中庸之德，人鮮久矣。而能以中庸自號，履而行之者，難矣哉！世或之詐，吾取詐焉。（下）

（同上　卷十九）

九、謝吳寺丞撰閑居編序書

二月六日，沙門某，謹齋沐撰書，白於寺丞左右：某不接文會以踰年，已而慕高義，渴嘉談，無日忘之也。某近以故疾遽作，伏枕閑房。今月朔且，侍疾者俄云：錢唐主簿李君遣介貽書。及發，乃一閱，乃寺丞所撰某之拙文集，曰閑居編者之盛序焉。由是，霍然驚起，憑几俯讀，舒卷沈翫，疑乎紙變墨渝，何止於三復哉！而其辭炳炳然，其旨淵淵然，較古今之得失，論文理之勝負，盡在此矣。而於某之所作，發仲尼華衮之褒，有伯喈色絲之歎，此亦過當矣。竊自疑之，某之狂言，果非也，果是也？果非也，而寺丞情之所鍾，而曲加粉澤。且寺丞閑默端雅，言爲世範，非容易而談者，豈虛授其言哉？果是也，乃林下病夫狂簡斐然，山謳野詠矣。矧寺丞負文章之大名，乃士林之傑。然也，雖驥屈於筦榷，將膺揚於代言，方且爲典爲誥，以潤色帝業；作誓作命，以發揮王猷，安肯以不世之文，以冠野夫之集乎？於是乎猶豫於中心者。久而忽然獨斷。何乎？且大君子用心，唯道是從，不以靜躁分，不以形服阻。我道之果同也，我文之果是也，則必當爲我發揮之，張皇之，若然者，則寺丞其我之知音乎！夫音不易知，知音難得，寺丞既知之，某既得之矣。彼挽鹽車者，尚能爲孫陽之鳴，某雖臞瘠困躓，晨夕待盡，尚能身別寒暑，眼分菽麥，心有是非，豈不能爲知音一鳴哉！今爲寺丞鳴之矣，惟寺丞聽之。

某幼緣宿習，雅好空門，於翻亂之年，卽毀其髮，壞其服，而爲浮屠徒也。洎年逾升冠，頗好周孔書，將欲研幾極深，從有道者受學，而爲落髮之師拘束之，不獲從志。由是，杜門闃然，獨學無友，往往得五經之書而自覽焉。雖文字不及盡識，句讀不及盡分，而好求聖師之指歸，而會通其說焉。譬若九方堙之相馬，略玄黃而談神駿。而與夫嘈嘈誦聲者，尋章摘句者，已胡越矣。讀易也，乃知本乎太極，闢設兩儀，而五常之性韞乎其中矣。故曰："立天之道，曰陰曰陽；立地之道，曰柔曰剛；立人之道，曰仁與義。"是故，文王海，列四德以演之；聖師岳，配五常以翼之，乃以乾坤首之也。繇是知五常者，其周孔之化源乎！讀書也，乃知三皇以降，洪荒朴略，非百世常行之道，其言不可訓。故聖師以二帝三王之道作範於後代，尊揖讓，鄙干戈，故以二典首之也。雖湯武有救弊之德，而非仲尼之本志也。故語曰："武盡美矣，未盡善也。"讀其詩也，乃知有天地然後有夫婦，有夫婦然後有父子，有父子然後有君臣。夫婦其本二儀而首三綱乎？故以關雎首之也。讀春秋也，乃知周室衰，狄人猾夏，平王東遷，號令不行，禮樂征伐不出乎天子，而出乎諸侯也。是故仲尼約魯史而修春秋，以賞罰貶諸侯，討大夫，以正其王道者也。故語曰："禮樂征伐自諸侯出。自諸侯出，蓋十世希不失矣。"且魯隱公逮於昭公，十世失政，死於乾侯，乃其驗乎？是以春秋始於周平魯隱也。雖先儒之瞽説，謂始王賢君者，後學從而傅之，其如論語，聖師之言。何唯禮經也，弟子記述諸，漢儒糅雜諸，後賢易置諸，故於首篇之所以，而悉出於人情，諒非乎聖旨也一。且既知之於心矣，而勇於爲學；且曰吾雖無師之訓教，無友之磋切，而準的五經，發明聖旨，樹教立言，亦應可矣。於是殺青磨鈆，不舍晝夜，將欲左攬孟軻之袂，右拍揚雄之肩，盤遊儒官，鳴唱文教，金口木舌，大訓乎衰世，使天三王二帝之道不遠復矣。

無何，身嬰羸病，頓阻進學，忽忽不樂，壯志寢微。一日，自省曰：汝釋迦之徒也，空華乎世界，浮雲乎富貴，谷響乎言語，犂電乎形命，又何嬰病失志至如是乎？自是專尋釋典，反照心性，棄捐萬事，會同一心。故於嚮者爲文之道，不能果其志，就其業也。是以晚年所作，雖以宗儒爲本，而申明釋氏，加其數倍焉。往往旁涉老莊，以助其説。於戲！人豈不知，則某於爲文不能淳矣！公孫龍之無家，司馬遷之多愛，乃自貽之也。後世有聖如仲尼者，其將罪我乎！於是，孤文片記悉不欲留，以逃後世之責耳。尋以養病孤山，隱居林下，有朋自遠方來者，每以編紀爲勉，遂以嚮者之志對焉。彼曰：何傷乎！亦各言其志爾。夫三教者，本同而末異，其於

訓民治世，豈不共爲表裏哉？子之所述，宜在集之以貽於後也。於
是乃從其請故，後有所得者，因而録之。而謌詩文頌錯雜閑出，號
之曰閑居編，亦陸魯望叢書之儔也。且欲不出户庭以貽子孫爾，敢
冀偶知音而有所發揮乎？今覩寺丞所贈之序，豈不幸甚乎！謹當
囑後學輩編其所著，使各從其類，而首戴雄文，用貽後代，俾儒者釋
者見之而不惑，知三教之同歸，且免夫詆訶之辭也。成我者其寺
丞乎！若夫前世之賢，爲僧作序者多矣，至如吴翰林融之序禪月，
包中丞之序晝公，而但指在謌詩，豈能辨明文教？惟辭惟理，比夫
雄文，而彼有慙色，但所稱者之賢，不如貫休、皎然爾。某寢疾在
牀，奄忽非久，輒陳顛亂之説，以叙生平之志，以感知音之惠，口占
成書，故不當以文辭見責也。既假來學之筆札，其字體之誤謬，高
下之失儀，亦不當見責也，惟寺丞永察之。煦色方隆，自愛爲望！
不宜。某白。

（同上　卷二十二）

〔附：吴遵路：閑居編序〕

　　五彩相宣，故火龍黼黻照其象；八音迭唱，故英莖濩武導其和，
足言以文，亦猶是矣。何則？志有所之而辭生焉，辭不可陋而文形
焉。然而風流下衰，靡弊忘返，於是文過其實，理不勝辭，或貽謷嗗
之譏，或興鄭衛之諭。比物連類，猶或失之，索隱鈎深，將何所取？
質而不野，文而不華。敷演真宗，闢聖人之户牖；導揚名教，示來者
之楷模，則於圓公上人之文而見之矣！
　　上人世姓徐氏，名智圓，字無外，自號中庸子，錢唐人也。年八
歲受具於本郡龍興寺，二十一歲傳天台三觀於源清法師。上人神
宇清明，道韻凝粹，德貫幽顯，學該内外。開卷遊目，必泝波而討

源;屬筆綴辭,率勸善而懲惡。茲聞可擇之行,不覩非聖之書。克己爲仁,無亡於終食;服膺講道,靡舍於寸陰。仰止高山,溫其如玉。至性樂善,蓋稟於天姿;妙歲能文,匪由於師授。尤好靜默,專務隱居,屏去塵遊,杜絶人事。處方丈之室,晏如覆杆;玩一卷之書,嗒然隱几。陶陶乎不知物我之爲異也。道風所傾,學者如歸,巾卷盈門,緇黃帀序。暫聆更僕之論,頓釋疑聞;克終函文之儀,皆成法器。鐘鳴善應,谷答忘疲,斯又利物之勝緣,誨人之能事也。若義其耽味寶乘,揣摩祕典,演一音之遺旨,恢四諦之真詮,揭慧日以揚光發揮大事,引慈雲而布潤覆露羣方。垂裕筌蹄,勳盈籤軸,旁涉莊老,兼通儒墨。至於論譔,多所憲章;唫詠情靈,悠揚風雅。小文短札,初不經心;遺言放辭,咸有奇致。

師早嬰痾瘵,常居疲薾,伏枕方榻,罕事筆精,授簡門人,多出口占。辭條錯綜,文律鏗鏘,率爾混成,不煩刊定。夫折理者,意遠則理優;宣理者,理高則文勝。蓋先本而後末,撮實遺華,然後大羹不致而遺味存,大圭不琢而天質露,豈與夫咬哇之末響,彫刻之繁文,較其能否哉!始自景德丙午,迄於天禧辛酉,集其所著得六十卷,題曰閑居編。卮言日新,方運不休之思;賞音竊抃,必期善聽之聰,過此以還,請俟來者。其經論疏鈔科注等,泊諸外學自成編録者,凡一百七十卷,皆從別行,不列此集。 乾興壬戌正月序。

(同上 卷首)

知　禮

【簡介】　知禮，字約言，俗姓金，生於公元九六〇年（宋太祖建隆元年），死於公元一〇二八年（宋仁宗天聖六年）浙江四明人，北宋天台宗著名僧人。他七歲出家，十五歲即受具足戒，專研戒律。二十歲從義通學天台教觀。後三主法會，講誦佛典，修禮懺法，達四十餘年。因居四明延慶道場，故人稱爲“四明尊者”。他對天台宗的復興起了很大的作用，後人尊其爲天台宗第十七祖，宋真宗賜號“法智大師”。

知禮在中國佛教思想史上的突出事蹟是，導致天台宗公開分裂爲“山家”、“山外”（山，即天台宗）兩派。當時天台宗開創者智顗的金光明玄義有廣、略二本，並行於世。錢塘的悟恩受華嚴宗、唯識宗的影響，曾著金光明玄義發揮記，認爲金光明玄義廣本非智顗真作，以略本爲真作。並且主張“真心觀”，認爲除觀心外，別無觀法之道。也就是以所觀的境爲真心，真如，或者説是以真心、真如爲觀察對象。知禮著扶宗記相駁，他認爲金光明玄義廣本是真作，並且主張“妄心觀”，除此妄心（第六識）之外，別無真可求。即以所觀境爲妄心，觀妄心即爲三千諸法。這是關於理事、真妄關係和觀法的分歧，雙方辯論七年，看法仍不一致。爲此知禮撰十義書，全面地駁斥悟恩再傳弟子慶昭的主張。佛教史稱傳承知禮學説的弟子爲“山家”，把悟恩的弟子貶爲“山外”。後來“山家”的學説代表了天台宗，盛行於南宋。

知禮佛教修持的一個重要特點是，重視智顗的觀經疏，用天台宗觀佛三昧的方法來組織淨土教，還結念佛淨社，集道俗近千人。

咸平六年（公元一〇〇三年），日本僧人寂照攜其師源信關於天台宗教義的疑義二十七條來華問知禮，爲此知禮著問目二十七條答釋。

知禮著述繁富，除上述已提到的著作之外，還有十二門指要鈔二卷、法智遺編觀心二百問一卷、金光明經文句六卷、觀音玄義記四卷、觀音義疏記四卷、金光明最勝懺儀一卷、金光明玄義拾遺記三卷、光明玄續拾遺記三卷、觀經疏妙宗鈔三卷、觀音別行玄記四卷、解謗書三卷等。後來宗曉將知禮所作經疏以外的著述"一百餘篇，以類詮次，析爲七卷"，編成四明尊者教行錄行世。

一、四明十義書

卷　　上

景德三禩臘月既望，四明沙門比丘知禮謹用爲法之心，問義於浙陽講主昭上人（座前）。十月二十三日，來、文二人入室，傳到釋問書一軸，廣構粗言，欲杜來難。既立宗而自墮，徒援教以何歸？都爲無義之談，盡是誑他之說。若隨文致詰，恐大節難明。故於觀心一科，立難十段。況上人素彰不遜，以辨訛答疑自矜。鄙僧早蘊多謙，用請益諮詢爲禮。故問無多少，答必周旋。

又昨蒙五義見徵，既即時取趣，今約十門定難，無託故以寢言。休勞多部檢文，踰年作計，便請直誠吐義，隨解速酬，幸甚幸甚。（上人前後義狀，皆經二年，若義久明，終不稽遲至此。蓋遍尋教部，旋構見知，數乖自宗，全傷妙道，願思來報，無縱諂心也。）

辨訛本立此玄十種三法,純明理觀,不須附事而觀云云。

荊溪云:"如常坐等,或唯觀理,隨自意從末從事。"既云純明理觀,乃是三種三昧,專令於識陰修十乘也。

又答疑書云:"此玄文直顯心性。"

且三種觀法,皆顯心性。但事法二觀,既託事義觀心,及附法相觀心,且非直顯。唯約行觀直,於陰心顯三千性,方名直顯心性。據此兩書,定判此玄十種三法,已是約行之觀,故可廢今附法觀心也。

既是約行理觀,直顯心性,十種三法文中,何故不揀示識心為鏡?那無十法成乘,既全無此義,則定非理觀矣。

又文自專談果佛法相,定非直顯心性矣。上人本謂已是約行觀故,故可廢今觀心一科。既非約行之觀,則後文觀心,豈可輕廢耶?(縱欲攀附諸文觀心,亦只成事法觀義,終不是理觀,況復附不及。)

此則觀心一科,已不可廢也。

況上人自立事法二種觀心,唯有二意:一為令已修止觀者,覩事相法相,不忘本習故,示二種觀心也; 二為未修止觀者,忘於封滯,令知起行,必依止觀故,示二種觀心也。

且今文棄三觀一,揀陰修觀,恰稱久修者本習,又能預示未修止觀者。要知起觀之處,若剛廢此文,則無以稱久修者本習,又無以示未修者止觀行門也。則此玄觀心一科,不可輕廢。約行觀義既壞,附法觀心之文又不可廢,帝慧王安可輕除耶?

所議既極,餘何可論?但為此宗大節,既被上人異說誤彼後人,故不獲已,且於觀心,略問十義,望速垂答示:

一不解能觀之法　　　　二不識所觀之心

三不分內外二境　　　　四不辨事理二造

五不曉觀法之功　　　　六不體心法之難

七不知觀心之位　　　　八不會觀心之意

九不善銷文　　　　　　十不閑究理

第一不解能觀之法

夫評論佛法者，必須解義決定，發言誠諦，知勝知負，能進能退。儻心無所詣，語自相違，已負而更進者，必不可與論道，吾祖之垂誡也。然今爲惜乎大教，求止不獲，故略言其始末，俾少知其得失矣。

且發揮記立廢觀心所以云：此玄十種三法，蓋大師扶順經文，法性圓談，始自性德三道，終至果人三德（正釋與料揀，並從三德訖至三道，故立始終無遠見文也），一一三法悉是妙性，一一妙性悉是真源。豈此純談法性之外，更須立觀心耶？

扶宗記釋曰：觀心者，正論觀法，的示行門，須對境明觀，俾惑滅果成。豈此圓談法性，便不立觀心耶？如法華玄義所明法相，廢淺從深，一一皆至無作，復以二妙判開，豈不圓談法性乎？何故更立觀心耶？若剛廢此文，則杜絕衆生入理之門，趣果之路，則全迷一家解行之要也。

據此所釋，廣明十種三法之後，須有觀心一科，不可輒廢。發揮之義，於茲已壞矣。

上人因遭此難，既知但教無觀，乖於本宗，乃將教代觀而曲救之。故撰辨訛曰：觀有二種，一曰理觀，二曰事觀。今云不須觀心，乃不須附事而觀也。何則？所談十種三法，始凡終聖，亙果該因，無不以一法性而貫之，無不以六卽位而成之。則使諸法等而無差，混而爲一，事事全成於法界，心心全顯於金光，如此則豈非純明理觀乎？乃至云念念圓解，心心相續，何患不證果入理？及引普賢觀端坐念實相,衆罪如霜露,慧日能消除爲證,卽結云,豈非理觀乎?
(上皆辨訛文也)

既云正釋十法純明理觀,則專是止觀也。

故問疑書難曰:事理二觀,卽占察經唯識及實相觀也。止觀四種三昧,不出二觀,唯識歷事,實相觀理。輔行云,如常坐等,或唯觀理,隨自意從末從事。故詰難云,若謂十法卽是理觀,應此玄文,已是三種三昧。以彼止觀,揀示識心,觀三千法,十法成乘,策進行人,入內外,凡登於初住,方是理觀也。

上人祇知以教代觀,救於廢觀之失,乃云十法純是理觀　不意却成有觀無教。

故問疑書難云,若此純明理觀,則有觀無教,何傍正之有乎?

上人被難之後,又知十法非是理觀,故撰答疑書,從容改轉。乃云,以由玄文直顯心性,義同理觀。且辨訛救云,純明理觀,何曾云義同理觀? 言既無準,義當自壞。

如不識瓜瓡者,乃錯認瓜,定言是瓡。及被識者斥之,其錯言者乃云相狀同瓡。既以似爲真,故不可以此人之言定其物像也。

況本立直顯心性故,義同理觀。且心性之名,釋籤定判在因,今既自甘十種三法,是果佛所證,則全非直顯心性。既非直顯心性,則自不同理觀。

又且縱上人從容改轉,義同理觀;且常坐等,專立陰心爲境,修十乘觀,縱不全同,亦須略有境觀。十種三法,既蔑聞揀陰,將何義同理觀耶?

故詰難書用十義,驗此玄十法不是理觀之義,則答疑書所立又壞,義雖數墮,心不肯甘。

又撰五義書云:觀心之義有三種,唯止觀約行觀心,乃立陰等爲境,揀示識心,以爲所觀;若附法託事二種觀心,但是直附事相法相，觀之攝事成理，皆不立陰入爲境。乃至云，請搜撿一家教義，還有託事附法觀，別立陰入爲境否？脱或有之，必希垂示。

且上人自云，十法純明理觀，不須附事而觀。既云純明理觀，則知專是止觀約行觀心，儻稍兼事相法相，何名純談理觀？若少帶佛法生法，何名直顯心性？詰難書本徵直顯心性，純明理觀，何得將事法之觀答之？

豈非上人義窮計盡，謾指餘途遮掩過非？豈不防智者之明鑑，豈不慚諸聖之照燭！

況託事附法之觀，何嘗不依陰入爲境？故萬二千人以十二入爲境，各具千如爲觀；十弟子以王數爲境，一體三寶爲觀；王城耆山皆以五陰爲境，以三德爲觀。故妙樂云：正當觀陰，具如止觀第五去文。又云：又諸觀境，不出五陰等，若附法相觀，並用妙解，攝法歸心，方修觀行，所觀之心，非陰是何？如此明文顯示，三種觀法，皆以陰入爲境。

又上人堅云：若事法觀以陰爲境，卽同止觀約行之觀，何名託事附法觀者。

且妙樂云，正當觀陰具如止觀第五去文。豈非荆溪以託事例同約行，俱觀陰境？

上人此立不同，記主引例令同，是則不同之義又壞也，故覆問書具引此文爲難。上人不知慚愧，唯知轉計，但得一句少分略存，則便怒張抵拒。

故今來義狀乃云，五義書自云，諸文事法觀心，不説於陰揀示識心。今文觀心，既云棄三觀一，以驗是訛也。

且五義書只云：若別立陰入爲境者，此則全同止觀約行，何名事法觀耶？請搜檢一家教義，還有託事附法觀，別立陰入爲境否？脱或有之，必希垂示。

至予將別立陰入爲境教文示之，乃轉執云，我本自問於陰揀境，諸文所無，不問通立陰境。將此，欲暫延邪計。且諸文揀示陰入爲境，雖不全同止觀，而文義非無，應知修事法觀者，不妨揀境。

如妙玄五義觀心云，一心成觀，轉教餘心，豈非心王觀成，歷諸心數，自然清净耶？

若不揀陰，何得一心之觀先成，然後教餘心耶？此則同今觀心文中，心能充益受想行文也。又同若知心無心爲光，則知想行非想行爲明等也，亦是義例內。心若净，以此净心遍歷諸法，任運泯合也。既云一心成觀，豈得不作觀成理顯釋之耶？

又云，三界無別法，唯是一心作。此正當去尺就寸，唯取識陰總無明心也。既云唯是一心作，得非揀取無明識陰耶？此云棄三觀一，彼云唯一心作；此云心爲光，則相行爲明，彼云一心成觀，轉教餘心。此則彼此揀示陰境，彼此觀成遍融，何計曲拗令不同耶？又諸文既許立陰爲境，此文之示陰中揀心，有何等過？

今却問上人，請探檢一家教義，還有何文定云，若於陰揀示識心爲境，則不成附法觀門？脱或有之，必希垂示。

況妙樂云：正當觀陰，具如止觀第五去文。豈非令講授者，懸取止觀揀境之意及觀法之義，示其初心，令其於陰揀境，修乎託事之觀？疏句文略，記主尚令講者揀陰示之。今此觀心，既已於境揀示，正合荆溪之意，驗知初心，可用修習也。

又且縱上人轉計，云託事附法觀不得揀示識心，唯約行觀，即須於陰揀示識心爲境。

且上人堅立十種三法純明理觀，若非約行，爲是何等觀法？況揀却附事之外，特立純明理觀，豈非辨訛專取約行爲理觀耶！

既是約行之觀，因何全不於陰揀境？若無其境，觀依何立？境觀既無,豈得純明理觀耶?

豈知破他全成自破,是誰厥過斯彰。此過既彰,則義宗全壞,將何救於發揮邪說?應知,自發揮至今來義狀,共得四番轉計,五回墮負。不知此後如何轉計,更令理觀非約行觀耶?(上人今既得知理觀專是約行,故今來救曰,十種三法,正是止觀約行之觀,所顯之理。行人既聞此理,則自能修於理觀。如此救於十法,純談理觀,豈可得耶?若論約行所顯,正是心性三千。若謂十種三法不離我心,用觀顯法,自是附法之觀,不名理觀也。上人自立觀法,却令文全不談理觀。又云同於法界次第者,純談理觀,直顯心性,過於妙玄之說,何在耶?)

應知:十種三法,唯談果佛所證法相,只是約教開解。況文初自云,約信解分別,故於此後須有觀心一科,顯於圓行,方合一家教觀傍正之義也。

上人立宗之義既墮,將何更論?無請執迷,便希解悟。卽佇回報,用塞虛心。

第二不識所觀之心

扶宗記釋此觀心文,初棄三觀一;問答之文,是定所觀;及釋伏疑,未論修觀。

辨訛破云:止觀去尺就寸,觀識之文,正明修觀,何得例未修之義?

問疑書徵曰:輔行於陰入境,文分兩段,謂先重明陰境,卽指三科內唯取識心,去尺就寸文也。次明修觀,卽十法成乘之文也。既去尺就寸文,是定所觀之境,何曾便是修觀相耶?豈可見在正修章中,便是修觀相耶?只如正明修觀文中,尚須更揀思議,取不思議,方爲觀法,何得將定境之文,便謂正明修觀?

　　此既明文顯示，無計曲救，故答疑書中自甘伏云：見示去尺就寸之文，輔行指爲先重明境者，誠哉是言，蓋予昨來有失檢尋，致兹造次。孔子曰：“法語之言，能無從乎？改之爲貴。”今改之也。（上皆答疑書文也）

　　若稍後之義，或失尋檢，名相參差，則章鈔共有。且夫定境修觀，乃是止觀一部綱格，進道宗要，豈須檢尋，方能分別？以此驗知，上人於一家境觀，素不掛心。答釋之際，遍檢諸文，旋作計校，是故凡所引文，皆不當理。

　　且夫大師垂示觀法，皆爲除病，揀定識心是病之根穴，乃用十乘法藥，委細治之。若將病爲藥，是認賊爲將，則一部止觀皆不堪也。

　　上人議論之前，凡得幾迴聽講，幾迴温習，幾迴說授？還曾於此境觀，分藥病否？若能分之，何故將所觀爲能觀耶？然雖知改之爲貴，奈何錯解既深，其根難拔，只略知分境觀之文，而殊不能分境觀之義。

　　且據上人心性之義，則彰其失，錯解未除也，何者？詰難書引金錍及大意，不變隨緣名心，以證所觀，是隨緣所成一念妄心也。上人乃輒云，緣有染淨，隨染緣作九界心，隨淨緣作佛界心，乃斥予不合將隨緣一向在染，及堅執心性名通真妄。

　　又云，止觀引華嚴心造諸如來，是非染非淨心等者，此則備見上人不識所觀心境，致兹妄立妄破也。

　　且如心性之名，妙玄及釋籤定判屬因，爲初心所觀之境，故云佛法太高，衆生太廣，初心爲難。心、佛及衆生是三無差別，觀心則易。是則諸佛亦有心，衆生亦有心。若隨淨緣，作佛界心，則高遠難觀。若隨諸染緣，作一切衆生心，則廣散難觀。故輒取一分染緣熏起自己，即今刹那陰等之心依之顯性也。是則隨緣不變之性，攝佛攝生, 亦高亦廣; 不變隨緣之心, 非佛非生, 不高不廣。近而且要, 是故初心最可託之修觀也。

釋籤文云: 理本無差, 差約事用。豈非心即性故, 何所不該? 乃無差也, 性即心故。心不是佛, 佛不是生, 乃云: 若以佛法觀之, 似如不逮; 若以心性觀之, 似如可見。是知言心性者, 專是凡夫一念陰識之性矣。

況大意釋心性之名, 本結觀於陰心之義。

金錍釋心性之名, 本顯凡位情與無情, 俱是隨緣當體不變, 以明俱有佛性也。那忽上人將佛界心釋之, 則成金錍說佛有佛性, 何關衆生與無情耶? 又成大意以佛界心爲所觀境, 不成觀於現前陰心也。

且如止觀十境, 攝一切所觀, 何曾將佛界心不爲境? 恐是大師明境有不了之過故, 上人特釋之也。

上人令予微回智燭, 洞鑒他心, 予雖未有通明智燭, 且將義學微照上人懷抱。豈非示珠指輨, 將一念之心, 直作真性釋之?

又答疑書云: 此玄文直顯心性。及被詰難書引金錍、大意及諸文, 顯說心性在因, 一念屬妄, 無門巧救。遂公然不答直顯心性之難, 却於三兩門, 初引之而潛改云, 此玄直顯法性。

蓋上人因遭詰難, 始悟十種三法顯是果佛法相, 定非直顯心性。其過既大, 無由免脫, 故於此難, 略不敢下筆。乃旁隨緣不變之説, 約染净兩緣釋之。意令心性通於佛果, 其如妙玄與釋籤, 專對佛法生法, 揀示心性。既云定屬於因, 故不可通果而釋。況大意、金錍專示陰心之性, 故從染緣九界心説, 實不通於佛界及真心也。

上人雖且就隨緣義釋, 而甚知先立直顯心性, 言已落非, 故二三門, 初輙改爲直顯法性。既自知過如此, 何不循理首伏, 頓棄邪宗, 共揚正義? 那得唯事欺隱, 改文轉義, 粗言强拒? 豈以惡言能

拗圓解？豈以姦計能遮深過？須防空界有護法諸天，世間有解義
高士，或誅或鑑，良堪慚懼。審思！審思！

又執心性各通真妄，縱聽上人艱辛巧立，其奈非今所論。且今
心性兩字相連而立，豈令心却是真，性翻成妄？斯乃公違荊溪
釋義。

又所觀心境，如何名真？若令始行緣於真心修觀，正當荊溪所
揀，緣理斷九，義歸別教也。

又執心造諸如來，是非染非淨心者，此更不可。

且如止觀引彼經偈，本證陰心能造一切，此有二意：一明陰心
本具如來性故（理造）；二明煩惱之儔是如來種（事造）故。云心造
如來，若复指真心能造如來，正當金錍旁遮偏指清淨真如爲佛性
也。又只知類種，全不識敵對種也。又不可偏執皆由理具，方有事
用之文，遂立真心造法。須知陰心卽理，是理之用。

若執真理造如來者，止觀不須觀陰顯三千性也。何故不直立
真心爲境，而立陰等十境耶？何故諸文多以無明心及妄爲境耶？故
若不卽三道而顯三德者，乃教道所説也。

又上人數斥扶宗唯立識心爲境，以三觀觀之，使性德開發之
義，謂不知心具三千，亦由上人素不諳境觀藥病，致見頻有妄破也。

具如止觀去於丈尺，唯取於寸，乃是於事造中去其所造，取能
造以爲所觀之境。故云伐樹得根，灸病得穴，乃是去其千枝百脈，
唯取一根一穴。立所觀境，故云先重明境。故扶宗云：以一念識心
爲境也。

至明修觀，乃於能造陰識，明具三千，三千是假。大意云：此能
造心，具足諸法。故輔行云：心具足假，此之三千，非法性無明，自
他共離而造。故約此空假，遮照不偏，名中道。豈非不思議境，義
含三觀？發心中既全依此理，豈不具三義耶？安心中遂以三止三

觀，總別安之。此去三觀之義，節節轉明也。故知，十乘無不以空假中而爲大體也。故云以一念識心爲境，以三觀觀之。應知廣則十乘，略則三觀，故云不思議境。望後九觀，名所觀境；望前陰識，則妙境並下九乘，同是能觀之三觀也，卽輔行次明修觀文也。

良由上人殊不知陰入境與不思議境，分於能觀所觀，用藥治病之義故也。

應知，於能造識心，觀具三千，此之三千，是灸病之火，是伐樹之斧，是捨重擔之法，是破三賊之將，是觀識心之三觀。故輔行云：今文妙觀，觀之令成妙境，境方稱理。又云：若以正觀安之，世諦方成不思議也。故未觀未安，全是迷中陰入。何得未論觀法，便自説具三千？若也定境便説三千，至修觀法，更何所論？

又如輔行消丈尺寸喻，先將三科中，唯取識陰對之。後復云：若探取不思議境合此喻者，則以一念十界三科爲丈等釋之。既云探取不思議意對喻，故知不思議境是次科之意也。定境之時，未合正論三千妙法也。若不爾者，何故名探取不思議耶？又十境不出三障四魔，今之定境，報障陰魔，因何未論破障降魔之法，便自説三千耶？

衹如於識陰修圓三觀者，約何義説假觀耶？豈説緣生假耶？豈説建立之假耶？既修此等之假，仍須卽陰説具三千，方爲妙假。故荊溪云：具卽是假。又妙經疏以十二入爲境，各具千如爲觀。若非此假，則空中亦淺，全非圓觀也。

故扶宗云：以一念識心爲境，用三觀觀之，使性德開發。既是圓教三觀，自合約於三千，論其空中也。復明開發性德金光明，豈不含三千妙理耶？何得以未詳之文，破已解之語？

上人今立非染非淨之真心爲能造，染淨諸法爲所造，意以能造所造俱爲所觀之境，便謂深得止觀之意，乃錯認之甚也。

以彼簡却所造，唯取能造爲境，乃是去其千枝百脉，唯取一根一穴，以爲所觀。若俱取者，大乘揀境之意也。

又彼特立總無明心一念陰識爲境，上人固違彼説。自將非染非净真心爲境，還順宗師之教否？又彼立染緣熏起九界心爲境，上人乖宗，自立净緣所成佛界心爲境，還順宗師之教否？天台荆溪負上人何辜，而苦見違返毁滅耶？以此驗知、實不識所觀之心也。

今就上人邪説，用正義示之，幸請尋省。非染非净真心者，不思議境也。能成净緣，十乘妙觀也。佛界心者，妙觀之果，常住陰也。能熏染緣，無始無明也。九界心者，無明之果也，生死陰也。生佛雖各由緣，而染緣所成本有。

故荆溪云：清濁雖卽由緣，而濁成本有也。

今欲顯於妙理，須破染中因果，故總無明心一念陰識爲境，以十乘觀破之，使染中妙理顯現，成於佛界常住之陰。

上人那得將净緣所成佛界心，及所顯妙理，爲所觀心境耶？若以此法爲所觀，爲將何法爲能觀耶？

止觀本立三障四魔爲境界，上人却以十乘妙理爲所觀。十乘妙理若爲所觀境界，卽須三障四魔爲能觀理智。方知上人是波旬本身，是落迦種子，若不改悔，陷墮非遥！

上人本立十種三法已純談理觀故，廢於附法觀心。十法之中，既不簡示陰識爲所觀境，又不明於十乘何名純談理觀。既非理觀，後文觀心安可輒廢耶？能破之宗既壞，觀心之義何傷？若欲改轉，速請相聞。

第三不分内外二境

夫性具三千，雖有依正色心已他，而皆融泯，舉一全收，無始迷故。全理成事，定分内外，彼此角立也。

　　若依實教修觀行者，必須於事解理，以理攝事，故了萬法唯心，亦了萬法唯色，萬法唯聲，唯香，唯味，唯觸等。

　　故修內觀時，先用圓解，攬於萬法唯我內心，然後專於內心而觀諸法。若宜修外觀者，亦須先攬萬法唯一色等，然後專於一境而觀諸法。故觀內心，則一切法趣心。若觀外色，則一切法趣色。是則只一非內非外之三千，隨乎觀慧，趣內趣外不同。

　　若不爾者，趣色趣聲之教，如何可解？唯色唯心之觀，云何修耶？

　　上人雖云唯色，色卽是心，堅執觀於外色，亦只趣於內心。又定云，心具三千，色不具三千。

　　若爾，應是外色非性本具，舉色不全收諸法耶？若不全收，何名色爲法界耶？

　　若色不具三千者，妙經文句何故十二入各具千如，爲萬二千法門耶？且十二入中，唯有一分半屬心，十分半屬色。若如上人所說，只合有一千五百法門，則大師剩說一萬五百也。又金錍云：生佛依正，一念具足，一塵不虧。

　　又輔行云：若色心相對，則有色有心。論其體性，則離色無心，離心無色。若色心相卽，二則俱二，一則俱一。故圓說者，亦應得云唯色、唯聲、唯香、唯味、唯觸等，何但獨得云唯識耶？若合論者，無不皆悉具足法界。復次，若從末說，一切衆生二種不同，上界多著識，下界多著色。若約識唯識，攬外向內，令觀內識，皆是一識。識既空，已十界皆空。識若假者，十界皆假。識若中者，十界皆中。專於內心，觀一切法。觀外十界，卽見內心。是故當知，若色若識，皆是唯色，若識若色，皆是唯識。雖說色心，但有二名，論其法體，只是法性。（文見輔行）

　　今據此教文，若內若外，若心若色，趣觀一境，皆具三千，以互具互收故也。令著外色者，專觀内心，外既歸内，外著則亡。著内心者，令專觀外色。内既趣外，内著方祛。外觀本治内著，若還攝外歸内，則彌增内著，重添他病，良可痛哉！

又上人堅破，若修内觀，恐心外向；若修外觀，恐心内向。以爲内外相隔，非是圓融，則有彼彼草木，各一佛性之過也。意謂，修内觀時，既具三千，三千便是外境，則外諸事境一時遍觀，方爲圓觀也。皆由上人不諳内外二境不分而分，故妄有破斥也。

須知以性融攝故，則内境外境，有相趣之義。約事分内外故，則觀内不可放心緣外，觀外不可放心緣内。

如修内觀，先用妙解，了知外法同趣内心，卽但於内心，觀三千性德。

故四念處云，專於内心，觀一切法。若放心緣外，則不名專於内心，修乎三觀也。又大意云：此能造心具足諸法，實不遍緣於所造外境修觀。内觀既爾，外觀豈不然乎？

故修外觀，如觀一塵，亦須先用妙解，了知内心及一切法，同趣一塵。但於一塵，觀一切法。

故四念處云，觀外十界，卽見内心。是則趣觀外之一塵，既具十界，豈不攝乎内心？故云卽見内心，何得却謂此文是攝外歸内耶？須知，此文是内心趣外之義也。

其猶帝網百千萬珠，彼此光影互具互入。但觀此一珠，則彼彼多珠光影咸趣於此。觀彼彼珠，亦攝衆珠光影。

如專觀此一珠，雖見衆珠光影，實未遍觀衆珠，以衆珠光影全在一珠之中，何須放心遍觀耶？如此則專於内心觀一切法也。

若觀彼一珠，雖見衆珠及此一珠，實未遍觀，以衆珠光影皆爲彼一珠中所具，故此如觀外十界，則見内心也。

智者以譬喻得解，故不可定執外色不具三千，亦不可妄破恐心外向等。

又上人堅據金錍心具三千，談無情佛性者。

蓋由彼文正顯佛性遍義，以佛約有情説故，多明色卽於心。故知，若信諸色卽心，則成無情有於佛性義也。

亦爲成於内觀義故，且約唯心而論，以諸教文，正被下界衆生故，多明唯識也。

非謂彼文一向攝歸一邊，如生佛依正，一塵不虧之文，如何作色不具三千釋？如何作一向攝外歸内釋耶？豈可荆溪亦謂一一草木各有佛性耶？十二入各具千如，豈亦有草木各自成佛之過耶？

上人於答疑書中，明明以遍歷諸法爲彼彼三千，今來恐妨示珠指一向攝色歸心之義，故但立内心三千，而言外色不具三千。又復潛轉彼彼三千之言，云彼彼諸佛三千，彼彼衆生三千。

且義例本論色心不二，既先觀内心三千，攝於外色爲不二已，歷外之時，何得不約色具三千，攝内心等諸法爲不二耶？何用改轉自語，令義不圓耶？

況示珠指一向攝色歸心，頓違輔行中離色無心，離心無色，二則俱二，一則俱一，及唯色唯心等文。

但十不二門都爲示於觀法大體，以今家觀法，正在内心，旁託外境。以捨旁取正，所以特取内心爲總。若對説者，既云唯色，色豈不總諸法耶？

又輔行云：迷謂内外，悟唯一心等，亦約正修内觀以説，若約外觀，豈不云悟唯一色等耶？唯色之教，豈約迷説？

又示珠指謂心唯在理，生佛屬事。唯論心法，能具能造，生佛一向，是所具所造。

此則何但色不具三千，生佛亦不具三千！予曾細詳彼釋三法妙義，理實如此，非相枉抑。須知救於可救之義，捨短從長，人情無益。

上人又云，義例净心遍歷須約修觀説者，斯又上人不體一家內外境觀修證多途，及不諳諸部文義，致兹妄破也。

且內外境觀，略以四義論之：

自有推過在心故，先於內心修觀，伏斷五住，則以伏斷净心歷彼色等諸法，任運自見。一一法具三千三諦，則不論於外境修觀。此如義例必先內心，內心若净，以此净心遍歷諸法，任運泯合。亦即止觀識陰觀成，遍歷界入依正，一一皆結三諦也。

自有內外兼修，則如方等懺儀正修內觀，若對外境，乃用內心正觀之法，旁歷尊容道具，皆成三昧也。

自有正約內心，修觀不入，乃捨內境專修外觀。如破法遍之後，例餘陰界入修圓破遍。既例破遍，亦例十乘。但文在破遍中示爾。此則外色若净，將此净色，歷一切法及以內心，任運泯合也。

自有初心便宜修外觀，如先得色無色定，若發心修圓頓止觀，此人已著內心重故，須以外觀破之。於外色等，觀成理顯，還將净色，歷一切法及以內心，任運泯合也。此如四念處唯色唯識，二種觀法，被二根機也。

上人只知以義例歷一切法，欲同方等表法中歷事之義，其如文意天殊。

何者？且如義例云修觀次第，必先內心，內心若净，以此净心遍歷諸法。既云若净，故知觀未成時，則內心未净，觀若成則內心净。故云，內心若净，類彼方等直云以正觀心，安可得同耶？

又彼方等，歷事作觀，加行進功，故云，心心相續，觀道無間，方得入不二法門。

義例既云，净心歷法，任運泯合，何曾加行？以此驗是觀成净心遍歷也。又文中自出修內觀，所以云當知一切由心分別，諸法何曾自謂同異？既推過在心，則但於内心修觀，外色諸法既本無同異分別，則不須加功而修觀法。

然内外二觀，皆爲破内心分别。若内心觀成，分别已亡，則歷外境時，任運入不二法門也。

若内觀未成，分别未亡，歷外境時，心心相續，觀道無間，方入不二之門。

又據引占察實相、唯識二種觀義，既但在内心，則知非於外境修觀也。

實相觀理者，則於陰心唯觀理具三千實相也。唯識歷事專照起心，歷於能造十界之心也。

既從變造而論此，則屬事非謂外境之事也。既推過在心，故唯觀内心。觀心之法，不出二種。二觀若成，内心則净。以净心歷外法時，自然法法皆净，故不論外境修觀也。

若以唯識爲外觀者，唯色之觀，爲在於何？四念處約唯識唯色，分於内外兩觀，非不顯然。上人何得故違宗教，堅令唯識爲外觀耶？

隨自意中，唯約内心起十界分别，輔行判屬唯識事觀。義例顯云，事觀則專照起心，四性叵得，那得堅謂歷於外境耶？既全不識内外觀法，那得妄生彈剥耶？

又須知，事理不二之語，得意之者，隨修一觀必含二義。如修理觀者，雖云但觀理具，須知全修在性，則善修實相觀也。修事觀者，雖觀能造十界之心，須知全性成修，則善修唯識觀也。

豈令九旬常坐之徒，皆須縱任善惡之念，四運推檢耶？豈令公私忽遽之徒，皆須静室觀理，然後方名事理不二耶？

況上人堅執外境爲唯識者，只如常坐，專觀理具，或發初住及内外。凡既未歷外事，豈觀道未開，不可論道耶？

上人將義例遍歷之文，作修觀釋之，對當不二門及止觀結例，與方等表法，其失甚衆。今爲備書義狀中文，略示愆失。

如彼文云：心色一體，無前無後，皆是法界。修觀次第，必先內心（即先觀識陰也）。內心若淨（謂若了一念具三千法，故云若淨。此則止觀理境，亦即色心不二門中，總在一念己心生佛等也），以此淨心，歷一切法、（謂若了一念三千已，故云若淨。然後遍歷彼彼諸法，不出我之三千，故云歷一切法。即止觀結成三諦，意亦即內外不二門。外謂託彼依正色心，即空、假、中等，此皆正是修觀，非觀成遍歷也），任運泯合。（謂三千無外，攝外事境，罄無不盡，即止觀結成三諦文，一一文中，結成不思議境。意亦同內外不二門，先了外色心一念無念，唯內體三千空中而已，皆泯合意也。能如是念念觀者，若了了分明，即觀行成，相似解發，即相似成。若三諦分顯，即分真成。豈是觀成方遍歷耶？豈入分真方遍歷耶？）又亦先了萬法唯心（了即解也，謂三千不出一念等），方可觀心（依解而觀三千法不出一心），能了諸法，則見諸法唯心唯色。當知一切由心分別，諸法何曾自謂同異？（當知下正示觀心之意，諸法既由心分別，是故但觀心耳，雖云唯色，色即是心。）故占察云：觀有二種：一者唯識，二者實相（引經爲證），實相觀理（觀三千性即空、假、中，即前內心淨是也），唯識歷事（即以淨心遍歷諸法也），事理不二（即事而理，攝外歸內，三千三諦，攝無不周，故云不二。不二門云：唯內體三千，即空假中。當知，二觀豈得相離？若謂待內觀理顯，方遍歷外事者，即應初心唯修實相觀，觀成之後，乃至分真，方修唯識觀耶？違妙至甚，未能委陳。又復應知，實相唯識，一往雖分利鈍，究竟而論，二觀相在也），觀道稍開（謂若能二觀相付，事理不二，即觀道稍開，可入觀行等位），能了此者，可與論道（當知，謬解偏執之徒，安可與之論道？荊溪明誡，可不是乎）。

　　皆是上人將不二門及止觀對注，又以方等表法中文對此義例，以彼正觀之心對，必先內心，內心若淨，以彼歷衆事，一一緣中皆表勝法對，遍歷諸法。以彼心心相續，觀道無間，入不二門，對任運泯合。上人如此會釋，略有五過：一不解義例，二不解不二門，三不解止觀結例，四不解方等表法，五自返示珠指。

　　且義例既推分別之過在乎內心，此之分別，豈非無明？若未伏斷，何能歷境，任運泯合？方等正觀約未斷伏說，故歷外事之時，須念念相續，進功令觀無間，方得入不二之門，那得齊今任運泯合耶？此則上人不解義例與方等成未成相，致茲謬對也。

　　又不二門雖門門通入，而內外一門，既對智行二妙，則當專論自行觀法也。

　　又如上人所解，須是久修止觀之人，方能託事修觀。今何故正觀之心，却在色心門修習？內外一門，正論觀法，今來翻成旁論觀法。何者？以將色心門中正觀，旁歷外境諸法，故內境觀一科，既齊任運泯合之句，乃只是外觀成相也。

　　若謂不爾，何故將內外兩觀，只對歷一切法，任運泯合一段文耶？

　　況外觀文中，已明說觀成義畢，故文云，色心體絕，唯一實性，及豁同真淨，帝網炳然等。若未泯合，如何豁同真淨？如何得見帝網炳然？又將先了外色心等文，爲結前生後，更多妨礙也。何者？若先了等言，是結前觀相，既云先了外色心一念無念，則前外境已泯合畢，那將內觀又對泯合耶？內體已下，若屬生後，必須正明內觀，何故亦只作外觀泯合耶？是則結前外觀，已是歷外泯合，生後內觀，亦是歷外泯合。則顯荊溪立言，全無所以。又外境既已豁同真淨，帝網炳然，則徒設內觀一科，則成荊溪虛標浪釋，惑亂行人也。內外門，初明標二種境觀，上人剛然縮作一種旁示外觀也。色心門中未論觀法，上人堅謂正修內觀也。

又內外一門，正論兩種境觀，若將上人所立之義對之，此一門只略沾正觀旁歷助成之義也。（以上人數云，託附二觀，扶成止觀故也。）

若約荊溪所立，則內外一門，全不明觀法也。何者？以實相、唯識二觀，唯約內心而論故。上人既將內外一門，只對歷於外法泯合之文，豈非全不明實相、唯識二種觀法耶？

又上人只將內心若淨之句，對止觀理境，（全不敢言觀爲多所妨也，如此牽率，何能評教？）乃將此境遍歷外法，則大違止觀。以彼具於識陰，修乎十乘，然後將外十乘，歷於作受，何曾單將理境歷事耶？

又色心門中，己他生佛，同居一念。上人但取己心生佛，爲內觀意，將他生他佛用外觀歷之，此則內外皆不圓也。須知，內心約理攝法，豈但己之生佛，他生他佛皆須攝也。歷外事時，豈但他生他佛之境，己心所造皆須歷也。過失何限，豈能備書？如此銷文，還自信得及否？莫負荊溪述作否？

若謂先了等文結前生後，又成修外觀，至相似分真位後方修內觀，還允協否？應知，內外不二門，雙明兩種境觀，雖多分修觀，先依內心，不妨亦有著內心者，發軫便修外觀。是故荊溪隨標語便，先釋外觀也。此例甚衆，不能備引。

於外觀中，自明外色心依正，爲所觀境（即外陰入故也），隨於一境用不思議三觀，即照即亡，故觀成時，豁然皆同真淨。一境既遍，收諸法彼彼各各遍攝諸法，故帝網依正，終自炳然。（依正若不互具互攝，豈可如帝網也？）

次釋內觀，先明妙解，攬外向內，故云先了外色心一念無念（義例云，先了萬境唯心也）。次明妙觀，專於內心觀一切法故。云唯內體三千即空、假、中(義例云,方可觀心也)先了之言,既不結前外觀成相,豈得妄斥云,觀外唯解觀內唯行耶?故知,先了外色心等,正是內觀之解也。此則與義例先了萬法唯心,方可觀心之文,泯齊也。上人非謂破予,乃破荆溪也。

　　然內觀合有三觀,亡照及觀成相,外觀合有妙解,先了萬法唯色之言。蓋綺文互映,故互闕也。況外觀中,全無攝外法歸內心之言,而自云帝網依正,豈外色不具三千,不具內心耶?

　　又特返示珠指,彼文云:內外門對境明智,方辨觀智。若色心門,不可對三諦三觀。又云,各有所屬,不可混濫。故知,示珠指深,不許色心門中論於觀慧。彼文定判初門未辨諦觀,上人翻爲正明內觀;彼文定判次門方明觀智,上人翻作旁示外觀。又示珠指明判色心體絕,爲牒示觀成之相,又云此是觀成唯一體性,又解豁同真淨,是六根淨位。若未任運泯合,何名外觀成相?豈六根淨位,猶色心未合耶?

　　若謂示珠指判此兩門不當,則兩卷何足可依釋不二門耶?儻若有乖破觀心文,理當全謬,然示珠指灼然無一可取。但上人今扶樹彼見,則不合特違也。然學無常師,理長則就,有何不可?乾竺捨邪歸正者何限?但若立義少勝,何讓於師;既所譚更劣,何須改作。

　　又堅執止觀結例依正諸法,皆作三諦之文,爲正修外觀,更爲不可。

　　彼文揀示識心,修乎十乘,今方一觀,那得改觀,觀於外境?破遍文末例餘陰入,尚恐太早,合在識陰十乘之後。但爲通塞已去,通約五陰修觀故,從破遍文末例餘陰入也。況彼顯說從初至此,單約識心,從此已去,乃至離愛,具約五陰,方成觀相。荆溪如此顯然指示,從初至此,單約陰心修觀,那得特違宗祖,剛然將此觀成歷法之文，拗作外境修觀耶？

故知，若作上根得入觀行真似，以净心歷法，任運泯合釋之，即無諸過，兼合諸文。以荆溪自云：上根一觀，即入初住或内外，凡此之三位，豈不能以净心歷法，任運泯合耶？

又觀法任運相應，須從初品已上方有此德，故止觀明初品云，不加功力，任運分明等。應知，此位既於一法三諦，任運分明，於餘法豈不分明耶？此位既爾，後位例然，但分觀行真似三等任運也。

然觀成後，猶論歷於外境者，由居因位故也。應知，唯妙覺位，全無内外之相也。

故起信論云：諸佛法身，更無彼此色相迭相見，故既無他佛，即無他生。正報既泯、依報豈存？雖三千宛然，絶内外相也。若餘一品無明，則須微有自他之相。故起信論云：由轉識故，見有他佛。既見他佛，豈無他生？正報既存，依報寧泯？故將已成之内觀，歷外事境，任運泯合也。

故净名云：觀身實相，觀佛亦然。豈非以内例外耶？分真尚爾，相似觀行可知。

上人堅執云：唯觀識性具三千法，則三千之外更無一法，豈得別存一事境在心外，而待識陰理顯，方遍融耶？須知，此説全不得初心修觀之意。何者？既不許觀外色等法，恐心外向，唯觀内心理具之義，則須若内若外，一時遍觀，方名觀於性具三千。

若爾，豈唯觀成，無外法可歷，理未顯時，若修外觀，亦無一法可爲所觀，外色等法，已爲内觀遍觀畢故。此則内外兩觀，皆不成也。不專内故，内觀不成；無外事境故，外觀不成。

若如一家教文所談修觀，成與未成，皆須遍歷諸法也。若修内觀，先用妙解攝外法，入心但觀内心具諸法性，攝法之義既成，專内之義又成。若修外觀，亦先用妙解，攝諸法及内心，入外色等一法，修唯色等觀。攝法之義既成，唯專一境之義又成，豈非二觀俱有所以也。

若修唯識，觀成理顯，既見內心攝諸法已，則將已證之心，歷外諸法，自然見於諸法，皆趣外色，皆趣外心。故義例云：先了萬法唯心，方可觀心。能了諸法（此於內心能了諸法，則外色等趣心名不二，名爲內心淨也），則見諸法唯色唯心（一切法趣外色名唯色，一切法趣他心名唯心，淨心歷外自然，見泯合相也）。又如內外不二門結成不二，云是則外法全爲心性，心性無外攝無不周（此是觀心顯性也，與內心諸法不二）。十方諸佛，法界有情，性體無殊，一切咸遍。（此是佛法遍攝，及生法遍攝，各各遍攝，故云，一切咸遍。正報既爾，依報遍攝亦然。既云咸遍，豈不與內心泯合耶。）

故帝網一喻，可喻內外四種之義。何也？以修內外觀時，各須隨舉一珠，遍收衆珠，觀成遍歷，豈不隨舉一珠收衆珠耶？

示珠指解心性無外，攝無不周句，舉此喻云：如舉一珠，衆珠收盡。至解十方諸佛等句，只云生佛一如，空無內外也。

且三法各妙，必無優劣。心法既得爲一珠遍收衆珠，生佛何不各喻一珠收衆珠耶？況帝網之喻，本顯依正色心內外已他，舉一全收之義。以曲會己見，遂令圓喻，偏歸一邊也。

應知內觀成歷外法者，則任運舉一全收也。若以正觀心，歷事作觀者，亦復隨觀一法，全收諸法也。若修內觀不入，轉修外觀者，亦須舉一全收也。

若本著內心，發軔便修外觀者，亦須舉一全收也。

如此方稱帝網之喻，方得名爲一色一香無非中道（中以不偏爲義。若香等當體，不具三千，不收諸法，不爲諸法所趣，則是偏義不成中義也）。

若只內心具於三千，能攝諸法，外色不具三千，不收諸法，那成佛之時，正中現依，依中現正。若法性不爾，修時不然，至果方爾者，則全成有作，非稱性也。又若初心修觀，不專内心，便兼外色觀者，是則内觀已觀外色，何須更歷外法而觀耶？

須知，但觀内心卽空假中已，自然見外一一色心皆空假中也。故輔行云：攬外向内令觀内識，皆是一識。識既空已，十界皆空，假中亦然。既觀識空已，方云十界皆空等也。則知修内觀時，不放心觀外，乃是外法自然趣内也。净心歷外，正觀觀外，内法趣外，豈不然耶？

又上人今既堅將内觀爲理，外觀爲事，十法文中，既不簡示陰入内心爲境，又無十法成乘，何名純談理觀？若非理觀，安可廢附法觀耶？論宗既破，更欲何言？

第四不辨事理二造

然若解内外境觀之意，不假復論二造之義也。猶恐上人執迷難悟，故不獲已，再復言之。

輔行云：造有二義：一者約理，造卽是具；二者約事，乃論過造於現。過現造當，現造於現，聖人變化所造云云。復結云：皆由理具，方有事用，今欲修觀，但觀理具，俱破俱立，俱是法界，任運攝得，權實所現。（上皆輔行文也，但於事中取意而説，略彼廣文。）

此之二造，各論三千。理則本具三千，性善性惡也；事則變造三千，修善修惡也。

論事造，乃取無明識陰爲能造，十界依正爲所造。若論理造，造卽是具。既能造所造一一卽理，乃一一當體皆具性德三千，故十二入各具千如也。

能造所造，内境外境，皆可當處觀於理具，但止觀揀繁從要，捨難取易，去其所造，取於能造。觀具三千，能造所造。若未觀具，且名凡夫世諦，隔歷不融，故揀去界入，專取陰識爲所觀境也，即輔行先重明境科意也。

至十乘中，用於妙觀，觀此能造一念陰心本具三千。既一念卽三千，三千卽一念，言慮不及，故轉名不思議境也。

若觀之不已，觀成理顯，或伏或斷，名爲心淨。故未淨時，名無明識陰。若已淨時，無明轉故，卽變爲明。能造既明，所造任運自然清淨。（若內觀成以理攝事，則外境事造皆趣內心，名內心淨。若歷外境一一事境，皆爲諸法所趣，名任運泯合故也。）

上人不許唯觀理具三千，須執觀於事造，外境歸心，名修實相觀。又歷外事，咸歸內心，名修唯識觀。

予實不敢輕信此說，有多乖失故：一違輔行現文故，二兩觀不分故，三錯認唯識爲外觀故，四全不識理具三千故。

且輔行云：皆由理具方有事用，今欲修觀，但觀理具。俱破俱立，俱是法界。任運攝得，權實所現。上人不善銷此文，故不識二造也。

既云但觀理具，俱破俱立，俱是法界，豈非令行人於能造心，唯觀理具三千俱空假中耶？若便以所造外事爲境，何名但觀理具、俱破等耶？

良由灸病得穴，故百病自差。伐樹得根，故千枝自枯。

故云任運攝得，權實所現。以皆由理具，方有事用故，只觀理具三千俱空假中，故事用所造自然皆空假中，故云任運攝得，權實所現。豈須千枝遍斬，六分全燒，方名伐樹灸病耶？

輔行明明先分二造，特令行人但觀理造俱空假中。上人剛使遍觀事造，何抑教順情之甚乎？若內心理觀，便緣外境事造，唯識觀於何法？唯色觀於何法？斯由上人始從聽講，已至爲師，全未曾知事理二造及內外二境，遂錯將事造外境，便爲內心理具。

且輔行云：衆生心中，皆有如來，結跏趺坐，豈事造如來耶？又云：下地雖具因果，但是理具，故知理造未論變作。故修理觀者，既云但觀理具，則知唯照本理性德俱空假中，任運攝得事造諸法。作觀之際，實不可便緣事造爲境。

以上人素不分二造故，致將理事散漫而觀，便爲深明止觀妙境三千也。

故辨訛云：彼止觀不思議境，初本欲觀十界依正之法，所以唯觀心者，心爲諸法之本故也。伐樹除根，灸病得穴，由是卽觀一念識心，具造三千之法，何得云非初心作觀便觀之法，所造三千豈非諸法等耶？又破予揀色觀心，恐心外向之義，乃引內外不二門，託彼依正色心爲難。又云，止觀初心遍觀十界依正三千之法，三千之內豈無色耶？況圓解者，塵塵法界，處處遮那？又舉色香中道，諸法趣色等文爲難。

此豈非素來全不諳理具、事造兩境之義，遂將所造諸法，便爲性德本具？

又將外境難於內觀，此則與一家境觀，頓爾相違。

何者？輔行令但觀理具俱空假中，上人自觀事造，大意令於能造觀具界，如上人便將所造爲三千。止觀令唯觀識心，上人自遍觀外境，況將所造爲三千，此則變造方有非任運具。又須從心而生，安與一念非前非後，物之八相之喻，便爲徒設。

故知，約識陰所造爲三千妙境者，於止觀遠矣。

蓋由自昔不知理具與事造，不分而分故也。及被問疑書以二造徵之，上人迷情似改，略知理具與事造約義須分，又偶得造字通於具義，遂於答疑書內，翻文諱罪。乃云，問疑書抑是揚非，枉於辨訛，將心具便是外境，故特註所造三千，云理具名造，實非事造。次文又云，言所造三千者，卽是所具三千名造，實非外境事造也。（上皆答疑書明文，收掌見在。）

　　豈非此時因難醒悟，遂欲攀附正義，轉其事造，擬爲理具，故云所具三千名造，實非事造外境等。

　　及被詰難書取辦訛前後明文，驗其自前不知理具三千非外境事造，實不能分内外二境，事理二造，故被難曰，若分二境，何故將外依正，難内心觀法？若分二造，何故將内心具色，破事造報色耶？（以扶宗云，若不觀色，恐心外向乃是未歷事造報色，非不觀内心理具妙色也。）

　　上人既被詰難書將前後文驗之，顯是素來不知二造之義灼然。前書攀附正義，云理具三千實非事造，其過既大，又恐若順輔行，分於二造，若順不二門，分於二境，則示珠指及辨訛前後之文，全然不當。故於今來，還抛正義，却復邪宗，仍將事造，便爲理具，遂不分二造及以二境，乃令事理内外混沌而觀。此説全無所以，特違教文。

　　若也事理内外混沌而觀，何故輔行令但觀理具？何故四念處專於内心觀一切法？何故義例約理觀心？唯達法性，更無餘途。事觀則專照起心，四運推檢。義例事觀尚令專照起心，信是未涉外境。唯色之觀，方歷外境；唯識之觀，但歷能造十界心耳。事觀尚專内心，理觀因何便觀外境？若二造不分爲正義者，何故答疑書特云理具名造，實非事造，良爲心無的解，隨時改轉。斯之邪説，壞亂本宗，迷瞑初學，其過莫大。當須忖量，無縱奸諂，唯事改轉也。

　　云何將此無憑之解，欲廢觀心教文？如何將此偏妄之心，欲修止觀耶？事理二造，既其不分；事理二觀，因何而起？堅執須尋止觀，如此尋之，有何所益？故知，簡示陰識，觀具三千俱空假中，方名理觀。既無此文，安得云純談理觀？既無理觀，附法觀心如何可廢？無在執迷自損，必須捨暗向明，速示報章，要知進否！

第五不曉觀法之功

約行、附法、託事三種觀法，皆爲行立，俱可造修。若但論教義，不觀己心，則如貧數他寶，自無半錢分也。

妙玄云：觀心釋者，令卽聞卽修，起精進心。故釋籤解曰：隨聞一句，攝事成理，不待觀境，方名修觀。又四諦境云：今明觀心，爲顯妙行等。

既令卽聞卽修，起精進心，又云不待觀境，故知，不待專爲約行立乎觀境，方名修觀，但隨聞託事、附法觀心，便須精進而修。既云觀心爲顯妙行，若非修法，何名妙行耶？

上人昨於辨訛中，首將十種三法爲純談理觀。意云，既已純談理觀，遂不須更有附法觀心，以此爲宗，廢於此玄觀心一釋。

因被予問疑書、詰難書徵其理觀，合是常坐等三種三昧，何故十法文中，全無境觀修證之相耶？

上人被此難故，自知義墮，故漫說云：三種觀心，唯止觀約行觀心，卽可依之修證，其託事、附法，初心不可依之修證。是故諸文有闕有略，或具觀心義者，亦闕觀心一科，破予立三種俱是行門俱可修證也。（三種觀心下，並上人今來義狀中文）本難約行觀無修證文相，何得以事法觀無修證答之耶？豈非漫指餘義，遮掩過非耶？

且予於釋難扶宗記中云：大師於此廣談十種三法，理趣宏深，乃須便示觀心妙道，令卽聞而修，豈待尋彼止觀方始修觀？上人今約遠文背義各十條，破於不尋止觀之失。意云，若不看尋止觀，則不可修於事法觀門也。斯蓋上人不思師資授受說行時節故，費二年撿文，妄加毀斥也。

且扶宗本立大師談兹十法，便示觀心，令行人卽修，此則正論當時行人，旁及滅後學者耳。豈非大師說諸玄疏，多在圓頓止觀之前，所談玄疏正開座下行人圓解。蓋兼有觀行之機，欲修觀法，故託於事相法相，立乎觀門，令其卽聞卽修，得益者何限？**豈待玉泉**唱後尋之方修耶？或於事法觀道有壅，則咨稟口決而通達之。故知，所示口決，還是成其事法之觀。若爲事法請乎口決，豈可却棄事法，而自約行修耶？

故大師在日，或須口決，或不須者，皆有事法觀門修證，何得云一向不可修耶？

若大師滅後，傳持此教，爲人師者，則須一家玄疏、三部止觀通達諳練也。或有就學之者，師匠必須先爲講其妙經等諸玄疏，開其圓解。聽習之際，其中或有觀行之機，覩於文中託事，附法觀門，樂欲卽修，豈可遏之令莫修習？若觀道尚壅爲師之者，必須懸取止觀之意，而開決之。故荊溪數於記中，指乎止觀，乃令講授之人，取彼廣文，決茲略觀。既得決通，乃於事法觀心，便而修習，豈須背今見講，自尋止觀耶？若宗師未爲講授，豈可自尋而能通解，便自修證耶？

況玄疏本示事法之觀，行人却自約行而修，何違文背義之甚乎？此經所謂心輕躁難也。

又蒙決通之後，事法觀成，乃名事法觀中悟入，不名約行觀中得悟也。如引衆經成今止觀，若得悟者，豈名諸經悟入耶？此則初心行人不待自尋止觀，亦不待師匠專講止觀，然後聽尋，方修觀行也。又觀道深妙，故須宗匠開決。

若道場事式，但自撿彼止觀，足可施設。

若於師門先聞止觀，久曾研習，今覩玄疏事法觀門，則用本習觀法，度入事法觀門而修，或因茲得悟，乃名事法觀門悟入，非是約行觀中得悟也。

如將無生門觀法，度入生門悟者，乃功在生門，非無生門也。

夫如是修事法二觀之者，有何偏執之過？何用約文約義二十段文，枉抑加誣耶？

又一種根性，只於事法觀門，或略聞約行觀門，修之得悟，亦不待尋彼止觀。故法華三昧只約一念妄心，略論三觀，乃有三品證相，上根直入初住。文云：若依此法修之未悟，則依安樂行修之；既修之未悟，方依安樂行修。故知，略觀中悟者，不須更尋安樂行也。豈非略觀有人修之得悟耶？尚許不入三昧，但誦持故見上妙色，況略有觀法安心，何得全無所證？（上人堅執內修十乘，外託誦持，方爲懺法，及引荆溪究竟而論二行相資之說爲難。斯蓋不知修習久近，故專據久修爲難。若久修者，故須相資而運；若始習者，或兼修略觀，或但專誦持，亦名修行也。故文云，若人本不習坐，但欲誦經懺悔，於行坐中，久誦經文，若疲極時，可暫歛念消息，已便卽誦經，亦不乖行法。故云，不入三昧，但誦持故見上妙色。據茲教文，是開許新學菩薩，一向誦經懺悔也。尚未習坐，何能有十乘內觀耶？大師元許始行隨依一種修行，上人剛然斷於新學而修證耶？）

又輔行云：若依五略，修行證果，能利他等，自是一途。故知，亦許未論十境十乘，不妨有行人修人也。

是知，荆溪數云，不得將一二句觀心修行，及驢車之責，正斥邪解之師，別指一文，立爲頓頓義，旁誡初心不稟師氏口決，（已於一家解行通達，亦得口決示於學者。故荆溪於左溪室中咨稟口決也。又輔行云：若近師氏，理須咨疑等云云）專執一句卽足之者也。

又六章皆判屬解，就大分說耳。若細論之，不無其行。是知，今文觀心不可輕廢。以初心者，或得宗匠決通，不假尋討止觀，卽可依之修入故，或有根性不須廣聞，卽能修入故，何得云事法觀心，但是指示初心，令於止觀修行耶？

若但指示修行處者，只合教義之後，但云觀心在彼止觀也，何假費詞示其事法觀門耶？

然觀發揮立廢觀心所以，只云妙玄事釋既廣，理觀（此中觀字有何所以？只將談理便爲理觀）稍疎，故用觀心。今文圓談法性故，不用觀心。

豈非觀心只是以理結事，何曾云指示初學，於止觀中修行？何曾云令久修者，不忘本習？蓋被前後徵結，故乃巧立二意，遮前過非。又豈知二意，却是須立觀心一科也。

且二意者，一爲久修止觀者，不忘本習故，諸文立事法觀心也；二爲未習止觀者，忘於封著，令知起行必依止觀故，諸文中立事法觀心也。

若此二意得成，則今文觀心一科，越不可廢也。何者？今文若無觀心一釋，將何以示久修者附法觀門，扶於本習？若無觀心一釋，將何以令始習者忘其封著，指示於止觀中修行？又久修者，本習既揀於陰境修觀，今文既亦揀境修觀，恰稱本習，何得約此謬判？又既令初學，知於止觀修行，彼既揀境明觀，今文預揀示之，令知要切之處，何得約此謬判耶？豈以太稱本習指示太親，而以爲謬耶？

又妙經文句山城之觀，但通對陰境修觀，文句既其未揀，故記主令講授者依止觀揀境示之。故云正當觀陰，具如止觀第五去文。文句未揀，尚令揀之，今文自簡，那却爲非，則知黨宗惡見其好也。

嗚呼！此文觀心，儻達上人二意，且從廢置，既恰允上人二意，何以特吐粗言，毀茲真觀？

又若謂聞談果法，自能返觀己心故，不須別立觀心者。

此最不可，則諸文教義之後，所有觀心，皆須廢也。以行人因聞教義，自能修觀故。又若自思己行，則聞説事相法相之後，自修約行之觀，何須託事附法示之耶？

又若謂諸文雖談果法，未具觀心之義，故須事法二觀，被於久修始習之機；此玄十種三法，雖是果法，已具觀心之義，遂不須觀心一科者。

且上人定將何等法門爲觀心之義？若以純明理觀爲觀心義者，十法既非三種三昧，既不揀示陰境，既不明十乘觀法，安得輒明純談理觀？豈非全無理觀觀心義耶？

又云：凡云六卽卽具觀心義者，且文中不將六卽判行人修證之位，乃是約之明其果法甚深也。又妙玄十種三法，段段約六卽判位。上人又云，彼文合有觀心一釋，此則六卽之後，須有觀心，那可輒廢？又云，十種三法直顯心性，故具觀心義。且今來義狀，已甘十種談於果法，既非直顯心性，故不具觀心之義明矣。又云，十種三法並我一念橫豎照之，故具觀心之義，其如文中，全無攝歸一念之文，又乏觀照之語，安得云已具觀心義耶？又云，以一理貫之，故具觀心義，其如妙玄十法，豈不以一理貫之，既合更立觀心，則一理貫之，又非觀心義也？又將三法，例彼淨名疏釋法無衆生云，具觀心義，其如彼文，約研心法作觀，明乎三脫故，具觀心義。今文正就果法示之，全未約心法說之，那得具觀心義耶？又云，凡論三法，皆關觀心，此更不可。妙玄十種三法之後，因何合有觀心耶？如釋淨無垢稱，約三脫三身，釋後又示觀心。今來又撰一義云，十種三法只是三諦異名，三諦唯心所具。久修者，卽以正觀歷之；未修者，既知十種三法是佛所證，（直顯心性，於茲永破）乃能於彼止觀修行。

嗚呼！惟將義同及以異名，影帶明具理觀之義，還是久修者，自作觀心否？始習者，自於止觀修行否？皆非教文示於觀法之式。如此說具觀心義，越彰不具也。

又云，三法直該修性，則具觀心義，且釋毘耶離城，具約修性明三德後，復約攝歸一念，示乎觀行一科。況今十種三法，雖該修性，乃是果人修極之法，其體甚深，徹乎三道性德，故從三德釋至三道，益彰不是觀法之義。

若妙玄十種三法，云具觀心義者，此則稍可。何者？彼一一文，皆約凡夫一念本具三法，乃約六即，歷內外凡真因極果判之。而上人却謂彼文未具觀心義，此玄十種三法，曾不約心而論，復不從因至果而辨，却云已具觀心義，為是戲劇而談，為是正論法義，不可如此容易，切冀深研。

既前後窮逐，此玄十種三法未具觀心義，纔說佛法，便為觀心。此等愆過，皆由自昔不曉心佛衆生，約理雖同，事用仍別。乃將心法，偏從理釋，謂是真心，致於一家法相及觀心之義，全然迷暗。

予特引金錍不變則萬法俱理，隨緣則萬法俱事，及引妙玄心等三法高下之文，並觀境難易之意，本難上人心唯在理，生佛諸法唯事，及難棄於心法取於佛法而為理觀。上人遭此難故，乃自知從慈光、奉先，已至辨訛、答疑書等，所立廢觀心意，併皆破壞。

遂巧作救義，及曲改難意。且巧救者，謂觀六識之妄心，成三諦之真心，及一念即真，教文顯說等。

予聞此救，喜躍不勝，蓋予義論有益，能轉人心，改迷從悟也。何以故？以上人洎所稟，元不知觀妄心成真心，及全迷一念是妄，當體即真，以致示珠指直以真知釋於一念。

故彼文云：一念靈知性體常寂。又云：一念真知妙體。又云：並我一念清淨靈知等。又答疑書云：法性無外，即我一念，兼以果證之理，謂是直顯心性。辨訛以一理貫之，謂為理觀等。此等豈非直以理性釋於心法，實不曾以妄念即真而釋，實不曾以觀妄成真而解。若元知者，何故示珠指曲拗妙玄心定在因之句，作心非因果釋耶？

妙玄本顯心等三法，理則俱理，事則俱事，就理則高下無差，就事則高下差別。故云，佛定在果，生通因果，心定在因，此之圓滿之義，被珠指殘缺解之。何者？以彼謂生佛屬事，是因是果，心法屬理，乃非因非果。若元知俱事俱理，何不三法俱就事釋，何得曲改聖教，抑就我心，作二事一理解耶？若元知三法皆即事是理，即妄而真，何不三法作俱事俱理而釋耶？

理既窮矣，計亦盡矣，乃以湟槃玄無觀心文，例除此文。斯亦不知說授著述時節，故謬例之也。

且此玄觀心，乃是大師講時訓衆策修之語，當時既說，錄者豈敢違之？若大經玄義是章安於大師滅後私製，既已結集，諸部玄義，各有觀心一科。後代講者，必合例知，故可影略。

又章安述作之際，人事艱危，但得正義顯彰，旁論觀法，故且略之。豈比大師在日，法侶顒顒，皆欲隨言修證？此時豈可不附十法，立乎觀心耶？

又彼經與此經，俱論果中三法皆真，恐章安例此十法觀心故，特略於彼也。豈得却例彼略，而廢此具耶？

若須例大經，諸部玄義觀心皆須廢也。審思！審思！

況上人只知毀其事法二觀，不可修證，不思却以無境無觀，但談果佛法相，而爲修證法也。

何者？既云十法純談理觀，理觀豈非常坐等約行十乘，何得不是修行趣果法耶？既十法文中，全不揀示陰境，全不明性德三千，全無十法成乘，豈非以無境無觀之法相爲修證法耶？

上人既遭前後窮逐，明知此玄十法全非理觀，乃謾說云，託事附法，不立陰境，不須揀示識心，不可修證。

且事法觀，縱不於陰揀境，約行觀爲何不於陰揀境耶？若事法觀，縱不可修證，約行觀爲何不可修證耶？

況復辨訛立於十法純談理觀時，甚說理觀從因至果功能，故云：十種三法，始凡終聖，以一法性貫之，以六即位成之，事事全成於法界（豈非陰入成不思議境耶）。心心咸顯於金光，（此非正觀顯理耶?)此豈非純談理觀乎?乃至云,學山家之教者,誰不知觀心,是趣果上理之蹊徑乎?(甚許觀心可修證也)又云,若了遍一切處,悉金光明法性之旨已,念念圓解,心心相續,何患不趣果入理乎?普賢觀云,端坐念實相,衆罪如霜露,慧日能消除,豈非純談理觀乎?(從故云下,除注文外,皆是辨訛之文也)至後方云,然一家之教,委明觀法,在乎止觀。了此旨已,依彼十乘觀法修之,方爲盡善。

予今輒定上人當時之意,豈非云此玄十種三法修之,亦能入理證果,但未如止觀觀法周細,故云依彼修之方爲盡善,只云此未盡善,非全不可修也。

及被問疑書徵其端坐念實相,正是十乘三觀,觀不思議理,方得名爲念於實相。答疑書釋曰,既圓談之處,具理觀義,故引證之義,復何爽?又云,若了光明法性旨已,念念而觀,有何不可?然此之玄文,十境不足(是何不足未知,只欠幾境),一觀不辨,故修行之人,爲得不盡識於境觀修發之相乎?據此兩文,益見心心相續及念實相之文,正明圓談法性,可修證也。但未如止觀行法周細,後因撿尋義例,忽得不明十境十乘,是壞驢車之句,遂偏將此句爲勢,苦破事法觀門不可修習,並斥予觀心妙道卽聞而修之語。及至詰難書以理事二觀並而徵之,事法之觀,略談境觀,尚是驢車不可修習。十法之文,既略無境觀,何乃却能證果入理?以此並之,上人計窮乃不避惡報,固欺聖眼,而翻轉前文,乃謂心心圓解,屬於理觀義,念念相續及念實相,令依止觀修行。且辨訛明明結於念念相續及念實相之句,屬能圓談十法畢,方云,然一家之教,委明觀法,在乎止觀。既云委明,驗知以彼止觀,爲周細觀法。今文理觀,亦可修證。然若無答疑書證之,此語往往被上人轉却,其奈明文收掌,見在顯說云,證前圓談之處,安可抵踏?上人既被前書證之,還懷慚愧否？

　　法歲法師云：扇既墮地，以何遮羞？

　　又且縱此文被上人翻轉證彼止觀，又成約行觀法不可修證（以理觀正是約行觀故），約行之觀，既不可修證，事法又不可修證，則一切眾生，永沈生死，無出離之門。何以不甘杜斷眾生入理之門，趣果之路耶？

　　惜哉！上人亦稍聰俊，能分科節，尋文作義，何不見巧知陋，捨短從長？那得專守邪師之教，堅扶已墮之宗，輒用未詳之文，剛廢至真之觀？今既得新米草，宜棄故者。更若未愜來意，任彼曲救。然雖能轉計，今置汝於不可轉處也。

第六不體心法之難

　　夫立名詮法，對問論宗，必須如日融冰，似箭中的。儻曲回問意，別構答詞，則彰理路已窮，慧門元壅。

　　予昨於詰難書內，立心佛眾生，依正諸法，隨緣則諸法皆事，不變則諸法皆理。故引金錍云：真如是萬法，由隨緣故；萬法是真如，由不變故。是知，輒不可偏約理釋心，偏以事釋生佛諸法。

　　立此義者，蓋由上人師祖已降，皆謂心獨是理，生佛諸法唯是於事，故妄認談於真性便是觀心，遂不分心佛高下，觀境難易，乃以正談佛法，拗作直顯心性。不識果理該於一切，執為一念攝諸三法，及將信解果德之文，便謂純談約行理觀。

　　然示珠指解於三法，只得心法生佛之義，全不得彼彼眾生生佛，彼彼諸佛生佛，所以釋云，佛名真覺，生名不覺；心即生佛之心，非離生佛外別有心為生佛之本。經示本末因果不二，故云三無差別耳（佛名下珠指文）。

　　豈非謂心是非迷非悟之真心（心唯屬理），此心迷則為生，悟則名佛。此則只得一人心法生佛少分，（以唯知事造生佛，不知理具生佛，二造雙明方名全分。）殊不識法界有情，十方諸佛，生佛之全分。因噬珠指，棄於大海，而取一漚，所得者如爪上土，所失者如大地土。

故指要斷云，心造之義尚虧，無差之文永失，以我一念心法，及一切衆生，十方諸佛，各各論於事造，人人說於理具，而皆互具互攝，方名三無差別。若謂己心迷則成一切衆生，己心悟則成十方諸佛者，豈可一人悟則令一切衆生皆成佛耶？（不可論理成，今説事成也）若爾者，釋迦觀心久悟，我輩那作凡夫耶？又豈可一人迷則令十方諸佛皆作衆生耶？（不可論權作，今説實作耳）以我獨猶迷故，釋迦重作凡夫？無有是處。故知，珠指辨心法，尚自不足，生佛各有二造，全然不識也。又復，心法局在於理，殊無事理相卽之義。

又若轉執，一念心法，有理有事，以制心從理而説，遂以清净靈知，釋於一念者。

若作此説，大乖宗教，殊非得旨。

何者？若謂制心從理便一向以理釋名者，則令事理不分，又使理無顯處，若謂制心從理，便不得約事釋名者，止觀豈不制心從理耶？何故以陰入釋心耶？何故以煩惱等釋心耶？何故四念處節節云一念無明心耶？何故法華三昧以現前一念妄想釋心耶？此等真教，莫不彰人制心從理否？荆溪立於無情有性，正爲顯圓妄染卽佛性，旁遮偏指清净真如，珠指正當金錍所遮，云何將所遮之義，爲能釋之文？如以毒刺損衆生之佛眼，殊非金錍決四眼之惑膜？

然恐上人轉計，故且遮之。若論示珠指，實無此解，彼文已定判生佛是所造屬事，心法是能造屬理，故云，生佛是因果，心法非因果也。

上人執此偏見，以爲圓解。蓋得少爲足，執礫爲珠，遂一向執攝色歸心，觀外成內。使帝網之喻，唯一明珠，令唯色之文，不收諸法。（既一向攝色歸心，故色等但有能趣之義，全無所趣之體，故不收諸法也。）

上人以久習此解，毒氣深入，雖因前後徵詰，得知須觀陰心，及知心佛衆生俱事俱理，而釋諸難意，還扶舊見，皆歸一邊。乃謂須是非染非淨之心，方能造於如來，全不許安染之心造如來也。此則全乖陰識理具佛性之義，又虧煩惱之儔爲如來種之文，又違性指三障之説。又只知類種，全不識敵對種也。煩惱卽菩提之言浪施，生死卽涅槃之文徒設。

上人今云，觀六識之妄心，成三諦真心，又何得不許觀妄心，造如來耶？又何得遙觀非染非淨之心，造如來耶？應謂觀六識妄心，轉作非染非淨真心之後，此之真心，更隨淨緣，方能造如來耶！

須知，此説大乖圓義，都是僻談。何者？豈觀妄心，轉成真心，猶未是如來耶？

且觀妄成真，在於何位？真造如來，又在何位？莫謂成真心則初住，造如來則妙覺否？

若謂爾者，實謂僻解，非是圓談。須知，觀妄心成真心，卽是觀妄心成如來也。若觀妄成觀行真，名造觀行如來。若觀妄成相似真，名造相似如來。分證究竟，例之可知。（六卽如來，故云諸也。）

復應須解，成之與造，俱理俱事。約理，則成之與造俱以卽具釋之；約事，則成之與造俱從變釋之。若妄心具真心卽真心，豈不具如來卽如來耶？（理造）若妄心轉變作真心，豈不轉變作如來耶？（事造）真心就法論，如來約人説，衆生無上者佛是，法無上者涅槃是，豈得妄心成法，真心造人耶？

又觀六識妄心，成三諦真心，上人因誰開解？若謂奉先座下得聞，且示珠指全不約妄釋心，亦無觀妄成真之説。若謂自尋止觀得知，都是妄語。何者？若先知觀心是六識妄心，終不以圓談法性故廢觀心，終不以果理貫六卽，便謂純明理觀，終不以正談果理，以爲直顯心性也。

上人於辨訛，將果理貫於六卽之義，立爲純談理觀，故問疑書，約心佛高下觀境難易之義難之。故云，教文明簡，佛法太高，初心難觀，故令觀於心法。何故違教特棄心法，而取佛法爲觀境耶？

上人遭斯難故，乃知錯將果法妄爲理觀，便乃於答疑書內，欺心妄轉云，何嘗棄心取佛？若了十法雖殊，一理無二者，還用無二之解（前後皆將解字爲觀，今來抵諱謂念念圓解在圓談法性，足見妄語也。何故？此文將解照性也），照無二之性，上與諸佛等，下與衆生齊，豈是棄心取佛耶（何嘗下除注皆答疑書文）？

此豈非素不知觀於妄心，故但云照無二之性，又是但觀非染非净之真心，等於染净也。上人雖因前詰難書故，撿看止觀，知觀六識妄心。然只但見其文，而全迷其義，若知義者，終不更執真心造如來也。終不約真心説唯心也。

金錍云：故唯心之言，豈唯真心也？須知，煩惱心遍，此則遮於世人約於真心説唯心義，故云唯心之言豈唯真心？應知，唯字正屬唯心，乃令約煩惱心説唯心，不可約真如心説唯心。

豈非金錍本示無情有於佛性，無情色與煩惱心，二法俱約隨緣義説。於隨緣中，煩惱心爲能造，生死色爲所造。能造卽理故旣遍，所造卽理故豈不遍耶？

故義例云：諸色心現時，如金銀隱起。心全金故，收一切隱起；色全金故，亦收一切隱起。故若説唯心，亦論唯色，旣皆唯皆遍故，皆論有於佛性也。

言有佛性者，乃是有於果人之性。旣云有於果人之性，故心之與色，俱須從因從事而説。旣云觀妄心成真心，故知真心須從果説。若論真心，須論真色，已是果法，豈可更別有果性耶？故彼文云，因不名佛，果不名性。今欲示有情有佛性，故須約煩惱心説唯心；欲示無情有佛性，故須約生死色説唯色也。

若就真如心明唯心，真常色明唯色，乃約遮那有佛性寂光有佛性也，何關有情無情耶？如此解於金錍，遠矣哉！

上人又解豈唯真心句意云，不獨約真心説唯心，亦不須約妄心論唯心，蓋約真妄合論，説唯心義。欲救珠指獨約真心説唯心義也。須知，示珠指是必死之病，縱扁鵲亦不能救，況盲醫者乎？

且珠指從始至終，單約真心攝於諸法，何曾一句云於妄心？妙玄心法定判在因，本顯唯在妄心故也。欲順我義，故自改爲心非因果。

豈非只知約真心論唯心，略不解妄心攝於諸法也。若略知唯心有約妄心義，終不改張聖教也。

故知，內外二觀，皆是觀妄顯真。

若修內觀，觀六識之妄心，成三諦之真心。

若修外觀，須觀妄色成真色也。

若衆生諸佛爲外境，則觀衆生陰入色心，成真净色心也。諸佛雖離陰入，行人所觀，須將應身色心爲境。

故輔行云：聖人變化所造，亦令衆生變心所見。此文雖屬心法變造，今引因證果也。又般舟云：約三十二相爲境，修乎三觀，顯乎三諦。故應佛色心，既爲行者所觀，乃是感應共造。故約感邊，亦得是外陰入法也，豈非觀妄顯真耶？是故等覺猶見他佛，唯至妙覺，更無彼此色相迭相見故。

應知，隨觀一境，須當處全攝於諸法，當處理具三千，當處轉妄成真，方名圓觀。何得云，心唯屬理，諸法屬事，先須觀法歸心之後，方説唯色唯心等耶？爲執此偏見故，謬解不二門，及妄破觀心之義。

上人始暫脫我人，略尋法義，爲是鄙僧乖理？爲是上人違宗？鄙僧爲生淨土故，探玄爲出生死故，講授實不敢以己之短掩人之長，實不敢將已墮之義抑他必當之宗。唯諸聖可鑒，諒羣彥亦知。惟願上人退思矣，惟願上人順理矣。

次曲改難意者，予立心與諸法俱事俱理，及擧下界衆生觀於唯心，本難上人直約真性釋心，又難不論觀妄成真，又難以果佛所證之理而爲理觀。上人因此難故，深知義負，遂輒改難意。乃枉予不許唯觀於心，及自立云，一切諸法，皆因妄心分別遍計不同，爲依正色心故，但用三觀制此妄心，卽真三德遍一切處，則達色香依正等法無非是心等。乃至云，心既統攝一切，故云十種三法並我一念，豈非一念妄心卽真三德，豈不收於十種三法，是故玄文所談，正是止觀約行，觀心所顯之理。況復文中所談，備明因果，兼示能觀，誰當聞之不思己行耶？

據兹所說，深見上人竊他正義，覆己前愆。

且唯觀妄心，因誰得解？是誰不許？只如發揮至前諸義狀，何文云唯觀妄心？況自將圓談法性，便當觀心；自將果證之理，便爲理觀；及名直顯心性，自解塵塵法界，處處遮那，便能入理證果；尚將外境依正，難於簡色觀心。此等諸說，豈知初心唯觀妄念耶？

予得一家教觀，數數徵難，意欲上人知於觀慧，照乎妄心。

如問疑書云，教文明簡，佛法太高，初心爲難，觀心則易，因何特棄心法，專取佛法，爲於觀法？如此頻頻曉喻上人，於答疑書內，尚未肯觀於妄心。乃云，若了十法雖殊，一理無二，還用無二之解，照無二之性，上等諸佛，下等衆生，豈是棄心取佛等耶？

此豈非不以心佛衆生爲所託境界，但直緣平等之理，無高無下，等佛等生耶？若其然者，乃以直心爲境，等佛等生。以此驗之，上人何曾知所觀之心是下凡妄念，依此而研理性耶？

蓋被予詰難書窮逐，計校既盡，乃只得改轉難意，謂予不許唯觀妄心。此之心行何用天眼照之，只將前後語詞勘驗，則欺詐顯然。還略知慚恥否？

況予扶宗記中，以觀妄念爲宗，故云，一念識心爲境，用三觀觀之，使性德開發，惑滅果成。豈可純談法性，便不論觀心？又云，雖三道本來真淨，諸法當處圓融，其如三惑浩然，二死重積，苦不研心作觀，何由親證如上諸法？

乃至詰難書，覈定觀心二字，還是許觀妄心，不許觀耶？如彼文引金錍不變則萬法俱理，隨緣則萬法俱事，輒不可云諸法是事，心獨是理，但爲下界衆生多著於色故，且多令觀於唯心，非謂心獨是理。故知文中若云攝法歸心，亦且得立所觀之境。況文無一句立心爲境，境尚未成，觀非所議。故此十法，觀之與心，二義俱闕，如何堅執具觀心義耶？（金錍下皆詰難書文）此之文意，豈是不許觀於妄心耶？

所言非謂心獨是理者，蓋上人承上偏約事解於諸法，獨約理體解於心法，致得談理便作觀心。爲破此計故，云非謂心獨是理也。作此說者，欲令上人悟解心及諸法，皆是即理隨緣之事。佛法生法，不同心法。生佛諸法，既高既廣，初心爲難觀，心法近要，易可觀察。故知，此難正欲難不用妄心爲境。因何酬答不得，故剛然改作不許唯觀心耶？

又云，下界衆生，多著外色故，多令觀於唯心，非謂心獨是理。蓋爲彼之師資，因見教文多論心法具造諸法，便將心法，直約理釋。意謂真心隨緣，造於生佛諸法，所以凡見談真說理，便謂已是觀心。爲破此計故，引四念處下界衆生著色之文，令知經論多爲破於下界衆生迷著，故偏多約心論觀。是則爲破著色病，故多說觀心，非謂心獨是理故乃多説觀心。

又若轉執心有真心妄心，我約真説何妨者，是義不然。

若謂心有真妄故，得一向約真而説者，色等豈無真色妄色，何不具諸法皆約真説耶？

故知，不變則色心諸法俱真，隨緣則色心諸法俱妄，於俱妄中，心是能造故，多令觀心；心法近要故，多令觀心；爲破下界著色重故，多令觀心；實非心獨是理，故令觀心。若知此意，卽不執説真理便爲觀心。

既知心法與佛法，俱約於事，有高有下，説於佛法，不是觀心。上人素不知此意，故累得説佛説理，便爲理觀。今因詰難略知此意，故卽便轉計。果佛之理是觀妄心所顯，故云玄文所談，正是止觀約行觀心所顯之理。作此説者，意欲救於答疑書內，一切三法，若橫若竪，並我一念，罔不照知之義，又是欲救十種三法純談理觀。以上人今知理觀的是約行，故作此救也。

不思此説招過極多。何者？若將果佛十種法相，入心修觀，自是附法觀心，何得却云是約行所顯？況復此玄正釋料揀十法，唯有所附之法，全無能附之觀，尚略無附法觀義，那有約行觀義？

上人今來既省正釋料揀十法之文，殊無附法約行兩觀之義。乃曲巧自立，令久修始習二種行人，自作兩種觀心。乃云，文中所談，備該因果，兼示能觀，誰當讀之不思己行，欲以自思己行，便乃自修兩種觀心也。

且自思己行之説，乃是策勸之語。大凡宗師解義，若遇諸聖行證之法，便須誡勸令見賢思齊，豈得此語便可救得純談理觀之失耶？

若云十法該於因果，及示能觀便是行人自修兩觀，不用別立觀心一科者。

只如四諦五行之文，還該因果，還示能觀否？且世出世因果，豈逾四諦？修證體用，豈過五行？況從偏小，簡至圓實，又以二妙判開已訖，則已彰境觀圓融修證，妙玄此等法相，尚須攝入一念，別示觀心一科。

若此玄從果至因而說，又自是釋迦能觀尚過菩薩修證，豈是初心境觀，何得方談果法即廢附法觀心耶？

妙玄十種三法，一一三法皆從凡心一念，辨至分真極果。上人尚云，須立觀心一科，觀茲十法（答疑書明明說云，觀於十法，不可轉爲觀於三教三軌等也），彼之十法，還該因果否？還示能觀否？因何更須觀心一科？此玄十法，因何須廢觀心一科？

況復兩種行人，自攝十種三法，入心橫豎而照，實是上人妄語，翻轉前言也。

何者？答疑書自云，以由玄文直顯心性故，論一切三法入心而照。乃結云，此玄所談，非但法相圓融，亦乃理觀明白。既云玄文直顯，又云此玄所談，何得今來却是行人自顯，行人自觀？況復前書云純談理觀（若兼附法不名純談），次書云非但法相圓融，亦乃理觀明白。豈非翻作正談附法，兼明理觀，則純談理觀自茲永破也。況復自立純談理觀，則正是約行觀心，被難無於陰境十乘，却云託事附法，不以陰入爲境。

如此之說，言無準繩，那堪評論教觀？極是不惜人身之者，亦避人嫌笑，未肯作此顛倒言談，況是傳教之人，那得至於斯耶？若欲盡書上人違心負己之過，直恐空費紙墨也，故且止之。幸請省己責躬，捨邪歸正，知過能改，亦稱君子也。不可更延歲月，必須速降回音。

第七不知觀心之位

衆生若於善知識所，及諸教法中，聞心具諸法，與諸生佛無有差別，能知心及諸法當體卽理，互具互攝者，正是名字卽也。約理雖卽，約事天殊，故求妙門，破惑顯理。乃於名字之位，以妙解攬於萬法唯內識心，專於內心，用於妙觀，觀一切法。或於外境修觀亦然。觀道若開，若伏若斷，或入觀行，或似或真，此義顯在止觀及以諸文。

上人素來全迷此義，故乃於答疑書中數云，觀行五品位中，方修內外二觀，觀成入於相似之位。

故詰難書曰：若五品中方於二境修觀者，只如五品因何得入？又若待至五品方修觀者，則名字之人，全無入品之路也。仍爲上人開示，令知蹊徑，乃説內外二觀俱在名字位中，造修觀成，方入觀行相似分真，具引止觀之文，明示觀成方入隨喜等位。

既將明文顯示，上人因兹方悟，自惜親近邪師暗於位次故，妄指五品方修二觀。

則答疑書中，此過無計曲救，遂於今來義狀，全不敢答酬，而返偷詰難書中所示正義，將爲己解，乃數數顯書五品是觀行成位。以此驗之，知上人覆己之短，掩他之長。

只如五品是觀行成位，因誰得解，何不首伏昔迷，改邪向正？何得偷竊他義，誑惑後生？若據上人如此用心，實非傳教之士。尚望人道之心，千里不及，何能論於佛法耶？是知，徒説令末代之機修於止觀，既自立至五品位方觀二境，則一切衆生無修觀之分也。輒將此之見識，與人論教觀廢立之意，還得也無？

何故不甘杜絕衆生入理之門，趣果之路耶？驗此一失，則七十紙之明文，都爲虛構，前之義狀亦是誑言。所立諸義，何須更破，自然瓦解。答疑書明文見在，還可更生抵踣否？

況上人竊他正義，因爲己解，前後不少。只如予將修二性一銷於知心無心之文。答疑書難云：若正釋十法中，以金爲性，光明爲修，則容分對，且玄義譬喻附文當體，何嘗論修二性一等？

既被詰難書舉正釋中修二性一之文顯證，文理朗然，上人若是傳教之心，必須循理悔責毀教之愆，然後共揚正觀。

何者？上人本據正釋無修二性一之義，驗觀心文中修二性一之義爲非。今既顯見正釋多是修二性一，則知觀心文初問答稱於正釋，安可更加毀破耶？

況上人力力明説正釋十法全無修二性一之義，又云不二門只約緣了正三因，對論離合，今來何得却據三德三涅槃是修二性一，云具觀心義耶？豈非因予前後詰難，得知正釋有於離合之義，便竊此義將爲已解，而返將此義立於十種三法爲理觀也。

又如觀妄心成真心，皆是因予詰難方知，却返用爲難，枉予不許唯觀妄心，此過亦前文已説，更不重敍也。只據上人此之誑妄之心，不合更論法義，況不知觀心之位，餘何所言耶？

第八不會觀心之意

妙玄並釋籤判云，佛法太高，衆生法太廣，初心爲難，然心佛及衆生，是三無差別，觀心則易。又云，佛法定在果，衆生法一往通因果，二往局在因，心法定在因。又云，若以佛法觀之，似如不逮；若以心性觀之，似如可見。

故一家之教，依此意故，乃立陰心爲所觀境。所以止觀及以諸文，皆令觀心，以取近要之心，爲觀所託。若無所託陰界入境，觀依何修？理依何顯？故離三障四魔，則無所觀境界也。

縱修外觀，託諸佛衆生及以依報爲境，亦是外陰入法。

何者？佛雖離陰，爲衆生故，示應色心。故等覺已還，見有他佛。既是六根所對之境，非界入攝耶？

故輔行云：聖人變化所造，亦令衆生變心所見，故修觀者，即於色心之境，而觀法界。

故觀音疏以衆生佛爲他境，荆溪直以依正色心爲外境。

是知，不取佛所得圓常自在之法，但用衆生所對色心，爲所觀之境，故觀所託之境，不出三科也。

又般舟三昧以應身三十二相爲境，依之而修三觀。是知，三觀所顯卽是圓融三法也。

今家觀法，何處令直緣真理而修，何文令緣佛所證圓融三法而修觀耶？以上人自昔全不知依境修觀之意，但以己解約酌而言，及遭詰難，則望難未到處，臨時轉立。

如將此玄十種三法謂純談理觀，豈非全不知理觀是常坐等三種三昧，只見發揮云純談真性，便約此立爲純談理觀？

及被問疑書引輔行難之，知非理觀，乃轉計云，此玄文直顯心性，義同理觀。而不知錯下直顯心性之語，專是約行，端坐十乘，及並我一念，橫竪照之，正是攝諸三法，入一念心，成乎圓觀，乃是附法觀心。

故妙玄四諦因緣之後，攝諸法相入一念心，用觀照之，並是彼文爲成妙行，特立觀心一科之意。

既被詰難書難云，此玄既全無一念及觀照之語，乃是爲成己義，任情曲撰。上人既檢正釋及料揀全無此義，計窮理極，遂推與行人，自能攝入一念，橫竪照之。

若爾者，何獨此玄行人自攝自照，妙經等諸玄疏，豈彼行人不能自攝自照？何故法相之後，皆立觀心一科，攝法入心方名觀行？

若謂諸文或有闕略者，亦須立乎體式之後，方可準例略之。如十二因緣曾立觀法，四諦之後，但云觀心可解，既此兩境，合有觀心，故於餘境避繁省略。則禀教之者，既見諦緣之後有於觀心，則知諸境合皆攝歸己心以觀照之。

今此玄文，單談十種果證法相，略未示於觀心體式，何得行人自攝自照？此乃上人錯下一念及觀照之語，自見無文，自知無義，只得推與行人。若直顯心性之語者，奈自立云此玄文直顯心性，且推與行人不得，遂全不敢答酬此問。仍潛改直顯心性，而作直顯法性也。上人若稍轉改有路，終不偷換文字，蓋是路極遂至於此也。

又答疑書及今來義狀，堅執淨名疏釋法無衆生，結爲三種解脫，無非觀心，不須更作觀心釋之。欲將此十種三法，亦具觀心義，不須更立觀心一科。此更不知彼此文意也。

且淨名疏與此玄文雖同明三法，須知立義永殊。彼約研心作觀，觀成稱理，依體起用而談，故具觀心義，此約佛果已證之理而說，安可得同？

既被詰難書用心佛高下難之，朗然已墮，不肯首伏，遂强據三無差義救之。意云，心佛既其無差，佛法便是心法。作此救義，又彰上人不識三法無差所以也。

且如釋籤云：心法衆生法，在佛心中，則定屬果；佛法心法，若在衆生心中，則通因果；佛法生法，在心法中，則定屬因。豈非互具互在故，則無差別？事用既殊，迷悟宛爾，則須論差？豈可纔聞佛法該攝心法，便令佛法在因？豈可心法具佛法故，便令心法是果耶？故荊溪云，約理無差，差約事用。故修觀之者，須依心法爲境而修觀也。觀心卽性，性攝無外，等佛等生，故云游心法界如虛空，則知諸佛之境界。既云遊心法界，知是觀心入理；理攝生佛，乃知佛境界也。豈可但云無差三法混亂耶？若佛法便是心法，今家觀心之名，因何而立耶？

故淨名疏釋法無衆生等諸句，一一皆以生空觀，歷心及餘陰入諸法而觀，雖附三脫法相於陰境理境，用觀破惑，證體起用，一期略足。

乃是用於約行觀門，修於附法之觀也。此同妙樂令將止觀境觀修託事觀也，如是則方具觀心義。

若此玄十種三法，正論果佛所證，尚過菩薩所行，則益之高遠。如何凡夫始行，輒可依此而修觀行耶？兼文中顯示云，約信解分別，因何曲拗作觀行釋耶？

然須知，彼文只據研心論於三法，方具觀心之義，輒不可以三法義同，便謂此玄亦具觀心義。今爲具引净名玄義釋名中，教觀兩文，同名三法，皆是圓實。只據未約心論，名約教釋，若就心辨，卽名約觀。

故彼文云，後家翻爲净無垢稱，今用此翻，以對三身，卽爲二意，一就事釋（教詮三法，雖是圓實，望於觀心相應之理，故教屬事），二約觀心。一事者，净義卽是法身，自性清净，皎然無點，卽是性净法身也。二無垢者，卽是報身，報智圓明，無有垢染，卽是圓净報身。三稱者，卽是應身，大悲化世，名稱普洽，卽是應身。故智論云：水銀和真金云云。又引普賢觀經，佛三種身，從方等生等。

二觀心明三身者，凡厥有心，心卽法性，法性者卽是本净，本净者卽是法身也。觀心相應，明時無暗，卽無垢義，無垢義者，卽是智斷果報身也。隨所利物，起一切事，皆如幻如化，水月鏡像，和光無染，卽是稱緣應身義也。如是三義，不縱不橫，爲菩提種等。

請上人看此二種三法，有何差別？豈非只約心卽法性，觀心相應而辨？故次文三法得名約觀心釋。

故彼疏釋法無衆生，明三脫義，與此玄十種三法，實無有異。

彼文以約生空之觀，歷心及陰入諸法而明故，結云具觀心義。

此中正示果佛之法，顯云約信解分別，如何輒云具觀心義？

又答疑書、五義書及今來義狀，堅執此玄十種三法，同於請觀音疏託事觀者。

且大林精舍是依報色入，以理智體之，正同方等普賢歷尊容道具，用法門體達，此則方是託事之觀。此玄爲生信解，直示果德十種法相，既不歷於依報色入體之，那名託事之觀？

及被詰難書以此義徵之，上人既知此玄十法全無依報事境可託，則事觀不成，遂轉執譬喻爲境，以十種三法爲觀，又以能詮教相爲境，所詮三法爲觀。須知，此之兩說，全無所以，何者？夫深法難解，假喻易彰，故用譬類曉喻深法，使稟教者生乎信解，何曾以能譬所譬，爲能觀所觀耶？

若謂纔將譬顯法，便爲修觀之義者，只如妙經，豈不以蓮華喻其十妙耶？若已具觀行之義，何故十妙之中，節節明事法觀門耶？若以法喻爲境觀，實無此義。上人事急之後，謾作此說。

然雖作此說，亦自知無義。復就教理，論其境觀，且一切教部，何處不得名教詮於法理，豈可皆是依境明觀？

又且縱偏小之教，文不卽理故，非對鏡明觀，此圓談法性，文理既合得名觀境者，且妙玄豈文理不合耶？何故教理之下，更立觀心一科？

又上人云，妙玄十種三法之後，合有觀心一科，觀前十法。是知，以教詮理，便謂依境立觀，更是僻解，不足可言。一家教文，都無此說。此亦上人計窮，謾作此說也。

不二門云，凡所觀境不出內外，外謂託彼依正色心，實不云託彼教相；內觀一念識心，實不以教相而觀。恐是宗師立境未盡故，上人更立教相爲境耶？

況又轉卽說無說而爲觀境，更無道理。只如妙玄四諦境中，廣明說無說之後，又立觀解，驗知無說義非境觀明矣。

理極之後，又轉執云，諸文雖有卽說無說，既無修性因果，故無觀心之義。此文該於修性因果，故具觀心義者。

　　且彼無作四諦，還全性起修否？還該世出世因果否？況復上人，本立此玄十種三法，純明理觀，直顯心性。理觀者，則是占察經中實相之觀，正當常坐等揀境觀理十乘，若少附法相，稍託事相，不名純談理觀。既云純談理觀，若全同淨名疏附法觀者，此則又成純談附法觀也。若同請觀音疏託事觀者，此則又成純談託事觀也。又既云直顯心性，若也稍託事附法，則不名直顯心性。然此玄十種三法，任上人多門巧救，終不得同淨名觀音疏事法之觀。若得成於事法之觀，則全不成純談理觀，又全不成直顯心性。

　　予今徵詰上人廢觀心之義，如破狂寇。純談理觀，直顯心性，是上人兩書端首立義宗源。此之二義若壞，則寇中主將已戮，其諸殘黨，不攻自亡也。

　　豈非上人專立此玄已純談理觀，已直顯心性故，可廢後文附法相觀？今既自云全是事法觀，則招伏不是純談理觀，則後之附法觀門那得輕廢？

　　況今來義狀，一向自令行人攝法歸心，修平觀行，此文顯然招伏十種三法不是事法之觀，何得堅執全同淨名觀音事法觀耶？以彼二疏文中，顯示二種觀門，且非行人自立觀法。

　　斯蓋上人不會觀心之義，妄破觀心真教，罪釁既深，必諸聖誅罰在近，遂令心識昏迷，立義自相違返。心行既露，過失又彰，速宜慚悔，改舊從新。若更固守邪宗，強廢正教，則舌爛口中，必匪日矣。審思！審思！速希回報！

第九不善消文

　　妙玄七科共解，爲起五心，而觀心一科，令卽聞卽修起精進心。釋籤解曰，隨聞一句，攝事成理，不待觀境，方名修觀。

　　上人五義書中，謂此是觀心式樣，乃消不待觀境之文不待陰境。意謂，但攝事相法相，歸乎真理，便是觀心，不待託於陰入修觀也。

此由上人不知說法由緒故也，明起五心，乃是先立正釋之意，及至七科正文觀心釋中，何曾不待陰境？五里之觀，全依陰心，故云心如幻炎。一心成觀，轉教餘心，一陰屬色，四陰屬心，三界無別法，唯是一心作等。立於陰境，如此分明，那得起五心中作，不待陰境消之耶？以此驗之，上人全不解看讀，因何輒欲議論教觀廢立之意耶？

既被覆問書擧其正釋陰境諸文覆難，其義既墮已，當不善消文，錯下文句。乃於十六箇月，日百計思量，但望略有轉身得處，巧作抵拒，故今來義狀轉計，作不待揀示識心消文。

又因予前後徵詰故，深知修觀須附陰心，是故今來巧作久修始習二人，消之云：久修者，既已曾依止觀，的約陰識，觀三千三諦已畢，故今來歷事法成觀，不須更揀識心而觀，故云不待觀境。始習者，既見攝諸事法爲觀，乃無滯教著事之慇，遂知依解起行之意，必欲修習，須依止觀等。因此曲救，蓋見上人不善消文之甚也。

且釋籤本令不待觀境，起精進心，卽聞卽修，何故約久修始習，必待境觀，方名造修耶？此則明遠妙玄及釋籤見文也。既云久修者，用此觀揀示陰境，顯三千三諦之心，方能攝今事法修觀，此則須待講止觀觀境之後，方能攝今事法修觀，何名不待觀境耶？

又且縱久修者，既已於止觀境觀諳練，聞此事法之觀，卽能用本習之心修之，不待玄文專示境觀也。

且如未習止觀之人，既未有正觀之心，乃於此事法二觀，全不能卽聞卽修。又云，必欲修習，須依止觀，是則須待止觀揀示陰境，須待止觀示三千理境，方名修觀，則全遠不待觀境，卽聞卽修之語，何得以須待觀境，用消不待觀境？豈非對面違教，改張正說？如此則還解看讀否？還是能消文否？

此來立義，頓返宗教，邪說彰露，得非毀談正教，天誅鬼罰乎？又是觀心正義，合顯昭代，致令上人特引斯教文，證其不待尋止觀觀境，卽聞事法觀門，便可修習。

上人又云，若不看止觀，則無圓解攝於事法，入陰識心，觀三千理境者。

蓋上人平素不聞善知識隨時策觀也，縱聞講說，亦只對科披讀而已。還與自看一般，便謂須自看止觀，卽能將彼正觀之心，**修事法觀也**。

若以上人止觀之解，還可攝今事法修觀否？既不知理觀是常坐等約行十乘，又以端坐念實相爲圓談法性，又不識所觀陰識，乃謂是非染非淨之真心，及錯認爲隨淨緣所成佛界之心；又不分事理二造，又不辨內外二境，又不會觀心之意，乃謂但談佛法，便是直顯心性；又不曉觀心之位，乃令登於五品，方依二境修觀。若遇良善師匠指授，終不錯謬如此。

上人莫將此見便爲正觀之心否？擬將此心歷事法而修觀耶？須知，此等殊非正解，殊非正觀，如此看尋止觀，有何等益？

應知，欲習此宗教觀，須近善知識，一家玄疏博達，三部止觀深明。如講妙玄之時，至事法觀處，卽須懸取止觀觀境之意教授行者，令其卽聞卽修。能習止者，豈待止觀教文專示妙境，方令行人修之？但隨講事法觀門，皆將止觀之意成之。令彼聽習之者，隨聞一句事法，卽能攝歸一念識心，修觀顯理，不待行人自尋止觀之文也，不待專講止觀方始修習。

故妙樂釋事法觀後云云，下引止觀文者，乃是令講授之者，以廣決略也。何得難云，若不看止觀，何得自知三千妙境耶？若皆自看止觀，便能修觀，何故具五緣中，須近教授善知識耶？

　　應知，但值良師，實不假自尋止觀，實不待止觀專明境觀，但隨聞事法觀心一句，即可依之修觀也。若不遇良師，自尋止觀，亦可修習，然亦不妨有宿種強者，一披其文，朗然深證，何嘗能修耶？

　　今只據上人不值良師故，雖尋止觀，大節全迷，故未可以此僻解而修觀也。況行人聞事法觀門，若更自尋止觀，則自依約行觀法修之，何不只於事相法相之後，示云修觀在止觀中說？何假費詞約事約法，談乎觀門耶？

　　況復大師說妙玄時，且未談止觀，豈可當時行人，聞說事法觀門，不即時修觀耶？皆須待至玉泉耶？

　　若咨稟大師口決，亦只為通事法觀中之壅。大師既深證十境十觀，得以口決示人。滅後傳持之人，若明止觀法門，何以不得將己所解，示於新學者耶？

　　故荊溪云：若卒無師氏，應以此文及禪門驗善惡相。又云：若近師氏，理須咨疑近師氏者，既示近代行人，豈令親近智者大師耶？及善知識中云，行解具足，德在於彼，謂益我者，但在於解，故舉能說法轉人心者。又互發中云，若達三諦，何嘗堪為世方等師？故此等說為，令行人親近師範，不教自讀其文，以邪為正。

　　蓋由上人不體此意故，錯將須待看尋止觀觀境，以消不待觀境之文。又只見文中攝事成理，而不知攝事入陰心成乎理觀。亦以素無良師指授故，專守略文，但謂攝事法入理而已，亦謂入理便是觀心。

　　蓋承上人以真性釋心故，予昨為防止計，故引義例理觀唯達法性之文示之。豈非彼文雖不云達於陰心，理觀既當端坐十乘，豈不達陰識為法性耶？

　　上人謂予引此文，更為可笑。為當欲笑何失！豈可酬答不得，但笑而已？引此為證，非是孤然。

　　蓋由上人於答疑書中，專引此文，證圓談法性，純是理觀，豈非全不達陰識爲法性，只取法性兩字，便爲理觀也。全不曉能達是十乘，所達是陰識，所顯是法性。況達在文，尚未解言趣，陰識既略，何由懸解？以此暗昧故，將佛果法相，妄爲理觀十乘。不請笑兹引文，蓋旅人先笑後必號咷也。何者？既抑彼約行觀法不依陰識，則觀無所託，理無所顯，乃用兹非義，廢乎觀心。既毀方等真觀，法說非法，當生必招耕舌之苦，現世又多疑法之愁，何得苦中而自作樂，頻頻撫掌強笑耶？若據上人前後邪說，皆爲不善消文，今且寄此一二，略示愆失耳。

　　如輔行云但觀理具，上人乃以不但觀理具消之。四念處令專觀內心，即以不專內消之。此玄說果佛法性，便以純談理觀消之。正談佛果法相，乃以直顯心性消之。妙玄絕待三法，乃以隔別事相消之。止觀妄染陰識，乃以非染非淨消之。妙玄心定在因，乃以心非因果消之。此玄當體真法，乃以一念妄心消之。不二門一切三法離合，乃□單將三因消之。然一家教觀，盡以曲解，顛倒消之。至於破立，全無所以也。

　　上人因引釋籤此文，則令己所立義皆破壞也。

　　何者？豈非本以不待觀境之文，欲成事法之觀不依陰境。此文既是先出觀心一釋之意，及乎正明觀心中，顯然須依陰境，是則不依陰境之義，自然破懷也。

　　上人又轉計，不待揀陰爲境，且觀心釋中，具含揀陰之意，已如前不識所觀之心段中委說，今不煩敍也。

　　上人本計事法二觀，全不揀示陰心，因引此文，却成二觀有揀陰義也，得非己義自破壞耶？上人本計事法之觀，不可修習，文中既云不待觀陰，又云即聞即修起精進心，不待陰境之義，既其全壞，須是不待止觀專明妙觀之境也。既令不待，又令即修，正當不待止觀卽修事法觀也。

又更縱上人轉計，以不待揀示陰境釋之。

上人本執諸文事法二觀，以不揀境驗不可修，何故此文，不待觀境，便令精進而修？既云是觀心式樣，驗知諸文事法之觀，雖不揀示陰境，皆須精進而修也。得非己義自破壞耶？又諸文不揀陰境，尚可卽修，令此玄棄三觀一，既已揀境，那得却非修法耶？

又便縱久諳止觀揀境之人，聞此事法觀時，不待玄文揀境，能用本習境觀修之。

只如未習止觀之人，何故特令不待揀境精進而修耶？

況妙玄本爲先開妙解，對未習止觀者説之爲強，何得唯對久習者説之耶？

皆由上人不得名師點示，遂不善取意消之，致令引文破他，翻今己義自壞。亦由毀滅正教，諸聖不容，雖未口吐熱血，且教衆惡滋彰。願速悔過，勿使噬臍不及也。信與不信，速希回報。

然又詰難書自問純談理觀不依陰心，乃是正詰常坐等約行觀法，何不揀示識心爲境？何不明十乘三觀？上人却用事法不待陰境答之，有何干涉？縱令上人此義十分全成，何能救於約行無境，況十分全壞耶？

上人本立十種三法，已是約行觀故，不須附法觀心。今以諸義驗之，全非約行之觀，能破觀心之宗既敗，所破之義何傷？應知，十科觀心，是大師親説，是妙行所憑也。

第十不閑究理

法華一經出諸教上者，蓋由稱於自行所證也。

且道場所得真實絕妙之理，蓋根器未純，故不獲已，而兼但對帶説之。洎乎二乘心漸通泰，菩薩疑網可除，則捨諸方便，但談一實圓妙之理矣。

大師深悟經旨，乃以十妙而詮示之，雖列諸法相，無不皆以二妙圓實之理節節融之。

且三法一妙，最是自行果德所證圓極之理也。故云，三軌者，即一大乘法，十方諦求，更無餘乘。亦名第一義諦，亦名第一義空，亦名如來藏。此三不定三，三而論一；一不定一，一而論三。不可思議，不並不別，伊字天目，乃將此三一不可思議絕妙之理，貫通十種三法，而一一三法，皆從凡夫一念心性，約六即辨至極果也。

上人以全不閑究理故，乃於答疑書首示云，以由玄文十種三法，直顯心性，義同理觀。若直爾明十種三法，不以法性融之，則更立觀心一科，觀前十法，此如妙玄但以三軌，類通十法而已。合有觀心一釋，彼文無者略也。今之玄文雖帶十種法相，其如並以法性貫之。法性無二，即我一心。若識一心，則了諸法。何獨於一念中，識十種三法，乃至無量三法，若橫若竪，罔不照之全我一念。豈此之外，而有法相不融，更須附法作觀乎？應知，此玄所談，非但法相圓融，亦乃理觀明白，約此而觀，何謂教觀不分，解行雙失（以由下並是答疑書文，不加減一字，其文收掌見在）？

不知上人，約於何義，輒云妙玄十種三法，不以法性融之耶？

荊溪云：使一代教文融通入妙，偏小之法，尚皆融妙，因何十種圓教三法，却不以法性融之？若妙玄不以法性融通諸法，則全是有爲事相，且待絕二妙，何所堪耶？是則雖談妙法，不明常住，以不約理論妙故也。

如此謗於妙經，其口當破，其舌當裂。因何黨其邪宗，執其邪解，薰心作孽，一至於此？悲哉，悲哉！

然妙經與此經，約乎教部帶不帶開未開，而辨融不融相，在其詰難書中也。上人既被詰難，深知錯下謗法之言，内心雖伏，而外相不甘，遂作數般道理，分疏抵諱。雖卽費詞，其奈分疏不開，抵諱不得。何者？豈不答疑書意云，妙玄十法，不以理融，故須立觀心融之。此玄十法，既以理融，遂不須觀心融之，正意在此，故無所隱也。

今來義狀却云由彼歷別科中，從實開權，明三教三軌，及類通中，援引文煩，兼非直對經題解釋，慮讀者忘其觀行，故云合有觀心。

且答疑書自云，不以法性融故，合有觀心觀前十法，何時曾云合立觀心觀於三教三軌？何曾云觀於援引文相？如斯謾説，欲咮三歲孩兒還肯信否？此乃是公欺諸方達士，顯誷滿空聖人，還略知慚愧否？又云，妙玄略觀心之語者，謂三法直是所觀一理，況具修性之説，義與觀心相應。若以三法貫通，義當易見，故略之爾。是則妙玄十法，法性貫之也，因何前説不以法性貫之？豈非前説不以法性貫之，今説乃以法性貫之；前説須立觀心，今説不須立觀心；前説觀於圓教十法，今説觀於三教三軌？及觀援引文相，則前説與今説，顯然相違，灼然墮負。上人若是君子之心，爲法之意，必應首伏，捨短從長，終不將無義之語，抵諱分疏也。斯之謗法之過，皆由不閑究理之所致也。然諸所説，皆爲不善究理，且寄此中説耳。

況彼文三教三軌，既約從實開權而説，皆云爲如來藏所攝，自然不生封著。

何者？既知從一開三，三無定三，此玄直將三教，對圓而論。未説權從實出，那能免於差別之執。何故彼文却須觀心融之，此文却不用觀心融之耶？

又援引文略，此玄對明三教，豈不引阿含大品等諸經論，明三教十種三法耶？圓教十法，豈全是經題自標，非引經論而立耶？若論紙數，此玄更多，何故不用觀心觀之耶？又將直附經題明於十法，故云以法性融之，豈妙玄三法，不附妙法之題耶？

況彼附妙法，是約法立義，此玄附金光明，是約喻立義。因何附世金却是法性貫之，附妙法而不得以法性融之耶？此等顛倒，必是惡鬼入心，狂迷而説，實不合與上人議論。既詣心惡行如此，終不肯摧折慢幢，終不肯信順正義。但爲惜乎正教被顛倒説混之，又爲悔於來蒙遭邪言惑亂，所以略寄數義，陳其梗概耳。

上人又云，十種法相並以法性貫之，法性無外，唯我一心，乃至無量三法，橫竪照之。乃云，應知此玄所談，非但法相圓融，亦乃理觀明白等。

正釋十種三法，專以道後法性，該於道中道前，乃是的論。佛法甚深，而實未談心法。以上人元不知心佛高下，爲門不同，故輒云法性無外，唯我一心，而攝諸法入心，橫竪而照，便謂此之玄文，非但法性圓融，亦乃理觀明白。

故詰難書曰，一念心法，乃是内觀之境，仍須教文自立，不可妄添。豈可爲成我義，便自任情曲撰？且如正釋十科，不見略言一念，何得自融自照，成乎邪説？

上人既遭此難，方當少醒，乃知正釋與料揀，不曾攝法歸心，不曾用觀照了。此義顯然又墮，乃於二年，巧作計較，推與久修始習兩種行人。久修者，自能攝法歸心，橫竪照之。始習者，自於止觀，修於理觀。如此釋義，便同兒戲。則此玄文，殊無談理觀之文，亦無融法相之説，但是久修止觀者，自將觀智融照，則十法恰同法界次第，但釋大小名相而已。

況復法界次第文初，大師有爲成三觀之言，學者可以禀教而修，此玄正釋之初，大師只今用信解分別，學者禀何言教而修觀行？

上人本立此玄十種三法，純談理觀，直顯心性，超過妙玄十法。

今却全同法界次第凡夫二乘法相也。彼文雖有大乘法相，豈學三觀者不以凡小法相歷心而修耶？然又推與行人説，灼然是上人妄語。何者？答疑書明説以由玄文直顯心性，故於一念心中，融諸法相，橫竪而照。復自云，應知此玄所談，非但法相圓融，亦乃理觀明白。既云玄文直顯，又云此玄所談，何得今來剛然轉作行人自攝法相歸心，自於止觀橫竪而照？又本立此玄純談理觀，何得却云正明附法，兼明理觀耶？如此將於至教輕侮戲弄，對於諸聖妄言綺語，爲無來報耶？爲無見報耶？若觀答疑書此一段邪説，恐大師四辨以劫壽，陳其謗法欺心之過，亦不可盡。

切冀上人，就理回心，修功補過，共扶正教，退益羣生。可否之間，速希酬報。其有經王之答，足見欺心，當體之酬，益知轉計，兩經觀體，自語相違，二諦教文，頻頻不答，未能委詰，聊敍如前。幸冀上人，思三報之苦長，念一生之事促，捨於我見，順彼法門，無謂先師久執此解，既不遭現苦，乃相效而再行。自是當時不聞正義，實抱己見，必無諂心，或恐先示邪宗，俾欲後彰正説。上人今逢正道，須改迷宗，儻違自心，定招惡報。勤勤奉勉，屢屢興言，只欲顯焕本宗。恐上人不思來報，更莫空延時節，幸希速示否臧。草草馳誠，不果周悉。四明住延慶院法門比丘知禮和南。

（選自大正藏第四十六卷，並據續藏經第一輯第二編第六套印本對勘）

〔附〕　十七祖四明法智尊者大法師

十七祖法智尊者知禮，字約言，四明金氏（世傳所居在郡城白塔巷）。父經以枝嗣未生，與妻李氏禱於佛，夢神僧攜童子遺之曰："此佛子羅睺羅也"，因而有娠。曁生，遂以爲名。（太祖受周禪建隆元年庚申也），神宇清粹，不與衆倫。

七歲喪母，號哭不絕。白父，求出家。遂往依<u>太平興國寺洪選</u>師。十五具戒，專探律部。

<u>太平興國</u>四年(<u>太宗</u>)從<u>寶雲</u>學教觀(時年二十)。始三日，首座謂之曰："法界次第，汝當奉持。"師曰："何謂法界?"座曰："大總相法門，圓融無礙者是也。"師曰："既圓融無礙，何有次第?"座無對。居一月，自講<u>心經</u>，聽者服其速悟。

五年，其父夢師跪於<u>寶雲</u>之前，雲以瓶水注於口，自是圓頓之旨，一受即了。六年常代<u>寶雲</u>講。<u>雍熙</u>元年，<u>慈雲</u>來自<u>天台</u>，始學於<u>寶雲</u>之門。師待以益友，義同手足。<u>端拱</u>元年寶雲歸寂，師復夢，貫<u>寶雲</u>之首，摷於左臂而行，即自解曰："將非初表受習流通，次表操持種智之首化行於世也。"(<u>慈雲</u>撰指要鈔序采用<u>法智</u>自解之説也)<u>淳化</u>二年始受請主<u>乾符</u>，綿歷四載，諸子説隨。

<u>至道</u>元年，以所居西偏小院學徒戾止，盈十莫容，遂徙居城東南隅保恩院。二年，院主<u>顯通</u>，舍爲長講<u>天台</u>教法十方住持之地。三年，以院宇頹弊，與同學<u>異聞</u>始謀經理，既而<u>丹丘覺圓</u>來任役事。

<u>咸平</u>三年(<u>真宗</u>)，郡大旱，與<u>慈雲</u>同修光明懺祈雨，約三日無應，當然一手供佛。懺未竟，雨已大洽。(<u>慈雲</u>行業記云："約三日不雨，當自焚。如期果大雨。太守<u>蘇</u>爲刻石爲記其事。")

六年，<u>日本國</u>遣<u>寂照</u>持<u>源信</u>法師問目二十七條，請答釋。<u>景德</u>元年，撰十不二門指要鈔，成立別理真如有隨緣義。<u>永嘉繼齊</u>立指濫以難之(<u>梵天昭</u>師門人)，謂不變隨緣是今家圓教之理，別理豈有隨緣?師乃垂二十問以袪其蔽。<u>天台元穎</u>復立徵決，以代<u>齊</u>師之答，而<u>嘉禾子玄</u>亦立隨緣撲，以助<u>齊穎</u>。時<u>仁岳</u>居座下，述<u>法智</u>義，立十門折難，總破三師。人謂<u>浄覺</u>禦務之功居多。

四年，遣門人<u>本如</u>、<u>會稽仕</u>師持十義書、觀心二百問詣<u>錢塘昭</u>師室。初是光明玄有廣、略二本並行於世，<u>景德</u>前<u>錢塘恩</u>師製發揮記專解略本，謂十種三法純談法性，不須更立觀心，廣本有之者，後人擅加耳。慈光門人奉先清、靈光敏共造難辭二十條，輔成其義。時寶山善信致書法智請評之（慈雲有寄石壁善信上人詩，有"曾同結社"之句，據此則知俱師寶雲）。師巫辭之曰："夫評是議，非近於靜競？矧二公吾宗先達，其可率爾？"信復請曰："法鼓競鳴，何先何後？"師於是始作扶宗記，大明廣本附法觀心之義，謂恩師之廢觀心，是爲有教而無觀。

有梵天昭、孤山圓皆奉先門學，述辨訛以助略本，謂觀有事理，今十法始終皆以一法性而貫之，豈非純明理觀？師作問疑徵之，云："若謂十法是理觀者，應此玄文是上三三昧，略本既無揀境，且非約行理觀，則知昭師反成有觀而無教。"昭師復述答疑書，從容改轉，以爲玄文直顯心性，義同理觀。師復作詰難責之云："心性之名，釋籤定判在因，上人既以十法是果人所證，則全非直顯心性。又十法既不聞揀陰，將何義同理觀？"昭師又述五義，云："止觀約行，觀心乃立陰等爲境，附法託事，皆不立陰。意謂今所立理觀，是事法之例，不須立陰。"又被詰之後，知心性在因，卻潛改云直顯法性（昭師所立，謂之約行則無揀境，謂之事法則又執爲理，進退兩失，無所憑據，是爲無觀復無教）。師復作問疑，責之曰："詰難本徵直顯心性，純明理觀，何得將事法之觀答之？豈非義窮計盡邪？"此書既往，逾年不答。師復作覆問以促之。昭師徐爲釋問，以十乘妙理爲所觀境。師復責之云："本立三障四魔爲境界，今若以十乘妙理爲所觀境，即以三障四魔爲能觀智邪？"自發揮至今釋問，四番轉計，五回墮負，往復各五，綿歷七載。乃總結前後爲書二卷，斥昭師一不解能觀法，二不識所觀境，三不分內外二境，四不辨事理二造。凡十章，目爲十義書。又設爲二百問以質之。時孤山居昭師座，端觀如什論辯不可當，遽白郡守，以來無公據，發遣令還，不復致答。

　　大中祥符二年，重建保恩院成。自興役至今凡十載，通守石待問爲之記。三年乞郡奏於朝，十月賜額延慶。五年與異聞作戒誓辭以授徒弟立誠，其略有曰："吾始以十方之心，受茲住處。逮乎改創，安施棟宇，元爲聚學，何敢自私？""但吾宗有五德者，無擇邇退，吾將授以居之。後後之謀，莫不咸然。五德者，一曰舊學天台，勿事兼講；二曰研精覃思，遠於浮僞；三曰戒德有聞，正己待物；四曰克遠榮譽，不屈吾道；五曰辭辯兼美，敏於將導。何哉？兼講則叛吾所囑，浮僞則誤於有傳，戒德則光乎化道，遠譽則固其至業。然後辯以暢義，導以得人。五者寧使有加，設若不及，去辯矣。"

　　六年二月十五日，始建念佛施戒會，親爲疏文，以寓勸意。自此，歲以爲常。七年撰融心解，明一心三觀顯四净土之旨。天禧元年，謂其徒曰："半偈亡軀，一句投火，聖人之心，爲法如是。吾將捐身，以警懈怠。"乃與異聞結十同志修法華懺，三載期滿，將焚身以供妙經（遺身苦行人之所難，十僧之名惜乎失錄）。祕書監楊億，（字大年，官至翰林，諡文公），退仰道風，白丞相寇準，奏賜紫服，復奉書爲賀。及聞結懺遺身，乃致書勸請住世。謂方當台教復興之時，正賴傳持，爲世良導。往復數四，尚執前言。楊公乃貽書郡守李夷庚及天竺慈雲，俾同勸止。太守親率僚屬勸請住世，説法利生，且密戒隣社常保護之。會慈雲東下，力爲勸諫，而駙馬李遵勗亦亟書交勸（尚太宗女魏國公主，諡文和公）。師以公私意勸，竟沮前志。乃復結十僧修大悲懺法三載，以酬素願。

　　是年述消伏三用章，對孤山闡義鈔不知性惡是理毒義。有咸潤者述籤疑，以三種消伏，俱約圓論。净覺引疏義，歷四教十法界以除三障，述止疑以扶師義。

　　四年駙馬李遵勗奏師高行遺身，上嘉歎不已，特賜法智大師之號，宣旨住世演教（郡守錢希白題塔院云："内翰楊億爲樞使馬知節撰其父神道碑，不受潤筆，求奏薦四明師號，知節因奏之。上召問億，因言遺身事。上曰：'但傳朕言，請師住世傳教。'於是賜號法智。"據行業碑、塔、銘、實録及法智往復書，皆言李遵勗論薦賜號。今詳希白之題，必當時問諸寺僧，繆言之復，致繆題耳）。是年京師譯經院證義簡長、行肇二十三人，各寄聲詩，贊美道德（待制晁說之作序刻於石）。

　　五年，上聞師爲道勤至，遣内侍俞源清至寺，命修法華懺三日，爲國祈福。源清欲知懺法旨趣，爲述修懺要旨。是歲撰觀音別行玄記、觀經疏妙宗鈔，皆成。時梵天門人咸潤述指瑕以非妙宗，且固執獨頭之色，不具三千等義，蓋昭、圓之餘波也。净覺爲述抉膜以示色心不二之旨，且評它師昧於究竟，蝘蜒六卽之義。一日，净覺與廣智辨觀心觀佛，求決於師。師示以約心觀佛之談，謂據乎心性，觀彼依正，净覺不説而去。既而盡背所宗，述三身壽量解，并別立難辭，請潛修前鈔不使外聞。師慮其爲後世異説之患，乃加料簡十三科以斥之。净覺時在天竺，上十諫書，謂父有諍子，則身不陷於不義。師復作解謗，謂十諫乃成增減二謗。净覺復述雪謗，謂錯用權實，以制勝劣。師時在疾，令門人讀之，爲之太息。既逼歸寂，遂不復辨。後有希最，卽廣慈之子法智之孫，述評謗以辨之。净覺時尚無恙，見之曰："四明之説，其遂行乎？"（自師時在疾，以下一節並預敍後事。）

　　天聖元年（仁宗初元）撰光明玄續遺記成，試開幃四十二章，答泰禪師十問。時天童凝禪師貽書論指要鈔，揀示達磨門下三人得道淺深，往復不已。太守林囗請師融會其説，師不得已，略易數語（往復書備在教行録。忠法師爲後序，略述其事）。

　　三年，先是天禧初，詔天下立放生池。師欲廣揚聖化，每於佛生日，集衆作法，縱魚鳥爲放生之業。是年，郡以事聞，敕樞密劉筠撰文以示後人，太守曾會立碑於寺（見教行錄）。嘗一夕夢伽藍神曰："翌日相公至。"已而曾公領其子公亮入寺，師以夢告母夫人，謝曰："後貴，無敢相忘。"（下二句預敍後事，今教行錄有曾府捨莊田帖）及公亮入相，乃買田闢屋，歲度其徒。（曾魯公初生，夢老僧被幃入。慶曆八年以知制誥衡恤而歸里，僧元達附舟至錢塘，聞天竺之勝，特往瞻禮，始至見素衣女自寺門出，謂達曰："曾舍人五十七入中書，上座是年亦受師號。"已而不見。至是年果拜相，歷事三朝，贈太師中書令，謚宣靖，陪享英廟。蔡襄守錢塘，以大士靈異上於朝，因賜號靈感云。）

五年製光明文句記，以迫歸寂，不及終帙，其後門人廣智續讚佛一品以成之。

六年正月元日建光明懺，七日爲順寂之期，至五日結跏趺坐，召大衆説法畢，驟稱阿彌陀佛數百聲，奄然而逝。壽六十九，夏五十四。露龕二七日，顏貌如生，爪髮俱長，舌根不壞，若蓮華然。明道二年七月，奉靈骨，起塔於南城崇法院之左。

稟法領徒者三十人，尚賢、本如、梵臻、則全、慧才、崇矩、覺琮等；入室四百八十人，升堂千人，手度立誠等七十人。師自咸平二年後，專務講懺，常坐不卧，足無外涉，修謁盡遣。講法華玄義七徧，文句八徧，止觀八徧，涅槃疏一徧，淨名疏二徧，光明玄義十徧，別行玄七徧，觀經疏七徧，金剛錍、止觀義例、〔止觀〕大意、十不二門、始終心要等，不復計數。修法華懺三七期五徧，光明懺七日期二十徧，彌陀懺七日期五十徧，請觀音懺七七期八徧，大悲懺三七期十徧。結十僧修法華懺長期三年，十僧修大悲懺三年。然三指供佛。造彌陀、觀音、勢至、普賢、大悲、天台祖師像二十軀。印寫教乘滿一萬卷。所著續遺記三卷、光明文句記六卷、妙宗鈔三卷、別行玄記四卷、指要鈔二卷、扶宗記二卷、十義書二卷、觀心二百問一卷、解鈔書三卷、金光明三昧儀、大悲懺儀、修懺要旨各一卷,自餘如融心解、義例、境觀、起信融會章、別理隨緣二十問、消伏三用章、光明玄當體章問答、釋日本源信問、釋楊文公三問、絳幃問答(並載教行錄中)。

師於起信論大有悟入,故平時著述多所援據,後人扁其堂曰"起信",示不忘也。

初受命服,神照以書賀師,答之曰:"三術寡修,致名達朝彦。尋蒙帝澤,令被紫服,有恥無榮,何勞致賀?"

指要初成,雪竇顯禪師出山來訪,觀其書,大加欽讚,卽爲設齋致慶,親揭茶榜,具美其事,云:

贊曰:唐之末造,天下喪亂,台宗典籍,流散海東。當是時,爲其學者至有兼講華嚴,以資說飾。暨我宋龍興,此道尚晦。螺溪、寶雲之際,遺文復還。雖講演稍聞,而曲見之士氣習未移。故恩、清兼業於前,昭、圓異議於後,齊、潤以它黨而外務(侮同),净覺以吾子而内叛,皆足以淆亂法門,壅塞祖道。四明法智以上聖之才,當中興之運,東征西伐,再清教海。功業之盛,可得而思。是以立陰觀妄,別理隨緣,究竟蛣蜣,理毒性惡。唯色唯心之旨,觀心觀物之談,三雙之論佛身,卽具之論經體,十不二門之指要,十種三法之觀心,判實判權,說修説性,凡章安、荆溪未暇結顯諸深法門,悉表而出之,以爲駕御羣雄之策,付託諸子之計。自荆溪而來,九世二百年矣,弘法傳道何世無之,備衆體而集大成,闢異端而隆正統者,唯法智一師耳。是宜陪位列祖,稱爲中興,用見後學,歸宗之意。今浙河東西號爲教黌者,莫不一遵四明之道。回視山外諸師,固已無噍類矣。然則法運無窮之繫,其有在於是乎?

(選自志磐佛祖統紀卷八,據續藏經第壹輯第貳編乙第四套第一冊)

方　會

【簡介】　方會，俗姓冷，生於公元九九二年（北宋太宗淳化三年），死於公元一〇四九年（北宋仁宗皇祐元年），袁州宜春（今江西宜春）人，是北宋禪宗臨濟宗兩個支派之一楊岐派的創始人。他二十歲到筠州（今江西高安）九峰山，投師落髮爲僧。後去潭州（今湖南長沙）參石霜楚圓（公元九八六年——一〇三九年）并得法。後又被道俗迎居袁州楊岐山傳法，因長期住楊岐山，世稱"楊岐方會"，其法系稱"楊岐宗"。方會晚年在潭州雲蓋山海會寺開堂説法，故又自稱雲蓋。

方會的禪宗思想，是臨濟的正宗。他認爲"一塵纔舉，大地全收"。主張心即是佛，一切現成。方會兼具臨濟、雲門二家的風格，並有百丈懷海、黃檗希運之長，兼得馬祖道一的大機、大用。因他渾無圭角，佛教史家稱之宗風如龍。

楊岐派的重要人物，有方會的高足白雲守端、保寧仁勇，後有方會的再傳弟子法演，法演的弟子佛果克勤，以及佛果克勤的弟子宗杲。楊岐派還遠傳於日本。

方會的言行，有袁州楊岐山普通禪院會和尚語録和後住潭州雲蓋山海會寺語録共一卷，還有楊岐方會禪師後録一卷等。

一、袁州楊岐山普通禪院會和尚語録

師在筠州九峰山，受疏了，披法衣，乃拈起示衆云："會麽？若也不會，今日無端走入水牯牛隊裏去也。還知麼？**药陽、九曲、萍實、楊岐。**”乃陞座。時有僧出衆，師云：“漁翁未擲釣，躍鱗衝浪來。”僧便喝。師云：“不信道。”僧撫掌歸衆。師云：“消得龍王多少風？”問：“師唱誰家曲，宗風嗣阿誰？”師云：“有馬騎馬，無馬步行。”進云：“少年長老，足有機籌。”師云：“念你年老，放你三十棒。”問：“如何是佛？”師云：“三脚驢子弄蹄行。”進云：“莫只者便是。”師云：“湖南長老。”問：“人法俱遣，未是衲僧極則；佛祖雙亡，猶是學人疑處。未審和尚如何爲人？”師云：“你只要看破新長老。”進云：“與麼則旋斫生柴帶葉燒。”師云：“七九六十三。”師云：“更有問話者麼？試出衆相見。楊岐今日性命在你諸人手裏，一任橫拖倒拽。爲什麼如此？大丈夫兒須是當衆決擇，莫背地裏似水底捺葫蘆相似。當衆引驗，莫便面赤。有麼↓有麼↓出來決擇看。如無，楊岐失利。”師纔下座。九峰勤和尚把住云：“今日喜遇同參。”師云：“同參底事作麼生？”峰云：“九峰牽犁，楊岐拽把。”師云：“正當與麼時，楊岐在前，九峰在前？”峰擬議，師托開云：“將謂同參，元來不是。”

師入院上堂，僧問：“如何是楊岐境？”師云：“獨松巉畔秀，猿向下山啼。”進云：“如何是境中人？”師云：“貧家女子携籃去，牧童橫笛望源歸。”師乃云：“霧鎖長空，風生大野，百草樹木作大師子吼，演説摩訶大般若，三世諸佛在你諸人脚跟下轉大法輪。若也會得，功不浪施；若也不會，莫道楊岐山勢嶮，前頭更有最高峰。”

上堂，云：“百丈把火開田説大義，是何言歟？楊岐兩日種禾，亦有箇奇特語。”乃云：“達磨大師，無當門齒。”

上堂：“楊岐一要，千聖同妙。布施大衆。”拍禪床一下，云：“果然失照。”

上堂：“楊岐一言，隨方就圓。若也擬議，十萬八千。”下座。

上堂：“楊岐一語，呵佛叱祖。明眼人前，不得錯舉。”下座。

上堂："楊岐一句,急著眼覷。長連床上,拈匙把筯。"下座。

上堂,僧問:"急水江頭須下釣,如何釣得巨鼇歸?"師云:"撒手長空外,時人總不知。"進云:"知底事作麼生?"師云:"雲生嶺上。"進云:"作家宗師,天然猶在。"師云:"念言語漢。"師乃云:"不見一法,是大過患。"拈起拄杖,云:"穿却釋迦老子鼻孔,作麼生道得脫身一句?向水不洗水處道將一句來。"良久云:"向道莫行山下路,果聞猿叫斷腸聲。"

上堂,拍禪床一下,云:"只箇心心心是佛,十方世界最靈物。釋迦老子説夢,三世諸佛説夢,天下老和尚説夢,且問諸人,還曾作夢麼?若也作夢,向半夜裏道將一句來。"良久云:"人間縱有真消息,偷向楊岐説夢看。參。"

上堂:"坐斷乾坤,天地黯黑。放過一著,雨順風調。然雖如是,俗氣未除在。"僧問:"欲免心中鬧,應須看古教。如何是古教?"師云:"乾坤月明,碧海波澄。"進云:"未審作麼生看?"師云:"脚跟下。"進云:"忽遇洪波浩渺時如何?"師云:"放過一著,十字縱橫,又作麼生?"僧便喝,撫掌一下。師云:"看者一員戰將。"進云:"打草蛇驚。"師云:"也要大家知。"

師拈起拄杖,云:"一卽一切,一切卽一。"劃一劃,云:"山河大地。天下老和尚百雜碎,作麼生是諸人鼻孔?"良久云:"劍爲不平離寶匣,藥因救病出金瓶。"喝一喝,卓一下:"參。"

上堂:"秋雨洗秋林,秋林咸翠色。傷嗟傅大士,何處尋彌勒。"

上堂:"薄福住楊岐,年來氣力衰。寒風凋敗葉,猶喜故人歸。囉哩唎,拈上死柴頭,且向無煙火。"

上堂:"楊岐無旨的,栽田博飯喫。説夢老氍氀,何處見蹤跡?"喝一喝,拍禪床一下:"參。"

上堂:"凡聖不存,佛祖何立?大衆,清平世界,不許人攙奪行市。"

上堂："楊岐乍住屋壁疏，滿床皆布雪真珠，縮却項，暗嗟吁"，良久云："翻憶古人樹下居。"

（選自上海佛學書局本古尊宿語録卷之十九）

二、後住潭州雲蓋山海會寺語録

師於興化寺開堂，府主龍圖度疏與師，師纔接得，乃提起，云："大衆，府主龍圖，駕部諸官，盡爲你諸人説第一義諦了也，諸人還知麽？若知，家國安寧，事同一家；若不知，曲勞僧正度與表白宣讀，且要天下人知。"表白宣疏了，乃云："今之日，賢侯霧擁，海衆臨筵。最上上乘，請師敷演。"師云："若是最上上乘，千聖側立，佛祖潛蹤。何故如此？爲諸人盡同古佛。還信得及麽？若信得及，大家散去；若不散去，山僧謾你諸人去也。"遂陞座，拈香云："此一瓣香，祝延今上皇帝聖壽無窮。"又拈香云："此一瓣香，奉爲知府龍圖，駕部諸官，伏願常居禄位。"復拈香云："大衆，還知落處麽，若也不知，却爲注破，奉酬石霜山慈明禪師法乳之恩。山僧不免薰天炙地去也。"便燒。净行大師白槌云："法筵龍象衆，當觀第一義。"師云："大衆，早是落二落三了也，諸人何不負丈夫之氣？若不然者，有疑請問。"僧問："昔日梵王請佛，天雨四花。府主臨筵，有何祥瑞？"師云："片雲收岳面，浪自静瀟湘。"進云："大衆霑恩，學人禮謝。"師云："斷頭船子下揚州。"僧問："埋兵掉鬭卽不問，今日當場事若何？"師云："楊岐入界來，未曾逢見者作家。"僧以手劃一劃。師云："分身兩處看。"師乃云："若有問話者，請出來。諸供養中，法供養最勝。若據祖宗令下，祖佛潛蹤，天下黯黑，豈容諸人在者裏立地，更待山僧開兩片皮。雖然如是,且向第二機中,説些葛藤。繁興大用,舉步全真。既立名真,非離真而立,立處即真。者裏須會,當處發生,隨處解脱, 此喚作鬧市裏上竿子,是人總見。你道'金不博金'一句作麼生道? 還有人道得麼? 試出來,蹉跳看。如無,山僧今日失利。但某此際榮幸,伏遇知府龍圖,通判駕部,泊諸官僚,請住雲蓋道場,可謂諸官顧弘深廣,爲國忠臣,建立法幢,上嚴帝祚。然願諸官壽齊山岳,永佐明君,作大股肱,爲佛施主; 諸院尊宿, 在會信心,世世生生,共營大事。久立,珍重。"

上堂:"春雨普潤, 一滴滴不落別處。"拈拄杖卓一下, 云:"會麼? 九年空面壁,年老轉心孤。"

歲旦上堂,僧問:"舊歲已隨殘臘去, 今日新春事若何?"師云:"鉢盂裏滿盛。"進云:"與麼則三年逢一閏,九月是重陽?"師云:"野火燒不盡,春風吹又生。"進云:"專爲舉似諸方去也。"師云:"你道雲蓋末後一句作麼道?"進云:"七九六十三。"師云:"念言語漢。"師乃云:"春風如刀,春雨如膏。律令正行,萬物情動。你道'脚踏實地'一句作麼生道? 出來向東涌西没處道看。直饒道得,也是梁山頌子。"

上堂:"寅朝清旦,古今總見。更問如何,也是癡漢。"

上堂:"一塵纔舉,大地全收。"拈起拄杖,云:"如今舉也。"卓禪床一下, 云:"山河大地, 塞却諸人眼睛。有不受人謾底, 出衆道看。"良久云:"玉笛橫吹動天地,未曾逢着箇知音。參。"

上堂:"身心清淨,諸境清淨。諸境清淨,身心清淨。還知雲蓋老人落地處麼?"乃云:"河裏失錢河裏撓。"下座。

上堂:"雲蓋是事不如,説禪似吞栗蒲。若向此處會得,佛法天地懸殊。"

上堂:"三春將杪,四海廓清,風恬浪静,是人知有。且道'將長就短’一句作麼生道？”良久云：“幾度黑風翻大海，未曾聞道釣舟傾。參。”

上堂：拈拄杖卓一下，云：“大衆，達磨縱有真消息，也落諸人第二機。參。”

上堂：“景色乍晴，物情舒泰。舉步也千身彌勒，動用也隨處釋迦。文殊、普賢總在者裏。衆中有不受人瞞底，便道雲蓋和麩糲麵。然雖如是，布袋裏盛錐子。”

上堂：“有句無句，如藤倚樹。文殊、維摩，撒手歸去。雲蓋與麼道，也是看鍋鏽。更有後語，不得錯舉。”下座。

上堂：“阿呵呵，是什麼？僧堂裏，喫茶去。”下座。

上堂：擲下拄杖，云：“釋迦老子著趺，偷笑雲蓋亂説。雖然世界坦平，也是將勤補拙。參。”

參駕部歸寺，上堂，“釋迦老子爲先鋒，彌勒大士爲殿後。衆中還有著力者麼？出衆來與雲蓋著力看。如無，雲蓋自逞神通也。三五日出入相看。首座大衆，你且道於者裏還有隔礙底道理麼？上座僧堂裏展鉢時，與上座同展，睡時與上座同睡，立地時與上座同立地。長者長法身，短者短法身，彌勒運用與去來何處有間隔？雖然如是，你且道雲蓋在船頭在船尾？衆中還有靈利底衲僧覷得見麼？”良久云：“人人盡道平地險，登樓方覺遠山青。參。”

上堂：“雪，雪，處處光輝明皎潔，黃河凍鎖絶纖流，赫日光中須迸烈，須迸烈，那吒頂上喫蒺藜，金剛脚下流出血。參。”

上堂：“踏著秤鎚硬似鐵，啞子得夢向誰説？須彌頂上浪滔天，大洋海底遭火爇。參。”

上堂：拍禪床一下，云：“休戀江湖五六月，收取絲綸歸去來。”

上堂：“雲蓋不會禪，只是愛瞌眠，打動震天雷，不直半分錢。”

上堂：“舉古人一轉公案，布施大衆。”良久云：“口只好喫飯。”

　　楊岐詮老來，師上堂："拈花付囑，有屆當人。面壁九年，胡言漢語。當人分上，把斷乾坤。且道作麼生是'把斷乾坤'底句，還有人道得麼？如無，雲蓋失利。"

　　楊畋提刑山下過，師出接。提刑乃問："和尚法嗣何人？"云："慈明大師。"楊云："見箇什麼道理，便法嗣他？"云："共鉢盂喫飯。"楊云："與麼則不見也。"師捺膝云："什麼處是不見？"楊大笑。師云："須是提刑始得。"師云："請入院燒香。"楊云："却待回來。"師乃獻茶信。楊云："者箇却不消得，有甚乾曝曝底禪，希見示些子。"師指茶信云："者箇尚自不要，豈況乾曝曝底禪？"楊擬議。師乃有頌："示作王臣，佛祖罔措，爲指迷源，殺人無數。"楊云："和尚，爲什麼就身打劫？"師云："元來却是我家裏人。"楊大笑。師云："山僧罪過。"

　　萬壽先馳，馳書至。師問："萬壽峰前師子吼，當人返擲事如何？"僧云："踏跳上三十三天。"師云："與麼則雲蓋直下覷也。"僧云："草賊大敗。"師云："更不再勘，且坐喫茶。"

　　龍興孜老遷化，僧馳書至。師問："世尊入滅，椁示雙趺。和尚歸真，有何相示？"僧無語。師搥胸云："蒼天，蒼天！"

　　慈明遷化，僧馳書至。師集衆，掛真舉哀。師至真前，提起坐具，云："大衆會麼？"遂指真云："我昔日行脚時，被者老和尚將一百二十斤擔子放在我身上，如今且得天下太平。"却顧視大衆云："會麼？"衆無語。師搥胸云："嗚呼哀哉，伏惟尚饗！"

　　慈明忌晨，設齋衆集。師至直前，以兩手捏拳安頭上，以坐具劃一劃，打一圓相，便燒香，退身三步，作女人拜。首座云："休捏怪。"師云："首座作麼生？"首座云："和尚休捏怪。"師云："兔子喫牛妳。"第二座近前，打一圓相，便燒香，亦退身三步，作女人拜。師近前作聽勢，第二座擬議，師打一掌云："者漆桶也亂做。"

　　武泉常老出門，乃問："出門便作還鄉計，到家一句作麼生道？"泉云："和尚善爲住持。"師云："與麼則身隨寒影去，脚大草鞋寬。"泉云："和尚善爲開田。"師云："兔子何曾離得窟？"

　　一日三人新到，師問："三人同行，必有一智。"提起坐具，云："參頭上座，喚者箇作什麼？"僧云："坐具。"師云："真箇那？"僧云："是。"師云："喚作什麼？"僧云："坐具。"師顧視左右云："參頭却具眼。"又問第二座："欲行千里，一步爲初。如何是最初一句？"僧云："到和尚者裏，爭敢出手。"師以手劃一劃。僧云："了。"師展兩手，僧擬議。師云："了。"又問第三座："上座近離什麼處？"僧云："南源。"師云："楊岐今日被上座勘破，且坐喫茶。"

　　一日七人新到，師問："陣勢既圓，作家、戰將何不出陣與楊岐相見？"僧以坐具便打。師云："作家。"僧又打。師云："一坐具，兩坐具，又作麼生？"僧擬議，師背面立。僧又打。師云："你道楊岐話頭落在什麼處？"僧指面前云："在這裏。"師云："三十年後，遇明眼人不得錯舉，且坐喫茶。"

　　一日道吾供養主馳書至，師問："春雨霖霖無暫息，不觸波瀾試道看。"主云："適來已通信了。"師云："者箇是道吾底？那箇是化主底？"主指云："春雨霖霖。"師撫掌大笑，云："不直半分錢。"主便喝。師云："者瞎漢向道不直半分錢，又惡發作什麼？"主撫掌一下，師云："且坐喫茶。"

　　一日石霜供養主至，師問："征行戰將，假道經過，劄寨既圓，何不與楊岐草戰？"主云："昔時謬向途中覓，今日親逢老作家。"師云："楊岐且輸小捷去也。"主便喝。師云："亂做作什麼？"主將坐具劃一劃。師云："齋後鐘。"主云："噓"。師云："只者箇別更有在。"主無語。師云："敗將不斬，且坐喫茶。"

　　師問僧："楊岐路僻，高步何來？"僧云："和尚幸是大人。"師云：

“嗄。”僧云：“和尚幸是大人。”師云：“楊岐近日耳聾，且坐喫茶。”

師問僧：“秋色依依，朝離何處？”僧云：“去夏在上籃。”師云：“‘不涉程途’一句作麼生道？”僧云：“兩重公案。”師云：“謝上座答話。”僧便喝。師云：“那裏學得者虛頭來？”僧云：“明眼尊宿難謾。”師云：“與麼則楊岐隨上座去也。”僧擬議，師云：“念你鄉人在此，放你三十棒。”

師問僧：“雲深路僻，高步何來？”僧云：“天無四壁。”師云：“踏破（破，原作彼，今改）多少草鞋？”僧便喝。師云：“一喝，兩喝，又作麼生？”僧云：“你看者老和尚。”師云：“拄杖不在，且坐喫茶。”

師問僧：“敗葉堆雲，朝離何處？”僧云：“觀音。”師云：“‘觀音脚跟下’一句作麼生道？”僧云：“適來已相見了也。”師云：“相見底事作麼生？”僧無語。師云：“第二上座代參頭道看。”僧亦無語。師云：“彼此相鈍置。”

一日八人新到，師問：“一字陣圓，作家、戰將何不出陣與楊岐相見？”僧云：“和尚照顧話頭。”師云：“楊岐今日抱馬拖旗去也。”僧云：“新戒打退鼓。”師云：“道。”僧擬議，師云：“道。”僧撫掌一下。師云：“謝上座答話。”僧無語。師云：“將頭不猛，累及三軍，且坐喫茶。”

　　　　　　　　（選自上海佛學書局本古尊宿語録卷之十九）

〔附：潭州雲蓋山會和尚語録序〕

李唐朝有禪之傑者馬大師，據江西渤潭，出門弟子八十有四人。其角立者，唯百丈海得其大機。海出黃檗運得其大用，自餘唱導而已。運出顒，顒出沼，沼出念，念出昭，昭出圓，圓出會。

會初住袁州楊岐，後止長沙雲蓋。當時謂海得其大機，運得其大用。兼而得者，獨會師歟！師二居法席，凡越一紀，振領提綱，應機接誘，富有言句，不許抄録。衡陽守端上人，默而記諸，編成一軸。

愚仰惠師之名久矣，因就端求其編軸，焚香啟讀。大矣哉，師之機辯也，若巨靈神劈開太華首陽，河流迅急，曾無凝滯。匪上上大乘根器，曷能湊之乎？端命愚爲序，貴師之道，流傳天下。且會師之名與道，深於識者悉聞之，故不可辭飾，但實序其由。

師袁州宜春人，姓冷氏，落髮於潭州瀏陽道吾山，俗齡五十四，卒於雲蓋山，塔存焉。皇祐二年，仲春既望日，湘中苾蒭文政述。

（選自上海佛學書局本古尊宿語録卷之十九）

〔附：題楊岐會老語録〕

楊岐會老，跨三腳驢，入水牯牛隊中，拽杷牽犁，種田博飯，橫吹玉笛，飽吞栗蒲。四十年來，叢林以爲奇特。豈不聞，三世諸佛説夢，諸方老宿説夢，是楊岐當日語。不知楊岐自作夢後，還覺也未。若要清風再振，舊令重行，明眼底人試將此録看。元祐三年立春日，無爲子楊傑書於望海樓。

（選自上海佛學書局本古尊宿語録卷之十九）

三、楊岐方會禪師後録

一名楊岐會和尚後録

師入院開堂，宣疏了。師云："大衆，大家散去，早落二頭三首。

如不散去，今日熱瞞諸人去也。宜陽秀水，萍實楚江。"遂陞座，拈香云："此一瓣香，奉爲今上皇帝聖壽千秋，永昌佛日。次一瓣香，奉爲州縣官僚檀那十信。此一瓣香，諸人還知落處麼？若也知得落處，更不須開兩片皮；若也不知，爲先住南源，次住石霜，今住潭州興化禪寺。諸人還識興化麼？如不識，不免帶累上祖。"遂趺座。維那白槌訖，師云："早落第二義，大衆散去，猶較些子。既不散去，有疑請問。"僧問："師唱誰家曲，宗風嗣阿誰？"師云："隔江打皷不聞聲。"僧云："興化的子，臨濟兒孫。"師云："今日因齋慶讚。"師乃云："更有問話者麼？所以道，諸供養中，法供養最爲勝。"良久云："百千諸佛，天下老和尚出世，皆以直指人心，見性成佛。若向者裏明得去，盡與百千諸佛同參；若向者裏未能明得，楊岐未免惹帶口業。況諸人盡是靈山會上受佛付囑底人，何須自家退屈？還有記得底人麼？你且道，靈山末後一句作麼生道？如無，楊岐今日敗闕。以方會倅欲深雲隱拙，隨衆延時，豈謂郡縣官僚洎諸檀信共崇三寶，續佛壽命，令法久住！倅令山僧住持此刹，亦非小緣。所有一毫之善，上祝皇帝萬歲，家宰千秋。大衆且道，今日事作麼生？"良久云："來年更有新條在，惱亂春風卒未休。"

上堂：僧問："如何是祖師西來意？"師云："擔頭不負書。"師云："心生種種法生，心滅種種法滅。"拈起拄杖，卓一下，云："大千世界百雜碎，捧鉢盂向香積世界喫飰去也。"

上堂：僧問："如何是不動尊？"師云："大衆齊著力。"僧云："與麼則香燈不絶去也？"師云："且喜勿交涉。"師乃云："一切法皆是佛法，佛殿對三門，僧堂對廚庫。若也會得，擔取鉢盂拄杖，一任天下橫行。若也不會，更且面壁。"

上堂：僧問："如何是佛？"師云："賊是人做。"師乃云："萬法是心光，諸緣惟性曉。本無迷悟人，只要今日了。山河大地，有什麼

過，山河大地，目前諸法，總在諸人脚跟下。自是諸人不信，可謂
古釋迦不前，今彌勒不後。楊岐與麼，可謂買帽相頭。"

上堂："心是根，法是塵，兩種猶如鏡上痕。痕垢盡時光始現，
心法雙忘性卽真。"遂拍禪床一下云："山河大地何處有也？且作麼
生道得不受人瞞底句？若也道得，向十字路頭道將一句來。如無，
楊岐今日失利。"

上堂："一塵纔起，大地全收。"遂拈起拄杖云："須彌山上走馬，
大洋海裏踍跳，鬧市中忽撞著者箇，是人知有。且道黑地裏穿針一
句作麼生道？"良久云："尋常不欲頻開口，爲是渾身著衲衣。"

上堂云："心隨萬境轉，轉處實能幽。隨流認得性，無喜復無
憂。"復云："天堂地獄，罩却汝頭，釋迦老子在你脚跟下。當明對
暗，時人知有，鬧市裏把將鼻孔來。還有道得麼？試出來與楊岐出
氣。如無，楊岐今日失利。"

上堂：僧問："祖師面壁，意旨如何？"師云："西天人不會唐言。"
僧云："昨日雨落，今日天晴，是人道得，請和尚出格道一句。"師以
兩手捺膝坐。僧云："大煞盡力道，只道得一半。"師云："分身兩處
看。"僧指侍者云："和尚爲甚麼不著鞋？"師云："者漆桶。"僧便禮拜
歸衆。

師乃舉外道問佛，不問有言，不問無言，世尊良久，外道讚嘆。
世尊大慈大悲，開我迷雲，令我得入。外道去後，阿難問世尊云：
"外道見箇什麼，便道令我得入？"世尊云："如世良馬，見鞭影而
行。"師云："道吾師兄云：'世尊隻眼通三世，外道雙眸貫五天。'道
吾師兄，善則善矣，甚與古人出氣。楊岐道，金鍮不辨，玉石不分。
大衆要會麼？世尊輟己從人，外道因齋慶讚。"遂以拄杖卓一下，喝
一喝。

上堂："妙湛總持不動尊，首楞嚴王世希有。銷我億劫顛倒想，

不歷僧祇獲法身。"乃拈拄杖云:"拄杖子豈不是法身,你諸人還知麼? 楊岐今日向水裏倒、泥裏輥,蓋爲諸人頭抵麵袋裏。三十年後,明眼人前不得錯舉。"以拄杖卓一下,喝一喝。

上堂云:"一切智通無障礙。"遂拈起拄杖云:"拄杖子,向諸人面前逞大神通去也。"遂擲下,云:"直得乾坤震裂,地搖天動。不見道,一切智智清淨。"又拍禪床一下云:"三十年後,明眼人前,莫道楊岐龍頭蛇尾。"

上堂云:"雲驚雨勢,萬物發生。"拈起拄杖云:"大衆且道,者箇作麼生?"良久云:"漁翁盡日空垂釣,收取絲綸歸去來。"以拄杖卓禪床一下,云:"參。"

上堂,僧問:"師登寶座,四衆臨筵,的的西來,請師舉唱。"師云:"雲開山嶽秀,水到四溟寬。"進云:"一句已蒙師指示,今日得聞於未聞。"師云:"脚跟下一句,作麼生道?"僧云:"若不伸三拜,爭顯我師機。"師云:"更有什麼事?"僧禮拜。師云:"記取者僧話頭。"問:"先聖有八萬四千法門,門門見諦,學人爲什麼觸途成滯?"師云:"何得自家退屈?"僧云:"急切處,請師舉。"師云:"露柱踉跳,上三十三天。"僧云:"拈却佛殿,去却案山。脚跟下去西天有多少?"師云:"楊岐被你問倒。"僧云:"將謂無鼻孔。"師云:"三十年後,自家面赤。"師乃云:"風不鳴條,雨不破塊,此是俗漢時節,作麼生是衲僧應時應節底句?"遂拍禪床一下,云:"直待彌勒下生時。"

上堂,僧問:"虎符金印師親握,家國興亡事若何?"師云:"將軍不舉令。"僧云:"坐籌帷幄,非師者誰?"師云:"金州客。"僧云:"幸對人天,願觀盛作。"師云:"楊岐鼻孔在闍梨手裏。"僧云:"學人性命在和尚手中。"師云:"你乾踉跳作什麼?"僧云:"下坡不走,快便難逢。"撫掌一下,便禮拜。師云:"看者一員戰將。"師乃云:"風霜刮地,寒葉飄空。不涉春緣,拈將鼻吼來。"遂拍禪床一下，云:"來年更有新條在,惱亂春風卒未休。"

上堂云:"楊岐一訣,凡聖路絕。無端維摩,特地饒舌。"

上堂,供養主問:"雪路漫漫,如何化導?"師云:"霧鎖千山秀,迤邐問行人。"僧問:"忽有人問楊岐意旨,未審如何舉似?"師云:"大野分春色,巖前凍未消。"僧畫一圓相,云:"忽遇與麼人來,又作麼生?"師乃捺轉面,僧擬議。師便喝云:"甚麼處去也。"僧作女人拜。師云:"歸來與你三十棒。"師乃云:"楊岐令下,已在言前,作麼生是正令?"喝一喝,便下座。

上堂云:"落鵰之箭,斬蛟之劍,主將自敗,抱馬拖旗。有人向安家立國處,道將一句來。"良久云:"太平本是將軍致,不許將軍見太平。"喝一喝。

上堂,俗士問:"人王與法王相見,合談何事?"師云:"釣魚船上謝三郎。"進云:"此事已蒙師指示,雲蓋家風事若何?"師云:"幞頭衫帽脫當酒錢。"士云:"忽遇客來,如何祇待?"師云:"三盞兩盞猶閑事,醉後郎當笑殺人。"師乃云:"一切法皆是佛法。"遂拍禪床一下,云:"山河大地百雜碎,還我佛法來。"良久云:"何似生,遼天鶻,萬里雲,只一突。"

上堂,拍禪床,云:"大眾,釣竿斫盡重栽竹,不計功程得便休。"

上堂云:"無邊剎境,自他不隔於毫端。十世古今,始終不離於當念。"遂拍禪床一下,云:"釋迦老子年多少,還知麼?若也知得,人間天上,出入自由;若也不知,雲蓋自道:'恆薩訶竭二千年。'"

上堂云:"把定乾坤幾萬般,文殊普賢豈能觀?今日爲君重注破,繁鼻南山子細看。"以拄杖卓一下。

上堂云:"一即一切,一切即一。"拈起拄杖,云:"吞却山河大地了也。過去諸佛、未來諸佛、天下老和尚，總在拄杖頭上。"遂以拄杖劃一劃，云："不消一喝。"

上堂云："雲蓋傳箭令下，釋迦老子爲先鋒，菩提達磨爲殿後。陣勢既圓，天下太平。且道不動步一句作麽生道？"良久云："不經一事，不長一智。參。"

上堂云："天得一以清，地得一以寧，君王得一，以治天下。衲僧得一，且作麽生？"良久云："鉢盂口向天。"

上堂云："心隨萬境轉，轉處實能幽。"拍禪床一下，云："釋迦老子被蠛螟蟲吞却了也，且喜天下太平。"喝一喝。

上堂云："時雨霖霖，悅耕人心。頭頭顯煥，金不博金。參。"

上堂云："是法住法位，世間相常住。釋迦老子鼻孔遼天，樓至如來兩脚踏地。你且道，者兩箇漢還有過也無？"良久云："犬子便吠，牛子牽犁，衲僧與麽未摸著皮？"

上堂，顧視大衆，喝一喝，卓拄杖一下，云："清平世界，不許人攙奪行市。"

上堂云："釋迦老子初生時，周行七步，目顧四方，一手指天，一手指地。今時衲僧盡皆打模畫樣，便道天上天下，唯我獨尊。雲蓋不惜性命，亦爲諸人打箇樣子。"良久云："陽氣發時無硬地。"

上堂云："彌勒真彌勒，分身千百億。時時示時人，時人皆不識。"師乃擲下拄杖，便歸方丈。

上堂，舉盤山道，向上一路，千聖不傳。師云："口上著。"又云："學者勞形，如猿捉影。"師云："盤山與麽道，以己妨人。"

上堂："彌勒真彌勒，分身千百億。時時示時人，時人皆不識。"師遂拈起拄杖，云："拄杖子豈不是彌勒？諸人還見麽？拄杖子橫也，是彌勒放光動地。拄杖子豎也，是彌勒放光照曜三十三天。拄杖子不橫不豎，彌勒向諸人脚跟下，助你諸人説般若。若也知得，去拈鼻孔，向鉢盂裏，道將一句來。如無，山僧失利。”

上堂云：“山僧一語，凡聖同舉。罷釣收綸，不如歸去。”

上堂云：“今朝三月二，瞿曇未瞥地，拈花説多端，迦葉猶尚醉。更有末後語，且不得錯舉。”

上堂云：“朝晴夜雨，民歡卒土。瞿曇老人，未有後語。雲蓋今日爲大衆舉。”良久云：“太平本是將軍致，不許將軍見太平。”

勘　辩

一日，璉三生至，師云：“寒風凜烈，紅葉飄空，祖室高流，朝離何處？”璉云：“齋後離南源。”師云：“脚跟下一句，作麽生道？”璉以坐具摵一摵。師云：“只者箇，別有生。”璉作抽身勢。師云：“且坐喫茶。”

二人新到，師云：“春雨乍歇，泥水未乾。行脚高人，如何話道？”僧云：“昔時離古寺，今日覿師顏。”師云：“甚處念得者虛頭來？”僧云：“和尚幸是大人。”師云：“脚跟下一句作麽生道？”僧以坐具摵一摵。師云：“與麽則楊岐燒香供養去也。”僧云：“明眼人難瞞。”師拈起坐具，云：“第二行脚僧，喚者箇作什麽？”僧云：“乍入叢林不會。”師云：“實頭人難得，且坐喫茶。”

問僧：“落葉飄飄，朝離何處？”僧云：“齋後離南源。”師云：“脚跟下一句作麽生道？”僧云：“愁人莫向愁人説。”師云：“楊岐專爲舉揚諸方去也。”僧云：“是什麽心行？”師云：“不得楊岐讚嘆。”僧擬議，師云：“且坐喫茶。”

一日，數人新到相看，師云：“陣勢既圓，作家戰將何不出來與雲蓋相見？”僧打一坐具。師云：“作家師僧。”僧又打一坐具。師云：“一坐具兩坐具，又作麽生？”僧擬議。師乃背面立。僧又打一坐具，師云：“你道雲蓋話頭在甚處？”僧云：“在者裏。”師云：“三十年後自悟去在，**雲蓋在上座手裏**。且坐喫茶。”師又問：“夏在甚處？”僧云：“神鼎。”師云：“早知上座神鼎來，更不敢借問。”

師次日參云：“昨日數人新到，打**雲蓋**三下坐具。恰似有箇悟處。”遂舉前話了，乃云：“**雲蓋**敗闕處，諸人總知。新到得勝處，諸人還知麼？若也知得，出來與**雲蓋**出氣。若也不知，明眼人前，不得錯舉。”

上堂云：“萬法本閑，唯人自鬧。”以拄杖卓一下，云：“大衆，好看火燭，明眼人前，不得錯舉。”

師訪**孫**比部，值判公事次，部云：“下官爲王事所牽，無由免離。”師云：“此是比部願弘深廣，利濟羣生。”比部云：“未審如何？”師云：“應現宰官身，廣弘悲願深。爲人重指處，棒下血淋淋。”比部因頌有省，乃歸小廳坐次，却問：“下官每日持齋喫菜，還合諸聖也無？”師以頌贈之：“**孫**比部，**孫**比部，不將酒肉污腸肚，侍僕妻兒渾不顧。**釋迦**老子是誰做？**孫**比部，**孫**比部！”

自術真讚

口似乞兒席袋，鼻似園頭屎杓。勞君神筆寫成，一任天下卜度。似驢非驢，似馬非馬，咄哉**楊岐**，牽犁拽杷。

指驢又無尾，喚牛又無角。進前不移步，退後豈收脚。無言不同佛，有語誰斟酌？巧拙常現前，勞君安寫邈。

（選自續藏經第壹輯第貳編第二十五套第二册）

〔附〕　惠洪：楊岐會禪師

禪師名**方會**，生冷氏，袁州宜春人也。少警敏滑稽，談劇有味。及冠，不喜從事筆硯，竄名商稅務掌課。最坐不職，當罰，宵遯去。

遊筠州九峯(或云潭州道吾)，恍然如昔經行處，眷不忍去，遂落髮
爲大僧。閱經聞法，心融神會，能痛自折節，依參老宿。慈明禪師
住南原，會輔佐之，安樂勤苦。

及慈明遷道吾、石霜，會俱自請領監院事，非慈明之意，而衆論
雜然稱善。挾楮衾入典金穀，時時惹語摩拂。慈明，諸方傳以爲
當。慈明飯罷必山行，禪者問道，多失所在。會闚其出未遠，即搥
鼓集衆，慈明遽還，怒。數曰："少叢林暮而陞座，何從得此規繩？"
會徐對曰："汾州晚參也，何爲非規繩乎？"慈明無如之何。今叢林
三八念誦罷猶參者，此其原也。

慈明遷興化，因辭之，還九峰萍實，道俗詣山，請住楊岐。時九
峰長老勤公不知會，驚曰："會監寺亦能禪乎？"會受帖問答罷，乃
曰："更有問話者麽？試出相見。楊岐今日性命在汝諸人手裏，一
任橫拖倒拽。爲什麽如此？大丈夫兒須是當衆決擇，莫背地裏似
水底按胡盧相似。當衆勘驗看，有麽？若無，楊岐失利。"下座。勤
把住曰："今日且喜得箇同參。"曰："同參底事作麽生？"勤曰："楊岐
牽犁，九峰拽耙。"曰："正當與麽時，楊岐在前，九峰在前？"勤無語，
會托開曰："將會同參，元來不是。"自是名聞諸方。

會謂衆曰："不見一法是大過患。"拈拄杖，云："穿過釋迦老子
鼻孔，作麽生道。得脫身一句？向水不洗水處道將一句來。"良久
曰："向道莫行山下路，果聞猿叫斷腸聲。"又曰："一切智通無障
礙。"拈起拄杖，云："拄杖子，向汝諸人面前逞神通去也。"擲下。
云："直得乾坤震裂，山嶽搖動。會麽？不見道，一切智智清净？"拍
繩床，曰："三十年後，莫道楊岐龍頭蛇尾。"其提綱振領，大類雲門。

又問來僧曰："雲深路僻，高駕何來？"對曰："天無四壁。"曰：
"踏破多少草鞋？"僧便喝。會曰："一喝二喝後作麽生？"曰："看這
老和尚著忙。"會曰："拄杖不在，且坐喫茶。"又問來僧曰："敗葉堆

雲，朝離何處？"對曰："觀音。"曰："觀音脚根下一句作麼生道？"對曰："適來相見了也。"曰："相見底事作麼生？"其僧無對。會曰："第二上座代參頭道看。"亦無對。會曰："彼此相鈍置。"其驗勘鋒機，又類南院。

　　慶曆六年移住潭州雲蓋山以臨濟正脈付守端。

　　　　（選自禪林僧寶傳卷第二十八，據續藏經第壹輯第貳編乙第十套
　　　　　　　　　　　　　　　　　　　　　　　　　　　第三冊）

慧　南

【簡介】　慧南，俗姓章，生於公元一〇〇二年（北宋真宗咸平五年），死於公元一〇六九年（北宋神宗熙寧二年）信州玉山（今江西省玉山縣）人，是禪宗臨濟宗兩個支派之一黃龍派的創始人。他十七歲出家，十九歲受具足戒。先從泐潭懷澄學雲門禪，後改換門庭，拜臨濟宗石霜楚圓爲師，得楚圓的"印可"，爲楚圓"法嗣"。此後，曾去福建同安崇勝禪院開法，又移住廬山、筠州（江西省高安縣）黃檗山，以後又在隆興（今江西省南昌）黃龍山振興禪法，法席盛極一時。慧南因在黃龍山崇恩禪院舉揚一家宗風，而被稱爲"黃龍慧南禪師"，該派也被稱爲黃龍派。慧南還因勅諡普覺，也稱爲普覺禪師。

慧南禪學思想是，強調"觸事而真"，說："道遠乎哉？觸事而真！聖遠乎哉？體之即神！"學禪在於"息心"，"禪不假學，貴在息心。"慧南宗風嚴峻，人喻之如虎。他設三轉語，對前來參請的學人先問："人人盡有生緣，上座生緣在何處？"正當互相問答爭辯時却把手伸出，說："我手何似佛手？"又在問學人所得時，却把脚垂下說："我脚何似驢脚？"如此三十餘年，叢林稱之爲"黃龍三關"。慧南設此"三關"的目的是要學人觸機即悟。

慧南後，黃龍派有祖心、克文和常總三系，其中除祖心系後經日本僧人明庵榮西傳回國而開立臨濟宗外，在國内，從興起到衰歇，共約一百六、七十年光景。

慧南留下的禪學思想資料，有黃龍慧南禪師語録（又稱普覺禪

師語録）和黄龍慧南禪師語録續補（日本兩足院東睃輯）各一卷
行世。

一、黃龍南禪師語録—名普覺禪師語録

師初住同安崇勝禪院，開堂日，宣疏罷，師拈香云："此一炷香
爲今上皇帝聖壽無窮。"又拈香云："此爲知軍郎中、文武衆僚，資
延福壽，次爲國界安寧，法輪常轉。"又拈香云："大衆且道，此一炷
香，當爲何人？多少人卜度，未知落處。今日爲湖南慈明禪師，一
炷爇却，令教充偏天下叢林，與一切衲僧，爲災爲禍去。"

維那白槌云："法筵龍象衆，當觀第一義。"師噫云："好箇第一
義，幸自完全，剛被維那打作兩橛，還有人接續得麼？"遂左右顧視
大衆，乃云："若接續不得，同安今日拈頭作尾，拈尾作頭去也。有
問話者，切須著眼。"時有僧問："寶座已登於鳳嶺，宗風演唱嗣何
人？"師畫一圓相，進云："石霜一派進入江西也。"師云："杲日當天，
盲人摸地。"問："如何是同安境？"師云："看不得。"進云："如何是境
中人？"師云："無面目。"問："作家不崒啄，崒啄不作家，大衆臨筵，
請師作家相見。"師垂下一足。進云："焰裏尋飛雪，水下火燒天。"
師乃收足。進云："大衆證明真善知識。"師云："同安不著便，闍黎
亦不著便。"進云："此由是兩家共用，拏鼓奪旗事作麼生？"師擲下
拂子。

師乃云："未登此座，一事也無。纔登此座，便有許多問答。敢
問大衆，只如一問一答，還當宗乘也無？若言當去，一大藏教，豈無
問答？爲什麼道教外別行，傳上根輩？若言不當，適來許多問答，
圖箇什麼？行脚人當自開眼，勿使後悔。若論此事，非神通修證之

能到，非多聞智慧之所談。三世諸佛，只言自知一大藏教詮註不及。是故靈山會上，百千萬衆，獨許迦葉親聞。黃梅七百高僧，衣鉢分付行者，豈是汝等，貪淫愚執，勝負爲能？夫出家者，須稟丈夫決烈之志，截斷兩頭，歸家穩坐，然後大開門户，運出自己家財，接待往來，賑濟孤露，方有少分報佛深恩。若不然者，無有是處。"以拂子擊禪床，下座，乃布謝。

歲旦上堂，僧問："不求諸聖，不重己靈，未是衲僧分上事，如何是衲僧分上事？"師云："三十年來，罕逢此問。"進云："恁麼則辜負諸聖去也？"師云："話也未答，何言辜負？"僧撫掌一下，師云："吽，放過即不可。"

師乃云："四象推移，終而復始，二儀交泰，允屬兹辰。俗諦紛紜，各敍往來之禮；真如境界，且非新舊之殊。何故？豈不見道，一念普觀無量劫，無去無來亦無住，既絶去來，有何新舊？既非新舊，又何須拜賀，特地往來？但能一念常寂，自然三際杳忘。何去來之可拘，何新舊之可問？故云：'如是了知三世事，超諸方便成十力。'"良久云："如斯舉唱，人人盡知，破二作三，能有幾箇？何故？時人祇解順風使帆，不解逆風把柁。"擊禪床，下座。

上堂云："冬至寒食一百五，即不問，諸上座，'半夜穿針'一句作麼生道？若人道得，還我第一籌來。若道不得，彼此失利。"下座。

上堂云："法身無相，應物現形，般若無知，隨緣即照。"遂豎起拂子，云："拂子豎起，謂之法身，豈不是應物現形？拂子橫來，謂之般若？豈不是隨緣即照？"乃呵呵大笑。忽有人出來搊住同安，唾一唾，摑一摑，掀倒禪床，拽向堦下去。也怪他不得，如今既無如是咬猪狗底腳手，同安卻倒行此令去也。下座。

上堂集衆，良久云："嘉魚在深處，幽鳥立多時。"擊禪床，下座。

上堂云："今日四月八，我佛降生之日，天下精籃，皆悉浴佛。記得遵布衲在藥山會裏充殿主，浴佛之次，藥山問：'汝祇浴得這箇，還浴得那箇麽？'遵云：'把將那箇來。'藥山便休。"師云："古人隨時一言半句，亦無巧妙。今人用盡心力安排，終不到他境界。衆中商量或云，這箇是銅像，那箇是法身。銅像有形，可以洗滌。法身無相，如何洗得？藥山只知其一，不知其二，被遵公倒靠，直得口似匾檐，不勝懡㦬。"又云："古聖垂問，只要驗人，問汝那箇，便道把將那箇來，正是隨聲逐色，咬他言句，上他繾繻。藥山見伊不會，所以便休。"又道："藥山與麽來，早是無事起事，好肉上剜瘡。遵公不見來病，却向灸瘡瘢上更著艾焦。有云，古人得了，逢場作戲，無可不可，何高何低，彼此知有。自是後人强生分別。"師云："如前所解，蓋不遇人，一失其源，迷而不復。所以只憑誠心，思量計較，以當宗乘。殊不知，有作思惟，從有心起。用此思惟，辨於佛境。如取螢火燒須彌山，縱經塵劫，終不能著。是故行脚高人，切須自看，從上來事，合作麽生？畢竟將何敵他生死？勿以少許浮虛識見，自作障礙。佛法不是這箇道理，同安今日不避口業，與諸人說破，此二尊宿，一出一入，未見輸贏。三十年後，不得錯舉。"下座。

聖節，上堂云："今日皇帝降誕之辰，率土普天祝延聖壽。即不無。諸仁者，還識王子也未？若人識得，盡十方微塵刹土，皆屬上座，更非他物，便坐涅槃城裏，端拱無為，統三界以為家，作四生之依怙。若也未識，佛殿裏燒香，三門頭合掌。"下座。

上堂，因僧馳書，遂舉思和尚令石頭馳書，上南嶽讓和尚。即云："迴，來與汝箇鉏斧子住山去。"石頭到讓和尚處，未達書便問："不求諸聖，不重己靈時如何？"讓云："子問太高生，何不向下問？"石頭云："乍可永劫受輪迴，不從諸聖求解脫？"讓和尚不對，石頭乃迴。思和尚問：“子去未久，書得達否？”石頭云：“信亦不通，書亦不達。”思和尚云：“何故？”石頭舉前話。復云：“去日蒙和尚許箇鈯斧子住山，即今便請。”思和尚垂下一足，石頭便禮拜，去入南嶽住山。師云：“石頭馳書，今古共聞，後人不善宗由，罕能提唱，致使水乳不辨，玉石不分？同安今日擗破一半，布施大眾。石頭雖然善能馳達，不辱宗風，其奈逞俊太忙，不知落節。既是落節迴來，因甚却得鈯斧子住山？若這裏見得，非唯住山，盡十方世界，塵塵剎剎，虎穴魔宮，皆是住處。若也未見，敢保諸人未有安身立命處。”下座。

上堂，舉雲門大師云：“平地上死人無數，過得荊棘林者是好手。”乃拈起拂子，云：“大眾，若喚作拂子，正是平地上死人。若不喚作拂子，未透得荊棘林在。”擊禪牀，下座。

上堂，喝一喝云：“盡大地被同安一喝，瓦解冰消。汝等諸人，向什麼處著衣喫飯？若未得箇著衣喫飯處，須得箇著衣喫飯處。若識得箇著衣喫飯處，識取鼻孔好。”下座。

上堂云：“洪波浩渺，白浪滔天。截流到岸之人，端然忘慮。短棹孤舟之客，進退攢眉。且道：‘風恬浪靜’一句作麼生道？還有人道得麼？若無人道得，同安布施汝等諸人。”良久云：“漁人閑自唱，樵者獨高歌。”下座。

遷住歸宗語錄

師初入寺，上堂云：“歸宗上寺，是大禪河。既是禪河，豈無釣客，莫有問話者麼？”良久無人問。師乃云（云，原作去，今改）：“頭角住多無獬豸，羽毛雖眾少鵷鶵。夫微妙大法身，故聽而不聞，視而不見矣。清淨無師智，豈思而得，學而能哉！然不有提唱，孰辨宗由？不有問答，孰明邪正？如今長老陞堂提唱，眾中又無人問，既無人問，亦無答者。宗由邪正若爲明辨。若有人辨得邪正，出來推倒禪牀，唱散大衆，也與衲僧出氣。若辨不得，來年更有新條在，惱亂春風卒未休。"下座。

上堂云："摩尼在掌，隨衆色以分輝；寶月當空，逐千江而現影。諸仁者，一問一答，一棒一喝是光影。一明一暗，一擒一縱是光影。山河大地是光影。日月星辰是光影。三世諸佛一大藏教，乃至諸大祖師，天下老和尚，門庭敲磕，千差萬別，俱爲光影。且道何者是珠？何者是月？若也不識珠之與月，念言念句，認光認影，猶如入海算沙，磨磚作鏡，希其數而欲其明，萬不可得。豈不見道，若也廣尋文義，猶如鏡裏求形，更乃息念觀空，大似水中捉月。衲僧到此，須有轉身一路。若也轉得，列開捏聚，無非大事現前；七縱八橫，更無少剩之法。若轉不得，布袋裏老鴉，雖活如死。某山野常人，素無識見。昨蒙本郡殿丞判官祕書，特垂見召。然部封之下，不敢不來，方始及門，便有歸宗之命，進退循省，深益厚顏。此乃殿丞判官，曩承佛記，示作王臣。常於布政之餘，寅奉覺雄之教，欲使慧風與堯風並扇，庶佛日與舜日同明。苟非存意於生靈，何以盡心之如此？是日又蒙朝蓋光臨法筵，始卒成襯，良增榮荷。昔日裴相國位居廊廟，黃檗受知；韓文公名重當年，大巔得主。以今況古，有何異哉？更欲多談，恐煩觀聽。"下座。

上堂云："盡令提綱，不通凡聖。放一線道，有箇商量。"遂拈起拄杖，云："即今拄杖豎也，十方世界一時豎。"又橫拄杖，云："即今拄杖橫也，十方世界一時橫。何也？不見道，極小同大，忘絕境界；極大同小，不見邊表。"卓拄杖，下座。

提刑入山，陞座，僧問："提刑朝蓋，遠詣法筵，向上宗乘，乞師一訣。"師云："一字幞頭，尖簷帽子。"進云："非但提刑承此善，學人禮拜謝師恩。"師云："拽脫你眉毛，敲落你鼻孔，又作麼生？"僧噓噓，師云："打麪還他州土麥，唱歌須是帝鄉人。"

師乃云："有情之本，依智海以爲源；含識之流，總法身而爲體。只爲情生智隔，於日用而不知；想變體殊，趣業緣而莫返。茫茫今古，誰了本因？役役愛憎，情源虛妄。故我釋迦調御久證菩提，憫我勞生自取流轉，爾後得其大智化妙相身，住世四十九年，演說十二分教，隨乎利鈍，設彼化門，庶上中下根，各得其漸。譬如大海不讓小流，假使蚊蝱阿脩羅王，飲其水者，皆得飽滿。厥後化緣將畢，示滅雙林，謂人天大衆曰：'吾有正法眼藏，涅槃妙心，付囑摩訶大迦葉，教外別行，傳上根輩。是法非有作思惟之所能解，非神通修證之所能入，不可以有心知，不可以無心得。悟之則頓超三界，迷之則萬劫沈淪。只如今日，王官普會，僧俗同筵，坐立儼然，見聞不昧，爲是迷耶？悟耶？於此見得，不待三祇劫滿，萬行功圓，一念超越，更無前後。此日山寺多幸，伏蒙本路提刑都官、提刑舍人，親垂朝蓋，光飾荒藍，經宿而來，起居萬福。況二尊官，夙植德本，現宰官身，以慈惠臨民，代今天子宵旰之急。若僧若俗，若貴若賤，悉皆受賜其福其壽，可勝道哉！既沐光臨，且寬尊抱，故我佛如來云：'夫說法者，無說無示；其聽法者，無聞無得。'又聞，仲尼與溫伯雪久欲相見，一日稅駕相逢於途路間，彼此無言，各自迥去。洎後門人問曰：'夫子久欲見溫伯雪，及乎相見，不交一談，此乃何意？'仲尼曰：'君子相見，目擊道存。'且道古人相見，目擊道存。山僧今日鳴鼓陞堂，特地切切，一場失利。"下座。

上堂云："順将虎鬚應自顧，倒拈蛇尾任他猜。胡來漢現尋常事，勿將明鏡掛高臺。"下座。

上堂云："紫霄峯上，黑雲靉靆，鄱陽湖裏，白浪滔天。一氣無作而作，萬法不然而然。更若擬議思量，迢迢十萬八千。"下座。

上堂，拈拄杖，云："横拈倒用，撥開彌勒眼睛，明去暗來，敲落祖師鼻孔。當是時也，目連、鶖子飲氣吞聲，臨濟、德山呵呵大笑，且道笑箇什麼？咄。"下座。

上堂，舉睦州有一秀才相見，州云："會箇什麼？"秀才云："會二十四家書。"州以拄杖空中點一點，云："會麼？"秀才罔措。州云："又道會二十四家書，永字八法也不識。"師云："睦州一點直在威音王已前，及乎八法論書，却被俗人勘破。若是歸宗卽不然。孔門弟子無人識，碧眼胡僧笑點頭。"下座。

上堂，舉嚴陽尊者問趙州："一物不將來時如何？"州云："放下著。"尊者云："既是一物不將來，放下箇什麼？"州云："擔取去。"尊者言下有省。師頌云："一物不將來，肩頭擔不起。言下忽知非，心中無限喜。毒惡既忘懷，蛇虎爲知己。光陰幾百年，清風物未已。"以拄杖卓禪牀，下座。

上堂，舉臨濟問監院："什麼處去來？"院云："州中糶黃米來。"臨濟以拄杖面前劃一劃，云："還糶得這箇麼？"院便喝，濟便打。典座至，濟乃舉前話。典座云："院主不會和尚意。"濟云："你又作麼生？"典座便禮拜，濟亦打。師云："喝亦打，禮拜亦打，還有親疏也無？若無親疏，臨濟不可盲枷瞎棒去也。若是歸宗卽不然，院主下喝，不可放過。典座禮拜，放過不可。"又云："臨濟行令，歸宗放過。三十年後，有人說破。"擊禪牀，下座。

上堂，舉僧問南院："日月迭遷，寒暑交謝，還有不涉寒暑麼？"院云："紫羅抹額繡裙腰。"進云："上上之機今已曉，中下之流如何領會？"院云："炭堆裏藏身。"師云："南院一期利物，應病與藥，則不可也。若向衲僧門下，天地懸殊，且道衲僧有什麼長處？"咄，下座。

上堂云："古者道，凡聖情盡，體露真常。但離妄緣，卽如如佛。咄，是何言歟？"下座。

上堂，有僧問："牛頭未見四祖，爲什麼百鳥嘴花獻？"師云："釘

根桑樹，瀾角水牛。"進云："見後爲什麼不噷花獻？"師云："裩無襠
袴無口。"又云："未見時如何？"師云："國清才子貴，家富小兒嬌。"
"見後如何？"師云："世情看冷暖，人面逐高低。"

師乃云："鶴勒那空中變現，曼拏羅指地爲泉，德山會下光前絶
後，臨濟門前祇得一邊。"良久云："作麼生是那一邊？"下座。

筠州黃蘗山法語

上堂云："日從東邊出，月向西邊没，一出一没，從古至今。汝
等諸人，盡知盡見。毗盧遮那，無邊無際。日用千差，隨緣自在。汝
等諸人，爲甚不見？蓋爲情存數量，見在果因，未能逾越聖情，超諸
影迹。若明一念緣起無生，等日月之照臨，同乾坤而覆載。若也不
見，牢度大神惡發，把你腦一擊粉碎。"下座。

上堂云："今日五月一，仲夏改旦，諸知事首座大衆，道體安樂。
一夜長連床上，展脚縮脚，不由別人。天明起來，鎦餅餕餡，橫咬豎
咬，飽卽便休。當與麼時，不是古不是今，不思善不思惡，鬼神不能
尋其迹，萬法不能爲其侣，地不能載，天不能蓋。雖然如此，須是眼
裏有睛，皮下有血。眼若無睛，何異瞎漢？皮下無血，何異死人？三
十年後，不得錯怪黃蘗。"下座。

上堂，衆集，乃喝一喝，良久云："一事也無，喝箇什麼？"又喝一
喝，復云："一喝兩喝後作麼生？"以拂子向空中畫一畫，云："百丈耳
聾猶似可，三聖瞎驢愁殺人。"擊禪床，下座。

上堂云："華藏世界遊歷重重無盡，及至然燈佛所，一法也無。
是故，無中亦有，德山棒似撒星；有中亦無，臨濟喝如雷震。如聾如
啞，逼塞乾坤，知痛知痒，能有幾箇？"下座。

上堂云："道不假修，但莫污染；禪不假學，貴在息心。心息，故
心心無慮；不修，故步步道場。無慮，則無三界可出；不修，則無菩

提可求。不出不求，由是教乘之説。若是衲僧，合作麽生？"良久云："菩薩無頭空合掌，金剛無脚謾張拳。"下座。

上堂云："黃蘖有時正路行，或時草裏走。汝等諸人，莫見錐頭利，失却鑿頭方。不見古者道，開不能遮，勾賊破家；當斷不斷，返遭其亂。"下座。

上堂云："入海算沙，空自費力，磨塼作鏡，枉用功夫。君不見，高高山上雲，自卷自舒，何親何疎？深深澗底水，遇曲遇直，無彼無此。衆生日用如雲水，雲水如然人不爾，若得爾，三界輪迴何處起？"下座。

上堂云："金襴已傳，阿難尚懷猶豫；刹竿未倒，迦葉未免攢眉。諸上座，且道倒那箇刹竿，初機晚學罔測？蓋是尋常久在叢林，十箇有五雙莽鹵，去聖時遙，人多懈怠。"下座。因出州退院廻，上堂云："流水下山非有戀，片雲歸洞本無心。竹屋茆堂誰是主？月明中夜老猿吟。"擊禪床，下座。

歲旦上堂，僧問："舊歲已去，新歲到來，不涉二途，乞師指示。"師云："東方甲乙木。"進云："人天聳耳，專爲流通。"師云："流通事作麽生？"進云："若不得流水，幾乎過別山。"師云："三十年後，也好商量。"

師乃舉僧問鏡清："新年頭還有佛法也無？"清云："有。"僧云："如何是新年頭佛法？"清云："元正啓祚，萬物咸新。"僧云："謝師答話。"清云："老僧今日失利。"又僧問明教："新年頭還有佛法也無？"教云："無。"僧云："年年是好年，日日是好日，爲什麽却無？"教云："張公喫酒李公醉。"僧云："老老大大，龍頭蛇尾。"教云："老僧今日失利。"師乃云："鏡清失利即不問你諸人，作麽生是明教失利處？若人辨得，文殊頭白，普賢頭黑。若辨不得，黃蘖今日失利。"下座。

因澏潭馳書來，上堂，舉五祖戒和尚，爲智門馳書到德山，圓明接得乃問："這箇是智門底，那箇是專使底？"戒直上覷山云："欲觀前人，先觀所使。"師乃云："古人隔山見煙，便知是火。況某何幸，伏蒙泐潭禪師遠垂華翰，曲慰山懷，實當慚抱。而況禪師通明學海，博達古今，可謂擎天日月，誨人無倦。某是何草芥，承沐如是。"以拂子擊禪床，下座。

聖節上堂，云："斯辰今上皇帝慶誕之日，普天皆賀，率土欽崇。堯天舜德，同日月以齊明；玉葉金枝，共山河而永固。恩憐萬國，澤降他邦。獄無宿禁之囚，馬共牛羊之洞。修文偃武，罷息干戈。萬民鑿井而飲，百姓自耕而食。家國晏然，事無不可。"下座。

因雪下上堂，云："雪雪片片不別，亂飄亂灑，應時應節。懵憧禪和猶未知，守株待兔與誰説？"下座。

上堂云："三玄三要，五位君臣，四種藏鋒，八方珠玉，三十年前，爭頭競買，各逞機鋒。而今道泰昇平，返朴還淳，人人自有，山青水綠兮，白雲深處兮，三衣併爲一衲，萬事無思何慮兮。"擊禪床，下座。

上堂，舉永嘉大師道："遊江海涉山川，尋師訪道，爲參禪，自從認得曹溪路，了知生死不相關。諸上座，那箇是遊底山川？那箇是尋底師？那箇是參底禪？那箇是訪底道？向淮南、兩浙、廬山、南嶽、雲門、臨濟而求師訪道，洞山法眼而參禪，是向外馳求，名爲外道。若以毗盧自性爲海，般若寂滅智爲禪，名爲內求。若向外求，則走殺汝。若住於五蘊內求，則縛殺汝。是故禪者非內非外，非有非無，非實非虛。不見道，內見外見俱錯，佛道魔道俱惡。瞥然與麼去兮，月落西山；更尋聲色兮，何處名邈？"以拂子擊禪床，下座。

黃龍山語録

入院上堂，僧問："如何是黃龍境？"師云："昨日方到此，未曾子細看。"進云："如何是境中人？"師云："長者長，短者短。"

師乃云："道無疑滯，法本隨緣，事豈強爲？蓋不爾而爾，在積翠卽説積翠庵人，入黃龍便説黃龍長老。争知祖師心印，狀似鐵牛之機，去卽印住，住卽印破，只如不去不住，又作麼生搭印？"良久云："煙村三月雨，別是一家春。"下座。

上堂，舉龐居士賣笊籬下橋喫撲，女子靈照亦倒爺邊。士云："你作什麼？"女云："見爺倒地，某甲相扶。"士云："賴是無人見。"師乃云："憐兒不覺笑嘎嘎，却於中路驟泥沙。黃龍老漢當時見，一棒打殺這寃家。"以拂子擊禪床，下座。

上堂云："諸佛出世，假設言詮，祖師西來，不掛唇吻。若也從空放下，三千世界所有塵，一一塵中含法界。若也步步登高，驢鞍橋不是你阿爺下頷。"以拂子擊禪床，下座。

上堂云："大道無中，復誰前後？長空絶迹，何用量之？空既如是，道豈言哉？雖然如是，若是上根之輩，不假言詮，中下之流，又争免得。所以有僧問雲門：'如何是雲門一曲？'雲門云：'臘月二十五。'"師云："今日正當臘月二十五，汝等諸人，如何委悉？若不委悉，汝等諸人諦聽，待黃龍爲汝等諸人重唱一遍：'雲門一曲二十五，不屬宮商角徵羽，若人問我曲因由，南山起雲北山雨。'"以拂子擊禪床，下座。

上堂云："僧堂前撞鐘鐘鳴，法堂上擊鼓鼓響。三世諸佛，在鼓擊裏轉大法輪。汝等諸人，向什麼處安身立命？有一般杜撰衲僧，不識觸淨，便道東西南北，上下四維，今日七明日八，僧堂裏喫飯，寮舍裏向火，或向面前劃一劃。若與麼，違背四恩猶自可，辜負西來碧眼胡。"擊禪床，下座。

上堂云："黃梅夜半傳心偈，少室巖前斷臂時，剜肉作瘡不知痛，直至如今成是非。"以拂子擊禪床，下座。

上堂，舉越州大珠和尚昔日參見馬祖，祖問：“你來作什麼？”珠云：“來求佛法。”祖云：“你爲什麼抛家失業，何不廻頭認取自家寶藏？”珠云：“如何是自家寶藏？”祖云：“祇如今問者是，你若廻頭，一切具足，受用不盡，更無欠少。”珠於是求心頓息，坐大道場。師云：“汝等諸人，各有自家寶藏，爲什麼不得其用，祇爲不廻頭。”擊禪床，下座。

上堂云：“有一人朝看華嚴，暮看般若，晝夜精勤，無有暫暇。有一人不參禪，不論義，把箇破席日裏睡。於此二人，同到黃龍。一人有爲，一人無爲。安下那箇即是？”良久云：“功德天，黑暗女，有智主人，二俱不受。”以拂子擊禪床，下座。

上堂云：“大覺世尊道：‘我今爲汝保任此事，終不虛也。汝等當勤精進行此三昧。’”師云：“精進即不無，諸人作麼生是三昧？”良久云：“迦葉糞掃衣，價直百千萬。輪王髻中寶，不直半分錢。”以拂子擊禪床，下座。

上堂云：“昨日喫粥又太晏，今日喫粥又太早，爲復是住持人威令不嚴，爲復執事人身心懶慢，大衆試斷看。規矩既亂，諸事參差，一人失事，衆人不安。當院內外一二百人，曲座既在其位，大事小事，一一須自近前照顧，不得輕於事，慢於衆。若能如是，頭頭圓覺，步步道場，何假向外穿鑿，肉上剜瘡？”以拂子擊禪床，下座。

上堂云：“達磨西來十萬里，少林面壁八九年，唯有神光知此意，默然三拜不虛傳。後代兒孫忘正覺，棄本逐末尚邪言，直到臘月三十日，一身寃債入黃泉。”以拂子擊禪床，下座。

上堂，以拂子擊禪床一下，云：“有眼皆見，有耳皆聞，既見既聞，且道聞箇什麼？晚學初機，須得明明説破，我佛如來，摩竭陀國親行此令，二十八祖遞相傳授。洎後石頭馬祖馬駒蹋殺天下人，臨濟德山棒喝疾如雷電。後來兒孫不肖，雖舉其令而不能行，但逞華麗言句而已。<u>黃龍</u>出世，時當末運，擊將頹之法鼓，整已墜之玄綱。汝等諸人，不得將多年曆日繫在腰間，須知四大海水在汝頭上。"以拂子擊禪床，下座。

上堂，舉僧問<u>乾峰</u>："十方薄伽梵，一路涅槃門，未審路頭在什麼處？"峰以拄杖指云："在這裏。"僧請益<u>雲門</u>，<u>雲門</u>拈起扇子，云："扇子䟽跳上三十三天，築著帝釋鼻孔，東海鯉魚打一棒，雨似盆傾。會麼？會麼？"師云："<u>乾峰</u>一期指路，曲爲初機。<u>雲門</u>乃通其變，故使後人不倦。汝等諸人，須窮二老之意，莫逐二老之言。得意則返正道而歸家；尋言則蕩邪途而轉遠。"以拂子擊禪床，下座。

上堂云："凡聖情盡，體露真常，但離妄緣，卽如如佛。雖是古人殘羹餿飯，有多少人不能得喫？<u>黃龍</u>與麼舉，失利也不少。還有人檢點得出麼？若檢點得出，便識佛病祖病；若檢點不得，陝府鐵牛吞乾坤。"擊禪床，下座。

偈　頌

趙州勘破

傑出叢林是<u>趙州</u>，老婆勘破有來由。而今四海清如鏡，行人莫與路爲讐。

韓愈侍郎見大顚

宗師一等展家風，盡情施設爲<u>韓</u>公。師子窟中無異獸，象王行處絕狐蹤。

寶壽開堂三聖推僧

寶華王座始登時，三聖推僧決衆疑。棒頭分明無老少，天下盲人幾箇知？

祕魔巖見霍山到因緣

叔姪相逢兩不猜，到頭撫背似癡獃。迴首恐人生怪笑，報云千里賺余來。

　　　臨濟囑三聖

　　圓寂將歸敍別時，叮嚀法眼好任持。喝下不開泥水路，瞎驢從此少人騎。

　　　靈雲見桃花悟道三首

　　二月三月景和融，遠近桃花樹樹紅。宗近悟來猶未徹，至今依舊笑春風。

　　龍象相逢世不羣，一來一去顯疎親。時人不悟其中旨，摘葉尋枝長客塵。

　　一見桃花更不疑，叢林未徹是兼非。須知一氣無私力，能令枯木更抽枝。

　　　國師三喚侍者二首

　　國師三喚侍者，打草祇要蛇驚。誰知澗底青松下，有千年茯苓？

　　國師有語不虛施，侍者三喚無消息。平生心膽向人傾，相識不如不相識。

　　　趙州喫茶二首

　　趙州驗人端的處，等閑開口便知音。覷面若無青白眼，宗風爭得到如今。

　　相逢相問知來歷，不揀親疎便與茶。翻憶憧憧往來者，忙忙誰辨滿甌花。

　　　庭前栢三首

　　趙州有語庭前栢，禪者相傳古復今。摘葉尋枝雖有解，那知獨樹不成林。

　　庭栢蒼蒼示祖心，趙州此語播叢林。盤根抱節在金地，禪者休於格外尋。

萬木隨時有凋變，趙州庭樹鎮長榮。不獨凌霜抱貞節，幾奏清風對月明。

廬陵米價

廬陵米價逐年新，道聽虛傳未必真。大意不須岐路問，高低宜見本行人。

須彌山

作者縱橫終不虛，應機踊出須彌盧。人窮不到金剛際，相逐年年役路途。

北斗藏身

天上有星皆拱北，人間無水不朝東。時人若識藏身病，拈取簸箕別處舂。

潙山水牯牛三首

昔日潙山有水牯，而今老倒臥荒丘。形容卓立雖無力，灌啜依前是好牛。四野青草隨處放，千峰雪白早須收。若能擡舉及時節，極目桑田何用憂。

千羣萬隊水牯牛，不出潙山這一隻。無心管帶常現前，作意追尋尋不得。不大不小有筋力，一身兩號少人識。隨緣放去草木青，遇晚收來天地黑。收放須得鼻頭繩，若不得繩無准則。世間多少無繩人，對面走却這牛賊。

潙山水牯骨羸錐，改變毛衣逐四時。童子未知攀角上，癲心便要驀腰騎。忽然弄影無邊際，不覺翻身墮嶮巇。直至起來牛失却，渾身泥中淚雙垂。

示禪者

南北不分，欺天罔地。説妙談玄，驢鳴狗吠。

和全大道

飲光論劫坐禪，布袋終年落魄。疥狗不願生天，却笑雲中白鶴。

南嶽高臺示禪者

撥草占風辨正邪，先須拈却眼中沙。舉頭若味天皇餅，虛心難喫趙州茶。南泉無語歸方丈，靈雲有頌悟桃花。從頭爲我雌黃出，要見叢林正作家。

南嶽送秀禪者

悟得人空與法空，便擬辭予出亂峰。嗟汝見知猶未達，任緣施設信難通。存心勿守澄潭月，秉節須欺帶雪松。此去欲知安穩處，天台雁蕩在江東。

寄黃蘗初維那

喫棒祇因扶斷際，趯瓶當下得溈山。是非未寒叢林口，何事流傳滿世間。

示雲典座

當今明聖道唯淳，塊雨條風處處聞。園裏菜青禾又熟，時中通變盡由君。

寄南嶽芭蕉庵主

一別靈源又一春，欲期再會恨無因。吾師有種芭蕉訣，慎莫傳持取次人。

退院別廬山

十年廬嶽僧，一旦出巖層。舊友臨江別，孤舟帶鶴登。水流隨岸曲，帆勢任風騰。去住本無著，禪家絕愛憎。

送師伯歸玉山

來時秋風生，去時春風起。風性本無著，師心亦復爾。舊寺歸懷玉，迢迢千百里。送別何所談？浩渺空江水。

酬仰山圓監院布衫

墨鏒襴衫誰辨別，袖頭打領頗相宜。趙州曾示七斤重，洞上全提寶八機。溢目不粧山水色，嚴身堪作歲寒期。縱橫著在閻浮世，翻笑霜風遶亂吹。

送勛顏二禪者

禪外無餘事，乘春秀水行。就予求半偈，前去慰勞生。日出雲霞散，風和草木榮。何須重話會，法法本圓成。

謝富一二修造問病

從癡有愛，則我病生。净名垂範，文殊遂行。地水相違，火風相擊。各無所從，寧容辨識。分飛言盡意不盡，月皎寒潭秋露滴。

送著維那

清净願力心未捨，卷衣又出化羣迷。送行唯託金輪月，夜夜相隨到別谿。

自述真讚

禪人圖吾真，請吾讚。噫，圖之既錯，讚之更乖。確命弗遷，因塞其意。

一幅素繒，丹青模勒。謂吾之真，乃吾之賊。吾真匪狀，吾貌匪揚。夢電光陰五十一，桑梓玉山俗姓章。

酬溈潭月長老惠草履二首

當年西祖曾留下，今日蒙師特惠來。覩物思人孰知我，月明著上妙高臺。

尋骨尋皮心未灰，當年一著更何猜。而今二百年前事，不是知音不舉來。

洪州送永統二禪人入浙

黃蘗問心心不盡，洪都送別別非輕。舊山未暇論歸日，爲爾徘徊説去程。林葉繽紛衣鬪爛，鄉砧嘹亮錫交聲。頭頭總是吾家物，莫把情塵取次明。

送人之黃龍

鳳嶺昔曾綴鳳毛，江西南嶽罷遊遨。而今欲扣黃龍角，橫身須佩七星刀。

送和禪者

毗盧性清净，清净不須守。宜著弊垢衣，入俗破慳有。五六七八九，面南看北斗。此中若得玄，縱橫任哮吼。

送周禪者

扶起放倒，翻來覆去。隨假隨真，還伊價數。師子頻呻，象王迴顧。赤日光中，騰雲起霧。坐斷千差，密開要路。大丈夫漢，莫打死兔。

（選自續藏經第壹輯第貳編第二十五套第二冊）

二、黃龍南禪師語錄續補

上堂云："橫吞巨海，倒卓須彌。衲僧面前，也是尋常茶飯。行脚人，須是荊棘林內坐大道場，向和泥合水處認取本來面目。且作麼生見得？"遂拈拄杖，云："直饒見得，未免山僧拄杖。"

上堂云："擬心卽差，動念卽乖。不擬不動，土木無殊。行脚人，須得轉身一路。"遂拈拂子，云："遮箇是山僧拂子，汝等諸人作麼生轉？若也轉得，一爲無量，無量爲一。若轉不得，布袋裏老鴉，雖活如死。"

上堂云："未到鷲峰，一事全無。洎到鷲峰，便有進前捋虎鬚之客，退後把虎尾之人。殊不曉未行已行之令。故大覺禪師，唯得偏行一著，臨濟德山，祇是互用二機，便云：'法道周流，大似拗曲作直。所謂棒喝截斷，猶若以金博鍮。直饒東注西流，南唱北和，亙古亙今，且未有當頭道著，作麼生是當頭一句？'良久云：'劄'。"

上堂云:“聖凡情盡,體露真常。”拈起拂子,云:“拂子跨跳上三十三天,扭脱帝釋鼻孔、驢唇,先生拊掌大笑道:‘盡十方世界,覓箇識好惡底人,萬中無一。’”擊禪床一下。

上堂云:“山僧今日在汝諸人眉毛上座,轉大法輪,還有人見麽?見與不見,是什麽説話?好好參堂去,莫築著露柱。”

問:“如何是佛?”師云:“向汝道,汝不信。”僧云:“請師指示。”師云:“合取狗口。”問:“儂家自有同風事,如何是同風事?”師良久。僧云:“恁麽則起動和尚去也。”師云:“伶利人難得。”

有僧纔出禮拜,師云:“未得問話。”其僧乃退。師云:“將謂是打陣將軍,元來是行間小卒。不見你過,好好問來。”問:“無爲無事人,猶是金鎖難。未審有什麽過?”師云:“一字入公門,九年拔不出。”(聯燈此文次曰:“云學人未曉,乞師方便。”師云:“大庾嶺頭,笑却成哭。”)

師室中常問僧出家所以,鄉關來歷,復扣云:“人人盡有生緣處,那箇是上座生緣處?”又復當機問答,正馳鋒辯,却復伸手云:“我手何似佛手?”又問諸方參請宗師所得,却復垂脚云:“我脚何似驢脚?”三十餘年,示此三問,往往學者多不湊機。叢林共目爲“三關。”(普燈此文次云:“脱有酬者,師未嘗可否?人莫涯其意,有問其故?”師曰:“已過關者,掉臂徑去,安知有關吏;從吏問可否,此未透關者也。)

舉僧問大覺和尚:“忽來忽去時如何?”覺云:“風吹柳絮毛毬走。”進云:“不來不去時如何?”覺云:“華嶽三峰頭指天。”師云:“大覺祇解箭鋒相拄,理事相投,殊不知趁得老鼠打破油甕。”

師於熙寧二年己酉三月十六日,上堂辭衆云:“山僧才輕德薄,豈堪人師?蓋不昧本心,不欺諸聖,未免生死。今免生死,未出輪迴。今出輪迴,未得解脱。今得解脱,未得自在。今得自在,所以大覺世尊於然燈佛所無一法可得。六祖夜半於黃梅又傳箇什麼？乃示偈曰：'得不得，傳不傳，歸根得旨復何言？憶得首山曾漏泄，新婦騎驢阿家牽。'"至十七日午時，端坐示寂。（已上並出續燈録）

　　示衆云："雲從龍，風從虎，五九四十五。叢林將爲向上關，同安不打這破鼓。爲什麼不打？守株待兔，豈是智人？避色逃聲，何名作者？祖不云乎：'執之失度，必入邪路。放之自照，體無去住'。"

　　示衆云："有利無利，不離行市。鎮州蘿蔔頭卽且置，廬陵米價作麼生。若善其價，可謂終日喫飯，未曾咬破一粒米。苟若不知，他時後日，有人索上座飯錢在，莫言不道。"

　　示衆云："智海無風，因覺妄以成凡；覺妄元虛，卽凡心而見佛。只恁麼休去，便道同安無折合，隨汝顛倒所欲，南斗七，北斗八。"

　　示衆云："江南之地，春寒秋熱。近日已來，滴水滴凍。"僧問："滴水滴凍時如何？"師云："未是衲僧分上事。"云："如何是衲僧分上事？"師云："滴水滴凍。"復云："諸上座，且作麼生會？"良久云："鴛鴦繡出從君看，莫把金針度與人。"

　　示衆云："道遠乎哉，觸事而真。聖遠乎哉，體之卽神。"拈起拄杖，云："道之與聖，總在歸宗拄杖頭上。汝等諸人，何不識取？若也識得，十方剎土，不行而至，百千三昧，無作而成。若也未識，有寒暑兮促君壽，有鬼神兮妬君福。"

　　示衆云："半夜捉烏雞，驚起梵王睡。毗藍風忽起，吹倒須彌山。官路無人行，私酒多人喫。當此之時，臨濟德山開得口，張得眼，有棒有喝用不得。汝等諸人，各自尋取祖業契書，莫認驢鞍橋作阿爺下頷。"

　　示衆云："說妙談玄，乃太平之姦賊；行棒行喝，爲亂世之英雄。

英雄姦賊，棒喝玄妙，皆爲長物，黃蘗門下，總用不著。且道黃蘗門下，尋常用箇甚麼？咄。"

示衆云："輕輕踏步恐人知，語笑分明更是誰？智者只此猛提取，莫待天明失却雞。"

示衆云："心王不妄動，六國一時通。罷拈三尺劍，休弄一張弓。"

示衆，舉大珠和尚道："身口意清浄，是名佛出世。身口意不浄，是名佛滅度也。好箇消息，古人一期方便，與你諸人，討箇入路；既得箇入路，又須得箇出路。登山須到頂，入海須到底。登山不到頂，不知宇宙之寬廣；入海不到底，不知滄溟之淺深。既知寬廣，又知淺深，一踏踏翻四大海，一攧攧倒須彌山。撒手到家人不識，雀噪鴉鳴柏樹間。"

僧問："大用現前，請師辨白。"師云："摘却你眉毛，傾出你腦髓。腳跟下道將一句來。"云："鏌鎁舉起，蛟龍失色。"師云："作麼生？"僧以手面前一劃，云："爭奈這箇何？"師云："三十年後，討箇師僧也難得。"僧便喝。師云："好一喝，未有主在。"僧作禮。師云："當斷不斷，反招其亂。"

僧問："一不去，二不住，請師道。"師云："高祖殿前樊噲怒。"云："與麼則今日得遇和尚也。"師云："仰面看天不見天。"云："若然者學人禮謝。"師云："更待何時。"（已上並出聯燈）

上堂："時人住處我不住，時人行處我不行，於此了然明的旨，須會全身入火坑。"以拂子畫一畫，云："臭煙燁燁，紅燄熾然。眼未明者，總在裏許。從上古聖無非入生死坑中，向無明火裏提拔有情。汝等諸人，且如何入？若人入得，可謂在火不燒，在水不溺。若人不得，非但不能自利，亦乃不能利他。既不能自利利他，圓頂方袍，殊無利益。"良久，召大衆，衆舉首。師曰："牛頭出，馬頭回。"

上堂:"撞鐘鐘鳴,擊鼓鼓響。大衆殷勤問訊,同安端然合掌。這箇是世法,那箇是佛法。咄﹗"

問:"德山棒,臨濟喝,直至如今少人拈掇,請師拈掇。"曰:"千鈞之弩,不爲鼷鼠而發機。"云:"作家宗師,今朝有在。"師便喝。僧禮拜。師曰:"五湖衲子,一錫禪人,未到同安,不妨疑著。"

師燕坐次,有僧侍立。師顧際,久之曰:"百千三昧,無量妙門,作一句説與汝,汝還信否?"云:"和尚誠言,安敢不信?"師指其左曰:"過這邊來。"僧將趨,師喝曰:"隨聲逐色,有甚了期,出去﹗"一僧聞之,卽趨入。師復理前語。問之,亦云:"安敢不信。"師又指左曰:"過這邊來。"僧堅立不往。師喝曰:"汝來親近我,反不聽我語,出去﹗"(已上並出普燈錄)

上堂:"僧堂覷破香積櫥,鴟鴉咬殺佛殿脊。明明向道,尚乃不會,豈況蓋覆將來?"擊禪床,下座。

"青蘿貪緣,直上寒松之頂。白雲淡泞,出没太虚之中。萬法本閑,唯人自鬧,鬧箇什麼?咄﹗"

"月色和雲白,松聲帶露寒。好箇真消息,憑君子細看。千般説萬般諭,只要教君早回去。去何處?"良久云:"夜來風起滿庭香,吹落桃花三五樹。"

"人人盡握靈蛇之珠,箇箇自抱荆山之璞。不自回光返照,懷寶迷邦。不見道,應耳時若空谷,大小音聲無不足,應眼時如千日,萬像不能逃影質。擬議若從聲色求,達磨西來也大屈。"

"古人看此月,今人看此月,如何古人心,難向今人説。古人求道內求心,求得心空道自親,今人求道外求聲,尋聲逐色轉勞神。勞神復勞神,顛倒何紛紛?"擊禪床,下座。

"世間有五種不易:一化者不易,二施者不易,三變生爲熟者不易,四端坐喫者不易。更有一種不易是什麼人?"良久云:"嚀"。便下座。時真點胸作首座,藏主問云:"適來和尚道,第五種不易是什麼人?"首座云:"腦後見腮,莫與往來。"

"動念静念爲二,不動不静是爲入不二法門,通達此道者,更問朱頂王菩薩。"擊禪床,下座。

出莊回云:"去時一溪流水送;回來滿谷白雲迎,一身去住非去住,二物無情似有情。"拂子擊禪床。

"陽烏啼時天大曉,白雲開處月初圓,鷲峰峰下諸禪客,休把金針半夜穿。"(已上續古尊宿錄)

舉阿難偈云:"本來付有法,付了言無法。各各須自悟,悟了無無法。"師云:"後來子孫不肖,祖父田園,不耕不種,一時荒廢,向外馳求。縱有些少知解,盡是浮財不實。所以作客不如歸家,多虛不如少實。"

上堂,舉馬祖因僧問如何是祖師西來意,祖云:"近前來,向汝道。"僧近前,祖攔腮一掌,云:"六耳不同謀。"師云:"古人尚乃不同謀,如今無端聚集一百五六十人,欲漏洩其大事。如今忽有明眼人,覷見是一場禍事。雖然如是,如今既到這裏,將錯就錯,鬼神茶飯也少不得。"良久云:"十字街頭吹尺八,酸酒冷茶愁殺人。"以拂子擊禪床。

上堂,舉趙州因侍者報云:"大王來也。"州云:"萬福大王。"侍者云:"未到在。"州云:"又道來也。"師云:"頭頭漏泄,罕遇仙陀歸宗道。侍者祇解報客,爭知身在帝鄉。趙州入草求人,不覺渾身泥水。"

舉德山因廓侍者問:"從上諸聖,向什麼處去也?"山云:"作麼?作麼?"廓云:"勅點飛龍馬,跛鼈出頭來。"山便休去。明日山浴出,廓過茶與山。山撫廓侍者背一下,云:"昨日公案作麼生?"廓云:"這老漢方始瞥地。"山又休去。師云:"德山持聾作啞,雖然暗得便宜；廓公掩耳偷鈴，爭奈傍觀者醜。"

　　舉興化謂克賓維那曰："汝不久爲唱導之師。"賓曰："不入這保社。"化曰："會了不入，不會了不入。"賓曰："總不恁麼。"化拈棒，賓擬議，化便打。復曰："克賓維那，法戰不勝，罰錢五貫，充設堂飯。"（一本"設饋飯一堂"）至來日齋時，自白槌曰："克賓維那，法戰不勝，不得喫飯，抽單出院。"師云："克賓維那，失錢遭罪，有理難伸。興化以剛決柔，未足光也。"

　　因僧馳書至，上堂，舉玄沙令僧馳書上雪峰，峰上堂，開見白紙三幅，乃示衆云："會麼？"僧云："不會。"峰曰："君子千里同風。"僧回舉似沙。沙云："山頭老漢，蹉過也不知。"師云："叢林異解，莫知其數。有云，雪峰纔接得書，無語識破他。開見是白紙，呈似大衆，更說道理，是兩重蹉過了也。有云，雪峰見處，未必不及玄沙。玄沙見處，未必過於雪峰。此二父子相見，遞相唱和，貴要話行。有云，玄沙若無此語，佛法争到今日，殊不本其宗源，但恣識情計度，如斯見解，自誤猶可，誤他別人。同安今日不惜眉毛，布施大衆。雪峰不道無長處，既被玄沙識破，直至如今雪不出。"

　　上堂，舉雲門問僧："今日供養羅漢，羅漢還來也無？"僧無語。門代云："三門頭合掌，佛殿裏燒香。"師云："歸宗卽不然，有水皆含月，無山不帶雲，且道是同是別？"

　　上堂，舉智門寬問五祖戒："暑往寒來則不問，林下相逢事若何？"戒云："五鳳樓前聽玉漏。"寬云："爭奈主山高，案山低。"戒云："須彌頂上擊金鐘。"師云："戒禪師只解步步登高，且不會從空放下。若是歸宗則不然，遠涉煙塵則不問，林下相逢事若何？云：'漢王有道成無道，爭奈案山低，主山高，范蠡論功却不功。'"

　　舉智門遊山回，首座與衆出行接。座云："和尚遊山，巘嶮不易。"門拈拄杖，云："全得這箇力。"座乃進前，奪却拋向一邊。門放身便倒。大衆遂進前扶起。門拈拄杖，一時趁散，廻顧侍者，云："向你道，全得這箇力。"師云："智門雖然會起會倒，不覺弄巧成拙。"

上堂，舉智門祚因僧問："如何是般若體？"門云："蚌含明月。"僧云："如何是般若用？"門云："兔子懷胎。"師云："大小智門，却向言語中明體用。黄龍即不然。如何是般若體？一堆屎。如何是般若用？一堆屎中蟲。"

示衆云："鐘樓上念讚，床脚下種菜時如何？"黄檗勝禪師云："猛虎當路坐。"（會元曰："州府委請，黄檗長老師垂語云：'鐘樓上念讚，床脚下種菜。有人下得語，契便往住。持勝上座云：'猛虎當路坐。'師遂令去住黄檗。"已上，並出禪門拈頌集。）

上堂云："菩提離言説，從來無得人。須依二空理，當證法王身。且道，何名二空理？人空法空，内空外空，凡空聖空，一切法空。二空之理，總爲諸人説了也。且道，何名法王身？四大五蘊，行住坐卧，開單展鉢，僧堂佛殿，廚庫三門，無不是法王身。若能於此薦得，乾坤大地，日月星辰，穿過你諸人眼睛。四大海水，流入你諸人鼻孔。方知釋迦、彌勒授記，但是虛名；臨濟德山棒喝，權爲假道。"以拂子擊禪床，下座。

上堂云："十方佛土中，唯有一乘法。頭上是天，脚下是地。作麼生説箇一乘法？"良久云："開單展鉢，豈不是一乘法？拈匙把筯，豈不是一乘法？"遂拈拄杖，云："這箇是什麼？若喚作一乘法，眉鬚墮落。"以拄杖卓禪床，下座。

上堂云："三祖曰圓同大虛，無欠無餘。良由取捨，所以不如。在諸佛而不增，處凡夫而不減。既不增不減，爲什麼有證無上菩提？爲什麼有墮在生死？只爲良由取捨，所以不如。諸佛無心，故證無上道。凡夫有心，故墮在生死。所以教中道，夢幻空花，如水中月。生死涅槃，同空花相。於此見得，畢鉢嚴前休話會，曹溪路上好商量。"以拂子擊禪床，下座。

上堂云："然僧家居山好離欲，寂静是沙門法，有經教可披可閱，有知識可參可問。所以有僧問雲居弘覺大師，'僧家畢竟如何？'覺云："居山好。"僧禮拜起。覺云："你作麼生會？'僧云：'僧家畢竟於善惡生死，逆順境界，其心如山之不動。'覺乃打一棒，云：'孤負先聖，喪我兒孫。'覺乃問傍僧：'你作麼生會？'其僧禮拜，起云：'僧家畢竟居山，眼不觀玄黃之色，耳不聽絲竹之聲。'覺云：'孤負先聖，喪我兒孫。'"師云："且作麼生道得一句不孤負先聖，不喪兒孫？若人道得，到處青山，無非道場；若道不得，有寒暑兮促君壽，有鬼神兮妬君福。"以拂子擊禪床，下座。（已上並出永平廣錄）

"春雨淋漓，連宵徹曙，點點無私，不落別處。且道，落在什麼處？"自云："滴破汝眼睛，浸爛你鼻孔。"（出無示諶禪師語錄）

偈　頌

答張職方二首

夢幻年光過耳順，茆庵牸座頗相宜。日高一鉢和羅飯，禪道是非都不知。

不知猶作不知解，解在成功百鳥奔。欲絕喃花箇中意，江心明月嶺頭雲。（已上出普燈錄）

三關師自頌

生緣有語人皆識，水母何曾離得蝦？但見日頭東畔上，誰能更喫趙州茶？

我手佛手兼舉，禪人直下薦取。不動干戈道出，當處超佛越祖。

我腳驢腳並行，步步踏著無生。會得雲收日卷，方知此道縱橫。

同總頌

至緣斷處伸驢脚，驢脚伸時佛手開。爲報五湖參學者，三關一一透將來。（已上，並出五燈會元。頌古聯珠云："廬山圓通旻古佛云：'昔見廣辯首座，收南禪師親筆三關頌，諷誦無遺。近見諸方傳錄不全，又多訛舛，故兹註出。'云云。頌與會元所載全同。禪林類聚以此四頌爲旻古佛之作，恐誤也。雲卧紀談載此偈事，亦同會元聯珠之說。）

師住歸宗時，遣化至虔上，還白曰："虔有信士劉君，臨行送至郊外，祝曰：'爲我求老師偈一首，爲子孫世世福田。'"明年，師以偈寄之。

虔上僧歸廬岳寺，首言居士乞伽陀。援毫示汝箇中意，近日秋林落葉多。（出林間錄）

師居黃蘗積翠庵時，豫章帥程公關，以詩招住翠巖，師和之。

白髮滿頭如雪山，尫羸無力出人間。翻思有負公侯命，旦夕彷徨益厚顏。

及程歸朝，閱二年，復除江西漕，師以頌寄之。

洪井分飛早二年，林間仕路兩相懸。近聞北闕明君詔，又領江西漕使權。列郡望風皆草偃，故人高枕得雲眠。馬塵未卜趨何日，預把音書作信傳。

答鄒長者五首

短序長書皆典雅，五言七字更工夫。若能言行長相顧，萬古新昌君子儒。

日往月來如擲梭，年顏不覺暗消磨。勸君早踐菩提路，世諦嘍囉不用多。

時人心地長蒿蕪，受報因茲錯道塗。舉世不論僧泊俗，要須言行與相符。

久聞齋素好持經，欽羨蓮花火裏生。浮世勞勞皆夢幻，叮嚀只此是前程。

僕者言歸不暫居，聊成數偈答君書。煙霞幸得爲鄰並，從此相知德不孤。（已上，並出雲臥紀談）

日本兩足院　東晙輯

（選自續藏經第壹輯第貳編第二十五套第二冊）

〔附〕　惠洪：黃龍南禪師

禪師章氏，諱惠南。其先信州玉山人也。童齔深沉，有大人相，不茹葷，不嬉戲。年十一棄家，師事懷玉定水院智鑾。嘗隨鑾出，道上見祠廟，輒杖擊火毀之而去。

十九落髮，受具足戒。遠游至廬山歸宗，老宿自寶集衆坐，而公却倚實，時時眴之。公自是坐必跏趺，行必直視。至棲賢依諟禪師。諟涖衆進止有律度，公規摸之三季。辭。

渡淮依三角澄禪師。澄有時名，一見器許之。及澄移居泐潭，公又與俱，澄使分座接納矣。而南昌文悅見之，每歸卧歎曰："南有道之器也，惜未受本色鉗鎚耳。"會同游西山，夜語及雲門法道，悅曰："澄公雖雲門之後，然法道異耳。"公問所以異，悅曰："雲門如九轉丹砂，點鐵作金，澄公藥汞銀，徒可玩，入鍛即沛去。"公怒以枕投之。明日，悅謝過，又曰："雲門氣宇如王，甘死語下乎？澄公有法受人死語也，死語其能活人哉？"即背去。公挽之曰："即如是，誰可汝意者？"悅曰："石霜楚圓手段出諸方，子欲見之，不宜後也。"公默計之曰："此行脚大事也。悅師翠嵓，而使我見石霜，見之有得，於悅何有哉？"卽日辦裝。

中塗聞慈明不事事，慢侮少叢林，乃悔，欲無行，留萍鄉。累日結伴自收縣（收縣，疑爲攸縣之誤）登衡岳，寓止福嚴。老宿號賢叉手者，大陽明安之嗣，命公掌書記。渤潭法侶聞公不入石霜，遣使來訊。俄賢卒，郡以慈明領福嚴。公心喜之，且欲觀其人，以驗悅之言。慈明既至，公望見之，心容俱肅。聞其論多貶剝諸方，而件件數以爲邪解者，皆渤潭密付旨決，氣索而歸。念悅平日之語，翻然改曰："大丈夫心膂之間，其可自爲疑礙乎？"趨詣慈明之室，曰："惠南以闇短望道未見，比聞夜參，如迷行得指南之車，然唯大慈更施法施，使盡餘疑。"慈明笑曰："書記已領徒游方，名聞叢林，藉有疑，不以衰陋鄙棄，坐而商略，顧不可哉？"呼侍者進榻，且使坐。公固辭，哀懇愈切。慈明曰："書記學雲門禪，必善其旨，如日放洞山三頓棒，洞山於時應打不應打？"公曰："應打。"慈明色莊而言："聞三頓棒聲便是喫棒，則汝自旦及暮，聞鴉鳴鵲噪、鐘魚皷板之聲，亦應喫棒，喫棒何時當已哉？"公瞠而却。慈明云："吾始疑不堪汝師，今可矣！"卽使拜，公拜起。慈明理前語曰："脫如汝會雲門意旨，則趙州嘗言臺山婆子被我勘破，試指其可勘處。"公面熱汗下，不知答，趨出。明日詣之，又遭詬罵。公慚見左右，卽曰："政以未解求決耳，罵豈慈悲法施之式？"慈明笑曰："是罵耶？"公於是默悟其旨，失聲曰："渤潭果是死語。"獻偈曰："傑出叢林是趙州，老婆勘破沒來由。而今四海清如鏡，行人莫以路爲讎。"慈明以手點"沒"字顧公，公卽易之，而心服其妙密。留月餘，辭去，時季三十五。

游方廣後洞識泉大道，又同夏。泉凡聖不測，而機辯逸羣，拊公背曰："汝脫類汾州，厚自愛。"明季游荆州，乃與悅會於金鑾，相視一笑，曰："我不得友兄及谷泉，安識慈明？"

是秋北還，獨入渤潭，澄公舊好盡矣。自雲居游同安，老宿號神立者，察公倦行役，謂曰："吾住山久，無補宗教，敢以院事累子？"而郡將雅知公名，從立之請。不得已，受之。

泐潭遣僧來審提唱之語，有曰："智海無性，因覺妄以成凡；覺妄元虛，卽凡心而見佛。"便爾，休去謂同安無折合，隨汝顛倒所欲，南斗七，北斗八。僧歸舉似澄，澄爲不懌。俄聞嗣石霜，泐潭法侶多棄去。

住歸宗，火一夕而爐，坐抵獄，爲吏者百端求其隙。公怡然引咎，不以累人，唯不食而已，久而後釋。吏之橫逆，公没齒未嘗言。

住黃檗，結菴於溪上，名曰積翠。既而退居曰："吾將老焉。"方是時，江、湖、閩、粵之人，聞其風而有在於是者，相與交武竭蹶於道，唯恐其後。雖優游厭飫，固以爲有餘者，至則憮然自失，就弟子之列。南州高士潘興嗣延之嘗問其故，公曰："父嚴則子孝，今來之訓，後日之範也。譬諸地爾，隆者下之，窪者平之。彼將登於千仞之上，吾亦與之俱；困而極於九困之下，吾亦與之俱。伎之窮，則妄盡而自釋也。"又曰："姁之，嫗之，春夏之所以生育也；霜之，雪之，秋冬之所以成熟也。吾欲無言得乎？"以佛手、驢脚、生緣三語問學者，莫能契其旨。天下叢林目爲"三關"。脱有詶者，公無可否，斂目危坐，人莫涯其意。延之又問其故，公曰："已過關者掉臂徑去，安知有關吏！從吏問可否，此未透關者也。"

住黃龍，法席之盛，追媲泐潭、馬祖、百丈、大智。

熙寧二年三月十七日饌四祖惠日，兩專使會罷，越跏趺寢室前，大衆環擁良久而化。前一日説偈，又七日闍維得五色舍利，塔於山之前嶂。閲世六十有八，坐五十夏。（或云：閲世六十有六，坐三十有七夏）大觀四年春，勑諡普覺。

贊曰：山谷論臨濟宗旨曰："如漢高之收韓信，附耳語而封王，卽卧内而奪印，僞游雲夢而縛以力士，紿賀陳豨而斬之鐘室。"蓋漢

高無殺人劍，韓信心亦不死。宗師接人病多如此。臨濟宗旨止要
直下分明，鉗鎚付在嫡子親孫。予觀黄龍以"三關"語，鍛盡聖凡，
蓋所謂嫡子親孫，本色鉗鎚者也。

（選自禪林僧寶傳卷第二十二，據續藏經第壹輯第貳編乙第十套第三册）

契　嵩

【簡介】　契嵩，字仲靈，自號潛子，俗姓李，生於公元一〇〇七年（北宋真宗景德四年），死於公元一〇七二年（北宋神宗熙寧五年），藤州鐔津（今廣西藤縣）人，北宋禪宗雲門宗的著名禪師，也是佛教儒學化的重要代表人物。他七歲出家，十三歲落髮，十四歲受具足戒，十九歲到諸方參學。平日經傳雜書，無不博究。契嵩從筠州高安郡（今江西高安）洞山曉聰（？——一〇三〇年）禪師得法，後住杭州靈隱寺。

契嵩在中國佛教思想史上最突出的事蹟是，在宋仁宗明道年間（公元一〇三二——一〇三三年），針對歐陽修等人辟佛的議論，作輔教篇闡明儒佛一貫的思想，轟動當時文壇。契嵩盛贊儒家五經，以佛教的"五戒"等同於儒家的"五常"，提出"孝爲戒先"的重要命題。他還作中庸解，宣揚中庸之道。契嵩說："儒、佛者，聖人之教也。其所出雖不同，而同歸於治。……故治世者，非儒不可也；治出世，非佛亦不可也。"儒、佛都是聖人之教，一者治世，一者治出世，分工不同，相輔而成，互不可缺。"儒者儒之，佛者佛之，各以其法贊陛下之化治"，二者都是封建王朝統治和教化人民的方法。

契嵩在中國佛教思想史上的另一重要事蹟是，鑒於禪門傳法世系說法不一，並爲了反對天台宗依據付法藏傳的二十四祖之說，而依據寶林傳等釐定禪宗的印度世系爲二十八祖，撰寫傳法正宗定祖圖、傳法正宗記和傳法正宗論（以上三書合稱嘉祐集）。契嵩的所謂西天二十八祖之說，後來成爲禪宗祖系的定論，對後世講述禪宗史影響很大，並引起了天台宗的爭論，歷久不息。

　　契嵩擅長文章，所著曾托人進於朝廷，宋仁宗十分稱賞，敕傳法院編入大藏，並賜號明教大師，一時名振海內。契嵩著作有鐔津文集十九卷和嘉祐集十二卷等行世。

一、輔 教 編

上

原　　教

　　萬物有性情，古今有死生。然而死生性情，未始不相因而有之。死固因於生，生固因於情，情固因於性。使萬物而浮沉於生死者，情爲其累也。有聖人者大觀，乃推其因於生之前，示其所以來也；指其成於死之後，教其所以修也。故以其道導天下，排情僞於方今，資必成乎將來。

　　夫生也，既有前後，而以今相與，不亦爲三世乎？以將來之善成，由今之所以修，則方今窮通，由其已往之所習，斷可見矣。情也者，發於性皆情也。苟情習有善惡，方其化也，則冥然與其類相感而成。其所成情習，有薄者焉，有篤者焉，機器有大者焉，有小者焉。聖人宜之，故陳其法爲五乘者，爲三藏者。別乎五乘，又歧出，其繁然殆不可勝數。上極成其聖道，下極世俗之爲農者、商者、技者、醫者，百工之鄙事，皆示其所以然。

　　然於五乘者，皆統之於三藏。舉其大者，則五乘首之，其一曰人乘，次二曰天乘，次三曰聲聞乘，次四曰緣覺乘，次五曰菩薩乘。後之三乘云者，蓋導其徒超然之出世者也，使其大潔情汙，直趣乎真際，神而通之，世不可得而窺之。前之二乘云者，以世情膠甚，而其欲不可輒去，就其情而制之。

曰人乘者，五戒之謂也。一曰不殺，謂當愛生，不可以己輒暴一物，不止不食其肉也。二曰不盜，謂不義不取，不止不攘他物也。三曰不邪淫，謂不亂非其匹偶也。四曰不妄語，謂不以言欺人。五曰不飲酒，謂不以醉亂其修心。曰天乘者，廣於五戒，謂之十善也。一曰不殺，二曰不盜，三曰不邪淫，四曰不妄語，是四者，其義與五戒同也。五曰不綺語，謂不爲飾非言。六曰不兩舌，謂語人不背面。七曰不惡口，謂不罵，亦曰不道不義。八曰不嫉，謂無所妒忌。九曰不恚，謂不以忿恨宿於心。十曰不癡，謂不昧善惡。然謂兼修其十者，報之所以生天也。修前五者，資之所以爲人也。脱天下皆以此各修，假令非生天，而人人足成善人。人皆善而世不治，未之有也。昔宋文帝謂其臣何尚之曰："適見顏延之、宗炳著論，發明佛法，甚爲明理，並是開獎人意。若使率土之濱，皆感此化，朕則垂拱坐致太平矣。夫復何事？"尚之因進曰："夫百家之鄉，十人持五戒，即十人淳謹；千室之邑，百人修十善，則百人和睦。持此風教，以周寰區，編戶億千，則仁人百萬。夫能行一善，則去一惡，去一惡則息一刑，一刑息於家，萬刑息於國，則陛下之言坐致太平是也。"斯言得之矣。

以儒校之，則與其所謂五常仁義者，異號而一體耳。夫仁義者，先王一世之治迹也。以迹議之，而未始不異也。以理推之，而未始不同也。迹出於理，而理祖乎迹。迹，末也。理，本也。君子求本而措末可也。語曰："視其所以，觀其所由，察其所安，人焉廋哉？人焉廋哉？"孟子曰："不揣其本，而齊其末，方寸之木可使高於岑樓。"謂事必揣量其本，而齊等其末而後語之。苟以其一世之迹，而責其三世之謂，何異乎以十步之履，而詰其百步之履，曰：而何其迹之紛紛也，曷不爲我之鮮乎？是豈知其所適之遠近，所步之多少也！然聖人爲教，而恢張異宜。言乎一世也，則當順其人情，爲治其形生之間；言乎三世也，則當正其人神，指緣業乎死生之外。神農誌百藥雖異，而同於療病也；后稷標百穀雖殊，而同於膳人也；聖人爲教不同，而同於爲善也。

曰：佛之道，其治三世，非耳目之所接，子何以而明之？曰：吾謂人死而其神不死，此其驗矣。神之在人，猶火之在薪也。前薪雖與火相燼，今所以火者曷嘗燼乎？曰：神理冥眇，其形既謝，而孰能御其所適，果爲人耶？果爲飛潛異類乎？曰：斯可通也。苟以其情習之業推之，則其報也不差。子豈不聞洪範五福六極之謂乎？五福者，謂人以其心合乎皇極，而天用是五者應以嚮勸之；六極者，謂人不以其心合乎皇極，而天用是六者應以威沮之。夫其形存，而善惡之應已然；其神往，則善惡之報豈不然乎？佛經曰：“一切諸法，以意生形”，此之謂也。

曰：謂佛道絕情，而所爲也如此，豈非情乎？佛亦有情耶？曰：形象者舉有情，佛獨無情耶？佛行情而不情耳。曰：佛之爲者既類夫仁義，而仁義烏得不謂之情乎？曰：仁者何？惠愛之謂也。義者何？適宜之謂也。宜與愛，皆起於性，而形乎用，非情何乎？就其情而言之，則仁義乃情之善者也。情而爲之，而其勢近權；不情而爲之，而其勢近理。性相同也，情相異也。異焉而天下鮮不競，同焉而天下鮮不安。聖人欲引之其所安，所以推性而同羣生；聖人欲息之其所競，所以推懷而在萬物。謂物也，無昆蟲，無動植，佛皆概而惠之，不敢損之。謂生也，無貴賤，無賢鄙，佛皆一而導之，使自求之。推其性而自同羣生，豈不謂大誠乎？推其懷而盡在萬物，豈不謂大慈乎？大慈，故其感人也深；大誠，故其化物也易。故夫中國之內，四夷八蠻之外，其人聞佛之言，爲善有福，爲惡有罪，而鮮不惻然收其惡心，歉然舉其善意，守其說，拳拳不敢失之。若嚮之所謂五戒十善云者，里巷何嘗不相化而爲之，自鄉之邑，自邑之州,自州之國,朝廷之士,天子之宮掖,其修之至也,不殺必仁,不盜必廉,不淫必正,不妄必信,不醉不亂,不綺語必誠,不兩舌不讒,不惡口不辱,不患不讐,不嫉不争,不癡不昧。有一於此,足以誠於身而加於人,況五戒十善之全也?豈有爲人弟者而不悌其兄,爲人子者而不孝其親,爲人室者而不敬其夫,爲人友者而不以善相致,爲人臣者而不忠其君,爲人君者而不仁其民!是天下之無有也。爲之者,唯恐其過與不及爲癖耳。佛豈苟癖於人焉。如此者,佛之道豈一人之私爲乎,抑亦有意於天下國家矣,何嘗不存其君臣父子耶?豈妨人所生養之道耶?但其所出不自吏而張之,亦其化之理隱而難見,故世不得而盡信。易曰:“默而成之,不言而信,存乎德行。”孟子曰:“民日遷善而不知爲之者”,豈不然乎?

人之惑於情久矣!情之甚,幾至乎敵薄。古聖人憂之,爲其法,交相爲治,謂之帝,謂之王,雖其道多方,而猶不暇救。以仁恩之,以義教之,賞欲進其善,罰欲沮其惡,雖罰日益勞,賞日益費,而世俗益薄。苟聞有不以賞罰,而得民遷善而遠惡,雖聖如堯舜,必歡然喜而致之。豈曰斯人不因吾道而爲善,吾不取其善,必吾道而爲善,乃可善之。若是,是聖人私其道也。安有聖人之道而私哉?

夫游龍振於江海,而雲氣油然四起;暴虎聲於山林,而颶風飂飂而來,蓋其類自相應也。故善人非親,而善人同之;惡人非恩,而惡人容之。舜好問而察邇言,隱惡而揚善,及聞一善言,見一善行,若決江海,沛然莫之能禦也。禹聞善言則拜,孔子嘗謂:“善人吾不得而見之,得見有常者其可矣。”又曰:“三人行,必得我師焉,擇其善者而從之,其不善者而改之。”顏子得一善,則拳拳服膺,不敢失之。孟子謂:“好善優於天下。”又謂:“誠身有道,不明乎善,不誠乎身矣。”此五君子者,古之大樂善人也。以其善類,固類於佛。苟其不死,見乎吾道之傳,是必泯然從而推之。噫!亦後世之不幸,不得其相遇而相證，尚使兩家之徒，猶豫而不相信。噫！人情莫不專己而略人，是此而非彼，非過則爭，專過則拘。君子通而已矣，何必苟專。君子當而已矣，何必苟非。飲食男女，人皆能知貴，而君子不貴，君子之所貴，貴其能知道而識理也。

今有大道遠理若是，而余不知識，余愧於人多矣。嘗試論曰：夫欲人心服而自脩，莫若感其內；欲人言順而貌從，莫若制其外。制其外者，非以人道設教，則不能果致也；感其內者，非以神道設教，則不能必化也。故佛之爲道也，先乎神而次乎人，蓋亦感內而制外之謂也。神也者，人之精神之謂也，非謂鬼神淫惑之事者也。謂人脩其精神，善其履行，生也則福應，死也則其神清昇。精神不脩，履行邪妄，生也則非慶，死也則其神受誅。故天下聞之，其心感動，惡者沮而善者如之。如此默化，而何代無有。然其教之作於中國也，必有以世數相宜而來應，人心相感而至。不然，何人以其法脩之，天地應之，鬼神效之？苟其宜之數之未盡，相感之理未窮，又安可以愛之而苟存，惡之而苟去？方之人事，若王者，霸者，其順時應人而爲之，豈不然哉！況其有妙道冥權，又至於人事者耶？

夫妙道也者，清淨寂滅之謂也。謂其滅盡衆累，純其清淨本然者也，非謂死其生，取乎空荒滅絕之謂也。以此至之，則成乎聖神，以超出其世。冥權也者，以道起乎不用之用之謂也。謂其拯拔羣生，而出乎情溺者也。考其化物自化，則皇道幾之，考其權用應世，則無所不至。言其化也，固後世不能臻之；言其權也，默而體之，則無世不得。

昔者聖人之將化也，以其法付之王，付之臣，付之長者有力之人，非其私己而苟尊於人也。蓋欲因其道而爲道，因其善而爲善。佛之經，固亦多方矣。後世之徒，不能以宜而授人，致其信者過信。令君有佞善，輒欲捐國爲奴隸之下；俗有淺悟，遽欲棄業專勝僧之

高。此非謂用佛心而爲道也。經豈不曰，諸佛隨宜説法，意趣難
解？故爲佛者，不止緇其服，剪其髮而已矣。然佛之爲心也如此，
豈小通哉？此有欲以如楊墨而譏之，夫楊墨者，滯一而拘俗，以之
方佛，不亦甚乎？

　　世不探佛理而詳之，徒訩訩然誕佛，謂其説之不典。佛之見出
於人遠矣，烏可以己不見，而方人之見。謂佛之言多劫也誕耶，世
固有積月而成歲，積歲而成世，又安知其積世而不成劫耶？苟以其
事遠，耳目不接，而謂之不然，則六藝所道上世之事，今非承其傳，
而孰親視之，此可謂誕乎？謂佛言大也誕耶，世固有遊心淩空而
往，雖四隅上下窅然，曷嘗有涯？方之佛，謂其世界無窮，何不然
乎？謂佛言化也誕耶，世固有夢中而夢者，方其夢時，而其所遇事，
與身世，與適夢，或其同，或其異，莫不類之。夢之中既夢，又安知
其死之中不有化耶？佛之見既遠，而其知物亦多，故聖人廣其教，
以教多類，欲其無所適而不化也。

　　今曰：佛西方聖人也，其法宜夷而不宜中國，斯亦先儒未之思
也。聖人者，蓋大有道之稱也，豈有大有道而不得曰聖人？亦安
有聖人之道而所至不可行乎？苟以其人所出於夷而然也，若舜東
夷之人，文王西夷之人，而其道相接紹行於中國，可夷其人而拒其
道乎？況佛之所出非夷也。

　　或曰：佛止言性，性則易與中庸云矣，而無用佛爲。是又不然。
如吾佛之言性，與世書一也，是聖人同其性矣。同者却之，而異者
何以處之？水多得其同，則深爲河海；土多得其同，則積爲山嶽；大
人多得其同，則廣爲道德。嗚呼！余烏能多得其同人，同誠其心，
同齋戒其身，同推德於人，以福吾親，以資吾君之康天下也。

　　曰：而何甚不厭耶？子輩雜然盈乎天下，不籍四民，徒張其布
施報應以衣食於人，不爲困天下，亦已幸矣，又何能補治其世，而致

福於君親乎？曰：固哉！居，吾語汝。汝亦知先王之門，論德義而不計工力耶？夫先王之制民也，恐世敝民混而易亂，遂爲之防，政四其民，使各屬其屬，豈謂禁民不得以利而與人爲惠？若今佛者，默則誠，語則善，所至則以其道勸人，舍惡而趨善，其一衣食，待人之餘，非蠱也。苟不能然，自其人之罪，豈佛之法謬乎？孟子曰："於此有人焉，入則孝，出則悌，守先王之道，以待後之學者，而不得食於子。子何尊梓匠輪輿，而輕爲仁義者哉？"儒豈不然耶？堯舜已前，其民未四，當此其人，豈盡農且工，未聞其食用之不足。周平之世，井田之制尚舉，而民已匱且敝。及秦廢王制，而天下益擾。當是時也，佛、老皆未之作，豈亦其教加於四民而爲癘然耶？人生天地中，其食用恐素有分，子亦爲世之憂太過，爲人之計太約。

報應者，儒言休證咎證，積善有慶，積惡有殃，亦已明矣。若布施之云者，佛以其人欲有所施惠，必出於善心。心之果善，方乎休證，則可不應之？孰爲虛張耶！夫舍惠，誠人情之難能也。斯苟能其難能，其爲善也，不亦至乎？語曰："'如有博施於民，而能濟衆，何如？可謂仁乎？'子曰：'何事於仁！必也聖乎！堯舜其猶病諸！'"蓋言聖人難之，亦恐其未能爲也。佛必以是而勸之者，意亦釋人貪悋，而廓其善心耳。世宜視其與人爲施者，公私如何哉，不當傲其所以爲施也。禮將有事於天地鬼神，雖一日祭，必數日齋。蓋欲人誠其心，而潔其身也，所以祈必有福於世。今佛者，其爲心則長誠，齋戒則終身，比其修齋戒之數日，福亦至矣，豈盡無所資乎？

曰：男有室 女有家，全其髮膚以奉父母之遺體，人倫之道也。而子輩反此，自爲其修，超然欲高天下。然修之又幾何哉？混然何足辨之。曰：爲佛者，齋戒修心，義利不取，雖名亦忘，至之遂通於神明。其爲德也，抑亦至矣。推其道於人，則無物不欲善之，其爲道抑亦大矣。以道報恩，何恩不報。以德嗣德，何德不嗣。己雖不娶，而以其德資父母；形雖外毀，而以其道濟乎親。泰伯豈不虧形耶，而聖人德之。伯夷叔齊豈不不娶，長往於山林乎，而聖人賢之。孟子則推之曰："伯夷，聖之清者也。"不聞以虧形不娶而少之。子獨過吾徒耶？

夫世之不軌道久矣，雖賢父兄如堯舜周公，尚不能必制其子弟，今去佛世愈遠，教亦將季，烏得無邪人寄我以偷安耶？雖法將如之何？大林中固有不材之木，大畝中固有不實之苗，直之可也，不可以人廢道。曰：而言而之教若詳，誠可尚也，然則辨教之說皆張，於方今較之，孰爲優乎？曰：叟，愚也。若然者，皆聖人之教，小子何敢輒議。然佛吾道也，儒亦竊嘗聞之。若老氏則予頗存意，不已而言之。諸教也，亦猶同水以涉，而屬揭有深淺。儒者，聖人之治世者也。佛者，聖人之治出世者也。

勸書 第一

余五書出未逾月，客有踵門而謂曰：僕粗聞大道，適視若廣原教，可謂涉道之深矣。勸書者，蓋其警世之漸也。大凡學者，必先淺而後深，欲其不煩而易就也。若今先廣教而後勸書，僕不識其何謂也？曰：此吾無他義例，第以茲原教、廣原教，相因而作，故以其相次而例之耳。客曰：僕固欲公擇勸書於前，而排廣教於後，使夫觀之者，先後有序，沿淺而及奧，不亦善乎？余然之矣。而客又請之曰：若五書雖各有其目也，未若統而名之，俾其流百世而不相離，不亦益善乎？余從而謝其客曰：今夫縉紳先生厭吾道者眾矣，而子獨好以助之，子可謂篤道而公於爲善矣。卽爲其命工移易乎二說，增爲三峽，總五書而名之曰輔教編。

潛子爲勸書，或曰：何以勸乎？曰：勸夫君子者自信其心，然後事其名爲然也。古之聖人有曰佛者，先得乎人心之至正者，乃欲推此與天下同之。而天下學者反不能自信其心之然，遂毅然相與排佛之説，以務其名，吾嘗爲其悲之。夫人生名孰誠於心，今忽其誠説，而徇乎區區之名，惑亦甚矣。夫心也者，聖人道義之本也；名也者，聖人勸善之權也。務其權而其本不審，其爲善果善乎？其爲道義果義乎？今學者以適義爲理，以行義爲道，此但外事中節之道理也，未預乎聖人之大道也，大理也。夫大理也者，固常道之主也，凡物不自其主而爲，爲之果當乎？漢人有號牟子者，嘗著書以諭佛道曰："道之爲物也，居家可以事親，宰國可以治民，獨立可以治身，履而行之則充乎天地。"此蓋言乎世道者，資佛道而爲其根本者也。夫君子治世之書，頗嘗知其心之然乎？知之而苟排之，是乃自欺其心也。然此不直人心之然也，天地之心亦然，鬼神異類之心皆然。而天地鬼神，益不可以此而欺之也。然此雖概見百家之書，而百家者未始盡之。佛迺窮深極微，以究乎死生之變，以通乎神明之往來，乃至於大妙。故世俗以其法事於天地，而天地應之，以其書要於鬼神，而鬼神順之。至乎四海之人，以其説而舍惡從善者，不待爵賞之勸，斐然趨以自化，此無他也，蓋推其大誠與天地萬物同，而天人鬼神自然相感而然也。

曰：此吾知之矣，姑從吾名教乃爾也。曰：夫欲其名勸之，但誠於爲善，則爲聖人之徒，固已至矣，何必資斥佛乃賢耶？今有人日爲善物，於此爲之既專，及寢，則夢其所爲宛然，當爾，則其人以名夢乎？以魂夢耶？是必以魂而夢之也。如此，則善惡常與心相親，奈何徒以名夸世俗，而不顧其心魂乎？君子自重輕果如何哉？

昔韓子以佛法獨盛，而惡時俗奉之不以其方，雖以書抑之，至其道本，而韓亦頗推之。故其送高閑序曰："今閑師浮圖氏，一死生，解外膠，是其心必泊然無於所起，其於世必澹然無於所嗜。"稱乎大顛則曰："頗聰明，識道理。"又曰："實能外形骸以理自勝，不爲

事物侵亂。"韓氏之心於佛亦有所善乎？而大顛禪書，亦謂韓子嘗
相問其法，此必然也。逮其爲絳州刺史馬府君行狀，乃曰："司徒公
之薨也，刺臂出血，書佛經千餘言，期以報德。"又曰："其居喪，有過
人行。"又曰："掇其大者爲行狀，託立言之君子，而圖其不朽焉。"是
豈盡非乎爲佛之事者耶？韓子，賢人也。臨事制變，當自有權道，
方其讓老氏，則曰："其見小也，坐井觀天。"曰："天小者，非天罪
也。"又曰："聖人無常師，萇弘師襄，老聃，郯子之徒，其賢不及孔
子。孔子三人行則必有我師"，是亦謂孔子而師老聃也。與夫曾子
問、司馬遷所謂孔子問禮於老聃類也。然老子固薄禮者也，豈專言
禮乎？是亦在其道也。驗太史公之書，則孔子聞道於老子詳矣。
昔孟子故擯夫爲楊、墨者，而韓子則與墨，曰："孔子必用墨子，墨子
必用孔子，不相用，不足爲孔墨。"儒者不尚説乎死生鬼神之事，而
韓子原鬼，稱乎羅池。柳子厚之神奇而不疑。韓子何嘗膠於一端，
而不自通也？韓謂聖賢也，豈其是非不定，而言之反覆？蓋鑒在其
心，抑之揚之，或時而然也。後世當求之韓心，不必隨其語也。

　　曰：吾於吾儒之書見其心亦久矣，及見李氏復性之説，益自發
明，無取於佛。曰：止渴不必柬井而飲，充飢不必擇庖而食。得
子審其心，爲善不亂可也。豈抑人必從於我？不然也。他書雖見
乎性命之説，大較恐亦有所未盡者也。吾視本朝所撰高僧傳，謂李
習之嘗聞法於道人惟儼，及取李之書詳之，其微旨誠若得於佛經，
但其文字與援引爲異耳。然佛亦稍資諸君之發明乎？曰：雖然，子
盍盡子之道歟！曰：於此吾且欲諸君之易曉耳，遽盡吾道，則恐世
誕吾言，而益不信也。勿已，幸視吾書曰廣原教者可詳也。

勸書第二

　　天下之教化者，善而已矣！佛之法非善乎？而諸君必排之，是

必以其與己教不同而然也。此豈非莊子所謂人同於己則可，不同於己雖善不善，謂之矜。吾欲諸君爲公而不爲矜也。語曰："多聞，擇其善者而從之。"又曰："君子之於天下也，無適也，無莫也，義之與比。"聖人抑亦酌其善而取之，何嘗以與己不同而棄人之善也。自三代其政既衰，而世俗之惡滋甚，禮義將不暇獨治，而佛之法乃播於諸夏。遂與儒並勸，而世亦翕然化之。其遷善遠罪者有矣，自得以正乎性命者有矣，而民至於今賴之。故吾謂佛教者，乃相資而善世也。但在冥數自然，人不可得而輒見，以理而陰校之，無不然也。故佛之法爲益於天下，抑亦至矣。

今曰：佛爲害於中國，斯言甚矣，君子何未之思也。大凡害事無大小者，不誅於人，必誅於天，鮮得久存於世也。今佛法入中國垂千年矣，果爲害，則天人安能久容之如此也。若其三廢於中國，而三益起之，是亦可疑，其必有大合乎天人者也。君子謂其廢天常，而不近人情而惡之，然其遺情當絕，有陰德乎君親者也，而其意甚遠，不可遽説。且以天道而與子質之，父子夫婦天常也，今佛導人割常情而務其修潔者，蓋反常而合道也。夫大道亦恐其有所至於常情耳，不然，則天厭之久矣。

若古之聖賢之人，事於佛而相贊之者繁乎！此不可悉數，姑以唐而明其大略。夫爲天下而至於王道者，孰與太宗？當玄奘出其衆經，而太宗父子文之曰大唐聖教序。相天下而最賢者，孰與房、杜、姚、宋耶？若房梁公玄齡則相與玄奘譯經；杜萊公如晦則以法尊於京兆玄琬，逮其垂薨，乃命琬爲世世之師；宋丞相璟則以佛法師於曇一。裴晉公勳業於唐爲高，丞相崔羣德重當時，天下服其爲人，而天下孰賢於二公？裴則執弟子禮於徑山法欽，崔則師於道人如會惟儼。抱大節，忠於國家天下，死而不變者，孰與顏魯公？魯公嘗以戒稱弟子於湖州慧明，問道於江西嚴峻。純孝而清正，孰與於

魯山元紫芝？紫芝以母喪，則刺血寫佛之經像（已上之事見於劉煦
唐書及本朝所撰高僧傳）。自太宗逮乎元德秀者，皆其君臣之甚聖
賢者也。藉使佛之法不正而善惑，亦烏能必惑乎如此之聖賢耶？
至乃儒者、文者，若隋之文中子，若唐之元結、李華、梁肅，若權文
公，若裴相國休，若柳子厚、李元賓，此八君子者，但不訴佛爲不賢
耳。不可謂其盡不知古今治亂成敗，與其邪正之是非也。而八君
子，亦未始謂佛爲非是而不推之。如此諸君，亦宜思之。

今吾人之所以爲人者，特資乎神明而然也。神明之傳於人，亦
猶人之移易其屋廬耳。舊説羊祜前爲李氏之子，崔咸乃盧老後身，
若斯之類，古今頗有，諸君故亦嘗聞之也。以此而推之，則諸君之
賢豪，出當治世，是亦乘昔之神明而致然也，又烏知其昔不以佛之
法而治乎神明耶？於此，吾益欲諸君審其形始，而姑求其中，不必
徒以外物而自繆。今爲書而必欲勸之者，非直爲其法也，重與諸君
皆稟靈爲人，殊貴於萬物之中，而萬物變化芒乎紛綸，唯人爲難得。
諸君人傑愈難得也。

然此亦死生鬼神之惚恍，不足擅以爲諭，請卽以人事而言之，
幸諸君少取焉。夫立言者，所以勸善而沮惡也，及其善之惡之，當
與不當，則損益歸乎陰德。今閭巷之人，欲以言而辱人，必亦思之
曰，彼福德人也，不可辱之，辱則折吾福矣。然佛縱不足預世聖賢，
豈不若其閭巷之福德人耶？今詆訶一出，則後生末學，百世效之，
其損益陰德，亦少宜慎思之。昔韓退之不肯爲史，蓋懼其褒貶不
當，而損乎陰德也。故與書乎劉生曰：“不有人禍，則有天刑。”又
曰：“若有鬼神，將不福人。”彼史氏之褒貶，但在乎世人耳。若佛
者，其道德神奇，恐不啻於世之人也，此又未可多貶也。列禦寇稱，
孔子嘗曰，丘聞西方之有大聖人，不治而不亂，不言而自信，不化而
自行，蕩蕩乎，民無能名焉。使列子妄言卽已，如其稱誠，則聖人固

不可侮也。

勸書第三

余嘗見本朝楊文公之書，其意自謂少時銳於仕進，望望常若有物礙於胸中，及學釋氏之法，其物爆然破散，無復蔽礙，而其心泰然。故楊文公資此，終爲良臣孝子，而天下謂其有大節。抑又聞謝大夫泌與查道待制，甚通吾道，故其爲人能仁賢，其爲政尚清淨，而所治皆有名迹。及謝大夫之亡也，沐浴儼其衣冠，無疾正坐而盡。昔尹待制師魯死於南陽，其神不亂，士君子皆善師魯死得其正。吾亦然之也。及會朱從事炎於錢塘，聞其所以然益詳。朱君善方脈，當師魯疾革，而范資政命朱夜往候之。尹待制卽謂朱曰：“吾死生如何？”朱君曰：“脈不可也。”而師魯亦謂朱曰：“吾亦自知吾命已矣。”因說其素學佛於禪師法昭者，吾乃今資此也。及其夕三鼓，屏人，遂隱几而終。余晚見尹氏退說，與其送廻光之序，驗朱從事之言是也。然佛之法，益人之生也若彼，益人之死也如此，孰謂佛無益於天下乎？而天下人人默自得之，若此四君子者何限，至乃以其五戒十善，陰自修者，而父益其善，子益其孝，夫婦兄弟益其和，抑亦衆矣。

余昔見潯陽之民，曰周懷義者，舉家稍以十善，慈孝仁惠稱於鄉里。鄉人無相害之意，雖街童市豎，見周氏父子，必曰，此善人也，皆不忍欺之。吾嘗謂使天下皆如周氏之家，豈不爲至德之世乎？夫先儒不甚推性命於世者，蓋以其幽奧，非衆人之易及者也，未可以救民之弊。姑以禮義，統乎人情而制之，若其性與神道，恐獨待乎賢者耳。語曰：“回也庶幾乎，屢空。”不其然乎，

今曰：三代時人，未有夫佛法之說，豈不以其心而爲人乎？曰：何必三代，如三皇時未有夫孔氏、老子之言，其人豈不以心而爲君

臣父子夫婦乎？夫君子於道，當精麤淺深之不宜如此之混說也。佛豈直爲世不以其心而爲人耶？蓋欲其愈至而愈正也。泰山有鳥，巢於層崖木末，而弋者不及。千仞之淵有魚，潛於深泉幽穴，而筌者不得。蓋其所託愈高，而所棲愈安；所潛愈深，而所生愈適。孟子曰："孔子登東山而小魯，登泰山而小天下。"此言諭道至矣。吾昔與人論此，而其人以名矜，以氣抗，雖心然之，而語不及從。夫抗與矜人情，而心固至妙，烏可任人情而忽乎至妙之心，其亦昧矣。諸君賢達，無爲彼已昧者也。

（選自清光緒二十八年揚州藏經院本鐔津文集卷第一）

中

廣　原　教

　　敍曰：余昔以五戒十善，通儒之五常爲原教，急欲解當世儒者之訾佛。若吾聖人爲教之大本，雖概見而未暇盡言，欲待別爲書廣之。原教傳之七年，會丹丘長吉遺書，勸余成之。雖屬草，以所論未至，焚之。適就其書，幾得乎聖人之心。始余爲原教，師華嚴經先列乎菩薩乘，蓋取其所謂依本起末門者也。師智度論而離合乎五戒十善者也。然立言自有體裁，其人不知，頗相誚訝，當時或爲其改之。今書乃先列乎人天乘，亦從華嚴之所謂攝末歸本門者也。旨哉！五戒十善，則不復出其名數。吾所以爲二書者，蓋欲發明先聖設教之大統，以諭夫世儒之不知佛者，故其言欲文，其理欲簡，其勢不可枝辭蔓說。若曲辨乎衆經之教義，則章句者存焉。知余譏余，其原教廣原教乎？廣原教凡二十五篇，總八千一百餘言，是歲丙申也，振筆於靈隱永安山舍。

　　惟心之謂道，闢道之謂教。教也者，聖人之垂迹也；道也者，衆生之大本也。甚乎羣生之繆其本也久矣，聖人不作，而萬物終昧，聖人所以與萬物大明也。心無有外，道無不中，故物無不預道。聖人不私道，不棄物，道之所存，聖人皆與，是故其爲教也，通幽，通明，通世，出世，無不通也。通者，統也，統以正之，欲其必與聖人同德。廣大靈明，莫至乎道；神德妙用，莫至乎心。徇妄縛業，莫甚乎迷本；流蕩諸趣，莫甚乎死生。知衆生之過患，莫善乎聖人；與萬物正本，莫善乎設教。正固明，明固妙，妙固其道凝焉。是故教者，聖人明道救世之大端也。夫教也者，聖人乘時應機，不思議之大用也。是故其機大者頓之，其機小者漸之。漸也者，言乎權也；頓也者，言乎實也。實者，謂之大乘。權者，謂之小乘。聖人以大小衍，攬乎羣機，而幽明盡矣。預頓而聞漸，預漸而聞頓，是又聖人之妙乎天人，而天人不測也。聖人示權，所以趨實也；聖人顯實，所以藉權也。故權、實、偏、圓，而未始不相顧。權也者，有顯權，有冥權。聖人顯權之，則爲淺教，爲小道。與夫信者，爲其小息之所也。聖人冥權之，則爲異道，爲他教。爲與善惡同其事，與夫不信者，預爲其得道之遠緣也。顯權可見，而冥權不測也。實也者，至實也。至實，則物我一也。物我一，故聖人以羣生而成之也。語夫聖人之權也，則周天下之善，徧百家之道，其救世濟物之大權乎？語夫聖人之實也，則旁礴法界，與萬物皆極，其天下窮理盡性之大道乎？聖人者，聖人之聖者也，以非死生，而示死示生，與人同然，而莫視其所以然，豈古神靈叡智，博大盛備之聖人乎？故其爲教，有神道也，有人道也，有常德也，有奇德也，不可以一概求，不以世道擬議，得在於心通，失在於迹較。

治人治天，莫善乎五戒十善；修夫小小聖、小聖，莫盛乎四諦十二緣；修夫大聖，以趨乎大大聖，莫盛乎六度萬行。夫五戒十善者，離之所以致天，合之所以資人。語其成功，則有勝有劣；

語其所以然，則大人之道一也。夫四諦十二緣者，離之則在乎小聖，合之則在乎小小聖。語其成功，則有隆殺；語其乘之，則小聖、小小聖同道也。夫六度也者，首萬行，廣萬行者也。大聖與乎大大聖，其所乘雖稍分之，及其以萬行超極，則與夫大大之聖人一也。萬行也者，萬善之謂也。聖人之善，蓋神而爲之。適變乘化，無所而不在也。是故聖人預天人之事，而天人不測。夫神也者，妙也。事也者，麤也。麤者，唯人知之。妙者，唯聖人知之。天下以彼我競，以儒佛之事相是非，而天下之知者，儒佛之事，豈知其埏埴乎儒佛者耶？夫含靈者，薄天薄地，徧幽徧明，徧乎夷狄禽獸，非以神道彌綸，而古今殆有棄物。聖人重同靈，懼遺物也，是故聖人以神道作。

　心必至，至必變。變者，識也；至者，如也。如者，妙萬物者也；識者，紛萬物，異萬物者也。變也者，動之幾也；至也者，妙之本也。天下無不本，天下無不動，故萬物出于變，入于變，萬物起于至，復于至。萬物之變見乎情，天下之至存乎性。以情可以辨萬物之變化，以性可以觀天下之大妙。善夫情性，可以語聖人之教道也。萬物同靈之謂心，聖人所履之謂道。道有大者焉，有小者焉；心有善者焉，有惡者焉。善惡有厚薄，大小有漸奧。故有大聖，有次聖，有小聖；有天，有人，有須倫，有鬼神，有介羽之屬，有地道羣生者，一心之所出也。聖人者，一道之所離也。聖人之大小之端，不可不審也。羣生之善惡之故，不可不慎也。夫心與道，豈異乎哉？以聖人羣生，姑區以別之，曰道，曰心也。心乎，大哉至也矣！幽過乎鬼神，明過乎日月，博大包乎天地，精微貫乎鄰虛。幽而不幽，故至幽；明而不明，故至明。大而不大，故絕大；微而不微，故至微。精日，精月，靈鬼，靈神，而妙乎天地三才。若有乎？若無乎？若不有，不無？若不不有，若不不無？是可以言語狀及乎？不可以絕待玄解諭。得之，在乎瞬息；差之，在乎毫釐者，是可以與至者知，不可與學者語。聖人以此難明難至也，乃爲諸教，言之，義之，諭之，正之，雖夥然多端，是皆欲人之不繆也，而學者猶昧。今夫天下混謂乎心者，言之而不詳，知之而不審。苟認意識，謂與聖人同得其趣道也，不亦遠乎？

　　情出乎性，性隱乎情。性隱，則至實之道息矣，是故聖人以性爲教，而教人。天下之動，生於情，萬物之惑，正於性，情性之善惡天下，可不審乎？知善惡，而不知夫善惡之終始，其至知乎？知其終，而不知其始，其至知乎？唯聖人之至知，知始，知終，知微，知亡，見其貫死生幽明，而成象成形。天地至遠，而起於情，宇宙至大，而內於性，故萬物莫盛乎情性者也。情也者，有之初也。有有，則有愛；有愛，則有嗜欲；有嗜欲，則男女萬物生死焉。死生之感，則善惡以類變，始之，終之，循死生而未始休。性也者，無之至也。至無，則未始無。出乎生，入乎死，而非死非生，聖人之道，所以寂焉，明然，唯感所適。夫情也，爲偏，爲識。得之，則爲愛，爲惠，爲親親，爲疎疎，爲或善，爲或惡。失之，則爲欺，爲狡，爲兇，爲不遜，爲貪，爲溺嗜欲，爲喪心，爲滅性。夫性也，爲真，爲如，爲至，爲無邪，爲清，爲靜。近之，則爲賢，爲正人；遠之，則爲聖神，爲大聖人。聖人以性爲教教人，而不以情，此其蘊也。情性之在物，常然宛然，探之不得，決之不絕，天地有窮，性靈不竭，五趣迭改，情累不釋，是故情性之謂，天下不可不束也。夫以情教人，其在生死之間乎？以性教人，其出夫死生之外乎？情教其近也，性教其遠也。誕乎死生之外而罔之，其昧天理，而絕乎生生之源也。小知不及大知，醯雞之局乎甕瓿之間，不亦然乎？

　　心動曰業，會業曰感。感也者，通內外之謂也。天下之心孰不動，萬物之業孰不感。業之爲理也幽，感之爲勢也遠，故民不睹而不懼。聖人之教蓮乎業，欲其人之必警也，欲其心之慎動也。内感之謂召，外感之謂應，召謂其因，應謂其果。因果形象者，皆預也。夫心動有逆順，故善惡之情生焉。善惡之情已發，故禍福之應至焉。情之有淺深，報之有輕重。輕乎可以遷，重乎不可卻。善惡有先後，禍福有遲速，雖十世萬世而相感者不逸，豈一世而已乎？夫善惡不驗乎一世而疑之，是亦昧乎因果者也。報施不以夫因果正，則天下何以勸善人？樹不見其長而日茂，礪不見其銷而日無，業之在人也如此，可不慎乎？

　　物有性，物有命，物好生，物惡死，有血氣之屬皆然也，聖人所以欲生，而不欲殺。夫生殺有因果，善惡有感應。其因善其果善，其因惡其果惡。夫好生之心善，好殺之心惡，善惡之感可不慎乎？人食物，物給人，昔相負而冥相償，業之致然也。人與物而不覺，謂物自然，天生以養人，天何顏耶？害性命以育性命，天道至仁，豈然乎哉？夫相償之理，冥而難言也，宰殺之勢，積而難休也，故古之法，使不暴夫物，不合圍，不捈羣也。子釣而不網，弋不射宿，其止殺之漸乎？佛教教人，可生而不可殺，可不思耶？諒哉︕

　　大信近也，小信遠也，近反遠，遠反近，情蔽而然也。天下莫近乎心，天下莫遠乎物，人夫不信其心，而信其物，不亦近反遠，遠反近乎？不亦迷繆倒錯乎？心也者，聰明叡智之源也，不得其源，而所發能不繆乎？聖人所以欲人自信其心也，信其心而正之，則爲誠常，爲誠善，爲誠孝，爲誠忠，爲誠仁，爲誠慈，爲誠和，爲誠順，爲誠明。誠明，則感天地，振鬼神，更死生變化而獨得。是不直感天地，動鬼神而已矣，將又致乎聖人之大道者也，是故聖人以信其心爲大也。夫聖人博説之，約説之，直示之，巧示之，皆所以正人心而與人信也。人而不信聖人之言，乃不信其心耳。自棄也，自惑也，豈謂明乎哉？賢乎哉？

修多羅藏者，何謂也？合理也，經也。經也者，常也，貫也，攝也。顯乎前聖後聖所説皆然，莫善乎常也。持義理而不亡，莫善乎貫也。總羣生而教之，莫善乎攝也。阿毘曇藏者，何謂也？對法也，論也。論也者，判也，辨也。發明乎聖人之宗趣，莫善乎辨；指其道之淺深，莫善乎判。毘尼藏者，何謂也？戒也，律也。律也者，制也。啓衆善，遮衆惡，莫善乎制也。人天乘者，何謂也？漸之漸也。導世俗，莫盛乎至漸。聲聞乘者，何謂也？權也，漸也，小道也。緣覺乘者，何謂也？亦小道也。從其器而宜之，莫盛乎權；與其進而不與其退，莫盛乎漸。菩薩乘者，何謂也？實也，頓也，大道也。卽人心而授大道，莫盛乎菩薩乘也。其乘與妙覺通，其殆庶幾者也。四輪者何謂也？曰風也，曰水也，曰金也，曰地也。四輪也者，天地之所以成形也。觀乎四輪，則天地之終始可知也。三界者何謂也？曰欲也，曰色也，曰無色也。三界也者，有情者之所依也。觀乎三界，則六合之內外，可詳而不疑也。六道者何謂也？曰地獄也，曰畜生也，曰餓鬼也，曰修羅也，曰人也，曰天也。六道也者，善惡心之所感也。觀乎六道，則可以慎其爲心也。四生者何謂也？曰胎也，曰卵也，曰濕也，曰化也。四生也者，情之所成也。觀乎四生，則可以知形命之所以然也。何家無教，何書無道？道近而不道遠，天下何以知遠乎？教人而不教他類，物其有所遺乎？夫幽者，遠者，固人耳目之所不及也。惚恍者，飛潛者，固人力之不能郵也。人之不能及，宜聖人能及之，人之不能郵，宜聖人能郵之。聖人不能及，天下其終昧夫幽遠者耶？聖人不能郵，含靈者將淪而無所拯乎？是故聖人之教，遠、近、幽、明，無所不被，無所不著。天下其廣大悉備者，孰有如吾聖人之教者也。

天之至高，地之至遠，鬼神之至幽。修吾聖人之法，則天地應之；舉吾聖人之言，則鬼神順之。天地與聖人同心，鬼神與聖人同靈,蓋以其類相感而然也。情不同則人睽,類不同則物反,非其道則孺子不從。今夫感天地,振鬼神,得乎百姓夷狄,更古今而其心不離,則吾聖人之道,其大通大至,斷可見矣。

佛者,何謂也?正乎一者也。人者,何謂也?預乎一者也。佛與人,一而已矣。萬物之謂者,名也。至理之謂者,實也。執名而昧實,天下其知至乎?道在乎人,謂之因;道在乎佛,謂之果。因也者,言乎未至也;果也者,言乎至也。至則正矣,正則無所居,而不自得焉。佛乎,豈必形其形,迹其迹?形迹者,乃存其教耳。教也者,為其正之之資也。別萬物莫盛乎名,同萬物莫盛乎實。聖人以實教人,欲人之大同也。聖人以遺名勸人,防人之大異也。觀夫聖人之所以教,則名實之至,斷可見矣。

何人無心,何人無妙,何教無道,何道無中?概言乎中,則天下不趨其至道;混言其妙,則天下不求其至心。不盡乎至心至道,則偽者,狂者,矜者,慢者,由此而不修也;生者,死者,因循變化,由此而不警也。妙,有妙,有大妙。中,有事中,有理中。夫事中也者,萬事之制中者也。理中也者,性理之至正者也。夫妙也者,妙之者也。大妙也者,妙之又妙者也。妙者,百家者皆然,而未始及其大妙也。大妙者,唯吾聖人推之,極乎衆妙者也。夫事中者,百家者皆然,吾亦然矣。理中者,百家者雖預中,而未始至中。唯吾聖人正其中,以驗其無不中也。曰心,曰道,名焉耳。曰中,曰妙,語焉耳。名與言雖異,而至靈一也。一卽萬,萬卽一,一復一,萬復萬,轉之展之,交相融攝,而浩然不窮。大妙重玄,其如此也矣夫。故其擲大千於方外,納須彌於芥子,而至人不疑,曰妙而已矣,曰中而已矣,又何以加焉! 曰,海固深矣,而九淵深於海,夷貊之子豈諒?於戲!

教不可泥,道不可罔,泥教淫迹,罔道棄本。泥也者,過也。罔也者，不及也。過與不及，其爲患一也。聖人所以爲理必誠，爲事必權，而事與理，皆以大中得也。夫事有宜，理有至，從其宜而宜之，所以爲聖人之教也。卽其至而至之，所以爲聖人之道也。梁齊二帝（梁武、齊文宣也）反其宜而事教，不亦泥乎？魏周二君（魏武、周武）泯其至而預道，不亦罔乎？夫聖人之教，善而已矣；夫聖人之道，正而已矣。其人正，人之；其事善，事之。不必僧，不必儒，不必彼，不必此。彼此者，情也；僧、儒者，迹也。聖人垂迹，所以存本也；聖人行情，所以順性也。存本而不滯迹，可以語夫權也；順性而不溺情，可以語夫實也。昔者，石虎以柄國殺罰，自疑其事佛無祐，而佛圖澄乃謂石虎曰："王者當心體大順，動合三寶，如其兇愚，不爲教化所遷，安得不誅？但刑其可刑，罰其可罰者。脱刑罰不中也，雖輕財奉佛，何以益乎？"宋文帝謂求那跋摩曰："孤媿身徇國事，雖欲齋戒不殺，安得如法也？"跋摩曰："帝王與匹夫所修當異。帝王者，但正其出言發令，使乎人神悦和。人神悦和，則風雨順。風雨順，則萬物遂其所生也。以此持齋，齋亦至矣；以此不殺，德亦大矣。何必輟半日之飡，全一禽之命，爲之修乎？"帝撫几稱之曰："俗迷遠理，僧滯近教，若公之言，真所謂天下之達道，可以論天人之際矣。"圖澄、跋摩，古之至人也，可謂知權乎？

　　聖人以五戒之導世俗也，教人修人以種人修之則在其身，種之則在其神，一爲而兩得，故感人心而天下化之。與人順理之謂善，從善無迹之謂化。善之，故人慕而自勸。化之，故在人而不顯，故天下不可得以校其功，天下不可得以議其德。然天下鮮惡，孰知非因是而損之？天下多善，孰知非因是而益之？有謂佛無所助夫王者之治天下者，此不睹乎理者也。

　　善不修，則人道絶矣；性不明，則神道滅矣。天地之往往者，神也；萬物之靈族者，人也。其神暗，生生者所以異也；其人失，靈族者所以衰也。聖人重人道，所以推善而益之也；聖人重神道，所以推性而嗣之也。人者，天者，聖人者，孰不自性而出也？聖人者，天者，人者，孰不自善而成也？所出者，固其本也。所成者，固其教也。衆成之大成者也，萬本之大本者也。聖人以性嗣，蓋與天下厚其大本也；聖人以善益，蓋與天下務其大成也。父母之本者，次本也；父母之成者，次成也。次本，次成，能形人，而不能使其必人也。必人，必神，必先其大本大成也，而然後及其次本，次成，是謂知本也。夫天下以父子、夫婦爲人道者，是見人道之緣，而不見其因也。緣者，近也；因者，遠也。夫天下知以變化自然爲乎神道者，是見其然，而不見其所以然也。然者，顯也；所以然者，幽也。是故聖人推其所以然者，以盡神道之幽明也；推其遠而略其近者，以驗人道之因果也，聖人其與天下之終始乎！聖人不自續其族，舉人族而續之，其爲族，不爲大族乎哉！聖人不自嗣其嗣，舉性本而與天下嗣之，其爲嗣不亦大嗣乎哉！

　　教謂布施，何謂也？布施，吾原教雖論而未盡，此盡之也。布施也者，聖人之欲人爲福也。夫福豈有象耶？在其爲心之善不善耳。貪婪慳悋者，心之不善者也；濟人惠物者，心之善者也。善心感之則爲福，不善心感之則爲極，福極之理，存乎儒氏之皇極矣。皇極者，蓋論而不議者也。夫布施之云爲者，聖人欲人發其感福之心也。其發之者有優劣，則應之者有厚薄。以佛事而發其施心者，優也；以世事而發其施心者，劣也。聖人欲人之福必厚，故先優而後劣。劣者謂之卑，優者謂之勝。儒曰，福者，備也。備者，百順之名也，無所不順之謂備。此道其緣，而不道其因。非因，則天下不知其所以爲福也。所種之地薄，則所成之物不茂；所種之地嘉，則所成之物必碩也矣。是故聖人示人之勝劣，豈有所苟乎？如以財而施人者，其福可量也；以法而施人者，其福不可量也。可量者，并世而言之也；不可量者，以出世而言之也。

　　教必尊僧，何謂也？僧也者，以佛爲性（性，一作姓），以如來爲家，以法爲僧（僧，一作身），以慧爲命，以禪悦爲食。故不恃俗氏，不營世家，不修形骸，不貪生，不懼死，不溽乎五味。其防身有戒，攝心有定，辨明有慧。語其戒也，潔清三惑，而畢身不汙；語其定也，恬思慮，正神明，而終日不亂；語其慧也，崇德辨惑而必然。以此修之之謂因，以此成之之謂果。其於物也，有慈，有悲，有大誓，有大惠。慈也者，常欲安萬物；悲也者，常欲拯衆苦；誓也者，誓與天下見真諦；惠也者，惠羣生以正法。神而通之，天地不能揜；密而行之，鬼神不能測。其演法也，辯説不滯；其護法也，奮不顧身。能忍人之不可忍，能行人之不能行。其正命也，丐食而食，而不爲耻。其寡欲也，糞衣綴鉢，而不爲貪。其無争也，可辱而不可輕。其無怨也，可同而不可損。以實相待物，以至慈修己，故其於天下也，能必和，能普敬。其語無妄，故其爲信也至；其法無我，故其爲讓也誠。有威可敬（敬或作警），有儀可則，天人望而儼然；能福於世，能導於俗。其忘形也，委禽獸而不恡；其讀誦也，冒寒暑而不廢。以法而出也，遊人間，徧聚落，視名若谷響，視利若游塵，視物色若陽豔，煦嫗貧病，瓦合輿儓，而不爲卑。以道而處也，雖深山窮谷，草其衣，木其食，晏然自得，不可以利誘，不可以勢屈，謝天子諸侯而不爲高。其獨立也，以道自勝，雖形影相弔，而不爲孤。其羣居也，以法爲屬，會四海之人，而不爲混。其可學也，雖三藏十二部，百家異道之書，無不知也，他方殊俗之言，無不通也。祖述其法，則有文有章也；行其中道，則不空不有也。其絶學也，離念清浄，純真一如，不復有所分別也。僧乎！其爲人至，其爲心溥，其爲德備，其爲道大。其爲賢，非世之所謂賢也；其爲聖，非世之所謂聖也，出世殊勝之賢聖也。僧也如此，可不尊乎？

以世法籍僧，何謂也？籍僧者，非古也，其暴周之意耳。僧也者，遠塵離俗，其本處乎四民之外。籍僧，乃民畜僧也。吾聖人之世，國有僧，以僧法治；國有俗，以俗法治，各以其法而治之也，未始聞以世法而檢僧也。豈非聖人既隱，其道大衰，其徒汙雜太甚，輔法不勝其人而然乎？羽嘉生應龍，應龍生鳳皇，鳳皇生衆鳥，物久乃變，其勢之自然也。既變則不可不制也。制乎，在於區之別之，邪正曲直，不可概視也。石有玉，草有蘭。人乎，豈謂無其聖賢耶？旌一善，則天下勸善；禮一賢，則天下慕賢。近古之高僧者，見天子不名，豫制書，則曰師，曰公。鍾山僧遠，鑾輿及門而牀坐不迎；虎溪慧遠，天子臨潯陽而詔不出山。當世待其人，尊其德，是故其聖人之道振，其徒尚德。儒曰貴德，何爲也？爲其近於道也。儒豈不然哉？後世之慕其高僧者，交卿大夫，尚不待預下士之禮，其出其處，不若庸人之自得也。況如僧遠之見天子乎？況如慧遠之自若乎？望吾道之興，吾人之修，其可得乎？存其教而不須其人，存諸何以益乎？惟此未嘗不涕下。

　　教謂住持者，何謂也？住持也者，謂藉人持其法，使之永住而不泯也。夫戒定慧者，持法之具也。僧園物務者，持法之資也。法也者，大聖之道也。資與具，待其人而後舉。善其具，而不善其資，不可也；善其資，而不善其具，不可也；皆善則可以持而住之也。昔靈山住持，以大迦葉統之。竹林住持，以身子尸之。故聖人之教盛，聖人之法長存。聖人既隱，其世數相失，茫然久乎。吾人傲倖，乃以住持名之，勢之，利之，天下相習，杳焉紛然，幾乎成風、成俗也。聖人不復出，其孰爲之正？外衛者，不視不擇。欲吾聖人之風不衰，望聖人之法益昌，不可得也。悲夫吾何望也？

　　僧置正，而秩比侍中；何謂也？置正，非古也，其姚秦之所始也。置正可也，置秩不可也。僧也者，委榮利以勝德高世者也，豈預寵禄乎？與僧比秩，不亦造端，引後世之競勢乎？道翳不明，不知窒其漸，道翳之過也。夫僧也者，出於戒定慧者也。夫正也者，出於誠明者也。僧非誠明，孰能誠戒，誠定，誠慧也？不成乎戒定慧，則吾不知其所以爲正也。宋、齊、梁、陳四代，亦沿秦而置正；二魏高齊後周，革秦之制而置統；隋承乎周，亦置之統；唐革隋，則罷統而置録；國朝沿唐之制，二京則置録，列郡則置正。夫古今沿革雖異，而所尸一也。天下難於得人，而古今皆然，果得其正，則吾人庶幾無邪也。填之乎，慎之乎，難其人乎！

有形出無形，無形出有形，故至神之道，不可以有尋，不可以無測，不可以動失，不可以静得。聖人之道空乎，則生生奚來；聖人之道不空乎，則生孰不泯。善體乎空不空，於聖人之道，其庶幾乎！夫驗空，莫若審有形；審有形，莫若知無形；知無形，則可以窺神明；窺神明，始可以語道也。道也者，神之蘊也，識之所自出也。識也者，大患之源也。謂聖人之道空，此乃溺乎混茫之空也。病益病矣，天下其孰能治之乎哉？

天下不信性爲聖人之因，天下不信性爲聖人之果。天下惑性而不知修性，天下言性而不知見性。不信性與聖人同因，自昧也；不信性與聖人同果，自棄也。不修性而性溺，惑也；不見性而其言性，非審也（或無上二而字）。是故指修，莫若乎因；尅成，莫若乎果；全性，莫若乎修；審性，莫若乎證。因也者，修性之表也；果也者，成性之效也。修也者，治性之具也；證也者，見性之驗也。天下其心，方散之亂之，惰之慢之，謂不必因而罔其表者，則天下何以勸其修性而趨其成乎？天下之心，方疑之惑之，而不定也，謂不必果而罔其效者，則天下何以示其成性而顯其果有所至乎？謂不必修而罔其具者，則天下其性能不蔽而果明且净乎？天下之有見，無見，斷見，常見，其説方紛然相糅而不辨，謂不必證而罔其驗者，則天下何以別其見性之正乎邪乎，至哉不至哉？百家者皆言性，而不事乎因焉，果焉，修焉，證焉，其於性也，果效白乎？諸子務性，而不求乎因也，果也，修也，證也，其於性果能至之乎？是故吾之聖人道性，必先夫因果修證者也。旨哉！天下可以思之矣。

聖人之教存乎道，聖人之道存乎覺。覺則明，不覺則不明，不明，則羣靈所以與聖人相間也。覺也者，非漸覺也，極覺也。極覺乃聖人之能事畢矣。覺之之謂佛，況之之謂乘。覺之以成乎聖人之道，乘之以至乎聖人之域。前聖也，後聖也，孰不然乎哉，稽聖人之所覺，在乎羣生之常覺也。衆生日覺而未始覺，覺猶夢，曉而猶昧，是故聖人振而示之，欲其求之，引而趨之，欲其至之。人，夫謂佛，何拒而詘之。爲家而投珍，蹈路而捨地，惑亦甚矣。覺也者，以言乎近，則息塵勞，靖神明，正本以修末；以言乎遠，則了大僞，外死生，至寂而常明，閑閑與聖人同德，覺之效也如此。大哉至乎！不可以言盡，不可以智得，神而明之，存乎其人。

吾聖人之作，當周之盛世也，瑞氣見乎昭王，而周書不書，避異也。化人自西極而至，將穆王以神游，聖人其兆於諸夏也。十八異僧如秦，而始皇怪之，佛法其東播之漸也。夢於漢，而聲教遂振，其冥數之當興也。出於彼而不出於此，何也？以彼一天下之大中也。將表其心，其權，其道之大中乎？聖人以道作，以權適宜，以所出示迹。夫道也者，聖人之理中也；權也者，聖人之事中也。所出也者，聖人之示中也。示中，則聖人之心可知也。理中，則聖人之道之至也。事中，則聖人之事之得也。傳謂彼一天下，其所統者若中國之所謂，其天下者殆有百數而中國者。以吾聖人非出中國而夷之，豈其所見之未博乎？春秋以徐伐莒不義，乃夷狄之；以狄人與齊人盟于刑得義，乃中國之。春秋固儒者聖人之法也，豈必以所出，而議其人乎？然類不足以盡人，迹不足以盡道，以類而求夫聖人，不亦繆乎？以迹而議夫聖人之道，不亦妄乎？聖人見乎五帝三王之後，而不見乎五帝三王之先，何謂也？聖人非苟見也，聖人以人心所感而見也。五帝三王之前，羣生之心不感，而聖人不來也。五帝三王之後，羣生之心感，聖人之迹所以至也。道在衆生之謂因，道在聖人之謂緣。因緣有稔焉，有未稔焉。因緣稔矣，雖衆生不求，而聖人必至。因緣未稔，雖羣生求之，而聖人不應。是知聖人與衆生，蓋以道而自然相感，非若世之有所爲者，以情而取之，以情而舍之也。

聖人之知遠，至遠也。聖人之先覺，至覺也。是故其教，推索乎太極之前，却道乎天地之更始。故其書，爲博，爲多，爲不約，浩浩乎，不可以一往求，不可以一日盡。治其書之謂學，學其教之謂審，審其道之謂至。天下非至無本，非教無明，非書無知，是故研聖人之道者，不可捨其教也，探聖人之教者，不可損其書也。今辨其道，而距其教；校其教，而不顧其書，不亦妄乎？儒曰：雖有嘉肴，弗食，不知其旨也；雖有至道弗學，不知其善也，不其然哉！謂其道不足法，推己道以辨之，謂其書不足詳，援己書以較之。夫與鄉人訟，而引家人證，當乎？必也不當矣。道也者，天下之本也。書也者，天下之迹也。事也者，天下之異也。理也者，天下之同也。以理而質事，天下之公也。尋迹以驗本，天下之當也。夫委書而辨道，舍理而斷事，天下若此而爲之者，公乎？當耶？

古之有聖人焉，曰佛，曰儒，曰百家，心則一，其迹則異。夫一焉者，其皆欲人爲善者也；異焉者，分家而各爲其教者也。聖人各爲其教，故其教人爲善之方，有淺，有奧，有近，有遠，及乎絶惡，而人不相擾，則其德同焉。中古之後，其世大漓。佛者，其教相望而出，相資以廣天下之爲善，其天意乎？其聖人之爲乎？不測也。方天下不可無儒，無百家者，不可無佛！虧一教，則損天下之一善道；損一善道，則天下之惡加多矣。夫教也者，聖人之迹也，爲之者（本或無之），聖人之心也。見其心，則天下無有不是；循其迹，則天下無有不非。是故賢者，貴知夫聖人之心，文中子曰："觀皇極讜議，知佛教可以一矣。"王氏殆見聖人之心也。

（選自清光緒二十八年揚州藏經院本鐔津文集卷第二）

下

孝　論

敍曰：夫孝，諸教皆尊之，而佛教殊尊也。雖然，其說不甚著明於天下，蓋亦吾徒不能張之。而吾嘗慨然甚媿。念七齡之時，吾先子方啟手足，即命之出家。稍長，諸兄以孺子可教，將奪其志。獨吾母曰："此父命，不可易也。"逮攝衣將訪道于四方，族人留之。亦吾母曰："汝已從佛，務其道宜也，豈以愛滯汝，汝其行矣。"嗚呼！生我，父母也；育我，父母也，吾母又成我之道也。昊天罔極，何以報其大德！自去故鄉凡二十七載，未始不欲南還墳隴，修法爲父母之冥贊。猶不果然，辛卯其年，自以弘法嬰難，而明年鄉邑，亦嬰於大盜，吾父母之墳廬，得不爲其剽暴，望之漣然泣下。又明年，會事，益有所感，遂著孝論一十二章，示其心也。其發明吾聖人大孝之奧理密意，會夫儒者之說，殆亦盡矣。吾徒之後學，亦可以視之也。

明孝章第一

二三子祝髮，方事於吾道，逮其父母命之，以佛子辭而不往。吾嘗語之曰，佛子情可正，而親不可遺也。子亦聞吾先聖人，其始振也爲大戒，即曰孝名爲戒。蓋以孝而爲戒之端也，子與戒而欲亡孝，非戒也。夫孝也者，大戒之所先也。戒也者，衆善之所以生也。

爲善微戒,善何生耶? 爲戒微孝,戒何自耶? 故經曰:"使我疾成於無上正真之道者,由孝德也。"

孝本章第二

天下之有爲者,莫盛於生也。吾資父母以生,故先於父母也。天下之明德者,莫善於教也。吾資師以教,故先於師也。天下之妙事者,莫妙於道也。吾資道以用,故先於道也。夫道也者,神用之本也;師也者,教誥之本也;父母也者,形生之本也。是三本者,天下之大本也,白刃可冒也,飲食可無也,此不可忘也。吾之前聖也,後聖也,其成道樹教,未始不先此三本者也。大戒曰: 孝順父母師僧,孝順至道之法,不其然哉」 不其然哉」

原孝章第三

孝有可見也,有不可見也。不可見者,孝之理也;可見者,孝之行也。理也者,孝之所以出也;行也者,孝之所以形容也。修其形容,而其中不修,則事父母不篤,惠人不誠。修其中,而形容亦修,豈惟事父母而惠人,是亦振天地而感鬼神也。天地與孝同理也,鬼神與孝同靈也。故天地鬼神,不可以不孝求,不可以詐孝欺。佛曰:孝順至道之法。儒曰:夫孝,置之而塞乎天地;溥之而橫乎四海;施之後世而無朝夕。故曰:夫孝,天之經也,地之義也,民之行也。至哉大矣」 孝之爲道也夫」 是故,吾之聖人,欲人爲善也,必先誠其性,而然後發諸其行也。孝行者,養親之謂也。行不以誠,則其養有時而匱也。夫以誠而孝之,其事親也全,其惠人卹物也均。孝也者,効也;誠也者,成也。成者,成其道也; 効者,効其孝也。爲孝而無効,非孝也;爲誠而無成,非誠也。是故聖人之孝,以誠爲貴也。儒不曰乎:君子誠之爲貴。

評孝章第四

聖人以精神乘變化，而交爲人畜，更古今，混然茫乎。而世俗未始自覺，故其視今牛羊，唯恐其是昔之父母精神之所來也，故戒於殺，不使暴一微物，篤於懷親也。諭今父母，則必於其道，唯恐其更生而陷神乎異類也。故其追父母於既往，則逮乎七世；爲父母慮其未然，則逮乎更生，雖譎然駭世，而在道然也。天下苟以其不殺勸，則好生惡殺之訓，猶可以移風易俗也。天下苟以其陷神爲父母慮，猶可以廣乎孝子慎終追遠之心也。況其於變化，而得其實者也。校夫世之謂孝者，局一世而闇玄覽，求於人而不求於神。是不爲遠，而孰爲遠乎？是不爲大，而孰爲大乎？經曰：“應生孝順心，愛護一切衆生。”斯之謂也。

必孝章第五

聖人之道，以善爲用。聖人之善，以孝爲端。爲善而不先其端，無善也。爲道而不在其用，無道也。用所以驗道也，端所以行善也。行善，而其善未行乎父母，能溥善乎？驗道，而不見其道之溥善，能爲道乎？是故聖人之爲道也，無所不善。聖人之爲善也，未始遺親。親也者，形生之大本也，人道之大恩。唯大聖人爲能重其大本也，報其大恩也。今夫天下之爲道者，孰與於聖人？夫聖人之道大臻，巍巍乎獨尊於人天，不可得而生也，不可得而死也。及其應物，示同乎天人，尚必順乎人道，而不敢忘其母之既死，不敢拒其父之見命。故方其成道之初，而登天，先以其道諭其母氏，三月復歸乎世，應命還其故國，示父於道，而其國皆化。逮其喪父也，而聖人躬與諸釋，負其棺以趣葬。聖人可謂與人道而大順也。今夫方爲其徒，於聖人則晚路末學耳，乃欲不務爲孝，謂我出家專道，則吾豈敢也，是豈見出家之心乎？夫出家者，將以道而溥善也，溥善而不善其父母，豈曰道耶？不唯不見其心，抑亦孤於聖人之法也。經謂，父母與一生補處菩薩等，故當承事供養。故律教其弟子，得減衣鉢之資，而養其父母，父母之正信者，可恣與之；其無信者，可稍與之。有所訓也矣。

廣孝章第六

天下以儒爲孝，而不以佛爲孝。曰，既孝矣，又何以加焉？嘻，是見儒而未見佛也。佛也極焉，以儒守之，以佛廣之，以儒人之，以佛神之，孝其至且大矣。水固趨下也，洫而決之，其所至不亦速乎？火固炎上也，噓而鼓之，其所舉不亦遠乎？元德秀，唐之賢人也，喪其母，哀甚，不能自效，刺肌瀝血，繪佛之像，書佛之經，而史氏稱之。李觀，唐之聞人也，居父之憂，刺血寫金剛般若，布諸其人，以資其父之冥，遽有奇香發其舍，郁然連日，及之其鄉。夫善固有其大者也，固有其小者也。夫道固有其淺者也，固有其奧者也。奧道妙乎死生變化也，大善徹乎天地神明也。佛之善，其大善者乎？佛之道，其奧道者乎？君子必志其大者奧者焉。語不曰乎："多聞，擇其善者而從之。"

戒孝章第七

五戒，始一曰不殺，次二曰不盜，次三曰不邪淫，次四曰不妄言，次五曰不飲酒。夫不殺，仁也；不盜，義也；不邪淫，禮也；不飲酒，智也；不妄言，信也。是五者修，則成其人，顯其親，不亦孝乎？是五者，有一不修，則棄其身，辱其親，不亦不孝乎？夫五戒，有孝之蘊，而世俗不睹，忽之而未始諒也。故天下福不臻，而孝不勸也。大戒曰，孝名爲戒，蓋存乎此也。今夫天下欲福，不若篤孝；篤孝，不若修戒。戒也者，大聖人之正勝法也。以清净意守之，其福若取諸左右也。儒者，其禮豈不曰："我戰則克，祭則受福。"蓋得其道矣。其詩豈不曰："愷悌君子，求福不回。"是皆言以其正也。夫世之正者猶然，況其出世之正者乎？

孝出章第八

孝出於善，而人皆有善心。不以佛道廣之，則爲善不大，而爲孝小也。佛之爲道也，視人之親，猶己之親也；衛物之生，猶己之生也。故其爲善，則昆蟲悉懷，爲孝則鬼神皆勸。資其孝而處世，則與世和平，而忘忿争也；資其善而出世，則與世大慈而勸其世也。是故君子之務道，不可不辨也。君子之務善，不可無品也。中庸曰："苟不至德，至道不凝焉。"如此之謂也。

德報章第九

養不足以報父母，而聖人以德報之。德不足以達父母，而聖人以道達之。道也者，非世之所謂道也。妙神明，出死生，聖人之至道者也。德也者，非世之所謂德也。備萬善，被幽，被明，聖人之至德者也。儒不曰乎，君子之所謂孝者，先意承志，諭父母於道，參直養者也，安能爲孝乎？曰：君子之所謂孝也，國人稱願。然曰幸哉，有子如此，所謂孝也已。雖然，蓋意同，而義異也。夫天下之報恩者，吾聖人可謂至報恩者也。天下之爲孝者，吾聖人可謂純孝者也。經曰："不如以三尊之教，度其一世二親。"書曰："黍稷非馨，明德惟馨。"不其然哉？不其然哉？吾從聖人之後，而其德不修，其道不明，吾徒負父母，而媿於聖人也夫。

孝略章第十

善天下，道爲大；顯其親，德爲優。告則不得其道德，不告則得道而成德，是故聖人輒遁於山林，逮其以道而返也。德被乎上下，而天下稱之，曰有子若此；尊其父母，曰大聖人之父母也。聖人可謂畧始而圖終，善行權也。古之君子，有所為而如此者，吳泰伯其人也。必大志，可以張大義；必大潔，可以持大正。聖人推勝德於人天，顯至正於九疇，故聖人之法，不顧乎世嗣。古之君子，有所為而如此者，伯夷、叔齊其人也。道固尊於人，故道雖在子，而父母可以拜之，冠義近之矣。禮曰："已冠而字之，成人之道也。見於母，母拜之。"俗固本於真，其真已修，則雖僧可以與王侯抗禮也，而武事近之矣。禮曰："介者不拜，為其拜而蓌拜也。"不拜，重節也。母拜，重禮也。禮節而先王猶重之，大道烏可不重乎？俗曰：聖人無父。固哉！小人之好毀也。彼睍然而豈見聖人為孝之深渺也哉？

孝行章第十一

　　道紀事其母也，母遊必以身荷之。或與之助，而道紀必曰：吾母，非君母也，其形骸之累，乃吾事也，烏可以勞君耶？是可謂篤於親也。慧能始鬻薪以養其母，將從師，患無以為母儲，殆欲為傭以取資。及還，而其母已殂，慨不得以道見之，遂寺其家以善之，終亦歸死於是也。故曰，葉落歸根。能公，至人也，豈測其異德？猶示人而不忘其本也。道丕，會其世之亂，乃負母逃於華陰山中，丐食以為養。父死於事，而丕往求其遺骸。既至，而亂骨不辨，道丕即祝之，遽有髑髏躍至其前，蓋其父之骸也。道丕可謂全孝也。智藏，古僧之勁直者也，事師恭於事父。師沒，則心喪三年也。常超事師中禮，及其沒也，奉之如存。故燕人美其孝悌焉。故律制佛子，必減其衣盂之資，以養父母也。以此諸公，不遺其親，於聖人之意得之矣。智藏、常超謹於奉師，蓋亦合於其起教之大戒者也，可法也矣。

終孝章第十二

父母之喪亦哀，縗絰則非其所宜。以僧，服大布可也。凡處，必與俗之子異位；過斂，則以時往其家；送葬，或扶或導。三年必心喪，靜居，修我法，贊父母之冥。過喪期，唯父母忌日，孟秋之既望，必營齋，講誦如蘭盆法，是可謂孝之終也。昔者天竺之古皇先生，居父之喪，則肅容立其喪之前，如以心喪，而略其哭踊也，大聖人也夫。及其送之，或昇或導，大聖人也夫。目犍連喪母，哭之慟，致饋於鬼神。目犍連，亦聖人也，尚不能泯情，吾徒其欲無情耶？故佛子在父母之喪，哀慕可如目犍連也，心喪可酌大聖人也。居師之喪，必如喪其父母，而十師之喪期，則有隆殺也。唯稟法得戒之師，心喪三年可也。法雲在父母之憂，哀慕殊勝，飲食不入口累日。法雲，古之高僧也。慧約殆至人乎？其父母垂死，與訣，皆號泣，若不能自存。然喪制哭泣，雖我教略之，蓋欲其泯愛惡，而趨清淨也。苟愛惡未忘，遊心於物，臨喪而弗哀，亦人之安忍也。故泥洹之時，其衆撫膺大叫，而血現若波羅奢華，蓋其不忍也。律宗曰："不展哀苦者，亦道俗之同恥也。"吾徒臨喪，可不哀乎？

壇 經 贊

（稱經者，自後人尊其法，而非六祖之意也。今從其舊，不敢改易，亦可謂經。則論在其本經下卷之末。）

贊者，告也。發經而溥告也。壇經者，至人之所以宣其心也。何心耶？佛所傳之妙心也。大哉心乎，資始變化，而清淨常若，凡然，聖然，幽然，顯然，無所處而不自得之。聖言乎明，凡言乎昧。昧也者，變也；明也者，復也。變復雖殊，而妙心一也。

始釋迦文佛以是而傳之大龜氏，大龜氏相傳之三十三世者，傳諸大鑒（六祖謚號大鑒禪師），大鑒傳之，而益傳也。說之者抑亦多端，固有名同，而實異者也；固有義多，而心一者也。曰血肉心者，曰緣慮心者，曰集起心者，曰堅實心者，若心所之心，益多也，是所謂名同而實異者也。曰真如心者，曰生滅心者，曰煩惱心者，曰菩提心者，修多羅其類此者，殆不可勝數，是所謂義多而心一者也。義有覺義，有不覺義；心有真心，有妄心，皆所以別其正心也。方壇經之所謂心者，亦義之覺義，心之實心也。

昔者聖人之將隱也，乃命乎龜氏教外以傳法之要。意其人，滯迹而忘返，固欲後世者提本而正末也。故涅槃曰："我有無上正法，悉已付囑摩訶迦葉"矣。天之道存乎易，地之道存乎簡，聖人之道存乎要。要也者，至妙之謂也。聖人之道以要，則爲法界門之樞機，爲無量義之所會，爲大乘之椎輪。法華豈不曰："當知是妙法，諸佛之秘要。"華嚴豈不曰："以少方便，疾成菩提。"要乎，其於聖人之道，利而大矣哉。是故壇經之宗，尊其心要也。

心乎，若明若冥，若空若靈，若寂若惺，有物乎？無物乎？謂之一物，固彌於萬物。謂之萬物，固統於一物。一物，猶萬物也；萬物，猶一物也。此謂可思議也，及其不可思也不可議也，天下謂之玄解，謂之神會，謂之絕待，謂之默體，謂之冥通。一皆離之遣之，遣之又遣，亦烏能至之？微其果然獨得，與夫至人之相似者，孰能諒乎？推而廣之，則無往不可也；探而裁之，則無所不當也。施於證性，則所見至親；施於修心，則所詣至正；施於崇德辯惑，則真妄易顯；施於出世，則佛道速成；施於救世，則塵勞易歇，此壇經之宗所以旁行天下而不厭。彼謂即心即佛淺者，何其不知量也！以折錐探地而淺地，以屋漏窺天而小天，豈天地之然耶？然百家者，雖苟勝之，弗如也。而至人通而貫之，合乎羣經，斷可見矣。至人變而通之，非預名字，不可測也。故其顯說之，有倫有義；密說之，無首無尾。天機利者得其深，天機鈍者得其淺。可擬乎？可議乎？不得已況之，則圓頓教也，最上乘也，如來之清净禪也，菩薩藏之正宗也。論者謂之玄學，不亦詳乎？天下謂之宗門，不亦宜乎？

　　壇經曰："定慧爲本"者，趣道之始也。定也者，静也；慧也者，明也。明以觀之，静以安之。安其心，可以體心也；觀其道，可以語道也。一行三昧者，法界一相之謂也。謂萬善雖殊，皆正於一行者也。無相爲體者，尊大戒也；無念爲宗者，尊大定也；無住爲本者，尊大慧也。夫戒定慧者，三乘之達道也。夫妙心者，戒定慧之大資也。以一妙心而統乎三法，故曰大也。無相戒者，戒其必正覺也。四弘願者，願度，度苦也；願斷，斷集也；願學，學道也；願成，成寂滅也。滅無所滅，故無所不斷也；道無所道，故無所不度也。無相懺者，懺非所懺也；三歸戒者，歸其一也。一也者，三寶之所以出也。説摩訶般若者，謂其心之至中也。般若也者，聖人之方便也，聖人之大智也，固能寂之明之，權之實之。天下以其寂，可以泯衆惡也；天下以其明，可以集衆善也。天下以其權，可以大有爲也；天下以其實，可以大無爲也。至矣哉，般若也！聖人之道，非夫般若不明也，不成也；天下之務，非夫般若不宜也，不當也。至人之爲以般若振，不亦遠乎？我法爲上上根人説者，宜之也。輕物重用則不勝，大方小授則過也。從來默傳分付者，密説之謂也。密也者，非不言而闇證也，真而密之也。不解此法，而輒謗毀，謂百劫千生斷佛種性者，防天下亡其心也。

　　偉乎！壇經之作也，其本正，其迹効，其因真，其果不謬。前聖也，後聖也，如此起之，如此示之，如此復之。浩然沛乎，若大川之注也，若虚空之通也，若日月之明也，若形影之無礙也，若鴻漸之有序也。妙而得之之謂本，推而用之之謂迹。以其非始者，始之之謂因；以其非成者，成之之謂果。果不異乎因，謂之正果也；因不異乎果，謂之正因也。迹必顧乎本，謂之大用也；本必顧乎迹，謂之大乘也。乘也者，聖人之喻道也；用也者，聖人之起教也。夫聖人之道，莫至乎心；聖人之教，莫至乎修。調神入道，莫至乎一相止觀；軌善成德，莫至乎一行三昧。資一切戒，莫至乎無相；正一切定，莫至乎無念；通一切智，莫至乎無住。生善滅惡，莫至乎無相戒；篤道推德，莫至乎四弘願。善觀過，莫至乎無相懺；正所趣，莫至乎三歸戒。正大體，裁大用，莫至乎大般若；發大信，務大道，莫至乎大志。天下之窮理盡性，莫至乎默傳；欲心無過，莫善乎不謗。定慧爲始，道之基也；一行三昧，德之端也。無念之宗，解脱之謂也；無住之本，般若之謂也；無相之體，法身之謂也。無相戒，戒之最也；四弘願，願之極也。無相懺，懺之至也；三歸戒，真所歸也。摩訶智慧，聖凡之大範也，爲上上根人説，直説也。默傳，傳之至也；戒謗，戒之當也。

夫妙心者，非修所成也，非證所明也，本成也，本明也。以迷明者復明，所以證也；以背成者復成，所以修也。以非修而修之，故曰正修也；以非明而明之，故曰正證也。至人闇然，不見其威儀，而成德爲行，藹如也。至人頹然，若無所持，而道顯於天下也。蓋以正修而修之也，以正證而證之也。於此，乃曰罔修罔證，罔因罔果，穿鑿叢脞，競爲其説，繆乎至人之意焉！噫，放戒定慧，而心趣乎混茫之空，則吾末如之何也！甚乎，舍識溺心而浮識，識與業相乘，循諸衢而未始息也！象之形之，人與物偕生。紛然乎天地之間，可勝數耶？得其形於人者，固萬萬之一耳。人而能覺，幾其鮮矣。聖人懷此，雖以多義發之，而天下猶有所不明者也。聖人救此，雖以多方治之，而天下猶有所不醒者也。賢者以智亂，不肖者以愚壅，平平之人以無記惛，及其感物而發，喜之，怒之，哀之，樂之，益蔽者萬端，曖然若夜行，而不知所至。其承於聖人之言，則計之，卜之，若蒙霧而望遠。謂有也，謂無也，謂非有也，謂非無也，謂亦有也，謂亦無也，以不見而却蔽，固終身而不得其審焉。海所以在水也，魚龍死生在海，而不見乎水。道所以在心也，其人終日說道，而不見乎心。悲夫！心固微妙幽遠，難明難湊其如此也矣。聖人既隱，天下百世，雖以書傳，而莫得其明驗，故壇經之宗舉，乃直示其心，而天下方知即正乎性命也。若排雲霧而頓見太清，若登泰山而所視廓如也。王氏以方乎世書曰："齊一變，至於魯；魯一變，至於道。"斯言近之矣。

涅槃曰："始從鹿野苑，終至跋提河，中間五十年，未曾說一字"者，示法非文字也，防以文字，而求其所謂也。曰依法不依人者，以法真而人假也；曰依義不依語者，以義實而語假也；曰依智不依識者，以智至而識妄也；曰依了義經，不依不了義經者，以了義經盡理也。而菩薩所謂，即是宣說大涅槃者，謂自說與經同也。聖人所謂四人出世，（即四依也）護持正法，應當證知者。應當證知，故至人推本以正其末也。自說與經同，故至人說經如經也。依義，依了義經，故至人顯說而合義也，合經也。依法，依智，故至人密說，變之，通之，而不苟滯也。示法非文字，故至人之宗尚乎默傳也。聖人如春，淘淘而發之也；至人如秋，濯濯而成之也。聖人命之，而至人効之也。至人，固聖人之門之奇德殊勳大也。夫至人者，始起於微，自謂不識世俗文字，及其成至也，方一席之說，而顯道救世，與乎大聖人之云爲者，若合符契也。固其玄德上智，生而知之，將自表其法，而示其不識乎？死殆四百年，法流四海而不息。帝王者，聖賢者，更三十世，求其道而益敬。非至乎大聖人之所至，天且厭之久矣，烏能若此也？予固豈盡其道，幸蚊蝱飲海，亦預其味，敢稽首布之，以遺後學者也。

真諦無聖論

真諦者何？極妙絕待之謂也。聖人者何？神智有爲之謂也。

有爲，則以言乎權；絕待，則以詣乎實。實之，所以全心而泯迹；權之，所以攝末而趨本。然則，真諦也者，豈容擬議於其間哉？聊試寓言以明其蘊耳。

夫真諦者，羣心之元心也，衆聖之實際也，如也，非如也，非非如也。隱羣心而不昧，現聖智而不曜。神明不能測，巧歷不能窮。故般若曰："第一真諦，無成無得。"言其體而存之，則清浄空廓，聖凡泯然。言其照而用之，則彌綸萬有，鼓舞羣動。然則體而存之，若其本乎？照而用之，似其末乎？當其心冥於至本也，默乎清浄，而絕聖棄智，是亦宜爾。

所謂第一義諦，廓然空寂，無有聖人，孰爲繆乎？而秦人以爲太甚逕庭，不近人情，若無聖人，而知無者誰歟？是亦未諭其微旨也。若夫凡聖知覺者，真諦之影響，妄心之攀緣耳。存乎影響，即凝滯於名數；以乎攀緣，則眩惑於分別。是則非聖而聖，而聖人所以大聖；無知而知，其真知所以徧知。昔人有問於昔人曰：云何是第一義諦？應曰：廓然無聖。問者或曰：對朕者誰？應曰：不識。然斯人也，非昧聖而固不識也，蓋不欲人以形言，而求乎真諦者也。而問人不悟，乃復云云，刻舟求劍，遠亦遠矣。以指標月，其指所以在月；以言諭道，其言所以在道。顧言而不顧其道，非知道也；視指而不視其月，非識月也。所以至人常妙悟於言象之表，而獨得於形骸之外。浄名默爾，而文殊稱善。空生以無説而説，天帝以無聞而聞，其不然乎？

（選自清光緒二十八年揚州藏經院本鐔津文集卷第三）

二、中庸解第一

或曰：中庸與禮記疑若異焉。夫禮者，所以序等差，而紀制度也；中庸者，乃正乎性命之説而已，與諸禮經不亦異乎？叟從而辨之曰：子豈不知夫中庸乎？夫中庸者，蓋禮之極，而仁義之原也。禮、樂、刑、政、仁、義、智、信，其八者，一於中庸者也。人失於中，性接於物，而喜、怒、哀、懼、愛、惡生焉，嗜欲發焉。有聖人者，懼其天理將滅，而人倫不紀也，故爲之禮、樂、刑、政，以節其喜、怒、哀、懼、愛、惡、嗜欲也，爲之仁、義、智、信，以廣其教道也。爲之禮也，有上下内外，使喜者不得苟親，怒者不得苟疎；爲之樂也，有雅正平和之音，以接其氣，使喜與嗜欲者，不得淫泆；爲之刑也，有誅罰遷責，使怒而發惡者，不得相凌；爲之政也，有賞有罰，使哀者得告，懼者有勸。爲之仁也，教其寬厚而容物；爲之義也，教其作事必適宜；爲之智也，教其疎通而知變；爲之信也，教其發言而不欺。故禮樂刑政者，天下之大節也；仁義智信者，天下之大教也。情之發，不踰其節，行之修，不失其教，則中庸之道庶幾乎。

夫中庸者，立人之道也，是故君子將有爲也，將有行也，必修中庸，然後舉也。飲食可絶也，富貴崇高之勢可讓也，而中庸不可去也。其誠其心者，其修其身者，其正其家者，其治其國者，其明德於天下者，舍中庸其何以爲之？亡國滅身之人，其必忘中庸故也。書曰："道也者，不可須臾離也。可離非道也。"其此之謂乎？

中庸解第二

或問曰：所謂禮、樂、刑、政，天下之大節也，仁、義、智、信，天下之大教也。情之作，不踰其節，行之修，不失其教，則中庸之道庶幾乎。僕也，冥然未達其意，子復爲我言之。叟曰：孺子有志哉！可聞道也。夫教也者，所以推於人也。節也者，所以制於情也。仁、義、智、信舉，則人倫有其紀也。禮、樂、刑、政修，則人情得其所也。人不暴其生，人之生理得也；情不亂其性，人之性理正也，則中庸之道存焉。故喜、怒、哀、樂、愛、惡、嗜欲，其牽人以喪中庸者也；仁、義、智、信、禮、樂、刑、政，其導人以返中庸者也。故曰，仁、義、智、信、禮、樂、刑、政，其八者一於中庸者也。夫中庸也者，不爲也，不器也，明於日月而不可睹也，幽於鬼神而不可測也（測或作無）。唯君子也，故能以中庸全；唯小人也，故能以中庸變。全之者爲善，則無所不至也；變之者爲不善，則亦無所不至也。書曰：人皆曰，予知擇乎中庸，而不能期月守也。是聖人豈不欲人之終始於中庸，而慎其變也。舜以之爲人君，而後世稱其聖；顏回以之爲人臣，而後世稱其賢；武王周公以之爲人子，而後世稱其孝。中庸者豈妄乎哉？噫！後世之爲人君者，爲人臣者，爲人之子孫者而後不稱，非他也，中庸之不修故也。

中庸解第三

　　或問：洪範曰"皇建其有極"，說者云，大立其有中者也。斯則與子所謂中庸之道，異乎同耶？曰：與夫皇極大同而小異也。同者，以其同趣乎治體也；異者，以其異乎教道也。皇極，教也；中庸，道也。道也者，出萬物也，入萬物也，故以道爲中也。其中庸曰："喜、怒、哀、樂之未發，謂之中；發而皆中節，謂之和。中也者，天下之大本也；和也者，天下之達道也。致中和，天地位焉。"此不亦出入萬物乎？教也者，正萬物，直萬物。故以教爲中也。其洪範曰："無偏無陂，遵王之義；無有作好，遵王之道；無有作惡，遵王之路。無偏無黨，王道蕩蕩；無黨無偏，王道平平；無反無側，王道正直。會其有極，歸其有極。"此不亦正直萬物乎？夫中庸之於洪範，其相爲表裏也，猶人之有乎心焉。人而無心，則曷以形生哉？心而無人，亦曷以施其思慮之爲哉？

　　問曰：鄭氏其解天命之謂性云，天命謂天所命生人者也，是謂性命。木神則仁，金神則義，火神則禮，水神則智，土神則信。考夫鄭氏之義，疑若天命生人，其性則從所感而有之也。感乎木神，則仁性也；感乎金水火土之神，則義禮智信之性也，似非習而得之也。與子所謂仁義禮智信，其於性也，必教而成之，不亦異乎？幸聞其所以然。叟曰：快哉，子之問！吾嘗病鄭氏之説不詳，而未暇議之。然鄭氏者，豈能究乎性命之説耶？夫所謂天命之謂性者，天命則天地之數也，性則性靈也。蓋謂人以天地之數而生，合之性靈者也。性乃素有之理也，情感而有之也。聖人以人之性，皆有乎恩愛、感激、知別、思慮、徇從之情也，故以其教因而充之。恩愛，可以成仁也；感激，可以成義也；知別，可以成禮也；思慮，可以成智也；徇從，可以成信也，孰有因感而得其性耶？夫物之未形也，則信之與生俱無有也，孰爲能感乎？人之既生也，何待感神物而有其性乎？彼金木水火土，其爲物也無知，孰能諄諄而命其然乎？怪哉！鄭子之言也，亦不思之甚矣。如其説，則聖人者何用教爲？而或者默爾然之。

中庸解第四

　　或曰：吾嘗聞人之性有上下，猶手足焉，不可移也。故孔子曰："唯上智與下愚不移。"韓子曰："上焉者，善焉而已矣；下焉者，惡焉而已矣。"孟子曰："然則，犬之性猶牛之性，牛之性猶人之性。"

而與子之謂性者,疑若無賢不肖也,無人之與畜也,混然爲一,不辨其上下焉。而足可加於首,首可置於足,顛之倒之,豈見其不移者也? 子何以異於聖賢之説耶? 叟曰: 吾雖與子終日云云,而子猶頑而不曉,將無可奈何乎? 子接吾語,而不以心通,能以事責我耶? 我雖巧説,亦何以逃於多言之誅乎? 仲尼曰:"唯上智與下愚不移"者,蓋言人有才不才,其分定矣。才而明者,其爲上矣; 不才而昧者,其爲下矣,豈曰,其性有上下哉? 故其先曰:"性相近也,習相遠也",而"上智與下愚不移"次之。苟以性有上下而不移也,則飲食男女之性,唯在於智者,而愚者不得有之; 如皆有之,則不可謂其性定於上下也。韓子之言,其取乎仲尼。所謂不移者也,不能遠詳其義,而輒以善惡定其上下者,豈誠然耶? 善惡,情也,非性也。情有善惡,而性無善惡者何也? 性,靜也; 情,動也。善惡之形,見於動者也。孟子之言"犬之性猶牛之性, 牛之性猶人之性"者,孟氏其指性之所欲也,宜其不同也。吾之所言者,性也,彼二子之所言者,情也。情則孰不異乎? 性則孰不同乎? 或曰:然則犬牛猶人也,衆人猶聖賢也,何以見乎衆人與聖賢耶? 曰: 子誠不知也,犬牛則犬牛矣,衆人則衆人矣,聖賢則聖賢矣。夫犬牛所以爲犬牛者,犬牛性而不別也。衆人之所以爲衆人者,衆人靈而不明也。賢人之所以爲賢人者,賢人明而未誠也。聖人之所以爲聖人者,則聖人誠且明也。夫誠也者,所謂大誠也,(夫或作大或作性)中庸之道也。靜與天地同其理,動與四時合其運,是故聖人以之禮也, 則君臣位焉, 父子親焉,兄弟悌焉,男女辨焉。老者有所養,少者有所教,壯者有所事,弱者有所安, 婚娶喪葬則終始得其宜,天地萬物莫不有其序。以之樂也,朝廷穆穆,天下無憂。陰陽和也,風雨時也,凡有血氣之屬,莫不昭蘇,謂於郊社、宗廟,而鬼神來假。以之刑也,則軍旅獄訟理,而四夷八蠻畏其威,其民遠罪而遷善。以之政也, 則賢者日進，佞者絶去，制度大舉，聲明文物，可示於後世。仁之則四海安，義之則萬物宜，智之則事業舉，信之則天下以實應，聖人之以中庸作也，如此。

中庸解第五

　　或者再拜而前曰：至哉，吾子之言也！而今而後，吾知夫中庸之為至也，天下之至道也。夫天地鬼神無以過也，吾人非中庸則何以生也，敢問中庸可以學歟？曰：是何謂歟！孰不可學也。夫中庸也，非泯默而無用也，故至順則變，變則通矣。節者，所以制其變也。學者，所以行其通也。變而適義，所以為君子；通而失教，所以為小人。故言中庸者，正在乎學也。然則何以學乎？曰：學禮也，學樂也。禮樂修，則中庸至矣。禮者，所以正視聽也，正舉動也，正言語也，防嗜欲也；樂者，所以宣噎鬱也，和血氣也。視聽不邪，舉動不亂，言語不妄，嗜欲不作，思慮恬暢，血氣和平而中庸。然後，仁以安之，義以行之，智以通之，信以守之，而刑與政存乎其間矣。

　　曰：如古之人，其孰能中庸也，而僕願從其人焉。曰：由書而觀之，則舜也，孔子也；其次則顔子也，子思也。武王周公，則謂其能以中庸孝也。或曰：堯與禹湯文武周公，豈非聖人耶？其上不至堯，而下不及禹湯文武周公，何謂也？曰：孔子不言，而吾豈敢議焉？曰：孟軻學於子思，其能中庸乎？曰：吾不知也。曰：唐世李翺其能中庸乎？曰：翺乎其傚中庸者也，能則未聞也。曰：子能中庸乎？曰：吾之不肖，豈敢也！抑亦嘗學於吾之道，以中庸幾於吾道，故竊而言之，豈敢謂能中庸乎！或曰：僕雖不敏，請事斯語。再拜稽首而退。

（選自清光緒二十八年揚州藏經院本鐔津文集卷第四）

三、論　原（選録）

禮　　樂

禮，王道之始也；樂，王道之終也。非禮無以舉行，非樂無以著成，故禮樂者，王道所以倚而生成者也。禮者，因人情而制中。王者，因禮而爲政，政乃因禮樂而明效。人情莫不厚生，而禮樂之養；人情莫不棄死，而禮正之喪；人情莫不有男女，而禮宜之匹（一本作正）；人情莫不有親疏，而禮適之義；人情莫不用喜怒，而禮理之當；人情莫不懷貨利，而禮以之節。夫禮舉，則情稱物也。物得理，則王政行也。王政行，則其人樂而其氣和也。

樂者，所以接人心而達和氣也。宫、商、角、徵、羽五者，樂之音也。金、石、絲、竹、匏、土、革、木八者，樂之器也。音與器，一主於樂也。音雖合變，非得於樂，則音而已矣。是故王者待樂，而紀其成政也；聖人待樂，以形其盛德也。然則何代無樂與？何代無禮與？禮愈煩，而政愈斁；樂愈靡，而時愈亂。蓋其所制者，禮之儀也，非得其實也；所作者，樂之聲也，非得其本也。夫樂之本者，在乎人和也；禮之實者，在乎物當也。

昔有虞氏也，修五禮，故其治獨至於無爲，恩洽動植，而鳩鵲之巢可俯而觀，乃韶作而鳳凰來格。故孔子曰：“韶，盡美矣，又盡善也。”蓋言舜修禮得禮之實也，作樂得樂之本也。叔孫通制禮，事禮之儀者也。杜夔修樂，舉樂之文者也。舉文，則宜其治之未臻也；事儀，則宜乎其政之未淳也。夫禮，所以振王道也；樂，所以完王德也。故王者，欲達其道而不極（極或作及）於禮，欲流其德而不至於樂，雖其至聖，無如之何也。人君者，禮樂之所出者也；人民者,禮樂之所適也。所出不以誠,則所適以飾虛;所出不以躬,則所適不相勸。是故禮貴乎上行,樂貴乎下效也。夫宗廟之禮,所以教孝也;朝覲之禮,所以教忠也;享燕之禮,所以教敬也;酢醻之禮,所以教讓也;鄉飲之禮,所以教序也;講教之禮,所以教養也;軍旅之禮,所以教和也;婚姻之禮,所以教順也;斬衰哭泣之禮,所以教哀也。夫教者,教於禮也。禮者,會於政也。政以發樂,樂以發音,音以發義,故聖人治成而作樂也,因音以盛德。因宮音之沉重廣大,以示其聖;因商音之剛厲,以示其斷;因角音之和緩,以示其仁;因徵音之勁急,以示其智;因羽音之柔潤,以示其敬。律呂正也,以示其陰陽和也;八風四氣順也,以示其萬物遂也。猶恐人之未睹,故舞而象之,欲其見也;恐人之未悉,故詩以言之,欲其知也。感而化之,則移風易俗,存乎是矣,是先王作樂之方者也。

教　　化

禮義者,教之所存也;習尚者,化之所效也。非所存,則其教不至也;非所效,則其化不正也。是故善教者,必持厥禮義也;慎化者,必防其習尚也。天下不可無教也,百姓不可不化也。爲天下百姓上者,教化其可亡乎?教化,風也。民,飛物也。風其高下,則物從之浮沉也。聖人慮人之流惡而不返,故謹於教化者也。夫教者,生於官政也;化者,成於民俗也。禮義者,示於朝廷國家,而見於天下也。詩曰:"周道如砥,其直如矢。君子所履,小人所視。"其所生,猶氣脈也;所成,猶四體也。人欲豫其四體,而不理其氣脈者,未之有也。所生者正,則所成者端也;所視者修,則所見者治也。是故,古之在官政者,必先修禮義,以正其己,而後推諸其人焉。人未之從也,必自揣其教之未造耶,則加修以勸之。又未之從也,此其淫風邪俗者也,始可以舉法,以懲其犯禮違義者也。湯誥曰:"其爾萬方有罪，在予一人"，故誅一罪而人明，舉一令而人從，此所謂教修於上，而人化於下也。後世則不爾也，不治所教，而欲其所化也，可乎？政不正，而責人違義；教不中，而責人犯禮，是亦惑矣。禮也者，中也。義也者，正也。上不中正，而下必欺邪焉。教化之感，蓋其勢之自然也，猶影響之從形聲也。諺曰：形端影直，響順聲和（上二句似文倒）。及其不直也，不順也，責形聲耶？責影響耶？是故君子入國，觀其俗尚，而後議其政治也。

說　命

物皆在命，不知命，則事失其所也，故人貴盡理而造命。命也者，天人之交也。故曰，有天命焉，有人命焉。天命者，天之所鍾也；人命者，人之所授也。夫天也者，三極之始也。聖人重其始，故總曰天命。天命至矣，人命必矣。至之，雖幽明其有效也；必之，雖貴賤其有定也。貴賤有定，故不可曲求於天也，曲求於天，則廢乎人道也。幽明有效，故不可苟恃乎人也，苟恃乎人，則逆乎天道也。是故古之人有所為者，不敢欺天命也；有所守者，不敢越人命也。何謂天道乎？天道，適順者也。何謂人道乎？人道，修教者也。故古之人，德合天道，而天命屬之；德臻人道，而人命安之。春秋先春而次王，此聖人顯王者之尊天命也。以正次王，此聖人明文王法天，而合乎天道也。故得天命者，謂之正統也；廢人道者，謂之亂倫也。

曰：正統曷詳哉？吾子盡云也。曰：昔者民阨洪水，天下病之，禹以勤勞，援天下於既溺，功德合乎天，而天命歸之，故謂正統也。夏之末也，民不勝其虐，天下苦之，以湯至仁，而天命歸之，故為人統也。殷之末也，如夏，文王以至德懷民，故天命將歸，而武王承之，故為天統也。秦也，隋也，而人苦其敝，漢唐始以寬仁振。五季,偏亂也。吾宋以神武平,故天命皆歸焉。

曰:天事幽也,莫可聞見接,而謂天命也,曷以明之耶?曰:人心歸其德,而五行七政順其時者也,此舜禹湯武之所以享天下也。泰誓曰:"天視自我民視,天聽自我民聽",此所以明天命也。異乎後世則推圖讖符瑞,謂得其命也;用五行相勝,謂得其德也。五勝,則幾乎厭勝也;符瑞,則幾乎神奇也。魏季,南北雜然稱制,而互謂自得天命也,而以兵相凌,四海之內,斃民如棄芥。夫天命者,因人心而安人也,是則人心歸其德乎?五行七政,順其時乎?雖曰奉天之命,其實安天之命者也。後世不仁而棄德,始異者之致之也,坐其罪故不容於刑。天命者,大命也;人命者,稟天而成形,亦大命也。交大命者,貴以正氣會,會之不得其正也。雖成其人,非齊人也;雖成其形,非美形也。故天也,常乘正而命人;故人也,常持正而乘天。如君非得其忠,不可推命於其下;臣非有其職,不可稟命於其上。父命其子必待孝,子奉父命必須恭,天人之道也。古之所謂正統也者,謂以一正而通天下也。統之不正,則天下何以通乎?後之不及乎古者多矣,豈天命之未至乎正也哉?

性　　德

性,生人者之自得者也。命,生人者之得於天者也。德,能正其生人者也。藝,能資其生人者也。然性命有厚薄,而德藝有大小也。性命者,生所雖得,而未嘗全得,其厚薄者也。德藝者,人所宜能,而未必全能,其大小者也。古之人,厚其性而薄其命有也,而古人不惑。古之人,達於藝而窮於德有也,而古人不亂。故曰,聖賢無全德,君子無全能。有其內而無其外,聖賢之所以無全德也;能於德而不能於藝,君子之所以無全能也。德上也,藝下也,君子修其上而正其下也,故其不必工於百工,而尊於百工也。性內也,命外也，聖賢正其性而任其命，故其窮之不憂，而通之不疑也。

伊尹，古之賢人也，方耕於莘佃，佃之耕夫以其能尚之，而伊尹不敢與之校。呂望，古之賢人也，方漁于棘津，津之漁人以其能尚之，而呂望不敢與之校。迨乎二子，德顯於商周也，而天下百姓，由之正矣。孔子，古之聖人也，方力聘之秋，猶一旅人而不暇息也，方時命大謬而亂，物物焉不失其道也。顏子、子思、原憲、孟軻，古之賢人也，窮於幽閭委巷，樂然將終其身，而衆子也不易其樂。

夫德也者，總仁義忠孝之謂也。性也者，原道德思慮之謂也。仁義忠孝修，而足以推於人矣。君子之學，學其正也，何必多乎？道德思慮明，而足以安其生矣。聖賢之盡，盡其生也，何必皆乎？是故聖賢之世，而占相卜祝者無所張其巧也。君子之前，而孫、吳、申、商者無所誇其法也。夏人之學曰教，殷人之學曰序，周人之學曰庠，夫三代之學，皆所以詔人而學於德也。德義者，學之本也；文藝者，學之末也。三代之盛，其教天下所以學其本也；三代之敝，其教天下所以學其末也。學末，故天下皆偽也；學本，故天下皆厚也。是故君子貴其敦本也，聖賢貴其盡理也。古人有言曰，晉楚之富，不可及也。彼以其富，我以吾仁；彼以其爵，我以吾義，吾何慊哉？古人有言，樂天知命，吾何憂乎？窮理盡性，吾何疑乎？

善　惡

有形之惡，小也；不形之惡，大也。有名之善，次也；無名之善，至也。有名之善，教而後仁者也；無名之善，非教而仁者也。有形之惡，殺人者也；不形之惡，讒人者也。讒人之惡存其心，殺人之惡存其事，事可辯而心不可見也。教者，情也；非教者，性也。情可移，而性不可變也。玩隣人之子也，好語誘之可以喜，惡語激之可以怒，及其趣於父母也，雖美惡之言，而不能親疎之也。其盜跖饜人肉，而人皆能惡之；<u>少正卯</u>顯於朝，而衆不能辨之。是故君子善善也，必審其名同；惡惡也，必辨其情異。夫賞罰者，所以正善惡也。聰明不能盡其善惡，則不足與議賞罰也。故察讒在微，誅讒在持，刑殺宜議。性善者宜任，情善者宜使。察讒不微，則不能觀其心之所之也；誅讒不持，則不能遏其大惡也；刑殺不議，則不能究其誠也。任性善，則安危不振也；使情善，則威福不專也。善，善得其宜也，則大賢盡其德，而小賢盡其才也。惡，惡得其所也，則讒人悛其心，而殺人伏其罪也。孰有正善惡，而治道不至乎哉？

性　情

性貴乎静，故性變而不可太易；情患乎煩，故情發而不可太早。太早則傷和，太易則傷中。反中和則陰陽繆，損民壽而物多疵癘。是故聖人之隆治也，仁以厚人性，義以節人情，是所以陰陽和而遂生物者也。

禮教二十而冠者，蓋以其神盛，而可以用思慮也；教三十而娶者，蓋以其氣充，而可以勝配耦也。故古之君子，觀陰陽，而所以知其情性之得失；觀情性，所以知聖人之道行否。然後以其得失，究其本末，相與人主起天下之病癖。雖<u>伊尹</u>匹夫之賤，而猶曰，匹夫匹婦有不被<u>堯舜</u>之澤，若已推而納諸溝中。嘗五就<u>桀</u>，五千<u>湯</u>而不沮，其以天下自任，如此之勤也。今天下之民方髫鬌未剪，而以利害相欺，父母則慫之，唯其姦巧之不早也。僅童，而男已室，女已家，過之則淫奔。是不亦性變之太易乎？情發之太早乎？將不有所傷乎？欲世蹈中和，則何異乎適胡而南轅，其安能至之也。吾觀陰陽繆，則寒暑風雨，庸有及時，百穀種植，未始不疾。其人，則殀天者世嘗多有，而仁壽者寡焉，適見情性失之之效也。人失情性既如此也，而聖人之道行也，豈曰至乎？謨者尚曰，天下甚寧，是亦諛也。而囂囂不肯知其失，操其本，爲人主起天下之病，則又奚貴其當時者？古語曰：日中則熭，操刀則害。言適用於當時也。若伊尹始窮賤之不暇，彼欲適用，豈當用耶？而伊尹爲之。今乘適用之時，攝當用之柄，而不肯爲之，不亦爲伊尹媿乎？

（選自揚州藏經院本鐔津文集卷第五、第六）

四、非　韓　上（第一）

韓子議論拘且淺，不及儒之至道可辯。予始見其目曰原道，徐視其所謂"仁與義爲定名，道與德爲虛位"，考其意，正以仁義，人事必有，乃曰"仁與義爲定名"；道德本無，緣仁義致爾，迺曰"道與德爲虛位"。此説特韓子思之不精也。夫緣仁義而致道德，苟非仁義自無道德，焉得其虛位？果有仁義以由以足，道德豈爲虛耶？道德既爲虛位，是道不可原也，何必曰原道？舜典曰："敬敷五教"，蓋仁義五常之謂也。韓子果專仁義，目其書曰原教可也，是亦韓子之不知考經也。

其曰"博愛之謂仁，行而宜之之謂義，由是而之焉之謂道，足於已無待於外之謂德"。夫道德仁義四者，迺聖人立教之大端也，其先後次第，有義有理，安可改易？雖道德之小者，如道謂才藝，德謂行善，亦道德處其先。彼曰仁義之道者，彼且散説，取其語便，道或次下耳。自古未始有四者連出，而道德處其後也。曲禮曰："道德仁義，非禮不成。"説卦曰："和順道德，而理於義。"論語曰："志於道，據於德，依於仁，遊於義。"禮運曰："義者，藝之分，仁之節也。協於藝，講於仁，得之者强。"此明游於義者，乃聖人用義之深旨耳。楊子曰："道以導之，德以得之，仁以人之，義以宜之。"老子雖儒者不取，其稱儒亦曰："道而後德"，"德而後仁"，"仁而後義"。道先開通，釋曰：開通卽繫辭云："開物成務"；又曰："通天下之志"是也。由開通方得其理，故德次之。得理爲善，以恩愛惠物，而仁次之。既仁且愛，必裁斷合宜，而義又次之。道德仁義，相因而有之，其本末義理如此，聖人爲經，定其先後，蓋存其大義耳。今韓子戾經，先仁義而後道德，臆説。比大開通得理，不乃顛倒僻紆無謂耶？

然儒之道德，固有其小者大者焉。小者如曲禮別義一説，道謂才藝，德爲行善在己是也。大者如繫辭："一陰一陽之謂道。繼之者善也，成之者性也。仁者見之謂之仁，智者見之謂之智，百性日用而不知，故君子之道鮮矣。"説卦曰："昔者聖人之作易也，將以順性命之理。立天之道曰陰與陽，立地之道曰柔與剛，立人之道曰仁與義。"中庸曰："天命之謂性，率性之謂道，修道之謂教"是也。繫辭以其在陰陽而妙之者爲道，人則稟道以成性。仁者智者，雖資道而見仁智，遂滯執乎仁智之見。百姓雖日用乎道，而茫知是道。故聖人之道顯明爲昧少耳（昧或作衰）。

然聖人之道，豈止乎仁義而已矣？説卦以性命之理，卽至神之理也，天地萬物莫不與之。故聖人作易重卦，順從此理，乃立天地人三才之道。天道資始，則有陰有陽。地道成形，則有柔有剛。人道情性，則有仁有義。乃資道而有之也。中庸以循率此性乃謂之道，修治此道乃謂之教。教則仁義五常也，是豈道止仁義，而仁義之先，果無道乎？若説卦者，若論語者，若曲禮之別義者，若老子楊子者，其所謂道德，皆此之大道也。然是道德在禮則中庸也，誠明也。在書則洪範皇極也。在詩則思無邪也。在春秋則列聖大中之道也。

孔子謂曾子曰："'參乎！吾道一以貫之。'曾子曰：'唯。'"又謂子貢曰："非也，予一以貫之。"但曾子緣弟子問之，而曾子以其弟子小子，未足以盡道，故以近道者諭之，乃對之曰："夫子之道，忠恕而已矣。"曾子蓋用中庸所謂忠恕去道不遠之意也，後儒不通，便以忠恕遂爲一貫，悮矣。繫辭曰："天下之動貞夫一。"又曰："一致而百慮。"禮運曰："禮必本於太一。"中庸曰："其爲物不二，其生物也不測。"以此較而例諸，烏得以忠恕而輒爲其一貫乎？顏淵喟嘆曰："仰之而彌高，鑽之而彌堅，瞻之在前，忽焉在後，夫子循循然善誘人。"顏子正謂聖人以此一貫之道教人，循循然有其次緒，是爲善進勸於人也。此明聖人唯以誠明大道，開通一理爲其教元，爲衆善百行之本。中庸曰："中也者，天下之大本也。"豈不然乎？于此輒三本略經，正以仁義二者，曲爲其道德。其於聖人之法，豈不闕如？

　　中庸曰："道之不行，我知之矣。""賢者過，而不肖者不及。"兹謂賢智之人忽道，而所以爲過也。愚不肖輩遠道，而所以爲不及也。韓子忘本，豈不爲過乎？輕亡至道，而原道欲道之辯明，是亦惑也。繫辭所謂仁智云者，爲昧道執滯其見，致迺聖人之道，衰少不備顯。若韓子局仁義而爲其道德者，正繫辭所患也。夫義乃情之善者矣，於道德爲次，以情則罕有，必正而不失。故論語曰："大德不踰閑，小德出入可也。"又曰："賜也過，商也不及。"又曰："色取人而行違，居之不疑。"表記"子曰：仁有三，與仁同功而異情，與仁同功，其仁未可知也。與仁同過，然後其仁可知也。"莊子曰："諸侯之門，而仁義存焉。"其欲偏以仁義而爲，可乎？然子貢子夏爲仁義之賢者，猶有過與不及，況其不如賜與商者，後世何可勝數？此烏得不究大本與人，教其以道德而正其爲善乎？中庸曰："道其不行矣。"夫是乃聖人憫傷其不與至道至德，而教人也。

　　或曰：韓子先仁義而次道德者，蓋專人事，而欲別異乎佛老虛無之道德耳。曰：昔聖人作易以正乎天道人事，而虛無者，最爲其元。苟異虛無之道，則十翼、六十四卦，乃非儒者之書。伏羲、文王、孔子、治易之九聖人，亦非儒者之師宗也。孔子非儒宗師，可乎？果爾，則韓子未始讀易，易尤爲儒之大經，不知易，而謂聖賢之儒，吾不信也。其曰，老子之小仁義，非毀之也，其見者小也。坐井而觀天，曰天小者，非天罪也。然老子曰："失道而後德，失德而後仁，失仁而後義，失義而後禮。"此誠不毀小仁義也（或無小字）。蓋爲道德與仁義，爲治有隆殺，而其功有優劣耳。夫明此，不若以禮運較，孔子曰："大道之行也，天下爲公，選賢與能，講信修睦。故人不獨親其親，不獨子其子。"又曰："謀閉而不興，盜竊亂賊而不作，故外戶而不閉。是謂‘大同’。"是豈非大道與德，爲治而優乎？又曰："今大道既隱，天下爲家，各親其親，各子其子。"又曰："禹湯文武成王周公，由此其選也。此六君子者，未有不謹於禮者也。以著其義，以考其信，著其有過，刑人講讓，示民有常。如有不如此者，在執者去，衆以爲殃，是爲小康。"是豈非仁義爲治，於道德爲劣乎？如此，何獨老子而小仁義耶？韓子何其不自思儒經，而輒誚老子乎？又曰：老子所謂道德云者，去仁與義言之也，一人之私言也。此韓子之言，所以大不公也。夫老子之所言者，大道也，道果私乎？所謂大道者，豈獨老子之道？蓋三皇五帝列聖之大道也。韓子不知，徒見老氏道家，自爲其流，與儒不同，欲抑而然也。夫析老氏爲之道家者，其始起於司馬氏之書，而班固重之。若老子者，其實古之儒人也。在周爲主藏室之史，多知乎聖人神法之事（或本無聖人字）。故孔子於禮，則曰，吾聞諸老聃。是蓋老子嘗探三皇五帝之書，而得其大道之旨，乃自著書發明之。韓子不能揣本齊末，徒欲排之，而務取諸儒名，不亦異乎？禮運曰："大道之行，與三代之英，丘未之逮也，而有志焉。"鄭玄解曰："大道，謂五帝時也。"然他書多謂大道爲皇道，而鄭獨謂五帝之時也，其意以謂，雖皇與帝其道相通故也。五帝本紀而黃帝當其首，然黃帝與虑犧、神農，其實三皇，而經史但爲帝者，蓋皇帝與王，古亦通稱耳。故鄭謂五帝之時，而皇在其間矣。但黃帝乃三皇，處五帝之初，而冠乎堯舜，雖本末小異，而大道一也。繫辭曰："黃帝堯舜，垂衣裳而天下治"，此其然也。孔安國謂三皇之書爲三墳，言大道也。五帝之書爲五典，言常道也。孔穎達正其義曰："皇優於帝，其道不但可常行而已，又大於常，故爲墳也。"此謂對例耳，雖少有優劣，皆乃大道，並可常行。亦引兹禮運，大道之行，謂五帝時爲之證。然五帝三皇之書，莫至於易，以易與老子較，而其道豈異乎哉？如繫辭曰："天下之動，正夫一者也。"而老子曰："王侯得一以爲天下正。"此其大略也。苟考其無思無爲之理，陰陽變化之說，二書豈不皆然？班固漢書曰："老氏流者蓋出史官。"又曰："合於堯之克讓，易之謙謙，此之謂也。"吾少聞於長者曰，老子蓋承於黃帝氏者也，及見莊周"廣成子曰：'得吾道者，上爲皇，下爲王'"，益信老氏誠得於三皇五帝者也。此明老子之道德者，實儒三皇五帝道德仁義之根本者也。章章然（或止一章字也），豈出於老氏一人之私說耶？必以老子爲非，則易與禮運可燔矣。

文王孔子則爲槌提仁義者也。夫先儒之好辯者，孰與孟子？孟子之時，老子之書出百有餘年矣，而莊周復與孟氏並世，如其可排，則孟已排之矣，豈待後世之儒者辯之耶？司馬遷謂老子之道約而易操（上或無之字），事少而功多。儒者或不然，譏其先黃老而後六經，是亦不知其意也。太史公之書，孔子即爲之世家，老子即爲列傳，此豈尊老氏之謂耶？蓋以老氏之道乃儒之本也。所以先之者正欲尊其本耳，非苟先其人也，子長之言微且遠矣。韓子不能深思而遠詳之，輒居於先儒，乃曰："周道衰，孔子没，火于秦，黃老于漢，佛于晉宋齊梁魏隋之間，其言道德仁義者，不入于楊，則入於墨；不入于墨，則入于老；不入于老，則入于佛。入于彼，則出于此。
入者主之，出者奴之；入者附之，出者污之。”嗚呼！何其言之不遜
也如此！其曰，出入奴污，謂出于楊墨乎？出於佛老乎？佛老豈致
人惡賤之如是耶？夫佛法居家者，果以誠心入道，其所出遠，則成
乎殊勝之賢聖；其所出近，則乃身乃心，潔靜慈惠，爲上善人。出處
閭里，則人敬之而不敢欺，是亦人間目擊常所見也，安有出者奴之
污之之辱耶？古者有帝王而入預佛法者，自東漢抵唐，不可悉數。
如唐太宗於崇福寺，發願稱皇帝菩薩戒弟子者，玄宗務佛清淨事其
熏修者，是亦佛教而出，果奴乎污耶？韓子徒以梁武爲尤，而不知
辱類其本朝祖宗，此豈有識慮耶？然梁武之事，吾原教，雖順俗稍
評之，而未始劇論。如較其舍身，於俗則過，於道則得，非爾人情輒
知，唯天地神明乃知之耳。故當梁武舍身之際，而地爲之振，此特
非常之事，而史臣不書，而後世益不識知梁武帝幽勝之意也。其發
志，固不同庸凡之所爲，未可以奴視之也。韓子既攘斥楊、墨、佛、
老如此矣，而其師説乃曰：“孔子以禮師老聃。”其讀墨曰：“孔子必
用墨子，墨子必用孔子，不相用，不足爲孔墨。”其爲絳州馬府君行
狀曰：“司徒公之薨也，刺臂出血，書佛經千餘言，以祈報福。”又曰：
“居喪，有過人行。”其稱大顛、序高閑亦皆推述乎佛法也。韓子何
其是非不定，前後相反之如是耶？此不唯自惑，亦乃悞累後世學者
矣。佛老果是，而韓子非之。後學不辨，徒見韓子大儒，而其文工，
乃相慕而非之。楊墨果非，而韓子是之，學輩亦相效而是之。夫以
是而爲非者，則壞人善心；以非而爲是者，則導人學非。壞善之風，
傳之後世。悞人之所以爲心，非小事也。損刻陰德，而冥增其過，
不在乎身，必在其神，與其子孫後世亦可畏也。

　　儒有附韓子者曰：孔子但學禮於老聃氏耳，非學其道也。曰：
不然，禮亦道也。樂記曰：“大禮與天地同節。”又曰：“中正無邪，禮

之質也。”禮運曰: “禮必本於太一。”夫中正太一禮之質本也, 儀制
上下禮之文末也。苟聖人但學文末而不究乎質本, 何爲聖人耶？
唯聖人固能文質, 本末備知, 而審舉之也。學者徒知曾子問孔子學
禮於老聃之淺者耳, 而不知史記老聃傳孔子問禮之深明者也。彼
韓子雖學儒之言文, 豈知禮之所以然耶? 其曰: “聞古之爲民者四,
今之爲民者六; 古之教者處其一, 今之教者處其二。農之家一, 而
食粟之家六; 工之家一, 而用器之家六; 賈之家一, 而資焉之家六;
奈之何民不窮且盜也?”夫所謂教者, 豈與乎天地皆出, 而必定其數
耶? 是亦聖人適時合宜而爲之, 以資乎治體者也。然古今迭變, 時
益差異, 未必一教而能周其萬世之宜也。昔舜當五帝之末, 其時漸
薄, 其人漸僞。聖人宜之, 乃設五教, 制五刑, 各命官尸之。而契爲
司徒, 專布五教, 遂遺後世, 使率人爲善。而天下有教, 自此始也。
及周公之世, 復當三王之際, 其時益薄, 其人益僞, 而天下益難治,
聖人宜之, 遂廣其教法而備之。天下謂儒者之教, 自周公起焉。其
後孔子述而載之詩書六經(或云六藝), 而儒之教益振。周季三代
之政弊, 善人恃術而費智, 不善人假法而作僞, 天下靡靡役生傷性,
而不知其自治。老子宜其時, 更以三皇五帝道德之說, 以救其弊,
而天下遂有老子之教也。兩漢之際, 視周末則愈薄愈僞, 賢與愚役
於智詐, 紛然相半, 萬一雖習於老子之說, 而不能甚通乎性命奧妙,
推神明往來, 救世積昧, 指其死生之所以然, 天下遂有佛之教也。楊
子曰: “夫道非天然, 應時而造, 損益可知也。”是豈不然哉?

　　夫自周秦漢魏, 其薄且僞者, 日益滋甚, 皆儲積於後世之時, 天
其或資乃佛教, 以應其時, 欲其相與而救世也。不然, 何天人與其
相感應, 久且盛之如是耶? 韓子泥古不知變, 而不悟佛教適時合
用, 乃患佛老加於儒, 必欲如三代而無之, 是亦其不思之甚也。夫
三皇之時無教, 五帝之時無儒, 及其有教有儒也, 而時世人事不復

如古。假令當夏禹之時，有人或曰，古之治也，有化而無教，化則民化淳，吾欲如三皇之世，用化而不用教，當此無教可乎？當周秦之時，亦有人曰，古之爲治，用教也簡，今之爲治，用儒也煩。煩則民勞而苟且，吾欲如二帝之世，用教而不用儒，當是時無儒可乎？然以其時而裁之，不可無教無儒，必也矣。比之韓子之説，欲後世之時無佛無老，何以異乎？

韓子曰："今其言曰：'曷不爲太古之無事？'是亦責冬之裘者曰：'曷不爲葛之之易也。'責飢之食者曰：'曷不爲飲之之易也。'"韓子其亦知後世不可專用太古之道，而譏其言之者，不知乎時之宜也。方益後世，而韓子欲無佛與老，何爲迺自反不知其時之宜耶？豈有所黨而然耳！將欲蔽而特不見乎？

若夫四民之制，六家食用之費，吾原教論之詳矣，今益以近事較之。周漢而來，治天下垂至於王道者，孰與唐之太宗，當貞觀之間，佛與老氏，其教殊盛，其人殊繁，其食用殊廣，而國之斷獄，卒歲死刑者，不過三十人。東至于海，南至嶺外，皆外户不閉，行旅不齎糧。玄宗開元中，天下治平，幾若貞觀之時。而佛老之作益盛，是豈無佛老之人耶？而唐天下富羨，攘竊杜絶。若爾，吾謂民窮且盜，但在其時與政，非由佛老而致之也。然佛教苟可以去之，則唐之二宗，以其勢而去之，久矣，烏得後世之人，詾詾徒以空言而相訾也。

或謂韓子善擯佛老而功侔於禹，較其空言實效，無乃屈於禹乎？狂夫之言，何其不思也。其曰："今其法曰：'必棄而君臣，去而父子，禁其相生養之道，以求其所謂清净寂滅者'也。"此乃韓子惡佛教人出家持戒，遂尤其詞。夫出家修道，豈如是之酷耶？夫出家者，出俗從真，臣得請于君，父肯命其子，乃可，非叛去而逆棄也。持戒者，唯欲其徒，潔清其淫嗜之行；俗戒，則容其正偶，非一切斷人相生養之道也。然情之爲累，淫累爲堇，諸教教人，慎淫窒欲。無欲，而天下猶紛然，溺於淫嗜，至于喪心陷身者也。韓子何必恐人男女之不偶，見人辟穀，遽憂其遂絶五穀之種，無乃過慮乎？夫清浄，謂其性之妙湛寂謂至靜，滅謂滅其情感之累，非取其頑寂死滅之謂也。夫出家持戒者，佛用其大觀耳。聖人大觀乎人間世，天地夫婦常倫萬端，皆以情愛所成，都一浮假如夢，合斯著斯，苦斯樂斯，榮斯辱斯，徇斯弊斯，恩愛斯，煩惱斯，以至死不覺其爲大假大夢，不知其爲大患，而大寧至正之妙，誠乎亡矣。出家者，乃遠塵絶俗，神專思一，固易覺而易修。視身無我，冥著？視心無意，冥貪？視有爲之事不足固，何必徇？是故大寧矣，至正矣，勝德可得，而聖道可成也。語曰："子絶四：毋意，毋必，毋固，毋我。"老子曰："吾所以有大患者，爲吾有身。及吾無身，吾有何患？"是二者與佛出家法，其因似是。唯大聖人皆知而究之，使聖人只徇浮世，迷不知出，虛死生一世，與凡人何遠乎？故孔子稍言之，蓋微存於世書耳。其廣説大明，研幾極妙，行而效之，若待乎佛出世之教，宜爲然耳。此蓋可以冥數審也。

今佛以其出家持戒，特欲警世之浮假大夢，揭人業障，而治其死生之大患也。而韓子反以此爲患者，假其介，冐其障者，而毅然排佛，謂佛詭擾我世治，此韓子以己不見而誣人之見，其情弊如此之甚也，佛尚何云！異書云：古有夢國，舉其國人，皆以夢而爲覺。及其以真覺者諭之，而偽覺之人，反皆詬曰，爾何以夢而欺我耶？彼覺者默然，無如之何，是頗與韓子屬拒佛類也。韓子詩曰："莫憂世事兼身事，須著人間比夢間。"是必因於大顚稍省，乃信有外形骸以理自勝者，始爾。雖然，其前説已傳，欲悔言何及也。

又曰："嗚呼！其幸而不出於三代之後，不見黜於禹湯文武周公孔子也。其亦不幸而不出於三代之前，不見正於禹湯文武周公孔子也。”此韓子疑耳無斷。君子臨事，卽以理決之，何必賴古人？
使韓子出入爲將相，臨國大事，尚曰此未可蹤，未正于禹湯文武周
公孔子，猶豫，則其大事去矣，何用將相爲。

　　夫百行潔身禁非，不出乎齋戒也；羣善致政，不出乎正心也。
佛法大率教人齋戒正心，無惡不斷，有善不宰。今世後世，蓋當有
聖賢自以其道理辨。奚必其既死之文武周公正之蹤之，乃爲信耶？
儒書之言性命者，而中庸最著，孔子於中庸特曰：“質諸鬼神而不
疑”，“百世以俟聖人而不惑”。“質諸鬼神而無疑，知天也”。“百世以
俟聖人而不惑，知人也”。是必俟乎大知性命之聖人，乃辨其中庸幽
奧而不惑也。然自孔子而來，將百世矣，專以性命爲教。唯佛者大
盛於中國，孔子微意其亦待佛以爲證乎？不然，此百世復有何者聖
人，太盛性命之説，而過乎佛歟？斯明孔子正佛，亦已效矣。韓子
何必疑之。

　　又曰：“斯何道？”曰：“斯吾所謂道也，非向所謂老與佛之道也。
堯以是傳之舜，舜以是傳之禹，禹以是傳之湯，湯以是傳之文武周
公孔子，孔子傳之孟軻，軻之死不得其傳焉。”按韓子此文，乃謂堯
舜禹湯文武周公孔子孟軻九聖賢，皆繼世相見，以仁義而相傳授
也。若禹與湯，湯與文武周公，周公與孔子，孔子與孟子者，烏得相
見而親相傳稟耶？咍，韓子據何經傳輒若是云乎？孟子曰，舜禹至
乎湯，五百有餘歲，湯之至乎文王，五百有餘歲，由文王至乎孔子，
五百有餘歲，由孔子而來，至今百有餘歲。而禹、湯、文、武、周公、
孔子、孟軻，其年世相去賒邈。既若此矣，而韓子不顧典籍，徒尊其
所傳，欲其説之勝强，而不悟其文之無實，得不謂謏亂之也，而韓子
之言可尚信乎？論語謂堯將傳天下于舜，乃告之曰：“咨！爾舜！
天之曆數在爾躬，允執厥中。”舜亦以命禹，而堯舜禹其傳授如此，
未聞止傳仁義而已。至于湯文武周公孔子孟軻之世，亦皆以中道

皇極相慕而相承也。中庸曰："從容中道，聖人也。"孟子亦曰："中道而立，能者從之。"豈不然哉？如其不修誠，不中正，其人果仁義乎？如其誠且中正，果亡仁義耶？韓子何其未知夫善有本而事有要也，規規滯迹，不究乎聖人之道奧耶？

　　韓氏其説數端，大率推乎人倫天常，與儒治世之法，而欲必破佛乘遠教。嗟夫，韓子徒守人倫之近事，而不見乎人生之遠理，豈暗内而循外歟？夫君臣、父子、昆弟、夫婦者，資神而生。神有善惡之習，而與神皆變。善生人倫，惡生異類。斯人循法不循法，皆蔽一世，茫乎未始知其身世。今所以然也，謂生必死，死而遂滅，乃恣欲快其一世，雖内自欺，亦莫知媿乎神明焉。及乎佛法教人内省不滅，必以善法修心。要其生生不失於人倫，益修十善，蓋取乎天倫，其人乃知其萬世事之所以然。上下千餘載，中國無賢愚，無貴賤，高下者，遂翕然以佛説自化。縱未全十善，而慎罪募福，信有冥報，則皆知其心不可欺，此屬幾滿天下。今里巷處處所見者，縱然佛猶於高城重垣，關其門，而與人通其往來者，若於大暗之室揭其窗牖，而與人内外之明也。比以詩書而入善者，而以佛説入者，益普益廣也。比以禮義修身名當世者，而以善自内修入神者切親也，益深益遠也。較其不煩賞罰，居家自修其要，省國刑法，而陰助政治，其效多矣。此不按而不覺耳。彼悟浮生，謂死生爲夢爲幻，而出家修潔，以其道德報父母爲重，甘旨之勤爲輕者，是亦生人萬分，而其一乃爾也。雖然，猶制其得減衣資，以養其親，非容其果棄父母也。夫佛之設法如此，其於世善之耶？惡之乎？其於人倫，有開益耶？無濟益歟？與儒之治道其理教乎順耶？韓子屬盡深探而遠詳之。

　　老子之教，雖其法漸奥，與佛不侔。若其教人無爲無欲，恬淡謙和，蓋出於三皇五帝之道也，烏可與楊墨概而排之？孔子以列聖大中之道，斷天下之正，爲魯春秋，其善者善之，惡者惡之，不必乎中國夷狄也。春秋曰："徐伐莒。"徐本中國者也，既不善，則夷狄之。曰："齊人狄人盟于刑。"狄人本夷狄人也，既善，則中國之。聖人尊中國而卑夷狄者，非在疆土與其人耳，在其所謂適理也。故曰，君子之於天下也，無適也，無莫也。義之與比，若佛之法。方之世善，可謂純善大善也。在乎中道，其可與乎？可拒乎？苟不以聖人中道，而裁其善惡，正其取舍者，乃庸人愛惡之私，不法，何足道哉？

（選自揚州藏經院本鐔津文集卷十四）

五、傳法正宗論卷上（第一篇）

隋唐來，達磨之宗大勸，而義學者疑之，頗執付法藏傳以相發難。謂傳所列但二十四世，至師子祖而已矣，以達磨所承者，非正出於師子尊者，其所謂二十八祖者，蓋後之人曲說。禪者，或引寶林傳證之。然寶林亦禪者之書，而難家益不取。如此呶呶，雖累世無以驗正。

吾嘗病之，因探二傳，竊欲質其是非，及觀所謂付法藏傳者，蓋作於後魏，出乎真君毀佛之後，梵僧吉迦夜所譯。視其各傳品目，而祖代若有次第；及考其文，則師資授受，與其所出國土姓氏，殊無本末。其稍詳者，乃其旋採於三藏諸部，非其素爾也。大凡欲為書序人，世數前後，必以其祖禰父子，親相承襲為之効；又其人姓族州土，與其事之所以然，皆不失端倪，使後世取信，乃謂之史傳。今其書則謂之傳，其事則不詳。若其序彌遮迦多、佛陀難提、比羅長老，至於婆修槃陀、摩拏羅、鶴勒那、夜奢，與師子羅漢者七祖師，皆無其師弟子親相付受之義。而佛陀難提、鶴勒那與師子三祖最闕，前傳既不見所授,而後之傳但曰次付次有,復有某比丘云云。付受果不分明詳備,又何足爲之傳,而示信於後世耶?

其傳師子比丘,謂"罽賓國王邪見,因以利劍斬之,頭中無血,唯乳流出,相付法人,於此便絶。"吾謂此説,大不然也。嘗試評之,如其爲迦葉傳曰:"佛垂滅度,告大迦葉云:'我將湼槃,以此深法,用囑累汝,汝當於後,敬順我意,廣宣流布,無令斷絶。'"然則後世者,既承佛而爲之祖,可令其法絶乎?

又掬多傳,謂其意欲湼槃,特以提多迦未誕,待其生,付法方化。其傳迦那提婆,謂以法勝外道,遂爲外道弟子所害。提婆乃忍死,説其凤報,以法付羅睺羅方絶。今師子既如掬多、提婆爲之祖,豈獨便死而不顧法耶?夫承如來作出世之大祖,非聖人不可預焉。今師子預之,是必聖人也。安有聖人而不知死於凤報,知其死,又奚肯不預命,而正傳其法,使之相襲爲後世之師祖耶?縱其傳法相承之緣,止此聖人,亦當預知,以告其絶。苟不知其死,而失傳失告,又何足列於祖而傳之乎?與之作傳,固宜思之。假令梵本素爾,自可疑之,當留其闕,以待來者,烏得信筆遽爲是説,起後世諍端,以屈先聖,可不懼乎?

傳燈錄曰,昔唐河南尹李常者,嘗得三祖璨師舍利。一日飯沙門落之,因問西域三藏僧犍那曰:"天竺禪門,祖師幾何?"犍那曰:"自大迦葉至乎般若多羅,凡有二十七祖。若敘師子尊者傍出達磨達之四世,自二十二人,總有四十九祖。若自七佛至此璨大師,不括橫枝,凡三十七世。"常復問,席間者德曰:"余嘗視祖圖,或引五十餘祖,至於支派差殊,宗族不定,或但空有其名者,此何以驗之?"適有六祖弟子號智本禪師者,對曰:"此因後魏毀教,其時有僧曇曜於倉黄中單錄乎諸祖名目,持之亡於山野,會文成帝復教,前後更三十年。當孝文帝之世,曇曜遂進爲僧統,乃出其所錄,諸沙門因之爲書，命曰付法藏傳。（付法藏傳亦云曇曜所撰）其所差逸不備，蓋自曇曜逃難已來，而致然也。"以吾前之所指其無本末者，驗今智本之説，誠類採拾殘墜所成之書。又其品目曰某付某果，所謂單録，非其元全本者也。

若寶林傳者，雖其文字鄙俗，序致煩亂，不類學者著書，然其事有本末，世數名氏亦有所以。雖欲竊取之，及原其所由，或指世書，則時所無有；或指釋部，又非藏經目録所存。雖有稍合藏中之云者，亦非他宗之爲。余常疑其無證，不敢輕論。

會於南屏藏中，適得古書號出三藏記者，凡十有五卷，乃梁高僧僧祐之所爲也。其篇曰薩婆多部，相承傳目録記。祐自序其端曰："唯薩婆多部，偏行於齊土，蓋源起天竺，流化罽賓，前聖後賢，重明疊耀。自大迦葉至乎達磨多羅，凡歷二卷，總百餘名。"從而推之，有曰婆羅多羅者，與乎二十五祖婆舍斯多之別名同。有曰弗若密多者，與乎二十六祖不如蜜多同其名也。有曰不若多羅者，與乎二十七祖般若多羅同其名也。有曰達磨多羅者，與乎二十八祖菩提達磨法俗合名同也。其他祖同者，若曰掬多堀，或上字同而下異，或下字異而上同。或本名反而別名合者，如商那和修，曰舍那婆斯之類是也。此蓋前後所譯梵僧，其方言各異而然也。唯婆舍而下，四祖師其同之尤詳。其第一卷目録所列，凡五十三人，而此四祖最相聯屬，而達磨處其末。此似示其最後世之付受者也。其所列員數之多者，蓋祐公前後，所得諸家之目録，不較其同異，一皆書之，雜以阿難師子尊者所傍出諸徒，故其繁也。如祐序曰："先傳同異，並録以廣聞。後賢未絶，製傳以補闕。"然其大略與寶林傳、傳燈録同也。若祐公者，以德高當時，推爲律師，學而有識，而人至於今稱之。然其人長於齊，而老於梁，所聞必詳，今其爲書，亦可信矣。以之驗師子比丘雖死，而其法果有所傳。婆舍而下，四祖其相承不謬，不亦大明乎？傳燈所載，誠有據也。嗚呼！祐之書存於大藏，周天下其幾百年也，而未始得其所發，將古人之不見乎？而至人之德，其晦明亦有數耶？

然吾考始譯斯事者，前傳皆曰，初由中天竺國沙門號支疆梁樓，嘗往罽賓國，於其國之象白山，會達磨達比丘，其人老壽，出於常數，乃師子祖傍出之徒。支疆因以師子之後，其法興衰問之，達磨達曰："如來之法，傳大迦葉，以至吾師子大師。然吾師知自必遇害，未死預以法正付我同學南天竺沙門婆舍斯多，亦名婆羅多那，（寶林傳云："北天竺則呼爲婆羅多羅"，與三藏記並同。此云多那，蓋譯有楚夏耳。）復授衣爲信，即遣之。其國其人方大爲佛事於彼。"支疆曰："然我識其人也。"支疆遂以前魏陳留王曹奐之世，至於洛邑，初館白馬寺，時魏室方危，奐憂之，數從問其興亡，支疆皆以隱語答之。因會沙門曇諦康僧鎧輩，譯出衆經，及諸祖付受事跡，傳於中國。以此驗知，中國先有祖事，非權輿於付法藏傳耳。然支疆譯出其事，至乎拓跋燾誅沙門，歷百九十餘年矣，而支疆之說，固已傳於世也。吾料其百九十餘年之間，必復有傳其事，而東來者，祖數益添，已不止於二十五年矣。但不辯其傳來何人耳。（吾近以禪經驗，當時添祖數必矣。）蓋吉迦夜曇曜，當其毀教之後，資舊本先爲其書雜衆經，以其國勢揚之，其時縱有私傳其事者，固不如曇曜所發之顯著也。後之人不能尋其所以，徒見其不存於藏中，即謂曲說。又後世天下數更治亂，雖復得之者，或南北相絕，或歲月益遠，其書既素無題目，或譯人之名亦亡，以之爲書者，復文詞鄙俚，飾說過當，故令學者愈不信之。

又云：有罽賓沙門那連耶舍者，以東魏孝靜之世至鄴，而專務翻譯，及高氏更魏稱齊，乃益翻衆經。初與處士萬天懿譯出尊勝菩薩無量門陀羅尼經，因謂天懿曰：“西土二十七祖，亦尊此經。”復指達磨其所承於般若多羅，謂此土繼其後者，法當大傳，乃以讖記之。復出已譯祖事，與天懿正之。而楊衒之名系集亦云：“耶舍嘗會此東僧曇啟者於西天竺。共譯祖事爲漢文，譯成而耶舍先持之東來。然與支疆之所譯者，未嘗異也。”夫自七佛，至乎二十五祖婆舍斯多者，其出於支疆之所譯也。益至乎二十七祖，與二十八祖達磨多羅，西域傳授之事迹者，蓋出於耶舍之所譯也。推寶林傳燈二書，至於曇曜，其始單録之者，其本皆承述於支疆、耶舍二家之説也。但後世人人筆削異耳。曰：支疆何以得如此之詳耶？曰：支疆，中天竺人也，其去師子尊者之世至近，而相見婆舍斯多，又得與達磨達論之，故其所知備也。

若出三藏記者，蓋別得其傳於齊、梁之間耳。僧祐曰，薩婆多部源起於天竺，而流化於罽賓。罽賓國者，蓋師子祖所化之地，亦其遇害於此。祐之言詳也。又曰，此部徧行於齊土者，祐，齊人也。是必西人先達磨東來，而傳之於齊，祐於其國遂得之爲書，但亡其譯人之名耳。不然，則祐何從而傳耶？苟謂震旦禪者爲之，而祐之時何嘗稍有達磨之徒耶？又何出乎薩婆多部，而律者書之乎？

大凡辯事，必以理推，必以迹驗，而然後議其當否，反是雖有神明如蓍龜，將如之何？昔神清譏禪者迺曰，達磨聞其二弟子被秦人擯之廬山，乃自來梁。梁既不信，以望氣遂之於魏。因引師子尊者死時當此齊世，而達磨遣二弟子適屬乎晉，遂以其年代相違而折之。夫師子之死也，乃當前魏廢帝齊王之世。（以甲曆計之，當在丁卯。寶林傳誤云己卯。）齊王者，亦魏王曹芳所封之號也，清輒以爲後之南齊。（注清之書，亦曰南齊。）其所謂被擯於秦人者，蓋佛馱跋陀也。跋陀誠達磨法門之猶子也，謂聞其被擯，遂自來梁。夫祖師所來，乃順大因緣，以傳佛心印，豈獨以二弟子被擯而至耶？此言非理。清安可輒取，以資其相非，然斯不足裁也。若清曰，但祖師之門天下歸仁焉。禪德自高，寧俟傳法，然後始爲宗教者歟」清之言苟簡也。昔如來將化，謂大迦葉曰："吾以正法眼付囑於汝，汝宜傳之，勿使斷絕。"然則，大聖人欲其以正法相承，自我爲萬世之宗，以正衆證，以別異道，非小事也。今日寧俟傳法，以爲宗教，豈吾徒之謂乎？而必執付法藏傳以辯二十八祖者，謂後世之曲説，又不能曉達磨多羅是其法俗合名，以謂非今菩提達磨者，何其未之思也。夫讀書不能辯其道之真僞，究其事之本末，曷異乎市人鬻書，雖更萬卷，何益其所知？清自謂能著書，發明而學也，如是之不詳，豈謂高識乎？

若寶林傳，其所載諸祖之傳受相承，名氏異同，與其所出之國土者，大體與他書同。果是也，吾有取焉。但其枝細他緣，張皇過當，或煩重事理相反，或錯悞差舛，殆不可按，是必所承西僧泛傳，不審而傳之者，不能裁之。吾適略而不取也，亦禪者朴略，學識不臻，乃輒文之迂疎倒錯，累乎先聖真迹，不盡信於世，其雖欲張之，而反更弛之。夫著書以垂法於無窮，固亦聖賢之盛事也，安可妄爲？後世之徒，好欲自名，竊取古人之物，而競爲其説，如此者何限，吾常爲之太息。雖不能高文慷慨，皆欲刻衆煩雜，使大聖人之道廓然也。

適以禪律諸家之書，探其事實，修而正之，其理不當，而其言冗偽者，則削之；其舊雖見，而不甚備者，則採其所遺以廣之。斷自釋迦如來至此第六祖大鑑禪師，總三十四聖者。如來則爲之表，次聖則爲之傳，及大鑑之後，法既廣傳，則爲分家，略傳諸祖，或橫出其徒者，則爲旁出傳，其人有論議正宗，得其實者，則爲之宗證。傳與其前後所著之論，凡四十餘篇，並其祖圖，勒爲十二卷，命曰傳法正宗記。

（選自<u>江北刻經處</u>本）

六、上皇帝書

　　十二月日，<u>杭州靈隱永安蘭若</u>傳法沙門賜紫臣僧<u>契嵩</u>，謹昧死上書皇帝陛下。臣聞，事天者必因於山，事地者必因於澤，然其所因高深，則其所事者易至也。若陛下之崇高深明，則與夫山澤相萬矣。適人有從事其道者，舍陛下而不卽求之，雖其渠渠終身絕世，烏能得其志耶？抑又聞佛經曰，我法悉已付囑乎國王大臣者，此正謂佛教損益弛張，在陛下之明聖矣。如此則佛之徒，以其法欲有所云爲，豈宜不賴陛下而自棄於草莽乎？

　　臣忝佛之徒，實欲扶持其法，今者起巖穴，不遠千里，抱其書而趨闕下，願幸陛下，大賜以成就其志也。臣嘗謂，<u>能仁</u>氏之垂教，必以禪爲其宗，而佛爲其祖。祖者乃其教之大範，宗者乃其教之大統。大統不明，則天下學佛者，不得一其所詣。大範不正，則不得質其所證。夫古今三學輩，競以其所學相勝者，蓋宗不明祖不正，而爲其患矣。然非其祖宗素不明不正也，特後世爲書者之誤傳耳。又後世之學佛者，不能盡考經論而校正之，乃有束教者，不信佛之微旨在乎言外；語禪者，不諒佛之能詮遺乎教內。（始草書，卽云“佛之所詮概見乎教內”，及寫奏時迺改曰：“佛之能詮遺乎教內”，意謂，佛之善巧詮發此法之語，存乎教部之內。先爲學徒以始草者傳出，遂與奏本有異。然此二説其義皆可用。他本或云：“所詮概見乎教內”者，蓋兩出之也。）雖一圓顱方服之屬，而紛然自相是非，如此者，古今何嘗稍息？

　　臣不自知量，平生竊欲推一其宗祖，與天下學佛輩息諍釋疑，使百世而知其學有所統也。山中嘗力探大藏，或經或傳，校驗其所謂禪宗者，推正其所謂佛祖者，其所見之書果謬，雖古書必斥之；其所見之書果詳，雖古書必取之。又其所出佛祖年世事迹之差訛者，若傳燈錄之類，皆以衆家傳記與累代長曆校之修之，編成其書，垂十餘萬言，命曰傳法正宗記。其排布狀，畫佛祖相承之像，則曰傳法正宗定祖圖。其推會祖宗之本末者，則曰傳法正宗論，總十有二卷。又以吳縑繪畫其所謂定祖圖者一面。

　　在臣愚淺自謂，吾佛垂教僅二千年，其教被中國殆乎千歲，禪宗傳於諸夏僅五百年，而乃宗乃祖其事迹本末，於此稍詳，可傳以補先聖教法萬分之一耳。適當陛下，以至道慈德治天下，天地萬物和平安裕，而佛、老之教，得以毘贊大化。陛下又垂神禪悅，彌入其道妙，雖古之帝王百代，未有如陛下窮理盡性之如此也。是亦佛氏之徒，際會遭遇陛下萬世之一時也。臣所以拳拳懇懇，不避其僭越冒犯之殊，輒以其書與圖偕上進，欲幸陛下垂於大藏與經律皆傳。臣螻蟻之生已及遲暮，於世固無所待，其區區但欲教法不微不昧，而流播無窮。人得資之而務道爲善，臣雖死之日，猶生之年也。非敢僥倖，欲忝陛下雨露之渥澤耳。其所證據明文，皆出乎大經大論，最詳於所謂傳法正宗論與其定祖圖者。儻陛下，天地垂察，使其得與大賜，願如景德傳燈錄、玉英集例，詔降傳法院，編錄入藏，卽臣生死之大幸耳，抑亦天下教門之大幸也。如陛下睿斷，允臣所請，乞以其書十有二卷者，特降中書，施行其傳法正宗記與其定祖圖，兼臣舊著輔教編印本者一部三册，其書亦推會二教聖人之道，同乎善世利人矣。謹隨書上進，干瀆冕旒，臣不任激切屏營之至，誠惶誠恐，謹言。

　　　　　　　　　　　　　　　（選自江北刻經處本傳法正宗記）

〔附〕　陳舜俞：鐔津明教大師行業記

宋熙寧五年六月初四日，有大沙門明教大師示化于杭州之靈隱寺。世壽六十有六，僧臘五十有三。是月八日，以其法茶毗，斂其骨，得六根之不壞者三，頂骨出舍利，紅白晶潔，狀若大菽者三，及常所持木數珠亦不壞。於是邦人僧士，更相傳告，駭歎頂禮。越月四日，合諸不壞者，葬於故居永安院之左。其存也，嘗與其交居士陳舜俞，極談死生之際，而已屬其後事，茲用不能無述也。

師諱契嵩，字仲靈，自號潛子，藤州鐔津人，姓李，母鍾氏。七歲而出家，十三得度落髮，明年受具戒。十九而游方，下江湘，陟衡廬。首常戴觀音之像，而誦其號日十萬聲。於是世間經書章句不學而能，得法於筠州洞山之聰公。慶曆間，入吳中，至錢塘，樂其湖山，始稅駕焉。

當是時，天下之士學爲古文，慕韓退之排佛而尊孔子，東南有章表民、黃聱隅、李泰伯，尤爲雄傑，學者宗之。仲靈獨居，作原教、孝論十餘篇，明儒釋之道一貫，以抗其説。諸君讀之，既愛其文，又畏其理之勝，而莫之能奪也，因與之游。遇士大夫之惡佛者，仲靈無不懇懇爲言之，由是排者浸止，而後有好之甚者，仲靈唱之也。

所居一室，蕭然無長物，與人清談，靡靡至於終日。客非修潔行誼之士，不可造也。時二卿郎公引年謝歸，最爲物外之友。嘗欲同游徑山，有行色矣，公亦風邑豪預焉，冀其見仲靈，而有以尊養之。仲靈知之，不肯行，使人謝公曰：“從吾所好，何必求富而執鞭哉？”凡其潔清，類如此。

皇祐間，去居越之南衡山，未幾罷歸，復著禪宗定祖圖、傳法正宗記。仲靈之作是書也，慨然憫禪門之陵遲，因作考經典，以佛後摩訶迦葉獨得大法眼藏爲初祖，推而下之，至於達磨爲二十八祖，皆密相付囑，不立文字，謂之教外別傳者。居無何，觀察李公謹得其書，且欽其高名，奏賜紫方袍。仲靈復念，幸生天子大臣護道達法之年，乃抱其書以游京師，府尹龍圖王仲義，果奏上之。仁宗覽之，詔付傳法院編次，以示褒寵，仍賜明教之號。仲靈再表辭，不許。朝中自韓丞相而下，莫不延見而尊重之。留居憫賢寺，不受，請還東南。

已而浮圖之講解者，惡其有別傳之語，而恥其所宗不在所謂二十八人者，乃相與造説以非之。仲靈聞之，攘袂切齒，又益著書，博引聖賢經論、古人集録爲證，幾至數萬言。士有賢而好佛者，往往詣而訴其寃。久之，雖平生厚於仲靈者，猶恨其不能與衆人相忘於是非之間。及其亡也，三寸之舌，所以論議是是非非者，卒與數物不壞以明之。嗚呼！使其與奪之不公，辯説之不契乎道，則何以臻此哉！雖然，仲靈之所以自得而樂諸己者，蓋不預於此，豈可爲淺見寡聞者道耶？

仲靈在東南最後，密學蔡君謨之帥杭也，延置佛日山，禮甚厚，居數年。然言高而行卓，不少假學者，人莫之能從也。有弟子曰慈愈、洞清、洞光。所著書自定祖圖而下，謂之嘉祐集，又有治平集，凡百餘卷，總六十有餘萬言。其甥沙門法燈，克奉藏之，以信後世云。熙寧八年十二月五日記。

（選自揚州藏經院本鐔津文集卷首）

惠洪：明教嵩禪師

禪師名契嵩，字仲靈，自號潛子，生藤州鐔津李氏。七歲，母鍾施以事東山沙門某，十三得度，受具。

十九游方時，寧風有異女子姚精嚴而住山，時年百餘歷，面如
處子。嵩造焉，女子留之信宿。中夜聞池中有如戛銅器聲，以問女
子，女子曰："噫，此龍吟也，聞者瑞徵，子當有大名於世，行矣無
滯。"於是下沅湘，陟衡嶽，謁神鼎諲禪師。諲與語奇之，然無所契
悟。游袁筠間，受記莂於洞山聰公。嵩夜則頂戴觀世音菩薩之像，
而誦其號必滿十萬乃寢，以爲常。自是世間經書章句，不學而能。

是時天下之士學古文，慕韓愈拒我以遵孔子，東南有章表民、
黃聱隅、李泰伯尤雄傑者，學者宗之。嵩作原教論十餘萬言，明儒
釋之道一貫，以抗其說，讀之者畏服。

未幾復游衡嶽，罷歸著禪宗定祖圖、傳法正宗記，其志蓋憫道
法陵遲，博攷經典，以佛後摩訶迦葉獨得大法眼藏爲初祖，推之下，
至於達磨多羅爲二十八祖，密相付囑，不立文字，謂之教外別傳。書
成游京師，知開封府龍圖王公素奏之，仁宗皇帝覽之加嘆，付傳法
院編次入藏。下詔褒寵賜紫方袍，號明教。嵩再奏辭讓，不許。宰相
韓琦、大參歐陽修皆延見而尊禮之。留居閔賢寺，不受，再請東還。
于是律學者憎，疾相與造說以非之。嵩益著書，援引古今左證甚明，
幾數萬言，禪者增氣，而天下公議翕然歸之。

熙寧五年六月四日晨興，寫偈曰："後夜月初明，吾今獨自行；
不學大梅老，貪聞鼯鼠聲。"至中夜而化。闍維斂六根之不壞者三，
頂骨出舍利，紅白晶潔，狀如大菽。常所持數珠亦不壞。道俗合諸
不壞葬于故居永安院之左。閱世六十有六，坐五十有三夏。有文
集總百餘卷，六十萬言，其甥法澄克奉藏之，以信後世。嵩居錢塘
佛日禪院（或云惠日禪師），應密學蔡公襄所請也。東坡曰："吾入
吳，尚及見嵩，其爲人常瞋。"蓋嵩以瞋爲佛事云。

贊曰：是身聚沫耳，特苦業所持，寔本一念。首楞嚴曰：由汝念
慮，使汝色身。身非念倫，汝身何因？隨念所使，然但名爲融通妄

想; 念常清净, 正信堅固, 則名善根功德之力。嵩生而多聞, 好辯而常瞋。死而火之, 目舌耳毫爲不壞, 非正信堅固功德力乎? 余嘗論, 人之精誠不可見, 及其化也, 多雨舍利。譬如太平無象, 而烝枯朽爲菌芝, 嵩其尤著聞者, 聰公可謂有子矣。

（選自禪林僧寶傳卷第二十七, 續藏經第壹輯第貳編乙第十套第三册）

念常: 明教契嵩禪師

明教契嵩禪師, 字仲靈, 藤州鐔津李氏子也。七歲出家, 既受具, 嘗載觀音像, 誦其名號, 一日十萬聲。經傳雜書, 靡不博究。得法洞山聰公。

明道間, 從豫章西山歐陽氏昉借其家藏之書, 讀於奉聖院, 遂以佛五戒十善通儒之五常, 著爲原教篇。是時, 歐陽文忠公慕韓昌黎排佛, 盱江李泰伯亦其流。嵩乃携所業三謁泰伯, 以儒釋胸合, 且抗其説。李愛其文之高, 理之勝, 因致書譽嵩於歐陽。

既而居杭之靈隱, 撰正宗記、定祖圖, 賫往京師。經開封府, 投狀府尹王公素。仲儀以劄子進之曰: "臣今有杭州靈隱寺僧契嵩, 經臣陳狀, 稱禪門傳法祖宗未甚分明, 教門淺學各執傳記, 古今多有爭競。故討論大藏, 備得禪門祖宗本末。因撮繁撮要, 撰成傳法正宗記一十二卷, 並畫祖圖一面, 以正傳記謬誤。兼著輔教篇印本一部三卷, 上陛下書一對, 並不干求恩澤, 乞臣繳進。臣於釋教嘗曾留心, 觀其筆削註述, 故非臆論, 頗亦精緻。陛下萬機之暇, 深得法樂, 願賜聖覽。如有可採, 乞降中書看詳, 特與編入大藏目録。取進止。"仁廟覽其書, 可其奏勑。送中書丞相韓魏公、參政歐陽文忠公, 相與觀歎。探經考證, 既無訛謬, 於是朝廷旌以明教大師, 賜書入藏。中書劄子有曰: "權知開封府王素奏, 杭州靈隱寺僧契嵩撰成傳法正宗記並輔教編三卷，宜令傳法院於藏經收附，傳法院准此。"由是名振海内。

　　已而東還，屬蔡公襄爲守，延置佛日山居數年，退老於靈隱永安精舍。熙寧五年示寂，闍維六根不壞者三，曰眼、曰舌、曰童真，與頂骨數珠爲五舍利，紅白晶潔，狀如大菽。葬于永安之左。

　　　　　　（選自江北刻經處本元念常集佛祖歷代通載
　　　　　　第二十八卷）

浄　源

【簡介】　浄源，俗姓楊，生於公元一○一一年（北宋真宗大中祥符四年），死於公元一○八八年（北宋哲宗元祐三年）福建泉州晉江人。他是北宋後期華嚴宗的重要代表人物，被稱爲宋代華嚴宗"四大家"之一。

浄源曾從華嚴學者承遷受學華嚴經，又從子璿（璇）學楞嚴經、圓覺經和起信論等，頗推崇起信論的思想。曾在福建、江蘇一帶弘揚佛教。後住浙江杭州慧因院（寺）弘揚華嚴教理，影響頗大。

朝鮮僧統義天，原係王子，是與智訥並稱爲高麗佛教"雙璧"的著名高僧。他來中國問道，向浄源申弟子禮。他在來中國和回國後送給浄源多卷本金書華嚴經和一批法藏撰寫的華嚴章疏。由於這些章疏久已佚失，而在浄源時失而復得，得而復傳，極大地幫助了華嚴宗的復興，大振華嚴的宗風，浄源也因而被稱爲華嚴宗的"中興教主"。浄源的著作有華嚴金師子章雲間類解一卷、華嚴妄盡還源觀疏鈔補解一卷和原人論發微録三卷等。

一、華嚴金師子章雲間類解

序

法非喻不顯，喻非法不生。是故至人，見一真之性匪殊也，故用金師子以況之；見羣生之器匪齊也，故用諸法章以導之。富哉！非吾祖賢首垂一乘之文,廓十方之奧,則何以流慈訓世,隨機有授？非天冊聖帝卑萬乘之心,尊三寶之教,則奚能因喻了法,由法達性者乎？然而斯文,禪叢講席莫不崇尚,故其注解,現行于世者殆及四家:清源止觀禪師注之於前,昭信法燈大士解之於後,近世有同號華藏者,四衢昭昱法師,五臺承遷尊者皆有述焉。曆觀其辭,或文煩而義闕,或句長而教非,遂使修心講說二途,方興傳習之志,反陷取捨之情。源不佞,每念雅誥,嘗疚於懷。既而探討晉經二玄,推窮唐經二疏,文之煩者刪之,義之闕者補之,句之長者剪之,教之非者正之,其間法語奧辭,與祖師章旨炳然符契者,各從義類以解之。于時絕筆於雲間善住閣,故命題曰雲間類解焉。元豐三年歲次庚申四月八日序。

（選自大正藏第四十五卷）

初明緣起。

　　夫至聖垂教,以因緣爲宗;緣有內外之殊,世出世之異,故標第一,明諸緣起也。

二辨色空。

　　前明緣起,莫逾色空,幻色俗諦,真空真諦,二諦無礙,唯一中道,故次辨色空也。

三約三性。

　　空宗,俗諦明有,即徧計、依他也;真諦明空,即圓成實性也,故次第三約三性也。

四顯無相。

　　徧計,情有理無;依他,相有性無;圓成,理有情無,性有相無,故次第四顯無相也。

五説無生。

> 前之四門,真俗有無,皆成對待;今此一門,唯辨妙性本無
> 增減,故第五説無生。

六論五教。

> 夫妙性無生,超羣數而絶朕;然機緣有感,逐根性以類分,
> 故次第六論五教也。

七勒十玄。

> 以義分教,教類有五,前四,小大始終漸頓皆偏,今示圓
> 融,故次第七勒十玄也。

八括六相。

> 雲華十玄,根於觀門;剛藏六相,源乎大經;經觀融通,相
> 玄交徹,故第八括六相。

九成菩提。

> 六相道文,一經奥旨,非情識所窺,唯智眼所覩,將遊薩婆
> 若海,故第九成菩提。

十入涅槃。

> 菩提智果,覺法樂也;涅槃斷果,寂静樂也。照而常寂,心
> 安如海,故第十入涅槃。

明緣起第一

謂金無自性,隨工巧匠緣,

> 金喻真如不守自性,匠況生滅隨順妄緣。

遂有師子相起。

> 喻真妄和合,成阿賴耶識。此識有二義:一者覺義,爲净
> 緣起;二者不覺義,作染緣起。

起但是緣，故名緣起。

　　經云："諸法從緣起，無緣卽不起。"卽理事無礙門，同一緣
起也。上句示緣，中句辨起，下句總結。然釋此初章，非獨攄
起信申義，亦乃採下文爲準。

辨色空第二

謂師子相虛，唯是真金。

　　幻色之相既虛，真空之性惟實。諸本無虛字，唯五臺注本
有之。

師子不有，金體不無。

　　色相從緣而非有，揀凡夫實色也。空性不變而非無，揀外
道斷空也。

故名色空。

　　色蘊既爾，諸法例然。大品云："諸法若不空，卽無道無
果。"上句雙標色空，次句雙釋，下句雙結。

又復空無自相，約色以明。

　　空是真空，不礙於色，則觀空萬行沸騰也。

不礙幻有，名爲色空。

　　色是幻色，不礙於空，則涉有一道清净也。總而辨之，先
約性相不變隨緣，以揀斷實；後約不住生死涅槃，以明悲智。

約三性第三

師子情有，名爲徧計。

　　謂妄情於我及一切法周徧計度，一一執爲實有。如癡孩，
鏡中見人面像，執爲有命質礙肉骨等，故云情有也。

師子似有，名曰依他。

此所執法，依他衆緣，相應而起，都無自性，唯是虛相，如鏡中影，故云似有也。

金性不變，故號圓成。

本覺真心，始覺顯現，圓滿成就，真實常住，如鏡之明，故云不變。有本作"不改"亦通。上文依空宗申義，蓋躡前起後也。此章引性宗消文，亦以喻釋喻也。若依教義章明三性各有二義，徧計所執性有二義：一情有，二理無；依他起性有二義：一似有，二無性；圓成實性有二義：一不變，二隨緣。今文各顯初一，皆隱第二，仰推祖意，單複抗行，義有在焉。

顯無相第四

謂以金收師子盡，

既攬真金而成師子，遂令師子諸相皆盡。

金外更無師子相可得，

真金，理也；師子，事也。亦同終南云："以離真理外，無片事可得。"

故名無相。

名號品云："達無相法，住於佛住。"無量義經云："其一法者，所謂無相。"然名號品約果，無量義約理，理果雖殊，無相一也。

説無生第五

謂正見師子生時，但是金生，

上句妄法隨緣，下句真性不變。偈云："如金作指環，展轉無差別。"

金外更無一物。

離不變之性，無隨緣之相。問明品云："未曾有一法，得入
於法性。"

師子雖有生滅，金體本無增減，

成事似生，而金性不增，則起唯法起也。體空似滅，而金
性不減，則滅唯法滅也。

故曰無生。

大經云："蘊性不可滅，是故說無生。"又云："空故不可滅，
此是無生義。"疏云："無生爲佛法體。"諸經論中，皆詮無生之
理，棱伽説一切法不生，中論，不生爲論宗體。

論五教第六

一、師子雖是因緣之法，念念生滅，

以師子屬乎緣生。原人論辨小乘教，亦云："從無始來，因
緣力故，念念生滅，相續無窮。"

實無師子相可得，

論次云："凡愚不覺，執之爲實。"

名愚法聲聞教。

因説"四諦"而悟解，故號"聲聞"。既除我執，未達法空，
故名"愚法"。有本作"愚人法名聲聞教"。然此一教，下攝人
天，由深必收淺故；上該緣覺，以其理果同故。例如約人辨藏，
唯出聲聞藏耳。

二、卽此緣生之法，

躡前起後也。初文師子二字，亦通此用，下三皆然。

各無自性，徹底唯空，

始自形骸之色，思慮之心，終至佛果一切種智，皆無自性。
徹於有表，唯是真空。以色性自空，非色滅空也。

名大乘始教。

> 始，初也。大品云："空是大乘之初門。"此教有二：一始教，亦名分教。今但標始教者，以深密第二第三時教，同許定性無性俱不成佛。故今合之，唯言始教耳。

三、雖復徹底唯空，不礙幻有宛然。

> 空是真空，不礙幻有，卽水以辨於波也。

緣生假有，二相雙存，

> 有是幻有，不礙真空，卽波以明於水也。

名大乘終教。

> 緣起無性，一切皆如，方是大乘至極之談，故名爲終。此亦有二：一終教，對前始教立名；二實教，對前分教立名。分，猶權也，始權而終實，以有顯實宗故。然終實二宗，並始分二教，皆大乘漸門耳。

四、卽此二相，互奪兩亡，

> 以理奪事而事亡，卽真理非事也。以事奪理而理亡，卽事法非理也。亦同行願疏中"形奪無寄門"。

情僞不存，

> 反疏上句，理事雙亡，則情識僞相，無所存矣。

俱無有力，空有雙泯。

> 由前互奪，故皆無力。理奪事則妙有泯也；事奪理則真空泯也。心經略疏云："空有兩亡，一味常顯。"

名言路絕，棲心無寄，

> 通結心言罔及，寶藏論云："理冥則言語道斷，旨會則亡行處滅。"

名大乘頓教。

> 頓者，言説頓絕，理性頓顯，一念不生，卽是佛等。故楞伽

云：“顿者，如镜中像。”顿现非渐，此亦有二：一逐机顿，即此文示之；二化仪顿，即后圆教收之。

五、即此情尽体露之法，混成一块。

情尽，见除也。大疏亦云：“情尽理现，诸见自亡。”混成一块者，约法则混成真性，约喻则一块真金。故裴相序云：“融鈃盤釵釧爲金。”

繁兴大用，起必全真，

用则波腾鼎沸，全真体以运行。

万象纷然，参而不杂。

万法起，必同时，一际理无先后。释上二节，依还源观。

一切即一，皆同无性；

无量中解一也。大经云：“华藏世界所有尘，一一尘中见法界。”

一即一切，因果历然。

一中解无量也。禅诠都序云：“果徹因源位，满分（“分”，“猶”字之误）称菩萨。”

力用相收，卷舒自在，

一有力收多爲用，则卷他一切入於一中，即上文“一切即一，皆同无性”也。多有力收一爲体，则舒已一位入於一切，即上文“一即一切，因果历然”也。文虽先后，义乃同时，故云卷舒自在也。

名一乘圆教。

所说唯是法界缘起无礙，相即相入，重重无尽。此亦有二：谓同教一乘圆，全收诸教宗；别教一乘圆，全拣诸教宗。

勒十玄第七

一、金與師子，同時成立，圓滿具足，

師子六根，與金同時成立，以表人法、因果體用悉皆具足。妙嚴品云："一切法門無盡海，同會一法道場中。"

名同時具足相應門。

大疏云："如海一滴，具百川味。"

二、若師子眼收師子盡，則一切純是眼；若耳收師子盡，則一切純是耳。

眼耳互收，純一事故。

諸根同時相收，悉皆具足，

會諸根之同，例眼耳之別。

則一一皆雜，一一皆純，爲圓滿藏，

眼卽耳等，皆雜也。如菩薩入一三昧，卽六度皆修，無量無邊，諸餘行德，俱時成就，故名爲雜。耳非眼等，皆純也。又入一三昧，唯行布施，無量無邊，更無餘行，名之爲純。卽教義章云："純雜自在，無不具足，名圓滿藏。"

名諸藏純雜具德門。

此名依至相立，賢首新立廣狹自在無礙門。故大疏云："如徑尺之鏡，見千里之影。"

三、金與師子，相容成立，一多無礙。

多容一，則六根成立；一（"一"，原作"多"，今改）容多，則師子無殊。

於中理事，各各不同，

金性喻理，師子喻事，二雖互容，性相各別。

或一或多，各住自位，

此經偈云："以一佛土滿十方，十方入一亦無餘。世界本相亦不壞，無比功德故能爾。"

名一多相容不同門。

大疏云："若一室之千燈，光光相涉。"

四、師子諸根，一一毛頭，皆以金收師子盡。

諸根諸毛，各攝全體。

一一徹徧師子眼，眼卽耳，耳卽鼻，鼻卽舌，舌卽身。

諸根相卽，體非用外。

自在成立，無障無礙。

經云："一卽是多多卽一，文隨於義義隨文。"

名諸法相卽自在門。

大疏云："如金與金色，二不相離。"

五、若看師子，唯師子無金，卽師子顯金隱。

相顯性隱。

若看金，唯金無師子，卽金顯師子隱。

性顯相隱。

若兩處看，俱隱俱顯。

性相同時，隱顯齊現。

隱則祕密，顯則顯著，

賢首品云："東方入正受，而方從定起。"

名祕密隱顯俱成門。

大疏云："若片月澄空，晦明相並。"

六、金與師子，或隱或顯，或一或多，

若觀金時，師子似隱，唯顯一金。觀師子時，金性似隱，具顯諸根。

定純定雜，有力無力，

一體真金，純而有力，六根分異，雜而無力。

卽此卽彼，主伴交輝，

　　　此主彼伴，交光互參。

理事齊現，皆悉相容，

　　　教義章云：“猶如束箭，齊頭顯現。”

不礙安立，微細成辦，

　　　經云：“一塵中有無量刹，刹復爲塵説更難。”

名微細相容安立門。

　　　大疏云：“如瑠璃缾，盛多芥子。”

七、師子眼耳支節，一一毛處，各有金師子。一一毛處師子，同時頓入一毛中。

　　　以一切攝一切，同入一中，卽交涉無礙門。偈云：“一切佛刹微塵等，爾所佛坐一毛孔。”

一一毛中，皆有無邊師子；又復一一毛，帶此無邊師子，還入一毛中。

　　　又以一切攝一切，帶之復入一中，卽相在無礙門。偈云：“無量刹海處一毛，悉坐菩提蓮華座。”

如是重重無盡，猶天帝網珠，

　　　梵語釋迦提桓因陀羅，此云能仁天主。網珠，卽善法堂護净珠網，取譬交光無盡也。

名因陀羅網境界門。

　　　大疏云：“若兩鏡互照，傳耀相寫。”

八、説此師子，以表無明，語其金體，具彰真性。

　　　妄法生滅，無明也；如來藏不生滅，真性也。

理事合論，况阿賴識，令生正解，

　　　理事卽真妄。論云：“真妄和合，非一非異，名阿賴耶識。”

此識有覺不覺二義，覺卽令生真性正解，不覺卽令生無明正解。若約善財參諸知識，遇三毒而三德圓，皆生正解。

名託事顯法生解門。

大疏云："如立像豎臂，觸目皆道。"

九、師子是有爲之法，念念生滅。

隨工匠緣，時時遷謝。

刹那之間，分爲三際。

攝前摽後。

謂過去現在未來。此三際各有過現未來，

普賢行品云："過去中未來，未來中過去。"亦離世間品答普慧之問也。

總有三三之位，以立九世，卽束爲一段法門。

如師子諸根諸毛，本純一之金也。

雖則九世，各各有隔，相由成立，融通無礙，同爲一念，

通玄論云："十世古今，始終不離於當念。"

名十世隔法異成門。

大疏云："若一夕之夢，翺翔百年。"

十、金與師子，或隱或顯，或一或多，各無自性，由心迴轉。

謂全心一事，隨心徧一切中，卽一隱多顯也。全心之一切，隨心入一事中，卽多隱一顯也。以表師子與金，悉皆迴轉而無定相耳。

說事說理，有成有立，

經云："應觀法界性，一切唯心造。"

名唯心迴轉善成門。

賢首亦改此一門爲"主伴圓明具德門"。故大疏云："如北辰所居，衆星拱之。"

括六相第八

師子是總相，

> 一即具多為總相。

五根差別是別相。

> 多即非一名別相。

共從一緣起是同相，

> 多類自同成於總。

眼耳等不相濫是異相。

> 名體別異現於同。

諸根合會有師子是成相，

> 一多緣起理妙成。

諸根各住自位是壞相。

> 壞住自法常不作。教義章中有八句偈文，上引六句，隨文注之。末後二句，結歎勸修，云："唯智境界非事識，以此方便會一乘。"彼章廣寄一舍以喻六相，後學如仰祖訓，宜悉討論耳。

成菩提第九

菩提，此云道也，覺也。

> 翻梵從華，新舊二義。

謂見師子之時，即見一切有為之法，更不待壞，本來寂滅。

> 净名云："衆生即寂滅相，不復更滅。"

離諸取捨，即於此路，流入薩婆若海，故名為道。

> 離諸取捨之言，義屬上句，文連下句。謂不捨一切有為，而取寂滅無為，則義屬上句也。既取捨情亡，自然流入一切智

海，則文連下句也。第八不動地亦明斯旨。薩婆若，云一切
智。今明果德爲道，故深廣如海耳。

卽了無始已來，所有顛倒，元無有實，名之爲覺。

　　起信論云：“一切衆生，不名爲覺，以從本來，念念相續，未
曾離念，故説無始無明。”卽同此文，無始以來，所有顛倒也。論
又云：“若得無念者，則知心相生住異滅，乃至本來平等，同一
覺故。”卽同此文，元無有實，名之爲覺矣。

究竟具一切種智，名成菩提。

　　究竟，極果也，亦名究竟覺。一切種智，卽三智之一也。昔
圭峯疏圓覺，以一切種智釋圓明。賢首述還源，由圓明而證菩
提。今文謂具一切種智而成菩提者，通而辨之，雖發辭小異，
而歸宗大同也。若依起信有大智用，無量方便，乃至得名一切
種智，皆屬同教。又按昭信鈔文，敍五教機，各成菩提，唯取圓
宗，以因果二門相攝，卽別教耳。

入涅槃第十

見師子與金，二相俱盡，煩惱不生。

　　二相俱盡，所觀境空也。煩惱不生，能緣心泯也。內外雙
亡，玄寂著矣。

好醜現前，心安如海，

　　新記云：“如金作器，巧拙懸殊”，卽好醜現前也。記次文
云：“一以貫之，唯金究竟”，卽心安如海也。上句覆疏二相俱
盡，下句覆疏煩惱不生。

妄想都盡，無諸逼迫，出纏離障，永捨苦源，名入涅槃。

　　惑業都盡，無集諦之妄想也。三苦皆亡，無苦諦之逼迫
也。無漏智發，出纏離障，則道諦已修也。解脱自在，永離苦

源，則滅諦已證也。入者，了達解悟之名。涅槃，義翻圓寂。經云："流轉是生死，不動名涅槃。"然涅槃一章，誠雜華之淵蘊，故晉譯寶王性起，而搜玄探玄鈎深以索隱；唐翻如來出現，則舊疏新記聯芳而續餤。且高麗國中，斯文尚備，而傳授不絕，況此諸部，盡出中華。願諸後昆，求師鑽仰，同報雲華、賢首、清涼、圭峯之劬重德耳。

（選自江蘇如皋刻經處本）

二、華嚴還源觀疏鈔補解序

夫宗經爲觀，傳諸後嗣，以教類之，略有三焉：昔帝心尊者集法界觀門，則宗乎化教矣；澄照律師述淨心戒觀，則宗乎制教矣；若乃化制，並宗性相互陳，唯賢首國師妄盡還源兼而有之。故其圓頓之機，權小之流，悉皆普被耳。源景祐中稟茲觀門，於崑山慧聚法師之門（名諱清本），並疏兩軸科文一冊，皆法燈大師之所撰也。然其間所釋序文及諸觀義，雖盡乎善而未盡乎美。於是舉要治繁，選言發行，探清涼之疏旨，索演義之鈔辭，補其偏善之功，成其具美之續，故命題曰疏鈔補解焉。古人有言：不截盤根，無以驗其利器；不剖文奧，無以辨其通才。後之孫謀通吾祖觀，心昭昭然，若果日之麗天，且不爲昏情所翳者，其在茲乎？時元豐二季歲次己未夏，安居後三日於雲間善住寶閣序。

（選自續藏經第二編第八套第一冊）

〔附〕　慧因淨源法師

法師淨源，晉江楊氏。受華嚴於五臺承遷（遷師注金師子章），學合論於橫海明覃,還南聽長水楞嚴、圓覺、起信。時"四方宿學,推爲義龍"。因省親於泉,請主清涼。復遊吳,住報恩觀音,杭守沈文通置賢首院於祥符以延之。復主青鎮密印寶閣、華亭普照善住。

高麗僧統義天航海問道,申弟子禮。初華嚴一宗疏鈔,久矣散墜,因義天持至咨決,逸而復得。左丞蒲宗孟撫杭,愍其苦志,奏以慧因易禪爲教,義天還國,以金書華嚴三譯本一百八十卷(晉嚴觀二法師同譯六十卷,唐實叉難陀譯八十卷,唐烏茶進本澄觀法師譯四十卷)以遺師,爲主上祝壽。師乃建大閣以奉安之,時稱師爲"中興教主"(以此寺奉金書經故,俗稱高麗寺)。元祐三年十一月示寂,塔舍利於寺西北。

（選自志磐佛祖統紀卷第三十: 諸宗立教志——賢首宗教,據續藏經第壹輯第貳編乙第四套第四册）

克　文

【簡介】　克文，號真浄，俗姓鄭，生於公元一〇二五年（宋仁宗天聖三年），死於公元一一〇二年（宋徽宗崇寧元年），陝府閺鄉人。少年時由於不堪繼母虐待，游學四方，後出家爲僧。二十六歲時受具足戒，然後"卽游京洛，翶翔講肆"。他對於法相和華嚴二宗甚有研究，"凡大經論，咸造其微"。後棄教習禪，遍參名宿，慕慧南之名，經造其廬而參之，終得其法，爲臨濟宗黄龍派的重要代表。

克文一生曾五坐道場，説法五十餘年，在當時有很大影響。特別是王安石捨南京家宅爲報寧寺，請克文住持，認爲"文公長老，獨受正傳，力排戲論"，並爲其請名於朝廷，得賜紫方袍和真浄大師稱號，他的名聲更大了。同時名人，蘇軾、張商英等也都對他十分推崇。據德洪在行狀中説，他主持叢林法度甚嚴，待人不分貴賤，禮敬如一，並且善於説法，明白清楚，因此信崇者甚衆，可謂"兼古宗師美而全有之，可謂集其大成，光於佛祖者歟！"評價甚高。他的語録計有：住筠州聖壽語録、住洞山語録、住金陵報寧寺語録、住廬山歸宗語録、住寶峰禪院語録等，均收録在古尊宿語録卷四十二至四十五中。

一、住金陵報寧寺語録

師開堂日拈香云："此一瓣香，恭爲今上皇帝祝延聖壽萬歲萬萬歲，伏願堯風永扇，同日月之盛明；湯德彌新，共乾坤而久固。此一瓣香，恭爲報寧大檀越主，特進相公、判府左丞，伏願舉族享於百祥，小大增乎善慶。更冀特進相公、判府左丞，兄兄弟弟長爲佛法之墻牆，子子孫孫永作皇家之梁棟。此一瓣香，奉爲提刑大夫、運判朝奉，洎文武官僚，常居禄位。然提刑衆官，總同二相公夙承佛記，示作王臣，佛法長興，外護斯在，以因向果，皆成佛道。”於是跌坐，白槌。云：“法筵龍象，衆當觀第一義。”師乃垂一足云：“大衆！爲是一耶？是二耶？”良久，云：“上士一決一切了，中下多聞多不信，有疑請問。”僧問：“昔日梵王請佛，蓋爲羣迷，今朝相公請師，當爲何事？”師云：“看。”進云：“與麼，則靈山一會，今日親聞。”師云：“聞底事作麼生？”進云：“大衆證明。”師云：“錯。”問：“遠離洞山丈室，已坐報寧道場，如何是不動尊？”師云：“東西南北。”進云：“一言已布王官耳，吾道今朝得再昌。”師云：“大家在者裏。”進云：“相公證明，學人禮謝。”問：“昔日李公登藥嶠，雲在青天水在瓶，今日丞相請師，未審有何言句。”師云：“金桃帶葉摘，緑李和衣嚼。”進云：“與麼，則法不孤起，仗境方生。”師云：“重疊關山路。”進云：“洎乎蹉過。”師云：“不少也。”僧問：“曹溪一路闔國人聞，報寧一路什麼人聞？”師云：“天下人聞。”進云：“莫是和尚爲人處也無？”師云：“且得你承當。”進云：“作家宗師。”師云：“一任闍黎卜度。”復云：“欲識佛性義，當觀時節因緣，時節既至，因緣自會。大衆！今日一會，要知麼是大衆成佛時節，淨緣際會？大丞相荆國公及判府左丞，施宅舍園林爲佛刹禪門，固請大善知識，開演西來祖道所以教外別傳，直指大衆，即心見性成佛。大衆信得及麼？若自信得及，即知自性本來作佛，縱有未信，亦當成佛。但爲迷來日久，一乍聞説，誠難取信。以至古今天下善知識，一切禪道，一切語言，亦是善知識自佛性中流出建立，而流出者是末，佛性是本。近代佛法可傷，多棄本逐末，背正投邪，但認古人一切言句爲禪爲道，有甚干涉｜直是達磨西來，亦無禪可傳，唯只要大衆自悟自成佛，自建立一切禪道。況神通變化，衆生本自具足，不假外求。如今人多是外求，蓋根本自無所悟，一向客作數他人珍寶，都是虛妄，終不免生死流轉。大衆｜今二相公特建此大道場，作大佛事，出大衆生死流轉，復大衆本來廣大寂滅妙心，開發本來神通大光明正法眼藏。但迷則長居凡下，悟則卽今聖賢，大衆言多，去道轉遠。笑他明眼道人，衆中莫有明眼道人麽？今時佛法混濫，要分邪正，使大衆不墮邪見，作人天正眼有麽。"良久，云："我終不敢輕於汝等，汝等皆當作佛。"下座。

上堂："净法界身本無出没，大悲願力示現受生。"乃拈拄杖云："釋迦老子又來也，只爲子孫不了。大衆｜若喚作釋迦，又是拄杖子，若喚作拄杖子，又是釋迦。於此莫有人斷得麽？若無報寧，潑惡水去也。"良久云："容顏甚奇妙，光明照十方，我昔曾供養，今復還親覲。"遂擲下。下座。

因請主事，上堂："祖師門下，燈燈相續，心心相印，一燈滅而一燈然，一心隱而一心照。故萬般之事，須藉心明，心若不明，是事失準。諸禪德要不失準麽？僧堂裏大家著力。"

上堂："日出心光曜，天陰性地昏，不知天地者，剛道有乾坤。直饒識得心，大地無寸土。廓徹十方自性境界，觸事全真，若透不過，眼不開，俱屬勝量己見愚。故菩薩遊戲，神通净佛國土，成就衆生，心不喜樂。所以若論此事，實謂止止，不須説我法妙難，思諸增上慢者，聞不必敬信。"乃喝云："向下文長。"

上堂："臘月二十八，一年將合煞，孟春又到來，萬事從頭活。"遂拈拄杖擲下，召大衆云："拄杖子已活也，見麽？爲他無佛法禪道知見，所以不被四時八節聲色所轉，諸禪德莫也要活麽？但是事一時放下，當人一大事，全體出現，自然活埋著礙著，齷齪齟齬，如虎戴角。阿呵呵！”下座。

上堂：“好諸禪德！若能離諸相，定入法王家。法王法道，恢廓無涯，威德自在，勝伏羣邪，一心空寂，妙用河沙。”

上堂：“七分八分，百億妙門，黃龍老傑，累及兒孫。然則，知恩方解報恩，莫有解報恩底麼。你是簡漢，纔聞報寧説汝只道得七八分，便好拽倒地上，驀面唾槌煞，擲與狗喫，豈不快哉！亦未爲分外。阿呵呵，空將未歸意，説向欲行人。”

上堂，舉臨濟一日與普化在施主家齋，濟云：“毛吞巨海，芥納須彌，爲復是神通妙用，法爾如然？”化便踏倒卓子。濟云：“得卽得，太麤生。”化云：“者裏是什麼所在，説麤説細。”至明日，又去一家齋，濟又問：“昨日供養，何似今日。”化又踏倒卓子。濟云：“得卽得，太麤生。”化云：“瞎漢！佛法説甚麤細！”師云：“古人一等參禪，悟得脱灑，見處明白，得用便用，不在擬議之間，何也？爲他無佛法知見爲礙，而今莫有無佛法爲礙者麼？”良久，喝云：“設有又打在無事甲裏。”

請首座上堂：“一番新，一番舊，新舊相資，要成就諸禪德。且道成就簡什麼？爲成就佛事耶？成就道場耶？成就叢林耶？若與麼成就，豈有教外別傳？”乃拈拄杖云：“此爲復是教內教外，是新是舊，不得喚作拄杖子，便成就取好。”遂擲下，下座。

上堂，僧問：“如何是佛？”師呵呵大笑。進云：“何哂之有？”師云：“我笑你隨語生解。”進云：“偶然失利。”師遂高聲云：“不要禮拜。”僧便歸衆。師復笑云：“隨語生解。”復云：“好大衆！也無禪，也無道，也無玄，也無妙，快活當明者一竅，一竅不明愁殺人。動卽依他，和屎合尿參。”

上堂：“法無定旨，深淺隨機，通人分上，秖可自知。莫有通人麼？點則不到。"喝一喝，下座。

上堂，僧問："學人一面琴，不是凡間木，今朝捧上來，請師彈一曲。"師云："大衆！側耳。"進云："得聞於未聞去也。"師云："是何指法？"僧提起坐具。師云："哀哉，哀哉！汝命何太短！"進云："且喜勿交涉。"師云："不是知音。"進云："不如歸去來，葱嶺有人憶。"師云："何得忘却焦桐？"進云："在者裏。"師云："放下著。"復云："適來一曲，諸人罔措，再爲一彈，快須聽取。"驀拈拄杖橫按，良久云："一曲兩曲聞不聞，悲風流水何方去。"卓拄杖，下座。

上堂："長安甚鬧，我國晏然。"驀拈拄杖云："雲門大師來也劄，久雨不晴。"以拄杖敲香卓云："新羅在海東，臨濟小廝兒，秖具一隻眼。普化賊漢，佯狂詐顚，旴耐豐干饒舌，指出文殊普賢。"

上堂："心隨萬鏡轉，轉處實能幽，隨流認得性，無喜亦無憂。好諸禪德！恁麼也得，不恁麼也得，恁麼不恁麼，總得如來説一合相，卽非一合相，須菩提好與三十棒。"下座。

上堂，僧問："聲前薦得，未是作家，喝下承當，猶爲鈍漢。學人上來，請師相見。"師云："家富小兒嬌。"進云："也是説道理。"師云："與你一文錢。"進云："今日不著便。"師云："養子之緣。"僧便喝。師云："不要哭，不要哭。"問："昔日相國之家，今朝佛僧之舍，未審是同是別。"師云："白鷺灘頭月。"進云："不曉師機，願垂方便。"師云："緊捎草鞋。"僧擬議，師云："重疊關山路。"復云："萬般施設不如常，又不驚人又久長。好諸禪德！古人道處，今人行處，可謂似地擎山，不知山之孤峻；如石含玉，不知玉之無瑕。"良久，云："秖恐不是玉，是玉也大奇。"

上堂，舉三聖問雪峰："透網金鱗，以何爲食？"峰云："待你出得網來，卽向你道。"三聖云："一千五百人善知識話頭也不識。"師云："俊哉俊哉！快活快活！恰似一隻鷗子，莫驚著報寧。卽不然，透綱金鱗以何爲食？待你出得綱來卽向你道。待他道一千五百人善知識話頭也不識，但拽拄杖打出三門外。"復云："也好快活，恰似一隻虎，莫動著諸禪德。且道報寧快活，何似三聖快活？莫有快活底漢麼？出來定當看。"良久，喝一喝，云："把手拽不住。"

上堂，僧問："爇香煙上騰，集四衆座下，爲復是神通法爾，爲復是總不與麼？"師云："一時被闍黎道了也。"進云："有意氣時添意氣，不風流處也風流。"師云："你作麼生會？"僧便喝。師云："儱侗禪和。"僧又喝。師擲下拂子云："何不更打一棒！"僧擬議。師云："棒上不成龍。"問："真淨界中，纔一念閻浮，早是八千年，還許學人稱真淨之名也無？"師云："許。"進云："若然者，永刼飄流，無時解脫。"師云："百草頭上薦取老僧。"進云："恁麼則小出大遇去也。"師云："且莫錯認好。"僧禮拜。師云："果然。"復云："佛法二字也大難明，三世諸佛向你諸人腳跟下走過，你擬要見他，早是眼睛落地。"驀拈拄杖，擲下云："你且道三世諸佛與拄杖子相去幾何？"良久，喝一喝，下座。

上堂，舉雪峰云："南山有條鱉鼻蛇，你等諸人出入好看。"師云："雪峰無大人相，然則蛇無頭不行。長慶恰如箇新婦兒，怕阿家相似，便道堂中今日大有人喪身失命。雲門拽拄杖，攛向雪峰面前作怕勢。"師云："爲蛇畫足。"玄沙云："用南山作什麼？"師云："道我見處親切，不免只在窠窟裏，更無一人有些子天然氣概。報寧門下，莫有天然氣概底麼？不敢望你別懸慧日，獨振玄風，且向古人鶻臭布衫上，知些子氣息也難得。"

上堂，舉起拄杖云："舉起也，靈光洞曜，迴脫根塵。"復斜亞云："放下也，體露真常，不拘文字。不舉不放，復名何物？"遂擲下云："看。"良久，喝一喝，下座。

上堂，云："東家杓柄長，西家杓柄短，拈起黑漆盆，却是白礬盌。大唐天子笑不休，火裏蚯蟉三隻眼。參。"

（選自上海佛學書局影印明本古尊宿語録卷四十三）

二、住廬山歸宗語録

開堂日宣疏罷，師拈香，乃跌坐。棲賢長老白槌了，便有僧出問："草庵孤坐，誰知出格家風；拄杖橫空，未審是何宗旨？"師云："雲間五老，水滿雙溪。"進云："若然者，劍爲不平離寶匣，藥因救病出金瓶。"師云："一條界破青山色。"進云："忽遇五馬行春日，萬家和氣生，又且如何？"師云："却被闍黎道著。"進云："海神知貴不知價，留與人間光照夜。"師云："靈利衲僧。"問："飛錫一聲天地動，爐煙起處遍乾坤，爲國開堂於此日，師將何法報皇恩？"師云："耶舍塔前消息在。"進云："皇恩答處蒙師指，朝宰臨筵事若何？"師云："已有隨車雨，何須動地雷。"進云："若然者，虎出渡河皆此日，珠還合浦賀今朝。"師云："知恩有幾人？"復云："諸佛心印，祖祖相傳授，所謂教外別傳者，蓋取其要妙也。其要妙之道，在人不在教乘，所以歸宗。長老得之，以妙明心印印僧俗大衆，彼我無差，同成佛道，還信得及麽？權郡大夫得之，以妙明心印印一郡千里之事，則自然殊途同歸。一毛頭，一一明了，一一無差，然後卷舒自在，縱奪臨時，皆吾心之常分，非假於他術。提刑都官得之，以妙明心印印十方華藏世界海。祗在一毛頭，於中或行或坐，或去或來，遊山翫水，選勝尋幽，法喜禪悅，皆吾心之常分，非假於他術。衆官得之，各以妙明心印印之，則王事民事，一一明了，一一無差，然後可行則行，可止則止，皆吾心之常分，非假於他術。諸山禪師得之，三世諸佛，一切法門，各以妙明心印印之，則法法明了，一一無差，然後應機接物，通變臨時，或日面月面，佛手驢脚，或豎拂拈槌，或呵佛罵祖，作大佛事，皆吾心之常分也。"遂拈拂子劃云："劃斷葛藤。"便擲下，云："是什麼？"良久，喝一喝，下座。

師在筠州九峯辭衆，晚參，遂舉拂子云："昔日世尊拈花，迦葉微笑，今夜歸宗舉拂，大衆寂然爲復。寂然者是，微笑者是？又是箇什麼？只如歸宗舉拂與世尊拈花，是同是別？若言同，法無同相；若言別，豈有兩般？久參先德，聞舉便了，後進初機，却須子細。"良久，云："法法總歸宗，臨機要變通，靈源明妙處，平等主人翁。"師初入寺，陞座。僧問："遠公符命，禪師俯應機，祖令當行也，方便指羣迷。"師云："深。"進云："深意又如何？"師云："淺。"進云："學人如何領會？"師云："點。"云："大衆證明。"學人禮謝。師云："老僧今日失利。"問："遠離九峯丈室，已屆歸宗道場，如何是不動尊？"師云："鷓鴣啼處百花香。"進云："萋花風掃去，香水雨飄來。"師云："今也如是，古也如是。"進云："若然者，將爲少林消息斷，如今蹤跡宛然存。"師云："如何是少林消息？"僧禮拜。師云："點。"卽不到。師云："佛法要妙，但歸其宗，苟歸宗也，自然無可無不可，一切成現，海印發光。今與大衆同已歸宗，住平等本際，敢問何者是宗，何者是要妙？"良久，云："祇爲分明極，翻令所得遲。"

上堂，爲新舊化主云："舊者已還，新者復作，新舊相資，放過一著。"遂拈拂子云："不可作新舊會。既不作新舊會，又落在什麼處？若知落處，受用無窮；若不知落處，亦受用無窮。知落處受用無窮，則可知。不知落處，因甚受用無窮？明眼衲僧試斷看。"

上堂，舉赤眼因見虵，便與斬斷。傍僧云："久嚮歸宗，元來只是箇麤行沙門。"眼曰："你麤我麤？"師云："大衆只知赤眼斬虵，向其僧道，你麤我麤，且古人見處作麼生？"遂舉拂子云："今日歸宗舉拂子，與當時歸宗斬虵，是同是別？"良久，云："人人有箇真天佛，妙用縱橫總不知，今日分明齊指出，斬虵舉拂更由誰。"

上堂："頭陀石被莓苔裹，擲筆峯遭薜荔纏。羅漢院一年度三箇行者，歸宗寺裏參退喫茶。"

上堂："今日乃是第二箇四月，不見古人道，放過一著，落在第二。雖然第二未免，秖是前來孟夏漸熱。"乃呵呵大笑，云："有利無利，不離行市，西川成都府漏藍子，一文錢三箇五箇，撒在諸人面前，一一可以治病。又且不知廬陵米作麼價。"

上堂，師乃到法座前顧視大衆，便歸方丈。

上堂，云："南泉斬貓兒，與歸宗斬虵，叢林中商量還有優劣也無優劣？且止只如趙州戴靸鞋出去又作麼生？若也於此明得，德山呵佛罵祖有什麼過。於此不明，丹霞燒木佛，院主眉鬚落。所以禍福無門，唯人自召。"喝一喝，下座。

上堂："你有拄杖子，我與你拄杖子；你無拄杖子，奪却你拄杖子。大衆！見錢買賣，莫受人謾。知麼！有利無利，不離行市。阿呵呵！却憶趙州勘婆子，不風流處也風流。"喝一喝，下座。

上堂，舉僧問雲門："如何是雲門一曲？"門云："臘月二十五。"忽有人問歸宗："如何是歸宗一曲？"但向伊道："五月二十五。且道歸宗與雲門意作麼生？今之與古，相去幾何？"又云："唱者如何？"門云："且緩緩。"忽有人問歸宗："唱者如何？"向他道："莫錯莫錯。且道歸宗是雲門非，雲門是歸宗非？"乃喝一喝，云："是非總去却，是非裏薦取。"

上堂，擲下拂子，云："歸宗擲下拂子，大衆一時覰見，任是鶻眼龍睛，也須遭伊繫絆。"喝一喝，下座。

上堂："今朝七月二十，秋風涼冷相及，一切佛法現前，自是常情不入。"遂舉拂子云："拂子已入也，爲伊無佛法知見解會。汝諸人見道無佛法知見，便道大盡三十日，小盡二十九，作箇無事商量。"喝一喝，云："瞎屢生。"

上堂，舉僧問悟本大師："寒暑到來，如何迴避？"本云："何不向無寒暑處去？"僧云："什麽處是無寒暑處？"本云："寒時寒殺闍黎，熱時熱殺闍黎。"師云："大衆！若也會得，不妨神通遊戲，一切臨時寒暑不相干；若也不會，且向寒暑裏經冬過夏。"喝一喝，下座。

上堂："八月中秋，涼風蕭索，衲僧去來，如雲似鶴。山北山南有路通，一條拄杖橫擔却。是卽是，覺不覺，切忌隨他老慮腳。"喝一喝，下座。

上堂："今日淵上座設道，吾饡飯，點趙州茶，拈出如來一大經卷，爲諸人徹困。"驀拈拄杖擲下，云道："吾飯、趙州茶、如來一大經卷，此三種法門，盡在拄杖頭上撒開也。東西南北，四維上下，一任變通，自在受用，三十年後，不得辜負淵上座。若也不知，數日雨寒，秋風漸冷。"喝一喝，下座。

施主捨法衣，上堂："大衆！諸佛法衣，得之者出三界，離五欲，成大道，度衆生。"遂舉衣云："舉起也，地獄停酸，修羅息戰；放下也，帝釋搖頭，諸天罷樂；不舉不放，十方法界，情與無情，同成佛道。未審施法衣者，成得箇甚麽？"良久，云："自從盧老收歸後，須信人人總有之。"

長安化主歸，上堂："大衆！一兩絲，一匹絹，一一盡從蠶口現，口中吐出濟人間，衲僧如何總不薦？若也薦，家家門裏含元殿。"喝一喝，下座。

開爐日，上堂："凡夫色礙，二乘空礙，菩薩色空無礙。目前萬象森羅，理事融通自在。僧堂裏又添煖火，十方高人共會，不必更分彼此，同是一真法界。"喝一喝，下座。

上堂，云："今朝十月二十五，須知有法離言句，本明本妙不假修，一隊古佛參堂去。"

上堂："冬後一陽生，乾坤解通變，衲僧莫守株，彼此丈夫漢。日日天真活，人人自可見，如何都不顧，隨他物所轉。"喝一喝，下座。

啓聖節，上堂："舜日共佛日長明，堯風與祖風並扇。所謂一人有慶，兆民賴之，祝延聖壽，今正是時。"乃呼萬歲萬萬歲，下座。

上堂，僧問："乾坤之內，宇宙之間，中有一寶，秘在形山。山卽不問，如何是寶？"師云："闍黎終日騎牛不識牛。"進云："恁麼則從今日歸家去也。"師云："如何是那一寶。"僧便喝。師云："前三三，後三三，又作麼生？"進云："謝師指示。"師却喝云："不識雲門關捩子，等閒動著眼瞳瞳。"復云："那一寶非今非古，非僧非俗，非男非女，十二時中，光明烜赫，還有人著得價麼？若有人著得價，三十年後不得辜負歸宗。莫有人著價麼，這一隊漢，十二時中，是箇甚麼？"喝一喝，下座。

上堂："今朝十月半，天上月初圓。"遂拈拂子云："拂子豈不是圓？"又敲禪床云："何曾偏來？大衆！只這偏圓道，聲色鬧浩浩，眼耳但見聞，莫問歸宗老。"

上堂："衲僧門下，無非過量境界，自在禪定。"乃喝一喝云："豈不是過量境界？"又謦欬一聲云："豈不是自在禪定？阿呵呵！將此深心奉塵刹，是則名爲報佛恩。"

上堂："好雪！大衆！米麵柴炭之屬，一切成現，寒則圍爐向煨火，困來拽被蓋頭眠。好大衆！適從僧堂來，却向僧堂去。"喝一喝，下座。

上堂："大衆！休得也，無了期。共來林下學無爲，袈裟同肩一拂子，相逢能得幾多時。"喝一喝，下座。

化城大師來，上堂："三界無安，猶如火宅，出得火宅，未到寶所，且在化城。今日相逢化城，不見寶所何在，元來只是舊時源上座。大衆！元來一時總是舊時人，伏維珍重。”

上堂：“大衆！古人道，盡大地是箇解脱法門，枉作佛法會，却何不見山是山，見水是水？歸宗則不然，盡大地是箇解脱法門，不作知見解會，有時見山不唤作山，有時見水不唤作水。大衆！彼此丈夫，莫受人謾。”

上堂：“大衆！歸宗不是無禪可談，無法可説，正值雪寒，不宜久立。”乃喝一喝云：“歸堂向火。”

上堂，云：“今朝正月初五，未免爲君重舉斬新日月。分明禪家，且莫莽鹵。還有不莽鹵底麽？且道是什麽。”喝一喝，下座。

上堂：“今朝正月初十，晴暖春風襲襲，觸目無礙法門，大家一時證入。”喝一喝，下座。

上堂，云：“大衆！佛法兩字，彼此不著。便衆中莫有師子兒麽？不敢望你哮吼一聲，使大衆一時頂門上眼開。且莫嚼他古人殘羹餿飯，也難得歸宗，今日謾你諸人去也。”驀拈拄杖擲下云：“南山鼈鼻虵，解弄者收取。”喝一喝，下座。

上堂：“二月仲春漸暄，時來萬物爭妍，莫待桃花悟道，出門芳草芊芊。”喝一喝，下座。

上堂，舉教中道，不見一法是大過患。乃喝一喝云：“有什麽過！”驀拈拄杖卓云：“有什麽患！”後橫按云：“德山棒，臨濟喝，舉世何人解提掇。天高地迥萬象閑，總是僧家好時節。”遂擲下云：“是什麽時節！”喝一喝，下座。

上堂：“世尊三昧，迦葉不知，迦葉三昧，阿難不知。因甚不知？只爲淺深有異，三德六味，施佛及僧，法界有情，普同供養。首座三昧，大衆不知。因甚不知？對面不相識，開單展鉢，拈匙放筯。大衆三昧，各不相知。因甚不知？阿呵呵！”復拈拄杖橫按云：“我觀法王法，法王法如是。”卓拄杖，下座。

上堂，拈拄杖云：“湼槃心易曉，差別智難明。古人道，你有拄杖子，我與你拄杖子，你無拄杖子，我奪却你拄杖子。歸宗則不然。你有拄杖子，我奪却你拄杖子，你無拄杖子，我與你拄杖子。大衆！芭蕉與麼，歸宗不與麼。且道與麼是，不與麼是？”擲下拄杖云：“是什麼？”良久，云：“是卽龍女頓成佛，非卽善星生陷墜。”

上堂：“山門今日供養羅漢，爲十方檀越酬還心願，亡者生天，現存獲福。”召云：“大衆！但祇隨例湌餕子，莫問人間短與長。”復拈起拄杖云：“我生已盡，梵行已立，所作已辦，不受後有，三界不奈，伊何堪受，人天供養。這一隊少叢林漢，總好與二十拄杖。”喝一喝，下座。

上堂：“大衆！彼我雖殊，根塵有異，然則性自平等。無平等者，平等尚無，況有不平等者。”驀拈拄杖云：“情與無情共一體，處處皆同眞法界。”遂擲下云：“撲落非他物，且道是什麼物？”喝一喝，下座。

隆慶長老來，上堂：“大衆！教中道佛滅度後，爲善知識者，總是見佛來。然則其爲善知識者，亦不可容易覷，善知識者，亦不可輕慢。隆慶禪師，斯之謂也。老僧與知事首座大衆，同增懽慶。”乃喝一喝，云：“虎溪宗派，龍山子孫，吉州隆慶，大啓禪門。古人所謂從門入者，不是家珍。”驀拈起拄杖云：“爲是家珍，爲是外物。大衆！却請隆慶禪師決斷。”擲下拄杖，下座。

因開福專使至，上堂：“近有人從成都來，乃得潭州信，却説廬陵米價高。”驀拈起拄杖云：“風行草偃。”擲下云：“是什麼？”喝一喝，下座。

上堂：“日往月來，大盡小盡，光陰已去，生死漸近。大衆！總是祖師門下客，須知生死不相關，且道歸宗與麼説話，還有過也無。"良久,云:"父母不聽,不得出家。"

上堂,舉昔日臺山路上有一婆子,凡有僧問臺山路向什麼處去,婆云:"驀直去。"僧擬行,婆云:"好箇阿師又恁麼去!"師云:"遊臺山者,憧憧往來,莫知其數,未有一人不被伊瞞。唯趙州一日謂衆曰:'臺山下婆子,被老僧勘破了也。'大衆雖然不受伊瞞,若點檢來也好喫婆子手中棒。且道趙州過在什麼處?若知趙州過,方解不受人瞞。歸宗門下莫有不受人瞞底麼?"喝一喝,下座。

上堂:"如來大師云:'不能了自心,如何知正道?'又,寒山菩薩云:'一念了自心,開佛之知見。'大衆!是什麼直下了取。"拈拄杖云:"阿誰不見,阿誰不知,知見分明。"又擊禪床云:"阿誰不聞,阿誰不了,了心平等。若此觀者名爲正觀,若他觀者名爲邪觀。"卓拄杖,下座。

上堂,良久,云:"船子下揚州,大地無寸土,蛇咬蝦蟇聲,更有衆生苦。"驀拈拄杖擲下云:"今朝二十五。"喝一喝,下座。

上堂:"今朝六月旦,萬物隨時變,地肥茄子多,雨足甜瓜賤,紅桃大似拳,緑李圓如彈。誰識歸宗大道心,拈來一一人難辨。"驀拈拄杖云:"你有拄杖子,我與你拄杖子,你無拄杖子,我奪却你拄杖子。又作麼生辨?若辨得出,不虚在歸宗過夏,若辨不出,禪床且替他契棒。"乃擊禪床,下座。

上堂:"大道不假雕鑴,人心何須造作?但知一切臨時拈來,無非妙藥。"驀拈拄杖云:"豈不是妙?"又擲下云:"拈來擲去有什麼過?"乃喝云:"纔有是非,紛然失心。"

上堂:"古人有大智慧,隨宜自在,無可無不可。故僧問古德:'如何是古佛心?'答云:'牆壁瓦礫是。'僧云:'牆壁瓦礫豈不是無情?'德云:'是'。僧云:'無情還解說法否?'德云:'常説熾然,說無間歇。'其僧於言下大悟,證無情説法。"師云:"古佛身心如飲醍醐,渴心永寂，奇特甚奇特，安樂則不妨安樂。若是德山臨濟烜赫兒孫，他亦不喫這般茶飯何也？不是他所食之物。且道德山臨濟兒孫所食何物？"良久，乃噓噓，"佛法門中，可謂刁刀莫辨，魚魯難分。"下座。

上堂："今朝六月二十五，莫問超佛及越祖，但祇粥飯飽便休，日月朝昏自回互。"驀拈拄杖云："回互不回互？佛殿走出三門，僧堂逃過廚庫，拄杖子穿却諸人鼻孔，廻而更相涉。"乃擲下。良久，云："不爾依位住。"喝一喝，下座。

上堂："一葉落，天下秋，廬山山北到江州。"驀拈拄杖擲下云："若知撲落非他物，須信縱橫得自由。"

解夏日，上堂："四月十五結夏，七月十五解夏。世俗諦中有秋有夏，有解有結；佛法門中無是無非，無得無失，莫非妙用。有時結也，九十日內水洩不通，聖凡路絕，誰敢咳嗽。若咳嗽也須是你解咳嗽始得。有時解也，十方通徹，去來自在，亦須知有路頭去處始得。且道不解不結，又作麼生？"良久，喝一喝，下座。

上堂："欲識佛性義，當觀時節因緣。昨日撞鐘送法眼入塔，今朝擊鼓集禪衆陞堂。千般時節，萬種因緣，總不出這箇。大衆！且道這箇是什麼？"乃喝云："異生見解，我執不同，又爭怪得老僧。"

上堂："今朝八月中秋，正是月圓當戶，所謂盲者不見，非日月之咎。故經云：'是法平等，無有高下，迷者自迷，悟者自悟。'大衆當知，不得莽鹵。"

上堂："一切衆生，總一般妙明，日用更無偏，等閑却被邪師指，剛道西來別有禪。"驀拈拄杖云："且道是西來，是妙明心地？"復擲下云："試斷看。"喝一喝，下座。

上堂，云："今朝九月一，夜來霜氣寒，當知門外路，一一透長安。"喝一喝，下座。

上堂："諸州丐士經年去，次第歸來復納疏，打鼓普請共證明。今朝九月二十五，大衆證明則不無。須知鉢盂飯，粒粒皆辛苦。鉢裏飯滋味，大衆總知歸宗道。今朝九月二十五，又且如何？"良久，乃呼侍者參退，請諸郡化主喫茶。喝一喝，下座。

上堂："今朝十月一，天下煖爐開，衲僧頂門眼，依舊蒙塵埃。歲月既已往，死生還到來，床添新藁薦，一任雪成堆。"遂拈裰裟角云："大衆人人有分，須是頂門眼開始得。"喝一喝，下座。

上堂："古人所謂，終日忙忙，那事無妨。"師云："不妨簡要，只如開單展鉢，拈匙把筋，揚眉瞬目，有什麼妨處？行住坐臥，動靜去來，又有何異？"驀拈拄杖敲香卓云："妨箇什麼！"復擲下云："不可喚作忙也。敢問大衆，那事作麼生？"良久，喝一喝，下座。

上堂："是日已過，命亦隨滅，如少水魚，斯有何樂？唯二乘禪定寂滅爲樂，是爲真樂；學般若菩薩，法喜禪悦爲樂，是爲真樂；三世諸佛，慈悲喜捨，四無量心爲樂，是爲真樂。石霜普會云：'休去歇去，冷湫湫地去。'是謂二乘寂滅之樂。雲門云：'一切智通無障礙。'拈起扇子云：'釋迦老子來也。'是謂法喜禪悦之樂。德山棒，臨濟喝，是三世諸佛，慈悲喜捨之樂。除此三種樂，不爲樂也。且道歸宗一衆，在三種內三種外？"良久，云："今日莊主設饋飯、俵𤲃錢。參退，僧堂內普請喫茶去。"喝一喝，下座。

上堂："萬法是心光，諸緣唯性曉，本無迷悟人，只要今日了。好大衆！修山主見處與大衆見處，日用無差；大衆見處與歸宗長老見處，日用無差；歸宗見處與雲峰山主日用無差；雲峰見處與深首座日用無差。"乃喝云："莫分彼我，彼我無差，心光共曉，日用堪誇。"驀拈拄杖云："阿誰不見，阿誰不曉。"擊香卓云："阿誰不聞？"復擲下云："是什麼？"喝一喝，下座。

上堂，舉龐居士云："十方同聚會，箇箇學無爲，此是選佛場，心空及第歸。”“大衆！總是選佛之人，既到歸宗門下，須是一箇箇心空及第歸，不可作長行粥飯僧。彼此出家離世俗，誰言祖獨有南能。”

上堂：“今朝臘月初五，有事爲君直舉。靈湯禪師到來救濟，大開府庫，差珍異寶，不慳所好，臨時揀取。雖然一一歸宗，不妨却分賓主。”乃喝云：“且道是賓是主！”復喝云：“賓主歷然。久參到此，也須莽鹵。”

上堂：“獨樹不成林，人人總知有，梵刹一纔興，大家出隻手。”驀拈拄杖云：“家家門前火把子。”復擲下云：“各自看取。”喝一喝，下座。

上堂：“今朝臘月二十五，雲門一曲爲重舉，驢脚佛手總現前，明眼衲僧多莽鹵。”喝一喝，下座。

上堂：“滿目文殊普賢境界，直下分明，道無不在。”驀拈拄杖擲下云：“抛來擲去，有什麽過？”喝一喝，下座。

上堂：“二月仲春漸暄，時來萬化；可憐到處桃紅柳綠，石頭也生暖煙。”驀拈拄杖擲下云：“有意氣時添意氣，不風流處也風流。”喝一喝，下座。

上堂：“靈光獨耀，迥脱根塵，體露真常，不拘文字。此是百丈大智禪師舉揚，大衆作麽生？”良久，云：“在家疑是客，別國却爲親。”喝一喝，下座。

上堂：“南閻浮提衆生以音聲爲佛事，所謂此方真教體，清净在音閒。是以三乘十二分教，五千四十八卷，一一從音聲演出。乃至諸代祖師，天下老和尚，種種禪道，莫不皆從音聲演出。庭前栢樹，北斗藏身，德山呵佛罵祖，臨濟喝，豈不從音聲演出！何況世間所有一切事法，不從音聲成就者，然後音聲無盡，演說無盡，見聞無盡，利樂無盡。苟入此法門，得旋陁羅三昧自在海。”良久，唱云：

"十方羅漢。"喝一喝，下座。

上堂："今朝三月初五，正是清明景序，豈獨游人往來，更兼蜂狂蝶舞。須信自在神通彼此，性真妙具萬物，總非斷滅衲僧，別求禪悟，棄本逐末。"喝一喝云："驢年。"下座。

上堂："今朝三月初十劄，久雨不晴，船子下揚州。東海鯉魚打一棒，洞庭湖裏浪滔天，須知大道本無偏。"喝一喝，下座。

上堂："今朝三月十五，又是月圓當户，祖意教意同別，但看鷄寒上樹。"驀拈拄杖云："春無三日晴，夏無十日雨。"復擲下云："處處綠楊堪繫馬，家家門底透長安。"喝一喝，下座。

上堂："如來世尊云：'菩薩覺成就，故不與法縛，不求法脱，不敬持戒，不憎毁禁，不重久習，不輕初學。'何以故？一切究竟覺，彼此成佛故。如是則僧也如是，俗也如是；凡也如是，聖也如是；賢也如是，愚也如是。"驀拈拄杖云："拄杖子亦如是。"擲下云："如是如是。"

上堂，舉西天昔有七女遊屍陁林，見一死屍，妹問姊曰："屍在這裏，人在什麼處？"姊曰："妹妹。"妹應諾。姊曰："在什麼處？"於是空中散花。女曰："空中散花者誰？"應曰："我是帝釋，見聖者善説般若，感我天宫，特來散花。聖者欲何所須，我當供給。"女曰："別無所須，只要箇無根樹子。"帝釋曰："我天宫無種不有，若要無根樹子卽無。"女曰："帝釋！"帝釋應諾。女曰："這箇是什麼？"帝釋遂隱去。"大衆！且道帝釋是會了隱去，不會了隱去？又道善説般若，感我天宫；又道無無根樹子。大衆！且作麼生明得不辜負聖女，若也不會，不得辜負帝釋。歸宗亦有箇無位真人，憨憨癡癡，跛跛絜絜，且恁麼過時。"喝一喝，下座。

王主簿到，上堂，僧問："雲門大師欲一棒打殺釋迦老子，和尚又欲糞掃堆頭，窨殺雲門，未審和尚罪過，還許學人點檢也無？"師云：“且莫造次。”學云：“和尚坐斷廬山，爲什麼不識某甲這話？”師云：“三十棒。”學云：“關。”師云：“點。”學云：“剖。”師云：“念汝做街坊。”復云：“憶在報寧時，彼彼各年少，而今住山來，各各已衰老。休話人間短與長，相逢把手呵呵笑。呵呵笑，逍遙自合無爲道。”驀拈拄杖敲香臺云：“不可不自在。”復擲下云：“不可不逍遙。”喝一喝，下座。

上堂，僧問：“馬祖下尊宿，一箇箇屙轆轆地，唯有歸宗老較些子；黃龍下兒孫，一箇箇硬剥剥地，秖有真浄老師較些子。學人恁麼道，還扶得也無？”師云：“打疊面前搭搖却。”進云：“若不同床睡，焉知被底穿？”師不對。進云：“這箇爲上上根，忽遇中下之流，如何指接？”師亦不對。進云：“非但和尚一場懡㦬，學人亦乃一場敗闕。”師云：“三十年後悟去在。”復云：“一切禪與道，觸目無非妙，貴賤但臨時，不要生機巧。”驀拈拄杖云：“三世諸佛説不到，諸代祖師傳不及。”遂擲下云：“是什麼？”喝一喝，下座。

（同上）

三、住寳峰禪院語録

師開堂日，接得左司手中疏，乃示衆云：“左司傳授，烜赫現前，渤潭把呈，分明薦取。薦與不薦？”却付與表白。表白擬接，復收迴云：“不見到，權柄在手，縱奪臨時，非但渤潭如是，左司衆官，神通變化，各各具足。”却度與表白。宣罷，於是就座。問話畢，師乃云：“適來白槌云，法筵龍象，衆當觀第一義。且道何名第一義？如何所觀？大衆！當知欲得分明現前，可以直截自觀。若能自觀，名爲正觀，若他觀者，名爲邪觀。而今莫有能自觀者麼？既能自觀，即能他觀。且道即今左司衆官，僧俗大衆，一一是箇什麽？噫！觀音妙智力，能救世間苦，可謂一一圓妙，一一本靈，一一神通變化，總不欠少，了無生死可相關。若不能自觀者，爲迷真覺性，還却受輪迴。然洪州乃江西大都督府，古今已來，人傑地靈。佛事興盛。"昔有馬祖，以禪道化人，亮座主乃教法救世。亮一日來參馬祖，祖曰："見説座主大講得經論，是否？"亮云："不敢。"祖云："將什麽講？"亮云："將心講。"祖曰："心如工伎兒，意如和伎者，又争講得經？"亮乃抗聲云："心既講不得，虛空莫講得麽！"祖曰："却是虛空講得。"亮不肯，便出去。祖召云："座主。"亮迴首，豁然大悟。師云："而今聞却是虛空講得，多便向虛空裏釘橛，殊不識馬大師神通光明，解黏去縛。"又，龐居士問馬祖云："不與萬法爲侶者，是什麽人？"祖曰："待汝一口吸盡西江水，即向汝道。"師云："禪門多作奇特商量，玄妙解會。又不見馬大師威光自在，裁長補短。"又，大梅初參馬祖，問："如何是佛？"祖曰："即心是佛。"師云："如今往往向即心裏喪身失命，須還他馬大師觀機設法，應病與藥，一切臨時，無可不可。"其大梅蒙馬師開示，豁悟本心，一得永得，更不他觀，直入深山，庵居巖穴。後因有僧遊山見之，問曰："庵主住此山多少時？"梅曰："只見四山青又黃。"僧又問："出山路向甚麽處去？"梅曰："隨流去。"祖聞之，令一僧去問云："和尚見馬師得箇什麽，便住此山？"梅曰："馬師向我道，即心是佛，我便向這裏住。"僧云："馬師近日佛法又別。"梅云："作麽生別？"僧云："又道非心非佛。"師云：且道馬大師還有爲人底意也無？"梅云："這老漢惑亂人未有了日在！任汝非心非佛，我祇即心是佛。"師云："知恩方解報恩。"僧迴舉似祖，祖召大衆云："梅子熟也。"龐居士遂去問梅曰："久嚮梅子熟，還許學人摘喫也無？"梅云："你向什麽處下口？"士云："百雜碎。"梅云："還我核子來。"師云："且道此二人相見還有優劣也無？" 梅臨遷化時聞鼯鼠聲，乃曰："卽此物非他物，汝等善護持之，吾今逝矣！"師云："大衆！既非他物，是什麼物？"復云："近有<u>無盡居士</u>曰：'大都此物非他物，豈有南宗與北宗。'如今衲子多是爭南宗北宗，<u>雲門臨濟</u>，却被箇俗漢子點破。<u>雲門臨濟</u>兒孫，不勝懷慚。久立諸官，伏惟珍重！"

入院，上堂："<u>馬祖</u>傳心，<u>石門</u>泐潭，乾師總師，前三後三，老僧到來，如何指南？"遂拈拄杖云："你有拄杖子，我與你拄杖子；你無拄杖子，我奪却你拄杖子。"良久，云："我雖與你同條生，不與你同條死。"乃擲下拄杖，喝一喝，下座。

因<u>雙林下生</u>長老來，上堂，云："寶山不易到，既到莫空迴。莫有不空迴者麼？"遂擲下拄杖云："是什麼？"良久，云："不見<u>雙林釋迦</u>老，又聞<u>彌勒</u>下生來。"喝一喝，下座。

上堂："今朝正月二十五，孟春猶寒人共舉，分明佛法不二門，甜者自甜苦者苦。"喝一喝，下座。

開<u>馬祖</u>塔日，上堂："放過一著，落在第二，有利無利，不離行市。家家門外綠柳垂，不獨春風折桃李。<u>馬祖堂</u>開，二月初二，觸目遇緣，法門大啓，不如歸去來。"良久，云："向什麼處去？<u>馬祖堂</u>中燒香罷，僧堂裏喫茶。"

施主看藏經，請上堂，云："毗盧藏中有大經卷，含真空而體寂，鏡妙色以圓明。"驀拈拄杖云："三世諸佛，一大藏教，盡在裏許，阿誰不見，阿誰不聞？聞見分明，是箇什麼？"喝一喝，下座。

出外歸，上堂："歸來閏二月，閴寂寶山中，城隍耳目盡，塵勞萬事空。春水綠，野花紅，須信禪家道莫窮，信手拈來一枝草，臨機生殺任西東。"

上堂，舉僧問<u>馬祖</u>："如何是佛？"<u>祖</u>曰："卽心是佛。"師云："<u>馬大師</u>也是看孔著楔，然現前一衆雖不受馬駒所踏，是不可忘古人大慈悲，故誰教從來今日清明。”良久，云：“與大衆同到塔上燒香。”

上堂：“今朝二月二十五，野草閒花相共擧，信手拈來一一玄，癡人莫認庭前樹。衆中莫有不受惡水潑者麽？”遂拈拄杖擲下云：“祇這拄杖子亦不辜負大衆。”喝一喝，下座。

上堂：“時光迅速，那事如何？雖然如是，我不敢輕於汝等，汝等皆當作佛故。先覺云：‘一切障礙卽究竟覺。’”驀拈拄杖云：“不是究竟覺！”遂擲下拄杖云：“抛來擲去，有何障礙？”喝一喝，下座。

上堂：“今朝三月初十，知事、首座、大衆尊候萬福。”良久，云：“山前大小麥穗也未直歲，照顧牛馬莫教踐踏秧苗。典座廚中調和諸口，監院庫下坐籌帷幄，決勝十里，諸寮舍各各照顧火燭，勝上座設饡飯供養馬祖大寂禪師，大衆總飽，老僧亦飽。”驀拈拄杖云：“拄杖子亦飽，山河大地亦飽。”遂卓云：“參退，堂中喫茶。”

上堂，擲下拄杖云：“撲落非他物，且道是什麽物？縱橫不是塵。既不是塵，是箇什麽？山河及大地，全露法王身。山河大地，諸人總見，那箇是法王身？”良久，云：“只爲分明極，都緣日用親。”

上堂：“一夏九十日，看看將欲畢，爲報求佛人，今朝七月一。教中道佛身無爲，不墮諸數。且道如何是無爲佛身？於此薦得，不逐四時之所遷，萬物之所變。若也不薦，人漸老，又經秋，等閑白却少年頭。”喝一喝，下座。

上堂：“今朝八月初五，禪家安閒國土，甜則甘草元甜，苦則黃蘗元苦。若也得意忘言，自然超今越古。”

上堂：“古人道，毫釐有差，天地懸隔。且道毫釐不差，又如何？”良久，云：“僧堂裏喫茶。”

上堂：“今朝八月十五，又是月圓當户，月不照人，人不問月，彼此不相干。趙官家國土，不如歸去來。田中晚稻，近日好雨。”喝一喝，下座。

化主廻,上堂:"演上人今日作齋,供養羅漢。爲供養過去耶?見在耶?未來耶?若供養過去,已過去;未來,未至;見在,無住。三世既不有,一心何所依。"乃召云:"演上座正好供養,過去亦如是,見在亦如是,未來亦如是。彼亦如是,此亦如是,一切諸法亦如是。"復召云:"演上座正好供養,供養亦如是,如是如是。"

上堂:"道德經曰:'大巧若拙,大辯若訥。'"師云:"達人到此,身心一如,身外無餘,十方世界,只在目前。"

上堂:"一年十二月,條忽又臨頭。人漸老,水長流,世有何人便肯休。休休,不如歸去來。自有無繩水牯牛。"喝一喝,下座。

上堂:"方上人今日爲施主,供養羅漢,且道羅漢來也無?若來在什麼處,若不來又供養他作什麼?"乃顧謂大衆云:"要識真羅漢麼?元來總在這裏。"復召云:"方上座,還見麼?正好供養。來無所從,去無所至,一一不生,一一不滅,性真妙明,常住世間,清净本然,周徧法界。若也如是,萬兩黄金亦消得;若不如是,滴水難消。老僧隨例飡餶子,也得三文買草鞋。"

聖節,上堂:"率土之土,皆屬王土;率土之民,莫非王民。今朝臘月八日,當釋迦如來成道之辰,是今上皇帝降誕之日。所謂前聖後聖,聖德共明,人王法王,王道同久。應千年之慶運,統萬國之歡心,伏惟皇帝陛下萬歲萬萬歲。"復召衆云:"大殿上念佛,祝延聖壽。"下座。

上堂,舉佛在之日,有一女人禮佛,乃於座前入定。佛遂敕文殊出之。文殊入百千金剛三昧出女子定,了不可得。時有網明亦入三昧,唯彈指三下,女子從定便起。師云:"且道文殊與網明,見處還有優劣也無?若道無,文殊何故出女子定不得?只如今日擊動法鼓,大衆齊到座前,與網明出女子定,爲是同是別?不見古人道,欲識佛性義,當觀時節因緣。大衆,總是祖師門下參玄,上士試觀看，若見得出家事畢，解脫安樂，世俗塵勞，不用閑觀。”喝一喝，下座。

上堂：“數日出入，或風或雨，或陰或晴，或聚或散，或鄉或村，或縣或邑，及至歸來，三門依舊向南開。”復云：“大衆？歸堂喫茶。”

上堂：“出家沙門，清净佛子，莫於裂裟下失却人身。所以古人道，了即業障本來空，未了還須償夙債。且道裂裟下了箇什麽？便業障本來空。未了箇什麽？還須償夙債。出家門中，也須子細，不得莽鹵。一等行脚，離鄉別井，出一叢林，入一叢林，訪尋善知識，決擇生死，直須子細。假饒了得，我更問你，只如僧問雲門：‘二祖是了未了？’雲門云：‘確。’衆中作麽生？商量時中，如何受用。大衆要會麽？”良久，云：“昨日化主歸山，一年在外，化導不易，有利無利，不離行市。”喝一喝，下座。

上堂：“西瞿耶尼，北鬱單越，家家門前長安道，到處通徹。”驀拈拄杖云：“拄杖頭上，千差萬別。”乃擲下拄杖，喝一喝，下座。

（選自上海佛學書局影印明本古尊宿語録卷四十三）

〔附〕　德洪：雲菴真净和尚行狀

師諱克文，黄龍南禪師之的嗣，陝府閿鄉鄭氏子。生而穎異，在齠齔中，氣宇如神人，與羣兒戲，輒相問答，語言奇怪，聞者駭愕不能曉，則復軒渠笑悦而去。奕世縉紳。既長，喜觀書，不由師訓，自然通曉。事後母至孝，母嚚，數因辱之。親舊不忍視其苦，使游學四方。旅次復州，北塔寺長老歸秀，道價方重於時，詞辯無礙，因側聆坐下，感悟流涕，願毁衣冠爲門弟子。秀笑曰：“君妙年書生，政當嗟手取高第榮親，乃欲委迹寂寞，豈亦計之未熟耶？”對曰：“心空及第，豈止榮親？又將濟之，委迹寂寞，非所同也。”秀奇其志而納之。服勤五年如一日。

　　年二十五歲，試所習爲僧，明年受具足戒，卽遊京洛，翺翔講肆。賢首、慈恩，性相二宗，凡大經論，咸造其微。解帙捉麈，詞音朗潤，談辯如雲，學者依以揚聲。燕居龍門山，偶經行殿廡間，見塑比丘像，蒙首瞑目，若在定者，忽自失，謂同學者曰："我所負者，如道子畫人物，雖曰妙盡，終非活者。"既焚其疏義，包腰而南，平易艱險，安樂勞苦，諸方大道場，多所經歷，自重其木。以求師爲難，嘗至雲居謁舜老夫，機語不契，不宿而去。又至德山應禪師，方夜參，雌黃先達，有六祖不及雲門之語，失笑。黎明發去。聞雲峯悦禪師之風，兼程而往，至湘鄉，悦已化去。嘆曰："既無其人，吾何適而不可？"山川雖佳，未暇遊也。因此行寓居大潙，夜聞僧誦雲門語曰："佛法如水中月，是否？云：清波無透路。"豁然心開。

　　時南禪師已居積翠，徑造其廬。南曰："從什麼處來？"曰："潙山。"南曰："恰值老僧不在。"曰："未審向什麼處去也？"南曰："天台普請，南嶽雲游。"曰："若然者，亦得自在去也。"南曰："脚下鞋是甚處得來？"曰："廬山七百錢唱得。"南曰："何曾得自在？"師指曰："何曾不自在耶？"南公大駭。參依久之，辭去，至西山，翠巖長老順公與之夜語，自失曰："起臨濟者子也，厚自愛。"而師亦神思豁然，德其賞音。及南公居黃龍，復往省覲。南公嘗謂師曰："適令侍者卷簾，問渠卷起簾時如何？曰：照見天下。放下簾時如何？曰：水泄不通。不卷不放時如何？侍者無語。汝作麼生？"師曰："和尚替侍者，下涅槃堂始得。"南屬語曰："關西人真無頭腦。"乃顧旁僧。師指之曰："只這僧，也未夢見在。"南公笑而已。隆慶閑禪師與師友善。方掌客，閑問曰："文首座何如在黃檗時？"南公曰："渠在黃檗時，用錢如糞土，今如數世富人，一錢不虛用。"自是，爲同時飽參者所服。南公入滅，學者歸之如雲，所至成叢林。

熙寧五年，住筠州大愚，衆以師有道行，奔隨而至。太守錢公弋來游，怪禪者驟多，卽其室，未有以奇之。翌日命齋，師方趨就席，有犬逸出屏帷間，師少避之。錢公嘲之曰：“禪者固能伏虎，反畏犬耶？”師應聲曰：“易伏隈巖虎，難降護宅龍。”錢公大喜，願日聞道。乃虛聖壽寺，命師居之。師方飯於州民陳氏家，使符至，遁去。錢公繫同席數十人，將僧吏求必得之而後已。有見於新豐山寺者，卽奔往，陳氏因叩首泣下曰：“師不往，吾黨受苦矣。”師曰：“以我故，累君輩如此。”因受之，遂闡法焉。未幾，移居洞山普和禪院。元豐之末，思爲東吳山水之遊，捨其居，扁舟東下。至鍾山，謁丞相舒王。王素知其名，閱謁喜甚，留宿定林庵。時，公方病起，樂聞空宗，恨識師之晚，謂師曰：“諸經皆首標時處，圓覺經獨不然，何也？”師曰：“頓乘所談，直示衆生日用現前，不屬古今，只今老僧與相公，同入大光明藏游戲三昧，互爲賓主，非關時處。”又曰：“經云：‘一切衆生，皆證圓覺。’而圭峰易‘證’爲‘具’，謂譯者之訛，其義如何？”師曰：“圓覺如可改，則維摩亦可改也。維摩豈不曰：‘亦不滅受而取證？’夫‘不滅受蘊而取證’，與‘皆證圓覺’之義同。蓋衆生現行無明，卽是如來根本大智。圭峰之言非是。”公大悅，因捨第爲寺，以延師爲開山第一祖。又以神宗皇帝問安湯藥之賜崇成之，是謂報寧。歲度僧，買莊士，以供學者，而自撰請疏，有“獨受正傳，力排戲論”之句者，紱師語也。又以其名請於朝，賜紫方袍，號眞浄大師。金陵江淮大會學者，至如稻麻粟葦，寺以新革，室宇不能容。士大夫經游無虛日，師未及噉盟，而戶外之屨滿矣，殆不堪勞。於是，浩然思還高安，卽日渡江，丞相留之不可。遂卜老於九峯之下，作投老庵。

紹聖之初，御史黃公慶基出守南康，虛歸宗之席以迎師。師曰：“今老病如此，豈宜復刺首迎送？爲我謝黃公，乞死於此。”其徒哀告曰："山窮食寡，學者益衆，師德臘雖高，而精神康强，盧山自總祐二大士之後，叢林如死灰，願不忘祖宗，赴與情之望。"不得已乃行。先是，黃公嘗望見師於丞相廣坐中，師既去，丞相語公曰："吾閱僧多矣，未有如此老者。"故公盡禮力致之。盧山諸刹，素以奢侈相矜，居者安軟暖，師率以枯淡；學者困於語言，醉於平實，師縱以無礙辯才，呵其偏見。未朞年，翕然成風。三年，今丞相張公商英出鎮洪府，道由歸宗，見師於净名庵。明年，迎居石門。崇寧元年十月示疾，十六日中夜沐浴更衣趺坐。衆請説法，師笑曰："今年七十八，四大相離別，火風既分散，臨行休更説。"遺戒弟子，皆宗門大事，不及其私。言卒而殁，壽七十八，臘五十二。茶毗之日，五色成燄，白光上騰，烟所及處，舍利分布，道俗千餘人皆得之，餘者尚不可勝數。塔於獨秀峯之下。

師純誠慈愛，出於天性，氣韻邁往，超然奇逸。見人無親疏貴賤，温顏軟語，禮敬如一。主持叢林，法度甚嚴，有犯令者，必罰無赦。以故五坐道場，爲諸方所法。得游戲三昧，有樂説之辯。詞鋒智刃，斫伐邪林，如墮雲崩石；開發正見，光明顯露，如青天白日。人人自以謂臻奥，至於入室投機，則如銅崖鐵壁，不可攀緣。性喜施，隨有隨與，杖笠之外，不置一錢。行道説法，五十餘年，布衣壞衲，翛然自守。於江西有大緣，民信其化，家家繪其像，飲食必祠。嗣法弟子，自黃檗道全、兜率從悦而下十人餘。比其平生大概也。至其道之精微，皆非筆墨可能形容。竊嘗論之，其棄儒冠而入道，類丹霞；奔經論之學而穎悟，類南泉；尋師之艱苦，凜然不衰，類雪峰；説法縱橫，融通宗教，類大珠；至於光明偉傑，荷擔宗教，類百丈。此非某之言，叢林學者之言也。嗚呼！兼古宗師之美而全有之，可謂集厥大成，光於佛祖者歟！崇寧二年十月十五日，門人某謹伏。

（選自雲菴克文禪師語録，據續藏經本第一輯第二編第貳拾伍套第貳册）

清　遠

【簡介】　清遠，號佛眼，俗姓李，生於公元一〇六七年（宋英宗治平四年），死於公元一一二〇年（宋徽宗宣和二年），蜀臨邛（今四川邛崍）人。他十四歲出家，先習律學，後感到"義學名相，非所以了生死大事"，於是南遊江淮間，徧參禪師，聞法演之名，往依門下，終得楊岐派師法。他與佛果克勤、佛鑒慧懃，同爲法演的高足，世稱之爲"三佛"。

克勤以評喝重顯的頌古和拈古而聞名於世，使原來"直指人心，不立文字"的禪家作風，變成了咀嚼古人公案，並發展爲繁瑣文字注釋的途徑。清遠的作風與克勤有所不同，他十分强調"體用一如"，"能所兩忘"，認爲"塵塵刹刹，情與無情，皆是自己真實本體之所建立。"（馮檝：佛眼禪師語錄序）所以他大力提倡"就己知歸"（示禪人心要）。他的好友李彌遜在評論他的作風時説："其爲教，則簡易深密，絶蹊徑，離文字，不滯於空，無汗漫之説，不以見聞言語辯博爲事，使人洞真源，履實際。"（佛眼禪師塔銘）

清遠是一位"静默自晦"，"澹泊寡言"，"但端居方丈傳道"的僧人，因此其名聲不及佛果克勤，一般佛教史上也都着墨甚少。其實，清遠思想在宋代還是有相當影響的。李彌遜説他"三領名刹，所至莫不興起"，學者雲集。南宋賾藏主編古尊宿語錄中收清遠語錄達八卷之多（卷二十七至三十四），是該集子中所選古尊宿語錄中份量最重的一人，這是很值得注意的問題。

一、普　説（選録）

師云: 法身有三種病, 二種光, 一一透得, 始解穩坐地。又, 楞嚴會上, 如來説五十種禪病。如今向諸人道, 直是無病始得。龍門道祇有二種病: 一是騎驢覓驢, 二是騎却驢了不肯下。你道騎却驢了更覓驢, 可殺是大病？山僧向你道: 不要覓。靈利人當下識得, 除却覓底病, 狂心遂息。既識得驢了, 騎了不肯下, 此一病最難醫。山僧向你道: 不要騎, 你便是驢, 盡大地是箇驢, 你作麽生騎？你若騎, 管取病不去, 若不騎, 十方世界廓落地。此二病一時去, 心下無事, 名爲道人, 復有什麽事」所以趙州問南泉:"和尚如何是道？"泉云:"平常心是道。"州從此頓息馳求, 識得祖病佛病, 無不透得。後來徧到諸方, 無有出其右者, 蓋緣他識病不見。一日去訪茱萸, 策杖從東過西, 從西過東。茱萸:"作麽？"州云:"探水。"萸云:"我者裏一滴也無, 探箇什麽？州靠却杖而出。看他露些風規, 甚能奇特。如今僧家, 例以病爲法, 莫教心病好。久立。

師云: 不與萬法爲侶者, 豈不是出塵勞耶？心不知心, 眼不見眼, 既絶對待, 見色時無色可見, 聞聲時無聲可聞, 豈不是出塵勞耶？無路徑處入得, 無縫罅處見得。佛法亦無東西南北, 不道你是弟子, 我是師。若己躬分明, 無有不是者, 參師時不見有師, 參自己時不見有自己, 看經時不見有經, 喫飯時不見有飯, 坐禪時不見有坐, 日用不差, 求絲毫相不可得, 怎麽見得, 豈不是自由自在？久立。

師云: 三祖大師道:"不用求真, 唯須息見。"又道:"纔有是非, 紛然失心。"者箇言語, 便是教你。如今人作功夫處也, 你見他道不

用求真，便道更不須求也，此便是見不息，是非紛然，終不到無求心，
秖成見解。今時學道，例皆如此，看一轉語，向語下通箇見處，便將
一切言句云，無不是此事也。恁麼記在心下，用爲己有，殊不知道，
起見解失心了也，執而不肯捨大小。大癡人要得無所求心麼？但
莫生種種諸見，非是冥然百不會，喚作無求。尋常十二時中，目前
不了，蓋是見心取捨，你又豈得知無分別心？所以先聖曰：“有爲無
爲有異耶？”答曰：“無異也。”天地河海風雲，草木鳥獸人物，生死變
化目前，皆名有爲之相。無爲之道，寂然不動，無狀無名，謂之無
爲，如何得無異去？永嘉大師道：“無明實性卽佛性，幻化空身卽法
身。”此兩者各別，且如何明得卽底道理，須是證得無求心也，便和
融得無事。十地中，第五難勝地謂真智，俗智極難得等入地時。二
皆平等，故名難勝地。學道兄弟，二六時中，了取教等，好還知是你
無分別心所畫出麼？如畫師畫出種種好醜，畫出五陰，畫出人天，
正畫時不借他力，能畫所畫，俱無分別。以不了故，而起諸見，見我
見人，自生好醜。所以道，“畫師畫地獄，醜狀百千般，放筆從頭看，
特地骨毛寒。者知是畫出，何所怖畏也。古人明得了，一切處現
成。”玄沙大師伐木次，遇虎跳出，侍者曰：“虎ı 和尚。”沙叱曰：“是
你虎ı”又，有僧禮拜次，沙云：“因我得禮你，此箇方便，深符佛意。”
法眼大師指面前狗子曰：“畫鑱出。”諸人看時莫就狗子身上明，應
須將來向自己分上看取始得，方解他道，“纔有是非，紛然失心。”識
取好ı 久立。

　　師云：如今直下信道是也，已名不唧溜者，況更不能直下信得，
又堪作什麼也？直下信道，是何名不唧溜者？從前許多時什麼處去
來？須知已失一概了也。便見從前不了底，却成分外之見。我觀
從上古人，有從迷得悟者，所有流布皆是從迷得悟法門；有悟了知
迷者，所有流布皆是悟了知迷法門；有無迷無悟者，所有流布皆是

無迷無悟法門。其次來，迷外得悟者亦甚多，故不足道，況不知悟亦不了迷，此正是凡夫也。從上南泉、歸宗諸人，方喚作無迷無悟之見，如今學者也趁口説，無迷無悟又何曾到來？不得容易出言，蓋爲你有疑在。我今問你一件事：初入母胎時，將得什麼物來？你來時並無一物，祇有箇心識，又無形無貌。及至死時，棄此五蘊檐子，亦無一物，祇有箇心識。如今行腳入衆中，者箇是主宰也。如今問你，受父母氣分精血，執受名爲我身，始於出胎，漸漸長成，此身皆屬我也。且道屬你不屬你？若道屬你，初入胎時，並不將一物來，此箇父母精血，幾時屬你？又祇合長在百年，依舊拋却死屍，又何曾屬你？若言不屬，見今一步也少不得，罵時解嗔，痛時能忍，作麼生不屬你？得議定省，看道是有是無，管取分疏不下，蓋爲疑根不斷，道有來。初生時，漸長至三歲五歲，乃至二十時，決定不移，到四十五十，而此身念念遷謝，念念無常，決定喚作有，不得道無來。種種運爲皆解作得道，無且不得。昔有一人，因行失路，宿一空屋中。夜有一鬼負一死屍至，續有一鬼來云：是我屍」前鬼云：我在彼處將來。後鬼強力奪之，前鬼曰：此中有一客子可證。二鬼近前云：此屍是誰將來？客子思惟道，二鬼皆惡，必有一損我。我聞臨死不妄語者，必生天上。遂指前鬼曰：是者鬼將來。後鬼大怒，拔去客子四肢。前鬼愧謝曰：你爲我一言之證，令爾肢體不全。遂將死屍一一補却。頭首心腹又被後鬼所取，前鬼復一一以屍補之。二鬼遂於地争食其肉，净盡而去。於是，客子眼前見父母身體已爲二鬼所食，却觀所易之身，復是何物？是我耶，非我耶？有耶，無耶？於是，心大狂亂，奔走至一精舍，見一比丘，具述前事。比丘曰：此人易可化度，已知此身非有也。乃爲略説法要，遂得道果。汝等諸人祇説參禪舉因緣便喚作佛法，此是禪髓，何不恁麼疑來參取」會得麼，你身不是有，不是無。有是心有，身則未嘗有；無是心無，身則未嘗無。你會得麼，更説箇心亦不有亦不無。畢竟不是你本有今無，本無今有，斷常見解。久立。

（以上選自上海佛學書局影印明本古尊宿語録卷三十一）

師云：大凡修行須是離念，此箇門中，最是省力。秖要離却情念，明得三界無法，方解修行。離此外修，較似辛苦。不見古來有一持戒僧，一生持戒，忽因夜行踏着一物，作聲謂是一蝦蟆，腹中有子無數，驚悔不已。忽然睡着，夢見數百蝦蟆來問索命，其僧深懷怖懼，及至天曉觀之，乃一老茄耳。其僧當下疑情頓息，方知道三界無法，始解履踐修行。山僧問你諸人，秖如夜間踏着時，爲復是蝦蟆，爲復是老茄？若是蝦蟆，天曉看是老茄；若是老茄，天未曉時又有蝦蟆索命，還斷得麼？山僧試爲諸人斷看：蝦蟆情已脫，茄解尚猶存，要得無茄解，日午打黄昏。久立。

師云：如今被人問着，道不得過在什麼處？蓋爲於無色處見色，無聲處聞聲，無道理處强作道理，無主宰中强作主宰。者裏消遣不下，喚作瞖眼猶存空花亂墜。何故？秖爲心存在，便道不得。佛法無多子，秖要平白地道得一句子便了。且道作麼生是平白地一句子？若有人問，山僧秖向伊道兩句了也，還會麼？古人道，佛祖言外邊事，一一分明説了也，秖是到者裏多是錯亂昏醉不省，此若不見，便是立地瞌睡漢子也。諸人常在光明中，開眼見了而不知，教山僧怎生奈何！久立。

師云："恁麼與你東舉西舉，便道與你説禪，纔轉脚時，便作世諦流布將去。你但念念在其中，便有省發底分。看來多秖在眼耳見聞覺觸處蹉過了也。須是不離分別心，識取無分別心；不離見聞，識取無見聞底。不是長連牀上閉目合眼喚作無見，須是即見處便有無見。所以道，居見聞之境而見聞不到，居思議之地而思議不及。久立。

師云：諸人上來要箇什麽事，須是當人自作活計，莫聽他人說。古人道，我十八上便解作活計。你諸人須是解自作活計始得。你道作箇什麽活計？但莫別求。如今人多愛動脚動手，者箇不解作活計了也，喚作拋家散宅，漂流去，分明不會，秖管尋討學些子知解，記些子言句，此喚作運糞。入到者裏，須是行李正當，日久月深，淹浸得熟，便會去。古人道，一切處是你，東去也是你，西去也是你，你是阿誰？若云某甲，者箇是情識，須是透得過始得。昔日天親問無著："兄往內院見彌勒，説什麽法？"著云："説者箇法。"且道者箇是什麽法，須是揀得出始得，不要認着者箇。多是被者箇一句子瞞住了也，所以説病爲法，是故名爲可憐愍者。久立。

師云：十二時中，須有箇契合處始得。你豈不見，靈雲一見桃花便契合此事，香嚴擊竹便乃息心。古人道，若不契合此事，則山河大地瞞你也，燈籠露柱欺你也。如今四生六道浩浩地，秖爲此事不明。奉勸諸兄弟，且先去却攀緣，你十二時中，思衣念食，種種雜慮如燈焰相似，未有一時停歇。但除攀緣，所有微細自然浄盡，日久歲深，自然會去，也不着參；喚作作息意忘緣，不與諸塵作對。所以西來妙旨，意在自明。龍門長老也無禪與人參，也無法與你商量，秖要諸人自契。參學門中，唯以忘緣息慮爲要，者箇是從上宗旨。祖不云乎，以無念爲宗，無相爲體。若秖一喝一拍，有什麽了期，久立。

師云：弘道而心常淡泊，順事而意識奔馳。但願道富身貧，情疏德厚。山僧者裏，日日恁麽，時時恁麽。且道恁麽是什麽？離却分別心識，意度言句外道。將一句來，此事無你解會處。如今但是心慮覺觀者，皆有箇解會得及乎？返窮己眼，返思思慮之心，爲什麽人到者裏不知？便説道，從本已來，非青黃赤白，無相無狀。

我說向你道，此喚作言語，不是你本心。本心如何？思量已眼如何得見，正當返觀時亦無能見之者。有人去者裏，一口吞盡，慧眼豁開，頓達本鄉也。今時人若爲到無見無聞處，現定萬法亘然，見人見屋，種種萬象如湯涌沸，未有一時停住。秖如作嬰兒時，也聞聲，也見色，秖是不解分別；纔曉事來，便采聽分別。自那時，前後分披了也。到者裏，要人整理，不妨難爲，他得道，人行時不見行，坐時不見坐。所以如來道：“眼見色，與盲等；耳聞聲，與響等。”作麼生説如盲如響？聞聲時無聲可聞，見色時無色可見，所見所聞皆如響等。又如夢時見種種境界，覺來還有許多般也無？若有，牀上秖是被與枕子，若道無許多般，又心中歷歷地記得説得。如今白日所見所聞，亦復如是。所以道，眼見耳聞底事，經論可學，唯有靈臺，作麼生學。久立。

師云：今時人參學錯學，不出二種病：一是五蘊窟宅，無言無説，無形無叚，湛然不動處，便道任他佛祖出來，我也秖恁麼，此是一病。次，認能言能語能聞，運用施爲，行住坐臥者，此亦是一病。你還知道動是苦本，風力所持麼？若有人能離此二病，解去體究者，此人須有箇省發時節。若不如是，亦無整頓處。又，有二種善知識，爲兩般學人方便苦口。有一般學人，自作道理，自吐箇消息，進前退後，豎拳合掌，以爲禪道。善知識見他恁麼，便苦口向伊道：你錯會了也，你無事硬認着作麼。此是一種善知識。又有一般學者，云：某甲不會不知，未審如何；某甲並無箇契入處。是故善知識見伊恁麼了，便向伊道：你無事用，求會求入作麼！此亦是一種善知識。前後兩般學者，若聞善知識恁麼道，善能回光體究，必然明得。若秖管道不會，是自生退屈，任是一千年，也秖恁麼。幸在其中，更道不會求契合，有什麼了日？要會麼，須是不立限量，直下攛取始得。久立。

師云: 今夜與你諸人説箇譬喻。恰似諸人有箇眼, 能照見一切長短方圓等象, 爲什麼却不自見? 但識取長短方圓等象, 若要見眼則不可? 你心亦如是, 其光照矚通徹十方, 包容萬有, 爲什麼却不自知要會麼? 但識取照矚等事, 若見心則不可也? 古人道: "刀不自割, 指不自觸, 心不自知, 眼不自見。"則真實矣。久立。

師云: 適來侍者報道: 雨不住, 若參時恐大衆不聞。如今雨住也, 諸人還聞麼? 山僧道: 雨不住時最親切。何故? 却爲諸人無采聽底心。祇如諸方示人道, 雨聲爲你説法了也, 還端的也無? 山僧卽不然, 雨聲是你説法了也, 還會得麼? 直下明得, 更有什麼一絲毫頭子也。今時行脚人, 須待將一句子契他善知識, 恁麼自苦自屈作什麼? 我更問你, 契那箇善知識? 若要契他善知識意, 但識取你心。我更問你, 那箇是你心, 又作麼生識, 向者裏强會不得, 須是一回省發乃可。古人不得已, 向無言詮處假立言詮, 無方便中巧施方便。玄沙一日入山, 逢虎。侍者報云: "和尚, 虎!" 玄沙云: "是你虎。"現今山河相對, 刹土縱横, 分別思惟, 千差萬別, 怎生説箇是你底道理? 者裏若不了, 一切處礙塞殺人。祇爲諸人歷刼循塵, 爲物所轉。你試指出, 那箇是物, 何者是你? 所以有僧問玄沙: "學人乍入叢林, 乞師指箇入路。" 沙云: "還聞偃溪水聲麼?"云: "聞。" 沙云: "從者裏入。"今時人不明了, 祇管道心性周遍, 更是誰聞。如此言論, 有何交涉, 直須是通身赤條條地不掛寸絲始得。且問諸人還着衣來麼? 良久, 云: 得恁麼不識羞恥。久立。

師云: 繞作道理, 便難會去, 須是不作道理, 始得有般聞。恁麼説了, 便道我都無言説, 亦無道理, 却不知正是道理了也。如今與你斷約一件事, 以明見自心爲極則。此一句便是龍門山裏佛法也。古人道, 心不自知, 心不自見。諸人作麼生明見去? 自心也難見。從上諸聖皆是明見自心底人, 先師便是明見自心底人也。祇如當時先師會中，有多少方來兄弟，能有幾人明見自心？極是少也。心不見心，須是不見是心始得，此乃離念境界。如今若與諸人說，便道貶剝諸方，若不說，此事亦難明曉。有般宗師向人道：癡漢！者一段事，你因何不會先將自心做箇窠臼，然後將心去取證，喚作釘椿了遶椿走。便怎麼流傳去，便怎麼承當去，敲牀豎拂用將去，喚作將心用心。又有般宗師向人道：莫作計較道理，開口便没交涉了，與他不相應也。去空劫已前認取，都無言說，一似坐箇氣毬相似，有甚安樂處？又似蝦蟆努氣相似，你作怎麼見解？面前一似黑霧罩定了也。山僧至誠相勸，不是妄說，不是作道理籠罩人，不肯人壓良人，山僧都無如是道理。若或你秖麼認將去，也由你；若道我也如此見得，也由你；若道據我見處總得，也由你；若道某心下未穩在，也由你；須是不自欺始得。世間有多少宗師說禪說道，爲自欺不自欺，爲欺人不欺人，須是子細。山僧舊日在先師會裏，受盧州化士，行至熨斗寺前，值泥雨，忽然滑倒，心中煩惱。自言：我行脚禪，又參不得，自早至今飯又未喫，更怎麼受辛苦？聞有兩人相罵道：你猶自煩惱在！山僧聞得，忽然歡喜，却尋不煩惱處不得，蓋爲打疑情不破。後來四五年，方知得。如今兄弟須是如此用心照顧始得。今夏舉無情說法因緣，秖是錯會者多。你見無情便說無情，若見有情便喚作有情。你參禪人不明無情說法，如何了得行脚事！做善知識不會無情說法，如何接物利生？相勸諸人，子細窮究令悟去。如未有領覽處，且緩緩參取，不要忙。久立。

師云：先師常說箇譬喻：如外國有二人來大朝探事，初入界時，兩人商量了各自分首，一人東去，一人西去。從一州至一州，從一縣至一縣，行來行去，忽然到東京城裏，兩人在朝門前相撞着。囚，者箇覷那箇，那箇覷者箇，並無言說，從前許多商量，本國中事，歷歷地分明，挨肩便過，無人知得奇怪。諸人，且道怎麼撞着時如何？

恰似禪和家做功夫相似。今日體得些箇，明日究得些箇，窮來窮去，一日現前。全似朝門前撞着一般，喚作打發。須得恁麼一回始得，方謂之行脚事辦。又如去鄉多年，鬧市中逢見老爺相似，便乃識得無疑，亦不須問人是爺不是爺。兄弟但恁麼管帶，莫爲等閑，時不待人。祖師道：光陰莫虛度，各自宜努力。久立。

師云：親近善友，先聖叮嚀付囑也。今時學者須是依佛祖之言，尋師決擇始得，若不恁麼，何名學者？若要明此事，須是起疑參究。你若深疑此事，便是般若智現前。何故？行脚事祇要疑情息，你若不起疑，爭得疑情息？不見先師三十五方落髮，便在成都聽習唯識百法，因聞説菩薩入見道時，智與理冥，境與神會，不分能證所證。外道就難：既不分能所證，却以何爲證？時無能對者。不鳴鐘鼓，返披袈裟。後來，唐三藏至彼，救此義云：智與理冥，境與神會時，如人飲水，冷暖自知。遂自思惟：冷暖則可矣，作麼生是自知底事？無不深疑。因問講師，不知自知之理如何？講師不能對，乃云：座主要明此理，我却説不到，南方有傳佛心宗尊宿，却知此事，汝須行脚始得。先師便行脚游京師兩浙，凡是尊宿便問此事，無不對者，也有説底，也有下語底，祇是疑情不破。後來浮渡山見圓鑑，看他陞堂入室，所説者盡皆説着心下事，遂住一年，令看“如來有密語，迦葉不覆藏”之語。一日，云：子何不早來，吾年老矣，可往參白雲端和尚。先師到白雲，一日上法堂，便大悟“如來有密語，迦葉不覆藏”。果然果然！智與理冥，境與神會，如人飲水，冷暖自知。誠哉是言也！乃有投機頌云：山前一片閑田地，叉手叮嚀問祖翁，幾度賣來還自買，爲憐松竹引清風。端和尚覷了點頭。諸人！此豈不是深疑了，親近善知識，然後明得！祇如先師，行脚參善知識，後來却道，問祖翁是如何，自賣了却自買是如何。須知無有剩也。古人道：總是你。又道：我未嘗有一句子到你，若有一句子到你，堪作什麼！諸人要疑情破麼？亦須是似先師一回始得。久立。

（以上選自上海佛學書局影印明本古尊宿語錄卷三十二）

師云：不見祖師道：風鳴耶？鈴鳴耶？便好休歇也。更煩他道，非風鈴鳴，乃心鳴耳。你更討什麼參請也。及至此土，道：非風幡動，仁者心動。祖師怎麼印證，因何不會？祇爲箇能所。所以道，因能立所，所既妄立，生汝妄能，無同異中，熾然成異。今時人言決擇，且如何決擇？莫是道者箇是入門底語，者箇是初機語，那箇是久參語麼。總不如是元來一時放下，正是決擇於一切時無異緣。自早辰起，披衣洗面歸寮等事，你喚作雜想也。祇要你見色時無能見所見，那裏不是，聞聲時無能聞所聞，心裏思量時無能思所思。佛法最易最省力，自是你費力自作艱難。若易處不見，且究理而坐，既來龍門參禪，莫將來比諸處妄想上度，但退步看須會去。然有般兄弟受整理，有不受整理；有愚者，有智者；有可救，有不可救。且如不受整理者，硬將生死業識來用，將粥飯氣來用，問着則瞠眼。進前退後，舉坐具在髑髏裏、皮袋裏，昏昏地認箇識情，此不可救你，但放下了，退步來看方會。又有般上座道：我都不作道理，都無計較，不着聲色，不依染淨，聖凡迷悟，一道清虛，大光明中都無是事。此又被智光蓋却，着在智邊，亦不可救。有此兩般病，前病猶淺，後病更深。你但肯拈放一邊，退步看，亦自然會去，此事甚是省力。古人道：甚是省要！又道：費力作麼。有時見師僧來此間，費力喫許多辛苦作什麼？須要求些言語，向皮袋裏有甚交涉。然有一真實方便極好，若非久參者，不會疑着。如玄沙，一日欲說法，大衆立久都不說一言，遂兩兩三三散去。沙云：你看今日真實爲他，也無一人搆得，待我開兩片皮，一時近前來也，你來龍門討方便、討法門、討安樂，龍門也無方便與人，也無一法與人，也無安樂法與人。

何故？若有方便，却成埋没上座，籠罩上座。<u>趙州</u>道：你但究理而坐，三二十年若不會，截取老僧頭去，亦則要成一片去。豈不見二祖大師隨處説法，聞者皆得正念。不立文字，不論修證因果。時有禪師聞之，遣高弟潛聽説法，不回。禪師大怒，因大會次，親語云：我費許多力挑撥你，你因何得恁麼辜負耶？彼云：我眼本正，因師故邪。者箇是參樣子也。後人問<u>雪峯</u>云：我眼本正，因師故邪時如何？峯云：迷逢<u>達磨</u>。僧云：我眼何在？峯云：不從師得，須是恁麼始得。古云：道常合人，人自逐物，經中道：若能轉物，即同如來。物且如何轉？又道：凡所有相，皆是虛妄，若見諸相非相，即見如來。古人道：若見諸相非相，即不見<u>如來</u>，但退步絶機照、子細看，忽然覷着，怎生奈你何！久立。

師云：禪門名<u>迦葉</u>大寂定門，不動一絲子，無所不通；不動一毛頭，無所不達。非是秖恁麼不動便休去。諸人！十二時中，但不起心動念了，一時會得，通達一切，名<u>迦葉</u>門下人，方入得大寂定。且何法爲緣爲礙？雖許人參究，許人學，秖是不許人起心動念會。若逢緣遇境，或一言半句，纔念動心起作解，俱在散位也。<u>明上座</u>大庾嶺上不思善惡了方見得，便道：某甲雖在<u>黄梅</u>，實不知得佛言不此岸，不彼岸，不中流。<u>南泉</u>云：不是佛，不是物，正是你今人管帶處。但恁麼學，如秀才及第一回，從此是官人。心要一回了，是佛方無疑，各自將爲事，莫趂閙過。久立。

師云：諸人分上各有一段事，回頭方識得，須是解回頭。且如何回頭？不尋尋，尋不尋，者箇便是，人難措入處也。不尋如何尋？尋如何不尋？若但尋，何異尋聲逐色？若一向不尋，又何異土木瓦石？須是尋而不尋，不尋而尋。若入得也，始和會得尋與不尋。所以道不尋，不尋法身，圓寂尋尋，應用不差。尋不尋，不尋尋，境智冥會，體用一如，故得三身四智，五眼六通，從是開明。學道人解恁麼回頭，尋究始得。豈不見僧問仰<u>山</u>和尚："別有何徑截，願乞指示。"<u>山</u>云："別有別無，轉令汝昏昧。汝是甚處人？"云："<u>幽州</u>人。"<u>山</u>云："還思彼中不？"云："常思。"<u>山</u>云："所思者，樓臺殿閣，市井人煙，有許多般，你返思，思底還有許多般麼？"云："無許多般。"<u>山</u>云："據汝見處，祇得一玄，得坐披衣，向後自看。"大衆！者僧道所思有許多般，思底無許多般，見解有偏，致令<u>仰山</u>道，祇得一玄，道眼不正。若據山僧所思，樓臺殿閣有許多般，便是無許多般；思底無許多般，便是有許多般。可驗現今目前，有許多般，便是無許多般；無許多般，便是有許多般。亦如毗<u>目</u>仙人執<u>善財</u>手，<u>善財</u>見無量世界微塵數諸佛，仙人放手，宛然依舊。好大衆！放下手了，宛然依舊，且作麼生會？會取好！久立。

師云：而今行腳兄弟可信道有頓悟底事也。諸方亦可說有頓悟底事，若無頓悟底事，如何却名叢林？蓋爲從來相傳祇是看古人公案，或看一則或兩則，略有一知一解，若有理會不得處，亦尋縫綻鑽研求會。既會得了，道此事祇如此也，便在叢林中流布將去，皆不說著頓悟底事。若無頓悟底事，則三界二十五有如何消遣，疑情如何消落去？今早有箇師僧來說道，見聞不昧。一向去認見聞，便道是也，則是不見那不昧處。問他方世界事又不知，問根塵下事又不破，如何却以凡夫情量，便同頓悟底事？山僧今日普告大衆，但信取有頓悟底事，譬如村夫於耕田處拾得一粒金丹，服後渾家上昇；又似白衣拜相相似。教中說：你那凡夫情量，如似土坯，未曾經大火中煅過都用不得，須是經大火中煅過始得，却似得一回頓悟相似。山僧自<u>川</u>中來祇參一人，知道此人說話與古人一般。嘗問先師道：聞禪門中有悟道，果否？先師云：是。若無悟，那裏得你？但緩緩地參。山僧便寬心參究。有<u>復</u>首座見地明白，所以山僧常去詢問。祇向山僧道：須是自家做活計，莫來問我。一日，舉<u>趙州</u>

夾火示僧云:不得喚作火,是什麼?山僧深疑著。分明是火,如何却不喚作火?如是看三年,常自思惟,争敢以凡夫情量便問他聖人所證處。又,曾聽法華,云:"是法非思量分别之所能解。"常得此一念。如今兄弟家道便是者箇,也爲你一起解會了便不會也。又,先師曾到李提刑宅,提刑請就書閣中燒香了,將傳燈錄白先師:某雖俗人,素留心此道,每看此錄,多有不會處,一一望和尚開示。先師云:此事不如是理會,須有省悟始得。若有悟處,無不會者,自不消問人。若無省悟,秖那會處亦未是在。提刑云:吾師説得是。又,山僧平生事,因作知客,在火爐上會得,自後無有不會底事。衆中兄弟,須是見頓悟底事始得,今時叢林中例皆不説着也。久立。

師云:若論平等,無過佛法,唯佛法最平等。若道我會你不會,不是佛法也;你會我不會,亦不是佛法也。教中道:是法平等,無有高下,名阿耨菩提。山僧見處與諸人齊等,諸人見處亦與山僧齊等。又,古人道:諸人知處,良遂總知;良遂知處,諸人不知。因何却不知去?良由仁者心有高下,不依佛慧,遂見此土土石諸山穢惡充滿,須依佛慧始得也。聖人説底便是平等法也,道卵胎濕化,四生九類,我皆令入無餘涅槃而滅度之。如是滅度無量衆生,實無衆生得滅度者,豈不是平等法 古人道:涅槃名廣度,無餘一味收,卵胎並濕化,空有及沉浮。薩埵能降住,菩提道自周,倏然纖芥在,此岸永淹留。纔有纖毫不盡,便是此岸也。又道:刹那流入意地,便爲生死根栽,豈可亂有所證,妄生解會耶 古有尊宿向人道:各各有初心在,最初發心行脚,必爲生死故發心,或厭苦故發心,或爲事緣逼迫不獲已發心。皆名發心,何故令人看初發心?謂你最初發底一念,不易轉頭來,最有力,此是你參底禪也。若得現前時,秖是此心明净也,中間求訪宗師,日夜推究,秖是養育此心,乃至悟得了,便見未發心時亦則不失。馬鳴祖師謂之始覺卽本覺,本覺卽不覺,本始不二,名究竟覺。又道:初發心時卽成正覺,謂先證得果頭佛,六度萬行成熟之事也。所以令你但推究初發底心。且山僧見處與諸人一般,何不恁麽會去。久立。

師云:雲門大師曰:汝若實未搆,且順朱識取。叢林中參學人亦須順理而進,不敢望有超過底事。大凡今之學人,事作一邊,理作一邊,所以致令身心不得安樂。何不且教事常順理去,未説無始劫來事。秖據一念入母胎,頓變根身器界,自是已來,莫不皆是事。一報身中種種,何嘗有一法不是事者。如今如何消遣此箇事得順理去?且事有形段,理無相狀,古人一得其理了,事便如理融通去。豈不見昔人聞板鳴,乃撫掌大笑曰:我會也,我會也。此豈不是順理而學,何不且去十二時中,恁地觀究,做得這般功夫,久久成熟,自然與理相應。祖師道:要急相應,唯言不二,不秖説了便了,要得相應始得。溈山道:事理不二,真佛如如。多見不能順朱,把來一時顛倒了空理。會古人言語公案,差別問難,節記門庭,以爲參學,苦哉,苦哉!學道不如此,後生兄弟更是不知。空腹高心,十年五歲,過却光陰,並無所得。無明人我客氣,殊不念出家事,將來如何去,各各究取莫。久立。

（以上選自上海佛學書局影印明本古尊宿語録卷三十三）

二、小參語録(選録)

小參,云:好一轉語,還有人答得麽?良久,云:問答俱備。所以古人道,夫説法者當如法説。且如法又作麽生説?諸人既無風起浪,者裏不免將無作有。所以道其説法者,無説無示,其聽法者,無聽無聞。諸人既無聽而聽,我者裏無説而説。若得恁麽,目前無

一法可得。何故？且聽外無一絲毫説底，説外無一絲毫聽底，便能
透過雙關，俱無異相，不必説與不説，聽與不聽，自然大地山河，色
空明暗，更非別法，可謂透出塵勞，頓居實地，雖現在三界中，熾然
出三界；現在聲色裏，熾然出聲色。且如今，與諸人説聽同時，作麼
生説箇不説不聽底道理？須知端的明悟，始得不見。古人道，非色
聲香味觸法者箇去處，也大殺不易。參學之士，若非到此田地，管
取目前有法。外既有法，内必有心，内外緣生，汩没三界，諸聖由兹
而出現。達磨特地而西來，還知諸聖用心處麼？祇是諸人心是，更
無別心，亦無別法，所以道：十方薄伽梵，一路涅槃門。誠實無差，
方知道無迷無悟，非聖非凡。若實得恁麼，便好韜光晦跡，履踐諸
聖玄塗，其或未然，直須管帶，始得不見。趙州和尚云：“十二時中，
許你一時外學。”僧便問：“許一時外學，未審學什麼？”州云：“學佛
學法。”祇如佛法尚爲外學，其餘十二時中作箇什麼始得？大難其
人！所以如今與諸人相會，喚作非時言論。既是非時言論，如何得
相親去？達道之人若能鎔瓶盤釵釧作一金，攪酥酪醍醐爲一味，説
什麼時與不時，盡皆中的。奉勸諸人，快好究取二六時中去離塵
緣，莫起異念。豈不聞，昔日有人在高樓上，見二比丘從樓前過，有
二鬼使掃併道路，復有二鬼散花隨後；及乎二比丘迴次，二鬼復在
前叱喝嘔唾，二鬼隨後掃除脚迹。其人遂下樓問二比丘所以，其二
人方悔感悟，乃云：“我等去時共談佛理，及至迴時却言雜語。”諸禪
德，此雖龐境界，仔細推來，乃是學道之人大事。何故？祇爲情念
瞥起，外境現前，念若不生，無境可得。所以先聖道：以無念爲宗。
而今，但無凡聖異念，種種心量，亦無煩惱可斷，亦無菩提可求，於
生無生，於死無死。不見昔日洞山和尚與密師伯遊山次，忽見白兔
從草中突出，密云：“大似白衣拜相。”山云：“老老大大，作者箇語
話！”密云：“兄又作麼生？”山云：“積代簪纓，暫時落魄。”者箇公案

如何消遣得去？且道是何道理？諸人若會得白衣拜相，便乃獨步
丹霄，永出常流；若會得積代簪纓，便解奪飢人之食，袪耕夫之牛，
還委悉麼？直饒一一委悉分明，諸人分上總使不着。如何是諸人
分上事？試斷看！良久，云：討甚兔子，珍重。

　　小參，云：古人道：“若是陶淵明，攢眉却回去。”如今敢問大衆，
攢眉去是具眼不具眼？若是具眼，何故回去？若不具眼，何故回
去？去底且從你道，如今却來者裏圍繞者，是具眼不具眼？若是具
眼，何故圍繞？若不具眼，何故圍繞？還有人裁辨得麼？若裁得
出，無絲毫遺漏。五日一參，勞諸人訪及於此，實爲希有，然既勞諸
人訪及，爲復世諦人情，爲復是佛法受用？若是世諦人情，我輩沙
門釋子聚會，不可作世諦流通也。如此則有何利益？若是佛法受
用，作麼生見箇佛法受用底道理？還有人會麼？莫是諸人從門前
恁麼來問訊，叉手立地是佛法麼？若是，呼之無形，應之有聲，一切
處受用無盡，是佛法麼莫是？渠不恁麼，一切該不得，眼不見，耳不
聞，孔孔洞洞，是佛法麼莫是？阿師恁麼説，諸人恁麼聽，是佛法麼
莫是？本來無事，何消得恁麼？大似頭上安頭。但隨時及節是佛
法麼莫是？佛法兩字不用道着。山是山，水是水，僧是僧，俗是俗。
如今且建立箇化門，接引初機，是佛法麼？大衆！素非此理，莫錯
好！恁麼，則佛法秖憑口裏意裏驅差將來。若秖如此，何處有佛
法？盡是無義語，不實語，虛誑語，謗般若罪，大不可當，乍可不會，
却永刼無事，切莫未得謂得，起大我慢，輕忽先達。若也，實得箇安
樂處，便須識得些子好惡，辨取些子邪正，不可瞞瞞肝肝，儱儱統
統，秖恁自欺自誑。山僧直是不昧，諸聖如今在這裏，不惜口業，與
諸人如此論量，喚作論實不論虛。我秖要一箇見解明白，徹底悟得
底人，不要你許多作用奇特，機峰玄絶，棒喝齊施。如此者，總不消
得拈出也。何故？你未入門來時，脚跟下已與你三十棒了也，更來

者裏揚眉動目，彈指拂袖便出去，道我勿廉纖，無話會拂袖。出去
則且從你，者一段疑情如何得見諦去，且問你，拂袖出道是了也，
秖如你大小二事時何不拂袖？喫粥喫飯時何不拂袖？相見問訊時
何不拂袖？須要説佛法時拂袖，意在於何？一處通，千處百處一時
通。莫怪逆耳，莫道絮無滋味，我不圖你名聞利養，秖要你悟得，同
報佛恩，除此之外，亦無別事。你若真箇有箇入處，方知山僧不分
外己，得者便好。長養聖胎，未得者正好疾速決擇。你不見藥山久
不上堂，院主白曰："大衆久思和尚示誨。"山曰："但打鐘。"着院主
打鐘，衆已集。山掩方丈門，院主白曰："和尚相許爲大衆説法，何
故不出？"山曰："院主！經有經師，論有論師，律有律師，又爭怪得
老僧？"大衆！你看他古人得恁麽奇特，豈似而今教者，兩片皮喃喃
地，一似教書相似，有甚麽利濟？各請散去，珍重。衆散，師復云：
大衆！三十年後，不得錯舉！

（選自上海佛學書局影印明本古尊宿語録卷三十一）

三、示禪人心要

　　不應於無際空中立分限，若立無分限是無際空，乃自負墮，所
以解空者無空想。若人以語言名狀心，終不得心；不以語言名狀
心，亦不得心。語言本是心，名狀之故不得也；無語言本是心，不名
狀之故不得也。種種會當皆不與自心契，上祖曰：默契而已。爲若
此道若未達，但無妄念爾，若人知是妄念，作意止之者，見有妄念故
也。知有妄念，作意觀察，令見正理，亦見有妄念也。知妄之是道，
乃無妄焉。然達道者，無所得也，發意求道，道卽得之。但不別求
知，無迷妄謂之見道。近世皆曰：無不是道，譬如飯籮邊坐説食，終

不能飽，爲不親下口也。證者絕能所也，非別有玄理在尋常日用處。如見色時是證時，聞聲時是證時，飲水食粥是證時，一一絕能所，此非久習，不假薰煉。蓋現成之事，世人不識，名曰流浪。故云：唯證乃知難，可測學道者，明知有是事，何故不得旨而長疑。蓋信未極，疑未深也。唯深與極若，信與疑真。是事也不解，如此返照，遂迷亂不知由緒，困躓中途能自返省，更無第二人也。既曰此事，又豈更知耶？知是妄慮，此事則不失也。道不止說與示而後顯，蓋體自常露，說示者方便道用爾，省悟者亦暫時歧路也。或因說而證，或因示而入，或自覺觸以歸，終無異事別得，至心源而止也。人言悟了方修，此屬對治門，雖然禪門亦許以正知見治之，若論當人，即不須若是也。佛道長遠，久受勤苦，乃可得成者。綿亘三世，凡聖一如，故曰：佛道長遠；不起異見，未始遺棄，故曰：久受勤苦；畢竟無別法，故曰：乃可得成。此大丈夫事，人不識問，遂依來而答。不知乃自問爾，欲答誰耶？人不識答，遂依言起見，不知乃自答爾，何有旨趣耶？故曰：總是你好看好看。或人曰：從上古聖佛祖，指示言教，流布世間，一一分明，何故都是自己深負上古先聖苦口垂慈也？今對之曰：吾順佛祖宗趣，爾自負，吾不負也。若言有所說，即是謗佛。祖曰：莫作最後斷佛種人。若不就己知歸，所作皆成造偽，縱記得河沙，會盡塵墨，於己何益？故曰：將聞持佛，佛何不自聞？聞外求有相，佛與汝不相似。尊宿云：我今對你一句子亦不難，你若一言下薦去，猶較些子，若不會老僧，却成妄去。夫今時學者，競以問答爲禪宗中關要，不知是取捨作相心。嗚呼！就理就事之學，蓋是近家語，縱有少領覽，未可休息。豈不聞，說涅槃之道，圖度絕矣，直須解自點檢始得。人以迷心故進道，乃來山林中見知識。將謂別有一道可令人安樂？不知返究向來迷處工夫最第一。若不及此，入山林而不返，徒爾爲也。迷處極易而難入，故先德曰：難信難解，又曰：此是頓家說道，返照向來已是走作語，況不爾耶？後世遂用此語爲平常無事，一味實頭，此又後學之不明，服食之不審也。從上來有二種方便：有真實方便，所謂說無有間；有善巧方便，所謂妙應羣機。若從真實方便，得入不假思量，性自神解，永無有退，妙用河沙也；若從善巧方便，得入得坐披衣，向後自看始得，未足將爲究竟。此二種方便，皆一法也，不可須臾有失，學者思之。雪峯示人曰：莫教老僧有一句子到你分上，若有一句子到你分上，堪作什麼也。此是古人不得已而已。後者不了古人意，便謂自己分上無許多言談，所以錯會也。今時人多將目前鑒覺，用爲極則，玄沙所以向人道，深山迥絶無人處，你道還有否？悟心見性，當如雪峯、玄沙；履實踐真，當如南泉、趙州。今時學者，但以古人方便爲禪道，不能與古人同參也。譬如，有力人負一百二十斤檐過獨木橋，不傾不側，何物扶持得如此耶？其精緻無雜而已。爲道亦爾，經中稱，譬如師子捉象亦全其力，捉兔亦全其力。人問：全什麼力？曰：不欺之力。若見一毛髮異於心者，則自喪身命，故達道人無有不是者。此力甚大，但爲無邊惡覺侵蝕，致令力用有虧，若無如許多異法異狀，異緣異念，則隨心轉變，自在無礙。道不用苦求，求之卽道失；事不在苦融，融之卽事有；不求不融，道與事會也，則何事而非道耶？譬如，目明之士，入寶聚中，而不知方便，爲無火燭光明所照也，入矣卽被觸擊，自損身首，謂是毒穴，非寶聚也；有智入中，持燈燭光照，見種種寶，任意採擇，得寶而出。十二時中，須用智光，勿令六塵自傷觸也。昔日永首座與慈明同辭汾陽，而永未盡其妙，相從慈明二十年，終不脫灑。一夕圍爐，深夜慈明以火筋敲炭曰："永首座，永首座！"永乃咄之曰："野狐精！"慈明遂指永而謂曰："訝郎當，又恁麼去也！"永由是方得究竟，然畢命相隨。凡慈明居常差別激問，衆不能酬對，唯永至，慈明卽點頭許可。此所謂無病之藥，學者罕得其要，況後世知見會解之徒，何由領是事哉！
得之當若永，發藥當若慈明，庶幾可也。鬧中得静，則井邑成山林，
煩惱即菩提，衆生成正覺。此語初心學人，例道得會得，作一種平
等知見，及其放心，凡聖依前兩般，静躁殊用。明知是解會，須有安
穩處始得，一味不可强會。近世多以問答爲禪家家風，不明古人
事，一向逐末不反，可怪，可怪！昔人因迷而問，故問處求證，入得
一言半句，將爲事究明令徹去，不似如今人胡亂問，趁口答，取笑達
者。十二時中，學道無頃刻棄捨，此人縱未得入，念念已是修行也。
尋常説修行，不過三業六根清净，禪門更不必如是。何故？禪定之
門，念念與智波羅蜜，平等一切處，自無過患也。久久心地通明之
日，從前並得滿足，名一行三昧。今時人全無定力，復不開智眼，所
有機緣語句，秪成静論生滅心行。夫禪學不是小小未用，超佛越祖
得了，要超亦不難。高郵孫承務作書問：“不落意想，不在有無，如何
則可？”師答云：若問如何則不可，不問如何亦不可。醉客豁醒，神
珠自瑩，豈可預爲之計，然後領耶？第一等靈利人尋討不着，此一
念難得自見，見之即是無，別有歧路也。尋常例，以前念爲是，以後
念照之，前後追逐，以心用心，心則成境。率初已成心境了，展轉更
不堪，如今後念不取，自無起滅處。當處解脱，念本不生，何更有有
無意想爲留礙？一念悟心成正覺，此之謂也。念念無生，念念無
相，與虚空等，觸物遇緣，皆佛之妙用，無絲頭許對待；衣珠獨耀，十
方世界事，目擊可了，不俟舉意然後知之。此蓋大丈夫事業，不可
不成就。取欲要是，蓋有不是法爲礙；欲要得念，良由前後皆失念
故也。晝夜不自在，要與道合，然無少許合處，愈急愈不合，病在取
一捨一，不善用心，不得要術，茫然不知，日與道遠。若安坐寧神，
不勞自辦。故達磨大師謂楊衒之曰：“亦不捨智而近愚，亦不抛迷
而就悟。達大道兮過量，通佛心兮出度。”不與凡聖同纏，超然名之

曰：祖不着棄一邊就一邊。當知明明顯著，明明作用，拄定會取，轉凡成聖，點鐵成金要徑，不可不如此究。秖恐人兩頭走，一既不成，二又不是，不識玄旨，徒勞念静。二乘斷煩惱得證，名爲偏修，不若應念，化成無上知覺之速也。修道人若遇煩惱起時如何？古人云：但以正知見治之。余則不然，秖以煩惱治之。如此看來，卽不見有煩惱也。何故？煩惱不可更治煩惱，如火不更燒火，水更不濕水，體性一同，無可得露。現此，了煩惱本空，不着除遣。若起智斷治捺伏，却成別用心，有對待，被他二境回換，縱得亦迂曲有分限，須行徑直路爲上。古人云：刼火曾將無氣吹，不勞功力當時萎，此之謂也。有時静坐則心念馳散，或然臨事又全失却，都緣未得親證，落二落三，致有錯謬展轉之失。古人云：動静不二，真妄不二。維摩明一切法皆入不二門，若領此要，萬動自寂滅也。且如眼不至色，色不至眼；聲不至耳，耳不至聲；法法皆爾。元是自心功德藏，無可得取捨，契者何往不利？此正是那伽大定也。今生出來自肯學道者，蓋夙生曾種善根，素有根本，便解發心，亦解疑着，就己尋究。又，煩惱障薄，有因有緣，此人易可化度。若未薰得此心，正信不生，縱聞之，亦不生疑，但如風過耳，勸之又生瞋加誹謗，此又何緣得顯露？所以，千人萬人中，但一二人而已。若自解作活計，收拾得上生，生從此去，展轉明利，更不退失，功德一生勝一生，入他諸佛閫域，常與此事相應，人間天上，亦秖如此。設對五欲八風，一切境界與理符合，不行三塗，道一味平等正知見，復有何事？生死不可不畏，須了此一段死生情僞，始得安樂無過，身心爲累耳。身如桎梏，當知身去來處；心如猿猴，當知心起滅處。此二自何處去來起滅，則身心圓明，內外一如而已。且心爲內，身則爲外；身爲內，物爲外。國師曰：身心一如，身外無餘，則不見有生死當情，可謂解脫大道也。故能令人見聞不得不脫，意想不得不息，物境不得不融，復奚疑哉！

（選自上海佛學書局影印明本古尊宿語錄卷三十四）

四、標指六偈並敍

諸佛出世，無法示人，祖師西來，無道可指。唯談自悟，是謂頓門，若尚筌蹄，必難話會。然則，忘其方便，迷者難以進途；標指示人，或有可曉。故循好言之士，唱偈六篇，以舉一隅，無勞三返。後之冥合者，或有可取焉。

迷　悟

迷者迷悟，悟者悟迷，迷悟同體，悟者方知。迷南爲北，實情取則，北本是南，悟無移忒。返究迷緣，莫得來處，忽悟正方，迷復何去？其迷則迷，妄自高低，生死惡覺，枉受膠黐。達迷無妄，歡喜無量，殺無明賊，祇在一餉。一餉之間，冥通大千，直下了了，三際虛玄。無始時來，總由今日，盡未來際，更不尋覓。當念無念，靈光焰焰，靈焰騰輝，心知難掩。靈源蕩碧，森羅普入，海印發明，非關動息。根塵不偶，心珠寧守，返不我觀，出兮還有。有無齊出，無有蹤跡，智用雖奇，猶遭悟冤。悟爲法障，身招罔象，犴狾無風，徒勞展掌。祖父書契，本來家業，舊日風光，不妨要截。哆哆和和，依前疑著，元無病痛，何勞説藥。足踏實地，開眼瞌睡，大地茫茫，會我如是。如是之法，不因迦葉，是誰兒孫，喃喃亂説。你解亂説，智者便瞥，此門廣大，愚人自爇。自謗自爇，不干我事，我是癡人，汝能靈利。

坐　禪

心光虛映，體絕偏圓，金波匝匝，動寂常禪。念起念滅，不用止絶，任運滔滔，何曾起滅。起滅寂滅，現<u>大迦葉</u>，坐卧經行，未曾間歇。禪何不坐，坐何不禪，了得如是，始號坐禪。坐者何人，禪是何物，而欲坐之，用佛覓佛。佛不用覓，覓之轉失，<u>坐不我觀</u>，禪非外術。初心鬧亂，未免回換，所以多方，教渠静觀。端坐收神，初則紛紜，久久恬淡，虚閑六門。六門稍歇，於中分別，分別纔生，似成起滅。起滅轉變，從自心現，還用自心，返觀一徧。一返不再，圓光頂戴，靈焰騰輝，心心無礙。橫該豎入，生死永息，一粒還丹，點金成汁。身心客塵，透漏無門，迷悟且説，逆順休論。細思昔日，冷坐尋覓，雖然不別，也大狼籍。刹那凡聖，無人能信，匝地茫茫，大須謹慎。如其不知，端坐思惟，一日築著，伏惟伏惟。

入　道

道本無瑕，擬心已差，纔生朕兆，徧界空花。若欲全舉，除非直與，不用增添，現成規矩。洞徹根源，法法周圓，靈明法爾，妙絶言詮。言詮不得，得亦差忒，逈出根塵，古今取則。存不可見，亡兮對面，匪存匪之，森羅自現。心外無法，法外無心，心法齊照，境智甚深。心忘照滅，境智同歇，一道通同，十方俱攝。生死涅槃，元無兩般，四生六道，息苦停酸。平等大道，無有邪正，胡漢不來，欲何爲鏡。像虛鏡皎，鏡像斯照，像去鏡亡，千聖非妙。此門難入，唯君自息，若入此門，半錢不直。不直半錢，萬國爭觀，所以説云，大道體寬。

見　聞

見極垂光，聽圓含響，若謂見聞，法成塵想。光流大千，響傳沙界，對現全彰，無在不在。聲不是聲，色不是色，非色非聲，山高水急。眼不可見，耳不可聞，非見非聞，宛爾見聞。見色聞聲，脱出根塵，水月鏡像，夢幻施陳。文殊寶刹，觀音普門，周羅法界，唯子一人。身土交映，妙絕凡聖，本有天真，非病不病。長歌且唱，妙舞更誇，東西南北，示現空花。生死去來，去來生死，若不如是，多過多咎。茲言未諦，此語皆宗，標旨若示，古人同風。

水　月

水月指陳，最疎最親，若謂可見，還帶重輪。月皎於上，水流於下，彼此非干，應緣何假。聲回響轉，垛成招箭，指喻執明，標門誰辨。凡夫見聞，月皎水渾，心波業識，奔流苦門。二乘聞見，如鏡中面，對像迷真，渠還未薦。水澄月映，孤光迥迥，滅比化城，更須前進。一月耀天，光吞大千，森羅頓現，亘爾無邊。齊含寶月，交光廓徹，非中非外，一多融攝。毗盧性海，自他無礙，迷悟悟迷，相亡相在。一塵百億，百億一塵，奔走塵刹，不動本身。光亡月落，幾人摸索，四十九年，渾用不着。丈夫壯志，自有行市，十字路頭，看人失利。不忻諸聖，不厭凡夫，拈箕奉箒，跨馬騎驢。若人笑我，我亦笑渠，更問如何，我不識書。

語　默

至道非言，言亦可傳，可傳何也，應物而宜。言雖應物，物自無物，無物之言，言音自沒。絕言之語，妙應還普，道非晦明，語默同取。舉復誰唱，物物虛曠，咸通大千，徧乎塵想。品類非一，同言異出，圓音落落，凡聖俱適。千品萬類，薰含種智，故此一門，稱無量義。山河宣演，草木揚音，長說無間，所謂甚深。深兮甚淺，不動情見，最省工夫，凡夫不薦。不薦最親，妙義敷陳，歡言卽笑，恚怒卽嗔。嗔爲金剛，喜爲迦葉，華藏毗盧，心心相接。接兮可見，莫看背面，無字密言，從茲出現。現復誰論，非用耳聞，六根共戶，妙偈星分。森羅經文，不出一塵，非舌非辯，雷轉電奔。展之在手，何法不有，縱橫三界，無一滲漏。時人不信，執言説病，依倚前塵，以爲決定。決定是心，決定是塵，心塵所使，非自由人。諸聖苦口，隨愚過咎，巧説多詞，强爲分剖。法無言説，汝須善別，捨離語言，生死自絶。凡夫聞此，無説過咎，取彼無言，冥然長久。端坐暗獄，以心相續，背却語言，猶如土木。捨有之無，落在邪途，有無俱病，二病俱袪。袪復何去，不離當處，當處不生，語默相取。取今不知，是東是西，説即不説，不疑即疑。故稱佛子，了事凡夫，是何凡夫，問取李胡。

（選自上海佛學書局影印明本古尊宿語録卷三十）

五、動 静 常 一

本自未常迷，何勞今日悟，守住寂寞城，知君還錯悞。從前諸聖人，元是凡夫做，豈有別路歧，教人離憂苦。秖者生死中，即是佛去處，有人忽踏着，選甚净穢土。一向不回頭，喚之亦不顧，千聖不奈何，可不省言語。了却貪嗔癡，即是諸佛母。

（同上）

〔附〕 馮楫:佛眼禪師語録序

佛眼老師自得法東山，三坐道場。二十餘年，行祖令於淮句，四方衲子雲奔輻湊，不到龍岫謂之空回。而師端居方丈，惟以傳道爲任，的的示人，晨夕無倦。昇堂入室，當陽直指，全用大機。普説、小參，方便開諭，巧除禪病，要使學者，頓悟本心。大地山河，森

羅萬象，曾非外物；十方諸佛，歷代祖師，秪是當人。心外無法，心
亦無心，一道靈光，隨處出現，自然無法可取，無法可捨。不見一
法，爲無爲有，爲逆爲順？不見一法，爲内爲外，爲去爲來？能所兩
忘，千差獨露，從前惡覺情見，妄想塵勞，當體化爲微妙三昧；塵塵
刹刹，情與無情，皆是自己真實本體之所建立。若到這裏穩密田
地，便可縱橫變化，任運施爲於不二法中，現作無量差別境界，使人
於千頭百面處見得根本，毫髮不移。便迺不爲萬境回換，獨出獨
入，透脱自由。如是神通，録中具載，言言皆正令，句句盡圓宗。雖
然鏤板示人，切忌唤作言句。若人開卷洞見指歸，當知佛眼禪師至
今不會遷化。宣和七年八月上休日，遂寧馮檝謹敍。

（同上）

〔附〕　李彌遜: 宋故和州褒山佛眼禪師塔銘

　　江淮之南，有大禪師，號曰佛眼，道行聞于朝，勑居和州之褒
山。踰年，以疾辭，歸隱蔣山之東堂。遠近奔湊，執弟子禮以求法
者，不知幾何人；名山大刹馳使延請者，方來而未已也。宣和二年，
冬至之前一日，飯食訖，整衣趺坐，合掌加額，怡然而逝。其徒哀慕
如亡津梁，如失舟楫，莫知攸濟。嗣法兄佛果大師克勤，狀師之行，
且謂彌遜曰:“師之於公，聞風而悦，一言而契，今其逝，公實見之。
知師莫若公，是宜爲銘。”乃序而銘云:
　　師姓李氏，名清遠，蜀之臨邛人。捨家，十四受具，嘗依毗尼
師，究其説，因讀法華經至“是法非思量分別之所能解”。持以問講
師，莫能對，乃曰:“義學名相非所以了生死大事。”遂捐舊習，南遊
江淮間，徧歷禪席。聞舒州太平演道者爲世第一流宗師，徑造其
室，恭事勤請。既久，益堅。演深奇之，謂可以弘持。法忍壁立，不

少假異其深造。師七年未嘗妄發一語，一日有所契，洞徹超詣，機辯峻捷，莫當其鋒。自是，釋子爭歸之，而師益靜默自晦，不自為得，隱居<u>四面山大中庵</u>。屬天下新<u>崇寧萬壽寺</u>，方擇人以處，<u>舒</u>守<u>王公渙之</u>，迎師往持，師輒引去。會<u>龍門</u>虛席，遂補處焉。居十有二年，遷住<u>衮</u>。禪師三領名剎，所至莫不興起，其在<u>龍門</u>，道望尤振。四方學者皆曰："吾必師<u>龍門</u>。"由是雲集，至居無所容。師不起于座而化湫隘為巨剎，壯者劾筋力，智者授軌度，富者施資財，初不靳也。師嚴正靜重，澹泊寡言，笑動有矩則。至出語，和懌中節，人服膺之。其為教，則簡易深密，絕蹊徑，離文字，不滯於空，無汗漫之說，不以見聞言語辯博為事，使人洞真源，履實際，非大有所契證，不妄許可。平居以道自任，不從事於務。嘗曰："長老但端居方丈傳道而已。"與士大夫遊，不為勢利屈，苟道合則欣然造之；不爾，雖過門或不得見，公卿大人高之。樞密<u>鄧公洵武</u>聞其風，奏錫紫衣師名，諫議<u>陳公瓘</u>見所傳法語，歎曰："諸佛心宗，眾生性海，<u>遠</u>公涵泳深矣。"皆未識師也，況其親炙者乎？與<u>佛果</u>、<u>佛鑑</u>同門莫逆，道價相尚，世稱<u>東山二勤一遠</u>。云：嘗宗<u>百門義</u>，著<u>圓融禮文</u>；又摭<u>楞嚴</u>、<u>法華</u>，著<u>普門禮字</u>，並行於世。其參學得法者，無慮數十人，<u>土珪</u>、<u>善悟</u>為之首，而<u>宿松</u>、<u>無着</u>、道人<u>李法慧</u>，頗臻其奧。師壽五十有四，僧臘四十。將逝，謂其徒曰："諸方老宿必留偈辭世，世可辭耶？且將安往？"迄終無一言。初，在<u>龍門</u>作<u>靈光臺</u>以會葬苾蒭之火化者，且自為志曰："余他日亦藏于此。"後門人函骨以歸<u>龍門</u>，<u>龍門</u>之人悲且喜，奉之如生。以<u>宣和三年正月壬寅</u>塔成，銘曰：

　　大智唯心，無南北祖，一離其源，遂開牖戶。守玄尚同，執解隨趣，岐行派流，既倒莫遡。洪融混合，演得其醇，師則嗣之，道益以尊。如收全潮，眾波莫分，如舉大地，萬有以陳。用晦而明，厥問四馳，覺迷解繆，遠邇是依。用捨執測，動言有規，嚴以治己，夷以示機。端居叢林，唯道是則，化行事修，不識靜默。大興龍門，蠱壞以飾，洞明真源，深履實際。圓融普門，並照兼利，最後說法，不立一偈。嗚呼師乎，孰識其歸，淵澄月現，舟行岸移。於一舉手，示大慈悲，元珠在前，罔象莫窺。後學誰師，靈光之碑。

（選自上海佛學書局影印明本古尊宿語錄卷三十四）

克　　勤

【簡介】　克勤,字無著,號圓悟,又號佛果,俗姓駱，生於公元一〇六三年(宋仁宗嘉祐八年)，死於公元一一三五年(宋高宗紹興五年)，彭州崇寧(今四川彭縣)人。先曾在成都等地學經問法，後離川東下，投楊歧派宗師法演。不久，即因聞法演誦詩而大悟,傳楊歧師法。他與佛鑑慧懃、佛眼清遠同爲法演門下高足，號稱佛果，世稱之爲"三佛"。

克勤繼承法演的禪風,認爲"人人脚根下本有此段大光明，虛徹靈通,謂之本地風光",(示胡尚書悟性勸善文)强調"唯要人直下契證本來大事因緣。"(示樞禪人)克勤之出名，是由於他所作的碧嚴録。此書爲"評唱"雪竇重顯(九八〇年——一〇五二年)所作之頌古百則的,影響很大。禪宗不立文字,後來講禪者常取"古德"的語句,以爲典據。因此一些以"機緣"爲主的古德的語句,被整理成檔案保存了下來，這就是所謂的"公案"。這些"公案"一方面用來作爲判斷當前是非的準則，一方面則作爲去探討古德的領會和所說道理的資料。但是,由於"公案"的文字比較簡略、晦澀，意義很費揣摩，因此宋初以來，即有一些禪宗大師爲之作注。相傳最早有臨濟宗汾陽善昭(九四七年——一〇二四年)集古人語句一百條，每條各用偈頌來陳述,稱爲"頌古"。繼之,雲門宗的重顯也作了頌古百則。從此,禪宗出現了一個新的流派,即從文字上追求禪意。克勤的碧嚴録在推動這一禪風的發展上，起了重要的作用。這是因爲，克勤碧嚴録雖以頌古百則爲基礎，但他在頌前加了"垂示"

（總綱），在頌文中加了"着語"（夾註），同時再加以"評唱"（發揮），因而使"公案"意思更明顯，便於理解。然而這股流風發展下去也就使禪宗走向舞文弄墨的途徑，而失去了不立文字的本來面目。克勤的門人大慧宗杲，即有懼於此，而將碧巖錄刻板毀掉。但這並沒能制止它的流行，而且以後也繼續有同類的著作問世。

克勤的著作除碧巖錄外，尚有擊節錄、語錄和心要等。

一、佛果圜悟禪師碧巖錄（選錄）

垂示云：佛祖大機，全歸掌握，人天命脈，悉受指呼。等閑一句一言，驚羣動衆；一機一境，打鎖敲枷；接向上機，提向上事。且道什麼人曾恁麼來，還有知落處麼？試舉看：

［一一］舉黃檗示衆云：打水礙盆，一口吞盡，天下衲僧跳不出。汝等諸人，盡是嘷酒糟漢，恁麼行脚，道着踏破草鞋，掀天搖地。何處有今日。用今日作什麼？不妨驚羣動衆。還知大唐國裏無禪師麼？老僧不會，一口吞盡，也是雲居羅漢。時有僧出云：只如諸方匡徒領衆，又作麼生？也好與一拶，臨機不得不恁麼？檗云：不道無禪，只是無師。直得分疎不下，瓦解冰消，龍頭蛇尾漢。

黃檗身長七尺，額有圓珠，天性會禪。師昔遊天台，路逢一僧，與之談笑，如故相識，熟視之目光射人，頗有異相。乃偕行，屬溪水暴漲，乃植杖捐笠而止。其僧率師同渡。師曰："請渡。"彼卽褰衣，躡波如履平地，回顧云："渡來渡來。"師咄云："這自了漢，吾早知捏怪，當斫汝脛。"其僧歎曰："真大乘法器。"言訖不見。初到百丈，丈問云："巍巍堂堂，從什麼處來？"檗云："巍巍堂堂從嶺中來。"丈云："來爲何事？"檗云："不爲別事。"百丈深器之。次日辭百丈，丈云:"什麼處去?"檗云:"江西禮拜馬大師去。"丈云:"馬大師已遷化去也。"你道黃檗恁麼問,是知來問,是不知來問? 却云:"某甲特地去禮拜,福緣淺薄,不及一見,未審平日有何言句,願聞舉示。"丈遂舉再參馬祖因緣:祖見我來,便竪起拂子。我問云: 即此用? 離此用? 祖遂掛拂子於禪床角良久,祖却問我:汝已後鼓兩片皮,如何爲人? 我取拂子竪起。祖云: 即此用? 離此用? 我將拂子掛禪床角。祖振威一喝,我當時直得三日耳聾。黃檗不覺悚然吐舌。丈云:"子已後莫承嗣馬大師麼?"檗云:"不然,今日因師舉,得見馬大師大機大用,若承嗣馬師,他日已後喪我兒孫。"丈云:"如是如是,見與師齊。減師半德,智過於師,方堪傳授,子今見處宛有超師之作。"諸人且道,黃檗恁麼問,是知而故問耶? 是不知而問耶? 須是親見他家父子行履處始得。黃檗一日又問百丈:"從上宗乘,如何指示?"百丈良久。檗云:"不可教後人斷絕去。"百丈云:"將謂汝是箇人。"遂乃起入方丈。檗與裴相國爲方外友,裴鎮宛陵請師至郡,以所解一編示師,師接置於座,略不披閱,良久乃云:"會麼?"裴云:"不會。"檗云:"若便恁麼會得,猶較些子。若也形於紙墨,何處更有吾宗?"裴乃以頌贊云:"自從大士傳心印,額有圓珠七尺身,掛錫十年棲蜀水,浮盃今日渡漳濱。八千龍象隨高步,萬里香花結勝因,擬欲事師爲弟子,不知將法付何人?"師亦無喜色云:"心如大海無邊際,口吐紅蓮養病身,自有一雙無事手,不曾祇揖等閑人。"檗住後,機鋒峭峻。臨濟在會下,睦州爲首座,問云:"上座在此多時,何不去問話?"濟云:"教某甲問什麼話卽得?"座云:"何不去問如何是佛法的的大意?"濟便去問,三度被打出。濟辭座曰:"蒙首座令三番去問,被打出,恐因緣不在這裏,暫且下山。"座云:"子若去,須辭和尚去方可。"首座預去白檗云:"問話上座,甚不可得,和尚何不穿鑿教成一株樹去,與後人爲陰涼。"檗云:"吾已知。"濟來辭,檗云："汝不得向別處去，直向高安灘頭，見大愚去。"濟到大愚，遂舉前話，不知某甲過在什麼處。愚云："檗與麼老婆心切，爲你徹困，更説什麼有過無過。"濟忽然大悟云："黃檗佛法無多子。"大愚搊住云："你適來又道有過，而今却道佛法無多子。"濟於大愚脅下，築三拳。愚拓開云："汝師黃檗非干我事。"一日檗示衆云：牛頭融大師，橫説豎説，猶未知向上關捩子在。是時石頭馬祖下，禪和子浩浩地，説禪説道，他何故却與麼道？所以示衆云：汝等諸人盡是噇酒糟漢，恁麼行脚，取笑於人。但見八百一千人處便去，不可只圖熱鬧也。可中總似汝如此容易，何處更有今日事也。唐時愛罵人，作噇酒糟漢，人多喚作黃檗罵人。具眼者自見他落處大意，垂一鈎釣人間。衆中有不惜身命底禪和，便解恁麼出。衆問他道：只如諸方匡徒領衆，又作麼生也？好一拶，這老漢果然分疏不下，便却漏逗云：不道無禪，只是無師。且道意在什麼處？他從上宗旨，有時擒，有時縱；有時殺，有時活；有時放，有時收。敢問諸人：作麼生是禪中師？山僧恁麼道？已是和頭没却了也，諸人鼻孔在什麼處？良久云：穿却了也。

凜凜孤風不自誇，猶自不知有，也是雲居羅漢。端居寰海定龍蛇，也要別緇素，也是皂白分別。大中天子曾輕觸，説什麼大中天子，任大也須從地起，更高爭奈有天何。三度親遭弄爪牙，死蝦蟆多口作什麼？未爲奇特，猶是小機巧。若是大機大用現前，盡十方世界，乃至山河大地，盡在黃檗處乞命。

雪竇此一頌，一似黃檗真贊相似，人却不得作真贊。會他底句下，便有出身處，分明道：凜凜孤風不自誇。黃檗恁麼示衆？且不是爭人負我，自退自誇。若會這箇消息，一任七縱八橫，有時孤峰頂獨立，有時鬧市裏橫身，豈可僻守一隅，愈捨愈不歇，愈尋愈不見，愈擔荷愈没溺！古人道：無翼飛天下，有名傳世間。盡情捨却佛法道理，玄妙奇特，一時放下，却較些子，自然觸處現成。雪竇道:端居寰海定龍蛇。是龍是蛇,入門來便驗取,謂之定龍蛇眼,擒虎咒機。雪竇又道:“定龍蛇兮眼何正,擒虎咒兮機不全。”又道:“大中天子曾輕觸,三度親遭弄爪牙。”黃檗豈是如今惡脚手?從來如此。大中天子者,續咸通傳中載,唐憲宗有二子:一曰穆宗,一曰宣宗,宣宗乃大中也。年十三,少而敏黠,常愛跏趺坐。穆宗在位時,因早朝罷,大中乃戲登龍床,作揖羣臣勢,大臣見而謂之心風,乃奏穆宗。穆宗見而撫欺曰:我弟乃吾宗英胄也。穆宗於長慶四年晏駕,有三子:曰敬宗、文宗、武宗。敬宗繼父位,二年內臣謀易之。文宗繼位,一十四年。武宗繼位,常喚大中作癡奴,一日武宗恨大中昔日戲登父位,遂打殺致後苑中,以不潔灌,而復甦。遂潛遁在香嚴閑和尚會下。後剃度爲沙彌,未受具戒。後與志閑遊方到廬山,因志閑題瀑布詩云:“穿雲透石不辭勞,地遠方知出處高。”閑吟此兩句佇思久之,欲鈎他語脈看如何。大中續云:“溪澗豈能留得住,終歸大海作波濤。”閑方知不是尋常人,乃默而識之。後到鹽官會中,請大中作書記,黃檗在彼作首座。檗一日禮佛次,大中見而問曰:“不著佛求,不著法求,不著衆求,禮拜當何所求?”檗云:“不著佛求,不著法求,不著衆求,常禮如是。”大中云:“用禮何爲?”檗便掌。大中云:“太粗生。”檗云:“這裏什麼所在,説粗説細。”檗又掌。大中後繼國位,賜黃檗爲粗行沙門。裴相國在朝,後奏賜斷際禪師。雪竇知他血脈出處,便用得巧,如今還有弄爪牙底麼?便打。

垂示云:殺人刀活人劍,乃上古之風規,亦今時之樞要。若論殺也,不傷一毫;若論活也,喪身失命。所以道:向上一路,千聖不傳,學者勞形,如猿捉影。且道:既是不傳,爲什麼却有許多葛藤公案?具眼者,試説看!

［一二］舉僧問洞山:如何是佛?鐵蒺藜,天下衲僧跳不出。山云:麻三

斤。灼然，破草鞋，指槐樹駡柳樹爲秤鎚。

這箇公案，多少人錯會，直是難咬嚼，無爾下口處。何故？淡而無味。古人有多少答佛話，或云：殿裏底，或云：三十二相，或云：杖林山下竹筋鞭。及至洞山，却道麻三斤，不妨截斷古人舌頭，人多作話會道。洞山是時在庫下秤麻，有僧問，所以如此答。有底道，洞山問東答西；有底道，爾是佛，更去問佛，所以洞山遠路答之。死漢。更有一般道，只這麻三斤便是佛。且得没交涉，爾若恁麽去洞山句下尋討，參到彌勒佛下生，也未夢見在。何故？言語只是載道之器，殊不知古人意，只管去句中求，有什麽巴鼻！不見古人道，道本無言，因言顯道，見道即忘言。若到這裏，還我第一機來始得。只這麻三斤，一似長安大路一條相似，舉足下足，無有不是。這箇話與雲門餬餅話是一般，不妨難會。五祖先師頌云：賤賣擔板漢，貼秤麻三斤，千百年滯貨，無處著渾身。爾但打疊得情塵意想，計較得失是非，一時浄盡自然會去。

金烏急，左眼半斤，快鷂趕不及，火焰裏橫身。玉兔速，右眼八兩，姮娥宮裏作窠窟。善應何曾有輕觸，如鐘在扣，如谷受響。展事投機見洞山，錯認定盤星，自是闍黎恁麽見。跛鱉盲龜入空谷。自領山去，同坑無異土，阿誰打爾鷂子死。花簇簇，錦簇簇，兩重公案，一狀領過，依舊一般。南地竹兮北地木，三重也有，四重公案，頭上安頭。因思長慶陸大夫，懶見牽伴，山僧也恁麽，雪竇也恁麽。解道合笑不合哭。呵呵！蒼天，夜半更添寃苦。咦！咄是什麽，便打！

雪竇見得透，所以劈頭便道，金烏急，玉兔速，與洞山答麻三斤更無兩般。日出日没，日日如是。人多情解，只管道，金烏是左眼，玉兔是右眼，纔問著便瞠眼云：在這裏有什麽交涉。若恁麽會，達磨一宗掃地而盡。所以道：垂鈎四海，只釣獰龍，格外玄機，爲尋知己。雪竇是出陰界底人，豈作這般見解？雪竇輕輕去敲關擊節處，略露些子教爾見，便下箇注脚道：善應何曾有輕觸。洞山不輕酬這僧，如鐘在扣，如谷受響，大小隨應，不敢輕觸。雪竇一時突出心肝五臟，呈似爾諸人了也。雪竇有静而善應頌云：覿面相呈，不在多端，龍蛇易辨，衲子難瞞。金鎚影動，寶劍光寒，直下來也，急著眼看。洞山初參雲門，門問：“近離甚處？”山云：“渣渡”。門云：“夏在甚麽處？”山云：“湖南報慈。”門云：“幾時離彼中。”山云：“八月二十五。”門云：“放爾三頓棒，參堂去。”師晚間入室，親近問云：“某甲過在什麽處？”門云：“飯袋子，江西湖南便恁麽去。”洞山於言下，豁然大悟，遂云：“某甲他日向無人煙處，卓箇庵子，不蓄一粒米，不種一莖菜，常接待往來十方大善知識，盡與伊抽却釘，拔却楔，拈却膩脂帽子，脱却鶻臭布衫，各令灑灑落落地作箇無事人去。”門云：“身如椰子大，開得許大口。”洞山便辭去。他當時悟處，直下穎脱，豈同小見。後來出世應機麻三斤語，諸方只作答佛話會。如何是佛？杖林山下竹筋鞭，丙丁童子來求火，只管於佛上作道理。雪竇云：“若恁麽作展事與投機會，正似跛鼈盲龜入空谷，何年日月尋得出路去。”花簇簇，錦簇簇，此是僧問智門和尚，洞山道麻三斤意旨如何。智門云：“花簇簇，錦簇簇，會麽？”僧云：“不會。”智門云：“南地竹兮北地木。”僧回舉似洞山，山云：“我不爲汝說，我爲大衆說。”遂上堂云：“言無展事，語不投機，承言者喪，滯句者迷。”雪竇破人情見，故意引作一串頌出。後人却轉生情見，道麻是孝服，竹是孝杖，所以道，南地竹兮北地木；花簇簇，錦簇簇，是棺材頭邊畫底花草，還識羞麽？殊不知，南地竹兮北地木，與麻三斤，只是阿爺與阿爹相似。古人答一轉語，決是意不恁麽，正似雪竇道金烏急，玉兔速，自是一般寬曠，只是金鍮難辨，魚魯參差。雪竇老婆心切，要破爾疑情，更引箇死漢，因思長慶陸大夫，解道合笑不合哭。若論他頌，只頭上三句，一時頌了。我且問爾，都盧只是箇麻三斤，雪竇却有許多葛藤，只是慈悲忒殺，所以如此。陸亘大夫作宣州觀察使，參南泉,泉遷化。亘聞喪,入寺下祭,却呵呵大笑。院主云:"先師與大夫有師資之義,何不哭?"大夫云:"道得卽哭。"院主無語,亘大哭云:"蒼天蒼天!"先師去世遠矣。後來長慶聞云:大夫合笑不合哭。雪竇借此意大綱,道爾若作這般情解,正好笑莫哭。是卽是,末後有一箇字,不妨聱訛。更道:咦!雪竇還洗得脱麼?

垂示云:雲凝大野,遍界不藏;雪覆蘆花,難分朕迹。冷處冷如冰雪,細處細如米末,深深處佛眼難窺,密密處魔外莫測。舉一明三卽且止,坐斷天下人舌頭。作麼生道,且道是什麼人分上事。試舉看:

　　〔一三〕舉僧問巴陵,如何是提婆宗?白馬大蘆花,道什麼點?巴陵云:銀椀裏盛雪。塞斷爾咽喉,七花八裂。

　　這箇公案,人多錯會,道此是外道宗,有什麼交涉。第十五祖,提婆尊者,亦是外道中一數,因見第十四祖,龍樹尊者,以針投鉢,龍樹深器之,傳佛心宗,繼爲第十五祖。楞伽經云:"佛語心爲宗,無門爲法門。"馬祖云:"凡有言句,是提婆宗。"只以此箇爲主,諸人盡是衲僧門下客,還曾體究得提婆宗麼?若體究得,西天九十六種外道,被汝一時降伏;若體究不得,未免著返披袈裟去在;且道是作麼生?若道言句是,也没交涉;若道言句不是,也没交涉;且道馬大師意在什麼處?後來雲門道,馬大師好言語,只是無人問。有僧便問:"如何是提婆宗?"門云:"九十六種,汝是最下一種。"昔有僧辭大隋,隋云:"什麼處去?"僧云:"禮拜普賢去。"大隋竪起拂子云:"文殊普賢盡在這裏。"僧畫一圓相以手托呈師,又抛向背後。隋云:"侍者將一貼茶來,與這僧去。"雲門別云:"西天斬頭截臂,這裏自領出去。"又云:"赤旛在我手裏。"西天論議,勝者手執赤旛,負墮者返披袈裟,從偏門出入。西天欲論議,須得奉王勅,於大寺中,聲鐘擊鼓,然後論議,於是外道於僧寺中,封禁鐘鼓,爲之沙汰。時迦那提婆尊者知佛法有難,遂運神通,登樓撞鐘,欲擯外道。外道遂問:"樓上聲鐘者誰?"提婆云:"天。"外道云:"天是誰?"婆云:"我。"外道云:"我是誰?"婆云:"我是爾。"外道云:"爾是誰?"婆云:"爾是狗。"外道云:"狗是誰?"婆云:"狗是爾。"如是七返,外道自知負墮伏義,遂自開門,提婆於是從樓上持赤旛下來。外道云:"汝何不後?"婆云:"汝何不前?"外道云:"汝是賤人。"婆云:"汝是良人。"如是展轉酬問,提婆折以無礙之辯,由是歸伏。時提婆尊者手持赤旛,義墮者旛下立,外道皆斬首謝過。時提婆止之,但化令削髮入道,於是提婆宗大興,雪竇後用此事而頌之。

巴陵衆中謂人鑒多口,常縫坐具行脚,深得他雲門脚跟下大事,所以奇特。後出世法嗣雲門。先住岳州巴陵,更不作法嗣書,只將三轉語上雲門:如何是道?明眼人落井;如何是吹毛劍?珊瑚枝枝撐著月;如何是提婆宗?銀椀裏盛雪。雲門云:他日老僧忌辰只舉此三轉語,報恩足矣。自後果不作忌辰齋,依雲門之囑,只舉此三轉語。然諸方答此話,多就事上答,唯有巴陵恁麼道,極是孤峻,不妨難會,亦不露些子鋒鋩,八面受敵,著著有出身之路,有陷虎之機,脱人情見。若論一色邊事,到這裏須是自家透脱了,却須是遇人始得,所以道:道吾舞笏同人會,石鞏彎弓作者諳,此理若無師印授,擬將何法語玄談。雪竇隨後拈提爲人,所以頌出。

老新開,千兵易得,一將難求,多口阿師。端的別,是什麼端的?頂門上一着,夢見也未。解道銀椀裏盛雪,鰕跳不出斗,兩重公案,多少人喪身失命。九十六箇應自知,兼身在内,闍黎還知麼,一坑埋却。不知却問天邊月,遠之遠矣,自領出去,望空啓告。提婆宗,提婆宗,道什麼,山僧在這裏,滿口含霜。赤旛之下起清風。百雜碎,打云:已着了也,爾且去斬頭截臂來,與爾道一句。

老新開,新開乃院名也。端的別,雪竇讚歎有分,且道什麼處是別處,一切語言,皆是佛法,山僧如此説話,成什麼道理去。雪竇微露些子意道,只是端的别,後面打開云,解道銀椀裏盛雪,更與爾下箇注脚,九十六箇應自知,負墮始得。爾若不知,問取天邊月。古人曾答此話云:問取天邊月。雪竇頌了,末後須有活路,有獅子返擲之句。更提起與爾道,提婆宗,提婆宗,赤旛之下起清風。巴陵道銀椀裏盛雪。爲什麽雪竇却道赤旛之下起清風?還知雪竇殺人不用刀麽?

[一四]舉僧問雲門:如何是一代時教?直至如今不了,座主不會,葛藤窠裏。雲門云:對一説。無孔鐵鎚,七花八裂,老鼠咬生薑。

禪家流,欲知佛性義,當觀時節因緣,謂之教外別傳;單傳心印,直指人心,見性成佛,釋迦老子,四十九年住世,三百六十會,開談頓漸權實,謂之一代時教。這僧拈來問云,如何是一代時教,雲門何不與他紛紛解説,却向他道箇對一説?雲門尋常一句中,須具三句,謂之函蓋乾坤句,隨波逐浪句,截斷衆流句,放去收來,自然奇特,如斬釘截鐵,教人義解卜度他底不得。一大藏教,只消三箇字,四方八面,無爾穿鑿處,人多錯會,却道對一時機宜之事故説。又道森羅及萬象,皆是一法之所印,謂之對一説。更有道,只是説那箇一法,有什麽交涉,非唯不會,更入地獄如箭。殊不知,古人意不如此,所以道粉骨碎身未足酬,一句了然超百億,不妨奇特。如何是一代時教?只消道箇對一説。若當頭薦得,便可歸家穩坐;若薦不得,且伏聽處分:

對一説,活鱍鱍,言猶在耳,不妨孤峻。太孤絕,傍觀有分,何止壁立千仞,豈有恁麼事?無孔鐵鎚重下楔。錯會名言也。雲門老漢,也是泥裏洗土塊;雪竇也是粧飾。閻浮樹下笑呵呵,四州八縣,不會見箇漢,同道者方知,能有幾人知。昨夜驪龍拗角折。非止驪龍拗折,有誰見來,還有證明麼?啞。別別,讚歎有分,須是雪竇始得,有什麼別處!韶陽老人得一橛!在什麼處,更有一橛?分付阿誰?德山臨濟也須退倒三千,那一橛又作麼生?便打。

對一説，太孤絶，雪竇讚之不及。此語獨脱孤危，光前絶後，如萬丈懸崖相似，亦如百萬軍陣，無爾人處，只是忒殺孤危。古人道：欲得親切，莫將問來問，問在答處，答在問端，直是孤峻。且道什麼處是孤峻處，天下人奈何不得？這僧也是箇作家，所以如此問，雲門又怎麼答，大似無孔鐵鎚重下楔相似。雪竇使文言，用得甚巧。閻浮樹下笑呵呵，起世經中説，須彌南畔吠琉璃樹，映閻浮洲中皆青色。此洲乃大樹爲名，名閻浮提，其樹縱廣七千由旬，下有閻浮壇金聚，高二十由旬，以金從樹下出生故，號閻浮樹。所以雪竇自説，他在閻浮樹下笑呵呵。且道他笑箇什麼？笑昨夜驪龍拗角折，只得瞻之仰之，讚嘆雲門有分。雲門道：對一説似箇什麼，如拗折驪龍一角相似。到這裏若無怎麼事，焉能怎麼説話。雪竇一時頌了，末後却道：別別，韶陽老人得一橛。何不道全得，如何只得一橛？且道那一橛，在什麼處？直得穿過第二人。

垂示云：殺人刀，活人劍，乃上古之風規，是今時之樞要。且道，如今那箇是殺人刀活人劍？試舉看：

［一五］舉僧問雲門：不是目前機，亦非目前事時，如何？跨跳作什麼，倒退三千里。門云：倒一説。平出、欵出囚人口，也不得放過，荒草裏橫身。

這僧不妨是箇作家，解怎麼問，頭邊謂之請益，此是呈解問，亦謂之藏鋒問。若不是雲門，也不奈他何。雲門有這般手脚，他既將問來，不得已而應之。何故？作家宗師，如明鏡臨臺，胡來胡現，漢來漢現。古人道：欲得親切，莫將問來問。何故？問在答處，答在問處。從上諸聖，何曾有一法與人？那裏有禪道與爾來？爾若不造地獄業，自然不招地獄果；爾若不造天堂因，自然不受天堂果；一切業緣，皆是自作自受。古人分明向爾道：若論此事，不在言句上；若在言句上，三乘十二分教，豈是無言句？更何用祖師西來？前頭道對一説，這裏却道倒一説，只爭一字，爲什麼却有千差萬別？且道,聱訛在什麽處,所以道:法隨法行,法幢隨處建立,不是目前機,亦非目前事時如何,只消當頭一點。若是具眼漢,一點也謾他不得,問處既聱訛,答處須得恁麽。其實雲門騎賊馬趕賊,有者錯會道,本是主家話,却是賓家道。所以雲門倒一説,有什麽死急?這僧問得好,不是目前機,亦非目前事時如何,雲門何不答他别語言,却只向他道倒一説?雲門一時打破他底,到這裏道倒一説,也是好肉上剜瘡。何故?言迹之興,白雲萬里,異途之所由生也。設使一時無言無句,露柱燈籠,何曾有言句,還會麽?若不會,到這裏也須是轉動始知落處。

倒一説,放不下,七花八裂,須彌南畔,卷盡五千四十八。分一節,在爾邊,在我邊,半河南半河北,把手共行。同死同生爲君訣。泥裏洗土塊,著甚來由,放爾不得。八萬四千非鳳毛,羽毛相似,太殺滅人威光,漆桶如麻如粟。三十三人入虎穴。唯我能知,一將難求,野狐精一隊。别别,有什麽别處,少賣弄,一任跨跳。擾擾忽忽水裏月。青天白日,迷頭認影,著忙作甚麽。

雪竇亦不妨作家,於一句下,便道分一節,分明放過一著,與他把手共行。他從來有放行手段,敢與爾入泥入水,同死同生。所以雪竇恁麽頌,其實無他,只要與爾解粘去縛,抽釘拔楔。如今却因言句,轉生情解。只如巖頭道,雪峯雖與我同條生,不與我同條死。若非全機透脱得大自在底人,焉能與爾同死同生?何故?爲他無許多得失是非滲漏處。故洞山云:若要辨認向上之人真僞者,有三種滲漏:情滲漏,見滲漏,語滲漏。見滲漏,機不離位,墮在毒海;情滲漏,智常向背,見處偏枯;語滲漏,體妙失宗,機昧終始。此三滲漏,宜已知之。又有三玄:體中玄,句中玄,玄中玄。古人到這境界,全機大用,遇生與爾同生,遇死與爾同死,向虎口裏横身,放得手脚,千里萬里,隨爾銜去。何故?還他得這一著子,始得。八萬四千非鳳毛者,靈山八萬四千聖衆,非鳳毛也。南史云:宋時謝超宗陳郡陽夏人，謝鳳之子。博學文才傑俊，朝中無比，當世爲之獨步，善爲文，爲王府常侍。王母殷淑儀薨，超宗作誄奏之。武帝見其文，大加嘆賞，曰：超宗殊有鳳毛。古詩云："朝罷香煙携滿袖，詩成珠玉在揮毫，欲知世掌絲綸美，池上如今有鳳毛。"昔日靈山會上四衆雲集，世尊拈花，唯迦葉獨破顏微笑，餘者不知是何宗旨。雪竇所以道，八萬四千非鳳毛，三十三人入虎穴。阿難問迦葉云：世尊傳金襴袈裟外，別傳何法？迦葉召阿難，阿難應喏。迦葉云：倒却門前刹竿著。阿難遂悟。已後祖祖相傳，西天此土，三十三人，有入虎穴底手脚。古人道：不入虎穴，爭得虎子？雲門是這般人，善能同死同生。宗師爲人須至如此，據曲彔木床上坐，捨得教爾打破，容爾捋虎鬚，也須是到這般田地始得。其七事隨身，可以同生同死，高者抑之，下者舉之，不足者與之。在孤峯者，救令入荒草；落荒草者，救令處孤峯。爾若入鑊湯爐炭，我也入鑊湯爐炭。其實無他，只要與爾解粘去縛，抽釘拔楔，脫却籠頭，卸却角馱。平田和尚，有一頌最好：靈光不昧，萬古徽猷，入此門來，莫存知解。別別，擾擾忽忽水裏月。不妨有出身之路，亦有活人之機。雪竇拈了，教人自去明悟生機，莫隨他語句。爾若隨他，正是擾擾忽忽水裏月，如今作麼生得平穩去？放過一著。

　　垂示云：道無橫徑，立者孤危；法非見聞，言思迥絕。若能透過荊棘林，解開佛祖縛，得箇穩密田地，諸天捧花無路，外道潛窺無門，終日行而未嘗行，終日說而未嘗說，便可以自由自在，展哮啄之機，用殺活之劍。直饒恁麽，更須知有建化門中一手擡一手搦，猶較些子。若是本分事上，且得沒交涉。作麽生是本分事？試舉看。

　　[一六]舉僧問鏡清：學人啐，請師啄。無風起浪，作什麼？爾用許多見解，作甚麼？清云：還得活也無？劈，買帽相頭，將錯就錯，不可總恁麼？僧云：若不活，遭人怪笑。相帶累，撐天拄地，櫓板漢。清云：也是草裏漢。果然，自領出

去,放過卽不可。

鏡清承嗣雪峯,與本仁玄沙疎山太原孚輩同時,初見雪峯,得旨後,常以啐啄之機,開示後學,善能應機説法。示衆云:大凡行腳人,須具啐啄同時眼,有啐啄同時用,方稱衲僧。如母欲啄,而子不得不啐;子欲啐,而母不得不啄。有僧便出問:母啄子啐,於和尚分上,成得箇什麽邊事?清云:好箇消息。僧云:子啐母啄,於學人分上,成得箇什麽邊事?清云:露箇面目。所以鏡清門下,有啐啄之機。這僧亦是他門下客,會他家裏事,所以如此問:學人啐請師啄。此問,洞下謂之借事明機。那裏如此,子啐而母啄,自然恰好同時。鏡清也好,可謂拳踢相應,心眼相照。便答道,還得活也無。其僧也好,亦知機變,一句下有賓有主,有照有用,有殺有活。僧云:若不活,遭人怪笑。清云:也是草裏漢。一等是入泥入水,鏡清不妨惡腳手。這僧既會恁麽問,爲什麽却道,也是草裏漢?所以作家眼目,須是恁麽,如擊石火,似閃電光,構得構不得,未免喪身失命。若恁麽,便見鏡清道草裏漢。所以南院示衆云:諸方只具啐啄同時眼,不具啐啄同時用。有僧出問:如何是啐啄同時用?南院云:作家不啐啄,啐啄同時失。僧云:猶是學人疑處。南院云:作麽生是爾疑處?僧云:失。南院便打,其僧不肯,院便趕出。僧後到雲門會裏舉前話,有一僧云:南院棒折那。其僧豁然有省。且道意在什麽處?其僧却回見南院,院適已遷化,却見風穴,纔禮拜。穴云:莫是當時問先師啐啄同時底僧麽?僧云:是。穴云:爾當時作麽生會?僧云:某甲當初時,如燈影裏行相似。穴云:爾會也。且道是箇什麽道理?這僧都來只道某甲當初時,如燈影裏行相似,因甚麽風穴便向他道爾會也?後來翠巖拈云:南院雖然運籌帷幄,爭奈土曠人稀,知音者少。風穴拈云:南院當時,待他開口,劈脊便打,看他作麽生。若見此公案,便見這僧與鏡清相見處,諸人作麽生,免得他道草裏漢。所以雪竇愛他道草裏漢，便頌出：

古佛有家風，言猶在耳，千古榜樣，莫謗釋迦老子好。對揚遭貶剝，鼻孔爲什麼却在山僧手裏？八棒對十三，爾作麼生？放過一著，便打。子母不相知，既不相知，爲什麼却有啐啄？天然。是誰同啐啄。百雜碎，老婆心切，且莫錯認？啐覺道什麼，落在第二頭。猶在殼，何不出頭來。重遭撲，錯，便打。兩重公案，三重四重了也。天下衲僧徒名邈。放過了也，不須舉起，還有名邈得底麼？若名邈得，也是草裏漢。千古萬古黑漫漫，填溝塞壑無人會。

古佛有家風，雪竇一句頌了也，凡是出頭來，直是近傍不得。若近傍著，則萬里崖州，纔出頭來，便是落草，直饒七縱八橫，不消一捏。雪竇道：古佛有家風，不是如今恁麼也。釋迦老子，初生下來，一手指天，一手指地，目顧四方云：天上天下，唯我獨尊。雲門道：我當時若見一棒打殺，與狗子喫却。貴要天下太平，如此方酬得恰好，所以啐啄之機，皆是古佛家風。若達此道者，便可一拳拳倒黃鶴樓，一踢踢翻鸚鵡洲。如大火聚，近之則燎却面門，如太阿劍，擬之則喪身失命。此箇唯是透脫得大解脫者，方能如此。苟或迷源滯句，決定搆這般說話不得。對揚遭貶剝，則是一賓一主，一問一答，於問答處，便有貶剝，謂之對揚遭貶剝。雪竇深知此事，所以只向兩句下頌了，末後只是落草，爲爾注破子母不相知，是誰同啐啄？母雖啄，不能致子之啐；子雖啐，不能致母之啄；各不相知，當啐啄之時，是誰同啐啄？若恁麼會，也出雪竇末後句，不得在。何故？不見香嚴道：子啐母啄，子覺無殼，子母俱忘，應緣不錯，同道唱和，妙玄獨脚。雪竇不妨落草打葛藤，道啄，此一字，頌鏡清答道還得活也無。覺，頌這僧道若不活，遭人怪笑。爲什麼雪竇却便道猶在殼？雪竇向石火光中別緇素，閃電機裏辨端倪。鏡清道：也是草裏漢。雪竇道：重遭撲。者難處些子，是鏡清道也是草裏漢，喚作鏡清換人眼睛得麼？這句莫是猶在殼麼？且得沒交涉。那裏如此，若會得，繞天下行腳，報恩有分，山僧恁麼説話，也是草裏漢。天下衲僧徒名邈，誰不是名邈者？到這裏，雪竇自名邈不出，却更累他天下衲僧，且道鏡清作麼生是爲這僧處？天下衲僧跳不出。

垂示云：斬釘截鐵，始可爲本分宗師；避箭隈刀，焉能爲通方作者？針劄不入處，則且置，白浪滔天時如何？試舉看：

[一七]舉僧問香林，如何是祖師西來意？大有人疑著，猶有這箇消息在。林云：坐久成勞。魚行水濁，鳥飛落毛，合取狗口，好作家眼目，鋸解秤鎚。

香林道坐久成勞，還會麼？若會得，百草頭上，罷却干戈；若也不會，伏聽處分。古人行腳，結交擇友，爲同行道伴，撥草瞻風。是時雲門旺化廣南，香林得得出蜀，與鵝湖鏡清同時，先參湖南報慈，後方至雲門會下，作侍者十八年。在雲門處，親得親聞，他悟時雖晚，不妨是大根器。居雲門左右十八年，雲門常只唤遠侍者，纔應諾。門云：是什麼？香林當時也下語呈見解弄精魂，終不相契。一日忽云：我會也。門云：何不向上道將來？又住三年，雲門室中，垂大機辯，多半爲他遠侍者隨處入作。雲門凡有一言一句，都收在遠侍者處。香林後歸蜀，初住導江水晶宫，後住青城香林。智門祚和尚，本浙人，盛聞香林道化，特來入蜀參禮，祚乃雪竇師也。雲門雖接人無數，當代道行者，只香林一派最盛。歸川住院四十年，八十歲方遷化。嘗云：我四十年，方打成一片。凡示衆云：大凡行腳，參尋知識，要帶眼行，須分緇素，看淺深始得，先須立志，而釋迦老子，在因地時，發一言一念，皆是立志。後來僧問：如何是室内一盞燈？林云：三人證龜成鼈。又問：如何是衲衣下事？林云：臘月火燒山。古來答祖師意甚多，唯香林此一則坐斷天下人舌頭，無爾計較作道理處。僧問：如何是祖師西來意？林云坐久成勞，可謂言無味句無味，無味之談，塞斷人口，無爾出氣處。要見便見，若不見切忌作解會。香林曾遇作家來，所以有雲門手段，有三句體調。人多錯會，道祖師西來，九年面壁，豈不是坐久成勞，有什麼巴鼻，不見他古人得大自在處。他是脚踏實地，無許多佛法知見道理，臨時應用，所謂法隨法行，法幢隨處建立。雪竇因風吹火，傍指出一箇半箇：

一箇兩箇千萬箇，何不依而行之，如麻似粟，成羣作隊作甚麼。脱却籠頭卸角馱，從今日去應灑灑落落，還休得也未。左轉右轉隨後來，猶自放不下，影影響響，便打。紫胡要打劉鐵磨。山僧拗折拄杖子，更不行此令，賊過後張弓，便打，嶮。

雪竇直下如擊石火，似閃電光，拶出放教爾見，聊聞舉著便會始得，也不妨是他屋裏兒孫，方能恁麼道。若能直下便恁麼會去，不妨奇特。一箇兩箇千萬箇，脱却籠頭卸角馱。灑灑落落，不被生死所染，不被聖凡情解所縛，上無攀仰，下絕己躬，一如他香林雪竇相似，何止只是千萬箇？直得盡大地人，悉皆如此，前佛後佛，也悉皆如此。苟或於言句中作解會，便似紫胡要打劉鐵磨相似。其實纔舉，和聲便打。紫胡參南泉，與趙州岑大蟲同參。時劉鐵磨在溈山下卓庵，諸方皆不奈何他。一日紫胡得得去訪云："莫便是劉鐵磨否？"磨云："不敢。"胡云："左轉右轉。"磨云："和尚莫顛倒。"胡和聲便打。香林答這僧問如何是祖師西來意，却云：坐久成勞。若恁麼會得，左轉右轉隨後來也。且道雪竇如此頌出，意作麼生？無事好。試請舉看。

〔一八〕舉肅宗皇帝，本是代宗此誤。問忠國師，百年後所須何物？頭捱待癢，果然起模畫樣，老老大大作道去就，不可指東作西。國師云：與老僧作箇無縫塔。把不住，帝曰：請師塔樣。好與一劄。國師良久云：會麼？停囚長智，直得指東劃西，將南作北，直得口似扁檐。帝云：不會。賴值不會，當時更與一拶，教伊滿口含霜，却較些子。國師云：吾有付法弟子耽源，却諳此事，請詔問之。賴值不抵倒禪床，何不與他本分草料？莫搽胡人好，放過一著。國師遷化後，可惜，果然錯認定盤星。帝詔耽源，問：此意如何？子承父業去也，落在第二頭第三頭？源云：湘之南潭之北。也是把不住，兩兩三三作什麼？半開半合。

雪竇著語云：獨掌不浪鳴，一盲引衆盲，果然隨語生解，隨邪逐惡，作什麼？中有黃金充一國。上是天下是地，無這箇消息，是誰分上事。雪竇著語云：山形柱杖子，拗折了也，也是起模劃樣。無影樹下合同船。祖師喪了也，闍黎道什麼。雪竇著語云：海晏河清，洪波浩渺白浪滔天，猶較些子。瑠璃殿上無知識。咄。雪竇著語云：拈了也。賊過後張弓，言猶在耳。

　　肅宗代宗，皆玄宗之子孫，爲太子時，常愛參禪。爲國有巨盜，玄宗遂幸蜀。唐本都長安，爲安禄山僭據。後都洛陽，肅宗攝政。是時忠國師，在鄧州白崖山住庵，今香嚴道場是也。四十餘年不下山，道行聞于帝里。上元二年勑中使，詔入内，待以師禮，甚敬重之。嘗與帝演無上道，師退朝，帝自攀車而送之，朝臣皆有愠色，欲奏其不便。國師具他心通，而先見聖奏曰：我在天帝釋前，見粟散天子，如閃電光相似。帝愈加敬重。及代宗臨御，復延止光宅寺，十有六載，隨機説法，至大曆十年，遷化。山南府青鉾山和尚，昔與國師同行，國師嘗奏帝令詔他，三詔不起，常罵國師耽名愛利，戀著人間。國師於他父子三朝中，爲國師。他家父子，一時參禪。據傳燈録所考，此乃是代宗設問。若是問國師如何是十身調御，此却是肅宗問也。國師緣終，將入涅槃，乃辭代宗。代宗問曰：國師百年後，所須何物？也只是平常一箇問端，這老漢無風起浪，却道與老僧造箇無縫塔。且道白日青天如此作什麼，做箇塔便了，爲什麼却道：做箇無縫塔？代宗也不妨作家，與爾一拶道：請師塔樣。國師良久云：會麼？奇怪這些子，最是難參，大小大國師，被他一拶，直得口似扁擔。然雖如此，若不是這老漢，幾乎弄倒了。多少人道，國師不言處，便是塔樣。若恁麼會，達磨一宗掃地而盡。若謂良久便是，啞子也合會禪。豈不見外道問佛，不問有言不問無言，世尊良久，外道禮拜，贊嘆曰：世尊大慈大悲，開我迷雲，令我得入。及外道去後，阿難問佛：外道有何所證，而言得入？世尊云：如世良馬，見鞭影而行。人多向良久處會，有什麼巴鼻。五祖先師拈云：
前面是珍珠瑪瑙，後面是瑪瑙珍珠；左邊是觀音勢至，右邊是文殊
普賢；中間有箇旛子，被風吹著，道胡盧胡盧。國師云：會麼？帝
曰：不會。却較些子，且道這箇不會，與武帝不識，是同是別？雖然
似則似，是則未是。國師云：吾有付法弟子耽源，却諳此事，請詔問
之。雪竇拈云：獨掌不浪鳴。代宗不會則置，耽源還會麼？只消道
箇請師塔樣，盡大地人不奈何。五祖先師拈云：爾是一國之師，爲
箇什麼不道，却推與弟子？國師遷化後，帝詔耽源問此意如何，源
便來爲國師，胡言漢語説道理，自然會他國師説話。只消一頌湘之
南潭之北，中有黃金充一國，無影樹下合同船，瑠璃殿上無知識。
耽源名應真，在國師處作侍者，後住吉州耽源寺。時仰山來參耽
源。源言重性惡不可犯，住不得。仰山先去參性空禪師，有僧問性
空：如何是祖師西來意？空云：如人在千尺井中，不假寸繩出得此
人，即答汝西來意。僧云：近日湖南暢和尚，亦爲人東語西話。空
乃喚沙彌拽出這死屍著山後。舉問耽源：如何出得井中人？耽源
曰：咄1癡漢，誰在井中。仰山不契，後問潙山，山乃呼慧寂，山應
諾。潙云：出了也。仰山因此大悟，云：我在耽源處得體，潙山處得
用。也只是這一箇頌子，引人邪解不少。人多錯會道：相是相見，
譚是譚論，中間有箇無縫塔。所以道：中有黃金充一國。帝與國師
對答，便是無影樹下合同船。帝不會，遂道瑠璃殿上無知識。又有
底道：相是相州之南，潭是潭州之北，中有黃金充一國。須官家眨
眼顧視云：這箇是無縫塔。若恁麼會，不出情見，只如雪竇下四轉
語，又作麼生會？今人殊不知古人意，且道：湘之南，潭之北，爾作
麼生會？中有黃金充一國，爾作麼生會？瑠璃殿上無知識，爾作麼
生會？若恁麼見得，不妨慶快平生。湘之南潭之北，雪竇道：獨掌不
浪鳴。不得已與爾説。中有黃金充一國，雪竇道：山形拄杖子。古

人道：識得拄杖子，一生參學事畢，無影樹下合同船，<u>雪竇</u>道：海晏河清。一時豁開戶牖，八面玲瓏。瑠璃殿上無知識，<u>雪竇</u>道：拈了也。一時與爾説了也，不妨難見，見得也好，只是有些子錯認處，隨語生解。至末後道拈了也，却較些子，<u>雪竇</u>分明一時下語了，後面單頌箇無縫塔子：

無縫塔，這一縫，大小大，道什麼。見還難，非眼可見，瞎。澄潭不許蒼龍蟠。見麼，洪波浩渺，蒼龍向什麼蟠？這裏直得摸索不著。層落落，莫眼花，眼花，作什麼。影團團，通身是眼，落七落八，兩兩三三舊路行，左轉右轉隨後來。千古萬古與人看。見麼？瞎漢作麼生看？闍黎覷得見麼。

<u>雪竇</u>當頭道：無縫塔，見還難。雖然獨露無私，則是要見時還難。<u>雪竇</u>忒殺慈悲，更向爾道：澄潭不許蒼龍蟠。<u>五祖</u>先師道：<u>雪竇</u>頌古一册，我只愛他澄潭不許蒼龍蟠一句，猶較些子，多少人去他國師良久處作活計。若恁麼會，一時錯了也。不見道：卧龍不鑒止水，無處有月波澄，有處無風起浪。又道：卧龍長怖碧潭清。若是這箇漢，直饒洪波浩渺，白浪滔天，亦不在裏許蟠。<u>雪竇</u>到此頌了，後頭著些子眼目，琢出一箇無縫塔，隨後説道：層落落，影團團，千古萬古與人看。爾作麼生看？即今在什麼處？直饒爾見得分明，也莫錯認定盤星。

垂示云：一塵舉大地收，一花開世界起，只如塵未舉花未開時，如何著眼？所以道：如斬一綟絲，一斬一切斬；如染一綟絲，一染一切染。只如今便將葛藤截斷，運出自己家珍，高低普應，前後無差，各各現成，儻或未然，看取下文：

〔一九〕舉俱胝和尚，凡有所問，有什麼消息，鈍根阿師。只豎一指。這老漢也要坐斷天下人舌頭，熱則普天普地熱，寒則普天普地寒，換却天下人舌頭。

若向指頭上會，則辜負俱胝；若不向指頭上會，則生鐵鑄就相似。會也恁麼去，不會也恁麼去，高也恁麼去，低也恁麼去，是也恁麼去,非也怎麼去,所以道:一塵纔起大地全收,一花欲開世界便起,一毛頭獅子,百億毛頭現。圓明道:寒則普天普地寒,熱則普天普地熱,山河大地,下徹黃泉;萬象森羅,上通霄漢。且道:是什麼物得怎麼奇怪?若也識得,不消一捏;若識不得,礙塞殺人。俱胝和尚,乃婺州金華人,初住庵時,有一尼名實際,到庵直入,更不下笠,持錫遶禪床三匝云:道得即下笠。如是三問,俱胝無對,尼便去。俱胝曰:天勢稍晚,且留一宿。尼曰:道得即宿。胝又無對,尼便行。胝嘆曰:我雖處丈夫之形,而無丈夫之氣。遂發憤要明此事,擬棄庵往諸方參請,打疊行脚,其夜山神告曰:不須離此,來日有肉身菩薩,來為和尚說法,不須去。果是次日,天龍和尚到庵,胝乃迎禮,具陳前事。天龍只竪一指而示之,俱胝忽然大悟,是他當時鄭重專注,所以桶底易脱。後來凡有所問,只竪一指。長慶道:美食不中飽人喫。玄沙道:我當時若見,拗折指頭。玄覺云:玄沙怎麼道,意作麼生?雲居錫云:只如玄沙怎麼道,是肯伊,是不肯伊?若肯伊,何言拗折指頭?若不肯伊,俱胝過在什麼處?先曹山云:俱胝承當處莽鹵,只認得一機一境,一等是拍手撫掌,見他西園奇怪。玄覺又云:且道俱胝還悟也未?為什麼承當處莽鹵?若是不悟,又道平生,只用一指頭禪不盡。且道曹山意在什麼處?當時俱胝實然不會,及乎到他悟後,凡有所問,只竪一指,因什麼千人萬人,羅籠不住,撲他不破?爾若用作指頭會,決定不見古人意,這般禪易參,只是難會。如今人纔問著,也竪指竪拳,只是弄精魂,也須是徹骨徹髓,見透始得。俱胝庵中有一童子,於外被人詰曰:和尚尋常以何法示人?童子竪起指頭。歸而擧似師,俱胝以刀斷其指,童子叫喚走出,俱胝召一聲,童子回首,俱胝却竪起指頭,童子豁然領解。且道見箇什麼道理?及至遷化,謂衆曰:吾得天龍一指頭禪,平生用不盡。要會麼?竪起指頭便脱去。後來明招獨眼龍問國泰

深師叔云：古人道，俱胝只念三行呪，便得名超一切人，作麼生與他
拈却三行呪？深亦豎起一指頭。招云：不因今日，争識得這瓜州
客？且道：意作麼生？秘魔平生，只用一杈打地，和尚凡有所問，只
打地一下，後被人藏却他棒，却問如何是佛？他只張口，亦是一生
用不盡。無業云：祖師觀此土有大乘根器，唯單傳心印，指示迷塗，
得之者不揀愚之與智凡之與聖，且多虛不如少實。大丈夫漢，即
今直下休歇去，頓息萬緣去，超生死流，迴出常格，縱有眷屬莊嚴，
不求自得。無業一生凡有所問，只道莫妄想，所以道：一處透，千處
萬處一時透；一機明，千機萬機一時明。如今人總不恁麼，只管恣
意情解，不會他古人省要處。他豈不是無機關傳換處，爲什麼只用
一指頭？須知俱胝到這裏，有深密爲人處，要會得省力麼？還他圓
明道，寒則普天普地寒，熱則普天普地熱，山河大地，通上孤危，萬
象森羅，徹下嶮峻，什麼處得一指頭禪來？

　　對揚深愛老俱胝，顢兒牽伴，同道方知，不免是一機一境。宇宙空來更有
誰？兩箇三箇更有一箇，也須打殺。曾向滄溟下浮木，全是這箇，是則是，太孤
峻生，破草鞋有什麼用處。夜濤相共接盲龜。撈天摸地，有什麼了期，接得堪作何
用？據令而行，趂向無佛世界，接得闍黎，一箇瞎漢。

　　雪竇會四六文章，七通八達，凡是諸訛奇特公案，偏愛去頌：對
揚深愛老俱胝，宇宙空來更有誰？今時學者，抑揚古人，或賓或主，
一問一答，當面提持，有如此爲人處，所以道對揚深愛老俱胝。且
道雪竇愛他作什麼？自天地開闢以來，更有誰人，只是老俱胝一
箇。若是別人須參雜，唯是俱胝老，只用一指頭，直至老死。時人多
邪解道：山河大地也空，人也空，法也空，直饒宇宙一時空來，只是
俱胝老一箇，且得沒交涉。曾向滄溟下浮木，如今謂之生死海，衆
生在業海之中，頭出頭没，不明自己，無有出期。俱胝老垂慈接物，
於生死海中，用一指頭接人，似下浮木接盲龜相似，令諸衆生得到

彼岸。夜濤相共接盲龜，法華經云：如一眼之龜，值浮木孔，無没溺之患。大善知識接得一箇如龍似虎底漢，教他向有佛世界互爲賓主，無佛世界坐斷要津，接得箇盲龜，堪作何用？

垂示云：堆山積嶽，撞牆磕壁，佇思停機，一場苦屈。或有箇漢出來掀翻大海，踢倒須彌，喝散白雲，打破虚空，直下向一機一境，坐斷天下人舌頭，無爾近傍處。且道從上來，是什麼人曾恁麼？試舉看。

〔二〇〕舉龍牙問翠微：如何是祖師西來意？諸方舊説，也要堆過。微云：與我過禪板來。用禪板作什麼？泊合放過，噉。牙過禪板與翠微，也是把不住，䚡與青龍不解騎，可惜許，當面不承當。微接得便打。着，打得箇死漢濟甚事，也落在第二頭了也。牙云：打即任打，要且無祖師西來意？這漢話在第二頭，賊過後張弓。牙又問臨濟：如何是祖師西來意？諸方舊公案，再問將來，不值半分錢。濟云：與我過蒲團來。曹溪波浪如相似，無限平人被陸沉，一狀領過，一坑埋却。牙取蒲團過與臨濟，依前把不住，依前不伶利，依俙越國，髣髴揚州。濟接得便打。着，可惜打這般死漢，一模脱出。牙云：打即任打，要且無祖師西來意。灼然在鬼窟裏作活計，將謂得便宜，賊過後張弓。

翠巖芝和尚云：當時如是，今時衲子皮下還有血麼？潙山喆云：翠微臨濟，可謂本分宗師，龍牙一等是撥草瞻風，不妨與後人作龜鑑。住院後有僧問：和尚當時還肯二尊宿麼？牙云：肯即肯，只是無祖師西來意。龍牙瞻前顧後，應病與藥。大潙則不然，待伊問和尚當時還肯二尊宿麼，明不明，劈脊便打。非惟扶竪翠微臨濟，亦不辜負來問。石門聰云：龍牙無人拶著，猶可。被箇衲子挨著，失却一隻眼。雪竇云：臨濟翠微只解把住，不解放開，我當時如作龍牙，待伊索蒲團禪板，拈起劈面便擲。五祖戒云：和尚得恁麼面長。或云：祖師土宿臨頭。黄龍新云：龍牙驅耕夫之牛，奪飢人之食，既明則明矣，因什麼却無祖師西來意？會麼？棒頭有眼明如日，要識真金火裏看。大凡激揚要妙，提唱宗乘，向第一機下明得，可以坐斷天下人舌頭，儻或躊躇，落在第二。這二老漢，雖然打風打雨，驚天動地，要且不曾打著箇明眼漢。古人參禪多少辛苦，立大丈夫志氣，經歷山川，參見尊宿。龍牙先參翠微臨濟，後參德山，遂問學人仗鏌鋣劍，擬取師頭時如何？德山引頸云：囝。牙云：師頭落也。山微笑便休去。次到洞山，洞山問，近離甚處？牙云：德山來。洞山云：德山有何言句？牙遂舉前話。洞山云：他道什麼？牙云：他無語。洞山云：莫道無語，且試將德山落底頭呈似老僧看。牙於此有省，遂焚香遙望德山禮拜懺悔。德山聞云：洞山老漢不識好惡，這漢死來多少時，救得有什麼用處？從他擔老僧頭遶天下走。龍牙根性聰敏，擔一肚皮禪，行脚，直向長安翠微，便問：如何是祖師西來意？微云：與我過禪板來。牙取禪板與微，微接得便打。牙云：打卽任打，要且無祖師西來意。又問臨濟，如何是祖師西來意？濟云：與我過蒲團來。牙取蒲團與臨濟，濟接得便打。牙云：打卽任打，要且無祖師西來意。他致箇問端，不妨要見他曲彔木床上老漢，亦要明自己一段大事，可謂言不虛設，機不亂發，出在做工夫處。不見五洩參石頭，先自約曰：若一言相契卽住，不然卽去。石頭據座，洩拂袖而出。石頭知是法器，卽垂開示，洩不領其旨，告辭而出門。石頭呼之云：闍黎。洩回顧。石頭云：從生至死，只是這箇，回頭轉腦，更莫別求。洩於言下大悟。又麻谷持錫到章敬，遶禪床三匝，振錫一下，卓然而立。敬云：是是。又到南泉，依前遶床振錫而立。南泉云：不是不是。此是風力所轉，終成敗壞。谷云：章敬道是，和尚爲什麼道不是？南泉云：章敬卽是，是汝不是。古人也不妨要提持透脫此一件事，如今人纔問著，全無些子用工夫處，今日也只是恁麼，明日也只是恁麼，爾若只恁麼盡未來際，也未有了日，須是抖擻精神，始得有少分相應。爾看龍牙發一問道：如何是祖師西來意？翠微云：與我過禪板來。牙過與微，微接得便打。牙當時取禪板時，豈不知翠微要打他？也不得便道他不會，爲什麽却過禪板與他？且道當機承當得時，合作麽生，他不向活水處用，自去死水裏作活計，一向作主宰，便道打卽任打，要且無祖師西來意。又走去河北參臨濟，依前恁麽問。濟云：與我過蒲團來。牙過與濟，濟接得便打。牙云：打卽任打，要且無祖師西來意。且道二尊宿，又不同法嗣，爲什麽答處相似，用處一般？須知古人，一言一句，不亂施爲。他後來住院，有僧問云：和尚當時見二尊宿，是肯他不肯他？牙云：肯則肯，要且無祖師西來意。爛泥裏有刺，放過與人，已落第二。這老漢把得定，只做得洞下尊宿。若是德山臨濟門下，須知別有生涯。若是山僧則不然，只向他道，肯卽未肯，要且無祖師西來意。不見僧問大梅：如何是祖師西來意？梅云：西來無意。鹽官聞云：一箇棺材，兩箇死漢。玄沙聞云：鹽官是作家。雪竇道：三箇也有。只如這僧問祖師西來意，却向他道西來無意，爾若恁麽會，墮在無事界裏。所以道：須參活句，莫參死句。活句下薦得，永劫不忘；死句下薦得，自救不了。龍牙恁麽道，不妨盡善。古人道相續也大難。他古人一言一句，不亂施爲，前後相照，有權有實，有照有用，賓主歷然，互換縱橫。若要辨其親切，龍牙雖不昧宗乘，爭奈落在第二頭？當時二尊宿，索禪板蒲團，牙不可不知他意，是他要用他胸襟裏事，雖然如是，不妨用得太峻。龍牙恁麽問，二老恁麽答，爲什麽却無祖師西來意？到這裏須知別有箇奇特處，雪竇拈出令人看：

龍牙山裏龍無眼，瞎，謾別人卽得，泥裏洗土塊，天下人總知。死水何曾振古風，忽然活時無奈何，累及天下人出頭不得！禪板蒲團不能用，敎阿誰說？爾要禪板蒲團作什麽？莫是分付闍黎麽。只應分付與盧公。也則分付不著，漆桶莫作這般見解。

雪竇據款結案，他雖恁麼頌，且道意在什麼處？甚處是無眼？甚處是死水裏？到這裏須是有變通始得。所以道：澄潭不許蒼龍蟠，死水何曾有獰龍？不見道：死水不藏龍。若是活底龍，須向洪波浩渺白浪滔天處去。此言龍牙走入死水中去，被人打，他却道打卽任打，要且無祖師西來意，招得雪竇道死水何曾振古風。雖然如此，且道：雪竇是扶持伊，是減他威光。人多錯會道：爲什麼只應分付與盧公？殊不知，却是龍牙分付與人。大凡參請，須是向機上辨別，方見他古人相見處，禪板蒲團不能用。翠微云：與我過禪板來。牙過與他，豈不是死水裏作活計？分明是駕與青龍，只是他不解騎，是不能用也。只應分付與盧公，往往喚作六祖非也，不曾分付與人。若道分付與人要用打人，却成箇什麼去？昔雪竇自呼爲盧公，他題晦迹自貽云：圖畫當年愛洞庭，波心七十二峯青，而今高臥思前事，添得盧公倚石屏。雪竇要去龍牙頭上行，又恐人錯會，所以別頌要罰人疑解。雪竇復拈云：

這老漢，也未得剿絕，復成一頌：灼然，能有幾人知，自知較一半，賴有末後句。盧公付了亦何憑，盡大地討恁麼人也難得，教誰領話。坐倚休將繼祖燈，草裏漢，打入黑山下坐，落在鬼窟裏去也。堪對暮雲歸未合，一箇半箇，舉著卽錯，果然出不得。遠山無限碧層層。塞却爾眼，塞却爾耳，没溺深坑，更參三十年。

盧公付了亦何憑，有何憑據？直須向這裏恁麼會去，更莫守株待兔。觸體前一時打破，無一點事在胸中，放教灑灑落落地，又何必要憑？或坐或倚，不消作佛法道理，所以道坐倚休將繼祖燈。雪竇一時拈了也。他有箇轉身處，末後自露箇消息，有些子好處，道堪對暮雲歸未合。且道雪竇意在什麼處？暮雲歸欲合未合之時，爾道作麼生遠山無限碧層層。且道是文殊境界耶？是普賢境界耶？是觀音境界耶？到此且道是什麼人分上事。

（選自大正大藏經第四十八卷佛果圜悟禪師碧巖錄卷二）

二、 佛果克勤禪師心要（選錄）

示宗覺禪人

宗門接利根上智，提持出生死、絕知見、離言説、越聖见。道妙
豈淺識小見、理道機境、解路上作活計者所能擬議？要須如龍似
虎，殺人不眨眼漢，用瞥脱快利力量，聊聞舉著，剔起便行。外棄世
間縛著，内捨聖凡情量，直得孤迥迥峭巍巍，不依倚絲毫，當陽薦
透，全身擔荷。佛來也炫惑不動，況祖師宗匠語句機鋒，一刀截斷，
更不顧藉。自餘諸雜甚譬如閑方，可攀上流，少分相應也。不見永
嘉纔跨曹溪，便師子吼，丹霞聞馬師示選佛場，當下決破。逗到二
師之前，逆流投契；亮坐主四十二本經論，言下冰消；德山吹紙燭
便燒疏鈔，臨濟六十棒後乃翻擲，並皆透脱。不知曾入室幾回，請
益幾次？近時學道之士，不道他不用工夫，多只是記憶公案，論量
古今，持擇言句，打葛藤，學路布，幾時得休歇知斯！只贏得一場骨
董，推源窮本。蓋上梢不遇作家，自己不負大丈夫志氣，曾不退步，
就已打辦精神，放下從前已後勝妙知見，直截獨脱領取本分大事因
緣。是故半前落後，不分不曉，若只恁麼，縱一生勤苦，亦未夢見
在。是故昔人云：“菩提離言説，從來無得人。”德山道：“我宗無語
句，亦無一法與人。”趙州道：“佛之一字，吾不喜聞。”看他早是撲土
塗糊人了也，若更於棒頭求玄，喝下覓妙，瞪眉努眼，舉手動足，展
轉落野狐窠窟去也。此宗惟貴悟明到銀山鐵壁，萬仞孤峭，擊石
火，閃電光，擬不擬便墮坑落塹。所以從上護惜箇一著子，同到同
證，無你撮摸處。既能辦心，能舍緣，累修行，依知識，若更不耐心
向千難萬難不可湊泊處放下身心，體究教徹底，誠爲可惜。只如千

生百劫，到今還有間斷也無，既無間斷，疑箇甚生死去來。軒知屬緣於本分事了無交涉。五祖老師常説："我在此五十年，見却千千萬萬禪和，到禪床角頭只是覓佛做，説佛法，並不曾見箇本分衲子。"誠哉！看却今時只説佛法底也難得，何況更求本分人？時節澆季，去聖愈遠，大唐國裡胡種看看滅也，或得一箇半箇有操持，不敢望似已前龍象。但只知履踐趣向，頭正尾正，早是火中出蓮，切宜撥退諸緣，便能識破古來大達大悟底蘊，隨處休歇。行密行諸天無路，捧花魔外，覓行蹤不見，是真出家，了徹自己。如有福報因緣，出來垂一隻手亦不爲分外。但辦肯心，必不相賺。只老僧恁麼，也是普州人送賊。

（選自佛果克勤禪師心要卷上始，據續藏經本第一輯第二編第二十五套第四冊）

示光禪人

欲得親切，第一不用求，求而得之，已落解會。況此大寶藏，亙古亙今，歷歷虛明，從無始劫來，爲自己根本舉動施爲全承他力。唯是休歇到一念不生處，則便透脱不墮情塵，不居意想。迴然超絶，則徧界不藏，物物頭頭，渾成大用，一一皆從自己胸襟流出。古人謂之運出家財，一得永得，受用豈有窮極耶！但患體究處根脚不牢，不能徹證，直須猛截諸緣，令無纖毫依倚，放身捨命，直下承當，無第二箇，縱使千聖出來，亦不移易。隨時任運，喫飯著衣，長養聖胎，不存知解，可不是省要徑截，殊勝法門耶！

（同上）

示璨上人

達磨西來，不立文字語句，唯直指人心。若論直指，只人人本有無明殼子裏，全體應現，與從上諸聖不移易絲毫許。所謂天真自性，本淨明妙，含吐十虛，獨脫根塵，一片田地，惟離念絕情，迥超常格。大根大智，以本分力量直下，就自根腳下承當，如萬仞懸崖，撒手放身，更無顧藉，教知見解礙，倒底脫去，似大死人已絕氣息到本地上，大休大歇。口鼻眼耳初不相知，識見情想皆不相到，然後向死火寒灰上，頭頭上明；枯木朽株間，物物斯照，乃契合孤迥迥峭巍巍，更不須覓心覓佛。築著磕著，元非外得，古來悟達，百種千端，只這便是；是心不必更求心，是佛何勞更覓佛。儻於言句上作路布，境物上生解會，則墮在骨董袋中，卒撈摸不著。此忘懷絕照，真諦境界也。

（同上）

示璨上人

依無住本，立一切法。無住之本，本乎無住。若能徹證，則萬法一如，求其分毫住相不可得。只今現定作爲，全是無住，根本既明，如人有目，日光明照，見種種色，豈非般若關捩乎？

永嘉云：“不離當處常湛然。”親切無過此語。覓則知君不可見，但於當處湛然二邊坐斷使平穩，切忌作知解求覓，纔求，即如捕影也。

不與萬法爲侶是什麼人，回光自照看，待汝一口吸盡西江水，即向汝道。八角磨盤空裏走，參得透目前萬法，平沉無始，妄想蕩盡。

德山隔江招扇，使有人承當；鳥窠吹布毛，尋有人省悟。得非此段大因緣時，至根苗自生耶？抑機感相投有地耶？抑當人密運無間，借師門發揮也。何峭絕如此之難，而超證如此之易。古人以輥芥投針爲況，良不虛矣。

信得心及見得性，徹於日用中，無絲毫透漏。全世法卽佛法，全佛法卽世法，平等一如，豈有說時便有，不說時便無；思量時便有，不思量時便無。如此卽正在妄想情解間，何曾徹證。直得心心念念照了無遺，世法佛法初不間斷，則自然純熟，左右逢原矣。有問隨問，便對無問，亦湛然常寂，豈非著實透脫生死要綱也。末後一句，都通穿過有言無言，向上向下，權實照用，卷舒與奪，不消箇勘破了也。誰識趙州這巴鼻須，是吾家種草始得。

（同上卷上終）

示諧知浴

此箇大法，三世諸佛同證，歷代祖師共傳。一印印定，直指人心，見性成佛，不立文字語句，謂之教外別行，單傳心印。若涉言詮路布，立階立梯，論量格外格內，則失却本宗，辜負先聖。要須最初入作，便遇本分人，直截根源，退步就己。以鐵石心將從前妄想見解，世智辯聰，彼我得失，倒底一時放却直下，如枯木死灰，情盡見除到淨倮倮赤灑灑處，豁然契證，與從上諸聖不移易一絲毫許。諦信得及，明見得徹，此始爲入理之門。更須教一念萬年，萬年一念，二六時中，純一無雜。纔有纖塵起滅，則落二十五有，無出離之期。抵死謾生咬教斷，然後田地穩密，聖凡位中收攝不得，始是如鳥出籠，自休自了處，得坐披衣。真金百煉，舉動施爲，等閑蕩蕩地，根塵生死，境智玄妙，如湯沃雪，遂自知時，更無分外底名爲無心道人。以此修證，轉開未悟，令如是履踐，豈不爲要道哉。

（同上）

示樞禪人

玄學之士，見性悟理，踐佛階梯，是家常茶飯。須知佛祖頂顙上有換骨妙致，方可越格超宗，作向上人舉措。使德山臨濟無施作用處，平時只守閑閑地，初不立伎倆，似三家村裏人，頑然癡兀，直得諸天捧花無路，魔外潛覷不見，漠然不露毫芒圭角，如居萬億寶貨，深藏牢鎖，土面灰頭，與傭保雜作，口亦不言，心亦不念，一世人莫測而神意泰然，豈非有道無爲無作，真無事人耶」

　　解語非千舌，能言不在詞。明知古人舌頭語言不是依仗處，則古人半句一言，其意唯要人直下契證本來大事因緣。所以修多羅教如標月指，祖師言句是敲門瓦子，知是般事便休。行履處綿密，受用處寬通，日久歲深不移易，拈弄收放得熟，小小境界悉皆照破割斷，不留朕迹，及至死生之際，結角羅紋不相參雜，湛然不動，翛然出離，此臘月三十日湼槃堂裏禪。

（同上）

示瑛上人

　　道本無言，因言顯道。若真體道之人，通之於心，明之於本，直下脫却千重萬重貼肉汗衫，豁然契悟本來真净明妙、冲虚寂淡、如如不動真實正體，到一念不生，前後際斷處，踏著本地風光，更無許多惡覺知見，彼我是非，生死垢心，拔白露净，信得及與他從上來人無二無別。等閑不作爲、不確執，虚通自在，圓融無際，隨時應節，喫飯著衣，契證平常，謂之無爲無事，真正道人。蓋緣根本既明，六根純静，智理雙冥，境神俱會，無深可深，無妙可妙。至於行履，自會融通，喚作得坐披衣。向後自看，終不肯只向言句中話路，古人公案間埋没，鬼窟裏、黑山下作活計。唯以悟人深證爲要，自然到至簡至易，平常無事處，然亦終不肯死殺坐却，墮在無事界裏。是故從上作家，古德行棒行喝，立宗旨、明與奪、設照用，三要三玄，五位偏正，峻機電卷，言前格外，旁提正按，只貴當人活卓卓地，千人萬人羅籠不住，知有向上宗乘，終不指注定殺掘坑埋人。若有如此者，定是弄泥團，非慷慨透脱，真正具眼衲子。所以不喫人殘羹餿飯，被縶韁橛子綴住。不唯埋没宗風，抑亦自己透脱生死不得。況復展轉將路布、窠窟、解路傳授與後學，遂成一盲引衆盲，相將入火坑，豈是小禍！復令正宗只見淡簿，祖佛綱紀委地，豈不痛哉！所以學道先須擇正知正見師門，然後放下複子，不論歲月用，做事綿綿相續，不怕苦硬難入，參取管須徹去。不見睦州道："未得箇入頭，須得箇入頭處，若得箇入頭處，不得辜負老僧。"既操誠日久，大經鉗鎚，洪鑪煅煉，日近日親，田地穩密，只更辦悠久管帶，使如證如悟，始終無間，世法佛法，打成一片，物物頭頭有出身處，不墮塵機，不爲物轉，鬧市裏十字街頭，活浩之中正好著力也。

（同上）

示胡尚書悟性勸善文

人人脚根下本有此段大光明，虛徹靈通，謂之本地風光。生佛未具，圓融無際，在自己方寸中，爲四大五蘊之主。初無污染，本性凝寂，但爲妄想倏起翳障之，束於六根六塵，爲根塵相對黏膩執著，取一切境界，生一切妄念，汩没生死塵勞，不得解脱。是故諸佛祖師，悟此真源，洞達根本，憫諸沉淪，起大悲心，出興於世，正爲此耳。達磨西來，教外別行，亦爲此耳。只貴大根利智，回光返照於一念不生處明悟此心，況此心能生一切世出世間法，長時印定方寸，孤迥迥活潑潑，纔生心動念，卽昧却此本明也。如今要直截易透，但教身心空勞勞地，虛而靈，寂而照，内忘己見，外絶織塵，内外洞然，唯一真實。眼耳鼻舌身意，色聲香味觸法皆依他建立，他能透脱超越得如許萬緣，而如許萬緣初無定相，唯仗此光轉變。苟信得此一片田地及，則一了一切了，一明一切明，便能隨所作爲，皆是透頂透底大解脱金剛正體也。要須先悟了此心,然後修一切善。豈不見白樂天問鳥窠:"如何是道?"窠云:"諸惡莫作,衆善奉行。"白云:"三歲孩兒也道得。"窠云:"三歲孩兒雖道得,八十老翁行不得。"故應探過正要修行,如目足相資。若能不作諸惡,精修衆善,只持五戒十善之人,亦可以不淪墜。何況先悟妙明真心,堅固正體,然後隨力修行,作諸善行,令一切人不迷因果,知地獄天堂之因皆自本心作成,當平持此心,無我人、無愛憎、無取舍、無得失,漸漸長養三十二十年,逢順違境界得不退轉,到生死之際,自然脩然無諸怖畏,所謂理須頓悟,事要漸修。多見學佛之儔,唯以世智辯聰於佛祖言教中,遠掠奇妙語句以資譚柄,逞能逞解,此非正見也,應當棄舍。冥心静坐,忘緣體究,逗到徹底玲瓏,於自家無價無盡寶藏中運出,何有不真實者哉!却須先悟了本來明見,卽心卽佛正體,離諸妄緣,脩然澄净,然後奉行一切衆善,起大悲,饒益有情,隨所作爲,皆是平等,無我無著,妙智顯發,通徹本體。善行豈不妙哉!所以,道但辦肯心,必不相賺。以悟爲則,莫嫌遲晚。珍重!

(同上)

示黄太尉鈐轄

此道幽邃,極於天地未形,生佛未分,湛然凝寂,爲萬化之本初,非有無,不落塵緣,煒煒燁燁,莫測涯際,無真可真,無妙可妙,超然居意象之表,無物可以比倫。是故至人獨證穎脱,泯然净盡,徹此淵源,以方便力直下單捉,接最上機,不立階級,所以謂之宗乘,教外別行,以一印印定,遂撥轉關捩,不容擬議。至於拈花微笑,投針舉拂,植杖抵几,瞬目揚眉,悉出窠窟理道,語言路布。如擊石火,似閃電光,瞥然迅急,萬變千化,曾無依倚,透頂透底,截斷籠羅。只許俊流，不論懵底，正要具殺人不眨眼氣概，一了一切了，一明一切明，然後特達，絕死出生，超凡入聖，蘊遠見高識，居常不露鋒鋩，等閑突出，則驚羣動衆。蓋深根固蒂，覰破威音王已前空劫那畔，與卽今日用無異無別。既能行持有力，堪任重致遠，得大自在，促三祇爲一念，衍七日作一劫，猶是小小作用，況擲大千於方外，納須彌於芥中，乃家常茶飯爾。昔裴相國得旨於黃蘗，楊大年受印於廣慧，維摩手搏妙喜界，龐老一口吸西江，豈難事哉？唯直領此大因緣而已。既有此道之基本時，中能不聽人處分，略操勇猛，向應酬指呼之際著眼，運快機利智，轉一切萬有，回自己掌握，舒卷縱擒，則與上來大達，抱道蘊德，踐履純熟之士，豈有異耶！但使源源相續無間斷，便是長生路上快活人也。祖師云：“心隨萬境轉，轉處實能幽，隨流認得性，無喜亦無憂。”纔於轉變處得幽深之旨，向流動時徹見本性，超出二邊，不居中道，安可更存違順憂喜愛憎，令罣礙自受用哉！以心傳心，以性印性，如水入水，似金博金，樂易平常，無爲無事，遇境逢緣，不消一劄。德山行棒，臨濟用喝，雲門、睦州風旋電轉，何遠之有？唯不徇情轉，蓋色騎聲，超今越古，向百草顛頭，快行劍刃上事所以道，撥開向上一竅，千聖齊立下風。鳥窠吹布毛，俱胝一指頭，趙州三喫茶，禾山四打鼓，雲門須彌山，洞山麻三斤，鎔瓶盤釵釧爲一金，攪酥酪醍醐爲一味，不出至微至奧，無上道妙矣。嚴陽尊者問趙州：“一物不將來時如何？”州云：“放下著。”復徵，“既一物不將來，教某放下箇什麼？”州云：“看你放不下渠。”卽大悟。豈不是靈利解言下返照，直截透徹，忘懷絕念，大解脫根源，蹋著本地風光，契合本來面目！以此一句證却，則千句萬句根塵俱謝，默契心宗，便非他物。後來便伏毒蛇、降猛虎，顯不可思議靈驗，豈不爲特殊哉！

（同上）

示嘉仲賢良

　　全心卽佛，全佛卽人，人佛無異，始爲道矣。此諦實之言也。但心真，則人佛俱真，是故祖師惟直指人心，俾見性成佛。然此心雖人人具足，從無始來，清净無染，初不取著，寂照凝然，了無能所，十成圓陀陀地。只緣不守自性，妄動一念，遂起無邊知見，漂流諸有。根脚下恒常佩此本光，未嘗曖昧，而於根塵枉受纏縛，若能蘊宿根，遇諸佛祖師，直截指示處，便倒底脱却膩脂衲襖，赤條條净保保，直下承當，不從外來，不從内出，當下廓然，明證此性，更説甚人佛心，如紅爐上著一點雪，何處更有如許多忉怛也。是故此宗不立文字語句，惟許最上乘根器，如飆風疾雷，電激星飛，脱體契證，截生死流，破無明殻，了無疑惑，直下頓明，二六時中，轉一切事緣皆成無上妙智，豈假厭喧求静，棄彼取此？一真一切真，一了一切了，總萬有於心源，握權機於方外，而應物現形，無法不圓，何有於我哉！要須先定自己落著，立處既硬糾糾地，自然風行草偃。所以王老師十八上便解作活計，香林四十年乃成一片塵勞之儔。爲如來種只在當人善自看風使帆，念念相續，心心不住，向此長生路上行履，卽與佛祖同德同體，同作同證。況百里之政，併在手頭，安民利物，卽是自安。萬化同此一機，千差並此一照，盡刹塵法界可以融通，何况人佛無異耶！

（同上　卷下始）

示 張 子 固

　　大道無方，惟是利根種性。一聞千悟，不從外起，不自内得，脱然如湯消冰，初無得喪。蓋此生佛未分已前，廓徹明妙，了無依倚，卓然獨存，但以一念逐緣，背此真體，遂生如許不相應事業，熠熠地飄流無暫停息。取境既熟，心源混濁，習以爲常，見聞皆不出聲色，只以迷妄自縛，及至體究大解脱，渺渺茫茫，莫知涯際，識浪滔滔，未嘗暫住，故無由造入。而復有宿昔薰炙片善，喜樂諦信，要求其所，乃是上善。逗到伏膺參叩，却黑漫漫地無它，只是抛離，久不純熟乃爾。如今要直截承當，但辦著身心冥然叩寂，喪却心機，一如土木，待渠時節到來，翛然自桶底子脱契此本光，了此湛湛澄澄不變不動，清净無爲，妙净明性，固蒂深根到金剛堅固正體，全身擔荷得行，然後方可。萬別千差，悉歸一致，動與静一如，心與境俱合，則一明一切明，一了一切了。舉箇須彌山，道箇庭前栢樹子，一切機境豈從他發？至於行棒下喝，擎扠輥毬，無不一一印定，生死涅槃猶如昨夢，自然泰定安閑，得休歇處，更疑什麽。要用便用，要道便道，遇飯喫飯，遇茶喫茶，契平常心，不起佛見法見。佛見法見尚乃不起，何況起造業心，發不善意？終不作此態度，撥無因果，由是得坐披衣，調衛降伏，與無心相應，乃是究竟落著之地。永嘉道："但自懷中解垢衣。"巖頭道："只守閑閑地。"雲居道："處千萬人中，如無一人相似。"曹山道："如經蠱毒之鄉，水也不得沾它一滴。"謂之長養聖胎，謂之染污卽不得。直須放下却從前作解一切净穢二邊之像，行住坐卧悉心體究，乃自著底力，非從它人所授，乃是從上古德捷徑也。

　　　　　　　　　　　　　　　　　（同上）

示英上人

　　道妙至簡至易，誠哉是言！未達其源者，以謂至淵至奧，在空刼已前，混沌未分，天地未成立，杳冥恍惚，不可窮、不可究、不可詰，唯聖人能證能知。是故誠其言，不識其歸趣，安可以語此事哉！殊不知人人根脚下圓成，只日用之中，净倮倮地，被一切機，徧一切處，無幽不燭，無時不用。但以背馳既久，強生枝節，不肯自信，一向外覓，所以轉覓轉遠，是故達摩西來，唯言直指人心而已。此心卽平常無事之心，天機自張，無拘無執，靡住靡著，與天地齊德，日月合明，鬼神同吉凶，無容立毫髮見刺，唯蕩然大通，契合無心，無爲無事，若立纖芥能所彼我，卽隔礙永不通透，所謂無明實性卽佛性，幻化空身卽法身。若能無明殼子裏證得實性，餉間無明全體，一時發揮，幻化空身窠窟中見法身，餉間空身全體，都盧瑩徹，第恐於無明空身中作爲立見，則没交涉也。既透此正體無明空身無別發明，則一切萬有，大地山河，明暗色空，四聖六凡，皆非外物真實諦當，則二六時中，大方無外，何處不爲自己放下身心處。豈不見古者道塵勞之儔，爲如來種，觀身實相，觀佛亦然。然後世法佛法打成一片，等閑喫飯著衣卽是大機大用，則行棒行喝，百千作爲機境，豈更疑著？若達此自脚跟下至簡至易道妙無量法門，一時開現，透脫生死，成勝妙果豈有難哉!

（同上）

示達道人

大道正體，不在混沌未分及杳冥恍惚處，亦不是故作深邃隱蔽，令人不可窮、不可測量。蓋至明非明，至妙非妙，直下簡易。若是宿根純静，聊聞舉著便知落處，更不向外馳求。向根脚下千了百當，全體現成，乃至觸境遇緣，悉皆透頂透底坐得斷，把得住，作得主，終不取他人舌頭路布，及古今言教機境公案，將爲極則。是故從上作家，唯只提持此段，要人自承當擔荷，豈曾更立階梯地位漸次，如之若彼來？今時兄弟，不道他全不用心，要是不得省力，具大根大器，大機大用，一聞千悟，徹骨徹髓，痛領將去，纔一蹉却毫髮，便入解會理路，言詮意識根塵中去，所以脫他藥網不出，未免漠漠懷疑，便更下鈍工十年五載，終莫能果決。尋常每勸兄弟，須奮猛利心，棄却從前學路得失窠白，似向萬仞懸崖，撒手拌捨性命，從他氣息一點也無，如大死底人，餉間甦醒起來，謾你不得，也却爲已到脚踏實地處，寬若太虛，明如杲月，更不消造化一切自圓成，二六時中與千聖交參，俱爲殊勝奇特脱灑，信口開，信脚行，更疑箇甚┐豈不見，古宿指人，道由悟達，法離見聞。若也，真的悟去，更憂甚佛不解語？切須向日用中，不起異見，放教胸中灑灑落落，打辦精神自覰，見久之，須有信入處。若只守閑，閉眉合眼，要參露柱燈籠，也須知有佛種性底，終不向死水裏折倒，但辦肯心，必不相賺。

（同上　卷下終）

示成都雷公悅居士

如今照了本心，圓融無際，色聲諸塵那可作對，迥迥獨脱，虛静明妙，要須徹底提持，勿令浮淺直下。高而無上，廣不可極，净躶躶圓埰埰，無漏無爲，千聖依之作根本，萬有由之建立，應須斗頓回光自照，令絕形段，分明圓證，萬變千化，無改無移，謂之金剛王，謂之透法身。餉間行住坐卧，無不透徹，物物頭頭，靡有間隔，喚作乾白露净，單明自心。不可只麼守之，守住便落窠窟，却須猛割猛斷，十分棄捨，轉捨轉明，轉遠轉近，抵死打疊，令斷却命去，始是絕氣息人，方解向上行履。若論向上行履，唯己自知，知亦不立。釋迦、彌勒、文殊、普賢、德山、臨濟不敢正眼覰著，豈不是奇特底事┐一棒上，一喝下，一句一言，若細若麤，若色若香，一時穿透，方稱無心境界，養得如嬰兒相似，純和冲淡。雖在塵勞中，塵勞不染；雖居净妙處，净妙收它不住。隨性任緣，飢飧渴飲，善尚不起念，惡豈可復爲？所以道隨緣消舊業，更莫造新殃。

又　示

道貴無心，禪絕名理，唯忘懷泯絕，乃可趣向回光內爍，脫體通透，更不容擬議，直下桶底子，脫入此大圓寂照勝妙解脫門，一了一切了。只守閑閑地，初不分彼我勝劣，才有毫芒見刺，卽痛剗之，放教八達七通，自由自在，長養綿密，千聖亦覰不見，自己尚是寃家，只求得遠離不隈傍，翛然澄靜，虛而靈，寂而照，猛勇斷割徹底，無纖毫撓胸次。王老師謂之作活計，趙州除粥飯二時是雜用心，悠久踐履使純熟，乃令從上來無心體道，密密作用自見工夫，到下梢結角頭，自然如懸崖撒手，豈不快哉！

（選自佛果克勤禪師心要卷下終，據續藏經本第一輯
第二編第二十五套第四册）

〔附〕　克勤傳

紹興五年八月五日，圓悟禪師示寂，諱克勤，字無著，彭州崇寧駱氏子。依妙寂院，自省落髮受具。游成都，從圓明敏行大師學經論，窺其奧，以爲不足恃，謁昭覺勝公問心法。久之出關，見真如哲公，頗有省。時慶藏主衆推飽參，尤善洞下宗旨，師從之，盡其要。嘗謁東林照覺，頃之謂慶曰：“東林平實而已。”往見太平演道者，師恃豪辨，與之爭鋒。演曰：“是可以敵生死乎？他日湼槃堂孤光獨照時，自驗看。”以不合辭去，抵蘇州定惠，疾病幾死，因念疇昔所參俱無驗，獨老演不吾欺。會病間，卽日束包而返，演喜其再來，容爲侍者。

值漕使陳君入山問法，演誦小艷詩云：“頻呼小玉元無事，只要檀郎認得聲。”師侍側忽大悟，卽以告演。演詰之，師曰：“今日真喪

目前機也。"演喜曰:"吾宗有汝,自茲高枕矣。"師因以是事語佛鑑
勲,勲未之信。師曰:"昔云,高麗打鐵火星爆吾指頭,初謂建立語,
今乃果然。"勲愕然無對。時佛眼禪師尚少,師每事必旁發之。二
公後皆大徹,由是演門二勤一遠,聲價籍甚,叢林謂之三傑。演遷
五祖,師執寺務,方建東廚,當庭有嘉樹,演曰:"樹子縱礙,不可
伐。"師伐之,演震怒舉杖逐師,師走辟。忽猛省曰:此臨濟用處耳。
遂接其杖曰:"老賊我識得你也。"演大笑而去,自爾命分座説法。

　　崇寧初,以母老歸蜀,出世昭覺,久之謝去。於荆州見丞相張無
盡談華嚴要妙,逞辭婉雅,玄旨通貫,無盡不覺前席。師曰:"此真境
與宗門旨趣何如?"無盡曰:"當不別。"師曰:"有甚交涉?"無盡意不
平,師徐曰:"古云,不見一色始是半提,更知有全提時節,若透徹
方見德山臨濟用處。"無盡翻然悟曰:"固嘗疑雪竇大冶精金之語,
今方知渠無摸索處。"師嘗有頌云:"頂門直下轟霹靂,針出膏肓必
死疾。"偶與丞相意會,無盡喜曰:"每懼祖道寖微,今所謂見方袍管
夷吾也。"灃州刺史請住夾山,未幾遷湘西道林。初,潭師周公,因
提舉劉直孺願見師,至是皮相之不甚為禮,及見開堂提唱妙絶意
表,始增敬焉。

　　政和末,有旨移金陵蔣山,法道大振。僧問:"如何是實際理
地?"曰:"何不向未問已前薦取?"僧曰:"未問已前如何薦取?"師
曰:"相隨來也。"進云:"快便難逢。更借一問",曰:"忘前失後。"進
云:"若論此事如擊石火,只如未相見時如何?"師曰:"三千里外亦
逢渠。"曰:"恁麼則聲色外與師相見?"答曰:"穿却鼻孔。"問:"忠臣
不畏死,故能立天下之大名;勇士不顧生,故能立天下之大事;未審
衲僧家又作麼生?"師曰:"威震寰區,未為分外。"曰:"恁麼則坐斷
十方,壁立千仞?"師曰:"看箭。"問:"不落因果,不昧因果,是同是
別?"師曰:"兩箇金剛圈。"曰:"溈山撼門三下,又作麼生?"師曰:"不

是同途者，知音不舉來。"嘗示衆云："恁麼恁麼雙明，不恁麼不恁麼雙暗。不恁麼中却恁麼，暗裏隱明；恁麼中却不恁麼，明中隱暗。只如和座，子撥却許多建立恁麼，犯手傷鋒，且道喚作什麼？到這裏，高而無上，深而無底，旁盡虛空際，中極隣虛塵，净裸裸赤灑灑，是個無底鉢盂，無影杖子。熊耳山前，少林峯下，老胡九年冷湫湫地守這間家具，深雪之中直得情忘意遣，理盡見除，方有一個承當。且道雙明雙暗，雙放雙收，是建立是平常，總不與麼也未。是極則處，且作麼生是極則處？擘開華嶽連秀天，放出黃河輥底流。"

宣和中，詔住東都天寧。太上在康邸，屢請宣揚。有偈云：至簡至易，至尊至貴，往來千聖頂頭頭，世出世間不思議。然是時，欽宗在東宮，師對太上預有至尊之識。建炎改元，宰相李伯紀表住金山，駕幸維揚，有詔徵見，顧問西竺道要。對曰："陛下以孝心理天下，西竺法以一心統萬殊，真俗雖異，一心初無間然。"太上大悦，賜號圜悟禪師。乞雲居山歸老，朝廷厚賱其行。至雲居之明年，復歸於蜀。太師王伯紹迎居昭覺。

紹興五年八月五日示疾，將終，侍者持筆求頌。書曰："已徹無功，不必留頌，聊示應緣，珍重珍重。"擲筆而化，春秋七十有三，坐五十五夏，諡真覺禪師，塔曰寂照。

（選自江北刻經處本元念常集佛祖歷代通載卷三十）

宗 杲

【簡介】 宗杲，號大慧，又號妙喜，俗姓奚，生於公元一〇八九年（北宋哲宗元祐四年），死於公元一一六三年（南宋孝宗隆興元年），宣州寧國（今安徽省宣城）人，宋代禪宗臨濟宗楊岐派著名僧人。

宗杲十二歲（一說十七歲）出家，十七歲受具足戒。他出家爲僧後，歷參禪僧，後又往汴梁（今開封）參謁圓悟克勤學禪，於言下豁然頓悟，克勤著臨濟正宗記付之，不久名震京都。靖康元年（公元一一二六年）由右丞相呂舜徒上奏，而受宋徽宗賜紫衣及“佛日”之號。

由於金人的侵犯，宗杲南下，先後到過蘇州虎丘、江西雲居、湖南、福建、浙江等地。後受丞相張浚之請，住臨安（今杭州）徑山，道法之盛，冠於一時。宗杲是一個不畏權奸和有愛國思想的僧人，宋高宗紹興十一年（公元一一四一年）因與侍郎張九成“厚善”，反對秦檜，而被褫奪衣牒，充軍到衡州（今湖南省衡陽），後遷梅州（今廣東省梅縣）。紹興二十六年（公元一一五六年）遇赦，恢復僧服。次年再住臨安徑山。後因而被稱“徑山宗杲”。宋孝宗曾賜號“大慧禪師”，卒諡“普覺禪師”。

宗杲在禪宗史上的重要地位，在於他盛倡“看話禪”。他雖師出克勤，但認爲克勤評唱頌古的碧巖錄有違於禪宗直指之旨。因此克勤死後，他曾焚毀碧巖錄刻版。他反對把公案當正面文章來理解，而主張提出公案中的某些語句，作爲“話頭”（卽題目）進行內省式的參究，以此爲入門，進而達到所謂開悟的目的。這就是所謂…的"看話禪"，對後世影響頗爲久遠。

　宗杲在流放衡陽十年期間，曾集古德語録公案爲<u>正法眼藏</u>六卷。他死後，弟子們集其説教彙編爲<u>大慧普覺禪師語録</u>三十卷、<u>大慧普覺禪師普説</u>五卷、<u>大慧普覺禪師宗門武庫</u>一卷、<u>大慧普覺禪師書</u>二卷和<u>法語</u>三卷等行世。

一、大慧普覺禪師宗門武庫

　<u>洞山廣道</u>者，<u>梓州</u>人，叢林號<u>廣無心</u>。初遊方，問<u>雲蓋智</u>和尚："<u>興化</u>打維那，意旨如何？"<u>智</u>下繩床，展兩手，吐舌示之。<u>廣</u>打一坐具。<u>智</u>云："此是風力所轉。"又持此語問<u>石霜琳</u>和尚，<u>琳</u>云："你意作麼生？"<u>廣</u>亦打一坐具。<u>琳</u>云："好一坐具，祇是你不知落處。"又問<u>真净</u>，<u>净</u>云："你意作麼生？"<u>廣</u>亦打一坐具。<u>净</u>云："他打你亦打。"<u>廣</u>於此大悟。<u>真净</u>因作頌云："丈夫當斷不自斷，<u>興化</u>爲人徹底漢；以後從他眼自開，棒了罰錢趁出院。"

　<u>慈明</u>、<u>瑯琊</u>、<u>大愚</u>等數人辭<u>汾陽</u>，相讓不肯爲參頭。<u>汾陽</u>云："此行不可以戒臘推，聽我一頌：'天無頭，<u>吉州</u>城畔展戈矛，將軍疋馬林下過，<u>袁州</u>城里鬧啾啾。'"<u>慈明</u>出班云："<u>楚圓</u>何人，敢當此記莂。"遂領衆拜辭。

　<u>湛堂準</u>和尚初參<u>真净</u>，<u>净</u>問："近離甚處？"<u>準</u>云："<u>大仰</u>。""夏在甚處？"<u>準</u>云："<u>大溈</u>。"<u>净</u>云："甚處人氏？"<u>準</u>云："<u>興元府</u>。"<u>净</u>展兩手，云："我手何似佛手？"<u>準</u>罔措。<u>净</u>云："適來祇對一一靈明天真，及乎道箇佛手，便成窒礙，且道病在甚處？"<u>準</u>云："某甲不會。"<u>净</u>云："一切現成，更教誰會？"

　<u>遍道</u>者久參<u>雪竇</u>，<u>竇</u>欲舉住<u>金鵝</u>。<u>遍</u>聞之，夜潛書偈於方丈壁

間，即遁去。偈曰："不是無心繼祖燈，道慚未厠嶺南能，三更月下離巖竇，眷眷無言戀碧層。"又曰："三十餘年四海間，尋師擇友未嘗閑，今朝得到無心地，卻被無心趁出山。"遍後出世開先，承嗣德山遠和尚，續通雪竇書。山前婆子見專使，欣然問曰："遍首座出世，爲誰燒香？"專使曰："德山遠和尚。"婆子訽罵曰："雪竇抖擻屎腸説禪爲你，你得恁麼辜恩負德？"

雲居舜老夫，常譏天衣懷禪師説葛藤禪。一日聞懷遷化，於法堂上合掌云："且喜葛藤樁子倒了也。"秀圓通時在會中作維那，每見呵罵不已，乃謂同列云："我須這與老漢理會一上。"及夜參，又如前呵罵，秀出衆厲聲曰："豈不見圓覺經中道？"舜遽曰："久立大衆，伏惟珍重。"便歸方丈。秀曰："這老漢通身是眼，罵得懷和尚也。"

湖南小景淳，有才學，曾著無縫塔銘，大通本禪師用其語，答無縫塔話云："煙霞生背面，星月透簷楹。"淳居嶽麓寺，律身精進，偶一夜，經行殿陛，失脚被擷，傍僧掖起，昏憒不曉人事，至於平生所著文字，亦不能曉。兜率照禪師初游方過嶽麓，聞老宿言淳事，照驚曰："我此生參禪不明心地，亦如淳也，偶一失跌，尚如此，況隔陰耶？"

吕大申公執政時，因休沐日，預化疏請言法華齋，翌日果到府第，坐於堂上。申公將出見之。自念曰："拜則是，不拜則是？"言大呼曰："吕老子，你好勞攘，快出來，拜也好，不拜也好。"申公拜敬之。齋畢，問未來臧否，言索筆，大書"亳州"二字與之，不言所以。後罷相，知亳州，治疊文字次，忽見二字在前，始悟前識也。

真净和尚退洞山，遊浙，至滁州瑯琊起和尚處。因衆請小參，真净貶剝諸方異見邪解，無所忌憚。下座，見起和尚云："堂頭在此，賴是別無甚言語。"起云："你也得也。"二人相顧，大笑而去。

葉縣省和尚嚴冷枯淡，衲子敬畏之。浮山遠、天衣懷在衆時，特往參拜，正值雪寒，省訶罵驅逐，以至將水潑且過，衣服皆濕。其他僧皆怒而去，惟遠、懷併疊敷具整衣，復坐於且過中。省到，訶曰："你更不去，我打你。"遠近前云："某二人數千里特來參和尚禪，豈以一杓水潑之便去，若打殺也不去。"省笑曰："你兩個要參禪，卻去挂搭。"續請遠充典座。衆苦其枯淡，省偶出莊，遠竊鑰匙取油麵做五味粥。粥熟，省忽歸赴堂，粥罷坐堂外，令請典座。遠至，首云："實取油麵煮粥，情願乞和尚責罰。"省令算所直，估衣鉢還訖，打三十拄杖出院。遠舍於市中，託道友解免，省不允。又曰："若不容歸，秖乞隨衆入室"，亦不允。一日出街次，見遠獨於旅邸前立，乃云："此是院門房廊，你在此住許多時，曾還租錢否？"令計所欠追取。遠無難色，持鉢於市，化錢還之。省又一日出街，見之持鉢，歸謂衆曰："遠真有意參禪"，遂呼其歸。

汾陽無德禪師一日謂衆曰："夜來夢，亡父母見酒肉紙錢，不免徇俗，置以祀之。"事辦於庫堂，設位如俗間禮，酌酒行肉，化紙錢訖，令集知事頭首，散其餘盤。知事輩卻之，無德獨坐筵中，飲啖自若。衆僧數曰："酒肉僧，豈堪爲師法耶？"腰包盡去。惟慈明、大愚、泉大道等六七人在耳。無德翌日上堂，云："許多閑神野鬼，秖消一盤酒肉、兩陌紙錢，斷送去了也。法華經云：'此衆無枝葉，唯有諸真實。'"下座。

真净和尚遊方時，與二僧偕行到谷隱，薛大頭問云："三人同行，必有一智，如何是一智？"二僧無語，净立下肩，應聲便喝。薛豎拳作相撲勢，净云："不勞再勘。"薛拽拄杖趁出。薛見石門慈照禪師。

雲頂山敷禪師，成都府帥請就衙內陞座，時有樂營將，出禮拜起，回顧街前下馬臺云："一口吸盡西江水卽不問，且請和尚吞却街前下馬臺。"師展兩手唱云: "細抹將來。"樂營將於此有省。

自慶藏主者，蜀人，叢林知名，徧參真如、晦堂、普覺諸大老，遊廬阜，入都城見法雲圓通禪師，與秀大師偕行到法雲，秀得參堂，以慶藏主之名達圓通。通曰: "且令別處掛搭，俟此間單位空，即令參堂。"慶在智海，偶卧病，秀欲詣問所苦，而山門無假，乃潛出。智海見慶，慶以書白圓通，道秀越規矩出入。圓通得書知之，夜參大罵，如聞其聲: 彼以道義故擠出院來訊汝疾，返以此告訐，豈端人正士所爲？慶聞之，遂掩息。叢林盡謂: 慶遭圓通一訴而卒。

撫州明水遜禪師，在法雲侍者寮時，道林琳禪師掛搭，方丈特爲新倒茶。遜躬至寮請之，適琳不在。有同行與琳聯桉，曰: "汝去，俟渠來，我爲汝請。"遜去，僧偶忘之。齋後鳴鼓會茶，琳不到。圓通問曰: "新到在否？趣請之。"琳到，圓通令退坐榻，立衆前，責曰: "山門特爲茶，以表叢林禮數，因何怠慢不時至？"琳曰: "適聞鼓聲，忽內逼，趨赴不前。"圓通呵曰: "我鼓又不是巴豆，擊著你便屎出。"遜前白云: "是某忘記請之，某當出院。"時同行出衆曰: "不干侍者與新到事，是某不合承受爲渠請，偶忘記，某當代二人出院。"圓通高其風義，併宥之。

諸方尊宿示滅，全身火浴，得舍利極多。唯真净禪師舍利大如菽，五色晶瑩而又堅剛。谷山祖禪師，真净高第也，多收斂之，盛以瑠璃瓶，隨身供養。妙喜遊谷山，嘗試之置於鐵砧，舉槌擊之，砧槌俱陷，而舍利無損。豈非平昔履踐明白，見道超詣所致耶？

賢蓬頭，江州人，溈山真如和尚會中角立者，見地明白，機鋒穎脱，有超師之作，但行業不謹，一衆易之。真如結庵於方丈後，令賢獨處，唯通小徑，從方丈前過，不許兄弟往還。後二年，舉首衆，立僧秉拂，説法有大過人處，一衆由是改觀。後往郢州興陽，數載，道大行。示寂，肉身不壞。圓悟和尚在溈山目擊其事，妙喜遊興陽，尚及見其肉身。

湛堂準和尚，興元府人，真浄之的嗣。分寧雲巖虛席，郡牧命黃龍死心禪師舉所知者，以補其處。死心曰："準山主住得，某不識他，秖見有洗鉢頌甚好。"郡牧曰："可得聞乎？"死心舉云："之乎者也，衲僧鼻孔，大頭向下，若也不會，問取東村王大姐。"郡牧奇之，具禮敦請，準亦不辭。平生律身以約，雖領徒弘法，不易在衆時。晨興後架，秖取小杓湯洗面，復用濯足。其他受用，率皆類此。纔放參罷，方丈行者人力便如路人，掃地煎茶皆躬爲之，有古人風度，真後昆良範也。

法雲佛照杲禪師，嘗退居景德鐵羅漢院，殿中有木羅漢數尊，京師苦寒，杲取而燒之，擁爐達旦。次日淘灰中得舍利無數，諸座主輩，皆目之爲外道。蓋佛照乃丹霞輩流，非俗眼所能驗也。

延平陳了翁，名瓘，字瑩中，自號華嚴居士，立朝骨鯁剛正，有古人風烈。留神內典，議論奪席，獨參禪未大發明，禪宗因緣多以意解。酷愛南禪師語錄，詮釋殆盡，唯金剛與泥人揩背，注解不行，嘗語人曰："此必有出處，但未有知之者。諺云：'大智慧人面前有三尺暗'，果不誣也。"

慈照聰禪師，首山之子，咸平中住襄州石門。一日太守以私意笞辱之，暨歸，衆僧迎於道左，首座趨前問訊曰："太守無辜屈辱和尚如此。"慈照以手指地云："平地起骨堆。"隨指湧一堆土。太守聞之，令人削去，復湧如初。後太守全家死於襄州。又僧問："深山巖崖中，還有佛法也無？"照云："有。"進云："如何是深山巖崖中佛法？"照云："奇怪石頭形似虎，火燒松樹勢如龍。"無盡居士愛其語，而石門錄獨不載二事。此皆妙喜親見，無盡居士說。

廬山李商老，因修造犯土，舉家病腫，求醫不效。乃净掃室宇，骨肉各令齋心，焚香誦熾盛光咒，以禳所忤。未滿七日，夜夢白衣老人騎牛在其家，忽地陷旋，旋没去，翌日大小皆無恙。志誠所感，速如影響，非佛力能如是乎？

顒華嚴，圓照本禪師之子，因喫擶有省，作偈曰："這一交，這一交，萬兩黃金也合消；頭上笠，腰下包，清風明月杖頭挑。"富鄭公常參問之。一日見上堂左右顧視，忽契悟，以頌寄圓照曰："一見顒師悟入深，因緣傳得老師心，江山千里雖云隔，目對靈光與妙音。"鄭公罷相，居洛中，思顒示誨，請住招提。聞顒入境，躬出迓之。臨登車，司馬溫公適至，問："相公何往？"鄭公曰："接招提顒禪師。"溫公曰："某亦同去。"聯鑣出郭，候於郵亭。久之，忽見數十擔過，溫公問："誰行李？"荷擔者應曰："新招提和尚行李。"溫公遂索馬歸，鄭公曰："要見華嚴，何故先歸？"溫公曰："某已見他了。"竟先還。妙喜嘗見李儀中少卿言之。

舜老夫住廬山棲賢，槐都官守南康，因私忿，民其衣。净因大覺璉禪師嘗入舜室，聞舜還俗，遣人取歸，净因讓正寢居之，自處偏室。仁宗數召璉入內問道，竟不言舜事。偶一日，嘉王取旨出净因飯僧，見大覺侍舜之旁甚恭，歸奏仁宗，召對便殿，見之歎曰："道韻奇偉，真山林達士。"於扇上書云："賜曉舜依舊爲僧，特旨再住棲賢。"仍賜紫衣、銀鉢盂。舜罷棲賢日，以二莊力舁轎，至羅漢寺前，二力相謂曰："既不是我院長老，不能遠去。"棄轎而歸。暨舜再來，令人先慰諭二力曰："你當時做得是，但安心不必疑懼。"舜入院上堂，頌曰："無端被譖枉遭迍，半年有餘作俗人。今日再歸三峽寺，幾多懽喜幾多嗔。"

舜老夫一日舉鹽官和尚喚侍者，將犀牛扇子來，侍者云："扇子已破。"宜云："扇子既破，還我犀牛兒來。"侍者無對。舜云："三伏當時正須扇子，爲侍者不了事。雖然如是，鹽官太絮，何不大家割捨？侍者當時若見鹽官道扇子既破，還我犀牛兒來，便向道，已颺在櫨搥堆上了也。"

　　翠巖真點胸，嘗罵舜老夫説無事禪，石霜永和尚令人傳語真，云:"舜在洞山悟古鏡因緣，如此豈是説無事禪? 你罵他，自失卻一隻眼。"舜聞之，作頌云:"雲居不會禪，洗脚上床眠; 冬瓜直儱侗，瓠子曲彎彎。"永和尚亦作頌曰:"石霜不會禪，洗脚上床眠; 枕子撲落地，打破常住甎。"舜一日上堂云:"黄昏後脱韈打睡，晨朝起來，旋打行纏。夜來風吹籬倒，普請奴子劈篾縛起。"下座。

　　五祖會中，有僧名法閻，入室次，祖問:"不與萬法爲侶者，是什麽人?"僧云:"法閻即不然。"祖以手指云:"住，住，法閻即不然，作麽生?"閻於言下有省。後至東林宣秘度和尚室中，盡得平實之旨。閻一日持一枝花，遶禪床一匝，背手插於香爐上，曰:"和尚且道，意作麽生?"宣秘累下語，閻不諾。經兩月，日遂問，閻曰:"你試説看。"閻曰:"某甲秖將花插香爐上，是和尚自疑，別有什麽事。"

　　佛眼禪師在五祖時，圓悟舉臨濟云:"第一句下薦得，堪與佛祖爲師; 第二句下薦得，堪與人天爲師; 第三句下薦得，自救不了。"一日忽謂圓悟曰:"我舉三句向你"，以手指屈曰:"此是第二句、第三句。"已説了便走。圓悟舉似五祖，祖曰:"也好聻。"眼乃辭五祖，參歸宗真浄和尚去。後祖謂圓悟曰:"歸宗波瀾闊，弄大旗手段，遠到彼，未必相契。"未數日有書抵圓悟曰:"比到歸宗，偶然漏網。"聞雲居清首座作晦堂真贊曰:"聞時富貴，見後貪窮。" 頗疑著他，及相見，果契合。踰年，復還祖山。衆請秉拂，卻説心性禪。祖曰:"遠却如此説禪也，莫管他。"

　　圓悟和尚嘗參蘄州北烏牙方禪師，佛鑑和尚嘗參東林宣秘度禪師，皆得照覺平實之旨。同到五祖室中，"平生所得" 一句用不著，久之無契悟，皆謂五祖强移換他，出不遜語，忿然而去。祖云:"汝去游浙中，著一頓熱病打時，方思量我在。"圓悟到金山，忽染傷

寒,困極,移入重病閭。遂以平生參得底禪試之,無一句得力。追繹
五祖之語,乃自誓曰:我病稍間,即徑歸五祖。佛鑒在定慧,亦患傷
寒,極危。圓悟甦省,經由定慧,拉之同歸淮西。佛鑒尚固執,且令
先行。圓悟亟歸祖山,演和尚喜曰:"汝復來耶? 即日參堂。" 便入
侍者寮。經半月,偶陳提刑解印還蜀,過山中問道,因語話次。祖
曰:"提刑少年曾讀小艷詩否? 有兩句頗相近,'頻呼小玉元無事,
秖要檀郎認得聲。'"提刑應:"喏,喏。"祖曰:"且子細。"圓悟適自外
歸,侍立次,問曰:"聞和尚舉小艷詩,提刑會麽?"祖曰:"他秖認得
聲。"圓悟曰:"秖要檀郎認得聲,他既認得聲,爲什麽卻不是?" 祖
曰:"如何是祖師西來意? 庭前柏樹子聻。"圓悟忽有省,遽出去,見
雞飛上欄干,鼓翅而鳴,復自謂曰:"此豈不是聲?" 遂袖香入室通
所悟,祖曰:"佛祖大事,非小根劣器所能造詣,吾助汝喜。" 祖復徧
謂山中耆舊曰:"我侍者參得禪也。"

　佛鑒和尚自浙中歸祖山,躊躇不肯挂搭。圓悟曰:"我與汝相
別纔踰月,比今相見時如何?"鑒曰:"我只疑你這些子。"遂參堂。一
日,同圓悟侍祖,因遊山話次,舉東寺和尚問仰山:"汝是甚處人?"
仰山曰:"廣南人。"寺曰:"我聞廣南有鎮海明珍,曾收得否?"山曰:
"收得。"寺曰:"珠作何色?"仰曰:"白月即現,黑月即隱。"寺曰:"何
不呈似老僧?"仰山又手近前曰:"慧寂昨到潙山,被索此珠,直得無
言可對,無理可伸。"顧謂佛鑒曰:"既曰收得,逮索此珠時,又曰無
言可對,無理可伸,是如何?"佛鑒無語。忽一日謂圓悟曰:"仰山見
東寺因緣,我有語也:東寺當時只索一顆珠,仰山當下傾出一栲
栳。"圓悟深肯之。

　劉宜翁嘗參佛印,頗自負,甚輕薄真浄。一日從雲居來遊歸宗,
至法堂,見真浄便問:"長老寫戲來得幾年?"浄曰:"專候樂官來。"
翁曰:"我不入這保社。"浄曰:"爭奈即今在這場子裏。"翁擬議。浄

拍手曰："蝦蟆禪祇跳得一跳。"又坐次，指其衲衣曰："喚作什麼？"
淨曰："禪衣。"翁曰："如何是禪？"淨乃抖擻曰："抖擻不下。"翁無
語，淨打一下，云："你伎倆如此，要勘老僧耶？"

　　洪州奉新縣慧安院門臨道左，衲子往還黃龍、泐潭、洞山、黃
蘗，無不經由，偶法席久虛，太守移書寶峰眞淨禪師，命擇人主之。
頭首、知事、耆宿輩皆憚其行。時有淵首座，向北人，孤硬自立，參晦
堂眞淨，實有契悟處，泯泯與衆作息，人無知者。聞頭首、知事，推
免不肯應命，白眞淨曰："惠淵去得否？"眞淨曰："汝去得。"遂復書
舉淵。淵得公文，卽辭去。時湛堂爲座元，問淵曰："公去如何住
持？"淵曰："某無福，當與一切人結緣，自負栲栳，打街供衆。"湛堂
曰："須是老兄始得。"遂作頌餞之曰："師入新吳，誘攜羣有。且收
驢脚，先展佛手。指點是非，分張好醜。秉殺活劍，作師子吼。應羣
生機，解布袋口。擬向東北西南，直教珠回玉走。咸令昧已之流，
頓出無明窠臼。阿呵呵，見三下三，三三如九，祖祖相傳，佛佛授
手。"淵住慧安，逐日打化，遇暫到，卽請歸院中歇泊，容某歸來修
供。如此三十年，風雨不易。鼎新創佛殿、輪藏、羅漢堂，凡叢林所
宜有者，咸修備焉。黃龍死心禪師訪之，淵曰："新長老，汝常愛使
沒意智一著子，該抹人，今夜且留此，待與公理會些細大法門。"新
憚之，謂侍者曰："這漢是眞箇會底，不能與他努牙劈齒得，不若去
休。"不宿而行。淵終於慧安。闍維後，六根不壞者三，獲舍利無
數，異香滿室，累月不絕。奉新兵火，殘破無孑遺，獨慧安諸殿巍然
獨存，豈非願力成就，神物護持耶？今諸方袖手領現成受用者，聞
淵之風得不媿於心乎？

　　法雲杲和尚，徧歷諸家門庭，到圓通璣道者會中，入室次，舉
趙州問投子："大死底人，卻活時如何？"子云："不許夜行投明須
到，意作麼生？"杲曰："恩大難酬。"圓通大稱賞之。後數日舉立僧

乘拂，機思遲鈍，闔堂大笑，杲有慚色。次日特爲大衆茶，安茶具在案上，慚無以自處，偶打翻茶具，瓢子落地跳數跳，悟得答話，機鋒迅捷，無敢當者。復至真淨處，因看祖師偈云：“心同虚空界，示等虚空法，證得虚空時，無是無非法。”豁然大悟。後出世時，上堂小參，常謂人曰：“和尚紹聖三年十一月二十一日，悟得方寸禪。”又言：“和尚熙寧三年，丈帳在鳳翔府供申，當年陷了華山一十八州，你輩茄子、瓠子那里得知？”詔住法雲，開堂日，中使捧御香至，要語録進呈。時洪覺範在會下，令侍者請來編語録，云：“且看老和尚面。”覺範編次呈之，讀畢，謂曰：“若要了死生底禪，須還和尚；若是攢花簇錦，四六文章，閑言長語，須是我洪兄始得。”法雲平生氣吞諸方，孩撫時輩，蓋所得有大過人處，乃敢爾也。

師因湛堂和尚示寂，請覺範狀其行實。又得龍安照禪師書爲紹介，特往荆南謁無盡居士求塔銘。初見無盡，無盡立而問曰：“公祇恁麽，著草鞋遠來？”對曰：“某數千里行乞來見相公。”又問：“年多少？”對曰：“二十四。”又問：“水牯牛年多少？”對曰：“兩箇。”又問：“什麽處學得這虚頭來？”對曰：“今日親見相公。”無盡笑曰：“且坐喫茶。”纔坐，又問：“遠來有何事？”遂起趨前云：“泐潭和尚示寂，茶毗，眼睛、牙齒數珠不壞，得舍利無數。山中耆宿皆欲得相公大手筆作塔銘，激勵後學，得得遠來，冒瀆鈞聽。”無盡曰：“被罪在此，不曾爲人作文字。今有一問問公，若道得即做塔銘，道不得即與錢五貫，裹足卻歸兜率參禪去。”遂曰：“請相公問。”無盡曰：“聞準老眼睛不壞，是否？”答曰：“是。”無盡曰：“我不問這箇眼睛。”曰：“相公問什麽眼睛？”無盡曰：“金剛眼睛。”曰：“若是金剛眼睛，在相公筆頭上。”無盡曰：“如此則老夫爲他點出光明，令他照天照地去也。”師乃趨堦云：“先師多幸，謝相公塔銘。”無盡唯唯而笑。其畧曰：“舍利，孔老之書無聞也。先佛世尊滅度，弟子收舍利起塔供養。趙州從諗舍利多至萬粒，近世隆慶閑、百丈肅，煙氣所及，皆成舍利。大抵出家人，本爲生死事大，若生死到來不知下落，即不如三家村裏省事漢，臨終付囑一一分明。四大色身，諸緣假合，從本以來，舍利豈有體性？若梵行精潔，白業堅固，靈明廓徹，預知報謝，不驚不怖，則依正二報，毫釐不差。世間麤心，於本分事上，十二時中，不曾照管微細流注，生大我慢，此是業主鬼來借宅，如此而欲舍利流珠諸根不壞，其可得乎？"

福嚴真和尚，東川人，初遊方見真如和尚發明正見，在溈山知客寮立僧，因語言過失，乞退作園頭，以贖其罪。真如云："汝福薄，事園供衆，乃所宜也。"終二年，求替辭真如，要參真淨五祖去。真如云："徧歷諸方，先聖遺範，汝行勿遲。"首造洞山室中相契，真淨舉領衆立僧。久之，又至四祖宣和尚會中，時時到五祖相見，祖勘辨果有過人處。五祖謂四祖曰："真首座，叢林達士，何不舉他首衆？"四祖如其言。五祖亦上堂，稱其知見作略。有李修撰帥長沙，四祖以書薦之。未幾福嚴虛席，平普融復薦人，帥曰："當先應副四祖，但尋書未見，不識名字。"因對客坐次，有鼠從架上拖一軸書送在面前，收視之，乃四祖舉真首座書，帥異之，遂敦請。

泐潭深和尚，河東人，真淨之子。有悟侍者，偶在知客寮，見掉下火柴頭忽然有省，直上方丈通所悟。深和尚喝出，自爾失心，引繩於延壽堂東司自縊。夜後常在藏院知客寮東司三處出没，移鞋度瓶，一衆苦之。湛堂游浙回充首座，聞其事，中夜故入延壽堂東司抽脱，壁燈微明忽然撲滅，方脱衣，悟便提水瓶至，湛堂云："未要，且待我脱衣，脱衣罷便接瓶子去。"當時悟自縊閒抽脱。須臾又送籌子來，及出喚云："接瓶去。"悟纔接，捉住摸其手，或似頓或似硬。問曰："汝是悟侍者麼？汝便是當時在知客寮，見掉下火柴頭有省處底麼？參禪學道祇要知本命元辰下落處，汝在藏殿移端首座鞋履，豈不是汝當時悟得底？又在知客寮移枕子，豈不是汝當時悟得底？逐夜在此與人提瓶度水，豈不是汝當時悟得底？因甚不知落處，祗管在這裏惱亂大衆作麼？我明日勸大衆爲汝看藏經，哀錢設粥追悼汝，汝當別求出離，不得滯著於此。”言訖乃推一推，如瓦礫塔子倒，索然有聲，由是絕跡。湛堂一臂冷如冰，踰半月方平復。蓋非人附陰而至，冷氣侵人如此。

許知可，毗陵人，嘗獲鄉薦，省闈不利而歸，舟次吳江平望，夜夢白衣人謂曰：“汝無陰德，所以不第。”知可曰：“某家貧無資可以遺人。”白衣曰：“何不學醫？吾助汝智慧。”知可輒寤，歸踐其言，果得盧扁之妙。凡有病者，無問貴賤，診候與藥不受其直，病夫填門，無不愈者。後舉又中鄉評，赴春官，艤舟平望，夢前白衣人相見，以詩贈之曰：“施醫功大，陳樓間阻，殿上呼臚，喚六作五。”思之不悟其意，後登第唱名，本第六，因上名殿試不祿，遂陞第五，乃在陳樓之間，方省前讖也。

佛光無礙禪師，自蘇州永安赴詔，住大相國寺慧林禪院。慧恭皇后，嘗於簾下，見登對罷乘空而去，自爾以太官所進，御膳供養，復令取禪師所食之餘還宮。又以地錦製法衣，自綴禪牌賜之，以表奉法之誠。冬月賜紅綿帳子乃至服飾器皿之類，光遂以宮中所賜法衣，回施法雲佛照禪師。法雲復寄與洪州寶峰湛堂和尚，書云：“地錦法衣與師弟，行先師之道。”湛堂示寂，留鎮山門，至今猶存。

照覺禪師，自泐潭移虎谿，乃赴王子淳觀文所請。開堂後，百廢並舉，陞堂小參入室無虛日。嘗言：“晦堂真淨同門諸老，祗參得先師禪，不得先師道。”師曰：“蓋照覺以平常無事，不立知見解會爲道，更不求妙悟，卻將諸佛諸祖，德山、臨濟、曹洞、雲門，真實頓悟見性法門爲建立。”楞嚴經中所說，山河大地皆是妙明真心中所現物,爲膈上語,亦是建立。以古人談玄説妙爲禪,誣謗先聖,聾瞽後昆,眼里無筋,皮下無血之流,隨例顛倒,恬然不覺,真可憐憫。圓覺經云:"末世衆生,希望成道,無令求悟,唯益多聞,增長我見。" 又云:"末世衆生雖求善友,遇邪見者未得正悟,是則名爲外道種性,邪師過謬非衆生咎。"豈虛語哉? 所以真净和尚小參云:"今時有一般漢,執箇平常心是道,以爲極則,天是天,地是地,山是山,水是水,僧是僧,俗是俗,大盡三十日,小盡二十九,並是依草附木,不知不覺,一向迷將去。忽若問他:'我手何似佛手?'便道:'是和尚手。''我脚何似驢脚?'便道:'是和尚脚。''人人有箇生緣,那箇是上座生緣?'便道'某是某州人氏'。是何言歟? 且莫錯會,凡百施爲,祇要平常一路子以爲穩當,定將去,合將去,更不敢別移一步,怕墮落坑塹。常時一似生盲底人行路,一條杖子寸步抛不得,緊把著憑將去。"晦堂和尚謂學者曰:"你去廬山無事甲裏坐地去,而今子孫門如死灰,良可歎也。"

佛照杲和尚,初住歸宗,專精行道,未嘗少懈。深夜修敬罷,坐於僧堂地爐中,忽見二僧入堂,一人龐眉雪頂,一人少年,皆丰姿頎然。杲心喜自謂曰:"我座下有如此僧。"須臾二人出堂,杲襲其後,見入佛殿中,杲亦隨入,燈影熒煌,爐中尚有火。杲炷香禮佛,二僧復出,亦襲其後至佛殿前,偶失所在。自念,忘卻香匣在殿内,回身取時,見殿門扃鑰,遂喚直殿行者守舜開門,舜取鑰匙開門,見爐中香煙未散,香匣在寶堦上,自不諭其故。妙喜親見佛照説,時守舜在旁,猶指以爲證。

大丞相吕公蒙正,洛陽人,微時生緒牢落,大雪彌月,徧干豪右少有周急者,作詩其略曰:"十謁朱門九不開,滿身風雪又歸來。入門懶覩妻兒面,撥盡寒爐一夜灰。"可想也。途中邂逅一僧,憐其窮窘延歸寺,給食與衣,遺鏹遣之。纔經月又罄竭,再謁僧,僧曰:

"此非久計,可移家屬住院中房廊,食時隨衆給粥飯,庶幾可以長久。"呂如其言,既不爲衣食所困,遂銳志讀書。是年應舉,獲鄉薦,僧買馬雇僕,備衣裝,津遣入都下。省闈中選,殿試唱名爲大魁。初任西京通判,與僧相見如平時。十年遂執政,凡遇郊祀,有所俸給並寄閣。太宗一日問曰:"卿累經郊祀,俸給不請何耶?"對曰:"臣有私恩未報。"上詰之,遂以實對。上嘆曰:"僧中有如此人,今具名奏聞,賜紫袍加師號,以旌異之。"呂計所積俸數萬緡,牒西京令僧請上件錢,修營寺宇并供僧。其寺元是鐵馬營,太祖、太宗二聖生處,太祖朝已建寺,忘其名,其僧乃寺主也。太宗別賜錢重建三門,賜御書額度僧。呂公逐日晨興禮佛,祝曰:"不信三寶者,願不生我家,願子孫世世食禄於朝,外護佛法。"猶子夷簡申國公,每遇元日拜家廟罷,即焚香發廣慧璉禪師書一封,加敬重之。申公之子公著,亦封申國公,元日發天衣懷和尚書。右丞好問,元日發圓照禪師書。右丞之子用中,元日發佛照杲禪師書。其家世忱信痛敬,抑有自來矣。故録之以警後世。

保甯勇禪師二上足處清、處凝,同參白雲端禪師。凝在侍者寮最久,端有膈氣疾,凝常煨蘆菔,以備無時之需。端作傅大士講經因緣頌曰:"大夫何曾解講經,誌公方便且相成。一揮案上俱無取,直得梁王努眼睛。"舉爲凝曰:"努底是什麼?"此一句乃爲凝說老婆禪也,凝以爲親聞,故綴於頌下。後住舒州天柱山。清住龍舒太平,有大機辯,五祖演和尚畏敬之。清謂凝曰:"吾弟禪乃是爲老和尚煨蘆菔換得底。"

政和間有熊秀才,鄱陽人,游洪州西山,過翠巖。長老思文嗣佛印元禪師,亦是鄱陽人,遣二力擡籃輿至浄相。所經林壑陰翳,偶見一僧,貌古神清,龐眉雪頂,編葉爲衣,坐於盤石,如壁間畫佛圖澄之狀。熊自謂曰,今時無這般僧,嘗聞亮座主隱於西山,疑其

猶在。出興踉蹌而前問曰："莫是亮座主麼?"僧以手向東指，熊方
與二力隨手看，回顧失僧所在。時小雨初歇，熊自登石視，坐處猶
乾，躊躇四顧太息曰："夙緣不厚，雖遇猶不遇也。"

　　開先暹和尚爲歸宗南禪師作禪牀銘曰："明珠産蚌，涼兔懷胎，
觀此禪牀，證道之媒。"南次爲歸宗作銘曰："放下便穩。" 開先深肯
之。

　　宣州興教坦禪師，温州牛氏子，世業打銀，因磨洗銀瓶次，忽有
省，遂出家。受具遊方，爲瑯琊廣照之嗣。懷禪師住興教，坦爲第
一座，及懷受別請，欲舉坦繼住持。時刁景純守宛陵，懷恐刁涉外
議，乃於觀音前祝曰："若坦首座道眼明白堪任住持，願示夢於刁學
士。"刁夜夢牛在興教法座上。懷凌晨辭州，刁舉夜所夢，懷大笑，刁
問其故，懷曰："坦首座姓牛，又屬牛。"刁就座出帖請之。坦受請陞
座，有雪竇化主省宗出問："諸佛未出世，人人鼻孔遼天，出世後爲
什麽杳無消息?"坦云："雞足峰前風悄然。"宗云："未在更道。" 坦
云："大雪滿長安。"宗云："誰人知此意，令我憶南泉。"拂袖歸衆，更
不禮拜。坦云："新興教今日失利。" 便歸方丈。坦令人請宗至云：
"適來錯祇對一轉語，人天衆前何不禮拜? 蓋復卻。"宗云："大丈夫
膝下有黄金，争肯禮拜無眼長老。"坦云："我別有語在。" 宗乃理前
語，至未在更道處，坦云："我有三十棒，寄你打雪竇。" 宗乃禮拜。

　　圜悟和尚初在溈山，一日真如和尚問曰："如何?"悟云："起滅
不停。"如曰："可知是博地凡夫，老僧三十年在裏許，秖得箇相似。"
次見晦堂，堂曰："我住院十二年不會，如今方會。脚尖頭也踢出箇
佛。"悟後住昭覺，有長老問："劉鐵磨到溈山問答，并雪竇御街行
頌，未審此意如何?"悟曰："老僧更參四十年，也不到雪竇處。"長老
歎曰："昭覺和尚猶如此說，況餘人耶!"

　　錢弋郎中，訪真浄，說話久，欲登溷。浄令行者引從西邊去，錢

遂云："既是東司，爲什麼向西去？"净云："多少人向東邊討？"師云："噁，便是趙州問投子'不許夜行，投明須到'，亦不如此語好。"

南康諸山相會，佛印後至，真净問曰："雲居來何遲？"印曰："爲著草鞋，從歸宗肚裏過，所以遲。"净云："卻被歸宗吞了。"印云："爭奈吐不出。"净云："吐不出，卽屙出。"

真净和尚，有時遽喚侍者："將老和尚來。"侍者將南禪師真展開，净以手加額云："不是這老和尚，豈能如此？"輒顰蹙半晌，卻戒收之，每每如此。湛庵源和尚每見南禪師真卽淚下。師每歲得時新，必先供佛及圓悟，然後敢嘗。謂左右曰："非佛與老和尚，我安得如此？"

李和文督尉請瑯琊覺和尚注信心銘，瑯琊大寫一句，下面小寫一句，文和一見大稱服。

舜老夫，一日問秀圓通："聞你見懷和尚是否？"秀云："是。"舜云："有何言句？"秀云："有投機頌曰：'一二三四五六七，萬仞峰前獨足立，奪得驪龍頷下珠，一言勘破維摩詰。'"舜云："不好，別有什麼言句？"秀云："一日有長老來參，懷舉拂子云：'會麼？'長老云：'不會。'懷云：'耳朵兩片皮，牙齒一具骨。'"舜歎云："真善知識"，從此服膺。

筠州黃蘗泉禪師，初習百法論，講肆有聲。更衣南詢，見真净和尚於洞山，有悟道頌，其畧曰："一鎚打透無盡藏，一切珍寶吾皆有。"機鋒迅發，莫有當者。真净嘗歎曰："惜乎先師不及見。"後上堂說法，不起於座而示寂滅。真净之言益驗。

三佛在五祖時，嘗於一亭上夜話，歸方丈，燈已滅。五祖乃於暗中曰："各人下轉語。"佛鑑對曰："彩鳳舞丹霄。"佛眼曰："鐵蛇橫古路。"佛果云："看脚下。"五祖云："滅吾宗者，乃克勤爾。"

草堂侍立晦堂，晦堂舉風幡話問草堂，堂云："迥無入處。"晦堂云："汝見世間貓捕鼠乎，雙目睜視而不瞬，四足踞地而不動，六根順向，首尾一直，然後舉無不中。誠能心無異緣，意絕妄想，六窗寂靜，端坐默究，萬不失一也。"

　　清素首座，閩人，依慈明十三載，年八十寓湖湘鹿苑，未始與人交，人莫知之。偶從悦首座，處州人，與之鄰居。悦因食蜜漬荔枝，素過門，悦呼曰："此老人鄉果，可同食也。"素曰："自先師亡後，不得此食久矣。"悦問曰："先師爲誰？"素曰："慈明也。"悦乃疑駭，遂饋以餘果，稍稍親之。素復問曰："子所見何人？"悦曰："洞山文和尚。"又曰："文見何人？"悦云："南和尚。"素曰："南匾頭見先師不久，後法道大振如此。"悦益異之，一日持香詣素作禮，素避曰："吾以福薄，先師受記，不許爲人。"於是經月餘，憐悦之誠，乃曰："子平生知解，試語我看。"悦具通所見。素曰："可能入佛，不能入魔。"又曰："末後一句始到牢關。"如是半載，素方印可。仍戒之曰："文示子者，皆正知見。吾雖爲子點破，使子受用自在，恐子離師太早，不能盡其道，他日切勿嗣吾。"後出世，嗣真淨，乃兜率悦是也。

　　雲居悟和尚在龍門時，有僧被蛇傷，佛眼問曰："既是龍門，爲什麼被蛇咬？"悟卽應曰："果然現大人相。"後傳此語到昭覺，圓悟云："龍門有此僧耶？東山法道未寂寥爾。"

　　草堂與師邂逅於臨川，韓子蒼請師過私第，問曰："清公如何？"師云："向聞其拈龐居士問馬大師，不與萬法爲侶因緣。清云：'魚龍蝦蟹向甚處著'，若如此亦浪得其名。"子蒼持此語達草堂，堂曰："公向他道，譬如一人船行，一人陸行，二人俱至。"師聞此語，乃曰："草堂得也。"

　　須菩提解空第一，生時家室盡空。世尊纔陞座，須菩提便出衆云："希有世尊，且道見箇什麼道理，便恁麼道？"天親菩薩作無量偈只贊希有二字。圓悟禪師云："一句是一箇鐵橛，故六祖聞應無所住而而生其心，便悟去。”

圆悟佛眼佛鑑，同在五祖，一日相谓曰："老和尚秖是乾曝曝地，往往说心说性不得，因请益佛身无为不堕诸数。"祖曰："譬如清净摩尼宝珠映於五色，五色是数，摩尼是佛身。"圆悟谓二老曰："他大段会说，我辈说时费多少工夫，他秖一两句，便了分明，是箇老大蟲。"祖闻之乃曰："若说心说性，便是恶口。"又曰："猫有歃血之功，虎有起尸之德，所谓驱耕夫之牛，夺饥人之食，若不如是，尽是弄泥团汉。"

师一日谓赵巨济曰："老和尚忽退去，别有人来教你禅。这一转因缘怎生会，那一转又如何会，便将热屎潑记取。"

师在云居作首座，一日到西积庄，遇一暂到，从圆通来云："因看首座颂女子出定话，有箇悟处，特来求首座印证。"师云："你去，不是。"僧云："某甲未说见处，为什麽道不是？"师再三摇手云："你去，不是，不是！"僧懷懷而退。圆悟一日到首座寮因说："密印长老，四年前见他恁麽地，乃至来金山陞座，也秖恁麽地。打一箇回合了，又打一箇回合，秖管无收殺，如何为得人，恰如载一车宝剑相似，将一柄出了，又将一柄出，秖要般尽。若是本分手段，拈得一柄便殺人去，那裏秖管将出来弄！"时有僧闻得，谓师曰："某前日因看他小参语录，便知此人平日做得细腻工夫，所以对眾秖管要吐尽，一段了又一段不肯休。"师曰："事不如此。如龙得半盏水，便能兴云吐雾，降霆大雨，那裏秖管去大海裏輥，谓我有许多水也。又如会相殺人，持一条鎗，纔见贼馬，便知那箇定是我底，近前一鎗殺了贼，跳上馬背，便殺人去。须是恁麽始得。"

大愚芝和尚会中，有僧日诵金刚经一百遍。芝闻得，令侍者请至，问曰："闻汝日诵金刚经一百遍，是否？"僧云："是。"芝云："汝曾究经意否？"僧云："不曾。"芝云："汝但日诵一遍，参究佛意，若一句下悟去，如飲海水一滴便知百川之味。”僧如教，一日誦至“應如是知，如是見，如是信解，不生法相”處，驀然有省，遂以白芝。芝遽指牀前狗子云：“狗子竷。”僧無語，芝便打出。

師云：“大凡參禪，不必有機鋒便言我是。昔雲蓋智和尚，道眼明白，因太守入山憩談空亭，問如何是談空亭，智云：‘只是箇談空亭。’太守不喜。遂舉問本慕顧，本云：‘只將亭説法，何用口談空？’太守乃喜，遷本住雲蓋。若以本較智，則大遠。乃知真實事，不可以機鋒取。寶峰元首座，亦有道之士，答話機鋒鈍，覺範號爲元五斗，蓋開口取氣，炊得五斗米熟，方答得一轉語。”

師云：“今時人只解順顛倒，不解順正理。如何是佛？云卽心是佛，卻以爲尋常。及至問如何是佛？云燈籠緣壁上天台，便道是奇特，豈不是順顛倒？”

師云：“張無盡見兜率悦卻譏晦堂，有頌曰：‘久響黃龍山裏龍，到來只見住山翁。須知背觸拳頭外，別有靈犀一點通。’當時諸方莫不歎服。山僧後來見得，惜乎無盡已死。彼云：‘須知背觸拳頭外，別有靈犀一點通’，若將此頌要見晦堂，不亦遠乎？靈源和尚嘗有贊云：‘三問逆摧，超玄機於鷲嶺；一拳垂示，露赤體於龍峰。聞時富貴，見後貧窮，年老浩歌歸去樂，從教人喚住山翁。’黃魯直聞而笑曰：‘無盡所言靈犀一點，此藉茞爲虛空安耳穴。’靈源作贊分雪之，是寫一字不著畫。

五祖云：“三乘人出三界獄，小果必藉方便，如穴地穿壁，及自天牕中出。唯得道菩薩，從初入地獄，先與獄子不相疑，一切如常，一日寄信去，覔得酒肉與獄子喫，至大醉取獄子衣服、行纏、頭巾，結束自身，卻將自己破衣服與獄子著，移枷在獄子項上，坐在牢裏，卻自手捉獄子藤條，公然從大門出去。參禪人須是恁麼始得。”

五祖云：“世人似發瘧一般，寒一上，熱一上，不覺過了一生矣。"

范縣君號寂壽道人，在城都參佛果，果教渠看不是心，不是佛，不是物，是什麼？不得下語，不得開口，看來看去，無入頭，便覺悽惶。乃問佛果云："此外有何方便，令某甲會去。"果云："有箇方便，不是心，不是佛，不是物。"壽於此有省，乃云："元來得恁麼近。"

兜率悦和尚，首衆於廬山棲賢，時洪帥熊伯通請住龍安兜率，悦設三問，以問學者：一曰，撥草參玄只圖見性，即今上人性在什麼處；二曰，識得自性方脱生死，眼光落地時作麼生脱；三曰，脱得生死便知去處，四大分離向什麼處去？無盡有三頌酬之，其一曰，陰森夏木杜鵑鳴，日破浮雲宇宙清，莫對曾參問曾皙，從來孝子諱爺名；其二曰，人間鬼使符來取，天上花冠色正萋，好箇轉身時節子，莫教閻老等閑知；其三曰，鼓合東村李大妻，西風曠野淚沾衣，碧蘆紅蓼江南岸，卻作張三坐釣磯。悦住兜率五年，一日説偈曰："四十有八，聖凡盡殺；不是英雄，龍安路滑。"奄然而化。

梁山觀和尚會下，有箇園頭參得禪，衆中多有不信者。一日有僧去撩撥他，要其露箇消息。乃問園頭："何不出問堂頭一兩則話結緣？"園頭云："我除是不出問，若出須教這老漢下禪牀立地在。"及梁山上堂，果出問曰："家賊難防時如何？"山云："識得不爲冤。"曰："識得後如何？"山云："貶向無生國裏。"曰："莫是他安身立命處也無？"山云："死水不藏龍。"曰："如何是活水裏龍？"山云："興波不作浪。"曰："忽然傾湫倒嶽時如何？"梁山果然從法座上走下把住云："闍梨莫教濕著老僧袈裟角。"師云："須知悟底人與知悟底人相見，自然縱奪可觀。"

湛堂和尚云："禪和家乍入衆時，初發心菩薩與佛齊肩，一年之外到佛腰邊。恰如箇琉璃瓶子相似，元初空裸裸地，净潔潔地，卻著了半瓶不净潔底水，摇得來在裏面，丁丁當當只管響。忽然著本色人，向他道，你這瓶子本自淨潔，卻被這些惡水在裏面，又不滿，秪管響。要得不響，須是依前傾出，颺卻蕩洗了，卻滿著一瓶好水，便不響。因甚不響？蓋謂滿了。"

嚴陽尊者見趙州，有僧問："如何是佛？"云："土塊。""如何是法？"云："地動也。""如何是僧？""喫粥喫飯。"又問："如何是新興水？"云："前面江裏。"師云："似這般法門，恰似兒戲相似。入得這般法門，方安樂得人。如真淨和尚拈提古今，不在雪竇之下，而末流傳習，卻成惡口。小家只管問，古人作麼生，真如又如何下語，楊岐又如何下語，你管得許多閑事。瘥病不假驢駝藥，若是對病與藥，籬根下拾得一莖草便可療病，說什麼朱砂、附子、人參、白朮！"

真淨會下，有昭泰首座到五祖，祖見舉真淨語錄，乃讚云："此是大智慧人。"師云："老南下尊宿，五祖只肯晦堂、真淨二老而已，自餘皆不肯他也。五祖爲人，如綿裹一柄刀相似，纔拶著便將咽喉，一刺刺殺你去也。若是真淨，腳上著也卽腳上殺你，手上著也卽手上殺你，咽喉上著也卽咽喉上殺你。"

駙馬都尉李公遵勖，得心要於石門聰禪師，嘗作二句頌，寄發運朱正辭，時許式爲淮南漕，朱以李頌示許，請共和之。頌曰："學道須是鐵漢，著手心頭便判。"朱曰："雨催樵子還家。"許曰："風送漁舟到岸。"又請浮山遠禪師和，曰："學道須是鐵漢，著手心頭便判。通身雖是眼睛，也待紅爐再煅。鉏麑觸樹迷封，豫讓藏身吞炭。鷺飛影落秋江，風送蘆花兩岸。"諸公見大敬之。李乃自和曰："參禪須是鐵漢，著手心頭便判。直趣無上菩提，一切是非莫管。"今唯傳後一頌而已。

佛鑒和尚初受舒州太平請，禮辭五祖，祖曰："大凡住院，爲己戒者有四：第一、勢不可使盡，第二、福不可受盡，第三、規矩不可行盡，第四、好語不可說盡。何故？好語說盡人必易之，規矩行盡人必繁之,福若受盡緣必孤,勢若使盡禍必至。"鑒再拜,服膺而退。後鑒辭靈源,源云:"住持當以拄枚包笠懸挂方丈屋壁間,去住如衲子之輕則善矣。"

徐師川同佛果到書記寮,見果頂相,師川指云:"這老漢脚跟未點地在,"果云:"甕裏何曾走卻鼈。"川云:"且喜老漢脚跟點地",果云:"莫謗他好。"

烏龍長老訪馮濟川,説話次,云:"昔有官人問:'泗州大聖,師何姓?'聖云:'姓何。'官云:'住何國?'聖云:'住何國,此意如何?'"龍云:"大聖本不姓何,亦不是何國人,乃隨緣化度耳。"馮笑曰:"大聖決定姓何住何國。"如是往返數次,遂致書於師,乞斷此公案。師云:"有六十棒,將三十棒打大聖,不合道姓何;三十打濟川,不合道大聖決定姓何。若是烏龍長老,教自領出去。"

無盡居私第日,適年荒,有道士輩詣門教化食米,無盡遂勸各人誦金剛經,若誦得一分,施米一斗。如誦畢,施米三石二斗。化渠結般若緣,故云法財二施。每遇僧又勸念老子,使互相知,有觀其護教之心,直如是爾。

廖等觀知潭州善化縣時,有一婆每日誦金剛經,於街市乞食,夜則歸宿山阿。忽數日不見行乞,羣鴉噪集於其止處。令人往視之,見懷金剛經傍巖而化,羣鴉負土以覆之。師陞堂舉此,時廖知縣亦在座下。

師一日到明月庵,見壁間畫髑髏,馮濟川有頌云:"屍在這裏,其人何在?乃知一靈,不居皮袋。"師不肯,乃作一頌云:"卽此形骸,便是其人;一靈皮袋,皮袋一靈。"

張無盡丞相,十九歲應舉入京,經由向家,向家夜夢人報曰:"明日接相公。"凌晨净室以待,至晚見一窮措大著黄道服,乃無盡也。向禮延之,問:"秀才何往?"無盡以實告。向曰:"秀才未娶,當以女奉灑掃。”無盡謙辭再三。向曰：“此行若不了當，吾亦不爽前約。”後果及第，乃娶之。初任主簿，因入僧寺，見藏經梵夾齊整，乃怫然曰：“吾孔聖之教，不如胡人之書，人所仰重。”夜坐書院中，研墨吮筆，憑紙長吟，中夜不眠。向氏呼曰：“官人夜深，何不睡去？”無盡以前意白之，正此著無佛論。向應聲曰：“既是無佛，何論之有？當須著有佛論始得。”無盡疑其言，遂已。及訪一同列，見佛龕前經卷，乃問曰：“此何書也？”同列曰：“維摩詰所說經。”無盡信手開卷，閱到“此病非地大亦不離地大”處，歎曰：“胡人之語，亦能爾耶！”問：“此經幾卷？”曰：“三卷。可借歸盡讀。”向氏問：“看何書？”無盡曰：“維摩詰所說經。”向氏曰：“可熟讀此經，然後著無佛論也。”無盡悚然異其言，由是深信佛乘，留心祖道。後爲江西漕，徧參祖席，首謁東林照覺憁公，憁詰其所見處，與己符合，乃印可之曰：“吾有得法弟子住玉溪，乃慈古鏡也，亦可與語。”無盡復因按部過分甯，諸禪迓之。無盡到，先致敬玉溪慈，次及諸山，最後問兜率悅禪師。悅爲人短小，無盡曾見龔德莊說，聰明可人，乃曰：“聞公善文章。”悅大笑曰：“運使失却一隻眼了也，某臨濟九世孫，對運使論文章，政如運使對某論禪也。”無盡不然其語，乃強屈指曰：“是九世也。”又問：“玉溪去此多少？”曰：“三十里。”曰：“兜率幾？”曰：“五里。”無盡是夜乃至兜率，悅先一夜夢日輪升天，被悅以手搏取，乃說與首座云：“日輪運轉之義，聞張運使非久過此，吾當深錐痛劄，若肯回頭，則吾輩幸事。”首座云：“今之士大夫受人取奉慣，恐惡發別生事也。”悅云：“正使煩惱，只退得我院，別無事也。”無盡與悅語次，稱賞東林，悅未肯其說，無盡乃題寺後擬瀑軒詩其略云：“不向廬山尋落處，象王鼻孔謾遼天。”意譏其不肯東林也。公徐語及宗門事，悅曰：“今日與運使相陪，人事已困，珍重睡去。”至更深，悅起來與無盡論此事，焚香請十方諸佛作證，“東林既印可運使，運使於佛祖言

教有少疑否？"無盡曰："有。"悦曰："疑何等語？"曰："疑香嚴獨脚頌
德山托鉢因緣。"悦曰："既於此有疑，其餘安得無耶？只如言末後
句，是有耶？是無耶？"無盡曰："有。"悦大笑，遂歸方丈閉却門。無
盡一夜睡不穩，至五更下牀，觸翻蹋牀，忽然省得，有頌曰："鼓寂鐘
沈托鉢回，嚴頭一拶語如雷；果然秖得三年活，莫是遭他受記來。"
遂扣方丈門，云："某已捉得賊了。"悦曰："贓物在甚處？"無盡無語。
悦云："都運且去，來日相見。"翌日無盡遂舉前頌呈之，悦乃謂無盡
曰："參禪只爲命根不斷，依語生解，如是之説，公已深悟，然至極微
細處，使不覺不知墮在區宇。"悦後作頌證之云："等閑行處，步步皆
如，雖居聲色，甯滯有無。一心靡異，萬法非殊，休分體用，莫擇精
麤。臨機不礙，應物無拘，是非情盡，凡聖皆除。誰得誰失，何親何
疎，拈頭作尾，指實爲虛。飜身魔界，轉脚邪塗，了非逆順，不犯工
夫。"無盡邀悦至建昌，途中一一伺察，有十頌敍其事，悦亦以十頌
酬之，時元祐八年八月也。

　　夾山磷石霜琳，久依佛日才禪師，罷參後同遊上江。至黄龍，
見南和尚上堂小參，琳不諭其旨，遂求入室。璘怒之，遂殿一頓而
去。琳後大悟，機鋒穎脱，凡説法頗類真浄，而於真浄不相識。住
石霜以頌送僧，見真浄後句云："憧憧四海參禪者，不到新豐也
是癡。"

　　生、肇、融、叡乃羅什法師之高弟，號四依菩薩，嘗同羅什釋維
摩經，至不可思議品皆閣筆。蓋此境界非心思口議，遂不能措一
詞。如李長者論入華嚴法界詞分句解，皎如日星，泮然無疑，若非
親遇了緣，安能如此。

　　宣州明寂理禪師，徧見前輩尊宿，如瑯琊、雪竇、天衣，皆承事
請法出世，嗣興教坦和尚，坦嗣瑯琊，後遷太平州瑞竹，退居西堂。
師初遊，方從之請益雪竇拈古頌古，理令看因緣，皆要自見自説，不

假其言語。師洞達先聖之微旨，珵嘗稱於衆曰："杲必再來人也。"
復遊鄖州大陽，見元首座、洞山微和尚、堅首座。微在芙蓉會中首
衆，堅爲侍者十餘年。師周旋三公座下甚久，盡得曹洞宗旨。受授
之際皆臂香，以表不妄付授。師自惟曰：禪有傳授，豈佛祖自證自
悟之法？棄之依湛堂，一日湛堂問曰："你鼻孔因什麽今日無半
邊？"對曰："寶峰門下。"湛堂曰："杜撰禪和。"又一日於粧十王處，
問曰："此官人姓什麽？"對曰："姓梁。"湛堂以手自摸頭曰："爭奈姓
梁底少箇幞頭。"對曰："雖無幞頭，鼻孔髣髴。"湛堂曰："杜撰禪
和。"又看經次，問曰："看什麽經？"對曰："金剛經。"曰："是法平等，
無有高下，爲什麽雲居山高，寶峰山低？"對曰："是法平等，無有高
下。"堂曰："你做得箇座主使下。"一日問曰："杲上座，我這裏禪，你
一時理會得，教你説也説得，教你做拈古頌古小參普説，你也做得，
祇是有一件事未在，你還知麽？"對曰："甚麽事？"湛堂曰："你祇欠
這一解在。団¹若你不得這一解，我方丈與你説時便有禪，纔出方
丈便無了。惺惺思量時便有禪，纔睡著便無了。若如此，如何敵得
生死？"對曰："正是某疑處。"後湛堂疾亟，問曰："和尚若不起此疾，
教某依附誰，可以了此大事？"曰："有箇勤巴子，我亦不識他，你若
見之，必能成就此事。若見他了不得，便修行去，後世出來參禪。"

　　保寗勇禪師，四明人，初更衣依雪寶顯禪師問道，雪寶呵爲央
庠座主。勇不意堂儀纔滿，卽抽單望雪寶山禮拜，誓曰："我此生行
脚參禪，道價若不過雪寶，定不歸鄉。"勇至長沙雲蓋，參見楊岐會
和尚，與白雲端和尚爲弟昆。後出世住保寗，勇道播叢林，果如其
言。信人之志氣，安可不立耶？

　　先黃龍所山主，架造院宇，一一合叢林體格。或者笑曰："和尚
又不會禪，何用此爲？"龍云："自有説禪者來。"院成，遂陳乞請積翠
南禪師住持，後來先黃龍化去。南禪師一夜忽夢，有神人云："乞去

守塔。"南禪師不經意。一日坐方丈中，又見前所夢中人云："某甲願乞守塔。"南詰之，遂云："有交代人來。"未幾果塑像人至，南禪師令別塑土地，乃移舊土地，守先黃龍塔。

太瘤，蜀僧，居衆常嘆佛法混濫，異見鋒起，乃曰："我參禪若得真正知見，當不惜口業。"遂發願禮馬祖塔，長年不輟。忽一日，塔放白光，感而有悟。後所至叢林，勘驗老宿，過雪竇山前云："這老漢口裏水漉漉地。"雪竇聞其語意似不平。及太見雪竇，竇云："你不肯老僧那？"太云："老漢果然口裏水漉漉地。"遂搋一坐具便出。直歲不甘，中路令人毆打，損太一足，太云："此是雪竇老漢使之，他日須折一足償我。"後果如其言。太後至都下放意市肆中，有官人請歸家供養，太屢告辭，官人確留之，愈加敬禮，每使侍妾饋食其前。一日偶官人至，太故意挑其妾，官人以此改禮，遂得辭去。不數日，鬧市中端坐而化。

大陽平侍者，預明安之室有年，雖盡得其旨，惟以生滅爲己任，擠陷同列，忌出其右者。瑯琊廣照、公安圓鑒居衆時，汾陽禪師令其探明安宗旨。在大陽因平密授，明安嘗云："與洞上一宗，非遠卽覺也。"二師云："有平侍者在。"明安以手指胸云："平此處不佳。"又捏拇指叉中示之云："平向去當死於此耳。" 暨明安遷寂，遺囑云："瘞全身十年無難，當爲大陽山打供。"入塔時，門人恐平將不利於師，遂作李和文都尉所施黃白器物，書於塔銘，而實無也。平後住大陽，忽云："先師靈塔風水不利，"取而焚之。山中耆宿切諫平，平云："於我有妨。"遂發塔，顏貌如生，薪盡儼然，衆皆驚異。平乃钁破其腦益油薪，俄成灰燼。衆以其事聞於官，坐平謀塔中物，不孝還俗。平自稱黃秀才謁瑯琊，瑯云："昔日平侍者，今朝黃秀才。我在大陽時見你做處。"遂不納。又謁公安，安亦不顧。平流浪無所依。後於三叉路口，遭大蟲食之，竟不免大陽了叉之記，悲哉!

　　峨嵋山白長老,嘗云:"鄉人雪竇有頌百餘首,其詞意不甚出人,何乃浪得大名於世?"遂作頌千首,以多十倍爲勝。自編成集,妄意他日名壓雪竇,到處求人賞音。有大和山主者,徧見當代有道尊宿,得法於法昌遇禪師。出世住大和,稱山主,氣吞諸方,不妄許可。白攜其頌往謁之,求一言之鑑,取信後學。大和見乃唾云:"此頌如人患鵶臭,當風立地,其氣不可聞。"自是白不敢出似("似"疑當作"示")人。後黃魯直聞之,到成都大慈寺,大書於壁云:"峨嵋白長老,千頌自成集。大和曾有言,鵶臭當風立。"

　　歸宗宣禪師,漢州人,瑯瑘廣照之嗣,與郭功甫厚善。忽一日南康守以事臨之,宣令人馳書與功甫,且祝送書者云:"莫令縣君見。"功甫時任南昌尉,書云:"某更有六年世緣未盡,今日不奈抑逼何,欲託生君家,望君相照。"乃化去。功甫得書,驚喜盈懷。中夜其妻夢寐髣髴,見宣入卧内,不覺失聲云:"此不是和尚來處。"功甫問其故,妻答所見。功甫呼燈以宣書示之,果有娠。及生即名宣老,纔周歲記問如昔。逮三歲,白雲端和尚過其家,功甫唤出相見,望見便呼師姪。端云:"與和尚相别幾年耶?"宣屈指云:"四年也。"端云:"在甚處相别?"宣云:"白蓮莊。"端云:"以何爲驗?"宣云:"爹爹媽媽,明日請和尚齋。"忽門外推車過,端云:"門外什麼聲?"宣作推車勢。端云:"過後如何?"宣云:"平地一條溝。"甫及六歲,無疾而化。

　　海印信和尚嗣瑯瑘,桂府人也,住蘇州定慧寺,年八十餘。平日受朱防禦家供養,屢到其宅。一日朱問曰:"和尚後世能來弟子家中託生否?"師微笑諾之。及歸寺得疾,數日而化。其遷化日,朱家生一女子。圓照本禪師時住瑞光,聞其事往訪之,方出月抱出,一見便笑。圓照唤云:"海印,你錯了也。"女子哭數聲化去。

　　長蘆福長老,道眼不明,常將所得施利,往上江齋僧。圓通秀

禪師聞之，往驗其虛實。適至，見福上堂云："入荒田不揀，可殺瞞
頂，信手拈來草，猶較些子。"便下座。秀大驚曰："說禪如此，誰道
不會？"乃謂諸方生滅。遂躬造方丈禮謁，具說前事，仍請益提倡之
語，福依文解義。秀曰："若如此，諸方不謾道你不會禪。"福不肯。
秀曰："請打鐘集衆，有法秀上座在此與和尚理會，福休去。"

　　和州開聖覺老，初參長蘆夫鐵腳，久無所得。聞東山五祖法
道，徑造席下。一日，室中垂問云："釋迦彌勒猶是他奴，且道他是
阿誰？"覺云："胡張三黑李四。"祖然其語。時圓悟和尚爲座元，祖
舉此語似之。悟云："好則好，恐未實。不可放過，更於語下搜看。"
次日，入室垂問如前。覺云："昨日向和尚道了。"祖云："道什麼？"
覺云："胡張三黑李四。"祖云"不是，不是。"覺云："和尚爲甚昨日道
是？"祖云："昨日是，今日不是。"覺於言下大悟。覺後出世住開聖，
見長蘆法席大盛，乃嗣夫，不原所得。拈香時忽覺胸前如擠，遂於
痛處發癰成竅，以乳香作餅塞之，久而不愈，竟卒。

　　王荊公一日訪蔣山元禪師，坐間談論品藻古今。山曰："相公
口氣逼人，恐著述搜索勞役，心氣不正，何不坐禪體此大事？"公從
之。一日謂山曰："坐禪實不虧人，余數年要作胡笳十八拍不成，夜
坐間已就。"山呵呵大笑。

　　王荊公一日問張文定公曰："孔子去世百年，生孟子亞聖，後絕
無人，何也？"文定公曰："豈無人，亦有過孔孟者。"公曰："誰？"文定
曰："江西馬大師、坦然禪師、汾陽無業禪師、雪峯、巖頭、丹霞、雲
門。"荊公聞舉意，不甚解，乃問曰："何謂也？"文定曰："儒門淡薄，
收拾不住，皆歸釋氏焉。"公欣然嘆服。後舉似張無盡，無盡撫几嘆
賞曰："達人之論也。"

　　任觀察，內貴中賢士，徽廟極眷之。任傾心釋氏，徧參知識，每
自嘆息曰："余幸得爲人，而形體不全，及不識所生父母，想前世輕

賤於人，招此報應。"遂發誓，遇休沐還私宅，屏絶人事，焚香禮佛，刺血寫華嚴經一部，每一字三拜，願來世識所生父母。忽一日有客相訪，任出遲，客怒云："人客及門，何故不出？"任笑曰："在家中寫一卷敕書。"客詰其故，任以實對。遂取經示之云："此是閻老子面前，喫鐵棒吞鐵丸底敕書。"客悚然驚駭，回舍亦自寫一部。

　　五祖演和尚，依舒州白雲海會端和尚咨決大事，深徹骨髓。端令山前作磨頭，演逐年磨下收糠麩錢解典出息，雇人工及開供，外剩錢入常住，每被人於端處鬪諜是非云："演逐日磨下飲酒食肉，及養莊客婦女，一院紛紜。"演聞之，故意買肉沽酒，懸于磨院，及買坯粉，與莊客婦女搽畫。每有禪和來遊磨院，演以手與婦女挪揄語笑，全無忌憚。端一日喚至方丈問其故，演喏喏無他語。端劈面掌之，演顏色不動，遂作禮而去。端咄云："急退却。"演云："俟某算計了請人交割。"一日白端曰："某在磨下除沽酒買肉之餘，剩錢三百千入常住。"端大驚駭，方知小人嫉妬。時秀圓通爲座元，受四面請，卽請祖爲第一座。

　　湛堂準和尚，因讀孔明出師表，悟得做文章。有羅漢供疏云："梵語阿羅漢，此云無生，出三界二十五有塵勞，超分段生死，受如來付囑，應供天人，福利一切羣情，檀越宜興供養。"又作水磨記云："泐潭山，卽馬祖大寂禪師昔與禪者輩選佛大道場。雖年代深遠，而佛法未嘗遠也。但其間善知識，所見不同，互有高下，故有遠矣。如僧問馬祖如何是佛？曰，卽心是佛。故觀其所以，卽知衆生本來成佛無有高下，其高下在人不在法也。而況末代有我說法者，是故選佛求師，不得不審也。大宋元符戊寅歲，有漢中沙門意忠上座，尋師訪道，選佛參禪，干木隨身，逢場作戲。然其場也，戲乎一時；以其功也，利益千古。於是革其舊制，郢人猶迷；徇器投機，變通在我。豈以繩墨拘其大猷，而爲古人規矩之所限哉？是謂有子不可教,其可教者語言糟粕也。非心之至妙,其至妙之心在我,不在文字語言也。縱有明師密授,不如心之自得。故曰得之於心,應之於手,皆靈然心法之妙用也。故有以破麥也,即爲其磑;欲變米也,即爲其碾;欲取麪也,即爲其羅;欲去糠也,即爲其扇。而規模法則,總有關捩,消息既通,皆不撥而自轉。以其水也,一波纔動,前波後波,波波應而無盡;以其磑也,一輪纔擧,大輪小輪,輪輪運而無窮。由是上下相應,高低共作,其妙用也出乎自然。故不假人力之所能爲,而奇絶可觀。玄之又玄,然後左旋右轉,豎去橫來,更相擊觸,出大法音。皆演苦空無常無我諸波羅密,而聞者聞其心,見者見其性,以至嗅嘗知覺,盡獲法喜禪悦之樂,又何即以米麪諸所須物,供香積厨而爲二膳,飽禪者輩往來選佛者歟!"

師云:"今時兄弟,參佛果底,不肯見佛眼,見佛眼底,不肯參佛果,譬如衆盲摸象,豈知二老之意耶? 殊不知佛眼便是有規矩底佛果,佛果便是無規矩底佛眼。若是要爲人不瞎人眼,却來見佛果,若秖見佛眼涅槃堂禪,自救即得,爲人即不得。老南會下得底兄弟,便指教見真點胸,蓋手段苦辣,爲人自別也。"

師一日云:"今時參禪人,如蠅子相似,有些腥羶氣味便泊。須是從頭與他拈却到無氣味處泊,在平地上從來。作家宗師能爲人惟睦州,見你有坐地處,便剗却,從頭秖是剗將去。"

又一日,云:"宗師爲人,只不得有落地處,若有落地處,便被學家在面前行也。"

一日又云:"你但灰却心念來看,灰來灰去,驀然冷灰,一粒豆爆在爐外,便是没事人也。"

師在寶峰時,元首座極見喜,一日請假往謁李商老,云一月日便歸,後四十日方歸。元見遽云:"噁,野了也。無常迅速。"師不覺汗下。

師因讀洞山悟道頌，遂疑云："有箇渠，又有箇我，成什麼禪？"遂請益湛堂，堂云："你更舉看。"師遂舉，堂云："你舉也未會。"便推出。

圓悟云："達磨西來，將何傳授？"師云："不可總作野狐精見解。"又問："據虎頭，收蛇尾，第一句下明宗旨，如何是第一句？"師云："此是第二句。"

師一日云："我這裏無逐日長進底禪。"遂彈指一下云："若會去便罷參。"乃云："今時一般宗師爲人，入室三五，徧辨白他不出，却教他説悟處。更問：'你見處如何？'學人云：'某見處説不得。'却云：'你説不得，我如何見得你去？若恁麼地，如何爲人？'不見泉大道到慈明，明云：'片雲生谷口，遊人何處來？'泉云：'夜來何處火，燒出古人墳。'明云：'未在更道。'泉便作虎聲，明便打一坐具。泉推明向禪牀上，明却作虎聲。泉云：'我見八十四人善知識，惟師繼得臨濟宗風。'看他恁麼問答數句子，那裏便是見他處。須是如此始得。"

師云："山僧待人志誠，須是資質是始得，此是一超直入如來地。參禪須是直心、直行、直言、直語，心言直，故始終地位中間，永無諸委曲相。祖師西來，直指人心，見性成佛。僧問雲門：'如何是佛門？'云：'乾屎橛。'擬議思量已曲了也，何況脱空耶？"

因無礙請師讚法海真，乃曰："上江老宿，大段笑下江，雲門下却不笑覺印，蓋他曾見保寧勇真浄輩來。兼圓通曾見舜老夫浮山遠，所以較別。如大小本夫鐵脚輩，皆可笑也。蓋法海嗣覺印，印嗣圓通。其辤曰：'廓圓通門，續雲門派，燕坐胡牀，虎視百怪。佩毗盧印，摧伏魔外，一句當陽，電光非快。不動道場，而入三昧，贊之毀之，俱遭白癩。'夫是之謂法海老人，能於一毫端，而遊戲無邊之法界。"圓通常在端和尚處作首座，受四面請，其時濱和尚在海會作磨頭,遂交代作首座。圓通遷棲賢,而演和尚交代住持四面也,端和尚嘗頌古,有一句云:"日出東方夜落西",圓通改夜字作定字,端笑而從之。

五祖和尚一日云:"我這裏禪似箇什麼?如人家會作賊。有一兒子一日云:'我爺老後,我卻如何養家?須學箇事業始得。'遂白其爺。爺云:'好得。'一夜,引至巨室,穿窬入宅,開櫃,乃教兒子入其中取衣帛,兒纔入櫃,爺便閉却復鎖了。故於廳上扣打,令其家驚覺,乃先尋穿窬而去。其家人卽時起來,點火燭之,知有賊,但已去了。其賊兒在櫃中私自語曰:'我爺何故如此?'正悶悶中,却得一計,作鼠咬聲,其家遣使婢點燈開櫃,櫃纔開,賊兒聳身吹滅燈,推倒婢,走出其家。人趕至中路,賊兒忽見一井,乃推巨石投井中,其人却於井中覓。賊兒直走歸家,問爺,爺云:'你休說,你怎生得出?'兒具說上件事。爺云:'你恁麼儘做得。'"

師云:"圓通秀禪師因雪下云:'雪下有三種僧,上等底僧堂中坐禪,中等磨墨點筆作雪詩,下等圍爐說食。'予丁未年冬在虎丘,親見此三等僧,不覺失笑,乃知前輩語不虛耳。"

五祖和尚,初參圓照禪師,會盡古今因緣,惟不會僧問興化"四方八面來時如何?"化云:"打中間底。"僧禮拜。化云:"我昨日赴箇村齋,至中路被一陣狂風暴雨,却向古廟裏躱得過。"遂請益照,照云:"此是臨濟門風,你去問他兒孫。"祖遂來參浮山遠,請益此公案。遠云:"有箇譬喻,恰似箇三家村裏賣柴漢,夯一條扁擔了,却問中書堂今日商量甚事。"祖云:"恁地時大段未在。"浮山遠既年尊耳聵,遂指教參一箇小長老,乃白雲端也。老僧雖不識他,見他頌臨濟三頓棒因緣,見得净潔,可往咨決。祖從之。真净一日謂老黄龍云:"白雲端頌臨濟三頓棒,與某甲見處一般。"南云:"你如何會他底?"净便舉頌,龍喝云:"白雲會,你不會。"

圓悟和尚請益五祖，臨濟四賓主怎生？祖云："也祇箇程限，是什麽閑事？"祖云："我這裏恰似馬前相撲，倒便休。"

佛鑑平時參平實禪，自負不肯五祖，乃謂："祇是硬移換人。"圓悟云："不是這道理，有實處你看。我從前豈有凭麽說話來？徐徐稍信。"後來因舉森羅及萬象，一法之所印，驀然便道："祖師西來，直指人心，見性成佛，於今諸方，多是曲指人心，說性成佛。"

圓悟在五祖時，祖云："你也儘好，只是有些病。"悟再三請問："不知某有什麽病？"祖云："只是禪忒多。"悟云："本爲參禪，因什麽却嫌人說禪？"祖云："只似尋常說話時，多少好？"時有僧便問："因甚嫌人說禪？"祖云："惡情悰。"

五祖一日問圓悟無縫塔話，悟罔然，直從方丈隨至三門方道得。祖云："你道得也。"悟云："不然，暫時不在，便不堪也。"

師因入室退閑坐，忽云："今時兄弟，知見情解多，須要記閑言長語來這裏答。大似手中握無價摩尼寶珠，被人問你手中是什麽，却放下拈起一箇土塊。可煞癡！若恁麽，參到驢年也不省。"

師一日云："我這裏無法與人，祇是據款結案。恰如將箇琉璃瓶子來，護惜如什麽，我一見便爲你打破。你又將得摩尼珠來，我又奪了。見你恁地來，我又和你兩手截了。所以臨濟和尚道：'逢佛殺佛，逢祖殺祖，逢羅漢殺羅漢。'你且道，既稱善知識，爲什麽却要殺人？你且看他是什麽道理？而今兄弟做工夫，不省這箇過在何處，只爲要去明他。且如恁麽也不得不恁麽，也不得恁麽不恁麽，總不得作麽生，是你將一轉語，便去明得麽，永明他不得。古人忒煞直截，你不肯去直截處行，祇爲分明極，翻令所得遲。"

師一日云："我平生好罵人，因看玄沙語錄，大喜他勘靈雲道："諦當，甚諦當，敢保老兄未徹在。"可謂壁立萬仞。後來與靈雲說話了，却云："你恁麽方始是徹，後頭却恁麽撒屎撒尿？"却問圓悟如何,悟笑云:"他後頭却怎麽地,我也理會不得。"遂下來歸到寮,方知玄沙大段作怪,遂舉似圓悟,悟笑云:"且喜你知。"晦堂云:"今時諸方,多是無此藥頭。"師云:"切忌外人聞此粗言。"

師因見老宿上堂云:"我在老師會中,得箇末後句,不免布施大衆。"良久云:"不與萬法爲侶者,是什麽人?待汝一口吸盡西江水,卽向汝道。"便下座。師云:"山僧卽不然,我在老師會中,得箇末後句,不免舉似大衆。"便下座。

洞山寶禪師,嗣五祖戒和尚,廬州人,爲人廉謹,嘗在五祖主事。戒病,令行者往庫司取生薑煎藥,寶叱之。行者白戒,戒令將錢回買,寶方取薑付之。後筠州洞山闕人,郡守以書託戒,舉所知者主之。戒曰:"寶生薑漢住得。"遂出世住洞山。後移住歸宗,一日扶杖出門,見喝道來,問:"甚官?"吏云:"縣尉。"令避路。寶側立道左避之,忽見馬跪不行,寶曰:"畜生却識人。"尉知是寶,再拜而去。復遷雲居,一夜山神肩輿遶寺行,寶云:"撞你爺撞你娘,撞上方丈去。"神復舁歸方丈。寶初行脚時,嘗宿旅邸,爲倡女所窘,遂讓榻與之睡,寶坐禪。明發,倡女索宿錢,寶與之,出門自燒被褥而去。倡女以實告其父母,遂請歸,致齋以謝,謂其真佛子也。嘗作達磨祖師贊,最播叢林,邪琊覺和尚和之,今載正法眼藏。一僧問師云:"某參禪不得,未審病在甚麽處?"師云:"病在這裏。"僧云:"某甲因什麽却參不得?"師云:"開眼尿牀漢,我打你去。"

懷禪師謂秀圓通曰:"元青州、慶福建並汝三人,克振吾宗,自餘皆是隨根受道。"

兜率悅禪師,在道吾首衆,時老智和尚居雲蓋。悅一日領數十衲子謁智,智與語未及數句,知悅所蘊深淺,笑曰:"觀首座氣質不凡,奈何出言吐氣如醉人耶?"悅面熱汗下,曰:"願和尚不吝慈悲。"復與語未幾,又錐劄之,悅茫然,遂領其徒咨問入室。智笑曰:"公

首衆説法人也，如某聞見不博，何益於公耶？"再四懇之，智曰："老
僧無福，道不取信於人，脱受首座禮拜，異日定取謗於某。"竟不許。
乃問悦曰：'首座曾見法昌遇禪師否？"曰："曾看他語録，自了可以，
不願見之。"又問："曾見洞山文和尚否？"曰："關西子，没頭腦，拖一
條布裙作尿臭氣，有甚長處？"智曰："首座但向尿臭氣參取。"悦依
教乃往洞山依止，未久深領奥旨，復往見老智。智曰："首座見關西
子後，大事如何？"悦曰："若不得和尚指示，泊自蹉過一生。"乃焚香
禮謝。後出世嗣法洞山，居常誡其徒，敍其雲蓋指見洞山之語，汝
等當以師事智和尚也。後智遷寂，是時照禪師住兜率，乃悦之高弟
也，智後事盡得照主之，如師資禮，蓋其不忘付囑也。

　　師一日云："菩薩人眼見，佛性須是眼見始得。"

（據清光緒七年常熟刻經處本）

〔附〕　臨安府徑山沙門釋宗杲傳

　　釋宗杲，號大慧，因居妙喜庵，又稱妙喜。出宣州奚氏，卽雲峰
悦之後身也。靈根夙具，慧性生知。年方十二卽投慧雲齊公。十
七薙染。

　　初遊洞宗之門，洞宗耆宿因師詞鋒之鋭，乃燃臂香授其心印，
師不自肯，棄去。依湛堂準。久之不契。湛堂因臥室，俾見圓悟。
悟居蜀昭覺，師踟蹰未進。

　　一日，聞詔遷悟住汴天寧，喜曰："天賜此老與我也。"遂先日至
天寧迎悟，且自計曰，當終九夏。若同諸方妄以我爲是者，我著無
禪論去也。值悟開堂，舉僧問雲門："如何是諸佛出身處？" 門曰：
"東山水上行。"悟曰："天寧卽不然，只向他道，薰風自南來，殿閣生
微涼。"師聞，忽前後際斷。悟曰："也不易，爾到這田地。但可惜死

了不能活，不疑言句是爲大病。豈不見道，懸崖撒手，自肯承當，絕後再甦，欺君不得，須要信有這些道理。”於是令居擇木堂，爲不釐務侍者，日同仕夫，不時入室。

一日，悟與客飯次，師不覺舉筯飯皆不入口，悟笑曰：“這漢參黃楊木禪到縮了也。”師曰：“如狗舐熱油鐺。”後聞悟室中問僧有句無句，如藤倚樹話，師遂問曰：“聞和尚當時在五祖曾問此話，不知五祖道甚麼？”悟笑而不答。師曰：“和尚當時既對衆問，今説何妨？”悟不得已，曰：“我問五祖有句無句，如藤倚樹，意旨如何？祖曰：‘描也描不成，畫也畫不就。’又問：‘樹倒藤枯時如何？’祖曰：‘相隨來也。’”師當下釋然，大悟曰：“我會也。”悟歷舉數段因緣詰之，皆酬對無滯。悟喜謂之曰：“始知吾不汝欺也。”乃著臨濟正宗記付之，俾掌記室。未幾圓悟返蜀，師因韜晦結菴以居。後度夏虎丘，閱華嚴至第七地菩薩得無生法忍處，忽洞明湛堂所示殃崛摩羅持鉢救産婦因緣。

宋紹興七年詔住雙徑。一日圓悟訃音至，師自撰文致祭。卽晚小參，舉僧問長沙：“南泉遷化向甚處去？”沙曰：“東村作驢，西村作馬。”僧曰：“意旨如何？”沙曰：“要騎便騎，要下便下。若是徑山，卽不然。若有僧問：圓悟先師遷化向甚處去？向他道：墮大阿鼻地獄。”“意旨如何？”曰：“飢餐洋銅，渴飲鐵汁。”“還有人救得也無？”曰：“無人救得。”曰：“如何救不得？”曰：“是此老尋常茶飯。”

十一年五月秦檜以師爲張九成黨，毀其衣牒，竄衡州。二十六年十月詔移梅陽。不久，復其形服，放還。十一月詔住阿育王。二十八年降旨令師再住徑山，大弘圓悟宗旨。

辛巳春退居明月堂，一夕衆見一星殞於寺西，流光赫然。尋示微疾。八月九日謂衆曰：“吾翌日始行。”是夕五鼓，手書遺表，併囑後事。有僧了賢請偈，師乃大書曰：“生也祇麼，死也祇麼，有偈無偈,是甚麼熱。"委然而逝。世壽七十有五,坐五十八夏,謚曰普覺,塔名寶光。

（選自江北刻經處本明如惺明高僧傳卷第四）

原　　妙

【簡介】　原妙，號高峰，俗姓徐，生於公元一二三八年（宋理宗嘉熙二年），死於公元一二九五年（元成宗元貞元年），吳江（今江蘇蘇州）人。他十五歲出家，十七歲受具足戒，十八歲始習天台教觀，二十歲改學禪。二十二歲參臨濟宗師斷際妙倫，後又謁雪巖法欽，從受法印。晚年於杭州天目山西峰獅子巖上建小屋名爲“死關”，居其中十五年未曾一出。然據稱四方學徒參請無虛日，僧俗受戒者數萬人，是元代著名的臨濟宗師。

原妙在發揮禪宗“明心見性”的思想時，反對故意追求，反對執着於古人語句，而着重強調“必須自然入於無心三昧。”具體説來，就是要下大決心，專心地去想諸如“生從何來，死從何去”，“萬法歸一，一歸何處”這樣一些問題，直想得如癡如呆，就會到達“不動不搖，無來無去，一念不生，前後際斷”，一如“夫子三月忘味，顏回終日如愚，賈島取捨推敲”的境地，而“此等卽是無心之類”。從而也就會頓然覺悟到“元來盡大地是箇選佛場，盡大地是箇自己”。他反復強調，這種覺悟的得到“非思量分別之所能解”，而是如同“電光影裏穿針相似”，充滿了神祕主義的色彩。

原妙的語録及文章，由其門人集成高峰妙禪師語録和高峰和尚禪要等。

一、高峰和尚禪要

開堂普説

僧問：“十方同聚會，箇箇學無爲，此是選佛場，心空及第歸。”

龐居士恁麼道，還有爲人處也無？師云：有。進云：畢竟在那一句？師云：從頭將問來。進云：如何是"十方同聚會？"師云：龍蛇混雜，凡聖交參。進云：如何是"箇箇學無爲"？師云：口吞佛祖，眼蓋乾坤。進云：如何是"選佛場"？師云：東西十萬，南北八千。進云：如何是"心空及第歸"？師云：動容揚古路，不墮悄然機。進云：恁麼則言言見諦，句句朝宗？師云：你甚處見得？僧喝。師云：也是掉棒打月。進云：此事且止。只如西峰今日，十方聚會，選佛場開，畢竟有何祥瑞？師云：山河大地，萬象森羅，情與無情，悉皆成佛。進云：既皆成佛，因甚學人不成佛？師云：你若成佛，爭教大地成佛！進云：畢竟學人過在甚麼處？師云：湘之南，潭之北。進云：還許學人懺悔也無？師云：禮拜著。僧繞拜，師云：獅子咬人，韓獹逐塊。師乃豎拂，召大衆云：此是選佛場，心空及第歸。怜悧漢若向者裏見得，便見龐居士安身立命處；既見龐居士安身立命處，便見從上佛祖安身立命處；既見佛祖安身立命處，便見自己安身立命處；既見自己安身立命處，不妨向者裏拗折拄杖，高掛鉢囊，三條椽下，七尺單前，咬無米飯，飲不濕羹，伸脚打眠，逍遙度日。若是奴郎不辨，菽麥不分，抑不得已，按下雲頭，向虛空裏，書一本上大人，教諸人依樣畫猫兒去也。山僧昔年在雙徑歸堂，未及一月，忽於睡中，疑著萬法歸一，一歸何處？自此疑情頓發，廢寢忘餐，東西不辨，晝夜不分，開單展鉢，屙屎放尿，至於一動一靜，一語一默，總只是箇一歸何處，更無絲毫異念，亦要起絲毫異念，了不可得，正如釘釘膠粘，撼搖不動，雖在稠人廣衆中，如無一人相似。從朝至暮，從暮至朝，澄澄湛湛，卓卓巍巍，純清絶點，一念萬年，境寂人忘，如癡如兀。不覺至第六日，隨衆在三塔諷經次，擡頭忽覩五祖演和尚真，驀然觸發日前仰山老和尚問拖死屍句子，直得虛空粉碎，大地平沈，物我俱忘，如鏡照鏡；百丈野狐，狗子佛性，青州布衫，女子出定話，從頭密舉驗之，無不了了，般若妙用，信不誣矣。前所看無字，將及三載，除二時粥飯，不曾上蒲團，因時亦不倚靠，雖則晝夜東行西行，常與昏散二魔輥作一團，做盡伎倆，打屏不去，於者無字上竟不曾有一餉間省力。成片自決之後，鞠其病源，別無他故，只為不在疑情上做工夫，一味只是舉。舉時即有，不舉便無，設要起疑，亦無下手處，設使下得手疑得去，只頃刻間，又未免被昏散打作兩橛。於是，空費許多光陰，空喫許多生受，略無些子進趣。一歸何處，却與無字不同，且是疑情易發，一舉便有，不待返覆思維計較作意，纔有疑情，稍稍成片，便無能為之心。既無能為之心，所思即忘，致使萬緣不息而自息，六窻不靜而自靜，不犯纖塵，頓入無心三昧。忽遇喫粥喫飯處，管取向鉢盂邊摸着匙筯，不怕甕中走却鼈。此是已驗之方，決不相賺，如有一句誑惑諸人，自招永墮拔舌犂耕。現前學般若菩薩必要明此一段大事，不憚山高水闊，得得來見西峰，況兼各各然指爇香，立戒立願，礪齒磨牙，辦鐵石志。既有如是操略，如是知見，切須莫負自己初心，莫負父母捨汝出家心，莫負新建僧堂檀信心，莫負國王大臣外護心；直下具大信去，直下無變異去，直下壁立萬仞去，直下依樣畫猫兒去；畫來畫去，畫到結角羅紋處，心識路絕處，人法俱忘處，筆端下驀然突出箇活猫兒來。囤，元來盡大地是箇選佛場，盡大地是箇自己。到者裏説甚麼居士，直饒三乘十地膽喪魂驚，碧眼黃頭容身無地。然雖如是，若要開鑿人天眼目，發揚佛祖宗猷，更須將自己與選佛場鎔作一團，颺在百千萬億世界之外，轉身移步，向威音那邊，更那邊打一遭，却來喫西峰痛棒。大衆，既是和自己颺了，又將甚麼喫棒？忽有箇不顧性命底漢子，聞恁麼舉，出來掀倒禪牀，喝散大衆。是則固是，要且西峰師子巖未肯點頭在。

示　衆

三世諸佛，歷代祖師，留下一言半句，惟務衆生超越三界，斷生死流。故云：爲一大事因緣，出現於世。若論此一大事，如馬前相撲，又如電光影裏穿針相似，無你思量解會處，無你計較分別處。所以道，此法非思量分別之所能解。是故世尊於靈山會上，臨末梢頭，將三百六十骨節，八萬四千毛竅，盡底掀翻，雖有百萬衆圍繞，承當者惟迦葉一人而已。信知此事決非草草，若要的實明證，須開特達懷，發丈夫志，將從前惡知惡解，奇言妙句，禪道佛法，盡平生眼裏所見底，耳裏所聞底，莫顧危亡得失，人我是非，到與不到，徹與不徹，發大忿怒，奮金剛利刃，如斬一握絲，一斬一切斷，一斷之後，更不相續。直得胸次中，空勞勞地，虛豁豁地，蕩蕩然無絲毫許滯礙，更無一法可當情，與初生無異。喫茶不知茶，喫飯不知飯，行不知行，坐不知坐，情識頓凈，計較都忘，恰如箇有氣底死人相似，又如泥塑木雕底相似。到者裏，蓦然脚蹉手趺，心華頓發，洞照十方，如杲日麗天，又如明鏡當臺，不起一念，頓成正覺。非惟明此一大事，從上若佛若祖，一切差別因緣，悉皆透頂透底，佛法世法打成一片，騰騰任運，任運騰騰，灑灑落落，乾乾凈凈，做一箇無爲無事，出格真道人也。恁麼出世一番，方曰不負平生參學之志願耳。若是此念輕微，志不猛利，毿毿𣨼𣨼，魍魍魎魎，今日也恁麼，明日也恁麼，設使三十年二十年用工，一如水浸石頭相似，看看逗到臘月三十日，十箇有五雙懡㦬而去，致令晚學初機，不生敬慕。似者般底漢，到高峰門下，打殺萬萬千千，有甚麼罪過？今日我之一衆，莫不皆是俊鷹快鷂，如龍若虎，舉一明三，目機銖兩，豈肯作者般體態，兀兀度時！然雖如是，正恁麼時畢竟喚甚麼作一大事？若也道得，與汝三十拄杖，若道不得，亦與三十拄杖。何故？卓拄杖一下，云：

<u>高峰</u>門下賞罰分明。

予假此來二十四年，常在病中，求醫服藥，歷盡萬般艱苦，争知病在膏肓，無藥可療。後至<u>雙徑</u>，夢中服<u>斷橋</u>和尚所授之丹，至第六日，不期觸發<u>仰山</u>老和尚所中之毒，直得魂飛膽喪，絶後再甦，當時便覺四大輕安，如放下百二十斤一條擔子相似。今將此丹普施大衆，汝等服之，先將六情六識，四大五蘊，山河大地，萬象森羅，總鎔作一箇疑團，頓在目前，不假一鎗一旗，静悄悄地，便是箇清平世界。如是，行也只是箇疑團，坐也只是箇疑團，著衣喫飯也只是箇疑團，屙屎放尿也只是箇疑團，以至見聞覺知，總只是箇疑團。疑來疑去，疑至省力處，便是得力處，不疑自疑，不舉自舉，從朝至暮，粘頭綴尾，打成一片，無絲毫縫罅，撼亦不動，趁亦不去，昭昭靈靈，常現在前，如順水流舟，全不犯手，只此便是得力底時節也。更須慤其正念，慎無二心，展轉磨光，展轉淘汰，窮玄盡奥，至極至微，向一毫頭上安身，孤孤迥迥，卓卓巍巍，不動不搖，無來無去，一念不生，前後際斷。從茲塵勞頓息，昏散勦除，行亦不知行，坐亦不知坐，寒亦不知寒，熱亦不知熱，喫茶不知茶，喫飯不知飯，終日獃憃憃地，恰似箇泥塑木雕底，故謂牆壁無殊。纔有者境界現前，即是到家之消息也，决定去地不遠也，巴得搆也，撮得著也，只待時刻而已。又却不得見恁麽説，起一念精進心求之，又却不得將心待之，又却不得要一念縱之，又却不得要一念棄之，直須堅凝正念，以悟爲則。當此之際，有八萬四千魔軍，在汝六根門頭伺候，所有一切奇異殊勝，善惡應驗之事，隨汝心設，隨汝心生，隨汝心求，隨汝心現，凡有所欲，無不遂也。汝若瞥起毫釐差別心，擬生纖塵妄想念，即便墮他圈樻，即便被他作主，即便聽他指揮，便乃口説魔話，心行魔行，反誹他非，自譽真道，般若正因從兹永泯，菩提種子不復生芽，劫劫生生，常爲伴侣。當知此諸魔境，皆從自心所起，自心所

生，心若不起，争如之何？天台云："汝之伎倆有盡，我之不采無窮。"誠哉！是言也。但只要一切處放教冷冰冰地去，平妥妥地去，純清絕點去，一念萬年去，如箇守屍鬼子，守來守去，疑團子㪗然爆地一聲，管取驚天動地。勉之勉之。

示直翁居士洪新恩

終日共談不二，未嘗舉著一字，復問此意如何，不免遞相鈍置。父母非我親，誰是最親者？盲龜跛鼈，靈利漢向者裏薦得，便見無邊剎境，自他不隔於毫端；十世古今，終始不離於當念。其或未然，不妨撥轉機輪，便就盲龜跛鼈上著些精彩，起箇疑情，疑來疑去，直教內外打成一片，終日無絲毫滲漏，鯁鯁于懷，如中毒藥相似。又若金剛圈栗棘蓬，決定要吞，決定要透，但盡平生伎倆憤將去，自然有箇悟處。假使今生吞透不下，眼光落地之時，縱在諸惡趣中，不驚不怖，無拘無絆，設遇閻家老子，諸大鬼王，亦皆拱手。何故？蓋爲有此般若不思議之威力也。然則，有諸現業，畢竟般若力勝，如箇金剛幢子，鑽之不入，撼之不動。世人出於豪勢門牆，亦復如是，一切官屬吏卒無不畏之。又若擲地墮地，重處先著目，卽雖有成住壞空之相，如龍脫殼，如客旅居。其實，本主無生無滅，無去無來，無增無減，無老無少，自無始劫來，至於今生，頭出頭没，千變萬化，未嘗移易絲毫許。堪嗟一等學人，往往多認者箇識神，不救正悟，不脫生死，置之莫論。今生既下此般若種子，纔出頭來，管取福慧兩全，超今越古。裴相國、李駙馬、韓文公、白樂天、蘇東坡、張無盡，卽此之類也。雖沈迷欲境，亦不曾用工，纔參見善知識，一言之下，頓悟上乘，超越生死；雖在塵中，遊戲三昧，不忘佛囑，外護吾門，咸載祖燈，續佛慧命。此輩若不是宿世栽培，焉得便恁麼開花結子，福足慧足！是則固是。今日山僧却有箇煆凡成聖底藥頭，不假栽培底種子。説則辭繁，略舉一偈：欲明種子因，熟讀上大人，若到可知禮，盲龜跛鼈親。

結 制 示 眾

大限九旬，小限七日，麤中有細，細中有密，密密無間，纖塵不立。正恁麼時，銀山鐵壁，進則無門，退之則失。如墮萬丈深坑，四面懸崖荊棘，切須猛烈英雄，直要翻身跳出，若還一念遲疑，佛亦救你不得。此是最上玄門，普請大家著力，山僧雖則不管，閑非越例，與諸人通箇消息。☺☺☺

示 眾

皮穿肉爛，筋斷骨折，具無礙辯，橫説豎説，若謂向上一關，敢保老兄未徹。直須虛空粉碎，大海枯竭，透頂透底，內外澄澈，正恁麼時，猶是眼中著屑。大眾，且道如何是到家底句？泥牛喫鐵棒，金剛迸出血。

若論此事，如大火聚，烈燄亘天，曾無少間，世間所有之物，悉皆投至；猶如片雪點著便消，爭容毫末。若能恁麼提持，剋日之功，萬不失一。儻不然者，縱經塵劫，徒受勞矣。

海底泥牛啣月走，巖前石虎抱兒眠，鐵蛇鑽入金剛眼，崑崙騎象鷺鶿牽。此四句內，有一句能殺能活，能縱能奪，若檢點得出，許汝一生參學事畢。

若論此事，譬如人家屋簷頭一堆楛檛相似，從朝至暮，雨打風吹，直是無人覷著。殊不知，有一所無盡寶藏蘊在其中。若也拾得，百劫千生，取之無盡，用之無竭。須知此藏不從外來，皆從你諸人一箇信字上發生。若信得及，決不相誤；若信不及，縱經塵劫，亦無是處。普請諸人，便恁麼信去，免教做箇貧窮乞兒。且道此藏，卽今在甚處？良久，云：不入虎穴，争得虎子！

解 制 示 衆

九旬把定繩頭，不容絲毫走作，直得箇箇皮穿骨露，七零八
落，冷眼看來，正謂掘地討天，千錯萬錯。今日到者裏，不免放開一
綫，彼此無拘無束，東西南北，任運騰騰，天上人間，逍遥快樂。然雖
如是，且道忽遇鑊湯爐炭，劍樹刀山，未審如何棲泊？良久，云：惡！

示 衆

若要真正，決志明心，先將平日胸中所受一切善惡之物，盡底
屏去，毫末不存，終朝兀兀如癡，與昔嬰孩無異，然後乃可蒲團静
坐，正念堅凝，精窮向上之玄機，研味西來之密旨。切切拳拳，兢兢
業業，直教絲毫無間，動静無虧，漸至深密幽遠，微細微細極微細
處。譬如有人遠行他方，漸漸回途，已至家舍，又如鼠入牛角，看看
走至尖尖盡底，又如捉賊討贓，拷至情理俱盡。不動不退，無去無
來，一念不生，前後際斷，卓卓巍巍，孤孤迥迥，如坐萬仞崖頭，又若
停百尺竿上，一念纔乖，喪身失命。將至功成九仞，切須保任全提，
忽於經行坐卧處，不覺囥地一聲，猶如死在漫天荆棘林中，討得一
條出身活路相似，豈不快哉！若是汨没塵勞，不求昇進，譬如水上
之浮木，其性實下，暫得身輕，不堪浸潤。又如庭中之花，雖則色香
俱美，一朝色萎香滅，無復可愛。又如農夫之種田，雖有其苗，而工
力不至，終不成實。便如貧窮乞兒，得少爲足。久久萌芽再發，荆
棘復生，被物之所轉，終歸沈溺，無上清净涅槃，無由獲覩，豈不枉
費前功，虚消信施？若是有志丈夫，正好向者裏晦迹韜光，潛行密
用，或三十年二十年，以至一生，終無他念。踏得實實落落，穩穩當
當，直教纖塵不立，寸草不生，往來無礙，去住自由。報緣遷謝之

日，管取推門落臼。若只恁麼紙裏茅纏，龍頭蛇尾，非特使門風有玷，亦乃退後學初心。如上所述管見，莫不皆是藜藿之類，飽人不堪供養，以俟絕陳之流，終有一指之味。往往學道之士，忘却出家本志，一向隨邪逐惡，不求正悟，妄將佛祖機緣，古人公案，從頭穿鑿，遞相傳授，密密珍藏，以爲極則。便乃不守毗尼，撥無因果，人我愈見崢嶸，三毒倍加熾盛，如斯之輩，不免墮於魔外，永作他家眷屬。若有未遭邪謬，不負初心，當念無常迅速，痛思苦海沈淪，趁二時粥飯，見成百般受用，便當便好乘時直入，莫待臨嫁醫瘖。此乃從上佛祖之心印，無礙解脱之妙門。設使機緣不偶，工力未充，切須捨命忘形，勤行苦行，至死拼生，一心不退。復有葛藤未盡，不免重説偈言：此心清淨本無瑕，只爲貪求被物遮，突出眼睛全體露，山河大地是空華。

東西十萬，南北八千，纖塵不立，寸草不生，往來無礙，妙用縱橫。直饒親到者裏，正是棄本逐末，引禍招殃。且道如何是本？擲拄杖云：抛出輪王三寸鐵，分明遍界是刀鎗。

低頭覓天，仰面尋地，波波絮絮，遠之遠矣。驀然撞著徐十三郎，嘎！元來只在這裏。以手拍膝一下，云：在者裏，臘月三十日到來，也是開眼見鬼。

立 限 示 衆

五陰山中，魔強法弱，戰之不勝，休擬議著。寶劍全提，莫問生殺，奮不顧身，星飛火撒。有功者賞，無功者罰，賞罰既已分明，且道今日喫棒底上座，是賞耶，是罰耶？若向者裏緇素得出，便見興化於大覺棒下，悟喫棒底消息。

示 衆

參禪若要剋日成功，如墮千尺井底相似，從朝至暮，從暮至朝，千思想萬思量，單單只是箇求出之心，究竟決無二念。誠能如是施工，或三日，或五日，或七日，若不徹去。西峰今日犯大妄語，永墮拔舌犁耕。

有時熱閧閧，有時冷冰冰，有時如牽驢入井，有時如順水張帆。因此四魔更相殘害，致使學人忘家失業。西峰今日略施一計，要與諸人掃蹤滅跡。良久，云：捷。

兄弟家，或十年二十年撥草瞻風，不見佛性，往往皆謂被昏沈掉舉之所籠罩。殊不知，只者昏沈掉舉四字，當體即是佛性。堪嗟迷人不了，妄自執法爲病，以病攻病，致使佛性愈求愈遠，轉急轉遲。設使一箇半箇，回光返照，直下知非，廓然藥病兩忘，眼睛露出，洞明達磨單傳，徹見本來佛性。若據西峰點檢將來，猶是生死岸頭事，若曰向上一路，須知更在青山外。

若論此事，正如逆水撐船，上得一篙，退去十篙，上得十篙，退去百篙，愈撐愈退。退之又退，直饒退到大洋海底，撥轉船頭，決欲又要向彼中撐上。若具者般操志，即是到家消息。如人上山，各自努力。

此事的實用工切處，正如搭對相撲相似，纔有絲毫畏懼心，纖塵差別念蘊于胸中，何止十撲九輸，未著交時性命已屬他人了也。若是鐵眼銅睛，憤憤悱悱，直要一拳打碎，一口吞卻，假使喪身失命，以至千生萬劫，心亦不忘。諸上座！果能如是知非，果能如是著鞭，剋日成功，斷無疑矣。勉之勉之。

晚　　參

參須實參，悟須實悟，動轉施爲，輝今耀古。若是操心不正，悟處不真，粧粧點點，鬪鬪飣飣，被人輕輕拶著，未免喚燈籠作露柱。且道如何是實參實悟底消息？良久，云：南山起雲，北山下雨。

示信翁居示洪上舍

大抵，參禪不分緇素，但只要一箇決定信字。若能直下信得及、把得定、作得主，不被五欲所撼，如箇鐵橛子相似，管取剋日成功，不怕甕中走鱉。豈不見華嚴會上，善財童子歷一百一十城，參五十三善知識，獲無上果，亦不出者一箇信字。法華會上，八歲龍女，直往南方無垢世界，獻珠成佛，亦不出者一箇信字。涅槃會上，廣額屠兒，颺下屠刀，唱言我是千佛一數，亦不出者一箇信字。昔有阿那律陀，因被佛訶，七日不睡，失去雙目，大千世界，如觀掌果，亦不出者一箇信字。復有一小比丘，戲一老比丘，與證果位，遂以皮毬打頭四下，即獲四果，亦不出者一箇信字。楊歧參慈明和尚，令充監寺，以至十載，打失鼻孔，道播天下，亦不出者一箇信字。從上若佛若祖，超登彼岸，轉大法輪，接物利生，莫不皆由此一箇信字中流出。故云：“信是道元功德母，信是無上佛菩提，信能永斷煩惱本，信能速證解脫門。”昔有善星比丘，侍佛二十年，不離左右。蓋謂無此一箇信字，不成聖道，生陷泥黎。今日信翁居士雖處富貴之中，能具如是決定之信，昨於壬午歲，登山求見，不納而回，又於次年冬，拉直翁居士同訪，始得入門。今又越一載，齎糧裹糝，特來相從，乞受毗尼，願爲弟子，故以連日詰其端由，的有篤信趣道之志。維摩經云：“高原陸地，不生蓮華，卑濕淤泥，乃生此華。”正謂此也。山僧由是憫之，將箇省力易修，曾驗底話頭，兩手分付：萬法歸一，一歸何處？決能便恁麼信去，便恁麼疑去。須知疑以信爲體，悟以疑爲用。信有十分，疑有十分；疑得十分，悟得十分。譬如水漲船高，泥多佛大。西天此土，古今知識，發揚此段光明，莫不只是一箇決疑而已。千疑萬疑，只是一疑；決此疑者，更無餘疑；既無餘疑，即與釋迦、彌勒、淨名、龐老，不增不減，無二無別。同一眼見，同一耳聞,同一受用,同一出没,天堂地獄,任意消遥,虎穴魔宫,縱橫無礙,騰騰任運,任運騰騰。故涅槃經云:"生滅滅已,寂滅爲樂。"須知此樂非妄念遷注情識之樂,乃是真淨無爲之樂耳。夫子云:"夕死可矣。"顏回不改其樂,曾點舞詠而歸,咸佩此無生真空之樂也矣。苟或不疑不信,饒你坐到彌勒下生,也只做得箇依草附木之精靈,魂不散底死漢。教中言,二乘小果,雖入八萬劫大定,不信此事,去聖逾遥,常被佛訶。直欲發大信起大疑,疑來疑去,一念萬年,萬年一念,的的要見者一法子落著,如與人結了生死寃讐相似,心憤憤地,即欲便與一刀兩段,縱於造次顛沛之際,皆是猛利著鞭之時節。若到不疑自疑,寤寐無失,有眼如盲,有耳如聾,不墮見聞窠臼,猶是能所未忘,偷心未息,切宜精進中倍加精進。直教行不知行,坐不知坐,東西不辨,南北不分,不見有一法可當情,如箇無孔鐵鎚相似,能疑所疑,內心外境,雙忘雙泯,無無亦無。到者裏,舉足下足處,切忌踏翻大海,踢倒須彌,折旋俯仰時,照顧觸瞎達磨眼睛,磕破釋迦鼻孔。其或未然,更與添箇注脚:僧問趙州和尚:"萬法歸一,一歸何處?"州云:"我在青州,作一領布衫,重七斤。"師云:大小趙州,拖泥帶水,非特不能爲者僧斬斷疑情,亦乃賺天下衲僧,死在葛藤窠裏。西峰則不然,今日忽有人問:萬法歸一,一歸何處?只向他道:狗舐熱油鐺。信翁,信翁,若向者裏擔荷得去,只者一箇信字,也是眼中著屑。

示　衆

兄弟家,十年二十年,以至一生,絕世忘緣,單明此事。不透脱者,病在於何?本分衲僧,試拈出看。莫是宿無靈骨麼?莫是不遇明師麼?莫是一暴十寒麼?莫是根劣志微麼?莫是汩没塵勞麼?莫是沈空滯寂麼?莫是雜毒入心麼?莫是時節未至麼?莫是不疑言句麼？莫是未得謂得，未證謂證麼？若論膏肓之疾，總不在者裏。既不在者裏，畢竟在甚麼處？咄！三條椽下，七尺單前。

若論此事，如登一座高山相似，三面平夷，頃刻可上，極是省力，極是利便。若曰回光返照，點檢將來，耳朵依前兩片皮，牙齒依舊一具骨，有甚交涉，有甚用處？若是拏雲攫霧底漢子，決定不墮者野狐窟中，埋没自己靈光，辜負出家本志。直向那一面懸崖峭壁，無棲泊處立，超佛越祖心辦，久久無變志，不問上與不上，得與不得，今日也拚命跳，明日也拚命跳。跳來跳去，跳到人法俱忘，心識路絶，驀然踏翻大地，撞破虚空，元來山卽自己，自己卽山。山與自己，猶是寃家，若要究竟衲僧向上巴鼻，直須和座颺在他方世界始得。

一二三四，四三二一，鉤鎖連環，銀山鐵壁。覷得破，跳得出，大千沙界海中漚，一切聖賢如電拂；若是覷不破，跳不出，切須翻天覆地，離窠越窟，便就一歸何處上東擊西敲，橫拷豎逼，逼來逼去，逼到無棲泊、不奈何處，誠須重加猛利，翻身一擲，土塊泥團，悉皆成佛。若是不尷不尬，半進半出，蛇吞蝦蟆，西峰敢道驢年始得。

結　制　示　衆

以拂子㸔三，大衆還會麼？若也會得，如來禪、祖師禪，栗棘蓬金剛圈，五位偏正，三要三玄，無不貫串，無不窮源。到者裏，説甚長期短期，空觀假觀，得念失念，無非解脱；成法破法，皆名涅槃。若也不會，汝等一衆，既是各各齎糧裏糝，發大心來，九十日中，十二時内，切切偲偲，兢兢業業，莫問到與不到，得與不得，牢絆草鞋，緊著脚頭，如冰棱上行，劍刃上走，捨命忘形。但恁麼去，纔到水窮雲盡處，烟消火滅時，驀然踏著本地風光，管取超佛越祖。直饒恁麼悟去，猶是法身邊事。若曰法身向上事，未夢見在。何故？欲窮千里目,更上一層樓。

示　衆

若論參禪之要,不可執蒲團爲工夫,墮於昏沈散亂中, 落在輕安寂静裏,總皆不覺不知。非唯虛喪光陰, 難消施主供養,一朝眼光落地之時,畢竟將何所靠。山僧昔年在衆,除二時粥飯,不曾上蒲團。只是從朝至暮,東行西行,步步不離,心心無間。如是,經及三載,曾無一念懈怠心。一日,驀然踏著自家底,元來寸步不曾移。

昏沈掉舉, 喜怒哀樂, 即是真如佛性, 智慧解脱。只緣不遇斯人,醍醐上味, 翻成毒藥。靈利漢,假饒直下知非, 全身擔荷,正好朝打三千, 暮打八百。何故? 豈不見道,知之一字,衆禍之門。

若論此事,如蚊子上鐵牛相似,更不問如何若何, 便向下觜不得處,拚命一鑽,和身透入。正恁麽時,如處百千萬億香水海中,取之無盡,用之無竭。設使志不堅,心不一,悠悠漾漾,東飛西飛,饒你飛到非想非非想天,依舊只是箇餓蚊子。

端陽示衆

三十年來,橫草不拈,豎草不踏,單單只合得一服快活無憂散,其藥雖微,奏功極大。不問佛病祖病,心病禪病,凡病聖病,生病死病,是病非病,除禪和子一種毛病之外,聞者見者,無不靈驗。且喚甚麽作毛病? 良久,云: 各請歸堂點檢看。

示　衆

若謂著實參禪,決須具足三要: 第一要有大信根,明知此事,如靠一座須彌山。第二要有大憤志,如遇殺父寃讐,直欲便與一刀兩段。第三要有大疑情，如暗地做了一件極事，正在欲露未露之時。十二時中，果能具此三要，管取剋日功成，不怕甕中走鼈。苟闕其一，譬如折足之鼎，終成廢器。然雖如是，落在西峰坑子裏，也不得不救。咄！

拈拄杖云：者一著子，從上佛祖求之，雖歷千魔萬難，萬死千生，如水東流，不到滄溟，決定不止。以此推之，大不容易。若要點鐵成金，與千聖同域，豈淺識小見者所能擬議？直須具舉鼎拔山力，包天括地量，斬釘截鐵機，打鳳羅龍手。果有如是操略，拄杖助以發機。卓一下云：有意氣時添意氣。又卓一下云：不風流處也風流。若是跛鼈盲龜，止跳得一跳兩跳，伎倆已盡，西峰門下總用不著。度拄杖，喚侍者云：送在師子嚴頭，一任東湧西沒。

若論此事，真正用工，決定不在行住坐臥處，決定不在著衣喫飯處，決定不在屙屎放尿處，決定不在語默動靜處。既然如是，畢竟在甚麼處？嘒！若向者裏知得落處，便見未出母胎，已自行脚了也，已自來見高峰了也，已自心空及第了也，已自接物利生了也。設使無明垢重，不覺不知，未免先以定動，後以智拔。良久，喝一喝，云：一隊無孔鐵鎚。

示理通上人

大抵，學人打頭不遇本分作家，十年二十年，者邊那邊，或參或學，或傳或記，殘羹餿飯，惡知惡覺，尖尖滿滿，築一肚皮，正如箇臭糟瓶相似。若遇箇有鼻孔底聞著，未免惡心嘔吐。到者裏，設要知非悔過，別立生涯，直須盡底傾出三回四回，洗七番八番，洗去教乾乾淨淨，無一點氣息，般若靈丹，方堪趣向。若是忽忽草草，打屏不乾，縱盛上品醍醐，亦未免變作一瓶惡水。且道利害在甚麼處？咄！毒氣深入。

示　衆

　　良醫治病，先究其根，繞得其根，無病不治。禪和子，或十年二十年篤信守一，不明生死者，蓋爲不究其根。須知人我卽生死之根，生死卽人我之葉。要去其葉，必先除根，根既除已，其葉何存？然雖如是，爭知此根從曠大劫來，栽培深固，若非舉鼎拔山之力，卒難剿除，未免借拄杖子威光，特爲諸人出熱去也。卓拄杖一下，喝一喝，云：勞而無功。

　　若論此事，的的用工，正如獄中當死罪人，忽遇獄子醉酒睡著，敲枷打鎖，連夜奔逃。於路雖多毒龍猛虎，一往直前，了無所畏。何故？只爲一箇切字。用工之際，果能有此切心，管取百發百中，卽今莫有中底麽！以拂子擊禪床一下，云：毫釐有差，天地懸隔。

　　拈拄杖云：到者裏，人法俱忘，心識路絕，舉步則大海騰波，彈指則須彌岌峇，泥團土塊，放大光明，瓠子冬瓜，熾然常說。然雖如是，若到西峰門下，未免臂長袖短，露出一橛，直須廓頂門正眼，覷破空劫已前自己，與今幻化色身，無二無別。且道如何是空劫已前自己？嚮！卓拄杖一下，云：金剛喫鐵棒，泥牛眼出血。

解制示衆

　　若論此事，無尊無卑，無老無少，無男無女，無利無鈍。故我世尊於正覺山前，臘月八夜，見明星悟道。乃言："奇哉！衆生具有如來智慧德相。"又云："心佛及衆生，是三無差別。"又云："是法平等，無有高下，既無差別，亦無高下。"從上佛祖，古今知識，乃至天下老和尚，有契有證，有遲有速，有難有易，畢竟如何？譬如諸人在此，各各有箇家業，驀然一日，回光返照，思憶還源，或有經年而到者，或有經月而到者，或有經日而到者，或有頃刻而到者，又有至死而不到者。蓋離衆有遠近之殊，故到有遲速難易之別。然雖如是，中間有箇漢子，無家業可歸，無禪道可學，無生死可脫，無涅槃可證，終日騰騰任運，任運騰騰。若也點檢得出，釋迦彌勒與你提瓶挈鉢，亦不爲分外；苟或不然，以拂子擊禪床兩下，喝兩喝，云：若到諸方，切忌錯舉。

示　衆

若論此一段奇特之事，人人本具，箇箇圓成，如握拳展掌，渾不犯纖毫之力。祇爲心猿擾擾，意馬喧喧，恣縱三毒無明，妄執人我等相，如水澆冰，愈加濃厚，障却自己靈光，決定無由得現。若是生鐵鑄就底漢子，的實要明，亦非造次，直須發大志立大願，殺却心猿意馬，斷除妄想塵勞，如在急水灘頭泊舟相似，不顧危亡得失，人我是非，忘寢忘餐，絕思絕慮，晝三夜三，心心相次，念念相續，劄定脚頭，咬定牙關，牢牢把定繩頭，更不容絲毫走作。假使有人取你頭，除你手足，剜你心肝，乃至命終，誠不可捨。到者裏，方有少分做工夫氣味。嗟乎末法，去聖時遙，多有一等泛泛之流，竟不信有悟門，但只向者邊穿鑿，那邊計較，直饒計較得成，穿鑿得就，眼光落地時，還用得著也無ᴸ若用得著，世尊雪山六年，達磨少林九載，長慶坐破七箇蒲團，香林四十年方成一片，趙州三十年不雜用心，何須討許多生受喫ᴸ更有一等漢子，或十年二十年用工，不曾有箇入處者，只爲他宿無靈骨，志不堅固，半信半疑，或起或倒，弄來弄去，世情轉轉純熟，道念漸漸生疎，十二時中，難有一箇時辰把捉得定，打成一片。似者般底，直饒弄到彌勒下生，也有甚麼交涉ᴸ若是真正本色行脚高士，不肯胡亂，打頭便要尋箇作家，纔聞舉著一言半句，更不擬議，直下便恁麼信得及，作得主，把得定，孤迥迥，峭巍巍，净躶躶，赤灑灑，更不問危亡得失。只恁麼睡將去，驀然繩斷喫顛，絶後再甦，看他本地風光，何處更覓佛矣！又有一偈，舉似大衆：急水灘頭泊小舟，切須牢把者繩頭，驀然繩斷難迴避，直得通身血逬流。

萬法歸一一何歸，只貴惺惺著意疑，疑到情忘心絶處，金烏夜半徹天飛。

若窮此事，用工極際，正如空裏栽花，水中撈月，直是無你下手處，無你用心處。往往纔遇者境界現前，十箇有五雙打退鼓，殊不知，正是到家底消息。若是孟八郎漢，便就下手不得處，用心不及時，猶如關羽，百萬軍中不顧得喪，直取顏良。誠有如是操略，如是猛利，管取彈指收功，刹那成聖，若不然者，饒你參到彌勒下生，也只是箇張上座。

臘月三十日，時節看看至，露挂與燈籠，休更打瞌睡。覻面當機提，當機覻面覻，驀然觸瞎眼睛，照顧爛泥裏有刺。

除 夜 小 參

生死事大，無常迅速，生不知來處，謂之生大，死不知去處，謂之死大。只者生死一大事，乃是參禪學道之喉襟，成佛作祖之管轄。三世如來，恒沙諸佛，千變萬化，出現世間，蓋爲此生死一大事之本源。西天四七，唐土二三，以至天下老和尚，出没卷舒，逆行順化，亦爲此一大事之本源。諸方禪衲，不憚勞苦，三十年二十年，撥草瞻風，磨褪擦袴，亦爲此一大事之本源。汝等諸人，發心出家，發心行脚，發心來見高峰，晝三夜三，眉毛厮結，亦爲此一大事之本源。四生六道，千劫萬劫，改頭換面，受苦受辛，亦是迷此一大事之本源。吾佛世尊，捨金輪王位，雪山六年苦行，夜半見明星悟道，亦是悟者一大事之本源。達磨大師入此土來，少林面壁九載，神光斷臂，於覓心不可得處，打失鼻孔，亦是悟者一大事之本源。臨濟遭

黃檗六十痛棒，向大愚肋下還拳，亦是悟者一大事之本源。靈雲桃
花，香嚴擊竹，長慶卷簾，玄沙蹉指，乃至從上知識，有契有證，利生
接物，總不出悟者一大事之本源。多見兄弟家，雖曰入此一門，往
往不知學道之本源，不能奮其志，因循度日，今來未免葛藤。引如
上佛祖入道之因，及悟道之由，以爲標格，晚學初機方堪趣向。且
道如何趣向？不見古人道，若要脱生死，須透祖師關。畢竟將甚麼
作關？喚作竹箆則觸，不喚作竹箆則背；不得有語，不得無語。若
向者裏著得一隻眼，覷得破，轉得身，通得氣，無關不透，無法不通，
頭頭示現，物物全彰。無邊刹境，自他不隔於毫端；十世古今，始終
不離於當念。所以水潦和尚見馬大師，禮拜起，擬伸問間，被馬祖
攔胸一踏踏倒。起來呵呵大笑，云："百千法門，無量妙義，總向一毫
頭上識得根源去。"德山見龍潭向吹滅紙燭處，豁然大悟，次日遂將
疏鈔於法堂上爇云："窮諸玄辯，若一毫置於太虛；竭世樞機，似一
滴投於巨壑。"到者裏，有甚麼禪道可參，有甚麼佛法可學，有甚麼
生死可脱，有甚麼涅槃可證？騰騰任運，任運騰騰。臘月三十日到來，
管取得大自在，去住自由。故云：自從認得曹溪路，了知生死不相
干。然雖如是，豎拂子云：且道者箇是生耶，是死耶？若也道得，便可
向無佛處稱尊，無法處説法。其或未然，山僧不懼羞慚，更與諸人露
箇消息。以拂子作釣魚勢，云：夜冷魚潛空下釣，不如收卷過殘年。

　　復舉，北禪分歲，烹露地白牛，百味珍羞，悉皆具足；高峰分歲，
雖則百孔千瘡，也要將無作有，細切嶺頭雲，薄批潭底月，尖新堆
飣，出格安排，要使箇箇盈腸塞腹，人人永絶飢虛。且道，與古人是
同是別？舌頭具眼底，試辨看↓

示　　衆

若論剋期取證，如人擔雪填井，不憚寒暑，不分晝夜，横也擔豎

也擔，是也擔非也擔，擔來擔去，縱使經年越歲，以至萬劫千生。於其中間，信得及，踏得穩，把得定，作得主，曾無一念厭離心，曾無一念懈怠心，曾無一念狐疑心，曾無一念求滿心。果能有恁麼時節，果能具恁麼氣概，到者裏，管取人法雙忘，心識俱泯，形如槁木朽株，志若嬰兒赤子，驀然擔子卒地斷，曝地折。永嘉道："大千沙界海中漚，一切聖賢如電拂。"好與三十痛棒。若謂此事，參也參得，悟也悟得，說也說得，行也行得，來也來得，去也去得。然雖如是，更須三十年始得。何故？兩角四蹄都過了，尾巴過不得。

若論此事，如萬丈深潭中投一塊石相似，透頂透底，了無絲毫間隔。誠能如是用工，如是無間，一七日中，若無倒斷。某甲，永墮阿鼻地獄。

結制示衆

封却拄杖頭，結却布袋口，禁在鐵圍山，枷上重增杻。有中拷出無，無中拷出有，痛楚百千般，不離者窠臼。大衆且道，喚甚麼作窠臼？直饒明辨得出，要見西峰，那邊更那邊，為人不為人一著子，且待三十年後。

示　衆

拈拄杖，召大衆云：還見麼，人人眼裏有睛，不是瞎漢，決定是見。以拄杖卓一下，云：還聞麼，箇箇皮下有血，不是死漢，決定是聞。既見既聞，是箇甚麼？以拄杖〇，見聞卽且止。只如六根未具之前，聲色未彰之際，未聞之聞，未見之見，正恁麼時，畢竟以何為驗？以拄杖①，吾今與汝保任斯事，終不虛也。以拄杖◎，三十年後，切忌妄通消息。靠拄杖，下座。

若論此事，只要當人的有切心。纔有切心，真疑便起。真疑起時，不屬漸次，直下便能，塵勞頓息，昏散屏除，一念不生，前後際斷。纔到者般時節，管取推門落臼。若是此念不切，真疑不起，饒你坐破蒲團百千萬箇，依舊日午打三更。

迷中有悟，悟還復迷。直須迷悟兩忘，人法俱遣，衲僧門下始有語話分。大衆，既是迷悟兩忘，人法俱遣，共語話者復是阿誰？速道，速道！

若論此事，如登萬仞高山，一步一步將構至頂，唯有數步壁絕攀躋。到者裏，須是箇純鋼打就底，捨命拚身，左睚右睚，睚來睚去，以上爲期。縱經千生萬劫，萬難千魔，此心此志，愈堅愈强。若是根本不實，泛泛之徒，何止望崖，管取聞風而退矣。

除 夜 小 參

一年三百六十日，看看逗到今宵畢。十箇有五雙，參禪禪又不知，學道道亦不識。只者不知不識四字，正是三世諸佛骨髓，一大藏教根源。靈利漢纔聞舉著，如龍得水，似虎靠山，天上人間，縱橫無礙。然雖如是，點檢將來，猶是者邊底消息。若謂那邊更那邊一著子，直饒西天四七，唐土二三，以至天下老古錐，敢保未徹在。山僧與麼告報，忽有箇漢子，心憤憤口悱悱出來道：高峰，高峰！你有甚長處，開得者般大口！只向他道：來年更有新條在，惱亂春風卒未休！

示 衆

終日著衣，未嘗掛一縷絲；終日喫飯，未嘗咬著一粒米。既然如是，且道即今身上著底，每日口裏喫底，是箇甚麼？到者裏，不論明與不明，徹與不徹，寸絲滴水，也當牽犁拽把償他。何故？一片白雲橫谷口，幾多歸鳥自迷巢。

　　若論此事，正如傍牆逼狗，逼來逼去，逼至尖角落頭，未免翻身遭他一口，即今莫有遭他底麼？卓拄杖一下，云：阿耶，阿耶！

　　學道如初不變心，千魔萬難愈惺惺，直須敲出虛空髓，拔却金剛腦後釘。

　　若論此事，用工之際，正如打鐵船入海取如意寶珠相似，莫問打得打不得。但孟八郎打將去，驀然一旦打得成，入得海，獲得珠，將來呈似老僧，不免與伊一槌擊碎。何故？豈不見道，“有之以爲利，無之以爲用”！

　　若論實參實悟，正如八十公公，向逆風逆水裏牽一隻無底鐵船相似。不問上與不上，徹與不徹，直須心心無間，念念無虧，一步一步，盡平生伎倆眶將去，眶到著脚不得處，筋斷骨折時，驀然水轉風回，即是到家消息。即今莫有到家底麼？卓拄杖一下，云：十萬八千。

　　若論此事，不假長劫熏修，積功累德，亦不問賢愚利鈍，久習初機，只貴孟八郎漢，不顧危亡得喪，發大憤志，起大疑情，如善財童子，參勝熱婆羅大火聚中，投身而入。正恁麼時，人法俱忘，心機泯絕，左之右之，墾著礚著，不是洞山麻三斤，定是雲門乾屎橛。若還毱毱毱毱，魍魍魎魎，莫道親見高峰，直饒向老胡肚皮裏打一遭，依前乾沒一星事。

答直翁居士書

　　來書置問，皆是辨論學人用工上，疑惑處，當爲決之，俾晚學初機，趣向無滯。問：平常心是道，無心是道？此平常心、無心之語，成却多少人，誤却多少人！往往不知泥中有刺，笑裏有刀者，何啻如掉棒打月，接竹點天。古人答一言半句，如揮吹毛利刃，直欲便要斷人命根。若是箇皮下有血底，直下承當，更無擬議；若撞著箇不知痛痒底，縱饒髑髏徧地，也乾没星子事。又如石中藏玉，識者知有連城之璧，不識者只作一塊頑石視之。大抵要見古人立地處，不可向語句上著到。且道既不在語句上，畢竟在甚麼處著到？若向者裏薦得，便知此事不假修治，如身使臂，如臂使拳，極是成現，極是省力。但信得及便是，何待瞠眉豎目，做模打樣，看箇一字。儻或不然，古云："莫道無心云是道，無心猶隔一重關。"何止一重，更須知有百千重在。苟不發憤志精進，下一段死工夫，豈於木石之有異乎？凡做工夫到極則處，必須自然入於無心三昧，却與前之無心，天地相遼。老胡云：心如牆壁。夫子三月忘味，顏回終日如愚，賈島取捨推敲，此等即是無心之類也。到者裏，能舉所舉，能疑所疑，雙忘雙泯，無無亦無。香嚴聞聲，靈雲見色，玄沙垜指，長慶卷簾，莫不皆由此無心而悟也。到者裏，設有毫釐待悟心生，纖塵精進念起，即是偷心未息，能所未忘。此之一病，悉是障道之端也。若要契悟真空，親到古人地位，必須真正至於無心三昧始得。然此無心，汝譬頗明，吾復以偈證之：不得者箇，争得那箇，既得那箇，忘却者箇。然雖如是，更須知道者箇那箇總是假，箇的的真底聻。咄陽燄空華！

通仰山老和尚疑嗣書

昔年敗闕，親曾剖露師前；今日重疑，不免從頭拈出。某甲十五歲出家，十六爲僧，十八習教，二十更衣。入净慈，立三年死限，學禪請益，斷橋和尚令參箇生從何來，死從何去。意分兩路，心不歸一，又不曾得他説做工夫處分曉，看看擔閣一年有餘，每日只如箇迷路人相似。那時因被三年限逼，正在煩惱中，忽見台州净兄，説雪巖和尚常問你做工夫，何不去一轉？於是，欣然懷香，詣北碉塔頭請益。方問訊插香，被一頓痛拳打出，即關却門。一路垂淚，

回至僧堂。次日粥罷,復上,始得親近。即問以前做處,某甲一一
供吐,當下便得勦除日前所積之病。却令看箇無字,從頭開發做工
夫一遍,如暗得燈,如懸得救,自此方解用工處。又令日日上來一
轉,要見用工次第,如人行路,日日要見工程,不可今日也恁麼,明
日也恁麼。每日纔見入來,便問今日工夫如何,因見說得有緒,後
竟不問做處,一入門便問,阿誰與你拖者死屍來!聲未絶,便以痛
拳打出。每日但只恁麼問,恁麼打,正被逼拶有些涯際,老和尚赴
南明請,臨行囑云:我去入院了,却令人來取你。後竟絶消息,即與
常州澤兄結伴同往。至王家橋俗親處,整頓行裝,不期俗親念某甲
等年幼,又不曾涉途,行李度牒,總被收却。時二月初,諸方掛搭皆
不可討,不免挑包上徑山。二月半歸堂,忽於次月十六日夜,夢中
忽憶斷橋和尚堂中所舉:萬法歸一,一歸何處話,自此疑情頓發,打
成一片,直得東西不辨,寢食俱忘。至第六日辰巳間,在廊下行,見
衆僧堂內出,不覺輥於隊中,至三塔閣上諷經,擡頭忽覩五祖演和
尚真贊,末後兩句云:"百年三萬六千朝,返覆元來是這漢。"日前被
老和尚所問,拖死屍句子,驀然打破,直得魂飛膽喪,絶後再甦,何
啻如放下百二十斤擔子!乃是辛酉三月廿二,少林忌日也。其年
恰廿四歲,滿三年限。便欲造南明求決。那堪逼夏,諸鄉人亦不
容,直至解夏,方到南明。納一場敗闕室中,雖則累蒙煆煉,明得公
案,亦不受人瞞;及乎開口,心下又覺得渾了,於日用中尚不得自
由,如欠人債相似。正欲在彼終身侍奉,不料同行澤兄有他山之
行,遽違座下。至乙丑年,老和尚在道場作掛牌時,又得依附隨侍。
赴天寧中間,因被詰問:日間浩浩時還作得主麼?答云:作得主。又
問:睡夢中作得主麼?答云:作得主。又問:正睡著時,無夢無想,
無見無聞,主在甚麼處?到者裏,直得無言可對,無理可伸。和尚
却囑云:從今日去,也不要你學佛學法,也不要你窮古窮今,但只飢

來喫飯，困來打眠，纔眠覺來，却抖擻精神，我者一覺，主人公畢竟在甚處安身立命？雖信得及遵守此語，奈資質遲鈍，轉見難明。遂有龍鬚之行，卽自誓云：拚一生做箇癡獃漢，定要見者一著子明白。經及五年，一日寓庵宿，睡覺正疑此事，忽同宿道友推枕子墮地作聲，驀然打破疑團，如在網羅中跳出。追憶日前所疑，佛祖諸訛公案，古今差別因緣，恰如泗洲見大聖，遠客還故鄉。元來只是舊時人，不改舊時行履處。自此安邦定國，天下太平，一念無爲，十方坐斷。如上所供，並是詣實，伏望尊慈，特垂詳覽。

室中三關

杲日當空，無所不照，因甚被片雲遮却？

人人有箇影子，寸步不離，因甚踏不著？

盡大地是箇火坑，得何三昧，不被燒却？

（據續藏經本第一輯第二編第二十七套第四册）

〔附〕：洪喬祖：高峰和尚禪要序

參禪雖以不立文字，不假修證爲宗，然既可參，則必有要。要者何？如網之有綱，衣之有領，使人一舉而徑得其直遂者是也。萬目非不網也，捨綱舉目，網必不張；萬縷非不衣也，遺領舉縷，衣必不振。永嘉云：“摘葉尋枝我不能。”枝與葉非要，根本固要也。學者復昧其根本。鵝湖云：“要在當人能擇上擇善而從可也。”學者往往差決擇於發軔，終適越而北轅。乃至從上祖師，遺編山積，一話一言，固無非綱領。奈何世降聖遠，情僞日兹，心意識有以蠱蝕之，則視綱領爲目縷者，蓋摠摠矣。我師高峰和尚，自雙峰而西峰，二十餘年，念此之故，不獲已，示人剋的，如神藥刀圭而起死，靈符點畫而驅邪。故有探其奇方祕咒，將以爲學徒綱領者。或曰: 獲禽在目不在綱，禦寒在緣不在領，八萬四千法門，門門可入，目與緣果非要耶? 將應之曰: "世尊法門，信廣大無邊，顧乃設爲方便狹小一門，使諸子出火宅而入大乘，是攝目緣爲綱領耳。然則綱耶目耶，領耶緣耶，要耶非要耶，未具頂門正眼，未可以易言也。喬祖預西峰法席以來，每抄集示徒法語之切於參決者，名之曰禪要，久欲與有志者共之。一日，舉似姑蘇永中上人，欣然欲募緣鋟梓，且俾喬祖爲之序。喬祖既已承命，復告之曰: 師別有一要語在綱領外，藏之虛空骨中，兄欲鋟，我欲序，皆不能，尚俟他日更作一番揭露。至元甲午重九日，天目參學直翁洪喬祖謹書。

〔附〕: 朱穎遠: 高峰和尚禪要跋

古靈以閱經爲鑽故紙，輪扁以讀書爲味糟粕，良以道不可以言語文字求也。然道無方體無形似，非言語文字，何從而明之? 是以吾佛世尊，雖隨機化誘，曲成密庸，而不能不談十二部法。達磨西來，雖不立文字，而授受之際，口傳面命，亦不能以忘言。蓋道雖不在於言語文字，實不離於言語文字，特精微之旨，具於辭説之表，未易窺視。世之學者，往往沈著於語下，不能體會其精微; 徒觀標月之指，不覩當天之月。遂以言語文字爲礙，致俾古靈、輪扁激而爲故紙、糟粕之譏。然言語文字，正所以發明心華，模寫道妙，初何嘗礙道哉?

高峰和尚説法，如雲如雨，直翁洪君撮其奇祕，名曰禪要，永中上人從而鋟梓，以廣其傳。舉綱而得綱，絜裘而振領，將俾學者因法語之要，以會道體之全，其開牖後學之心可謂篤矣。學者於此，果能優游以求之，厭沃以趨之，渙然冰釋，怡然理順，則工夫次第，進取操略,老師已和盤托出,悉在此書矣。特患學者未能猛烈承當耳。吁！扁鵲方中具有靈藥,或名神丹,或名無憂散,回生起死,功在刹那。具眼目,著精神,盡心力,汲汲而求之,未有不得者。老師之言豈欺如也,學者慎無錯認古靈、輪扁之言,而忘老師諄諄之誨。庶幾直翁、永中功不虛施,亦使觀語錄而得發明者,不專美於前矣。至元甲午十月哉生魄,參學清茗淨明朱穎遠謹跋。

(同上)

〔附〕 洪喬祖：高峰原妙禪師行狀

　　師諱原妙,號高峰,吳江人,俗姓徐。母周氏,夢僧乘舟投宿而孕,宋嘉熙戊戌三月二十三日申時生。纔離襁褓,喜趺坐,遇僧入門,輒愛戀欲從之遊。十五歲,懇請父母出家,投嘉禾密印寺法住爲師。十六薙髮,十七受具,十八習天台教,二十更衣入淨慈,立三年死限學禪。一日父兄尋訪,巍然不顧。二十二,請益斷橋倫,令參生從何來,死從何去話。於是脅不至席,口體俱忘。或如廁,惟中單而出;或發函,忘扃鐍而去。時同參僧顯慨然曰:吾已事弗克辦,曷若輔之有成！朝夕護持惟謹。時雪巖欽寓北礀塔,欣然懷香往扣之。方問訊,即打出閉却門。一再往,始得親近。令看無字。自此參扣無虛日。欽忽問:阿誰與你拖箇死屍來?聲未絕即打。如是者不知其幾,師扣愈虔。值欽赴處之南明,師即上雙徑。參堂半月,偶夢中忽憶斷橋室中所舉,萬法歸一,一歸何處話,疑情頓發,三晝夜目不交睫。一日,少林忌,隨衆詣三塔諷經次,擡頭忽覩五祖演和尚真讚云:“百年三萬六千朝,返覆元來是遮漢。”驀然打破拖死屍之疑,其年二十四矣。解夏詣南明,欽一見便問:阿誰與你拖箇死屍到遮裏！師便喝。欽拈棒,師把住云:今日打某甲不得。

欽曰：爲甚麼打不得？師拂袖便出。翌日，欽問：萬法歸一，一歸何處？師云：狗舐熱油鐺。欽曰：你那裏學遮虛頭來？師云：正要和尚疑著。欽休去，自是機鋒不讓。

次年，江心度夏，迤邐由國清過雪竇，見江西謀、希叟曇。寓旦過，曇問曰：那裏來？師抛下蒲團。曇曰：狗子佛性，你作麼生會？師云：抛出大家看。曇自送歸堂。暨欽掛牌於道場，開法於天寧，師皆隨侍服務。屢將有所委任，辭色毅然，終不可强。一日，欽問：日間浩浩時，還作得主麼？師云：作得主。又問：睡夢中作得主麼？師云：作得主。又問：正睡著時，無夢無想，無見無聞，主在甚麼處？師無語。欽囑曰：從今日去，也不要汝學佛學法，也不要汝窮古窮今，但只飢來喫飯，困來打眠，纔眠覺來，却抖擻精神，我遮一覺，主人公畢竟在甚麼處安身立命？丙寅冬，遂奮志入臨安龍鬚，自誓曰：拼一生做箇癡獃漢，決要遮一著子明白。越五載，因同宿友推枕墮地作聲，廓然大徹。自謂如泗洲見大聖，遠客還故鄉。元來只是舊時人，不改舊時行履處。在龍鬚九年，縛柴爲龕，風穿日炙，冬夏一衲，不扇不爐，日搗松和糜，延息而已。嘗積雪没龕，旬餘路梗絕烟火，咸謂死矣，及霽可入，師正宴坐那伽。甲戌遷武康雙髻峰，蓋和庵主攀緣，又上一稜層之意也。及至學徒雲集，然庵小難容，乃拔其尤者居之。丙子春，學徒避兵四去，師獨掩關，危坐自若。及按堵啓户視師，則又疇昔雪中之那伽也。於是户履彌夥，應接不暇，乃有"椰標橫肩不顧人，直入千峰萬峰去"之語。己卯春，腰包宵遁，直造天目。西峰之肩有師子巖，拔地千仞，崖石林立，師樂之，有終焉之意。弟子法昇等追尋繼至，爲葺茅蓋頭。未幾，慕羶之蟻復集，師乃造巖西石洞，營小室如舟，從以丈，衡半之，榜以死關，上溜下淖，風雨飄搖。絕給侍，屏服用，不澡身，不薙髮，截甕爲鐺，併日一食，晏如也。洞非梯莫登，撤梯斷緣，雖弟子罕得瞻視。

乃有三關語以驗學者，云：大徹底人，本脫生死，因甚命根不斷？佛祖公案，只是一箇道理，因甚有明與不明？大修行人，當遵佛行，因甚不守毗尼？倘下語不契，遂閉門弗接。自非具大根，負大志，鮮不望崖而退。雪巖方住大仰，凡三喚，師堅臥不起。遂有竹篦塵拂，及“綠水青山同一受記”語來授師。懷中瓣香，始於人天前拈出，道風所屆，日益遠。遂有他方異域，越重海，踰萬山而來者矣。鶴沙瞿提舉歸敬有年，辛卯春，得登山一瞻師顏，恍如宿契，惠然施巨莊瞻海衆。師曰：多易必多難，吾力弗克勝，堅拒之。施心彌篤，乃命僧議，以此田歲入，別於西峰建一禪刹，請於官而後營之。師欲不從，不可得也。爰得勝地，名蓮花峰，岡脈形勢天造地設，得請以大覺禪寺爲額，請祖雍權管寺事。田四稔，所營亦既什三，師有厭世之心矣。師患胃疾已數年，然起居飲食，待人接物，皆未嘗廢。乙未十一月二十六日，祖雍偕明初來省師，師竟以末後事付囑。遂取兩真軸，口占二讚，乃書之。十二月初一日黎明，辭衆云：西峰三十年妄談般若，罪犯彌天，末後有一句子，不敢累及平人，自領去也。大衆！還有知落處者麼？良久，云：毫釐有差，天地懸隔。衆皆哀慟不已。至辰巳間，說偈曰：來不入死關，去不出死關，鐵蛇鑽入海，撞倒須彌山。泊然而寂。啓龕七日，端然如生，緇素奔哭者填咽。越二十一日庚申，塔全身於死關，遵遺命也。壽五十八，臘四十三。弟子僅百人受毗尼，及請益者數萬人。示寂後，遠邇之人恨不得承顏領誨，於塔前慟哭，然頂煉臂者，猶憧憧不絕。

　師平日以慈悲爲人自任。其在龍鬚也，有僧若瓊，焚祠牒從師，忽染病，師告之曰：病中絕緣，正好做工夫，汝臭皮袋皆委之於我，但和病捱去，決不相賺。且往供給而啓發之。因其思醋，爲遠乞以歸，得酒焉，復易之，往返四十里，以濟其一啜。病亟索浴，俯見湯影，即有省，喜笑如脫沈痾。信宿，書曰：三十六年顛倒，今日一場好笑，娘生鼻孔豁開，放出無毛鐵鵬。師問：如何是娘生鼻孔？瓊豎起筆。師曰：又喚甚麼作無毛鐵鵬？瓊擲筆而逝。

或有問：子所紀，詳一而遺衆，何也？喬祖曰：被亡而晦，恐逸故書。師自雙峰而至死關，風勵學者，入室不以時，每見一期將終，上堂誨示諄諄，甚至繼以悲泣。平居誨人，世出世法，皆懇懇切至，輒語咄咄，和易如坐春風中，使人醉心悦服。咸自謂得師意，及至室中握三尺黑蚖，鞭笞四海龍象，則絲毫無少容借。來者如登萬仞山，而躋冰崖雪磴，進無所依，退無所據，莫不凜然失其所執。設有不顧性命，强争鋒者，師必據其案款，盡底搜詰，破石驗璞，刮骨見髓，勘其深淺真僞，定其是非與奪，卸僧伽黎，痛決烏藤，以明正其賞罰。嘗語學者曰：今人負一知半解，所以不能了徹此事者，病在甚處？只爲坐在不疑之地，自謂千七百則公案，不消一喝，坐却曲彔牀子。及乎被參徒下一喝，則不能辯其邪正。往往一句來，一句去，如小兒相撲，伎倆相角，蓋是從前得處莽鹵故也。直須參到大徹之地，親見親證，明得差别智，方能勘辨得人，方能殺活得人。此是喫折脚鐺中飯底工夫，做到未易以口舌争勝負也。假如兩人從門外來，未見其面，同時下一喝，且道那一箇有眼，那一箇無眼？那一箇深，那一箇淺？還辨得出麼？師之機用，不可湊泊，下語少所許可，其門户險絶如此。復念今時學者，不能以戒自律，縱有妙語，亦難取信於人，乃有毗尼方便之設焉。

師寓南竺日，嘗誤踏一筍，取而食之，其後寶衣告償；析薪擘果見蟲，復全而置之；濾水囊，終身不廢。師之細行，涅南山之竹莫能殫，姑舉是數端以識其梗概，使後之欲見師而不可得者，覽斯文亦足以景仰遺風於萬一云耳。良渚信士全從進，得師所翦髮，盛以香龕，朝夕供禮。一旦光明徧室，視龕中，舍利纍纍如貫珠。師隱山前後三十年，爲己爲人，惟其一出於真實，故天下之人，若僧若俗，

若智若愚，上而公卿士夫，下及走卒兒童，識與不識，知與不知，皆
合手加額曰：高峰古佛，天下大善知識也。喬祖自師至西峰，卽往
參覲，歲或十餘往，往必留旬浹，承教詔警策者至矣。示本分鉗鎚
外，時以孔孟老莊微言要旨，立難問而啓迪之，益見師隨機設化之
方也。師未嘗握管，今語錄中有一二偈讚，十數頌古，皆雙峰時所
作，爲弟子竊記者。乃若示徒之語，一句一字，皆前所謂踐履真實
中流出，假言以顯道而已。師貌清古，體修律，常俛首而坐，非問道
不答。聞說人過，則首愈底。久病癯甚，坡翁省夫禪師病，有云：瑟
瑟寒風露骨，兢兢老虎垂頭。蓋爲師傳神也。十數年間，兩處成道
場，而未嘗過目少干懷焉。喬祖從師遊最久，交諸耆舊最多，故知
師之出處言行最詳。師之徒弟明、初，以摭集之事見囑，不敢以才
譾辭，敬焚香滌慮，拜手以述，將求銘於大手筆云。謹狀。

（選自高峯原妙禪師語錄卷下，據續藏經第一輯第二編
第二十七套第四册）

明　本

【簡介】　明本，號中峰，晚自稱幻庵、幻住等，俗姓孫，生於公元一二六三年（宋理宗景定四年），死於公元一三二三年（元英宗至治三年），錢塘（今浙江杭州）人。他十五歲時便有志出家，讀法華、圓覺、金剛諸經，並持五戒。二十四歲時，參高峯原妙，甚相得，第二年即從原妙薙髮爲僧，又次年受具足戒，得原妙心印。原妙十分器重明本，認爲在他的弟子中，"惟本維那，卻是竿上林新篁，他日成材，未易量也。"他是繼原妙後，元代著名的臨濟宗師。

明本在禪理上繼承和發揮原妙"自然入無心三昧"的思想，對當時那種"只尚言通，不求實悟"以及機鋒、棒喝的風氣進行了批評。他説："如今之禪學者流，多是商量箇語話，皆不肯回頭扣己而參，所以古人目禪語爲野狐涎唾，良有旨也。"（示雲南福元通三講主）從而他反復强調佛法是自身具足的，要做個"本色道人"，認爲"禪是諸人本來面目，除此外別無禪可參，亦無可見，亦無可聞。"（結夏示順心菴衆）只要人們在生死大事上決心實參，則"久之純熟，自然合轍"，（示海印居士）而取得"當念頓空生死無常，不存一點佛法知解"的實悟。

明本經常雲遊四方，無定居處，或隨處結草庵而居，或以船爲起居之所。當時許多大寺院請他前去住持，均爲推辭。然信從者甚衆，以至天子大臣、名人學士都慕名而前往求法。元仁宗尚在東宮時，即賜號法慧禪師，延祐年間，又賜號佛慈圓照廣慧禪師，並賜金襴袈裟等。明本思想影響還遠及東鄰，對日本足利時代的禪宗有相當的影響。他的著作甚多，後人分別編輯成天目中峯和尚廣録三十卷和天目明本禪師雜録三卷等。

一、天目中峰和尚廣録（選録）

示雲南福元通三講主

生於無生中受生，死於無死中受死。既曰無生死，安有受生死者？蓋迷却自心，而妄見有生死耳。苟或迷妄之情，不能爆散於一念未萌之表，乃依他作解，强言無生死者，是大妄語成，亦名謗般若也。

此事不在經書義理中，不在一切修證裏，至於圓覺之三觀二十五輪，楞嚴之二十五圓通之所證門，乃至教中所説頓漸階級次第等，一涉見聞，皆墮情識，總不與達磨所指之禪相似。教中所言之禪，皆不離修證，惟達磨獨指一心爲禪，與經書文字所説者迴別，宜思之。

圓覺經云：“知幻即離，不作方便；離幻即覺，亦無漸次。”議者謂逼近達磨之旨，亦不涉方便漸次。殊不知，只箇知幻離幻，早涉方便漸次了也。達磨門下總無事，一了一切了，只箇了字亦不可得。

禪之一字，不可見不可聞，不可覺不可知。蓋見聞覺知皆屬情妄，非心法也。當知心法本來是見是聞，是覺是知，不應於見聞覺知上別有所謂見聞覺知者。維摩詰經謂：“若求見聞覺知，是則見聞覺知非求法也。”斯言豈欺人哉！

此事須是利根上器，提得便行，逴得便走，雖是慶快，已涉途程，更待如之若何？寬著工夫待彌勒。

古人真切於此事上，曾不待一切方便言語之所啓發，自然卓卓地不肯虛喪寸陰。如大死人，如陷千尺井之求出，又如倒懸之求解，曾何有第二念馳驟目前虛妄聲色者哉！

今時學者之病，在速於要會禪。禪無你會底道理，若説會禪，是謗禪也。如麻三斤，柏樹子，須彌山，平常心是道，雲門顧，趙州無，一一透得，是解禪語，亦非會禪也。若不妙悟，縱使解語如塵沙，説法如涌泉，皆是識量分別，非禪説也。當知禪語初不難會，凡一千七百則公案，俾之通會於片晌之間亦不難。如今之禪學者流，多是商量箇語話，皆不肯回頭扣己而參，所以古人目禪語爲野狐涎唾，良有旨也。

近代宗師，爲人涉獵見聞太多，況是不純一痛爲生死，所以把箇無義味話頭，拋在伊八識田中，如吞栗棘蓬，如中毒藥相似。只貴拌捨形命，廢忘寢食，大死一回，驀忽嶽破，方有少分相應。你若不知此方便，於看話頭起疑情之際，將一切心識較量動靜，妄認見聞，坐在馳求取捨窠臼中，或得暫時心念不起，執以爲喜，或昏散增加，久遠不退，承以爲憂，皆不識做工夫之旨趣也。

做工夫，非一切有作思惟之所能，是離一切分別之大人境界。古人到此，皆是一踏到底，更不涉一些子廉纖搭滯。今人做盡伎倆不奈何者，蓋做不力，志不大，心不死，念不切耳。做工夫往往以心念紛飛處做不得，政不知以何爲做得處，實有趣向處，俱墮顚倒網中，當知做處。譬如失物欲見，政當尋覓時，惟有一箇欲見之心横於胸中，不能自決，又何曾有省力不省力，有趣向無趣向之異説？其最初尋覓時，也怎麽喫力，尋覓到最後，也怎麽喫力，更有何初尋時難，後尋時易之説？但是尋覓欲見之心切，至久久不爲境緣之所侵奪，忽冷地眼開，撞在面前，团地一聲，更不待問人是與不是也，其喜悦之狀，又當何如也！此事迷時不減，悟時不加，難時不遠，易時不近，得時不有，失時不無，乃至窮古亘今，總無許多差別渾淪，只是箇自己纖毫不透，如隔鐵圍，快便難逢，切忌當面諱却。

（選自姑蘇刻經處本天目中峯和尚廣録卷四之上）

示日本空禪人

棒頭領旨，喝下明宗，已是第一等不唧𠺕底鈍漢。須知盡大地是一條白棒，森羅萬象，觀體全彰，亘十方不消一喝，過現未來，洞然響應。你便向這裏領略，已是瞎却自己眼睛了也，更欲待他拈起枯樹枝，放出粥飯氣，喚作明宗領旨，豈不大可屈哉！昔臨濟云：我在黃檗會下，三遭痛棒，如蒿枝拂相似，如今再思一頓，直是無人下手，邪法難扶。興化云：我聞東廊下也喝，西廊下也喝，直饒喝得我上三十三天，却下來向你道，我未曾向紫羅帳裏撒真珠與你看在。異端並起，已而此等臭氣流落藂林，或指一喝爲賓爲主，爲照爲用；或指一棒爲全提，爲正令，爲機用，爲門庭。又謂之擊石火，閃電光，摩尼珠，金剛劍；又謂之擘破面門，露出肝膽，當陽舉似，覿面相呈。又謂臨濟三百六十骨節，只是這一喝；德山八萬四千毛孔，不出這一棒。又云臨濟多却這一喝，德山剩了這一棒。又云無邊刹海，十世古今，塵沙義門，百千三昧，總在這一棒一喝內，全收全攝，無欠無餘。更有一等超宗異目，不存機境者，喚作蚯蚓鳴，粥飯氣，揚塵播土，㧖風㧖顛，認精魂，弄揑怪，乃至奇言妙語，與奪抑揚，鼓引學人向他一棒一喝之下。邪知曲解者，今古以來比比皆是，與麼較量他古人立地處，又何曾認驢鞍橋作阿爺下頷，既不識古人用處，而欲趣向自己真正面目，大似隔靴抓癢。嗟乎！古人一片生鐵心肝，未開口已前，早是落在你髑髏裏了也。只要你不知不覺，推門落臼，於一切法中，做箇平常無事漢，所謂涅槃生死，六凡四聖，至於百千差別法義，更不在人重下註脚，又何一棒一喝而不能了

哉！這裏你若將毫釐心識，領略解會，豈但不識古人行棒用喝處，
而亦自家一箇本命元辰，長是黑漫漫地。縱使勉强向他一棒一喝
上説得依稀，用得彷彿，少間驀忽遇著些子差別，逆順境界頓在面
前，未免情存取舍，意涉愛憎，一時區處不下，便向他古人語言窠臼
上著到。正恁麼時，總喚作一棒得麼？總喚作一喝得麼？總不喚
作棒喝得麼？若喚作棒喝，則未免被棒喝礙；不喚作棒喝，亦未免
被棒喝礙。既爲此礙，則山河大地，明暗色空，至於微細塵毛，未有
不能爲礙者。萬仞鐵圍可使消殞，只這一種礙，你若不真箇在這裏
推托得去，管取要礙人墮生入死，輪回無間在。本上座到此忍俊不
禁，要與你去却棒，拈却喝，向未有棒喝名字已前，與你把手共行。
只如未有名字已前，且作麼生趣向，今日不辭與你説破，久後恐累
及平人。

（同上）

示彝庵居士<small>蔣教授均，字公秉</small>

大願聖人，降生<u>西竺</u>，現百萬億種神異，作百萬億種方便，鞠其
所由，特不過曲爲衆生發明箇本地風光而已，舍此更不爲第二事。
乃云：我今爲汝保任此事，終不虛也。又云：我此法印，爲欲利益世
間故説，在所遊方勿妄宣傳。皆的的指點衆生本來具足底，一段圓
湛虛寂，不動摇、無變易之娘生面目。蓋已嘗於逝多林，八字打開，
以二乘人不能披襟領荷，累及這箇老漢，説戒定慧三學，示空假中
三觀，現法報化三身，論法身、般若、解脱三德，布箇漫天網子，八面
四方，必欲使之趣入。逗到末上，拈一枝茸，謂吾有教外別傳，實相
非相，正法眼藏，涅槃妙心。得老<u>飲光</u>出來破顏微笑，方稱本懷，不
爾四十九年幾成漏逗。原夫<u>世尊</u>，積多生苦行，萬劫勤勞，舍身命，
忘勢位，其奇功異行，人所不可行者，悉皆熏鍊，千艱萬難，摸索得

者一著子。及乎興慈運悲，推己及物，又費許多神力，蓋知此事甚非小緣。然如是廣大真實事業，只在當人脚跟下，且是不曾移易毫髮許。以其迷昧逐妄流轉，由是鞭之不回，勒之不住。英俊上士，肯於不回不住處瞥轉一機，當念休歇，始知此道恩大難酬。你擬別求，劒去久矣。

少林只教人心如牆壁，乃可入道，更無別説。原夫衆生本來之心，端如牆壁，政不假做而效之。良由於牆壁之心自生穿鑿，入俗入真，緣動緣寂，於牆壁心上杠起萬種愛憎，千般取舍；狂華塞眼，愛見橫心，向無影像中妄執影像，於絶是非處剛立是非，致使一點妄情，處處染著。殊不知，牆壁之心，了無所染，及遇神光，於覓心了不可得處，一肩負荷，究竟了無別法。今日要與少林、神光父子同參，且是不要廣求義路，泛覓玄猷，單單教此心直下如牆壁去，久之不易。但遇聲遇色，遇凡遇聖，當知聲也是牆壁，色也是牆壁，凡亦是牆壁，聖亦是牆壁。乃至山河大地，明暗色空，見聞知覺，俯仰折旋，莫不皆是牆壁，一一無穿鑿，一一無滲漏，一一無過患，一一無取舍。正與麽時，少林、神光在伊眉毛眼睫上入一相一行三昧，又何今昔之間哉？或有箇闡提漢道，使我心如牆壁，卽與土木何殊？幾與無情不相去矣。苟作是念，要見少林、神光，千里萬里没交涉。

楞嚴謂：“狂心未歇，歇卽菩提。”華嚴謂：“了知盧舍那，自性無所有。”這是如來禪，雖少林直指，未必如是之深切著明者也，而學佛法之人，往往只麽讀了便休。今古之間，要求一人於此説之下痛快領略，瞥轉狂心，返照自性，便爾歇去，不真何待！不知何物爲障爲礙，而難乎其人。昔僧問玄沙，學人乍入叢林，乞師指箇入路。沙曰：還聞偃溪水聲麽？曰：聞。沙曰：從這裏入。此僧領悟。此豈非能痛快領略而何？當知狂心苟不能自歇，雖佛如來具百千萬億種莫測之神變,乃至旋乾轉坤,碎山竭海,不勞餘力,獨不能與衆生歇狂心於俄頃。此事苟非當人自肯休,自肯歇,自肯超越,自肯照了,則自性盧舍那,萬劫不得歸家穩坐。且今日歷盡諸趣,備受楚毒,尚不肯痛自歇心,一念狂情,馳逐諸妄,與生死根種念念交接,復不知更待何時有自休自歇,自超自越自證之理也。於戲﹗惜哉﹗

　　將心來與汝安,將罪來與汝懺,依稀相似,彷彿不同。龐公曰:難難,十石油麻樹上攤;龐婆曰:易易,百草頭上祖師意。靈照謂:也不難,也不易,飢來喫飯,困來睡。龐公説難,路遥知馬力;龐婆説易,歲久見人心;靈照説不難不易,移華兼蝶至,買石得雲饒。六祖謂,非風動,非幡動,仁者心動。瞞人猶自可,自瞞愁殺人。德山入門便棒,臨濟入門便喝,他得底人,其神機智用,如水赴壑,如風行空,語言作略,圓轉活脱,雖局局迥異,段段不同,要且曲爲當人發揮己事。自有佛祖以來,二千餘載,能於此事上肯放身捨命者,類牛角之於牛毛,一月之於衆星,何其少耶﹗今日更不肯奮不顧性命之正因,向萬仞崖頭撒空雙手,放萬人海裏特立獨行,其生死纏縛,日重月深。故溈山謂:今生便須決斷,料想不由別人。李駙馬謂:直趣無上菩提,一切是非莫管。斯言豈欺人哉﹗

　　古人於參學此道用心處,謂做工夫,斯説最切當,而學人例於此説如無聞見相似。聞説著箇禪字,或有便要易會,日夜向語言文字中尋討;或者以爲難曉,乃掉頭不顧,論劫放在無事甲中,曾不加意。是二者,皆不知有做工夫之理,而墮於過於不及之間,恍惚一生,甘受輪轉。深原做工夫之理,特不出箇信字。蓋信知生死事大,無常迅速,十二時中有方便無方便,自然放意不過。孜孜爾,兀兀爾,只這箇放不過處,孜孜兀兀,便是做工夫。初無所謂瞪眉豎目,起模作樣,及避喧求寂等。惟信知此事不從人得,雖釋迦、達磨現身於前，將禪道佛法傾注入心，本色上流直須吐卻，惟守箇放意不過處，孜孜兀兀以求正悟，斷不肯於未悟時妄緣道理以爲已解。其做工夫之志若此，則何患如來禪、祖師禪不入吾掌握者哉。

禪何物也，乃吾心之名也；心何物也，卽吾禪之體也。達磨西來，只説直指人心，初無所謂禪，蓋於直指之下，有所悟入。於既悟之間，主賓問答，得牛還馬，遂目之爲禪。然禪非學問而能也，非偶爾而會也，乃於自心悟處，凡語默動靜不期禪而禪矣。其不期禪而禪，正當禪時，則知自心不待顯而顯矣。是知禪不離心，心不離禪，惟禪與心，異名同體。故雪峰毬，禾山鼓，祕魔叉，道吾笏，臨濟喝，德山棒，天皇餅，趙州茶，八字打開，兩手分付，本色道流，如鏡照鏡，似空合空，既無言論之迹，亦無作用之影。昭昭然如十日並照，了無言前句後之差，以至風聲雨滴，谷響山鳴，皆賓扣主應之時也。且心既不可得，而禪豈可得哉？學者當知此，則於未悟心之際，禪不可强而得之，苟得之，非所謂禪，誠業識也。

三祖謂：“要急相應，惟言不二。”這兩句話是醍醐，是毒藥。圓悟和尚謂：早是二了也。往往事因叮囑生，須知此事無你啓口處，無你留意處，無你用心處，無你回避處。若也是去，凡咳唾掉臂，戲笑譏訶，皆第一義；若也不是，雖終日安禪，長年入定，以至盡形參究，無剪爪之工，皆顛倒妄想輪回根本。此事不屬人排遣，不屬人讚毁，不屬人指教，所以云通身是病，通身是藥。你若正信此事，單單向話頭上克究死生，卽通身之病皆爲藥矣；苟存一念佛法禪道之見，萌於其間，則通身之藥皆是病矣。至理如是，奚强使之然哉。

古人淳誠，無一點勉强，其於領荷之際，如獲舊物，如久忘忽記，了不加一毫外物渾淪，是一聚自家寶藏，信手拈來，用之不竭。今人脚根浮淺，於所學時便自立脚不穩，其偷心念念起滅，必强作主宰，僅可趣向。不爾則不覺不知，爲情妄境緣轉移將去，攙奪將去，百種計較，萬般施設，終不自由。蓋從腳跟下先涉了一種勉强，徹底打在骨董袋中，及至領荷之際，未免叉手，向古人背後聽其處分，要如香象渡河，如師子遊行，如大鵬展翮，終不能得。既不得到此地位，則於生死之際未免躊躇。故前輩古人，惟貴當人自信自肯，自能放手放腳，向百尺竿頭，萬仞崖頂，放身捨命。然後一切處平常，一切處脫略，一切處安穩，一切處慶快，豈屬强爲？法如是故，釋迦佛只是箇心中無事底凡夫，以其熏煉成熟，而百種神異自然出現。於出現之頃而佛心中亦只閒閒地，終不言我有神異，而矜誇鼓惑於人。若爾卽外道等也，豈佛之謂哉！是謂大人境界，又謂象龍負荷，非驢馬所堪。苟具此志，則今人卽古人；苟不具此志，則古人卽今人。蓋時緣不以古今爲間，根性不以生佛爲殊，志乎在學者，不可斯須忘之也。

老龐謂于頔侍郎曰："但願空諸所有，慎勿實諸所無。"此二語是入毗耶不二法門之要徑，是轉諸祖向上關捩之玄機，既不可以事說，尤不可以理論，更不容以義解也。惟親到大休歇大解脫田地者，如兩鏡相照，直下無毫髮隱覆，直所謂超言象，越格量，透情塵，沒窠臼底最末後句。蓋盡得諸祖不傳之祕，乃發機如是之準的也。原此老，能棄家珍，重己事，橫身向萬仞險崖再三挨拶，一念子磨勵得澄湛瑩徹，洞無痕翳，於出生入死之際，屹立如泰山之不可撼也。此一著子，彼既丈夫，我奚不爾？一種是自不把做一件事，率易放過。殊不思放過目前，便是盡未來際放過底種子，其最清净、至明白、極廣大之道業，在今日等閑放過，甘受無盡生死之所流轉者，是智耶，是愚耶？余不可得而分別者矣。

死生二字，不從天降，不從地湧，不因人與，不向己出，雖千生萬劫，不可逃避，且無根蒂可尋。良由白日青天，遇聲遇色，對違對順，不能直下照破，其死生之本由是而生焉。無量劫來，交輥純熟，

不知爲險峻，不知爲危難，不知爲墜墮，不知爲流浪，日與諸苦因緣
交頭接尾，未嘗少離。自固不知，已可憫矣，而遇達者，眼不耐見，
咄咄不絕口，自二千年外叮嚀告誡，迨於今日，展轉頑鈍，不加聽
信，非迷惑而何？大丈夫或不肯自負，只消向一念未生已前，拍盲
坐斷，猛將胸中善善惡惡諸思惟心念，如斬一握絲，一斬一齊斷，常
令其空洞虛寂，不動不搖，然後密密將箇所參話頭，頓在面前，默默
自看。政當看時，都不要別作方便，如撞著銀山鐵壁相似，要進一
步也不得。於挨拶不入處，工夫純熟，忽爾觸翻，則知生死二字，果
然寐語，於我何有哉！

法無定相，隨念變遷。只如三界二十五有，在凡夫喚作常分，
在二乘小果喚作苦空，在菩薩喚作識變，在佛知見喚作自心。只如
在衲僧分上喚作甚麼？你若隨例喚作自心，是謂佛見，要與祖師同
參，決無是處。且佛見尚不可起，尚不可著，又豈容別存所見耶！要
得不墮諸見，直須向千人萬人行不到處進取一步，千人萬人見不到
處薦取一機，乃可於生死岸頭具大自在。如其不爾，如永嘉謂："欲
得不招無間業，莫謗如來正法輪。"

（選自姑蘇刻經處本天目中峯和尚廣錄卷五之下）

山 房 夜 話（選錄）

幻人僻居窮山，忽隱者過門，與對牀夜坐，時山月吐輝，窗白如
畫。隱者曰：聞義學以禪定之禪，配吾達磨單傳直指之禪。以達磨
曾有所謂胎息論，遞相傳受，而曲引第八識住胞胎時，惟依一息而
住。故云：胎息者，以方吾禪定，亦依止一息而住。今議者遂枝蔓
其說，離吾達磨爲二乘禪定之學，何如？幻曰：彼非謗也，是不識達
磨所指之禪也，將謂離四禪八定之外，別無所謂禪。殊不知，達磨
遠繼西天二十七祖，以如來圓極心宗之謂禪也。此禪含多名，又名

最上乘禪，亦名第一義禪，與二乘外道，四禪八定之禪，實天淵之間也。當知是禪不依一切經法所詮，不依一切修證所得，不依一切見聞所解，不依一切門路所入，所以云教外別傳者也。惟大心衆生，夙熏佛種，不涉階梯，一聞千悟，得大總持。自此，或獨宿孤峯，或入鄽垂手，縱橫逆順，道出常情，語默卷舒，不存窠臼，安有所謂禪定胎息之謂乎! 蓋達磨不立文字，直指人心，凡六傳至能大師。師云: 說箇直指，早是曲了也。此説之下，豈容別有所謂語言文字而可傳受者邪？ 世有胎息論，不知何等謬妄之人，誣罔聖師而作，況是後人欲欺達磨者，乃跡其説，互相作妄。要知非欺達磨也，乃所以欺自心也。原夫世尊四十九年説法，實哀憫衆生之自欺，於生死中妄自纏縛，卒莫之已，所以示其心法，欲其不自欺。今反以其心法而自欺，則何所往而不自欺也。

　　或問: 禪稱教外別傳，果有別傳之理否？ 每見義學紛紛於此不能無議。幻曰: 義學以分別名相爲務，而於此不能盡分別之理，使盡究其極，則於別傳二字，當一笑而釋矣。何則？ 夫四宗共傳一佛之旨，不可闕一也，然佛以一音演説法，教中謂惟一佛乘，無二無三，安容有四宗之別耶？ 謂各擅專門之別，非別一佛乘也。譬如四序成一歲之功，而春夏秋冬之令，不容不別也，其所不能別者，一歲之功也。密宗，春也; 天臺、賢首、慈恩等宗，夏也; 南山律宗，秋也; 少林單傳之宗，冬也。就理言之，但知禪爲諸宗之別傳，而不知諸宗亦禪之別傳也。會而歸之，密宗乃宣一佛大悲拔濟之心也，教宗乃闡一佛大智開示之心也，律宗乃持一佛大行莊嚴之心也，禪宗乃傳一佛大覺圓滿之心也，猶四序之不可混。既不可混，非別而何？ 或者謂: 彼三宗皆不言別傳，惟禪宗顯言別傳者何耶？ 對曰: 理使然也。諸宗皆從門而後入，由學而後成，惟禪内不涉思惟計度之情，外不加學問修證之功，窮劫迨今，不曾欠少，擬心領荷，早涉途

程,脱體承當,翻成純置,誠別中之別也。彼按圖索馬者,烏足以知
之? 聞吾禪有教外別傳之説,無怪其驚且駭矣。

或問: 永嘉以惺惺寂寂爲藥,昏住亂想爲病,此説與達磨所傳
之禪如何? 余曰: 永嘉集中,十篇大指,所明修證之説,大約取止觀
法門。首則息念忘塵,次則境智冥寂,至於別立觀心十門,至玄至
妙,深達無生。惟達磨只教人直下明取自心,此心既明,如人到家,
自能隨時作活,更不廣引言教者,良有以也。其曲引神光處,惟言
外絶諸緣,内心無喘,心如牆壁,乃可入道,此外不聞別有言説。但
真實於自心中有所契證者,則知循階級,歷涯岸,與直指之説大不
侔矣,豈惟永嘉然? 至若天台之三觀,賢首之四法界觀,皆曲盡此
心之至理,使過去諸佛再現世間演説心法,逆知其無有過於此者¦
然不與達磨同者,蓋即言教離言教之別耳。盡理言之,如圓覺以三
觀互分爲二十五輪,及楞嚴以十八界七大性證爲二十五圓通。豈
止此二經,但涉經教中所陳修證法門,亦皆不與達磨所傳直指之
禪,同途共轍也。何則? 使苟涉言教,則不得爲教外別傳也。或
謂: 若然,則達磨之禪與諸佛言教異耶? 對曰: 我於佛祖之道,覓同
相尚不可得,而何異之可見耶? 爾不聞,教中謂總持無文字,文字
顯總持之説乎? 然總持無文字,則達磨契之而直指也; 文字顯總
持,則諸宗即之而引導也。且達磨之道異於諸宗者,非其尚異而私
出乎自己之胸臆也,乃遠繼靈山最後獨付大迦葉之心法也。其獨
付大迦葉之道,亦非靈山一人之私有者,即盡法界衆生共稟之靈心
也。故世尊興慈運悲,垂教設化之際,曲徇衆生利鈍等差之根器,
其所謂大小偏圓,同異顯密之方便,不容自已也。

或問: 間有言教與禪家直指之説同者,如華嚴謂:"知一切法,
即心自性,成就慧身,不由他悟。"如法華謂:"是法非思量分別之所
能解。"如金剛般若謂:"凡所有相,皆是虚妄",及"是法平等, 無有

高下"。如圓覺謂："知是空華，卽無輪轉，亦無身心受彼生死。"如楞嚴謂："根塵同源，縛脫無二，"及"知見立知"等。以至諸經論中，其相似之語，層見疊出，亦豈待達磨直指而後然耶？刼曰：余不云乎，此文字顯總持者也。苟不曾向自心中真實契證一回，徒説藥，不療病也。若是真實有所契證之人，豈惟大乘經論之語能契達磨之禪，但是囈言細語，至若風聲雨滴，未有不與達磨所指之禪相契者。苟不能妙契自心於言象之外，但將大乘經論相似之語記憶在心，古所謂依他作解，障自悟門，又以金屑入眼爲喻，甚明，宜深思之，勿自惑也。豈惟經教文字不同達磨所指之理，且如禪宗門下，自二祖安心，三祖懺罪，南嶽磨甎，青原垂足，至若擎叉輥毬，用棒使喝，及一千七百則機緣，莫不皆是八字打開，兩手分付直下，更有何物爲間爲礙？你若不曾向己躬下透脱得過，擬將情意識領覽一箇元字腳，記憶在心，是謂雜毒入心，如油入麵。又云醍醐上味，爲世所珍，遇斯等人，翻成毒藥。蓋知此事無人用心處，無人著意處，無人措足處，無人下手處，直須親向自己躬下蹉步，一踏到底，始解相應。凡咳唾掉臂，一一從自己胸中流出，如師子兒不求伴侶，始知前面一千七百則，皆脱空妄語，狐涎雜毒，焉肯涉他毫髮！惜乎間有一等聰明之士，不求自悟，日夕坐在雜毒坑中，分向上向下，全提半提，最初末後，正按旁敲，照用主賓，縱奪死活等，曲搜旁注，强立巧求，安箇名字喚作宗門關鍵，眩惑後人。更惑揀辨言語，區分機要，謂那箇尊宿語，全提向上，不帶枝葉；謂那箇尊宿語，新奇巧妙，凌爍古今；那箇尊宿語，是道者禪，乾曝曝地，百般比況，萬種搏量。殊不知，前輩大達之士，胸中七穿八穴，無一物可守，臨機應物，信手拈來，初無揀擇，直下如迅雷軒電，擬覓蹤由，則劒去久矣，又安肯局於見量，弄峻機，裁巧語，思欲鼓誘後昆，俾其宗尚者哉？且前輩尊宿，應機垂示，其語言有囈細顯密廣略之不同途者，蓋各各發自真心，初無造作。如洪鐘巨鼓，隨叩而聲，其聲之大小清濁，本乎一定之器，或器之不逮，苟欲微加外助，則失其本真矣。今之禪流，將欲據大牀，揮麈尾，首取諸家語要，揀擇記持，及漁獵百氏之雜説，以資談柄者。是説禪之師也，不惟不能與人解黏去縛，而亦自失本真，喪壞道眼。如此妄習，互相趨尚，既失祖庭之重望，又安有所謂起叢林，興法社之理哉！原夫世尊出世，達磨西來，咸欲與盡大地人解黏去縛。是你最初不識好惡，把自家一片本來清净潔白田地，妄以無邊聲色污染得無措足處。及乎捨親割愛，依師學道，且前面之污染莫之洗滌，而又添入如許多佛法知解，使伊重失本心，深可憐憫。所以前輩唱導之師，忍俊不禁，出來吐一機，垂一令，如吹毛劍，向伊重處一截，直欲斷其生死命根。誠以真慈痛憫而然，豈圖門高户峻，以重後學之仰望邪？蓋前輩大達之士，最初皆是的的以己事未明，跨山越海，求人決擇，忽撞著箇聲訛話頭，透脱不去，如吞栗棘蓬相似，又如遇怨敵相似。孜孜於懷，經寒涉暑，廢寢忘餐，至於終身無斯須間斷，決不肯容易見人開示，亦不肯向文字語言上尋討，直欲待其真機自發，打破疑團而後已。自有宗門以來，凡有契有證者，莫不皆然。所以一箇箇腳跟穩密，等閑動步，如師子兒驚羣動衆。故宗門以此相因，而有做工夫之説焉。

或問：永明和尚作宗鏡録百卷，廣引大乘經論之文，配吾達磨直指之禪，其志亦奇矣，似亦不免開鑿尋文解義之端乎？幻曰：不然。達磨自至此土，其直指之道，六傳至曹溪，溪又九傳至大法眼，眼又二傳而至永明。其間哲人偉士，奇蹤異行，雖後先錯出，照映今古，而三藏學者，不能無議於吾道。由是永明和尚弘多生智慧辯才之力，該羅經教，述而辨之。其縱橫放肆，左右逢原，是謂即文字之總持門也。俾三藏學者，不敢置吾徒於佛海之外，與明教和尚之輔教編，精搜百氏，博達羣書，伸釋氏之真慈，杜儒門之重嫉。此二書乃佛祖之牆岸，謂開鑿尋文解義之端不可也。苟無二師之真誠玄解，甚不可倣效而作也。或謂：永明和尚復出萬善同歸集，與宗鏡之說不同，何著述之自反也？余曰：心乃萬善之本也，宗鏡則卷萬善歸一心，此集則散一心入萬善，其卷舒開合，未嘗不相通也。蓋防禪者之未悟而略萬行也，亦止三藏學者議吾禪之不該萬行也，故申而明之，非苟然也。古今天下之師，捨永明其誰歟！或謂：禪家於萬行不可不修邪？余曰：達磨門下只貴悟明自心，此心既明，於六度萬行無修與不修之過。或修之，則無能修所修之執；或不修，則無任情失念之差。苟此心未了，則修與不修俱名虛妄。禪者宜以明心爲要，萬行可以次之也。

（選自姑蘇刻經處本天目中峯和尚廣錄卷十一之上）

東 語 西 話(選錄)

至近而不可見者，眉目也；至親而不可知者，心性也。眉目雖不可見，臨鏡則見之；心性固不可知，徹悟則知之。苟非徹悟，而欲知心性之蘊奧，是猶離鏡而欲見眉目也。昔大梅常和尚問馬祖，如何是佛？答云：卽心是佛。常公聞是語，當下如十日並照，情雲識霧應念廓清，直往大梅山，一任非心非佛，此其徹悟之樣子也。自爾，卽心是佛一語，流布海宇。豈惟參玄上士户知之，至若販夫竈婦，凡言論之頃，未有不言心便是佛者。逮叩其以何爲心，則茫然不知是處。此類且置之勿論，間有素稱參學之士，一歌一詠，指其心體，宛若觀眉目於鏡中，毫髮不隱，逮求其如常公之脫略，則天冠地屨之不侔矣。何以然哉？蓋常公乃徹悟者也，他人則情解者也。情解之者，語益工而旨益昏，言愈奇而理愈昧矣。或曰：照眉目之鏡，可得而求之；悟心性之旨，未聞其要也。對曰：但信根於心，則悟不難也。或不以信，未有無因而自悟者。古者之信，不待有所警省，亦不待有所勸發，惟信根於心，如飢者之欲食，念念未嘗間歇，窮情竭慮，信信不已。一旦觸發，如久忘勿記，此常公之於馬祖言下，豈偶然哉！今人不之徹悟，任以卽心是佛之辭掛於脣吻，與情妄分別，浩浩無時，惟增其多語耳，於心佛何有契會之理也。

（同上　卷十八之上）

　　情何物也，執而不化之見妄也。未有情而不執者，未有執而非情者。情之所以執，蓋出於迷妄也。所迷者何？乃迷自性，轉而爲情也。衆生之情執有同焉，有異焉。謂同，則同乎憎愛；謂異，則異其憎愛。所趣之見，差別萬殊，不可得而一也。有二人焉，一人執東爲是，則所向皆東，一人執西爲是，則所向皆西。其執東爲是者，每以西爲非，而不知執西爲是者，反觀吾之東亦非也。其執東者，不知西向之人，指吾東爲非，其進東之步益遠。自以爲益是，彼以爲益非。其執西者亦然。二人之所執，不翅矛盾之不相入也，以其不相入，則天下之是非未有能同之者。故聖人世起而救之，垂言立教，必欲同其是非之心，化其所執之情。奈何教跡愈彰，而是非愈熾。且古今三教鼎立，其互相詆訾者，以各專門，不容其不是非也。如一佛之垂化，觀萬法惟一心，一心卽萬法。所以彰萬物爲教，標一心爲禪，名常異而體常同，教卽文字，而禪離文字也。究其所以，特不過破情執之迷妄，混入一心之靈源而已。以卽文字離文字之執未化，而教與禪宛如冰炭，蓋有離卽之二也。至若教非教，禪非禪，雖聖人亦不能不歛袵而退縮矣。且日親性理之學，尚不能化其所執之是非，使素昧教理之人，忘其所執，不徇是非，又何異戒飢人見飯而勿餐也。古德有不見他非我是，自然上恭下敬，佛法時時現前，煩惱塵塵解脫之訓，昭若日星。未卽驗其語者，蓋情執未化，不能不見是非也。要而言之，化執無越於忘情，忘情莫先於悟性。性其悟矣，則情不待忘而忘。情忘，則是非之執若春霜當赫日，安有不化之理哉！

　　幻人世居杭之新城，族孫氏，祖遷錢塘，父母生子女七人，幻居其最後。方離襁褓，惟以歌唄佛事爲兒戲，鄉人異之。七歲從市學，讀論語、孟子未終，九歲喪母而輟學。蚤負出家志，以世相日拘，百計莫脱。至廿四，其所縛之世相，不待作意而劃然自解，實至元丙戌歲也。是年五月，獨登山禮先師，已而誦金剛經，至荷擔如來處，恍然開解。自爾，經書語言頗沾其味，非悟也。丁亥二月，信女人楊氏，授以資具，從山海翁登山薙染。己丑，充堂司。庚寅，欲潛去，密爲松公所知，助賻田三畝，復令參堂。未幾艱疾，先師令給侍。辛卯春，瞿公施田莊不受，俾馳書歸瞿田。壬辰，充庫務，癸巳甲午，惟奔走施門。元貞乙未，先師卧疾不起，奉葬畢，卽去山以酬宿志。丙申，往來吳門。大德丁酉春，挾袱舒之天柱山，秋至廬阜，冬還建康，匿影草廬者十閲月。戊戌冬，結幻住菴於弁山。己亥冬，結幻住菴於吳門，庚子辛丑咸居焉。壬寅，大覺請住持，而避走南徐。癸卯，送布衲歸大覺。甲辰，歸守先師塔。乙巳冬，領師子院事。丙午丁未，至大戊申冬，因分衛吳松不返。己酉，買舟儀真，夏繫纜於霅城。庚戌，歸天目居山舟。辛亥，復爲船居，往汴水。皇慶壬子春，結菴六安山，秋，舟往東海州。癸丑春，舟次開沙，夏，送定叟住大覺，就寓環山菴。延祐甲寅春，復領師子院事。乙卯，結菴大窩。丙辰春，渴疾作楚，夏，舟泊南潯。丁巳，居丹陽大同菴。戊午，復還天目。己未庚申，至治辛酉壬戌，六十歲矣。是年之夏，結菴于中佳山。自丙戌至壬戌，整三十七白，而幻跡方將遠引爲避緣計。余初心出家，志在草衣垢面，習頭陀行，以冒服田衣，乃抱終身之愧。且文字失於學問，參究缺於悟明，尋常爲好事者所稱，蓋報緣之偶然耳。平昔惟慕退休，非矯世絶俗，使坐膺信施，乃岌岌不自安也。古人有五十而知四十九之非，今余六十，返思往事，大率情妄所蔽，何有當於理哉！浮光幻影，變在須臾，故書此以自警云。

（同上　卷十八之下）

東語西話續集（選錄）

非一歲無以終萬化之功，非一心無以收萬法之跡。然而，春夏秋冬之令雖別，其所不別者，同一歲也。頓漸偏圓之理雖別，其所不別者，同一心也。且歲不知有春夏秋冬，而四序成其歲；心不知有頓漸偏圓，而四教彰其心。如是，則知卽別而同，卽同而別也。卽別而同，四不離一；卽同而別，一不離四。惟同，則不能徹其化跡；惟別，則不能會其本源。於是，同別之旨，不容不兩立；本跡之門，不容不雙收也。每聞議者謂，一代時教，彰如來之本懷，罄無不盡，彼云教外別傳者，豈教外果別有未盡之法爲傳耶？儻別有所傳，則名外道，或別無所傳，則妄誕之跡不容掩也。余嘗以前說證之，茲復謂議者曰：聖人初生下時，手指兩儀，足行七步，何教義所攝耶？此乃別傳之最初顯示也，豈待末後拈一華以示迦葉，謂之別傳者乎？中間四十九年，隨機演教，於正直舍方便處，皆是別傳之旨，又豈止乎最初末後而已哉！所云別傳者，非教外別有所謂禪也，非心外別有所謂法也，非離言說外別有不形言之秘密三昧也，非理外別有理也，亦非一向無事，而故作是言也。何則？自始洎終，惟示一心也。依一心所演，惟一法也，安有所謂別哉！當知靈知心體，離言說相，離見聞相，離思惟相，離文字相，乃至離一切諸相。雖曰離言說相，非言說不能立其教；雖曰離見聞相，非見聞不能傳其教；雖曰離思惟相，非思惟不能達其教；雖曰離文字相，非文字不能宗其教。故知言說文字等乃教也，離言說文字等乃教外別傳也。所云教者，宣明此心也；所云教外別傳者，卽超出言象而妙契此心者也。使言說文字外別無旨趣，則經中不應言諸法寂滅相，不可以言宜。又云: 此法非思量分別之所能解。或謂: 言説文字等，果不可契如來之心耶？曰: 不然。豈不聞，始從鹿野苑，終至跋提河，於是二中間，未嘗談一字。於此，則一大藏教，曷嘗有言説文字等相之可得也。苟不洞徹如來之本心，則滯有文字非教也，執無文字非禪也。動爲情縛於有無之間，則教禪俱不取也。然教外別傳者目之爲禪，此禪卽一心之異名，非人天二乘所習八定四禪之禪，必待枯形死心，殞情絶識之謂也。蓋此禪之體，如金剛王寶劍，自非上根利器，生知夙習之士，領於機先，薦於言外，欲向見聞思惟等擬涉毫芒，則刻舟奚益哉! 遠自少林，相傳迨今，如印印空，雖文彩不露，而至理獨存，信別傳之説，良有旨焉。通而言之，禪卽離文字之教，教卽有文字之禪，覓一毫同相，了不可得，復何別之有耶？其所別者，乃化跡之設不侔爾，譬如堅冰烈日之不可同日而語也。

趙州問南泉: 如何是道？泉云: 平常心是道。此話流布叢林。古今之下，鮮有不墮於意識者，盡謂著衣喫飯，動静語默，一一天真，離此天真之外，擬涉念慮，早是不平常了也。古人道箇平常心是道，兩手分付，只貴一切平常，佛法世法，彼自無瘡，勿傷之也。乃引張拙秀才謂，"隨順世緣無罣礙，涅槃生死等空華"，是平常心; 龐居士謂，"日用事無別，惟吾自偶諧"，是平常心; 三祖謂，"至道無難，惟嫌揀擇"，是平常心; 馬大師謂，"見色便見心，無色心不現"，是平常心; 又古德謂，"翠竹真如，黃華般若"，是平常心。但是古人凡説到日用本來具足，不離見聞覺知處，皆配之爲平常心。若然，則總不出箇意識搏量。蓋南泉實不於此處蹲坐，而從上古人，亦不向這裏撗跟。但是不曾親向趙州未問，南泉未答以前薦得，擬生寸念，徇其語默，引起意解，徹底不平常了也。更若廣引古人，垂手利生，方便接引處一言半句，以之取證，轉見崖州萬里。或謂，卽今對物遇境，不起一念，是平常心；或謂，雖舉念動情，而不住諸相，是平常心；或謂，有無不隔，聞見混融，是平常心；或謂，寒則添衣，熱則搖扇，是平常心；或謂，繁興大用，舉必全真，細語癡言皆第一義，是平常心；或謂，古人痛棒熱喝，擎叉輥毬，機無停滯，道出常情，是平常心；乃至種種作爲，種種思想，種種湊泊，要與箇平常心相似，無異掩耳盜鈴，自取欺誑。但是玄言聖量，妙理真詮，總不與平常心相應，況是迷惑貪妄，顛倒情識，而能遠契平常心者乎｜當知平常心不屬知，不屬解，乃至不屬一切和會領略，擬涉知涉解，則安有平常之理乎｜昔雪山夜覩明星，是悟此平常心，迦葉破顏笑，二祖禮三拜，是明此平常心。至若太原聞角，靈雲見桃，凡一機一境，有契有證者，莫不皆契此平常心。今日要與此箇平常心覷體無間，須是親如他佛祖瞥地一回，則信乎拈來，無一毛頭不與平常心相應。雖迦文放眉間照萬八千土之光，出徧覆三千大千世界之廣長舌相，與夫納須彌山於芥子，建寶王刹於毛端，甚而至於橫身火聚，闊步刀山，亦未有一事不與平常心相應者，但迷人不知，而自見等差。於等差中，更莫有不自此平常心顯現。乃知無邊衆生雖重迷極障，於無盡苦趣，動經塵劫，未得棄離，亦未嘗有絲毫不出此平常心者也，特自昧而不覺耳。南泉又謂：道不屬知，不屬不知，知是妄覺，不知是無記。這一絡索，將謂盡力扶持，殊不知，破蕩不勝其夥矣。爭似永嘉道箇絶學無爲閒道人，不除妄想不求真，與此平常心差近。且孰爲絶學，孰爲無爲？殆不容舌也。

（同上　卷十九）

示海印居士潘王王燽

自己一片靈明之性，覷體與三世諸佛平等。此説自靈鷲山舉行於二千年前，凡教禪律三宗，學者既宗古佛之説，寧有不知自心是佛者，豈特宗佛説者爲然？至若街童市竪，販夫寵婦，亦曰自心是佛，以其未由悟見源底，徒具此知耳。故圓覺有謂："末世衆生，希望成道，無令求悟，惟益多聞，增長我見。"此五句，責其尚知解而不求正悟之過也。又云："但當精勤，降伏煩惱，起大勇猛、未得令得，未斷令斷，貪嗔愛慢，諂曲嫉妒，對境不生，彼我恩愛，一切寂滅。佛説是人，漸次成就，求善知識，不墮邪見。"此説是世尊勉其精進，破妄證真之極談，不許住妄知之要旨也。後之學者，速於會道，惟以卽心自性之説，廣求博記，領納在心，雖曰了明，其實增障。古德有云：依他作解，障自悟門。斯言盡之矣。

若欲必求正悟，別無方便，但將箇生死事大，無常迅速之要言，蘊於八識田中，念念勿令間斷。政爾無間斷時，忽有佛祖以成現三昧注入我心，亦須吐卻。此事使佛祖果有教人之理，只消與麼教去，又何待人悟入耶？

或有問云：既不可教，今一大藏教，豈皆虛語耶？答曰：佛祖言教，乃指衆生破妄入真之蹊徑耳，亦描寫如來境界之圖本也，苟不肯親蹈千萬里之蹊徑，孤露他方，安有到家之日？或不假高登九仞之崇臺，縱目觀其境界，則圖本亦奚以爲？須信而後行，行而後到，到而後守，然後爲得也。

或者謂，傳燈所載之諸祖，皆於一機一境，一挨一拶，便爾脱略圓净，卓然超越，安許其歷涉蹊徑之説乎？如少林謂直指人心，曹溪尚云：説箇直指，早已曲了也。此説之下，間不容髮，又豈容其信而後行，行而後到之説乎？靈利衲僧，言前薦得，已涉途程，句外知歸，猶稱鈍漢。所謂電光石火，豈容其停思佇想耶？往往人多向此説之下跦跟，殊不思，古人於言前句外，未荷負之時，其艱難辛苦，昏散障礙，略不少今人之一髮。苟不奮廢寢忘飱之志力，又不肯操三二十年衝寒冒暑，不敢怠惰之勤勞，安有自然超越之理？徒見古人悟入之易，而不知其未悟之難，或不難於今，則安有易於後日也。何故如此？蓋生死大事，是無量劫中熏染結習底一種不可拔之業根。在今日，要以不退轉身心，直下一翻翻轉，豈戲劇耶？今卽衆生心欲混入佛心，使之不資勤苦志力，亦未見有自得者也。釋迦文佛，道已成於無量劫中，眼不耐見衆生妄受輪轉，故示生於王者之室，頓捐萬乘之榮，沉影雪山，臥冰嚙櫱，備嘗勤苦。及至成道，雖聚徒說法，惟止於丐食樹棲，未嘗有所長蓄也。此是衆生界中，第一箇超越世出世間之樣子。願成佛果者，宜思之。

或者謂，已知無量劫來，妄受輪轉，使不加勤苦，將來還有自了之理乎？答曰：輪回若有自了之理，豈勞諸佛復轉法輪？以無自了，故必依信而力行，力行而後到，斯法輪之不容不轉也。

先師高峰和尚，三十年影不出山，每以一箇萬法歸一，一歸何處話，教人極力參究，不問年深歲遠，但以了悟爲期。俾日用處單提此話，蘊于胸中，孜孜而參，密密而究。譬之如撒手懸崖，比之如竿頭進步，喻之如一人與萬人敵，方之如兩木相鑽而覓火。此是古人用力極處，諦實商量，豈事虛語？乃有"不是一番寒徹骨，爭得梅花撲鼻香"之句。又云："雖然舊閣閑田地，一度贏來方始休。"此說豈欺人哉！古云：參禪無祕訣，只要生死切。何以如此？三世佛，歷代祖，種種建立，種種發揮，必欲破除衆生生死情妄而後已。或不爲此大事，安用建立種種法耶？今之學者，或不痛念己躬大事，朝參暮究，何所圖耶？

原夫生死情妄，不從天降，不從地湧，不從空變，不因人與，蓋由無始時來，迷失自心，於清明目妄見空華，輪轉遷流，至今不息。始因自迷，受此淪溺，或不自悟，百千佛法其奈我何？凡日用提話頭、做工夫處，覺得昏沉擾擾，散亂紛紛，把捉不定處，初無一點外障，只是一箇爲生死之心不真不切而致然也。但覺把捉不定時，只

消猛以生死無常隨處鞭逼，久之純熟，自然合轍。或未合轍時，只
向所參話上一捱捱住，但拌取生與同生，死與同死。第一，不許別
求方便；第二，不可歸咎於緣境；第三，不得瞥起一念惑情，雖未到
家，亦不問何時可到。古宿謂，但有路可上，更高人也行。如是用
心，鮮有不獲相應者。

　　參禪悟與未悟，蓋由根性利鈍之等差。如根性果鈍，但以不退
轉深心待之，不患其不悟也。雖具此堅密之志，而不能遣除業習，
則堅密之志，亦未可憑。何謂業習？或遇順則恣情而喜，遇逆則信
情而怒，遇愛則徇情而著，遇憎則極情而離，遇是則盡情而稱，遇非
則任情而毀，乃至善惡取舍，種種分別，通名業習。如是業習，不係
根性，皆情妄所遷，本色道流，悉當屏盡。業習淨處，道力益堅，積
久不休，不悟何待？蓋情妄業習之弊，歷劫迨今，愈增迷倒，遠背悟
明，若不屏之，徒學奚益！

　　參禪或盡生不悟，但信心不退，來世決定具總持門。或於未悟
之前，誤將相似語言記憶在心，雖一字，亦多生障道眼之金塵也。
古人云：參須實參，悟須實悟。謂實參者，決欲要超越生死無常，不
求一點佛法知解；謂實悟者，乃當念頓空生死無常，不存一點佛法
知解。凡聖情盡，迷悟見消，生佛兩忘，能所俱泯。進一步，則高蹈
佛祖所不到之境；退一步，則遠離凡聖所未染之塵。老毘耶卽之爲
不二門，釋迦尊據之爲菩提座，諸祖秉之爲金剛劍，萬靈體之如優
曇華。起大病之藥王，濟飢渴之甘露，給萬方貧乏之寶藏，裂三界
罥鎖之利刀。如上種種異稱，皆海印三昧之變相也。

　　　　　　　　（選自姑蘇刻經處本天目中峯和尚廣錄卷五之上）

真　際　說

太尉潘王海印居士求法名別號，遂名之曰勝光，號之曰真際。

夫真非色像，不可得而見，有見非真；際非境緣，不可得而及，可及
非際。真乎，不可見而見之；際乎，不可及而及矣。其不可見之真，
廓爾無像；不可及之際，洞然絕痕。無像之真，體之莫非神悟；罔及
之際，混之必欲心開。然真非際外之真，際非真前之際，但見真則
必達其際，凡達際則必見其真。真乎際乎，猶鏡與光，二者未嘗斯
須少間。言光則必由鏡出，語鏡則必有光存，光卽際之真，鏡乃真
之際。亦猶羣波共水，衆器同金，理體元齊，事相非一。嗟乎！衆
生於無始時來，重爲業習所蔽，擬涉念慮，卽落妄緣，那更馳求，劍
去久矣。或不真誠啓悟，諦實開明，不撥一塵，洞見源底，則未免粘
情帶識，依文解義，妄存知見，墮在意根，説時與真際相符，用處與
妄緣不隔，使諸佛菩提之道，果止於此，則安有解脱之期也。或謂，
離妄之謂真，真之所詣之謂際。謂妄者何？以迷自心故，見聞覺知
皆妄也；謂真者何？以悟自心故，明暗色空皆真也。真無定體，悟
之則圓，妄絕正形，迷之則著。全波是水，了知妄外無真；全水是
波，畢竟真中絕妄。然則，二名一體，就中萬別千差，欲教擧必全
真，當體必須神悟。所云際者，畔岸之謂也，事物之極，乃名邊際，
如色之極是空邊際，空之極是色邊際。是故，妄不可有其邊，惟真
乃妄之邊；真不可言其際，卽妄乃真之際也。或謂，圓同太虛，無欠
無餘。又云：心佛及衆生，是三無差別。又云：平等真法界，無佛無
衆生。但諸佛祖圓頓了義之談，若妄若真，未嘗有纖毫界限，邊際
復從何而立耶？然了義之詮，固無界限，既迷之境，實有方隅。以
無界限故，三塗地獄，萬種泥犁，千仞劍林，諸熱惱海，至若塵沙苦
趣，悉該真際，使有一毫揀擇，則離波別有水也。以有方隅故，衆生
諸佛，煩惱菩提，苦樂順違，安危得失，殊形異狀，名相紛然，俱出妄
緣，悉乖真際。雖曰波水同體，而不可同其名也。原夫此心之迷
也，於無妄真中，卓爾妄真；於絕邊際處，宛然邊際。但如衆緣觸

目，羣像當情，水不可喚作山，空不可呼爲色，各專其用，不同其名。明知理體無差，其奈事情有異。譬如水之就決也，湍流不息，及遇寒，則結爲堅冰，凝然不動。了知不動之堅冰，全是迅湍之流水，奈何迷妄之寒氣，積集濃厚於一體中，儼然成異？或不以頓悟之慧日，融之化之，欲會歸真際之水，其可得乎？是故，真際，如來目之爲第一義，最上乘。昔世尊初生時，目顧四方，乃顧此真際也；以手指天地，乃指此真際也；復云：惟我獨尊，乃示此真際也。已而棄王宮，入雪山，六年苦行，夜半見明星悟道，乃顯此真際也。西天四七，東土二三，燈燈相續，乃傳此真際也。至於臨濟卷真際於喝下，德山揭真際於棒端。又豈特禪宗佛祖爲然？如三乘十二分教，大小偏圓，祕密開顯，無邊法義，種種方便，皆從真際出生。真際乃佛祖所詣之根本法門，更無一法能過於此者。真際，誠一心之異名也。古者謂，三界無別法，惟是一心作。又云：未達境惟心，起種種分別，達境惟心已，分別卽不生。此説之下，以真際之體，散於森羅萬象之頂，標於色空明暗之端，更無毫髮能外吾真際者。若以言説流布，則真際豈待別有作爲而後得哉？若果欲與真際念念脗合，念念圓融，念念不痕，念念無間，直須是工夫熟，知解泯，能所忘，向不知覺處，豁然開悟，如獲舊物，如歸故家，心户洞開，性天廓爾，十方世界，不見纖毫過患，是謂心空及第。於斯時也，真際二字，亦無地可容矣。昔僧問趙州：萬法歸一，一歸何處？州云：我在青州做一領布衫，重七斤。老趙州眼空四海，神洞十虛，融八識爲真，野色更無山隔斷；混六情爲際，天光直與水相通。寸心圓湛，片舌瀾翻，隨語隨默，而泛應羣機。機機相副，或與或奪，而全該大法。法法同歸，用之則殺有準繩，操之則洞無影跡。蓋其真際洞乎心府，真際貫乎口門，凡動靜語默，曾不與真期而真自臻，曾不與際約而際自至。豈特趙州爲然？但宗門中有契有證之士，靡不皆爾。今日在海印居士瀋王分上，間不容髮，欲得諦實領荷，親切承當，直須向萬法歸一，一歸何處話下，廓爾悟明。所謂古今無異路，達者共同途也。如或未由開悟，且真際亦未嘗有絲毫隔越，獨不能混融無間爾。猶未磨之鏡，在鑛之金，雖金體無在鑛離鑛之差，鏡光絕已磨未磨之異，奈何垢翳而光不彰，鑛存而金有礙。又如冰之與水，亦未嘗斯須隔越，但冰具堅礙凝結之質，而不能爲水流注潤澤之用也。夫善於求道者，道不可將心求，求而得之，是妄得也。但磨其汙染之塵，銷其執著之鑛，融其迷妄之寒，久之不休，則光斯照，而金斯純，冰斯泮矣。政於斯時，道遠乎哉，道遠乎哉！嗟乎！今之人，但聞直指單傳，不加修證，咸以聰慧之資，望塵領荷，依文解義，說處宛然，滯識執情，轉增迷妄。是猶以堅礙之冰，不期泮釋，便欲與水同流，多見其不知理也。譬如京師王城，鎮于北方，普天之下，凡有識者，皆知北有京城，惟到與未到者有差別爾。其既到者，雖移身於萬里之外，凡一念京城，則人煙市井，昭然在目，不能惑也；其未到者，至終其身，不能無茫然之咎。謂既到者，乃悟而見之者也；謂未到者，乃解而知之者也。悟而見之者，固已極矣，古人尚欲掃空悟跡，剗除見刺。或不爾，則坐在悟邊，動成窠臼，蹲於見處，尚滯功勳。審如是，則爲己尚恐未周，又安能爲人解粘去縛也哉！前所云磨鏡之塵，銷金之鑛，融冰之寒，似與本來具足，少林直指之道觀體相反。不然，爾徒見其言下知歸，機前領止之易，而不知其磨塵銷鑛融寒之難。歷於凤昔，以致今日之易也。苟不之難而欲之易，是猶認鑛爲金，指冰爲水者無以異也。當知，妄依真而起妄，真由妄而顯真，真非妄而真不自居，妄非真而妄無所倚。妄因不立，真理何存？楞嚴謂：“言妄顯諸真，妄真同二妄。”斯說之下，不惟妄遣，亦乃真祛，妄遣真祛，道存目擊矣。邊依際而立邊，際由邊而顯際，際非邊而際不自著，邊非際而邊不獨存。邊既無方，際何有界？故祖師云: 極大同小, 不見邊表, 極小同大, 妄絕境界。斯説之下, 邊融際廓, 洞然無閒矣。如是, 則真際與萬法會同, 萬法與真際交徹。在迷, 則真際是萬法; 惟悟, 則萬法是真際。悟迷俱遣, 得失兩融, 真不立而真存, 際不形而際徧矣。

（同上　卷二十五）

二、天目明本禪師雜録(選録)

示　徒

佛印元禪師痛諭文, 其略曰: 一念静心, 終成正覺, 蹉步不休, 跛鼈千里。器有利鈍, 根有淺深, 及其成功一也, 獨在乎發憤立志而已矣。吾今痛諭道俗, 當知四易四難。何名四易? 自己是佛, 不用別求師資, 若欲供養佛, 只供養自己, 一易也。無爲是佛, 不用看經禮像, 行道坐禪, 飢湌困卧, 任緣隨運, 二易也。無著是佛, 不用毀棄形體, 捐棄眷屬, 山林市井, 處處自在, 三易也。無求是佛, 不用積功累善, 勤修苦行, 福慧二嚴, 元無交涉, 四易也。何名四難? 能信一難, 能念二難, 能悟三難, 能修四難。夫信因果可以爲小信, 不可爲大信, 然猶疑者多, 信者少, 信而不疑者, 率千百人中有一二人耳。何況頓見自性, 一超直入如來之事乎? 千經萬論, 奇踪異跡種種, 留在世間, 只爲人無信心, 衆聖慈悲, 廣施方便, 開曉羣迷, 令其由信門入。蓋有其信者, 必行之, 此信之所以爲難也。十二時中, 惟欲念念不忘, 行時行念之, 坐時坐念之, 起居動止, 語默卧興時皆念之, 治事接物, 乃至困苦患難險危之時亦皆念之。其身如槁木、如頑石、如死屍、如土偶, 唯心心在道。應答於人, 如癡如醉; 聞聲見色, 如聾如盲。所以喻如猫捕鼠, 心目一於注眡, 少怠則失鼠

矣；如雞抱卵，暖氣貴於相接，棄之則不成種子矣。此念之所以又爲
難也。念道本於持久，悟道在於須臾，因緣未熟，時節未到，機關屢
啓，無所遇也；因緣既熟，時節既到，雖形聲不接，忽現前也。未悟
者難與言已悟之見，如生而盲者，語以天日之清明，彼雖聽，不可辨
也。已悟者無復踏未悟之迹，如寐而覺者，使其爲夢中事，彼雖憶
而不可追也。參學之士，要當以悟爲準，此悟之所以又爲難也。未
悟常須憂念，已悟蓋須持守，如擎盤水，如執至寶，如護目睛，如踐
危險，若對君師，是持守之道也。持守者，修之也。見道方修道，不
見何庸修？有問者曰：已悟矣，寧修爲？則應之曰：多劫薰習，未遽
除盡，惟宜修之，修到無修，然後同於諸佛。此修之所以又爲難也。
故不知四易者，可使爲善，不可使入道也；不知四難者，可與譚道，
不可與進道云云。

　　師曰：文中言念道之説，卽今所謂參也。其四難，最初言信爲
難，所云信者，欲其信前之四易後之四難也。然此信心，慎不可苟
而得之，一憑自家多生親厚般若之力，次憑日用念念痛爲死生大事
之正念深入骨髓，無斯須少間。且信既如此，則所參之話，不翅飢
人得食，寒者得衣，雖强使其放捨，終不可得也。其參道之心綿密，
更無不悟之時，譬之行路，朝趂之夕進之，安有不到之理｜謂悟者
何？乃悟前四易也。此四易，苟非悟入，皆名妄解。今人例以聰明
之姿，不待悟入，遽以四易之説領略，在識量中自謂實證，便捐福惠
二嚴，俱無交涉。極理之譚，未嘗不是，殊不知不曾悟入，墮在識量
分別中，終日説食而不療飢也。且悟既不真，如人未曾親到家庭，
便欲於途中作屋裏活計，可乎？不可乎？由是知道既不悟，其修
之爲難也必矣。一種是開示後學，惟佛印和尚四易四難之説，深切
著明。堂中諸學般若菩薩，皆是遠離世間種種受用，來此甘心寂
寞，靡有不言爲生死無常大事者，虛延歲月，豈忍爲哉｜文中謂，如

猫捕鼠，少怠則失鼠矣；如鷄抱卵，少間則不成種子矣。斯言可信，望同興志力，早悟厥躬。明本今夏臥病，不能與諸兄道論，故引此告之。光影如流，毋貽後悔，謹言。

（選自天目明本禪師雜録卷上，據續藏經
第一輯第二編第二十七套第四册）

示　　衆

洞山過水，玄沙度嶺，太原聞角，與釋迦夜半覩明星，同一箇時節，即今在諸人分上，無絲髮少欠。昔臨濟、德山熱喝痛棒，眼不耐見，覿面提持，流落叢林，翻成塗轍。天下叢林，説禪浩浩地，承虛接響，互相熱瞞藥頭，到今轉不靈驗。先師三十年身立壁立，惟務與學人整治箇事，捏定咽喉，不要你説，不要你會，亦不要你別生第二念，單單向所參話上，立定脚頭，孜孜而參，矻矻而究，如遇怨敵，如救頭然，外絶境緣，内忘情識，直待伊冷灰豆爆絶後再甦。你若未到此箇時節，斷斷不肯將相似語言，引人入草。須知生死無常是大事因緣，豈根浮脚淺者所能超詣？今之人，不體從上佛祖建立，一味趁狂情妄識，開口便要超過佛祖，逮觀其向道之志，略無半點真實主宰。方一霎時提得箇話頭少純，便裏私自慶；才被昏散擾奪，便惟道根鈍業深；偶遇目前些子違情，則嗔恚毒恨之心，磨牙切齒而念念不息；或邪思異想，起滅萬殊而自不知狂醉伏心，將謂辨道之人，理合如是。弄了三年五載，既不相應，瞥起一箇退心，打入無事甲裏，甘受輪迴。以此者，滔滔皆是。或不如此，便將意識漁獵古今，呭嗽狐涎，欺賢罔聖，萬般造作，一味虛頭墮落那邊，了不自覺。要求一箇穩帖帖地，三十年二十年不變不異，向本參中不涉識塵，以悟爲則者，如披沙揀金。於是，叢林法道日就澆漓，你還知今日大開兩眼，向孤峰絶頂，受他信心供養，況是自家負箇辨道人名字，尚爾狂妄怠墮而不自檢，焉知異時流入異類，而不爲互相吞噬，結業無間者耶？古者謂，三途六慮無量劫來，又不是不曾經歷，在今生不知夙何善行，彼此狹路相逢，撞在七幅袈裟之下，早不離情絶慮，廢寢忘飡，過隙光陰，憑何所恃？此山自開闢以來，遇冬寒立箇期限，要諸人向此期限中，必欲要討個倒斷。不是門庭施設，亦非强自指陳，乃先德已驗之方，了諸人本具之事。如教中謂，我不愛身命，但惜無上道。你但見他前輩，度嶺闊角，悟明之易，殊不知未度嶺、未聞角已前之難，則與今人無少異也。苟知其難，則何道之不我集哉！藏主、維那爲見衆心懈怠，請予警勵，<u>明本</u>上座説話渾無鼻孔，與人扭揑，惟以死生無常大事，與真實爲道之士勉爾言及，如不見信，一任問取諸方。

（同上）

結夏示順心庵衆

今日一箇四月十五，爲之結夏。當知二千年前，靈山會上，亦有箇四月十五日，爲之結夏，自爾相延迄今，處處叢林不違舊例。九十日無繩自縛曰禁足、曰安居，殊不知，本色道流，自最初一念要決了生死無常大事之頃，此足於是而禁，此夏由之而結，以盡平生歲月，倂之爲九十日，不多不少，不減不增，必期與此事覿體相應，然後謂之佛懽喜、僧自恣之時節也。如其不委，只欲效世相流布，以禮樂規矩，循守而不敢過越，是謂坐夏，不惟孤負佛祖，而亦埋没自己者多矣。今日庵居十餘衆，各各是知有此事者，不肯自孤負、自埋没，況當此法歲甫臨之頃，乘時奮起一片決定不退轉、猛利無間真實身心，單單提起箇無義味話頭，自最初一日，立定脚頭，不得分毫移動，密密與之做向前去，一日要見一日功程，一時要見一時應驗。自上首一人，至最後一人，遞相警策，彼此琢磨，不雜緣，不妄作，不共語，不異念，不隨物轉，不逐境移，不循古矩，不存新格，不厭凡，不慕聖，乃至一切俱不爲，單單只要己躬下一著子明白。忽然被你冷地透脫，方知九十日只是一平生，一平生卽是九十日，以至二千年前不異今日，今日不異二千年前，鉤鎖連環，了無間斷，是謂"此是選佛場，心空及第歸"之時也。苟或不爾，只箇順心庵無異二鐵圍。勿謂安居無事，因循九夏，逆知其平生之志願之不遂，於斯可見矣。菴主寄紙來請爲衆警策之語，以大事究之。不惟衆人，菴主亦自照顧。

　　禪是諸人本來面目，除此外別無禪可參，亦無可見，亦無可聞，卽此見聞全體是禪，離禪外亦別無見聞可得。諸人聚首於此，各各有一則不了公案藏之肺肝，甚非小緣，十二時中，莫錯用心。好古者道：參禪學道是錯用心，成佛作祖是錯用心。除此外又何所爲而不名錯用心？卽此事且置之不問，只如諸人，各各胸中自有一本古清規，且不要犯他苗稼。且如五更堂前板響起參時，便是不要洗面，也須隨衆下地走一遍了，伺候大衆入堂時，則上被位端坐，但聽開靜板鳴，則摺被搭袈裟，過鉢位喫粥。凡喫粥飯，須看上下，衆速則速，衆遲則遲，庶幾不動他人心念。況是起居動靜，各各有威儀隨之，莫道我是辨道人，大悟不拘小節，爭奈你未悟何？中間有不循規矩者，無他，蓋是爲道之正念不切，所以動成儱侗，破犯律儀，自失正因，起他輕慢，此諸人各自體察。如巡堂法，痛爲生死大事未卽明了，如恐虛延歲月，被人打一下，不問自家困不困，如飲甘露，當奮起勇猛，極力向前，豈可返生嗔恨，而懷報冤，此豈理耶？生死無常，是萬劫刀割不開、鋸解不斷底一段惡習，在今日旣肯發此最初真心，高栖窮寒之頂，恨不得延一日光陰爲十日，立定脚頭做去，凡見日落山時，深生嘆惜，又過了一日也，道業未辦，眼光落地，畢竟將何酬報佛祖檀越？直待手忙脚亂，何不趁今日病未及體時，早

討取箇倒斷！明本上座所見如此，且不會爲人打爛葛藤，但只如此
從實相告。本欲聽諸人過菴道話，適有西山之往，重煩藏主代白一
遍。各自究心，切莫容易，望謹整精神，早求解脫，亦不聽無時度水
過山相尋，於道無益。

（同上）

警　孝

偶同參過門，與夜坐達旦。忽曰：僕自遠逾鄉關數千里，二親
垂老，其不奉音容者十有二年矣。因讀明教和尚孝論二十篇，獨不
能無慊劬勞罔極，何以報之？予曰：天下父母之於子，既養之復愛
之，故聖賢教之以孝。夫孝者，效也，效其所養而報之以養，效其所
愛而報之以愛。故孝莫甚於養而極於愛也。然養之之道有二，愛
之之道亦有二焉。食以膏粱，衣以裘葛，養之在色身也；律以清禁，
修以福善，養之在法性也。色身之養，順人倫也；法性之養，契天理
也。二者，雖聖賢不可得兼，蓋在家出家之異也。且在家不爲色身之
養，不孝也；出家不爲法性之養，亦不孝也，是謂養之道二焉。昏而
定、晨而省，不敢斯須去左右者，乃有形之愛也；行而參、坐而究，誓
盡形畢命以造乎道，而欲報資恩有者，乃無形之愛也。有形之愛，
近而易狎；無形之愛，遠而難親者也。苟不能本乎愛，雖近者爾有
所不逮，而況遠而難親者乎？斯易難之二，由不可得而兼者，蓋世
出世之異也。世間不能盡有形之愛，不孝也；出世不能盡無形之
愛，亦不孝也，是謂愛之道二焉。且效世間之養與愛有間也，效出
世間之養與愛無間也。何則謂有間？父母存則行之，亡則間矣。謂
無間者，豈以彼之存亡，二吾學道之心哉？父母謂形生之大本，且
吾之形，豈特今生有之？思積劫逮今，輪轉三界，其受形如塵沙不
可數，所謂形生之本者，充塞宇宙，遍入寰區，凡接見聞，安知其非

吾凤生之本也？計其劬勞，殆不可勝記矣。我之不思所以報，而累
吾父母，教入諸趣，備受輪迴，率未知已也。故吾聖人興大哀門，夜
越王城，高栖雪嶺，乃申明其法性之養，無形之愛，以示人也已。四
十九年之答問，雖詞原滾滾，浩無邊涯，未有之語，不本乎此。所以
云：流轉三界中，恩愛不能捨，棄恩入無爲，真是報恩者。之語誠不
爾欺也。道卽孝也，孝卽道也。不知所以孝，而欲學道者，是猶背
濕而求水也。或謂，吾不能預是道，惟能爲色身之養，有形之愛，可
以謂孝乎？予曰：此蓋在家之孝也。世間之孝，吾黨之不預焉者，
以投迹於空寂之門，覆形於方服之下。其有雪山大聖人出世之孝，
尚未能彷彿其萬一，或一念有間，則二利俱失。所謂不孝莫盛於
此，故明教之所以作也。夫論之作，非苟飾其文詞，乃欲昭吾聖人
出世之孝於天下也。俾外教不能議吾徒也，亦俾吾徒之未知者，懷
其教而趣其道，不可斯須忽忘之也。或謂，大圓鏡智，融混自它，未
嘗有異，豈各所謂孝乎？予曰：爾徒知鏡智之不二，而不知孝與道、
愛與養，俱不二也。自非神心廓悟，洞徹聖人垂教之源者，不可竊
議也。誠以斯言擇之，庶見予與同參之不妄也。

（同上）

示正聞禪人（二首）

本色出家兒，須得坐披衣，乃可受人天供養。以教中言坐，則
謂諸法空，言衣，則謂柔和忍辱。以禪宗言坐，則謂一念不退轉，言
衣，則謂洞悟自心，不帶枝葉。苟或不爾，則寸絲滴水，定當慎償。
從上佛祖，眼不耐見，開此箇甘露法門，非求安逸也，非求閑散
也，非求高尚其事而播美名，非求積聚滋多而規惡利也。古人三衣
一鉢外，皆目之爲長物，乃頻頻説淨，而不蓄歛也。惟清苦自鍊，不
敢犯他苗稼，動他心念，密護妄情，深調禪味，則其大辨若訥，大巧

若拙。誓在萬人之下，不居一物之先，謙以降其身，不專己所長，而眇視於不能者也。惟恐一念不存乎道，不克乎己，不利於物，不究於心也。其參學之正念，念念策勵，不到古人田地，雖大節莫變，大難莫奪，必期其高超遠到而後已。審如是，則終身不動亦得，徧界游行亦得，俱無所閡然也。正聞禪人出紙求語警策，乃信筆以示之，誠能不違此說，則得坐披衣何忝哉！西天目山幻住道者，書于環山精舍，時延祐甲寅八月二十八日也。

古人學道之有靈驗者，蓋偷心死盡故也。使偷心一毫死不盡，則萬劫無有自成之理。直而論之，死得一分偷心，則是學得一分道，死得偷心五分，則是學得五分道，偷心全無，則全體是道。蓋偷心之障道，猶飛埃游塵之覆鏡光也。今人惟知有道可成，而不知有偷心可盡，或偷心之未盡，而欲道之有所成，是猶坐臥於水中，求其不濕，天下古今無是理也。昔永明和尚痛言情生智隔，想變體殊，使會成公案，祖父家珍不得受用也。謂情生想變者，卽吾所言偷心之異名也。一切時要教情不生，一切處必欲想不變。會須真箇把生死大事，橫于胸中，塞于意下，情方欲生而遭其障，想將擬變而遭其奪矣。你若不以生死大事切於胸中，看箇話頭，必於悟證，但一向遏捺它情想之不生不變，是猶元氣既喪，而事吐故納新奚爲哉！古人有參禪無祕訣；只要生死切。斯言誠貫通三際，學道之大本。苟不以生死無常爲己重任，而孜孜欲會禪會道而參究之，是猶使辟穀五事其畊穫，而不知非所務也。前輩三十年五十年，志益堅，念尤切，行逾加，而莫肯斯須少間者，非師友策發，叢林從臾，言說排遣，方便誘進而然，蓋其根本，只是一箇痛念生死之志願未由果遂，使今生不了，復何時而有自了之理哉？進道之念，或自不真切，縱佛祖果有革凡入聖之神異，不翅令阿羅漢之起三毒，雖強而爲之，決不能悠久者必矣。有人於此，必欲會道而學之，而不能照破目前浮

幻不實之境緣，時遭其引起妄念，攀緣不息，且妄念既興，雖學道之
力如丘山，將見日遭其斲喪無餘矣。楞嚴謂："狂心未歇，歇即菩
提。"何謂狂心？但離却痛念生死之事，提箇所參底話，盡形究竟之
外，應有百千超卓世表之所爲，皆不能出此狂心之譏耳。少林謂：
"外絕諸緣，內心無喘，心如牆壁，乃可入道。"然入道且置之不問，
此心還曾如牆壁也未？如其未然，欲望其道有所入，多見其不自忖
矣。參禪盡一生不會，學道盡一生不明，但不輕放捨此以參以學之
正念，管取有高超遠到之時。苟或捨其正念，妄以情識穿鑿，以他
言爲已解，縱會盡古今，坐斷佛祖，無乃妄陳狂見，自取過咎，甚非
真實道流之所爲也。閩禪人出紙求做工夫細大，予因無容，信筆不
覺葛藤如許，爾如有志，則予亦不爲虛設矣。勉之！西天目山幻住
老頭陀書。

（同上　卷中）

示懷正禪人

　　本色道流，真正以生死大事爲任，十二時中，更無斯須妄念，單
只向自己躬下著到。雖面前縱有百千般殊勝事，百千般順意事，百
千般魔難事，四面八方之所圍繞，終不爲其奪，亦不爲其所障，自然
念念不忘，心心不間。設使暫忘暫間須臾，須依舊接續將去，也不
受人排遣，也不受人勸誘，也不受人籠絡，也不受人欺瞞。蓋自家
真心一發，決欲取證，也不問在孤峯絕頂，也不問在鬧市聚落，也不
問在熟處，也不問在生處，乃至一切處，俱不問著，但只是有路可上
高人也行，當知道人家一箇安身處。雖則一動一靜皆根於定業宿
緣，非苟然爾，當知非苟然處，其實如夢如幻，如影如響。如今，往
往學道之士且不真實向生死大事上用心，最先立定脚頭，不討箇分
曉，却要向夢幻影響中念念分別。即此分別不已處，早是生死與交

接你了也,更欲超越, 又何啻卻步之求前矣。然學道非小因緣,乃世間無大極之大事,倘或不能發此大志願,向前做箇倒斷, 則何有益於理哉! 你看古人操志於此,便先將一條窮性命,斷送入無魂必死之鄉,盡此一報身,貧亦得, 苦亦得,病亦得, 難亦得,手雖不握三尺利劍,只是無物敢嬰其前,是謂大丈夫決定事業,步驟不俗者如此爾。錦州懷正上人,棄家山成見受用,有志於道,良可加敬,因出紙求語,就寫此以遺之,並爲説偈: 參禪最要心懷正,正令全提只麼參,參到了無依倚處,前三三與後三三。

(同上)

示業海净禪人<small>嗣法於師</small>

男子大丈夫,負一片撥天志氣,捨塵勞,離愛網,出叢林,入保社,單單爲一段生死無常極大事。所以從上諸佛諸祖,大起哀憫,垂言立教而救之,良有以也。正此法道澆漓之際,扶宗樹教,未敢相免,若只究明自己,也須脚跟下靠得那一著子,真實穩當始得,也須是自己身心放得一切下始得。若放得下,靠得穩,盡此一生與麼去,爲己爲人,總在裏許。脱或不爾,雖今日四體安逸,百事現成,卽是它時異日,千重百匝之鐵圍山也。設使縱其情欲, 隨其有心,流落今時,又豈止鐵圍山而已哉! 只如今夏,轉眼是半夏了也,還曾觸物無礙,還曾打成一片麼? 不然,則前半夏已過,後半夏亦爾,與麼在叢林中過千百萬億夏,正是癡狂外邊走。更有一箇最急末後句,真實相爲,不辭舉似,光陰身世渾如幻,生死無常莫等閑。

(同上)

示本色道人

要做本色道人,別無他巧便,單單只要不惜身命,忘死向前,猛做一回，做到著力不得處，用心不得時，正好用心，久久與麼捱，與麼行，十個有五雙，管取心空及第去。如今多是根浮脚淺，無主宰，無正見，無力量，無作略，輕遇著一些子逆順境界，便被他攪奪去，便乃著力不得，用心不得。殊不知，著力不得，便是眼光落地時著力不得，那時既無著力處，便是出牛胎入馬腹底路頭也。今日眼眨眨地用心不得，便是你臘月三十夜無用心處底影子現前也。那時無用心處，未免大開兩眼，被他生死無常熱瞞去也。本色道人既無父母之奉，妻子之養，征役之勞，口體之費，單單一條性命，最先要與之拈向壁角落頭，只有箇要了生死底心，提起箇所參話頭，今日也只如是做，明日也只如是做，莫問三生六十劫，也只如是做，縱使鐵圍山高仞，也奈何你一箇堅固不退轉、不變易底心不得，管取一念超越無礙矣。你信此事不及，靠此事不穩，踏此事不實，把此事不定，敢保你無所濟知此事者必矣。古之所謂，但辦肯心，決不相賺。

（同上）

示意禪人

　　佛法全體是你具足底，你才瞥生一念，要向佛法上著到，早已墮落意地，永劫不與佛法相應。你若真正不肯放過生死大事，又不向一念未起時披襟荷負，但將箇四體分散時向何處安身立命話，隨你一切處住坐，密密參取。正當參時，但是從前記憶得底經教義理，並古今宗乘中公案語言，並不得記半箇字在胸中，亦不得將半箇字掛在口皮邊，十二時中，兀兀如大死人相似。只如此單提所參話，參取久之不退，自有箇超然頓悟底時節。你若未親到此箇正悟底時節，只要將心意識向相似語言上和會知解，任你解得一擔禪道佛法，是名呷啾野狐涎唾，萬劫無你了辦處。意禪人，記取記取。

（同上）

示逸禪人

古今天下所傳佛法，安有教内教外之分。古佛出現，不奈衆生迷失自性，妄逐輪迴，於無言象中，演出一大藏教，更無一字不與人破除生死，令自悟本性。嗟！一等學者，不本聖人之本意，各專其所學所解，自謂會佛法，肆口而説。殊不知，不曾悟自本性，其説益多，其迷益重。以故少林初祖眼不耐見，直指其心，見性成佛，脱去知解。今之禪林諸師，又泛引臨濟三玄，洞山五位，重入其知解之門，所以又隔去。此知解，只把箇無義味話，教你立決定信心，盡其形命參取。你又信不及，又要老僧指示教内教外之説，引起知解，你用心若如此顛倒，驢年也未會悟在。逸禪人，此去或不立定脚頭，如枯木死灰參去，再要覓知解，決不請相見。至祝至祝，老幻某書。

（同上　卷下）

防 情 復 性

性起爲情，情生爲業，業感爲物。夫萬物由情業之所鑄，當處出生，隨處滅盡，榮枯禍福，等一夢幻，此吾佛之教之所以示羣生。雖一本乎性，而有世間出世之殊。世間之學，防情之謂也；出世之學，復性之謂也。防情，有爲也；復性，無爲也，二説不可相濫。蘇公子由注老子，序以六祖不思善不思惡之説，配中庸喜怒哀樂未發之謂中之意一也。又謂，中也者，卽佛氏之言性也；和也者，卽佛氏之六度萬行也；致中和，天地位焉，萬物育焉，非佛法何以當之？此説頗類妙喜以三身答子韶之甥所問，天命之謂性，率性之謂道，修道之謂教之説，蓋一時善權方便，破彼情執而已，豈三身之理止於是哉？竊聞儒之所謂中庸者，必使人之情合乎至中，則經常之道可傳之無窮也，豈特人心爲然？至若天地萬物，一稟中庸而生化，微中庸，則至眇之物亦不能自育也。內而治身，外而治國，謂中庸者不可斯須忽忘之也。使中庸之不在，則天地萬物尋而變滅，且人焉得而獨存乎？蓋中庸乃建立生化之樞機，故聖賢舉而明之爲教化之本也。中庸施之於親則謂孝，達之於君則謂忠，及之於物則謂仁，布之於人則謂教，以至傳之於世，則謂道也。是道卽指中庸之體而言之，含容於喜怒哀樂未發之初，發而皆中節之謂和。言中節者，乃中中庸之節也。惟過與不及，則不中節矣。既中中庸之節，則知萬物不期育而育，天地不期位而位，故情業無盡，則生死何有已也。世間之說，極於此矣。吾佛祖治出世之說，乃異乎其所聞。何則？如六祖謂：不思善不思惡之際，孰爲本來面目，乃復性之大旨也。子思謂：喜怒哀樂未發之謂中，發而皆中節之謂和之說，乃防情之極論也。然致中和，位天地，育萬物，蓋情業所感，非性理之有。是事也，惟子由未嘗不知而曲引此說者何也？子思言天命之謂性，指中庸之體也；率性之謂道，指中庸之用也；修道之謂教，欲人依體用而契中庸也。道也者，不可須臾離，可離非道者。必使其舉念動心，無斯須不在中庸之域，防情之論極於此矣。彼清淨法身，卽聖凡同稟之性元也；圓滿報身，卽法身所具之神通光明也。千百億化身，卽法身遍在一切處也。然法身如日輪也，報身如日之光也，化身乃由光而普。性無知也，性無爲也，謂復性之說，理窮於是，似未易與率性修道者同日而語也。妙喜以復性之學，會防情之教；子由以防情之教，會復性之學。一儒一釋，各秉善權而融會之，使二家之說不相悖，或不之辯，則至理不勝其悖矣。或者以余說爲然。

（同上）

〔附〕　祖順：元故天目山佛慈圓照廣慧禪師中峯和尚行録

禪師諱明本，號中峯，杭之錢塘人。俗姓孫，母李氏，夢無門開道者，持燈籠至其家，翌日遂生師，神儀挺異，具大人相。纔離襁褓便跏趺坐，能言便歌讚梵唄，凡嬉戲必爲佛事。九歲喪母。讀論語、孟子未終卷，已輟學。年十五決志出家，禮佛然臂，誓持五戒。日課法華、圓覺、金剛諸經，夜則常行，困以首觸柱自警。居近靈洞山，時登山巔習禪定。甫冠，閱傳燈録，至菴摩羅女問曼殊，明知生是不生之理，爲什麼卻被生死之所流轉，有疑。已而沙門明山者，指師往參天目高峯和尚妙公。高峯孤峻嚴冷，不假人辭色，一見驩然，欲爲祝髮。師以父命未許，高峯曰：可舉闇夜多尊者出家因緣喻汝父，勿自沈溺。未幾，誦金剛般若經，至荷擔如來處，恍然開悟。由是，内外典籍皆達其義趣，而師自謂識量依通，非悟也。時年二十有四，實至元丙戌歲也。

明年，從高峯薙染於師子院。又明年，受具戒。又明年，觀流泉有省，即詣高峯求證，高峯打趁出。既而民間訛傳官選童男女，師因問曰：忽有人來問和尚討童男女時，如何？高峯曰：我但度竹篦子與他。師言下洞然，徹法源底，陸沈衆中，人無知者。於是，高峯書真讚付師曰：我相不思議，佛祖莫能視，獨許不肖兒，見得半邊鼻。且俾參徒，詣師請益，衆由此知歸。淮僧子證，嘗問高峯諸弟子優劣，高峯曰：若初院主等，一知半解，不道全無；如義首座，固是根老竹，其如七曲八曲；惟本維那，卻是竿上林新篁，他日成材，未易量也。壬辰，松江瞿公霆發，施田二百七十頃，即山之蓮華峯建大覺正等禪寺。元貞乙未冬十一月，高峯將遷化，以大覺屬師，師辭，推第一座祖雍主之。大德丁酉，師登皖山，遊廬阜，至金陵。戊戌，結菴廬州弁山，學者輻湊。師雖拒之，而來者愈衆。庚子，結菴平江鴈蕩，衆既夥，遂成法席。癸卯，瞿公堅請師還住大覺，師力辭避之。時吳興趙公孟頫提舉江浙儒學，叩師心要，師爲説防情復性之旨。公後入翰林，復遣問金剛般若大意，師答以略義一卷。公每見師所爲文，輒手書，又畫師像，以遺同參者。乙巳，師還山，廬高峯塔。丙午，領師子院。至大戊申，仁宗皇帝在東宮，賜號法慧禪師。已而乞食勾吳，因謝院事。己酉，道儀真，卽船以居。庚戌，衆請還山。今兵部尚書鄭公雲翼，時僉浙西廉訪司事，候師餘杭問法，師推明經世出世之學以答之，詞見語録。辛亥，師復船居吳江，陳子聰建順心菴，請師開山。既而渡江，擬遊少林。至汳，隱其名，僦城隅土屋以居，僧俗爭相瞻禮，皆手額曰：江南古佛也。皇慶壬子，結菴廬州六安山，江浙省丞相奉書訪問，師去之東海州。癸丑，瞿公霆發以兩浙運使終，師還吊其喪。公之子時學，奉宣政院疏，復請師住大覺，師舉首座永泰代己。泰欲承嗣師，師俾泰嗣開先一山萬公，蓋以院易嗣，其來久矣。聞師之風者，莫不多之。丞相延師私第，懇請住持靈隱禪寺，師固辭。中書平章又請曰：師之道德孚於人者博矣，宜順時緣住一刹，以恢張佛祖建立之心，無多讓也。師曰：夫住持者，須具三種力，庶不敗事。三種力者：一道力，二緣力，三智力。道，體也；緣智，用也。有其體而闕其用，尚可爲之，但化權不周，事儀不備耳。使道體既虧，便神異無算，雖緣與智，亦奚爲哉？或體用並闕，而冒焉居之，曰因曰果，寧無慚於中乎？某無其實，故不敢尸其名。平章知師意堅，弗敢强，師辭以末疾，還山中。

　　延祐丙辰春，上命宣政院使整治釋教，距杭，期入山候謁，師聞，避之鎮江。丁巳，丹陽蔣均建大同菴，延師居之。戊午，衆請還山。九月，上顧近臣曰：朕聞天目山中峯和尚道行久矣，累欲召之來，卿每謂其有疾，不可戒道，宜褒寵旌異之，其賜號佛慈圓照廣慧禪師，並錫金襴袈裟，仍勅杭州路優禮外護，俾安心禪寂。改師子禪院爲師子正宗禪寺，詔翰林學士承旨趙公孟頫撰碑以賜。特贈高峯和尚佛日普明廣濟禪師。先是駙馬太尉瀋王王璋，遣參軍洪鑰賫書幣敘弟子禮，期請上命，南來參叩。己未秋九月，王奉御香，入山謁師草廬，咨決心要，請師陞座爲衆普説，師激揚提唱萬餘言。王復求法名別號，師名王以勝光，號曰真際。王因建亭師子巖下，以記其事。至治壬戌，行宣政院虛徑山席，强師主之。師貽書院官，卒不就，結茅中佳山，將終焉。山北距西峯三十里，重溪複澗，穿徑崖險，捫蘿薜，冒豺虎，緇白隨禮無虛日。師愍其跋涉，尋歸草廬。十月，英宗皇帝特旨降香，並賜金襴僧伽梨，詔行宣政院官親詣山宣諭恩意。時江浙省右平章，今丞相答剌罕脱歡公，命理問官阿敦偕院官行之，乞師法語。中書參知政事敬公儼，亦嘗通書問法。其爲天子大臣所知遇蓋如此。

師每斥學者只尚言通，不求實悟。常曰：今之參禪不靈驗者，第一、無古人真實志氣；第二、不把生死無常做一件大事；第三、拌捨積劫以來所習所重不下，又不具久遠不退轉身心。畢竟病在於何？其實不識生死根本故也。凡見學者，輒問曰：汝喚甚麽作生死？或者茫然，無所加對，或者謂生不知來處，死不知去處，是生死。師曰：便饒知得，亦生死所知，亦是生死。又或指一念忽起是生，一念忽滅是死。師曰：離一念起滅，亦生死也。是説皆枝葉耳，非根本也。夫根本者，性真圓明，本無生滅去來之相。良由不覺，瞥起妄心，迷失本源，虛受輪轉。以故道，迷之則生死始，悟之則輪回息，蓋根乎迷而本乎妄也。當知山河大地，明暗色空，五陰四大，至於動不動法，皆是生死根本。若不曾向真實法中脱然超悟，更於悟外別立生涯，不存窠臼，豈堪向生死岸畔劄脚？或纖毫不盡，未免復爲勝妙境緣，惑在那邊，起諸異想，雖曰曉了，其實未然。惟有痛以生死大事爲己重任者，死盡偷心，方堪湊泊直下，儻存毫髪許善惡取捨愛憎斷續之見，則枝葉生矣，可不慎乎，師之激勵復學皆此類。

癸亥春一日，師自敍其出家始末，曰：六旬幻跡。每見禪者作務，則曰：汝種蔬欲爲誰虀耶？汝負春欲爲誰炊耶？師蓋已有去世意。至六月十五日，折簡大用上座曰：幻菴向秋決作離散計。繼書囑門人：幻者朝死夕化，骨便送歸三塔，若停龕祭奠諷經，入祠做忌，一切佛事，不許徇世禮也。復條示師子寺，惟以放下節儉，克究初心，慎守開山明訓，令法久住之意。又遺誡門人，其略曰：佛法無汝會處，生死無汝脱處，汝喚甚麼作佛法？任以百千聰明，一一把他三乘十二分教，千七百則陳爛葛藤，百氏諸子，從頭註解得盛水不漏，總是門外打之遶，説時似悟，對境還迷。此事向道無汝會處，汝轉要會，轉不相應。莫見與麼説，便擬別生知解，直饒向千人萬人掇不入處，別有生機，總不出簡要會底妄念。惟具大信根，叩已躬下，真參實悟，乃能荷負，若作荷負想，依舊没交涉。當知衆生結習濃厚，無汝奈何處。汝若無力處衆，只全身放下，向半間草屋，冷淡枯寂，匈食鶉衣，且圖自度，亦免犯人苗稼，作無慚人。所以道，佛法無汝會處，生死無汝脱處。既會不得，又脱不得，但向不得處一捱捱住，亦莫問三十年二十年，忽向不得處驀爾掇透，始信余言不相誣矣。越十日，師示疾。有來省者，師曰：幻住菴上漏旁穿，離坍壁倒，不可久住也。語笑如平時。學者强師服藥，師謝之曰：青天白日，曲徇人情耶？揮去。僧有告歸吳門者，師曰：何不過了八月十五日去，至十三日，手書遺別外護，仍寫偈遺別法屬故舊。十四日蚤作，復寫偈辭衆曰：我有一句，分付大衆，更問如何，無本可據。置筆安坐而逝。停龕三日，身體溫頓，顏貌不少變。有禪者乞蒯爪髮供養，誤傷指端，血津津出如生。時道俗數千人，奉全身塔於寺西之望江石。先是，其年春涸凍，山中大木皆摧折，若世所謂木稼者，識者異之。至於歿之日，白虹貫於山之顛。師生宋景定四年，歲癸亥十一月二日，世壽六十有一，僧臘三十有七。

初，侍高峯于死關日，作夜坐，脅不沾席，勵精勤苦，諮訣無怠。逾十年，親承記莂，退而藏晦。以住山交聘，避走南北，所過輒成寶坊，俗率自化。海內學者，望風信慕，識與不識，皆尊之曰大和尚，家繪像而敬事焉。其來瞻禮，絡繹載道，祁寒暑雨，逮無虛日，每填溢山寺，至無以容。其道德所被，上自天子萬里延慕，屢欲召至闕庭，而卒莫之能致也；王公大人，北面事師而鄉道者，傾動一世；下逮屠沽負販，優伶工伎，廝與暴悍之徒。師一真慈相，與隨宜説法，未嘗以高下貴賤而尊易謟瀆之也。得師半偈，不啻重寶。或藏師所薙髮，輒産舍利。有疑謗者，一接言容，無不遷謝，爲師外護。遠至西域北庭，東夷南詔，接踵來見。南詔沙門素聞教觀，東來問法，實自玄鑑始，鑑嘗於師言下有省。繼而普福等五比丘，畫師像南歸，至中慶城，四衆迎像入城，異光從像燭天，萬目仰觀，翹勤傾信。由是興立禪宗，奉師爲南詔第一祖。師之法量汪洋，辯才無礙，至於悲願誘掖，諄諄誨諭，戶屨日滿，一無倦容。故登師之門者，如泛重溟，不測涯涘，如飲醇酎，不覺醉悦。及其勘辨學徒，決擇心法，無假借，慎許可，凜凜然如秋霜烈日，嚴不少貸。其爲文，信筆萬言，了不經意，而其辭必歸於警昏聵，明宗旨，闢義解，顯正悟，極於第一義諦而後已。若夫立身倡道，每視古德前言往行，或有缺漏，輒爲歎息，而師之行事，則不蹈其失墜也。故師之立言示訓，非其素履而躬踐者，則終其身不言也。至於退恬逃名，根于天性，清苦自持，尤矜細行。大覺、師子二寺，由師克成，及奉勅撰碑，師不惟不肯涉分寸功，並其名字亦不肯與於其閒也。隨所寓草創菴廬，皆曰幻住，又因以自號焉。嘗隆暑病渴，膚滕汗腐，有遺細葛褻衣者，受之終不衣也。游淮返，井汲艱遠，遂終身不復頮浴。聞説人過失，則俯首不答。凡傳記語涉攻訐毀訾，則掩卷不觀。僧有臥疾者，則濟以湯藥，而策其進道；僧有省親者，則施以財法，而勉其孝養。

　　師嘗撰楞嚴徵心辯見或問一卷，信心銘闢義解一卷，山房夜話一卷，幻住家訓一卷，擬寒山詩一百首，總題曰一華五葉。復撰金剛般若略義一卷，別傳覺心一卷，東語西話一卷，門人集師遺文曰東語西話續集二卷，語錄十卷，別錄十卷，並傳于世。師之自序，略曰："余初心出家，志在草衣垢面，習頭陀行，以冒服田衣，抱愧没齒。平昔懶退，非矯世絶俗，蓋以文字則失於學問，參究則闕於悟明。尋常爲好事者之所稱道，蓋報緣之偶然耳。"於戲！師乘大悲願力，爲法檀度，觀時適宜，隨機應物，如摩尼珠無有定色。爲未證得謂證得者，説我無悟由；爲求名聞利養者，韜晦巖谷；爲毀犯律儀者，演毗尼法；爲滯前塵而溺多聞者，闢知見海，導以正悟；爲圓機者，直示向上。師皆以身先之，而不事夫空言也。然一心平等，泯絶去來，不留朕跡，概非常情所得而窺測也。每念師出處言行，或承之於家訓，或見之於行事，或徵諸老宿，或質諸遺文，謹敘次而録之，然猶以景像求師者也。其不可以景像求者，又烏得而盡紀也耶！

　　泰定元年八月甲子，法弟比丘祖順録。

　　　　　　　　　（選自姑蘇刻經處本天目中峯和尚廣録卷三十）

惟　　則

【简介】 惟則,號天如,俗姓譚,生卒年不詳,廬陵（今江西吉安）人。他是元代臨濟宗師中峯明本的法嗣,主要活動年代約在公元一三一五年至一三五五年間。元順帝至元年間（公元一三三五——一三四〇年）,他主持蘇州師子林正宗禪寺,發揚明本以來臨濟宗風,同時兼通天台教理和净土宗,影響很大。

元歐陽玄在師子林菩提正宗寺記中説:"余聞師（惟則）所説法,不設厓險,不輕揄揚,不自陳衒,悟解緣由,以啓學人,捷出蹊徑。其爲學平實縝密,鞭辟近裏,一時諸方之乍見乍聞而張磔旁午,未證未得而棒喝生風者,聞師所言皆噤。"惟則在一篇示衆中也説道:"佛法本無玄妙,只要汝諸人各各知道眼横鼻直便休。"由此可見,他確是繼承和發揚了明本所强調的實參實悟,做個本色道人的作風。

惟則的著作有楞嚴經圓通疏、十法界圖説、净土或問,和門人編集的天如惟則禪師語録等。

一、　天如惟則禪師語録（選録）

示　　衆（選録）

佛法本無玄妙,只要汝諸人各各知道眼横鼻直便休。今我現前一衆,有鼻皆直,有眼皆横,面面相對,那箇不知?乃至盡見日,夜見星，飢喫飯，冷添衣，燈籠與露柱交參，厨庫與三門鬭額，者箇是你眼睛鼻孔裏事，諸人總知。扇子䟛跳上三十三天，築著帝釋鼻孔，盞子撲落地，楪子成七片，者箇是祖師拈弄底，諸人也知。知則許你知，還曾得便休也未。卽是未得便休，且莫等閑放過，也須向冷地裏猛著精神，自家摸索看。忽然摸著鼻直眼橫，却來露箇消息。喝一喝。

諸佛出世爲一大事因緣，欲以佛之知見開悟衆生。山僧亦有一大事因緣，欲以衆生知見開悟諸佛，汝等還甘此話麽？貪恚愚癡是我親莊嚴法報化三身，衆生度盡恒沙佛，諸佛何曾度一人。

山僧自幼便知有參禪學道，可惜不遇人，殃殃祥祥弄了一二十年。後來被中峯老師折挫一上，又被燈籠冷咲一上，忽覺腦門熱發，滿面慚惶，方自信參禪學道是錯用心，成佛作祖是錯用心。從此一放放下，做箇無轉智、無出豁漢，喫粥喫飯過，聽風聽雨眠。如今筭來，又過二三十年了，往往被人問著，無以藉口，依舊將參禪學道四箇字勸發，曰僧曰俗，精進修行。可謂自不修行，令他修行，無有是處；自不精進，令他精進，無有是處。既無是處，合請諸人處斷，處斷得公，罰錢出院，打殺也甘心，處斷不公，汝諸人性命却在老僧手裏」

見性成佛賺殺多少人」都道成佛要緊，見性不要緊；成佛念頭急，見性念頭寬。其奈轉寬轉遠，轉急轉遲，只貪飯好喫，不信是米做。山僧今日隨機應變，爲他撥轉話頭，改作見佛成性，又不然改作成佛見性，豈不快哉」有箇漢却又罵我顛倒不順理，遂歔歔向他道，君不聞"聖性無不通，順逆皆方便"？也罵我不得，也罵你不得，且待明眼人斷。

（選自天如惟則禪師語録卷一，據續藏經第一輯
第二編第二十七套第五册）

普　説（選録）

普達實立副使、脱鍈睦爾副使、買奴海牙同知、茫哥剌宣差、馮
總管等，率衆官士大夫來師子林設齋，請普説。師云：參禪是向上
一著要緊大事，此事曰僧曰俗，人人有分，況是本來具足，全體現
成？争奈世間人往往當面蹉過，不曾去理會。莫道不曾理會，問也
不曾問著，正眼看來誠可憐憫。今日諸公既發此問，畢竟於此事上
有大因緣。然此事纔擬説著，便是生死岸頭境界，便是痛心苦口之
語，望諸公洗心滌慮，聽之思之。何謂參禪是向上要緊大事？蓋爲
要明心見性，了生脱死。生死未明，謂之大事。祖師道，參禪只爲
了生死，生死不了成徒勞。王右軍亦曰：死生亦大矣，豈不痛哉！
只爲生死事大，故以參禪爲向上大事也。何謂生死？公等彼此有
身在世，此身既不是諸佛如來金剛不壞之身，又不是純鋼打就，生
鍈鑄成底堅固之身，乃是四大假合，虚脆浮幻之身，如水上泡，如草
頭露。看看髮白齒摇，皮枯面皺，老病無常，朝不保暮。既有生必
有死，既有死還復生，但不知這回生死落在甚麽道中，此爲可痛者
也。佛説：三界如火宅，六道如苦輪。汝等從無量劫以至于今，向
三界火宅中東走西走，不知求出路；在六道苦輪裏東輥西輥，無有
暫停時。若欲息苦輪，出火宅，須是了生死；若欲了生死，須是見佛
性；若欲見佛性，須是大悟一回；若欲大悟，須是參禪。是知無量法
門，參禪爲第一要緊也。何謂無量法門？開而言之，有八萬四千
種，總而論之，則有三宗，曰：教宗、禪宗、律宗也。律者，戒法也。有
在家白衣人戒法，有出家比丘等戒法，有小乘戒法，有大乘戒法。廣
至三千威儀，八萬細行。皆是檢束身心，防非止惡，故名律宗也。教
者，廣説大小頓漸修證法門。或説布施等六波羅蜜，或説廣種福
田，或説廣修德本等，是教宗也。若論禪宗，却無許多事，謂之

不立文字，教外別傳，直指人心，見性成佛。所以參禪者，先將平生所學所記，所見所聞，所知所解，盡情颺在一壁；又將平生名聞利養之事，恩愛貪欲之心，盡情拈向一邊。坐斷千差，掃空萬慮，單提正念，勇往直前。譬如百萬軍中，單刀直入，不顧危亡得失，人我是非，猛拼性命，撺透佛祖牢關，不歷階梯，高登佛祖堂奧，是謂禪宗也。昔西天有一異見王，嘗問波羅提尊者，如何是佛。尊者云：見性是佛。王云：性在甚麼處？尊者云：性在作用處。王云：作用凡有幾處出現？尊者云：八處出現。王曰：何謂八處？尊者云：在胎曰身，處世曰人，在眼曰見，在耳曰聞，在鼻嗅香，在舌談論，在手執捉，在足運奔。徧現則廣周沙界，收攝則藏在一塵；悟者謂之佛性，迷者謂之精魂。王聞是言，當下有省。蓋悟者謂之佛性，則見聞知覺，所作所爲，無非妙用；既得妙用，卽出生死。迷者謂之精魂，則見聞知覺，所作所爲，無非業識；既成業識，卽墮生死。何謂之迷？迷者不見佛性。既不見佛性，則雖有妙用，而不得其用。非惟不得其用，亦且不知其妙。只如眼耳鼻口，謂之七竅，鼻有兩竅，何不聞聲？耳有兩孔，何不聞香？這些妙用，早是不能窮究，何況通身無主宰，隨處有聲訛？聞聲隨聲走，見色隨色走，既隨色聲妄走，便被妄境纏縛，從此雜念紛飛，妄想顛倒。如是等業識塵勞，名爲染習；如是染習，乃生死輪迴之根本也。嗚呼！同一佛性，同一妙用，毫釐有差，天地懸隔。然而迷悟無根，妙在轉處。是以古者英俊丈夫，向這裏回光返照，泝流窮源。有撥著便轉，聞著便悟者，有多積工夫，久久而後悟者，又有窮年竟歲，從少至老而未能悟者。此無他，由染習之有輕重耳！染習輕者其悟速，染習重者其悟遲也。試舉一二證之：如昔者范冲左丞問昱禪師曰：某甲不幸墮身於金紫行中，去此事稍遠。昱卽呼左丞之名，左丞隨應。昱曰：何遠之有！范公躍然而喜，再乞指示。昱拊膝一下,范擬議,旻曰:此事見則便見,擬議卽差。范公遂豁然開悟。此非染習輕而悟之速者乎? 又如唐之于頔相公問紫玉山通禪師曰:如何是佛? 通卽呼于頔之名,于公隨應,師曰:卽此便是,更莫別求。于公雖喜其言,而未得開悟。由是展轉咨參,晝夜不捨,亦多時矣。後來藥山和尚聞而歎曰:可惜于家漢,活埋在紫玉山中。于頔聞之,徑造藥山求決,依上問曰:如何是佛? 藥山亦呼于頔,頔亦隨應。山曰:是什麼? 于公始得大悟。以于頔較范冲,便見有遲速之異矣。省悟既有遲速,悟處亦有淺深,如張無盡居士,徧參諸大老,復參東林照覺和尚,自謂脫略,而禪宗機緣無不透徹。時爲江西運使,按部至洪之分寧,諸山迎謁之,留坐逐一詢問。惟兜率悅禪師居末位,問至兜率,諸山代曰:兜率悅和上也。無盡乃欣然曰:吾在京師時,嘗聞兜率頗善文章。悅公正色厲聲曰:某學單傳之道,説甚文章! 我若對相公説文章,恰如相公對我説禪。無盡驚異之。及諸山退,卽命駕趨訪兜率。夜話間,悅問曰:聞相公在東林時,古今機緣無不透徹,是否? 公曰:然。惟德山托鉢,香嚴上樹二處有疑。悅怒曰:我將謂是箇人物,元來如此。若是此二處有疑,則從前悟得底皆未是也,且請出去。遂閉却方丈門。無盡在客軒,一夜睡不著,至五皷,忽有省,卽趨方丈扣門。悅曰:做甚麼? 公曰:捉得賊也。悅曰:捉得賊,贓在甚麼處? 公無語。悅曰:未在,且去! 公疑團愈熱,在客軒中行坐俱不安,方轉身欲上床,忽爾脫然,復走上方丈。時悅公預知其來,備香燭開門接見,乃曰:且喜相公大事了畢。相視一咲而已。方信禪師兩眼對兩眼,不待開口而知,方信宗門下悟處有淺深也。如上所舉數人,悟之遲速,悟之淺深,雖由染習之輕重,然亦繫乎根器之有利鈍不同耳。根器者,論其宿種也。宿於善種有所熏修,則根器聰利而速於悟也;宿於善種無所熏修,則根器昏鈍而遲於悟也。山僧往年在天目山中峰和尚侍傍，見五六官客夜坐談道，中有一人忽欸息曰：出家兒十指不點水，百事不干懷，三條椽下，七尺單前，晝三夜三，單提獨弄，尚且十年二十年不得了悟，我輩在仕塗中，爲國宣勞，爲民牧守，十二時中，無一晌靜定，而欲了辦此事，其可得哉！和尚曰：此說不然，做官高低論根腳，悟道遲速論根器。譬如鄉里小兒要做官人，從小習文書、學吏業，向司縣間做小吏起，弄到老死，搆不得九品八品。如衆相公，出身便是五品四品，亦有白身便是三品者。較之小吏，相去多少？學道亦然，何可以僧俗之異而自分難易邪？當時在座開者皆悅服，以爲至理之言也。今我副使諸公，身歷憲臺，法柄在手，聲光赫赫，震耀海内。同來會中，亦有據要路而握政綱者，有入帥閫而持軍麾者，有居幕府而司案牘者，有任教官而爲文章伯者，皆是宿生曾向吾門履踐，故其正念炳然，不爲富貴功名之所掩，乃復相率過我師子林，咨決禪宗向上一著，此豈偶然者哉！然我者裏，別無指授之方，但請各各參取箇無字話頭，却不妨向司按部、蒞政牧民、演武修文處，時時提掇，密密覷捕。忽然覷破話頭，眼空天下，肯復讓范冲、于頔輩爲了事漢哉！古人云：爲治不在多言，顧力行何如耳。山僧今日已是言語大多，言多去道轉遠。若是解聽者，只消向直截根源處會取。且如何是直截根源處？良久，喝一喝，下座。

前州路馬跡山錢君祥請普說。山河大地全露法王身，草木叢林盡作師子吼。與麼則十方諸佛相好光明，逼塞虛空滿眼滿耳，三乘教藏無量法門，晝夜六時熾然常說。歌臺酒榭無非清净講堂，劍樹刀山總是寶花王座。一處現身，千處萬處一切處同時出現；一處說法，千處萬處一切處同時演說。或於一身現多身，或於多身現一身；或以一法爲萬法，或以萬法爲一法。如帝網珠互相攝入，如大圓鏡影像交參。其中地位菩薩，緣覺聲聞，一切衆生，情無情等，各

各同時成佛了也。這箇雖是平實商量，現成道理，未明言外意，疑
殺天下人。若據衲僧巴鼻向上提持，坐斷千差路頭，佛來也請居門
外。所以道，不與萬法爲侶，不與諸塵作對。十方空索索，全體露
堂堂，貪嗔癡從那裏得來，戒定慧向何處安著。恁麼見得，便見無
煩惱可除，無菩提可證，無衆生可度，無諸佛可成。到這裏，更擬爲
人説法，更擬教人參禪，何異畫蛇添足，取咲傍觀，帶累老瞿曇，面
皮厚三寸，其或未然？山僧今日拖泥帶水，瞞汝諸人去也。大衆，
諸佛與衆生，本來同一體，只因迷與悟，凡聖有差殊。同體者，同此
心也。迷而爲凡者，迷此心也。悟而爲聖者，悟此心也。故曰：迷
之則生死始，悟之則輪迴息。嗟乎！衆生與佛，本來同體，良由一
悟一迷，霄壤懸隔。故我達磨大師，不遠十萬里，迢迢西來，別立宗
旨，謂之參禪者，要在直指其同體之心，使其開悟而已耳。自宗旨
流東以來，宗門弟子與國王大臣，長者居士，於此廓然領悟得大總
持，了生脱死者不可勝數矣。間有士大夫疑而不信者，此無他，迷
妄太深而信心未發耳。殊不思，佛説生老病死，昭昭只在目前，汝
諸人試自點檢，看從少至老，從生至死，與塵勞業識，輥作一團，打
成一片，畢竟如何結果，畢竟有何了期？那箇是迴頭一著，那箇是
轉身一步？忽爾三寸氣消，眼光落地，百骸既散，萬事俱休，一箇遊
魂，隨業受報，豈不是虛生浪死，甘受輪迴者哉？何不返觀，前輩士
大夫盡向宗門下悟明心地，拶透禪關，大有機緣，大有榜樣。試舉
一二言之。“退食公堂自凭几，不動不搖心似水，霹靂一聲透頂門，
驚起從前自家底。”此乃趙清獻公拶透禪關之語也。“公事之餘喜坐
禪，未曾將脇倒床眠，雖然現出宰官相，長老之名四海傳。”此乃馮
給事學道用工之語也。又如張子韶侍郎，久參徑山大慧和尚，每到
徑山，或留一月兩月，參隨雖久，未得發明。一日，與大慧從容論
道，論及儒家致知格物。大慧咲之，曰：汝但知格物，未知物格。子

韶争之，大慧曰：吾之所謂物格者，有妙理存焉，非儒者之所能知也。子韶疑之，遂力請開示。大慧曰：此難言也，請以喻明之。唐玄宗時，有一官人，亡其名，曾爲蜀中閬州太守，頗有德政。及罷任，閬人懷之，塑其像，立廟以祀之。其人後與安禄山謀叛，兵陷京師，玄宗西奔入蜀，至閬州廟，見其像怒之，拔劍斬其頭。當此之時，其人在長安軍中，無故頭自墮地，此乃物格之妙也，却不容擬議卜度。但請就本參事上參究，待其開悟，此理自明。子韶愈疑之。從此極力提撕，忽有省，乃作偈曰：子韶格物，妙喜物格，欲識一貫，兩箇伍伯。大慧然之。此乃是張侍郎發明己事之機緣也。其他如裴公美、白樂天、柳子厚、張無盡、楊大年、楊無爲、富鄭公、范文正公、王荆公等，皆是儒宗聖賢弟子，文章事業，表表在人，盡在宗門中明心見性去也。所以古人道，佛法若無靈驗，聖賢那肯歸依。誠哉是言！今者毗陵馬跡山君祥錢公，宿熏善種，生具信根，既能於親隣州里間排難解紛，施恩布惠，遠邇靡不悦服之矣。近年以來，又能徧歷名山，多見善知識，能行他人之所不能行，能捨他人之所不能捨，非宿熏善種者，能如是乎？今復廣開法會，率現前一衆求開示參禪法門，其亦無媿於古人矣。夫參禪學道本無他術，只消痛念生死事，發大勇猛心，將自己胸中妄想妄念，惡知惡覺，盡底掀翻，一刀兩段，直得净躶躶、赤洒洒、孤迥迥、峭巍巍地，然後將祖師一箇公案，猛提提起，教他常光現前，壁立千仞，行也如是，坐也如是，著衣喫飯也如是，迎賓送客也如是，今日也如是，明日也如是。如是如是，捱到結角羅紋處，行到水窮山盡時，囮地一聲，豁然開悟，即此是發明大事時也。發明之後，更須就作家爐鞴，本分鉗鎚，煅煉一回，無絲毫滲漏，方許得解粘去縛。既得解粘去縛，自然了生脱死；既得了生脱死，自然轉凡成聖；既得轉凡成聖，如人到家。家權在手，堂上一呼，堂下百諾。風行草偃，水到渠成，打開自己無

盡寶藏，取之無禁，用之不竭，始信山河大地，當陽全露法王身，草木
叢林，同時盡作師子吼。橫說豎說，無所說而不通；逆行順行，無所
行而不到。卷舒自在，與奪自由，乃至顯大神通，示大妙用。向一
手端，吐出大海水；將一芥子，納卻須彌山。總是尋常，初非分外，
直下與諸佛祖同一證悟，同一解脫，同一受用，同一自在。種種相
好，種種莊嚴，種種福德，種種智慧，一一具足，一一現成，一一無
差，一一平等去也。山僧如是舉揚，大似預扇喜風，貪前失後，畫餅
不充饑，說藥不療病也。莫若且就脚跟下，提取所參話，認取主人
公，切不得隨境流轉，向外馳求。汝若一念回光，主人公相去不遠；
汝若捨已外求，轉不相應。如今多說不如少說，聽取一偈：一念回
光路不多，外邊尋討轉蹉跎，太湖三萬六千頃，月在天心不在波。

（同上 卷二）

示如維那

　　苦樂逆順，道在其中，此乃龍門和尚赤心赤膽，痛爲學人警策
之語也。蓋世間境緣，非苦卽樂，非順卽逆，盡大地人遭他籠罩，無
出頭分。故學道之士，往往因此四種，退失初心，喪壞法體者，亦不
爲不多矣。原夫曰苦曰逆，只是箇不如意底境界，能使人起憎起嫉，
起怨起惡。如值宛讐，多方迴避，如遭繫縛，百計求脫，引發種種煩
惱，將一片道心等閑颺卻。曰樂曰順，只是箇如意底因緣，能使人
起愛起貪，起染起著。如嗜醇酒，不覺沉酣，如貪宴寢，不覺睡著，
轉入轉深，將一片道心等閑忘卻。卻不知，樂是苦因，順爲逆本，四
者相依，互爲出沒，皆世相變遷之常事耳，不應遇順樂則生欣，逢逆
苦則反欣爲怨。怨欣取捨，鈎鎖連環，道念何從而在哉？當思樂緣
苦境，亦不偶然，總是宿業所招，繫乎定分，不容苟求而得，苟避而
免也。又當思遇苦遇樂，雖屬定分，然亦浮幻不實，暫有還無。以

智眼觀之，妄起妄滅，如樹頭風，如谷中響，如空裏華耳，於吾道何所礙焉。間有知是世相，知爲定分，知屬浮幻底，向閑時冷處，也説得圓融，儘有主宰，及乎真境現前，依舊分踈不下，擺撥不行。總而言之，只是見地未徹，劄脚未穩，道念輕微故爾。道念者何？了生死、明大法之念也。其真實以是念横在胸次間者，如握金剛王寶劍，萬丈寒光威凜凜地，聖來凡來，恨不得一揮百雜碎。當此之時，處佛國天堂，不見其順樂，居魔宮虎穴，不見其逆苦，又有甚麼利便不利便，如意不如意處可得而分別哉？近時參玄上士，雖於逆順門頭具得隻眼，又或被一種虚名聲、閑學解當頭瞞却。殊不知，此等作爲，也是道在其中始得，苟非道在其中，直饒學解過人，聲名蓋世，亦未免遭先聖呵斥，以爲癲狂外邊走，埋没祖師心，可不畏乎？莫若屏絶外緣，單存正念，拼取窮徹骨，苦到底，守卑微於萬人之下，更拼取唇生醭、舌生毛，一丁不識，百事不能。只恁麼捱將去，異時驀忽向垃圾堆頭，拈出一句半句，驚天動地，其聲名腥蒴，自不容其掩矣。倘或不然，則依前被苦樂逆順穿却鼻孔去也，其中何道在之有哉？

（同上　卷三）

示昱藏主

　　佛祖無上妙道，初非强生節目，且非異端揑怪，又非甚高難行之事，只是你日用常行，見成受用底。强而名之，喚作自性天真佛，又喚作自己主人公。近而言之，你一切時一切處，用釋迦老子眼睛耳朵見色聞聲，用達磨大師舌根鼻孔出言吐氣。極而論之，十方諸佛諸祖，各各赤窮性命，盡在你掌握之中，揑聚放開，無不由你。你若果有者箇操略，管取諸佛諸祖，向你面前納欵有分，就你手裏乞命無由。你若未具超宗越格的眼目，又無縛虎擒龍底手段，未免一切處一切時，見色被色礙，聞聲被聲礙，以至出言吐氣皆是白日青天開眼寐語。是故，圓覺經云："由有無始本起無明，生己主宰，一切衆生，生無慧目，身心等性，皆是無明。"誠哉是言也！既自失其主宰，又且聽命於無明，由是不能轉物，爲物所轉。一箇娘生髑體，被他穿却，一條死活命根，被他管却。你却甘心向黑暗稠林中，粘手綴脚，無自由分；就滔天苦海裏，頭出頭没，無解脱期，教中説爲，真可憐愍。勞他古佛世尊，不忍坐視，拖泥帶水，多設方便，爲你解粘去縛；下而諸祖，不惜眉毛，示汝一機一境，一挨一拶。如擊石火，如閃電光，如疾燄過風，如奔流度刃，如金剛圈，如銕酸餡，百種千般，一一控你箇出身之路。你若是箇銅頭銕額漢，撥著便轉，如師子兒向萬仞懸厓，一拶便解，翻身哮吼一聲，百獸腦裂，始有少分衲僧氣概。豈不見，臨濟大師三度問黄檗佛法的的大意，三遭痛棒，後被大愚點著，不覺打破漆桶，却道元來黄檗佛法無多子。者箇便是一拶翻身底樣子。從此海上横行，作陰涼樹子，蓋覆天下兒孫。後來白雲端和尚云：一拳拳倒黄鶴樓，一踢踢翻鸚鵡洲，有意氣時添意氣，不風流處也風流。者箇是通身痛快，不忝爲臨濟兒孫底樣子。吾受業師孫昱藏主，勵志參禪，果能奮發勇往，莫道白雲、臨濟當知，達磨大師、釋迦老子，盡在你脚尖頭，切忌等閑蹉過。

（同上　卷三）

示心源聚維那

識心達本源，故號爲沙門，吾佛垂訓垂誡，簡要切當。雖一大藏教，泛引曲喻，瀾翻潮湧，浩無邊涯，究其指歸，未有外乎此者也。既爲佛之徒，心苟不識，源苟不達，能不愧於沙門之號乎？性爲心之源，心爲法之源，歷觀諸器世間，高下洪纖之萬物，苦樂逆順之萬事，善惡無記之萬念，無一法不自心源變現。譬若爲江爲河，爲湖爲海，皆謂之水，而世豈有無源之水哉？心源本空，萬法妄變，故學者因念慮事物，積妄成迷，內外交奔，流蕩忘返，求其知有心源者，鮮矣！夫欲識達心源，別無奇術，惟於念慮洶湧之際，用截流機，當頭坐斷，向事物蔽交之時，具透關眼，徹底照破，倏爾洞見心源，如口唇邊摸得鼻孔，自然千穩百當，不待問人矣。政當恁麼時，前無釋迦，後無彌勒，上無攀仰，下絕己躬，喚作心源，早是描畫虛空，更言識達，何異重加五彩，明眼人前，不直一咲。

（同上）

示 信 維 那

　　僧問歸宗，如何是佛？歸宗云：向你道，你還信否？僧云：和尚重言，爲敢不信！歸宗云：卽你便是。僧云：如何保任？歸宗云：一翳在目，空花亂墜。者僧可謂具大信力，纔聞舉著，便乃直下承當，得大受用去也。今時學者，根器不齊，於卽你便是之談，人人知得，人人解得，人人說得，只是承當不得。及乎教他提話頭，話頭提不起，教他做工夫，工夫做不上，病勢轉深，藥頭轉不靈驗。此無他，正信之心不真不切。故爾信爲根本，一切佛法由此發生；信爲門戶，一切聖賢由此趣入。謂信者何？信有三種：第一，須信自己與諸佛諸祖，本同一體，一切現成，若非語證一回，只是箇迷妄凡夫，生死岸頭，決定不了。第二，須信佛祖留下一言半句，灼然有箇悟處，若非真參實究，勇猛精進，決定無自悟之理。第三，須信世間名利妄想攀緣，政是障道之本，若非和座掀翻，掃踪滅跡，決定無參學之分。有能如是信得，穩穩當當，如一座鐵山相似，一切妄緣妄境，穿鑿不入，搖撼不動，管取日用自然得力，而發明大事有日矣。

（同上　卷三）

示性空達禪人

妙圓覺性，本自空寂，平等清净，廓若太虛，非體狀可以指陳，非方所可以趣向，非門路可以進入，非五彩可以描摹。寥寥乎無一物之可取，蕩蕩乎無一法之可施，超越古今，離諸生滅，莫可得而形容思議之也。由業之所感，緣之所會，從畢竟無成畢竟有，一物既立，萬法隨生。自是，萬境發現，萬象橫陳，大地山河，微塵刹土，靡不有焉。其所有者，非覺性之本有，乃情識與緣業交遘而妄有也。妄有者，如夢幻影響，如陽燄空花，充塞世間，亂生亂滅。以目前觀之，不可謂無，究其始終，則非實有也。蓋情識從覺性轉變而生，情識如形，緣業如影，情識一生，緣業卽現。未有形而不現影者，未有影而不隨形者。吾之覺性雖能變現情識，而不與情識俱變。故曰覺性如虛空平等不動轉，亦如大圓鏡體，本净本空，而妍醜諸像隨至而彰。雖諸像有妍醜，有去來，而鏡體未嘗隨其妍醜去來，夫是之謂性空也。故十方如來，體此性空，成無上覺；一切菩薩，依此性空，圓修聖道；無邊衆生，迷此性空，沉墜生死。於生死中，種種憎愛，種種執著，從情識而起緣業，從緣業而動情識，互相膠擾，返覆纏綿，積生積劫，三界往還，而不知有性空之解脱也。於是，諸佛菩薩世起而救之，形於語言，現於行事，推明緣業，於塵勞煩惱之中，開示情識於見聞覺知之頃，令其卽妄明真，共達性空之理耳。能達是理者，當機活脱，正念炳然，於法於塵，無染無著。不離覺知聞見，轉而爲清净智觀；不舍煩惱塵勞，發而爲神妙功用。審如是，則吾性空之道，將與諸佛菩薩覿體無別矣，豈止於能達而已哉。

（同上　卷三）

誠 菴 説

誠也者，信之極也。信而至於誠，則大本有所立，而道可成矣。

誠之極爲至真、爲至純、爲至常也。真之至，故無妄，純之至，故無雜，常之至，故不息。無妄者，誠之存乎理體也；無雜者，誠之形乎事相也；不息者，誠之應乎妙用也。以其理體之誠，故大而天地，細而塵毛，罔不由之而建立；以其事相之誠，故虛空法界，萬象森羅，交互而不礙；以其妙用之誠，故幻化往來，始終生滅，變現而無窮。於是，吾佛世尊體是誠而成等正覺，十方菩薩推是誠於六度萬行。其世間法曰修齊平治，亦以意誠爲大本也。至是而誠之爲義也博矣。今以誠爲菴，則微塵刹海，曰聖曰凡，同一門而出處也。以菴爲誠，則墾土誅茅，運薪汲水，豎拳豎指之類，皆自性天真之道用也。然則，誠菴之稱，亦豈易得者哉! 信上人其勉諸。

（同上　卷六）

答仲温副使病中疑問

北行別余之日，官從林立，晬然春姿，獨足下頗有晦色。竊謂去家割愛，無怪其然。詰朝得報，登舟忽疾作，遂艤留關外。既而留三日，病不退，遂不果行。竊疑行與既阻，病勢必增，復自解曰：仲温達士也，坎止流行，素善處置，況近年篤志聞道，今父子兄弟別而復聚，諸良醫爭願納誠以取効，非久必平復，豈料淹淹一至乎此，可怪也。足下才德粹美，秉清要之權者十餘任矣，忠孝兩全，朝野交頌，民無貴賤老少，被其澤、嚮其風者，咸不願其一日去官，及聞有疾，恨不能以身代之。其得人之感戴慕望者若此。勳業方興，乃縮縮退避，以究吾宗別傳之學。每語人曰：某之精神夢想，無日不在師子林下。今病既劇，復取余向來勉勵激策切要之語，書而揭之窗壁、梁柱、几榻、屏帳之間，使其坐立卧起俯仰，皆在眼中。旦夕二僮奉藥粥外，便嬖雜喧一皆屏絶，此尤見處置有方，而操守有力，豈常流所可擬哉! 昨暮，令尊平章公來，再三致懇，謂足下欲邀余一會。余既久不出山,且知病中亦厭喧雜,縱草草一會奚益?遂託平章公致意云,不會最親切。今晨繼領來命,陳所疑問者凡數條,因得徹見足下之底蘊,而有以發余之所當告者焉。

來問:諸經教中,或説空,或説有,或説不空不有,何者爲的義邪?當知吾佛常依二諦説法,法説隨機,不守一途方便。若彼衆生爲名相所迷,而著於有者,説空以破之;或不著有,而復著於空者,説有以奪之。偏空偏有,固非實法,不有不空,亦非了義。若夫直示一心妙圓性體,應以四義明之。四義者,當處卽空,全體卽有,非空非有,卽空卽有是也。空則不動不變,不立一法;有則隨緣變現,諸法宛然。是以,楞嚴經云:"非一切法,卽一切法,離卽離非,是卽非卽。"非一切法者,空也;卽一切法者,有也;離卽是卽等者,配彼第三第四義也。以真、俗、中道三諦配之,真諦,空也;俗諦,有也。中道諦,非真非俗,卽真卽俗,同彼雙離空有,雙卽空有者也。應知離卽不二,一四互融,舉其一則四義具焉,言其四則其體惟一,此乃人人本具之性理也。嘗試研而究之,前二義則空有對待,尚涉名言,後之二義則不容分別,而不可湊泊矣。不容分別,則言語道斷;不可湊泊,則心行處滅。心行處滅,則不可思矣;言語道斷,則不可議矣。是卽一真法界,如來藏心,不可思議之妙者也。如是妙理,悟而證之者爲聖人,迷而背之者爲凡夫。爲聖人者,德相圓融,應化無礙;爲凡夫者,識情用事,顛倒何窮?於是聖人愍之,思啓其悟,以革其迷,乃依本具之性理,以起修法,而謂之教。令依修法,以立觀行,觀行成,則如理而證,證其本具之理體而已耳。修法固多,且以空假中三觀論之,空觀觀真諦,假觀觀俗諦,中觀觀中諦。而中觀有雙遮空假,雙照空假之二義也。遮照相須,一心三觀,觀智諦理,理智一如,是名性修不二,圓妙之教法也。原夫別傳之學,雖曰教外,然亦未嘗外乎教理,特其功用趣向之稍別耳。如昔者僧問禪師曰：道以有心而求可邪？曰：不也。以無心而求可邪？曰：不也。以亦有亦無之心而求可邪？曰：不也。以非有非無之心而求可邪？曰：不也。如是四答，味其言外之旨，則與性理四義，教法四義，脗然契合矣。但禪者，離其名言，泯其行相，不涉義路，直截根源，務令識謝情消，忘心頓證，而有一超直入如來地之說，豈非圓妙之法者哉？降此以往，曰空曰有，總是隨宜說法。故教外之傳，要在忘知解、絕思惟、超情見、離能所，獨弄單提，真參實悟，斷不許其粘枝帶葉，障自悟門。苟不如此，任將性理之文廣資談辯，如談美食，終不療饑。非惟不療其饑，亦且愈增其熾然之饑火也。吾仲溫腳根下自有一條通天活路，只消驀直向前，更不必問其何者爲的義也。

來問：禪學之流，有一聞而頓悟者，有久參久修而不獲悟證者，其所聞所參之法有難易者耶？又有謂，時節既至，其理自彰，然則不勞參學，但待其悟時之自至耶？余嘗聞教中道：凡夫賢聖人，平等無高下，惟在心垢滅，取證如反掌。觀其反掌之喻，則取證容易，論其心垢，則非修不滅。只者滅之一字，易在剎那，而難在累劫也。當知法無難易，難易在人。在人者何？由其污染有厚薄，修治有勤怠，垢滅有頓漸，是故悟證有難易，而時節有遲速、遠近之不同也。所云時至理彰者，是其參修功行既成，則心垢既滅之時至，而悟證之理自彰也，非曰不參不修而有自悟之時至也。以耕者譬之，有種時，有熟時，有脫時。種而之於熟，熟而至於脫，是其工作收成之時至也。不種而望其熟，不熟而望其脫，其可得乎？人徒見其一聞頓悟之易，而未知其未悟之先，其功行亦未嘗不難也。人徒畏其久參久修之難，而不知其總是刮磨心垢，功不浪施之時也。儒典亦云：先難而後獲。苟不從事乎難，而妄希其易，則易者終不可得，而難者愈覺其難矣。是猶惰農廢種，而妄希熟脫，不亦難乎？望足下莫問心垢染污之厚薄，莫計悟證時節之遲速，但就所參處加功進行，顛沛造次必於是，先辦一種耐勤苦之心，甘守其難，不圖速効，則其頓悟之易，不期至而驀然至矣。所以道不因汗馬奔馳力，安得全收蓋代功。

來問：病是眾生良藥，吾已識其內病矣；病知前路資糧少，吾亦深知而猛省矣。奈何四大痛苦，百憂現前，雖曰堅持正念，時加猛省，或稍失照顧，則被渠攪擾，其將何策以排遣之？余詳足下所謂識病者，不過識其狂妄顛倒爲內病耳，謂深知者，不過知其道業資糧之未充耳。此知此識固佳，爭奈未除我相，我相未除，病根未拔，則四大苦憂之境，安有排遣之分哉？應知我本非我，生本無生，身屬不淨，身如幻化。不淨者，如經云：此身非旃檀，亦復非蓮花，糞穢所長養，但從尿道出。從生至死，曰裏曰外，皆不淨也。其初生時不應生，取一枚必死底，及其死時，也只死却一枚本非我底。生則爲漏糞囊，徒爾遭其負累，死則如朽敗木，於我果何有哉。幻化者，如經云：妄認四大爲自身相，六塵緣影爲自心相。譬彼病目見空中華，空實無華，病者妄執。能作如是觀者，內外諸病皆空，夫是之謂安閑法也。祖師云：老僧自有安閑法，八苦交煎總不妨。八苦者，生老病死、愛別離、怨憎會、求不得、五陰盛是也。病特八苦中之一苦耳。八苦交煎既不妨，則可謂深得其安閑法矣。然猶法在苦外，對待未忘。更須撥轉目前關棙，別顯格外真機，回觀八苦之境，總是安閑法，方許藥病兩忘，親到縱橫無礙解脫處也。

來問：圭峰云：散亂隨情轉，臨終被業牽，醒悟不由情，臨終能轉業。古來了達之士，固知落處分明，然其坐脫立亡之際，亦豈無處置之方？如某者，向道既晚，情業未空，倘無所醒悟，又無所處置，臨終何所恃耶？余聞，生死岸頭事，不是臨期處置底。古德云：預前若打不徹，臘月三十日到來，管取手忙脚亂。所以古人盡是預前打徹，其於未徹以前，則不容不處置。凡參方問法，下手做工夫，皆處置也。既徹已後，生死湼槃視如昨夢，隨緣消舊業，任運過時光。世緣既盡，擺手便行，無所用其處置矣。如興化和尚一日鳴鐘集衆問曰：還識老僧麼？衆無對，擲下拐子，端坐而逝。汾陽禪師因府尹李侯遣使請住院，師辭以老病不出山，使者强其往。師曰：必欲往，則先後行。使者許之。師令饌飯且俶裝，曰：吾先行矣﹗停筯而化。揚州陳尚書請孚上座講湼槃經，孚揮尺一下，云：如是我聞﹗乃召尚書。尚書應諾，孚云：一時佛在。遂安然脱去。歸宗宣禪師因郡守責其不禮，以非法窘之，宣馳書與南昌尉郭功甫曰：某尚有六年世緣未盡，今日不奈抑逼何，欲託生君家，望君相照。乃化去。功甫與師厚善，得書驚喜，不以示妻，妻中夜夢宣入臥内，不覺失聲云：此不是和尚來處﹗甫問其故，妻答所見，乃呼燈以書示之。果有娠，及生，即名宣老。人扣之，記問如昔。逮三歲，白雲端禪師往驗之，宣望見便云：師姪來也。端問云：與和尚相别幾年？宣屈指曰：四年也。甚處相别？曰：白蓮莊。忽門外推車過，端云：什麼聲？宣便作推車勢。端云：過後如何？宣曰：平地一條溝。後果六周無疾而化。似此等來去自由，不可測度，豈是臨期處置者乎？今足下病既至此，别無所恃，請將大小家務盡情撥置，併將自己身命盡情放捨。任他成佛作祖也得，永墮惡道也得，一切得失是非付之不問，却單單恃取箇本參公案，絲毫不容其走漏，生與同生，死與同死，忽爾懸崖撒手，絶後再甦，却不妨轉一機，來爲汝别通消息。

（同上　卷八）

宗乘要義（選録）

　　師因衆請開示五家宗旨，升座。僧問：禪門一派分爲五宗，其間還有優劣也無？師云：五五二十五。進云：臨濟宗下，徧地是兒孫，畢竟他有何長處？師云：細魚咬斷鷭鵨脚，白鷺驚飛上樹梢。僧云：涅槃心易曉，差別智難明，五宗異同，請師開示。師云：退身三步。僧作禮。師乃云：覿面相呈一著子，語默難依，聲色不到，非離非在，無欠無餘。雖曰頭頭上明，物物上顯，爭奈取捨不得，背觸俱非。如大火聚，烈燄亘天，不許正眼覷著，覷著卽燎却面門；如吹毛劍，寒光逼人，誰敢絲毫動著，動著卽喪身失命。惟有沒量大人，一味天眞自在，無思無爲，不識寰中有天子；不治不亂，不聞塞外有將軍。天自清，地自寧，鳥自飛，兔自走，葉落花開，神歌鬼舞，盡十方刹海微塵，共一箇太平風月，無端被黃面老漢撞出頭來，剛道爲物垂慈，指出許多名相，喚作心，喚作法，喚作佛，喚作一切衆生。一波動萬波，隨將本來一段好風光，盡情抖亂了也。者老漢明知是錯，左不得右不得，無可奈何，弄到拈花微笑，達磨西來，展轉拖泥帶水，將錯就錯去也。且達磨所傳，單單只是以心印心之一法耳，後來流布旣廣，支爲五宗，而宗各有旨。究其指歸，則不離乎一法，所以古德云：萬派千流皆渤澥，七金五嶽總須彌。若以正眼看來，一法猶是假名，五宗復何本據？大概是師家垂手處，不得已放開一路，曲順機宜，旣涉乎語言作用，則未免各立門庭，不別而別矣，前輩尊宿，多曾辨來？謂臨濟宗棒喝交馳，雷奔電激，奪人奪境，照用並行。或於一喝之中，自具三玄三要，二主二賓，妙在打破羅籠，搜空窠窟，被人喚作白拈賊，殺人不眨眼者，此也。溈仰宗父慈子孝，上令下從，暗合機輪，混融境致。大約忘機得體，舉緣明用，如撼茶樹推木枕，插鍬立擧鍬行之類是也。曹洞宗就語接人，隨機應物，示以偏正五位，功勳五位，五臣五位，王子五位，辨明體用，掃蕩情塵，使其物我雙忘，人法俱愍而已。法眼宗聞聲悟道，見色明心，句裏藏鋒，言中有響。往往隨順器根，調停化法，亦猶相體裁衣，對病施藥者耳。雲門宗絡外縱擒，言前定奪，稱提三句關鍵，拈掇一字機鋒，截斷衆流，聖凡無路。人咸謂其孤危聳峻，難乎湊泊，非上根利器，不足以窺其彷彿。故曰，臨濟痛快，潙仰謹嚴，曹洞細密，法眼詳明，而雲門高古也。或者謂，五家宗派，盛衰不齊，蓋由師家機用死活之不等耳。後人因此一語，遂將五宗言句逐一揀擇，謂某深某淺，某異某同，某死某活，自以爲能具擇法眼，而不知其錯中之錯矣。誤賺江湖求劍客，刻舟痕上亂針錐。豈不見，牛之鼻繩，馬之口索，繫驢之橛，搭象之鈎，此皆世間調伏之具，不得已隨其所宜而用之。驢牛象馬倘馴良，繩索橛鈎皆棄物，却來棄物上分揀死活同異，豈不謬哉！殊不知，宗師家一言一句，多是看孔著楔，何嘗有意於死活？曰死曰活，盡在學人分上，學人見處用處死則俱死，活則俱活。不達此理者，偏重活句，譬如慣弄活蛇，有何奇特？死蛇弄得活，方是作家。多少人向活句下活了，要死死不得，反不如死句下死了，却有箇活時。縱是死句下活得，活句下死得，乃至有句無句，死活自由，也只在他人脚根下盤旋，未是超宗種草。不見道，機前有路，擬向即乖，句下無私，動成窠臼。你若解向者裏，和座推飜，不留朕迹，自家別有一路生機，敢保五家宗師鼻孔被汝一串穿却。且如臨濟示衆云：一句中具三玄，一玄中具三要。又道，第一句中薦得，堪與佛祖爲師；第二句中薦得，堪與人天爲師；第三句中薦得，自救不了。及乎僧問：如何是第一句？却道，三要印開朱點窄，未容擬議主賓分。平生挦虎鬚底膽志，自拈賊底手脚，一時俱露也，會得者箇便會。潙山問仰山，卽今事且置，古來事作麼生？仰山叉手近前。潙曰：猶是卽今事，古來事作麼生？仰退後立。潙曰：汝屈我，我屈汝。仰山便禮拜。父子一唱一酬，伎倆已盡，會得者箇便會。洞山與泰首座，冬節喫果子次，乃問：有一物，上拄天下拄地，黑似漆，常在動用中，動用中收不得，且道過在甚麼處？泰云：過在動用中。洞喚侍者掇退果卓，彼此一場敗闕，會得者箇便

會。法眼問修山主,毫厘有差,天地懸隔,汝作麼生會？修云:毫厘
有差,天地懸隔。法眼曰:恁麼會又争得？修云:和尚如何？眼曰:
毫厘有差,天地懸隔。修便禮拜,將謂有多少詭訛,會得者箇便會。
雲門示衆云:函蓋乾坤句,目機銖兩而不涉萬緣,汝作麼生承當？衆
無對,自代云:一鏃破三關。盡道雲門氣宇如王,必有逸格底聲調,
元來也是打鼓弄琵琶。如上五家拈弄底,皆略舉其一端,用有萬
殊,體無二致,恁麼見得,便見一切異同之法,一切死活之機。到你
透脱分上,事同一家,覓一絲毫差別,了不可得。具此見者,名爲透
關眼,具此眼者,灼見五宗別而不別,盡大地人感汝不得也。既是
五家關鍵被汝逐一透了,更須會取老僧拈弄底始得。遂以拂子柄
打箇圓相,於中畫一畫,隨時道箇露字,就喝一喝。却云:者箇是五
家同時機用,不先不後,輥作一圑。就中依舊有同有異,有深有淺,
有死有活,有痛快、有莊嚴、有細密、有詳明、有高古,你作麼生分
揀？分揀不出,擇法眼還在甚處？當知具擇法眼,不如具透關眼,
不如具超宗眼。能具超宗眼目,方見從上來不別而別,別而不別。
如許多曲曲直直,總是劍爲不平,離寶匣豈得已哉｜諸禪德從前別
與不別,會與不會底,普請拈過一邊,即今有箇覿面相呈一著子,要
汝諸人直下了取。古者道,本無迷悟人,只要今日了。不了目前萬
般差別,你若目前了得,方信萬般差別,即是覿面相呈一著子。覿
面相呈一著子,即是空劫以前事。空劫以前事,即是没量大人。没量
大人即是你,你到者箇田地,方是千了百當底時節,方自見釋迦與
達磨無地可容身,更說甚麼雲門臨濟｜擊拂子云:吽吽｜直饒你甚
麼千了百當,争奈金剛王未歸寶匣在。擲拂子,下座。

　茫哥刺宣差相公請普説,師云:道無言説,法無形狀,有説是
謗,無言是誑,敢問諸禪流作麼生定當？舉拂子示衆云:曲順來機,
事無一向,今辰乃是菩薩戒弟子茫哥刺室利宣差和公,爲亡父翰林

承旨學士朵兒赤相公諱日營齋，延集諸山師德，特命山僧舉揚法要，冀其父親於冥冥之中，因一言半句，見徹生死根源，得箇解脫自在安身立命處，此其請普說之來意也。以世法論之，生事以禮，死葬以禮，以時思之，以時祭之，孝子奉親之常情，如是而已。今某官必欲乃父相公洞悟自心，優入聖賢之域，則又超出常情者遠矣。愚者或議曰，人既死矣，能聽法者誰歟？蓋不知死則死矣，有不死者存，其承旨相公之昭昭靈靈，能鑒能覺者，何嘗有幽明之隔，死生之間哉？以至理推之，生本不生，死亦非死，生死去來，本無自性，亦無實法，特由循業發現而有虛妄之相耳。所以教中道，因緣和合，虛妄有生，因緣別離，虛妄名滅。原其受生之初，因父母已三緣會遇，謂之交遘發生，吸引同業，從而地水火風四大和合，於是乎有身。當此之際，其昭昭靈靈，能鑒能覺者，存乎其間矣。既有身相，乃有六根。就其身而推之，外則髮毛爪齒，內則肝膽腸胃，內外中間三十六物，本無見聞，亦無知覺，因我六根與彼六塵相爲對待，從而眼色和合，虛妄有見；耳聲和合，虛妄有聞；鼻香和合，虛妄有嗅；舌味和合，虛妄有嘗；身觸和合，虛妄有覺；意法和合，虛妄有知。此見聞嘗嗅覺知，謂之六識，而本無自性，乃因昭昭靈靈鑒覺之物，發現於根塵之中而妄有之也。從此便有種種分別，種種憶想，種種染著，種種攀緣。內則隨情變遷，外則逐境流轉，情識交感，展轉發生，起種種虛妄之惑，造種種虛妄之業。其三界二十五有之中，苦樂升沉，生死輪迴之報，由是而無窮矣。其四大幻身，則念念遷謝，少而老，老而病，病而死。死亦四大分散而已，其昭昭靈靈者何嘗有死哉？古佛云：身從無相中受生，猶如幻出諸形象，幻人心識本來無，罪福皆空無所住。是故，有志之士，才聞此話，便能於六根六塵六識之中，照破虛妄和合生死，了知情境惑業，如幻如夢，如影如響，亦如變化。既能如此照破，則不復隨他顛倒，而有返妄歸真之分矣。雖得如此，又未免認著昭昭靈靈，喚作自己，保之守之，如護命根，絲毫抴捨不得，乃不知三界二十五有之窠窟，生死輪迴之根本實存乎此。故祖師呵之云：學道之人不識真，只爲從前認識神，無量劫來生死本，癡人喚作本來人。須是猛抴性命，撒手懸崖直下，抖擻窠窟，剗絕根本，待其一念不生，前後際斷，方許認得本地風光，見得本來面目。既見自己本來面目，既見諸佛諸祖本來面目；既見佛祖本來面目，即見一切眾生本來面目與自己非一非二，無別無異，共亦不雜，離亦不分。譬如千燈光照一室，其光徧滿，無壞無雜。既到者箇境界，猶疑聖見未忘，聖見未忘，未爲究竟，更須打箇踍跳，抹過上頭關，踏著佛祖行不到處，始是究竟不疑之地。若到究竟不疑之地，生也生你不得，死也死你不得，苦也苦你不得，樂也樂你不得，順也順你不得，逆也逆你不得；也無佛，也無祖，也無一切眾生，無凡無聖，無淨無穢，無真無俗，一切皆無，是謂萬法一如，無動無變之大自在也。體雖不變，用乃隨緣，譬如虛空，體非羣相，而不拒彼諸相發揮。由是不變隨緣，故能爲佛爲祖，爲一切眾生情無情等，乃至爲生死，爲涅槃，爲凡爲聖，爲淨爲穢，雖熾然有爲，而全體寂滅，是謂緣起無生，無著無礙之大自在也。既到者裏，方信祖師道，釋迦彌勒猶是他奴，又豈過分事哉！喝一喝，且莫錯會好。山僧年老成魔，隨人顛倒，引出繞地葛藤，遞相纏縛，罪犯彌天。若遇著箇無面目漢，便好掀倒禪床，痛揯一頓，亦使諸人知道，強中更有強中手，佛法何曾滯一邊。眾中還有這箇人麼？如無，則山僧向灸瘢上重添艾炷，一與承旨相公據欵結案，許其脫死超生，得大受用，一與現前大眾撩頭撮尾，截斷葛藤，解却彼此纏縛。驀拈主丈云：生如寄，死如歸，未契吾宗向上機；離四句，絕百非，猶防語默涉離微。大力量人元不動，從教兔走與烏飛，生來死去渾閑事，大似著衣還脫衣。卓主丈下座。

　　示衆。大道只在目前，要且目前難覷，欲識大道真體，不離色
聲言語。古人恁麼舉揚，雖則盡情分付，爭奈承言者喪，滯句者迷。
謂言非道，重重銕壁銀山；謂道是言，忽忽電光石火。進步既乖，退
步尤錯，不進不退，自沉自埋，所以向上全提，當機直指，不存一法，
不受一塵，無萬行可修，無三界可出，無衆生可度，無諸佛可成。即
之如大火輪，不容湊泊；嬰之如吹毛劍，孰敢承當？大徹大悟，對境
還迷；有見有聞，觸塗成滯。聲色之前領略，已落二機；語言之後搏
量，早遲八刻。與麼，則四十九年演說，百千三昧流通，天雨四花，
地搖六動，檢點將來，總是色聲言語，畢竟以何爲道？若也坐斷要
津，別通消息，點出人天眼目，洞照佛祖心肝，如香象之渡河，截流
而過，類金毛之出窟，反擲自由。頭頭上明，是體即是用；物物上
顯，見色便見心。與麼，則山光水影悉露真機，馬吽驢鳴咸宣至理。
舉手所指，縱目所觀，聲色語言，無往而非道也。然後轉山河爲自
己，與衆生覿體混融；轉自己歸山河，與諸佛隨緣應現。大衆，即今
諸佛衆生，山河自已，同時變作拂子去也。急著眼看！遂擲下拂
子。

　　　　　　　　　　　　　　　　　　　　　　　（同上　卷九）